새로 쓰는 가정과교육론

저자 소개

채정현 한국교원대학교 가정교육과 교수

박미정 한국교원대학교 가정교육과 교수

김성교 전) 경북 운남중학교 수석 교사

한 주 강원대학교 가정교육과 교수

새로 쓰는 가정과교육론

초판 2쇄 발행 2026년 2월 23일

지은이 채정현·박미정·김성교·한주
펴낸이 류원식
펴낸곳 **교문사**

편집팀장 성혜진 | **책임진행** 전보배 | **디자인·본문편집** 신나리

주소 10881, 경기도 파주시 문발로 116
대표전화 031-955-6111 | **팩스** 031-955-0955
홈페이지 www.gyomoon.com | **이메일** genie@gyomoon.com
등록번호 1968.10.28. 제406-2006-000035호

ISBN 978-89-363-2609-8(93590)
정가 28,000원

저자와의 협의하에 인지를 생략합니다.
잘못된 책은 바꿔 드립니다.

새로 · 쓰는
가정과교육론

THEORY OF HOME ECONOMICS EDUCATION

채정현 · 박미정 · 김성교 · 한주 지음

교문사

여러 제자들이 졸업 후에도 자주 연락을 하고 찾아와서 만나는 기회가 많습니다. 제자들은 가정과교사로서 경험하는 많은 이야기를 들려주는데, 그 이야기들의 공통점은 힘든 점도 있지만 보람을 많이 느낀다는 것입니다. 중 · 고등학생들이 가정수업을 기다릴 정도로 즐거워하고, 수업을 통해 꿈을 꾸며, 그 꿈을 실현하기 위해 애쓴다고 이야기합니다. 졸업생인 가정과교사들은 가정교과가 학생들의 삶과 밀접한 주제를 다루고 있으며, 깊이 있는 철학도 담고 있기 때문에, 잘만 하면 재미있으면서도 깊이 있는 수업이 가능하다고 말합니다. 또한 이러한 수업은 학생들에게 의미를 주고 미래에 대한 희망을 갖게 하여 그들을 변화시킬 수 있어 행복을 느낀다고 합니다. 현장에 있는 제자들에게 이러한 이야기를 들을 때마다, 가정교육학을 전공하여 연구하고 가르치는 제 일에 충만함을 느낍니다.

1991년에 저는 '가정'도 중요하고 '교육'도 중요한데, '가정교육학'은 중요한 것들의 제곱이니 얼마나 중요한 학문일지 궁금하였습니다. 그래서 그 당시 가정교육학이 가장 발달한 미국으로 유학을 떠났습니다. 첫 학기 '가정과교수-학습 방법' 강의에서 Dr. Laster 교수님은 "여러분이 공부를 마치고 나서 무엇이 될 것이라고 생각합니까?"라고 질문하였습니다. 저를 포함한 대다수의 대학원생들은 '교육자'가 될 것이라고 대답하였습니다. 그런데 교수님은 교육자가 되기 이전에 세상에 빛을 비추는 '사명자'가 되어야 한다고 강조하였습니다. 그 말씀을 들었을 때, 저는 망치로 머리를 한 대 맞은 것처럼 정신이 번쩍 들었고, 그 일을 계기로 가정교육학은 인생을 걸 만한 가치가 있는 학문이라고 확신하게 되었습니다.

가정과교사 출신으로 오하이오주립대학교 가정대학 초대 학장을 지낸 Dr. Bailey 교수님은 '가정교육학 행정' 강의에서 자신은 중학교 때부터 가정과교사가 되는 것이 꿈이었다고 말하였습니다. 저는 베일리 교수님에게 왜 가정과교사가 되고 싶었는지, 그리고 그 꿈을 이루기 위해 어떤 준비를 했는지 물었습니다. 그녀는 가정교과는 삶의 근간이 되는 가정과 가족을 대상으로 하므로, 이 세상을 변화시키는 핵심 교과라고 생각했기 때문이라고 대답하였습니다. 그리고 가정과교사의 꿈을 이루기 위해서 좋은 책도 많이 읽고, 무엇보다 어려운 사람을 돕는 활동에 열심히 임했다고 하였습니다. 베일리 교수는 매 수업마다 가정교육자의 변혁적 리더십과 세상의 등불인 사명자의 역할과 행정에 대해 강의하였으며, 그 내용은 너무 감동적이었습니다.

저의 지도 교수였던 독일계 미국인 여성 Dr. Gritzmacher 교수님은 가정과교육의 사명자로서, 학생들을 어떻게 대해야 하는지 몸소 보여주었습니다. 유학 시절 논문 공모전이 있었는데 제가 자신이 없어서 신청하지 않겠다고 하자, "도전하지 않는 자는 아무것도 얻을 수 없다."며 공모 신청을 권하고 추천서를 써주었습니다. 그때 교수님은 병원에서 수술을 받고 퇴원한 지 얼마 되지 않아 몸 상태가 좋지 않았지만, 제자를 위해서 그 고통을 감내하였습니다. 결국 저는 논문 공모전에 당선되어 지원비를 받아 박사 논문을 쓸 수 있었습니다. 이 일로 헌신과 도전 의식이 사명자에게 얼마나 중요한지 배우게 되었습니다. Dr. Gritzmacher 교수님은 논문 쓰는 것이 얼마나 힘드냐면서 풋볼 경기 표 두 장과 점심 도시락까지 손수 준비해 주셨습니다. 또한 경기 규칙까지 알려주시며, 경기를 보는 동안 소리를 지르며 스트레스를 해소하라고 할 정도로, 더없이 다정한 분이었습니다. 그때 제가 이 은혜를 어떻게 갚아야 할지 물었더니, 교수님은 "너희 나라에 돌아가서 만나는 학생들에게 잘 대해주면 된다."며, 자신의 친절함이 다른 사람들에게 전해지길 바랐습니다. 진정한 지도자는 넉넉하고 호탕한 마음을 가진다는 것을 배운 기회였습니다. 지나고 나서 생각해 보니, 그분들은 가정교육의 철학과 신념을 공유한 사명자였기에, 일반 교육자에게 기대할 수 없는 도전 의식과 사랑, 그리고 헌신이라는 이타적인 삶을 몸소 실천하며 본을 보인 것 같습니다.

1995년에 학위를 받고 우리나라 대학 강단에 선 지도 벌써 30여 년이 흘렀습니다. 저는 가정과교육의 사명자로서 제대로 살아왔는지 반성하게 됩니다. 교육, 연구, 학회 활동 등에서 최선을 다했다고 생각하지만, 제대로 한 일이 없는 것 같아 자괴감이 들 때도 있습니다. 우리나라의 경제는 나아지고 국가도 발전하였지만, 불행히도 국민은 행복하지 않습니다. 우리나라는 20여년간 OECD 국가 중에서 자살률 1위를 기록하고 있으며, 특히 청소년 자살률이 계속 증가하고 있습니다. 여러 가지 이유가 있겠지만, 교육이 그 역할을 제대로 하지 못하고 있는 것은 아닌가 생각됩니다.

가정교과는 다른 교과보다도 학생들에게 희망을 주어 꿈을 꾸게 하며, 야무지게 인생을 설계하고 세상의 많은 문제를 굳건하게 해결할 수 있는 능력을 길러, 불행조차도 행복으로 승화할 수 있게 교육하는 교과입니다. 또한 '바로 지금, 여기'의 삶이 풍족하든 그렇지 않든, 주도적으로 일상생활을 행복하게 꾸리며 인간관계를 구축하여 살아가고, 타인과 사회를 위한 시민정신을 발휘하도록 합니다. 그리고 가정과교육을 통해 청소년, 가정, 사회의 불행을 예방할 수 있는데, 중학교 가정교과는 일본이 '기술 · 가정'이라는 명칭을 사용하는 것을 제외하면, 세계적으로 유례없는 교과 명칭으로 존재하고 있습니다. 또한 과학, 정보교과와 함께 하나의 교과군으로 묶여, 필수교과이지만 시수가 줄어들고 있는 실정입니다. 고등학교에서는 선택교과가 되면서 경제 논리에 밀려 학교에서 선택받지 못하는 경향이 늘어나고 있습니다.

미국의 권위 있는 지정학자인 브루스 존(Bruce Jones)과 토마스 라이트(Thomas Wright)는 외교관계 학술지인 『포린 폴리시(Foreign Policy)』에 기고한 논문에서 우리나라가 우크라이나 전쟁 이후 2030년에서 2040년 사이에 독일, 미국, 튀르키예와 함께 세계를 선도하는 강대국이 될 것이라고 하였습니다. 이 네 나라를 '거츠(GUTS)'라고 부르는데, 이는 각 나라의 머리글자를 딴 것으로, 독일(Germany), 미국(USA), 튀르키예(Turkey), 대한민국(South Korea)을 의미합니다. 우리나라가 4대 강대국에 포함되는 이유에 대해, 그들은 한국인의 국민성(열정, 근면, 총명)과 교육열 등을 꼽았습니다.

그들의 예상대로라면, 앞으로 10~20년 후에 우리나라는 세계를 움직이는 강대국이 될 텐데, 그때에도 경제적으로는 부유하지만 국민이 불행한 나라가 되어서는 안 됩니다. '수신제가치국평천하(修身齊家治國平天下)', 즉 '몸과 마음을 닦아 수양하고 집안을 가지런하게 하며 나라를 다스리고 천하를 평정한다.'라는 뜻처럼, 국가가 행복하려면 개인과 가정이 먼저 행복해야 합니다. 이를 위해 가정과교육의 시수를 확대해야 하며, 가정과교사, 대학의 가정교육자, 그리고 가정과교육 전문가들은 가정과교육의 철학과 신념을 가진 사명자로서 하나 되어 교육에 임해야 할 것입니다.

우리 공동 저자들은 가정교과의 시수가 확대되고, 초 · 중 · 고등학교에서 가정교과가 필수 과목으로 이수되는 날이 곧 올 것이라는 꿈을 꿉니다. 가정과교사를 포함한 가정과교육 전문가 모두가 가정과교육의 철학을 이해하고, 사명자로서 하나 되어 학생들이 직면하는 '바로 지금, 여기'의 생활 주제를 다루며, 그들이 즐거워하고 서로 우정을 나누며 지혜를 모아서 삶의 문제를 해결하는 수업을 한다면, 우리는 우리의 사명을 완수할 수 있을 것입니다. 이는 청소년, 가정, 더 나아가 우리 사회의 행복에 크게 기여할 것이라고 확신합니다. 따라서 가까운 시일 내에 초 · 중 · 고등학교뿐만 아니라, 특히 일반고 외에도 특수목적고, 특성화고, 자율형 고등학교에서도 가정교과를 필수 이수과목으로 지정하는 법적 조치가 마련되기를 희망합니다. 그렇게 함으로써 10~20년 후에 우리나라가 세계 4대 강대국이 되었을 때, 청소년과 가정, 나아가 국민 모두가 강건하고 행복해질 것이라고 믿습니다. 그리고 이를 이룰 수 있는 핵심 원동력은 '가정과교육'이 될 것이라는 꿈을 꾸며 『새로 쓰는 가정과교육론』을 집필했습니다.

이 책은 가정과교육의 개론서로, 2011년에 스승보다 더 나은 공동 저자들의 권유에 의해서 처음 나왔고, 2017년도에 개정판이 출간되었습니다. 그러나 출간 이후 사회 변화에 따른 교육 내용이 많이 변화했기 때문에 이번에 새로운 내용을 대폭 추가하여 신간으로 집필하였습니다. 이 책은 총 6장으로 구성되어 있으며, 가정과교육의 철학, 가정과교육과정, 가정과교수-학습 방법, 가정과수업 설계, 가정과교육에서의 평가, 가정과교사의 전문성이라는 주제를 폭넓게 다루고 있습니다.

1장 '가정과교육의 철학'에서는 예비 교사들이 가정과교육의 기초와 역사적 뿌리를 확인하고 가정과교육에 영향을 미치는 다양한 철학적 관점을 배워, 가정과교육의 정체성을 이해하고 실천할 수 있도록 구성하였습니다. 2장 '가정과교육과정'에서는 교육과정에 대한 다양한 관점을 소개하고, 과거에서 현재에 이르기까지 우리나라 가정과교육과정의 변화 내용을 일목요연하게 제시하였습니다. 또한 세계 각국의 가정과교육과정이 실행되는 맥락과 사례를 안내하고, 가정과교사의 교육과정을 디자인하는 역량을 키울 수 있도록 학교교육과정 개발 모형, 가정과교육과정 운영 및 평가에 대한 이론과 원리를 다루었습니다. 3장 '가정과교수-학습 방법'에서는 좋은 수업에 대한 학자들의 정의를 살펴보고, 가정과교사가 좋은 수업을 실행하는 데 도움이 되는 대표적인 교수-학습 모형 아홉 가지를 소개하였습니다. 4장 '가정과수업 설계'에서는 다양한 수업 설계 모형을 살펴보고, 수업 설계의 단계에 따라 교수 분석, 교수-학습 과정안 및 수업 매체의 설계와 개발, 수업 실행에 이르기까지 각 단계의 핵심 내용을 다루었습니다. 이를 통해 실제 가정과 수업 설계에 쉽게 적용할 수 있도록 하였습니다. 5장 '가정과교육에서의 평가'에서는 평가에 대한 전반적인 이해를 높이고, 가정과 평가 문항을 개발하고 실행할 수 있는 내용으로 구성하였습니다. 수행평가를 포함한 다양한 평가 유형을 안내하고, 점차 그 중요성이 강조되고 있는 서술형 · 논술형 평가 및 과정 중심 평가 등을 실행할 수 있도록 각 평가 문항을 개발하기 위한 구체적인 원리와 지침을 다루었습니다. 마지막으로 6장 '가정과교사의 전문성'에서는 가정과교사가 갖추어야 할 전문성의 개념과 가정과교사에게 요구되는 역할과 필요한 자질을 살펴보았습니다. 또한 장학 및 현장 연구의 구체적인 방법을 제시하여 가정과교사들이 전문성을 향상시키는 데 도움을 주고자 하였습니다.

이 책의 발간을 위해 힘써주신 교문사 류제동 회장님과 직원분들께 깊게 감사드립니다. 또한 집필 기간 동안 저자들의 빈자리를 이해해주고 묵묵히 응원하며 기다려준 가족들에게 미안함과 고마움 그리고 진심 어린 사랑을 전합니다.

이 책이 임용을 준비하는 예비 교사, 현장의 가정과교사 그리고 교육 전문가들이 가정교육학에 대한 이해를 넓히고 가정과교육이 지향하는 철학과 신념과 비전을 다시 확인하는 데 도움이 되길 바랍니다. 현재 만나고 있는 학생들은 물론, 미래에 만날 학생들도 꿈과 희망을 가지고 인생을 설계하며, 어떤 환경에서도 스스로의 삶을 행복하게 꾸려 나가고, 나아가 타인과 사회를 돌아볼 수 있는 넉넉한 마음을 갖도록 교육하기를 바랍니다. 또한 가정교과가 모든 학교급에서 필수 이수교과로 자리 잡아, 청소년과 가정, 사회가 모두 행복해지는 가정과교육의 비전을 현실로 만들 수 있기를 바랍니다. 이를 위해 가정과교사들이 사명감을 가지고 설레는 감동과 빛나는 희망을 안고 힘차게 도전하며 전진하기를 기대하고 소망합니다.

2024년 9월

저자 일동

차례

CHAPTER 3 가정과교수-학습 방법

CHAPTER 4 가정과수업 설계

CHAPTER 5 가정과교육에서의 평가

CHAPTER 6 가정과교사의 전문성

CHAPTER 1

가정과교육의 철학

THEORY OF HOME ECONOMICS EDUCATION

가정과교육의 철학

- 1. 가정과교육의 기초
  - 1) 교과교육학의 이해
  - 2) 가정과교육학의 개념 체계
  - 3) 가정학의 어원과 정의
    - (1) 가정학의 어원
    - (2) 가정학의 정의
- 2. 가정과교육의 역사
  - 1) 우리나라 가정과교육의 성립과 변화 과정
    - (1) 조선 시대
    - (2) 근대 개혁기 및 일제 강점기
    - (3) 해방 이후
  - 2) 미국 가정과교육의 성립과 변화 과정
- 3. 가정과교육에 영향을 미친 철학
  - 1) 사상의 유형과 가정과교육
    - (1) 물질주의
    - (2) 실용주의
    - (3) 실증주의
    - (4) 실존주의
    - (5) 비판 사상
  - 2) 행복 철학과 가정과교육
    - (1) 아리스토텔레스
    - (2) 스토아학파
    - (3) 에피쿠로스학파
    - (4) 공리주의
    - (5) 니체
    - (6) 마르쿠제
    - (7) 하버마스
- 4. 가정과교육의 정체성
  - 1) 가정과교육의 성격
    - (1) 사명 지향적인 교과
    - (2) 변증법적 융합교과
    - (3) 실천교과
    - (4) 생활교과
  - 2) 가정과교육의 비전과 사명

생각해 보기

01 철학은 무엇이며, 왜 공부해야 할까?

02 가정과교육은 언제 생겨서 어떻게 발달하였을까?

03 가정교과가 타 교과와 다른 독특한 점은 무엇일까?

04 행복이란 무엇이며 어떻게 행복한 생활을 할 수 있을까?

05 가정이 이 사회에서 사라진다면 무슨 일이 벌어질까?

06 가정교과는 왜 청소년, 가정, 사회를 위해서 반드시 필요한 교과일까?

07 가정과수업에서 사회 문제까지 다루어야 하는 이유는 무엇일까?

08 자유롭고 행복한 개인, 가정, 사회를 만들기 위해 가정과교육은 무엇을 해야 할지 이야기해 보자.

09 가정과교육은 가정을 어떻게 사회 변화의 주체 집단으로 만들 수 있을지 생각해 보자.

10 가정과교사로서 자부심과 자긍심을 어떻게 기를 수 있을지 그 방법을 궁리해 보자.

CHAPTER 1

가정과교육의 철학

철학(philosophy)이란 지혜를 사랑한다는 의미로 그리스어로 '사랑하다'를 뜻하는 필로스(philos)와 '지혜'를 뜻하는 소피아(sophia)가 결합되어 이루어진 단어이다. 지혜란 인간과 세계에 관하여 단편적인 지식에서 벗어나 전체적이고 종합적으로 아는 것을 뜻한다. 철학은 의혹과 놀라움 또는 인간의 자기 자신에 대한 문제, 즉 자기 자신의 정체성에 대한 고뇌나 회의에서 시작하여(정진일, 2022), 인간과 세계를 위해 어떻게 하는 것이 옳은 것인지를 종합적으로 숙고하여 정당한 방향을 설정하는 것으로 마무리한다(손봉호, 1986).

가정과교육의 철학이란 가정과교육의 탄생과 발전 과정에 대한 의혹과 놀라움, 그리고 가정과교육은 무엇인지, 가정과교육이 인간과 세계에 어떻게 기여할 수 있는지 등 가정과교육의 정체성과 정당한 방향을 종합적으로 숙고하는 과정이라고 할 수 있다. 이에 이 장에서는 가정과교육은 무엇인지에 대한 기초를 제시하고, 탄생과 발전 과정을 탐색하며, 가정과교육이 인간과 세계에 도움이 되기 위해서 어떻게 하는 것이 옳은 것인지 규명하기 위해 철학자들이 생각하는 행복, 실천의 의미, 생활의 의미에 대해서 종합적으로 숙고하여 가정과교육의 정체성과 정당한 방향을 밝히고자 한다.

1. 가정과교육의 기초

가정교육학은 유아부터 노인까지 모든 가족을 대상으로 교육하는 학문을 말한다. 가정과교육은 가정교육학의 일부로서 초등의 실과 교육의 가정 분야와 중등의 가정교과교육을 의미한다. 교과교육이란 "교육 활동 중에서 창의적 체험 활동과 같은 생활지도나 특별 활동과 구분되는 부분으로, 교과를 가르치는 활동"을 말한다. 우리나라에서는 교과교육에서 다루어야 할 교과의 종류를 「초·중등교육법」으로 정해 두고 있다(교육부, 2022c). 가정과교육이란 우리나라 「초·중등교육법」으로 정해진 여러 교과 중에서 가정교과의 교육을 의미한다.

교과에 대한 여러 학자의 정의

- 지식 영역(명제적 지식), 기능 영역(방법적 지식), 가치 영역(규범 또는 태도)으로 구성된 교육 내용이다(Hyman, 1974).
- 교육 내용을 '교육 목적에 따라 선택, 조직해 놓은 것'이다(김수천, 1989).
- 가르칠 거리를 몇 개의 영역으로 나누어 놓은 것이다. 그 이유는 교과(敎科)에서 '科'는 곡식을 말(斗)로 나눈다는 의미이고, '敎'는 가르치는 행위 혹은 가르칠 거리를 의미하기 때문이다(김승호, 1996).
- 좁게는 학교에서 가르치고 있는 각 교과서에 담겨 있는 내용을 의미하며, 넓게는 각 교과에 대응되는 학문 영역에서 다루는 내용을 가르칠 수 있고, 배울 수 있는 형태로 조직해 놓은 것이다(김종건, 1997).
- 인류가 대대로 '경험'의 결과 이룩해 놓은 사회 생활의 의미 중에서 다음 세대에 계속 전해 주어야 할 문화의 본질적 요소를 조직된 형태로 표현해 놓은 것이다(Dewey, 1906).
- 세계와 그 관계에 대한 지식이며, 지식은 경험에 있어서의 질서와 예언 가능성, 그리고 경이적인 것에 관한 즐거움을 발견할 수 있게 하는 구조와 역사를 가지고 있는 것이다(Bruner, 1960).
- 인류가 오랜 기간에 걸쳐 축적해 온 문화로서, 공적으로 분류되고 학습을 통해 전달되는 경험을 이해하는 독특한 양식이다(Hirst, 1974).
- 인류의 문화유산의 핵심을 이루고 있는 학문적 지식, 윤리적 지식, 예술적 지식, 종교적 지식으로 구성된 것이다(이홍우, 2004).
- 인간과 그 집단이 이룩한 폭넓은 경험의 긴 역사의 전부이다(정범모, 1997).
- 개인적 측면에서는 경험이라고 할 수 있으며, 사회적·문화적 측면에서는 지식이다(이돈희 외, 1998).
- 인간의 가치를 드높이는 데 직결되어 사회적으로 지지를 받고 있으며, 일정한 준거를 가지고 그 생성을 되풀이하는 문화 요소 중 학교에서 가르칠 대상으로 설정되어 들어온 학문이나 경험 분야이다(곽병선, 1987).

질문: 1. 나는 교과를 무엇이라고 생각하는가? 왜 그렇게 생각하는가?
2. 위의 내용을 종합하여 가정교과를 정의해 보자.

1) 교과교육학의 이해

교과교육학이란 교과의 내용을 일반교육학의 원리에 따라서 지도하는 것이 아니라 각 교과에서 다루는 보편의 지식과 기능을 '가르칠 수 있는 지식과 기능'으로 분별하고 선정하며 질서화하는 학문이다(박인기, 2006). 이를 가정과교육학에 적용해 보면 가정과교육학은 가정교과에서 다루는 보편의 지식과 기능을 초·중등 학생에게 '가르칠 수 있는 지식과 기능'으로 분별하고 선정하며 체계화하고, 그 작업이 어떤 필요와 가치에 입각한 것인지를 연구하는 학문이다.

그러므로 교과교육학에서는 해당 교과의 내용에 해당하는 명제적 지식뿐만 아니라 명제적 지식에 대한 철학적·역사적·정치적·사회학적·심리학적·교육적 해석을 가하는 이차원적인 이해가 중요하다(김경배·김재건·이홍숙, 2006). 교사는 교과교육학을 일차원적으로 이해하는 것뿐만 아니라 이차원적으로 이해할 때, 해당 교과를 왜 가르쳐야 하는지, 그 교과를 통해 학생들에게 어떠한 도움을 줄 수 있는지 등의 이유를 명확히 알게 된다. 또한 교사로서의 존재 의미와 신념을 갖게 되어 해당 교과를 학생들의 요구와 전체적인 삶의 맥락에서 더욱 의미 있게 교육할 수 있게 된다.

레이놀드(Reynold, 1992; 조연순 외, 1997 재인용)는 교과교육학의 학문적 영역을 그림 1-1과 같이 도식화하였다. 이 도식에서도 확인할 수 있듯이, 교과교육학은 일반교육학 지식, 교과내용학 지식, 일반적 교양 지식이 통합된 독립된 학문으로, 그 고유의 독자성을 확보하고 있다. 이에 교과의 본질을 살리고 목적을 이루기 위해서 해당 교과교육학 자체의 원심력과 구심력을 형성하

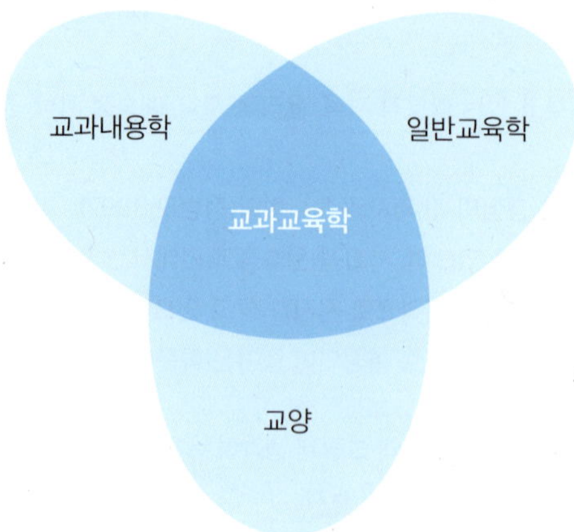

그림 1-1 교과교육학의 영역

여 일반교육학이나 교과내용학과 일반적 교양 지식을 능동적으로 통합한다.

한편, 김경배 외(2005)는 교과교육을 탐구할 때 다루어야 할 내용은 ① 교육받은 사람은 어떤 상태인가에 대한 가정, ② 교과의 본질에 관한 탐구, ③ 설정된 교육의 목적을 달성하기 위한 효과적인 교과교육의 방법은 무엇인가에 대한 것이라고 하였다. 즉, 교과교육을 탐구할 때, 각 교과가 이루고 있는 지식에 관한 이해, 그 지식이 갖는 교육적 가치에 대한 탐구, 그것을 기초로 하여 교과교육의 목적, 그것을 효과적으로 제시하고 가르치기 위한 방법에 대한 탐구가 있어야 한다고 하였다.

교과교육학이 탐구해야 할 내용은 ① 교과교육의 목표와 가치와 같은 철학, ② 교과의 목표와 가치에 도달할 내용의 선정과 조직과 같은 교육과정, ③ 교수-학습 방법, ④ 평가, 그리고 ⑤ 각 교과 교사의 전문성 등이다.

교과교육학에 포함될 수 있는 영역

- 특정한 교과를 가르치는 목적
- 주어진 연령 집단의 특정한 수준에 맞게 가르쳐야 하는 교과목의 범위, 위계 및 순서
- 가르쳐야 하는 교과목의 교육과정 자료를 선택, 비판, 수정, 그리고 사용하는 방법
- 학생들이 특정 교과목에 대하여 가지고 있는 지식, 기술, 능력 및 흥미에 대한 이해
- 특정 교과목의 특정 주제에 대한 학생들의 개념 이해 정도
- 특정 교과목에서 성공할 수 있다고 믿는 학생들의 신념
- 학생들의 학업에 대한 개념
- 시간의 흐름에 따른 학생들의 특정 교과에 대한 개념의 변화
- 학생들의 인지적·정서적·신체적 스타일
- 학생들의 사회적·언어적 배경
- 학생들에게 거는 가족의 기대와 그들이 가족으로부터 받는 도움의 종류
- 학생들의 개인적인 경험
- 주어진 집단의 학생들이 특정 교과 내용을 쉽게 이해할 수 있도록 도와주는 교수방법 및 책략에 관한 지식
- 특정 교과목에 적절한 평가 전략

출처: 조연순 외(1997).

이돈희 외(1994)는 교과교육학의 방향으로 '교과교육학 지식(PCK, Pedagogical Content Knowledge)'의 가능성을 검토하였다. 교과교육학 지식(PCK)이란 "교과 내용 지식이나 교육학 지식과는 구별되는 지식으로, 교수하고자 하는 내용, 학생, 학교 상황, 교수법, 교육과정 등 가르

치고자 하는 상황 안에서의 교수-학습에 관계하는 모든 지식"을 의미한다. 교과교육학 지식 관점에서의 교과교육학은 해당 교과에서 다루는 보편의 지식과 기능을 '가르칠 수 있는 지식 · 기능'으로 분별하고 선정하여 질서화하는 일을 담당한다고 할 수 있다(박인기, 2006).

미국 오하이오주에서 개발한 가정과교육과정은 교과교육학 지식 관점에서 가정과교육의 사명을 달성하도록 가정교과 내용 지식인 가정학의 지식을 가르칠 수 있는 지식으로 선정하고 질서화한 하나의 사례이다. 즉, 이 교육과정에서는 단원을 설정할 때, 의식주 · 아동 · 가족 · 소비 등의 가정학 영역으로 나누어서 제시한 것이 아니라 학생들의 발달 단계에 맞추어 실천적 문제를 설정하고 그 문제를 해결하는 데 도움이 되는 내용을 단원으로 선정 및 체계화하고 문제를 해결할 수 있는 교수 · 학습 방법과 평가 방법을 질서화하여 구성하였다.

중학교 가정과교육의 사명은 중학생들이 가정과 사회에서 자신의 책임을 다하도록 돕는 데 있다. 이를 위하여 가정과교육의 주된 목표는 문제해결력을 높이고, 상호 간의 관계를 조화롭게 형성하며, 관리 능력을 키우고, 시민 의식을 개발하는 데 있다(Ohio Department of Education, 1994).
오하이오주의 중학교 교육과정은 이런 사명을 달성하기 위해서 학습 과정과 학습 내용을 통합하였다. 이 교육과정의 내용은 중학교 학생들이 관심을 두고 있는 문제에 접근하기 위해서 중학생 시기의 발달 과업에 중심을 두었다. 이런 발달 과업에 중심을 둔 내용은 다음의 네 가지 실천적 문제에 초점을 두며, 주요 교수법은 협동학습법을 중심으로 한 실천적 문제해결 방법이다.

- 자아 정체감을 창조하기 위해서 나는 무엇을 해야 하는가?
- 타인과 관계하기 위해서 나는 무엇을 해야 하는가?
- 독립적이 되기 위해서 나는 무엇을 해야 하는가?
- 자원을 관리하기 위해서 나는 무엇을 해야 하는가?

오하이오주의 중학교 가정교과의 내용

(1) 자아 정체감을 창조하기 위해서 나는 무엇을 해야 하는가?

자아 형성에 관한 관심 ① 자존감, ② 자아 정체감과 인정, ③ 가치와 태도, ④ 목표, ⑤ 정서, ⑥ 자기 조절	개인적인 용모에 관한 관심 ① 개인적인 이미지, ② 몸차림, ③ 의복의 선택
성에 관한 관심 ① 성적인 의사 결정, ② 10대 임신, ③ 성관계에 의해서 전염되는 병	건강한 생활 양식에 관한 관심 ① 복지와 건강, ② 식품 선택, ③ 영양, ④ 체중 조절, ⑤ 무질서한 식습관, ⑥ 여가, ⑦ 스트레스, ⑧ 약물 남용, ⑨ 자살

(계속)

(2) 타인과 관계하기 위해서 나는 무엇을 해야 하는가?

의사소통에 관한 관심 ① 의사소통 기술, ② 주장 훈련, ③ 갈등 관리, ④ 지원 체계	아동에 관한 관심 ① 아동발달, ② 안내자, ③ 놀이
가족관계에 관한 관심 ① 가족의 본질, ② 가족 역할과 기능, ③ 가족생활 양식, ④ 건강한 가족, ⑤ 부모/아동 관계, ⑥ 형제자매 관계, ⑦ 가족 위기와 스트레스, ⑧ 가족 폭력	타인을 돌보는 관심 ① 돌보는 사람, ② 아동의 돌봄, ③ 노인의 돌봄, ④ 특수한 필요를 가진 사람의 돌봄, ⑤ 애완 동물의 돌봄
동료 관계에 관한 관심 ① 우정, ② 동료 압력, ③ 데이팅	사회에 관한 관심 ① 시민 의식, ② 사회 참여, ③ 세계의 인식, ④ 기술, ⑤ 변화

(3) 독립적이 되기 위해서 나는 무엇을 해야 하는가?

자아 돌봄에 관한 관심 ① 책임감, ② 자기 보호, ③ 상호 의존	직업에 관한 관심 ① 자기 평가, ② 직업적인 선택, ③ 사업, ④ 직업 찾기
의복에 관한 관심 ① 구매, ② 손질, ③ 관리, ④ 구성	일 역할에 관한 관심 ① 일의 존엄성, ② 학교에서의 일, ③ 일 습관, ④ 일 관계, ⑤ 일과 가족
음식 만들기에 관한 관심 ① 구매, ② 부엌 관리, ③ 조리법 사용, ④ 안전과 위생, ⑤ 비품, ⑥ 메뉴와 스낵	

(4) 자원을 관리하기 위해서 나는 무엇을 해야 하는가?

개인자원에 관한 관심 ① 자원의 사용, ② 개인의 잠재력, ③ 시간 관리	소비주의에 관한 관심 ① 소비자 의사 결정, ② 광고, ③ 상표, ④ 권리와 책임, ⑤ 소비자 보호
경제적인 자원에 관한 관심 ① 수입 획득, ② 소비 양식, ③ 가계, ④ 재정적인 서비스	생활환경에 관한 관심 ① 살 장소, ② 함께 사는 책임, ③ 개인 생활 공간, ④ 주거 환경의 손질, ⑤ 세계 환경에 대한 관심

2) 가정과교육학의 개념 체계

가정과교육학은 가정과교육의 정체성과 추구하는 목표에 맞게 가정학 내용 지식, 일반교육학 지식, 그리고 교양 지식을 가르칠 수 있는 지식과 기능으로 분별하여 선정하고 능동적으로 창조하여 통합한 학문이다(그림 1-2). 가정과교육학의 지식은 ① 가정과교육의 정체성과 정당성, 그리

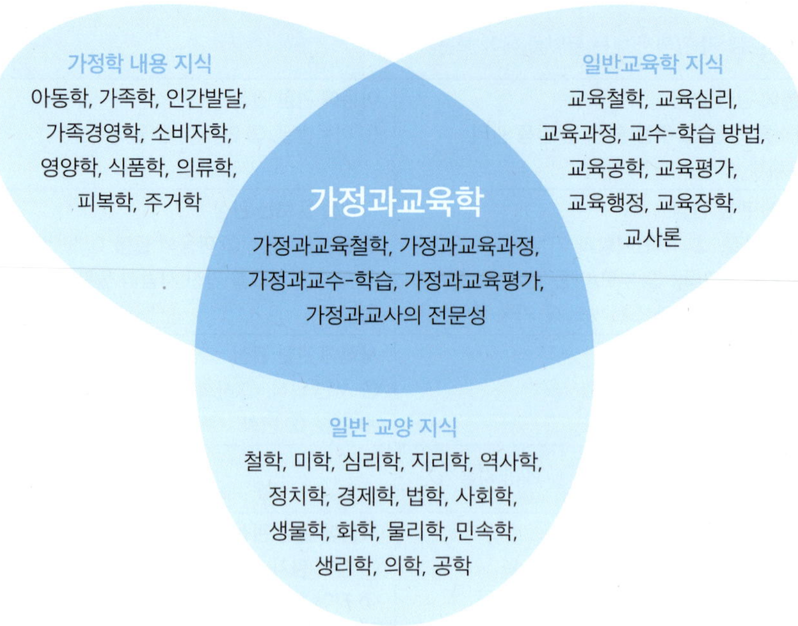

그림 1-2 가정과교육학의 개념 체계

고 목표 및 비전과 같은 가정과교육철학, ② 가정과교육의 철학에 도달할 내용의 선정과 조직과 같은 가정과교육과정, ③ 가정과교수-학습 방법, ④ 가정과교육평가, ⑤ 가정과교사의 전문성 등이다.

가정학 내용 지식 체계에 대해서 하라다(原田一, 1985)는 아동학, 가족관계학, 식물학, 피복학, 주거학, 가정경영학, 가정학 원론 등의 7분과로 나누고, 이 가정학의 7분과를 가정생활의 주체인 인적 요소의 연구, 물적 요소의 연구, 그리고 인적 요소와 물적 요소의 관계에 대한 관계적 요소에 대한 연구로 구분하여 제시하였다. 인적 요소의 연구에는 아동학, 가족학이 해당되며, 물적 요소의 연구에는 식물학, 피복학, 주거학이 해당된다. 그리고 이 둘의 관계를 연구하는 학문은 가정경영학이라고 보고, 가정학의 중심에 두었다. 가정학 원론은 가정학 전체를 조직하고 가정학의 목표를 부여하는 분야로서, 가정학 역사나 가정학 철학이 이에 해당되며, 가정학 내용 지식 체계의 근본 바탕이 되는 분과이다(그림 1-3).

미야가와(宮川滿)와 미야시다(宮下美智子, 1981)는 가정학의 지식을 하라다가 제시한 7분과 중 5개 분과인 가족관계학, 식물학, 피복학, 주거학, 가정경영학으로 범주화하고 세분화하였다. 즉, 가족관계학 분과에는 가족윤리, 가족사회학, 유아학, 노인학, 간호학, 가족심리학을, 식물학 분

가정학 원론	
인적 요소의 연구	아동학
	가족학
관계의 연구	**가정경영학**
물적 요소의 연구	식물학
	피복학
	주거학

그림 1-3 하라다의 가정학 내용 지식

과에는 조리학, 영양학, 식품학을, 피복학에는 피복구성학, 피복위생학, 피복재료학을, 주거학에는 주거관리학과 주택공학을, 그리고 가정경영학에는 가정경제학과 가정관리학을 포함하였다. 가정학 지식과 관련된 일반 교양 지식 분야에 대해서 하라다(1985)는 철학, 미학, 심리학, 지리학, 역사학, 정치학, 경제학, 법학, 사회학, 생물학, 화학, 물리학을 제시하였고, 미야가와(宮川滿)와 미야시다(宮下美智子, 1981)는 여기에 경영학, 민속학, 생리학, 의학, 공학을 추가하였다. 일반교육학 지식은 보통 교육철학, 교육심리, 교육과정, 교수-학습 방법, 교육공학, 교육평가, 교육행정, 교육장학, 교사론 등을 포함한다.

중등학교 가정과교사 자격 표시 과목의 기본 이수 과목은 ① 가정교육론, ② 영양학, 식품과 조리, ③ 의복 재료와 관리, 의복 디자인과 구성, ④ 주거학, 실내디자인, ⑤ 가정경영, 소비자학, ⑥ 아동학, 가족학, ⑦ 가정생활과 복지, 가정생활 문화, 가정생활과 진로의 7개 분야로 구성되어 있다. 각 분야에서 한 과목 이상을 이수하도록 하며, 이러한 과목은 가정학 영역의 거의 모든 분야를 포함하고 있다(표 1-1). 이러한 평가 영역은 가정학의 내용과 교육학 지식을 통합하여 가정교과에서 다루는 보편의 지식과 기능을 '가르칠 수 있는 지식과 기능'으로 분별하고 선정하며 질서화하기 위한 최소한의 요소라고 할 수 있다.

표 1-1 중등학교 가정과교사 자격 표시 과목

표시 과목	관련 학과 및 학부	기본 이수 과목	비고
가정	가정교육학 및 관련되는 학부 (전공 학과)	① 가정교육론 ② 영양학, 식품과 조리 ③ 의복 재료와 관리, 의복 디자인과 구성 ④ 주거학, 실내 디자인 ⑤ 가정경영, 소비자학 ⑥ 아동학, 가족학 ⑦ 가정생활과 복지, 가정생활 문화, 가정생활과 진로	①~⑦ 분야 중 각 분야에서 1과목 이상 이수

출처: 교육과학기술부 고시 제2011-15호.

우리나라 중등학교교사 임용후보자 선정경쟁시험의 가정 평가 영역 상세화에 제시된 가정교과교육의 평가 영역은 가정 교과교육학과 가정 교과내용학으로 구분되어 있다. 가정 교과교육학으로 가정교육론은 ① 가정과교육 철학과 전문성, ② 가정과 교육과정, ③ 가정과 교수 · 학습, ④ 가정과 평가로 구성되어 있다(표 1-2). 가정 교과내용학은 ① 영양학, 식품과 조리, ② 의복 재료와 관리, 의복의 디자인과 구성, ③ 주거학, 실내 디자인, ④ 가정경영, 소비자학, ⑤ 아동학, 가족학, ⑥ 가정생활과 복지, 가정생활과 문화, 가정생활과 진로를 포함하고 있다(표 1-3).

표 1-2 중등학교교사 임용후보자 선정경쟁시험의 '가정교육론' 평가영역과 평가 내용 요소

구분	기본이수과목 및 분야	평가영역	평가 내용요소	중등학교 교육과정 관련성
교과 교육학	가정교육론	가정과교육 철학과 전문성	• 가정과교육의 본질 • 가정과교육의 역사와 미래 방향 • 가정과교사의 전문성과 장학 • 가정과교육 현장 연구	• 가정과 교육과정 전체 -교육과정 설계의 개요 -성격 및 목표 • 가정과교사의 세부 자격 기준
		가정과 교육과정	• 가정과 교육과정의 이해와 변천 • 가정과 교육과정의 개발과 운영 • 가정과교육 환경 조성과 운영	• 교육과정 총론 • 가정과 교육과정 전체
		가정과 교수·학습	• 가정과 교수·학습 설계 • 가정과 교수·학습 방법 • 가정과 교수·학습 자료의 개발과 활용	• 가정과 교육과정 전체 -내용체계 및 성취 기준 -교수·학습 및 평가
		가정과 평가	• 가정과 평가 설계와 방법 • 가정과 평가 도구의 개발과 활용 • 가정과 평가 결과의 활용	• 가정과 교육과정 전체 -내용체계 및 성취 기준 -교수·학습 및 평가

출처: 한국교육과정평가원, 2025

표 1-3 중등학교교사 임용후보자 선정경쟁시험의 가정 교과내용학 평가영역과 평가 내용 요소

구분	기본 이수 과목 및 분야	평가 영역	평가 내용 요소	중등학교 교육과정 관련성
교과내용학	영양학, 식품과 조리	영양학	영양과 영양소	• 중 기가: 영양과 청소년의 식생활 • 고 생과탐: 식품영양과 조리
			생애주기 영양	• 중 기가: 영양과 청소년의 식생활 • 고 생과탐: 식품영양과 조리
			식사요법	• 중 기가: 영양과 청소년의 식생활 • 고 생과탐: 식품영양과 조리
			식생활 교육	• 중 기가: 영양과 청소년의 식생활 • 중 기가: 식품선택과 식생활 안전 • 중 기가: 식사계획과 조리원리 • 고 생과탐: 식품영양과 조리
		식품과 조리	식품 과학	• 중 기가: 영양과 청소년의 식생활 • 중 기가: 식품선택과 식생활 안전
			조리원리 및 실습	• 중 기가: 식품선택과 식생활 안전 • 중 기가: 식사계획과 조리원리 • 고 생과탐: 식품영양과 조리
			식품선택과 안전	• 중 기가: 식품선택과 식생활 안전 • 중 기가: 식사계획과 조리원리 • 고 생과탐: 식품가공과 외식산업 • 고 생과탐: 식품영양과 조리
			식생활 문화	• 중 기가: 식품선택과 식생활 안전 • 중 기가: 식사계획과 조리원리 • 고 기가: 일상생활과 생활문화의 형성 • 고 기가: 한국 식생활문화의 독창성 • 고 기가: 식생활과 문화다양성 • 고 기가: 미래 식생활과 푸드테크 • 고 기가: 식품영양과 조리
	의복 재료와 관리, 의복 디자인과 구성	의복 재료와 관리	의복재료의 이해	• 중 기가: 생활환경과 지속가능한 선택 • 고 생과탐: 생활환경과 생활과학
			지속가능한 의생활 관리	• 중 기가: 생활환경과 지속가능한 선택
			의복과 건강·위생	• 중 기가: 인간 발달과 주도적 삶 • 중 기가: 생활환경과 지속가능한 선택 • 고 기가: 생활문화와 디지털 환경 • 고 기가: 인간과 성장하는 관계
		의복의 선택과 디자인	의복과 생활용품 디자인 및 제작	• 중 기가: 인간 발달과 주도적 삶 • 중 기가: 생활환경과 지속가능한 선택 • 고 생과탐: 생활환경과 생활과학

(계속)

구분	기본 이수 과목 및 분야	평가 영역	평가 내용 요소	중등학교 교육과정 관련성
교과내용학	의복의 선택과 디자인	의복과 생활용품 디자인 및 제작	의복의 선택과 자기표현	• 중 기가: 인간 발달과 주도적 삶 • 중 기가: 생활환경과 지속가능한 선택
			의류산업의 이해	• 중 기가: 생활환경과 지속가능한 선택 • 고 생과탐: 생활환경과 생활과학 • 고 생과탐: 생활과학과 진로
			의생활 문화	• 중 기가: 생활환경과 지속가능한 선택 • 고 기가: 생활문화와 디지털 환경 • 고 생과탐: 생활과학과 진로
	주거학, 실내 디자인	주거학	주거생활문화의 이해	• 중 기가: 주거환경과 주거문화 • 고 기가: 유비쿼터스 주거와 가상공간, 안전한 주생활문화 영위 • 융합선택과목: 주거복지서비스
			주거 계획과 선택	• 중 기가: 주거 공간 구성과 계획 • 고 생과탐: 주거공간 구성 • 융합선택과목: 주거 트렌드와 사회적 요구 분석하기, 주거 공간 구성 및 연출하기
			주거 환경과 관리	• 중 기가: 주거환경의 조건, 쾌적하고 안전한 주거 관리 방안 • 융합선택과목: 주거
		실내디자인	주거공간 실내디자인의 이해	• 융합선택과목: 주거트렌드 분석
			주거공간 실내디자인의 실제	• 중 기가: 주거 공간 구성과 계획 • 융합선택과목: 주거와 실내디자인
	가정경영, 소비자학	가정경영과 가계경제학	가정관리체계	• 중 기가: 디지털 생활환경과 자원관리 • 고 기가: 저출생 고령사회에서의 생애 설계 • 융합선택과목: 독립적 생활설계
			생활자원관리	• 중 기가: 생활자원의 순환과정 • 중 기가: 디지털 생활환경과 자원관리
			가계재무관리	• 고 기가: 자산 형성과 가계 재무 • 융합선택과목: 수입과 금융거래 • 융합선택과목: 금융거래와 관련된 이슈
		소비자학	소비자 의사 결정	• 중 기가: 소비자 의사 결정과 책임
			소비문화	• 중 기가: 소비자 의사 결정과 책임 • 고 생과탐: 소비자와 소비 행동 심리 • 융합선택과목: 협력적 소비
			소비자정책	• 중 기가: 소비자 의사 결정과 책임 • 고 기가: 소비자 안전과 소비자 시민성

(계속)

구분	기본 이수 과목 및 분야	평가 영역	평가 내용 요소	중등학교 교육과정 관련성
교과내용학	가정경영, 소비자학	소비자학	소비자교육	• 중 기가: 소비자 의사 결정과 책임 • 고 기가: 소비자 안전과 소비자 시민성
	아동학, 가족학	인간발달	인간발달의 기초	• 중 기가: 청소년기 발달 • 고 생과탐: 인간발달이론, 발달특성탐구 • 융합선택과목: 아동발달의 기초와 아동발달 이론
			아동·청소년 발달	• 중 기가: 청소년 발달과 자아정체성 • 융합선택과목: 부모됨의 준비, 아동발달 단계별 특성
			성인 발달	• 고 기가: 중년기, 노년기 • 융합선택과목: 성인진입기
		가족학	가족학의 기초	• 중 기가: 가족의 다양성과 변화, 한국가족과 가족문화 • 고 생과탐: 가족기업의 역사성 • 융합선택과목: 가족의 형성
			가족관계	• 중 기가: 가족의사소통과 갈등관리 • 고 기가: 성과 사랑, 배우자 선택, 부모됨 선택, 디지털 관계, 회복탄력성 • 융합선택과목: 관계맺기와 경계 세우기
			부모교육	• 융합선택과목: 부모됨 준비, 부모 역할, 공동양육, 아동 돌봄, 안전한 돌봄환경
			가족생활교육과 가족상담	• 중 기가: 가족친화교육, 성폭력·가정폭력 예방 • 고 기가: 건강한 가족문화 창출, 회복탄력성, 위기 후 성장 • 고 생과탐: 아동상담서비스 탐색 • 융합선택과목: 마음건강 유지 방안 탐색, 상실과 비탄에 대처
	가정생활과 복지, 가정생활 문화, 가정생활과 진로	가정생활과 실천	가정생활과 복지 서비스	• 고 기가: 생활복지서비스와 스마트복지 • 고 생과탐: 가족복지, 가족생활교육, 가족생활 복지 정책, 주거복지, 주거복지 모형, 가족생활 복지서비스, 새로운 복지정책발굴
			생활환경의 이해와 가정생활 문화	• 중 기가: 주거문화 • 고 기가: 생활문화의 이해, 미래의 의식주생활 문화, 생활문화 창조
			가정생활과 진로 설계	• 중 기가: 전생애적 관점에서의 진로 설계, 진로 설계의 실제 • 고 기가: 가족생활설계 • 고 생과탐: 생활과학과 진로, 의식주 소비 사회 변화와 진로 설계

3) 가정학의 어원과 정의

(1) 가정학의 어원

가정학(家政學)의 영어 표기는 주로 Home Economics, Human Ecology, 그리고 Family and Consumer Sciences로 사용된다. 각 표기의 어원에 대해서 살펴보면 다음과 같다.

① Home Economics

우리나라 가정교과의 영문 표기는 Home Economics이며, 이는 가정학의 영문 표기이기도 하다. economics의 어원은 고대 그리스에서 시작된다. 기원전 5세기 그리스의 사학가였던 크세노폰(Xenophon)은 『가정론(oeconomicus)』이란 저서를 집필하였는데, 거기에서 오이코노모스(oikonomos, 가정학)란 용어를 처음 사용하였다. oikonomos는 집을 의미하는 oikos와, 규정, 법규, 습관을 의미하는 nomos의 합성어이다. 이 어원에서 뜻하는 가정학(home economics)은 가정을 다스리는 것과 관련된 규정, 법규, 습관을 연구하는 학문으로, 당시 가정학은 철학, 특히 윤리학, 인간학, 사회철학, 교육철학, 종교철학과 깊게 연관되었다.

유태명(1992)은 아리스토텔레스가 저술한 『니코마코스 윤리학』이라는 저서에서 가정학의 영문 명칭이 home economics인 이유를 밝혀냈다. 아리스토텔레스는 지식을 과학(science), 예술

아리스토텔레스의 『니코마코스 윤리학』에서 본 Home Economics의 어원

아리스토텔레스는 지식을 과학(science), 예술(art), 실천 이성(practical reason), 직관적 이성(intuitive reason), 철학적 지식(philosophical wisdom)의 다섯 범주로 나누었다.

- science: 다른 방식으로 존재하는 것이 가능하지 않은 것, 즉 논증될 수 있는 것
- art: 원어는 '테크네(techne)'이며 기술을 의미, 제작의 영역, 참된 이치에 따라 제작할 수 있는 상태(지식)
- practical reason: 인간을 위해서 좋은 것이 무엇인지 나쁜 것이 무엇인지를 알아 참된 이치에 따라 행동할 수 있는 것. 이는 다음의 세 지식으로 구성된다.
  - 개인(practical wisdom)
  - 가족(economics): 가족 단위에서 사람들이 살기에 최고의 시스템을 만들기 위한 학문
  - 사회(politics)
- intuitive reason: 덕과 학문을 성립시키는 근본 원리를 아는 직관적 이성(경험을 통하지 않고 학문의 원리를 알아냄)
- philosophical wisdom: 직관적 이성과 철학적 인식이 합쳐져 가장 고귀한 것들을 인식하는 철학적 지혜

(art), 실천 이성(practical reason), 직관적 이성(intuitive reason), 철학적 지식(philosophical wisdom)의 다섯 가지로 분류하였다. 이 중 practical reason은 인간을 위해서 좋은 것이 무엇인지, 나쁜 것이 무엇인지를 알아 참된 이치에 따라 행동할 수 있는 지식인 실천 이성에 속한다. 실천 이성(practical reason) 중에서 economics는 가족을 위해서 좋은 것이 무엇인지를 알고 가족 단위에서 사람들이 살기에 최고의 시스템을 만들기 위한 지식이다. 그런데 19세기 경제학이 발달하였기에 이와 차별을 두기 위해 economics 앞에 home을 붙인 것이다. 이 어원에 비추어 보면 가정학(home economics)은 가족을 위해서 좋은 것과 나쁜 것이 무엇인지를 가치 판단하여 가족 단위에서 사람들이 살기에 최고의 시스템을 만드는 학문이라는 것을 알 수 있다.

② Human Ecology

ecology라는 용어는 희랍어의 집을 의미하는 oikos와, 지식을 의미하는 logos의 합성어이다. 즉, ecology는 집이나 주거에 관한 학문이다. human ecology(인간생태학)는 문화에 의하여 대폭적으로 수정된 생물적 존재로서의 개체나 집단을 연구하고, 인간이 환경(자연, 인공, 인간 행동 환경)에 어느 정도, 그리고 어떻게 영향을 미치고 또 그 환경이 인간에게 어떤 형태로 영향을 주는지를 연구함으로써 인간과 인간의 문제를 이해하고 그 해결점을 찾는 학문이다. 미시간주립대학교 생활과학대학에서는 모리슨(Morrison)의 인간생태학 모델을 제시하였다. 이 모델은 인간을 둘러싸고 있는 환경을 세 가지, 즉 자연 환경, 인간 행동 환경, 그리고 인공 환경으로 구성하였다(그림 1-4). 1960년대 미국에서 몇몇 대학이 가정학의 내용을 재편성하면서 이 용어를 사용하였다.

가정학을 인간생태학이란 용어로 사용하게 된 배경에는 엘렌 리처즈(Ellen Swallow Richards)의 카리스마가 작용하였다. 그녀는 1879년에 베서대학교(Vassar college)를 졸업하고 여학생으로는 미국 최초로 매사추세츠공과대학(MIT)에 입학하여 화학자로서 학위를 취득한 후 정식 강사로 임용되었다. 리처즈는 최초의 미국가정학회의 회장으로 선출되어 지도력을 발휘하였는데, 그녀는 생활의 과학화를 가정학의 방향으로 삼았으며 과학의 세분화와 전문화에 관심을 가졌다. 1899년 과학자들이 중심이 되어 미국 보스턴 근교의 레이크플래시드(Lake Placid)에서 미국가정학회는 제1차 회의를 열었고, 여기서 가정학은 인간을 둘러싸고 있는 인접 환경과 그 환경과의 상호 작용에 중점을 둔 학문이라고 논의하였다. 이는 1960년대 인간생태학을 미국가정학의 새로운 방향으로 모색하는 데 발판을 마련하였다(문수재 · 유영주 · 이은영 · 주정숙 · 문숙재, 1996).

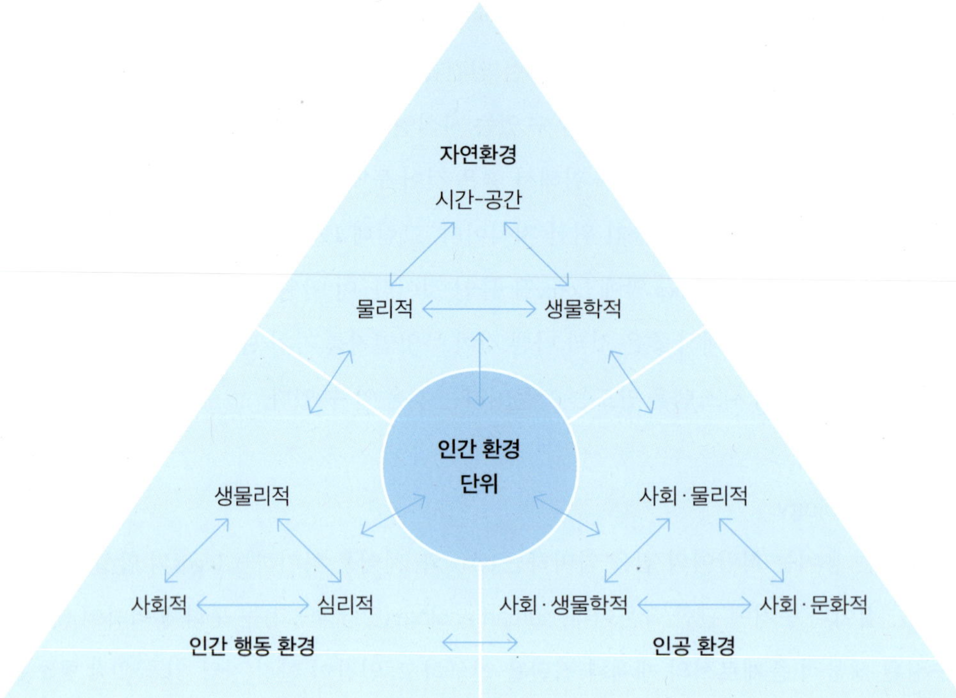

그림 1-4 인간생태학 모델

출처: Bubolz, Eicher, Sontag(1979).

③ Family and Consumer Sciences

1994년 미국가정학회는 가정학의 명칭을 시대의 변화에 적합하도록 Home Economics에서 Family and Consumer Sciences로 변경하였다. 그 이후부터 현재까지 미국의 중등학교에서 가정교과의 명칭은 Family and Consumer Sciences(FCS)로, 대학의 가정교육과는 department of Family and Consumer Sciences Education으로, 미국가정학회는 American Association of Family and Consumer Sciences로, 미국가정학회지의 명칭은 Journal of American Family and Consumer Sciences로, 미국가정과교육학회지의 명칭도 Journal of American Family and Consumer Sciences Education으로 변경하였다.

(2) 가정학의 정의

가정학은 초창기부터 현재까지 시대의 변화에 따라서 조금씩 다르게 정의되었다. 1902년 4차 레이크플래시드 회의에서 가정학은 "가장 포괄적인 의미에서 한편으로는 인간의 직접적인 물리적 환경에 관여하고 다른 편에서는 사회적 존재로서의 인간 특성에 관련하는 이상, 원리, 조건, 법칙들을 연구하는 학문이며, 특히 이 두 요인들 사이의 관계를 상호 연관하여 탐구하는 학문이다"라고 정의하였다. 이러한 정의는 가정학의 내용 체계, 즉 인간과 식, 의, 주, 가족 등의 생활환경과의 관계를 연구한다는 의미에서 오늘날 가정학의 학문 영역을 설명하는 데 기여하고 있다.

1959년 미국가정학회는 이전 가정학의 정의가 너무 포괄적이고 모호한 점을 수정 · 보완하여 가정학을 새롭게 정의하였다. 즉, 가정학은 "가정생활을 위하여 개인을 교육하고, 가족에 의해 사용되고 있는 물자와 용도에 대한 개선에 힘쓰며, 인간생활을 충족하게 해줄 수 있는 사물에 대한 연구와 그 발견을 주관하고, 이를 변화하는 가치관에 합당하도록 하며, 개인과 가족의 변화하는 요구를 만족시키는 수단의 발견, 그리고 지역사회, 국가 및 세계 정보를 가족생활에 조화 · 적응시키는 데 목적을 두는 학문"이라고 정의하였다.

1972년에 개최된 제12회 국제가정학회에서는 가정학의 성격을 응용 학문이라고 지칭하면서 가정학을 가정생활을 중심으로 가족의 물질적 · 사회적 · 경제적 · 심리적 · 문화적 · 정서적 · 지성적 인간의 여러 욕구를 충족하는 많은 학문 위에 구축된 응용과학이라고 정의하였다.

1975년 미국가정학회는 '가정학의 새로운 방향 제시 II'에서 가정학을 인간생태학으로 보고, "가정학은 가족과 자연 내지는 인공 환경과의 상호 관계의 연구, 가족의 내부적 기능을 형성하는 가족원의 행동적인 상호 영향에 관한 연구, 가족과 기타 사회 제도나 물리적 환경과의 상호작용에 관하여 연구하는 학문"이라고 정의하였다.

1979년 미국가정학회는 브라운과 파올루치(Brown & Paolucci)의 연구 결과를 바탕으로 "가정학은 인간에게 직접 봉사하는 사명 지향적인 학문"이라고 정의하였다. 이는 새로운 사회에 적합한 정의로 제창되었으며 현재까지 유지하고 있다.

2. 가정과교육의 역사

미국의 가정교육학자인 브라운과 파올루치(Brown & Paolucci, 1979)는 가정과교육의 의미를 이해하고 미래 방향을 설정하려면 가정과교육의 역사를 파악하는 것이 중요하다고 언급하였다. 이 절에서는 우리나라 가정과교육과 가정과교육의 선도적 역할을 해온 미국 가정과교육의 성립과 변화 과정의 역사를 알아보고자 한다.

1) 우리나라 가정과교육의 성립과 변화 과정

우리나라 가정과교육이 학교에서 본격적으로 시작된 것은 개화기 때인 1886년 이화학당이 설립된 이후이다. 하지만 가정과교육의 역사적인 근본은 조선 시대 가정 내의 인성교육과 실기교육에서부터 출발하였다.

(1) 조선 시대

우리나라는 역사적으로 '수신제가치국평천하(修身齊家治國平天下)'의 사상을 가지고, '가정(家政)'의 성패가 사회질서 유지의 기반이라고 생각하고 중요하게 여겨 왔다(윤서석, 1981). 즉, 조선은 유교 국가로서 가정(家庭)을 유교 사상이 보급되는 최초의 공간으로 보았으며, 근본에서부터 자녀교육과 부녀자 역할의 중요성을 강조하였다(조민아, 2013). 이와 같은 인식으로 부녀자의 교육을 위해 편찬된 『여사서(女四書)』, 소혜왕후의 『내훈(內訓)』에서는 가족관계와 육아, 의식주 생활의 관리 방법, 제사와 빈객, 스스로의 인격 수양에 관한 내용을 다루고 있다. 특히, 우암 송시열의 『계녀서(戒女書)』는 위의 내용을 포함하여 가족관계, 물건의 매매, 임차, 노비를 거느리는 근본까지 다루고 있으며, 『증보산림경제(增補山林經濟)』「가정(家政)」편은 가정을 재화의 생산과 관리 등의 경영이 요청되는 물질적인 생활 공간으로 부각하여 가정 운영에 필요한 구체적인 지식을 담고 있다(윤서석, 1981; 조민아, 2013).

이에 가정학자 윤서석(1981)은 조선 시대의 가정학을 덕성교육(수신 · 예정 · 인간관계의 화친 · 국가 보은)과 실기교육(봉제사 · 자녀 양육 · 가사 처리 · 재물과 금전 관리 · 주택 선정)으로 대별할 수 있다고 보았으며, 조민아(2013)는 『증보산림경제(增補山林經濟)』의 「가정(家政)」 편의 편찬으로 가정론(家政論)의 전통이 사회 지식으로 자리잡게 되었다고 평가하였다.

전통적인 '가정'의 의미

우리나라에서 '가정(家政)'이란 두 글자가 문헌에 나온 것은 16세기에 간행된 홍만선의 『산림경제』이다. 여기에서 "가장은 많은 가무를 다스리는데, 이(理)에 맞추어 대응하고 조금도 역행하지 말 것이며, 베푸는 일을 우선 조밀하게 하고, 다음에 화목과 엄숙을 조화 있게 할 것이다. 여기에서 어긋나면 집안의 파패(破敗)를 면하기 어렵다"고 쓰고 있다. 1947년 대한가정학회를 설립하고 가사(家事)라고 하던 교과를 가정(家政)으로 개정한 것은 위에서 소개한 우리의 옛 이념과 문헌을 근거로 한 것이다.

출처: 윤서석·신상옥(1990).

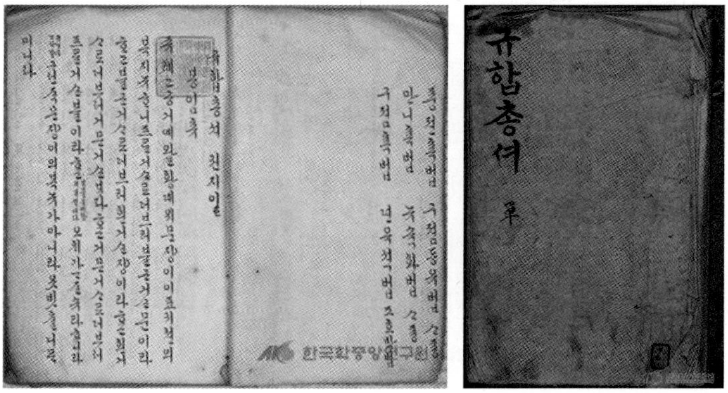

그림 1-5『규합총서』

조선 후기 실학자 '빙허각 이씨'가 가정의 일상생활에 필요한 여러 가지 지식을 순한글로 작성한 가정백과사전이다.『규합총서』는 1809년 기사(己巳) 동짓날 작성한 것으로 되어 있는 저자의 서문에 "이 모두가 양생하는 선무(先務: 먼저 힘써야 할 것)요, 치가(治家: 집안을 다스리는 것)하는 요법이라 진실로 일용생활에 없어서는 안 될 것이오, 부녀가 마땅히 강구해야 할 것이다"라고 밝히고 있다. 이 책은 내용을 자세하고 분명하게 서술했을 뿐 아니라 인용한 책 이름을 각 사항에 작은 글씨로 표기하였다. 자신의 의견을 부가하며 이를 '신증'이라 하고, 각 항목 끝에는 자신이 직접 실행해 본 결과 등을 작은 글씨로 제시하여 사람들이 읽어 보고 실행할 수 있게 한 것이 특징이다. 이 책은 필사본으로 전해져 오는 조리책 중에서 가장 많이 읽혔으며, 우리 가정생활에 미친 영향이 매우 큰 것으로 보고되고 있다.

출처: 한국민족문화대백과사전.

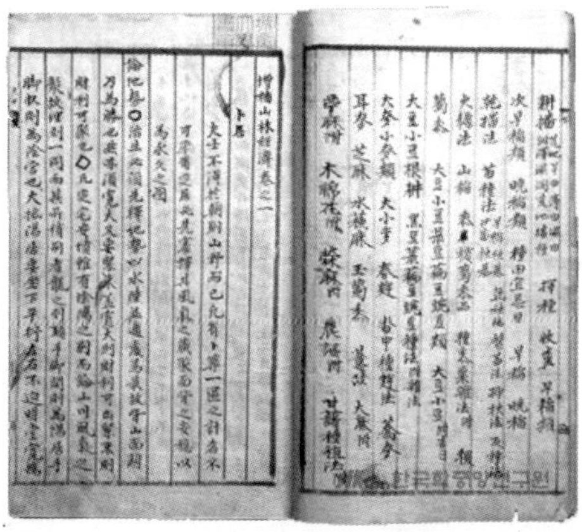

그림 1-6『증보산림경제』

홍만선(洪萬選)의『산림경제』를 유중림이 증보하여 편찬하였다.『산림경제』의 16항목이 23항목으로 증보되었고, 항목은 가정상(家政上), 가정하(家政下), 양화(養花), 양잠(養蠶), 목양(牧養), 치포(治圃), 섭생(攝生), 구급(救急), 증보사시찬요(增補四時纂要) 등으로 되어 있다.

출처: 한국민족문화대백과사전.

(2) 근대 개혁기 및 일제 강점기

이화학당 창립자 스크랜턴

1894년 갑오개혁 이후 대한제국이 설립되고, 1910년 국권을 잃어 일제의 식민 통치가 이루어지면서 나라를 구하기 위한 중요한 수단으로 교육이 강조되었다. 신지식과 신교육을 향한 열망이 고조되어 신식 학교가 설립되고, 가정에서 담당하던 많은 부분이 학교로 이관되었다. 1886년 이화학당(梨花學堂)이 스크랜턴 여사에 의하여 설립되었고, 수예, 재봉 등을 가르치면서 가정교육 역시 학교 현장으로 옮겨졌다. 이어서 여러 학교가 설립되고, 교육 내용이 가사, 수예, 재봉으로 확대되었다.

1929년 이화여자대학교(이화여전)에 가사과(家事科)가 설치된 이후에는 미국 대학의 자료를 참고하여 교육과정을 편성하였으나, 교수진과 실험 시설의 부족, 일제의 우민화 정책으로 인하여 가사 실무 처리에 관한 초보 지식과 기능 숙달에 편중된 형태로 운영되었다(최이순, 1979; 윤서석, 1981).

근대 개혁기의 가정학은 일본의 현모양처를 모델로 한 여성의 학문으로 접근하거나 전통 가정론을 계승하여 남녀노소의 학문으로 설정하여 발전하였는데, 두 계열 모두 보국(保國)이라는 동일한 방향성을 견지하였으며, 가정학에서 제시한 근대적 실용 지식을 중시하였다(조민아, 2013).

그림 1-7 1930년대 여학교 가사 수업

(좌) 이화여자대학교 가정학과 초기의 조리 실습 광경으로, 외국인 여교사가 학생들을 바라보고 있고, 학생들은 앞치마를 맨 채 작은 칼로 감자나 양파처럼 보이는 둥근 재료를 손질하고 있다. 사진의 맨 왼쪽 중간쯤에 있는 여학생이 교과서 같은 작은 책을 읽고 있는 모습이 보인다.

(우) 명신여학교의 가사 수업 광경으로, 학생들이 재봉틀을 돌리고 있다.

(3) 해방 이후

해방 이후의 가정학과 가정과교육은 크게 발전되었다. 그 변화를 살펴보면 다음과 같다.

① 가정학의 변화

해방 후 1947년 '가사과(家事科)'가 '가정과(家政科)'로 개칭되면서 1947년 이화여자대학교 가정학부, 1948년 숙명여자대학교 가정학부가 설립되었다. 특히, '가사과'가 '가정과'로 개칭된 것에 대해 윤서석(1981)은 가정학의 본질을 찾으려는 시도였으며, 한국 가정학 발전의 효시라고 높게 평가하였다. 또한 1947년 5월에는 가정학자들이 민족의 얼을 찾는 세찬 소리에 부응하여 가정과교육계에서도 우리 살림을 가르쳐야겠다는 책임감에서(표경조, 1959) 모여 '대한가정학회'를 창립하였다. 대한가정학회는 우리나라에서 두 번째로 만들어진 학술 단체로서 육아, 영양, 경제, 건축, 정치, 한글 속성, 메주 제조, 궁중 요리, 미용 등 가정과교육의 새로운 내용과 방법을 모색하였으며, 1952년 10월에는 한국전쟁 중에도 피난지인 부산 창덕여자고등학교에 학회 사무실을 두고 임시 총회를 여는 등 학회 활동을 중단하지 않았다(대한가정학회, 1997).

1950년대 가정학은 한국전쟁 이후 시대가 요청하는 과학적이고 경제적인 가정생활 선도에 기여하고자 '생활의 합리화'를 기치로 하여 교육 · 계몽 · 연구를 추진하였으며, 대한가정학회가 1955년에는 미국가정학회(AHEA), 1958년에는 세계가정학회(IFHE)에 가입하는 등(KHEA, 2024) 가정학의 기반을 구축한 시기였다.

한편, 대한가정학회지 창간호(1959)에 공표한 대한가정학회 마크는 "가정학의 연구가 '빛'으로 밝혀지고 확산되어 사회에 기여하고, 여기에서 가정학자는 모여 '원'을 이루고, 이러한 '힘'이 제인으로 이어져 세계적 유대를 강화한다는 의미"를 담고 있다(윤서석, 1981). 같은 호의 창간사에는 가정학은 고유한 문화 전통과 함께 변천하는 시대적 요구에 대한 대응성을 강화해야 한다고 강조하고, 생활의 과학화를 우선 과제로 하여 변천하는 사회에 있는 사람들의 요구에 대답할 수 있는 이론과 방법을 교육에서 실천함으로써 가정생활을 증진해야 한다고 밝혔다. 이를 위해서는 남녀 모두의 인식과 지원이 있어야 하고 가정과교육(家政科教育)은 남녀 공수 교과로 과감히 검토되어야 한다고 역설하였다. 한편, 이 시기에 가정학자들은 한국 가정생활의 민주화 방안을 적극 제창하였다.

1960년대는 '생활의 과학화'를 본격적으로 구현한 시기로, 가정학계는 의식주 · 가정 관리 · 육아에 관한 자연과학적인 측면의 원리 연구와 원리 적용 방안에 대한 연구가 활발하였다. 즉, 한국인의 영양 권장량 제정, 요식업과 일상 식생활 개선을 위한 표준 식단 연구, 한국 군인을 위한 전투 식량(C-ration) 개발, 기성복 대량 생산을 위한 표준 치수 연구, 새로운 섬유에 대한 적용과 유용성 연구, 시간과 에너지의 낭비가 없는 가사노동 문제 등의 연구가 추진되었다. 한편으로는 변천하는 가정 윤리와 가족관계에 관심을 기울이고, 한국학의 연구와 한국 문화 재건에 대한 각성에 따라서 가정학자들이 한국의 생활 문화에 관한 역사적 연구를 시작한 시기이기도 하다(윤서석, 1981). 또한, 연세대학교, 이화여자대학교, 숙명여자대학교, 서울대학교 등에 가정대학이 설립되고 가정학 관계 전문서가 속속 출간되었으며, 미국의 선진 가정학을 전공한 학자들이 귀국하여 가정학의 양적 · 질적 발전이 이루어졌다(최이순, 1979).

1970년대는 가정학의 전문성을 새로이 정립하고자 주력한 시기로, 1970년 총회 주제로 '70년대의 가정학 방향', 1972년 '급변하는 사회와 가정', 1973년 '가정학의 전문성과 영역', 1974년 '미래의 가정학', 1975년 '가정학의 연구', 1976년 '가정과 지도 내용의 체계화', 1977년 '가정학의 본질', 1978년 '사회 변천에 따른 가정과교육과정', 1979년 '대학교육에 있어서의 가정학의 위치'를 주제로 설정하여 가정학의 철학과 방향을 탐색하였다(윤서석, 1981). 한편, 가정학의 각

그림 1-8 우리말·우리 생활에 바탕을 둔 가정과교과서를 처음 저술한 우리나라의 초기 가정학자들

❶ 표경조(1909~1972): 이화여자고등학교 교사, 숙명여자대학교 가정대학 초대 학장, 대한가정학회 초대 회장 등을 역임하였다.

❷ 최이순(1910~1987): 연세대학교 가정대학 초대 학장, 어린이교육협회 초대 회장, 대한가정학회 회장 등을 역임하였다.

❸ 주월영(1911~1997): 가정과교사, 문교부 편수관, 이화여자대학교 교수, 경기여자고등학교·수도여자고등학교 교장, 대한가정학회 회장 등을 역임하였다.

영역은 전문성이 심화되어 '복식학회', '아동학학회', '가정관리학회' 등이 새로 창립되기 시작하였다. 또한 국내에서 가정학의 연구로 박사 학위가 수여되기 시작하였으며, 대학에는 가정학의 석사 · 박사 학위 과정이 개설되었다(윤서석, 1981).

1980년대는 현대사회와 과학기술 속에서의 가정학의 영역 및 명칭, 가정학 전공자의 사회 진출이 심도 있게 논의되었고, 각 분야의 전문적 연구도 양적 · 질적으로 발전하였다. 1990년대에 들어서 각 분야의 활발한 연구와 함께 가정학의 전문성과 정체성에 대한 논의가 활발히 진행되었다(유영주 · 강완숙, 1996).

한편, 많은 가정학자들이 초 · 중 · 고 가정과교육과 국가 수준 교육과정 개정 작업에 관심을 갖고 의견을 적극적으로 개진한 것을 알 수 있다. 예를 들어, 윤서석(1981)은 1980~1981년에 걸쳐 진행되었던 초 · 중 · 고 교육과정 개편 작업에서 가정학회를 중심으로 하여 '가정'교과의 남녀 공수를 적극 추진하였으나 결국은 그 뜻을 실현하지 못하였음을 매우 안타까워했다.

가정과교사는 대한가정학회의 초기 학회 임원이었고, 대다수의 회원은 중등학교 가정과교사였다. 대한가정학회에서 가정과교사들은 일제 강점기 동안 식민 통치로 말살되고 왜곡된 우리나라 민족의 생활 문화와 가정 문화를 되찾아 회복하기 위한 연수의 장을 열었다. 또한 1년에 10회 연구 발표와 가정과 내용의 강습회를 열어서 한국의 전통적인 가정생활의 연구, 우리나라 음식의 영양 분석과 측정 등 우리 민족의 생활 문화를 되찾고 교육하기 위해 노력하였다(박미정 · 채정현 · 한주, 2024).

1949년에는 대한가정학회 회원들이 미국가정학회에 참가하였고, 1955년에는 미국가정학회(AHEA), 1958년에는 세계가정학회(IFHE)에 가입하여 국제적인 교류를 맺으며 활발하게 활동하였다. 2016년에는 우리나라 역사상 처음으로 세계가정학대회(International Federation For Home Economics World Congress)가 '희망과 행복: 현재와 미래 사회에서 개인, 사회, 국가의 희망과 행복 추구를 위한 가정의 역할'이라는 주제를 가지고 7개 분과로 나뉘어 5일 동안 개최되었다. 세계가정학회(IFHE, International Federation For Home Economics)는 UN 경제 이사회의 제1급 자문 민간단체로, 60개국에 1,500여 명의 회원을 둔 세계적 권위와 전통이 있는 학회이다. 2016년 우리나라에서 열린 세계가정학대회에는 50여 개국의 가정학 관련 학자 · 가정과교사 · 전문가 1천여 명이 참석하여 성황을 이루었는데, 이 중 우리나라 가정과교사와 가정교육과 교수가 350여 명이 참석하여 우리나라 가정과교육의 위상을 드높였다.

2016년 세계가정학대회 첫날에는 '세계 가정과교육과정의 현재와 미래 방향'이라는 주제

그림 1-9 2016년 우리나라에서 열린 세계가정학대회

❶ 세계가정학회 이사회 사진

❷, ❸ 세계가정학대회 사진

❹, ❺ 시·도 교육청 소속 가정과교사연구회 전시 사진

로 국제가정과교육 학술대회를 개최하여 구두 발표와 포스터 발표, 그리고 체험과 부스 전시 발표를 하였다. 그날 기조 강연 주제는 '우리나라, 미국, 핀란드, 호주, 일본의 가정과교육의 현황과 미래 방향'이었다. 발표는 우리나라는 유태명, 미국은 빈센티(Vincenti), 핀란드는 투르키(Turkki), 호주는 펜더가스트(Pendergast), 그리고 일본은 쿠도(Kudo)가 하였다. 이후 2개 분과(실천적 문제 중심 교육과정과 가정과교사교육)에서 각 4개씩 총 8개 주제로 구두 발표가 있었다. 7개(강원, 경기, 경북, 대구, 대전, 전남, 충북)의 시 · 도 교육청 소속 가정과교사 연구회에서 다양한 주제로 체험과 부스 전시를 진행하여 세계가정학자들의 관심과 이목을 끌었다.

② 가정과교육의 변화

가정과교육은 교과교육에 속하기 때문에 가정과교육의 변화를 이해하기 위해서 교과교육학의 변화와 함께 가정과교육의 변화에 대해서 살펴보겠다.

교과교육학 분야가 확립된 것은 미국은 1930년대, 일본은 1960년대, 우리나라는 1980년대 이후부터라고 할 수 있다. 우리나라에서의 교과교육에 대한 관심은 이보다 더 일찍이 1960년대 후반 학문 중심 교육과정의 도입으로부터 시작되었다(김경배 외, 2005). 김성숙과 채정현(2007)

은 교과교육학의 성립과 발전에 대하여 다음과 같이 설명하고 있다.

우리나라에서 교과교육학 영역이 확립되기 전인 1960년대 제1세대 교과교육학자들은 내용학을 기본 학문으로 전공하였으나, 대학에서 각과 교육론을 맡아 가르쳐 전공 정체성을 새로이 쌓아 나간 사람들이었다. 이들은 주로 해당 교과의 내용학을 연구하였기에 해당 교과교육철학과 해당 교과교육학에 대한 전반적인 이해는 부족했다고 할 수 있다. 이렇듯 초기 교과교육학 학자들의 학문적 뿌리가 내용학에 기반을 두고 있었으므로 교과교육학의 주된 연구 방법은 주로 내용학과 관련이 많았다.

그 후 교과교육학의 연구 방법론은 일반교육학 분야의 다양한 연구 방법들의 영향으로 일반교육학의 주제와 방법을 교과교육 연구에 적용하여 다양하고 개방적인 방향으로 나아가게 되었다. 그러나 '가르치는 내용'을 담보하지 못한 일반교육학 연구의 영향은 교육 내용이 배제된 채, 교육방법을 축으로 하는 연구 방법론을 교과교육학 연구에 인용하면서 연구 방법을 기계적으로 적용하는 현상이 일어났다(박인기, 2006). 이와 같은 현상은 '교과교육학을 단순히 교과와 교육학의 산술적인 합'이라고 생각하여, 교과교육학은 교과의 내용을 잘 가르치는 방법을 제공하는 영역이라는 편협한 생각을 갖도록 하였다. 그 결과 일반적으로 많은 교육학자들과 내용학 전공자들은 교과교육학을 각 교과의 지도법 정도로 인식하며, 단순히 교과와 교육학의 산술적인 합으로 인식하였다(배장오, 2005). 하지만 이에 대해서 여러 가지 반론이 제기되고 있는 실정이다. 박영목(2003)과 배장오(2005)는 교과교육학은 해당 교과의 배경 학문과 일반교육학이 단순하게 결합된 산술적인 합이 아니라 창조적 과정을 거쳐서 새롭게 탄생한 독창적 성격의 학문이라고 정의하면서 교과교육학의 가치와 중요성을 일깨웠다.

정범모(1974)는 학교교육은 반드시 어떤 교과를 통해서 이루어지기에 일반교육 이론보다는 각 교과 이론의 요구가 크다고 보았고, 각 교과교육 이론이 야릇한 망각 지대에 놓여 있는 것을 지적하였다. 각 교과의 내용학 전공자들은 일반교육 이론을 '경험에 의한 통찰이나 절차'에 불과하다고 무시하는 반면에 일반교육학자들은 내용학 전공자들은 일반 이론이나 내용 지식에만 관심이 있을 뿐 어떤 교과의 교육 이론에 대한 관심도 없고, 그런 교육 이론을 연구하는 데 필요한 최소의 교과 지식이 부족하다고 비판하였다. 따라서 각 교과의 내용 전공자는 교육학을 공론이라고 비판하는 사이에 실제로는 각 교과의 교육 이론을 포기하고 있고, 교육학자는 각 교과의 내용 전공자들을 교육적으로 무식하다고 비판하는 사이에 실제로는 한 교과의 교육에 관해서 이론적이고 실제적이며 유용한 제안을 할 줄 모르기 때문에 해당 교과교육 이론은 내용학 전공자나 교육학 전공자 모두에게 그 중요성이 망각되고 있다고 하여 교과교육 연구의 가치와 중요성이 소홀히 인식되고 있는 점을 비판하였다.

1980년대 후반에 이르러 우리나라 교육계에서는 교과교육 연구의 가치와 중요성에 대한 인식의 전환이 이루어졌다(정태범, 1985). 특히, 1985년 한국교원대학교의 설립과 함께 1986년 1학기부터 교직 이수 과목으로 교과교육론이 채택되면서 교과교육에 관한 관심이 이전보다는 한층 증대되었다. 이는 사범대학의 교육과정 변화에서도 나타나고 있다. 현재 새롭게 개정되고 있는 사범대학의 교육과정을 보면 과거에 비해 교과교육 관련 과목이 점차로 세분화되어 과목 수가 증가되는 양상을 보이고 있다. 예를 들어, 어느 사범대학의 수학교육과의 경우, 과거의 교육과정이 대부분 순수 수학 관련 과목에 몇 개의 일반교육학 과목과 수학 교과교육론, 수학 교과교재 연구 및 지도법 정도에 그쳐 수학과와 구별되는 전문적인 영역이 부족하였다. 그러나 새로 개정되는 교육과정에서는 기하교육 연구, 확률교육 연구 및 실습, 테크놀로지와 중등 수학교육, 중등 대수교육 연구, 중등 위상교육 등 수학 교과교육에 관련된 과목이 보다 전문화되고 있음을 확인할 수 있다.

가정과교육은 사회의 변화에 따라서 크게 발전하였다. 1990년대 이후에 미국에서 가정교육학을 전공하고 온 유태명과 채정현이 가정교육학의 철학을 소개하면서 가정교육학의 철학과 이를 배경으로 하는 가정과교육과정 관점에 관심을 갖게 되었다. 1992년에 유태명은 한국가정과교육학회 학술대회와 1996년 대한가정학회 학술대회에서 가정학의 새로운 패러다임을 비판과학 관점에 두고 이 관점의 정당성을 피력하였다. 1998년에 채정현은 한국가정과교육학회 학술대회에서 비판과학 관점인 실천적 문제 중심 교육과정 도입의 정당성을 발표하였다. 이후에 학계에서는 가정과교육의 철학, 특히 비판과학 관점에 토대를 둔 실천적 문제 중심 교육과정 관점과 실천적 추론 수업 방법, 하버마스의 세 행동 체계, 가정과교육이 추구하는 인간상 등 가정과교육 철학에 대한 연구가 활발하게 진행되었다. 이에 2007 개정 교육과정 시기부터는 비판과학 관점에 토대를 둔 실천적 문제 중심 교육과정 관점이 일부 도입되어 실천적 추론 능력을 강조하고, 학습자의 주도적인 실천과 가치관을 길러주는 데 도움을 주는 교과라는 성격이 포함되었다. 또한 세 행동 체계(기술적, 의사소통적, 해방적 행동)가 강조되어 가정과교육 관점의 획기적인 변화가 이루어졌다.

2000년대 이후 교원 양성을 위한 교육에서도 교과교육의 필요성이 증대되었고, 그러한 인식으로 중등임용고사 1차 시험에서 전공 과목 중 교과교육학은 25~35%로 비중이 높아졌다. 우리나라에서 가정과교육에 관한 연구가 본격적으로 시작된 것은 1989년 한국가정과교육학회의 창립 이후라고 볼 수 있다. 조재순, 전미경, 그리고 이윤정(2009)은 1989년 창간호부터 2009년 3월까지 한국가정과교육학회지에 게재된 논문을 분석하였는데, 그 결과 가정과교육 논문이 67.5%로 가정교과 내용 논문(32.5%)보다 두 배 정도 많다는 것을 밝혀 가정과교육 연구에 대한 관심이 향상되고 있다는 것을 보여 주었다.

감경원과 박미정(2020b)은 2000년부터 2019년까지 20년간 KCI 등재 학술지에 게재된 모든 논문을 대상으로 가정과교육의 연구 동향을 언어 네트워크 분석 방법을 활용하여 분석하였다. 연구 결과, 2000년 이후 20년간 가정과교육 논문은 매년 평균 25여 편씩 게재되어 왔으며, 2017년 이후에는 그 수가 꾸준히 증가했다고 보고하였다. 2000년대에는 인식 조사 및 방향 탐색에 관한 연구(65편, 34.9%)가 가장 큰 비중을 차지했으며, 2010년대에는 교과 내용 분석과 관련된 연구(101편, 32.1%)가 가장 큰 비중을 차지하였다. 2000년 이후 가정과교육 연구의 주제는 가정과교사와 학생, 교육 환경에 대한 인식 및 실태 조사, 가정과교육의 방향 탐색, 가정과교육과정과 교과 내용 분석, 가정과교육 프로그램 개발 및 적용 등이 주를 이루었다. 2000년대에 비해 2010년대에 가정과교육 논문 수가 약 두 배 증가하였음을 밝혔다. 2000년대와 2010년대에 모두 가정과교육 연구에서 '실천적'이라는 용어가 핵심 키워드로 등장하여 가정교과의 실천적 특성에 대한 연구가 활발했다고 보고하였다.

2) 미국 가정과교육의 성립과 변화 과정

미국에서는 18세기에 산업혁명과 함께 듀이의 실용주의 교육의 영향으로 1751년 여성을 위한 최초의 고등교육 기관인 프랭클린 아카데미(Franklin Academy)가 설립되었고, 1798년 보스턴의 여러 정규 학교의 교과과정에 가정학이 소개되었는데, 그 내용은 재봉이었다. 1821년 윌러드(Willard)가 트로이 여성 신학교(Troy Female Seminary)에서 가사를 가르쳤는데, 이 학교의 교과 내용은 가정생활의 일반교양이었다.

1870년 매사추세츠주 의회는 산업기술교육을 필수 과정으로 시행하라는 법을 제정하고 공포하였으며, 1872년 산업기술교육의 일환으로 재봉 과목을 정규 과목으로 공인하였다. 1874년 뉴욕에서 'Free Training School for Woman'이 설립되어 코슨이 조리 분야의 교육을 처음으로 실시한 후 그 다음 해에는 조리 학교가 여러 곳에서 설립되어 조리교육도 실시되었다. 이 시기에 산업기술교육의 필요성이 증가함에 따라 재봉교육과 조리교육뿐만 아니라 가정 관리와 세탁에 관한 교육도 실시되었다.

오하이오주립대학교의 라스터(Laster, 2002)는 미국의 가정과교육의 역사에 대해서 다음과 같이 설명하였다. 19세기와 20세기 초에 여성은 지역사회의 공적 생활과 분리되어 가족이라는 사적 생활을 주로 하였다. 하지만 1940년에 미국의 교육 개혁자인 캐서린 비처(Catharine Beecher)는 가정과가 가정에만 국한하지 말고 지역사회로 관심을 확대하여 사회에서 요구하는 비판적 사고 능력을 가정과에서 길러야 한다고 주장하였다.

19세기 초에 가정과교육은 여성들이 현모양처가 되도록 일반 과학과 자유 교양교육의 통합을 시도하였다. 1862년에 모릴법(Morrill Act)이 통과되어 19세기 말에 랜드그랜트(Land-grant: 무상으로 토지를 제공한)대학은 젊은 여성들이 대학에 진학하도록 가정(domestic science) 과목을 제공하였다. 이러한 배경에는 두 가지 기본 가정(assumption)이 전제되어 있다. 첫째, 학교에서 여성에게 가사일을 가르쳐야 한다. 둘째, 여성들은 가정에서의 의무를 다하도록 구체적인 공식 훈련을 받아야 한다. 이러한 기본 가정은 가정교과를 학교에서 가르쳐야 한다는 주장을 뒷받침하였다.

20세기 동안 가정학은 문화, 정치, 입법, 교육적 변화에 따라서 다양한 사람의 욕구를 충족시키기 위해서 점진적으로 발전하였다. 1900년대 초 급격한 사회 변화로 인한 가정과 가족의 황폐에 대한 관심이 사회적으로 고조되면서 엘렌 리처즈(Ellen H. Richards)는 미국가정학회를 창설하였다. 그 당시 그녀는 미국가정학회가 가정과교육을 통해서 문화적 · 윤리적 · 사회적 이상을 실현하고, 가사일의 과학적 관리를 할 수 있게 하는 조직이 될 것을 구상하였으며, 이에 대한 리더십을 발휘하였다.

1914년에 제정된 스미스-레버법(Smith-Lever Act)은 평생교육(cooperative extension) 체제를 마련하여 미국 전역의 모든 주 아래의 행정 구획(county)에 지역사회교육 프로그램을 제공하였다. 가정학은 지역 공동체 기반의 교육 시스템의 일부로서 농과대와 랜드그랜트대학의 교육과정에서 생활과 지역 공동체를 증진하기 위한 노력의 일환으로 개설되었다.

1917년에 제정된 스미스-휴즈법(Smith-Hughes Act)은 고용을 위한 직업교육과 가정과교육에서의 직업교육을 공립 학교에서 실행하도록 공포하였다. 이에 교사와 시설을 위한 자금이 주어졌기에 이 법은 가정과교육을 여성을 위한 일반 자유 교양교육과 대학의 소수의 여성을 위한 과학교육에서 중등학교의 여학생을 위한 직업교육으로 변화시켰다.

비록 이 법안이 직업교육을 고용을 위한 직업교육으로서 정의하였지만, 가정과는 직업 학교를 제외하고 일반 중등학교에서는 이를 그대로 따르지 않고 ① 가족과 지역사회 구성원을 위한 일반 자유 교양교육과 과학교육, ② 가족으로서 요구되는 생활의 일을 준비시킨다는 두 가지 목적을 가지고 교육과정을 개발하였다.

1940년에 비처(Beetcher)는 가정학 분야의 기본 교과서인 『가정 경제에 관한 논문(A Treatise on Domestic Economy)』이라는 저서를 발간하여 가정학이 하나의 학문 분야로 독립할 것을 강조하였다.

미국가정학회를 창립한 후에 곧 정치적 상황은 급격히 변화하여 가정학을 미국 전역의 지역사회와 학교에서 가르칠 수 있도록 입법화하기에 이르렀다. 이러한 교육적 · 사회적 개혁은 여성을 해방하는 역할을 하였다. 그 이후로 여성들을 계속해서 공부하도록 장려하였고, 여성들이 지역사회에 참여하도록 준비시켰다. 1945년에 FHA(Future Homemakers of America)가 창설되었다. 이러한 동아리 활동은 고등학교 학생들이 가정과교육을 통하여 지역사회에 리더십을 발휘하게 하는 장을 마련하였다. 점차적으로 가정과교육은 20세기 초까지 여학생을 위하여 의복 구성, 음식 준비와 보관, 위생, 가정의 가구 배치, 아동 돌보기, 건강 관리, 가족관계와 같이 가정생활에 관한 모든 영역을 가르쳤다. 그 당시에 현명한 어머니, 책임 있는 가족 구성원과 시민, 건강하고 도덕적인 가정, 생산적이고 자신 있는 가족으로 교육하여 사회적 기여를 꾀하였다.

1950년대 미국 사회는 가정일은 여성의 일이고, 가정 밖의 일은 남성의 일이라는 문화적 기본 사고가 바뀌었다. 그리고 식품 제조, 의복, 가정 가구 배치와 아동 양육, 노약자, 장애인을 돌보는 일이 가정 밖에서 이루어졌다. 대부분 가족은 상품과 서비스 생산자이기보다는 소비자가 되었고, 남성뿐 아니라 여성도 직장을 갖게 되었다. 남성의 일은 가사일과 가정 내에서의 아버지 역할까지 확대되었다. 결국, 남성과 여성 모두 진로 결정, 가족, 직장, 지역사회에서의 책임을 관리하기 위한 준비가 필요했고, 가족과 소비자의 새로운 도전을 인식하고 이 도전을 충족시키기 위한 도움이 요구되었다. 이런 요구를 충족시키기 위해서 많은 학교는 여학생과 남학생을 위한 가정교과를 개설하였다.

1972년의 교육 수정 법안에서는 교육에서 성차별을 금지하도록 규정하였다. 따라서 모든 교과가 갑자기 남학생과 여학생 모두에게 열리게 되었다. 이 결과로 남학생의 가정과 수강이 증가하였는데, 1990년대에는 음식 과목과 인간관계 과목에서 남학생 수강이 40%까지 증가하였다.

1994년에 가정학은 Home Economics에서 Family and Consumer Sciences로 이름을 변경하였다. 이러한 명칭 변경 이후에 가정과교육은 급격히 기술과학에서 실천비판과학으로 변화되었다.

이는 가정교과가 실업교과의 이미지를 탈피하는 데 중요한 역할을 하였다. 21세기 초 이후부터 현재까지 가정과교육자들은 본격적으로 가족과 지역사회에 관한 지속적이고 점진적인 이슈에 관심을 두었기에 가정과교육은 실천비판과학으로 변화되는 추세에 있다. 미국에서 가정과교육 과정은 실천적 문제 중심 관점을 주로 택하였다. 그 이유는 오늘날과 같이 복잡한 사회에서 생활의 문제는 실제 삶의 맥락에서 해결되기 때문이다. 가정과에서 기술 개발은 계속된다. 하지만 생활 기술의 개발을 강조하기보다는 오히려 사고하고, 상호 작용하고, 문제를 해결하는 과학적 추론, 실천적 추론, 의사 결정 기술, 윤리적 추론을 강조한다. 왜냐하면 오늘날의 다원화, 세계화, 지식정보화 사회에서 이러한 기술을 가족, 직장, 지역사회에서 더 요구하고 있기 때문이다. 실천적 문제 중심 관점으로 개발된 교육과정에서 여전히 효율성, 생산성과 같은 경제적 가치는 계속 반영하고 있으며, 개인과 사회 책임, 모든 사람에 대한 존경과 같은 도덕적 · 윤리적 가치와 모든 다른 유형의 가치가 공개적으로 토론된다.

현재 미국 대부분 주에서 가정과교육은 가정과 가족에만 국한하지 않고 지역사회까지 확대하여 구체적이고 실제적인 내용뿐만 아니라 추상적이고 가치를 판단하는 내용까지 포함하고 있다. 가정과는 10대 임신 학생이나 낙제생처럼 위기에 처해 있는 학생을 포함해서 모든 학생을 대상으로 고도의 학문적 경험을 충족시키고 학교에서 계속 공부하도록 도와준다. 가정과수업에서의 진정한 경험은 학생들이 다른 개념 위주의 교과에서 맛볼 수 없는 것을 경험하게 해주고 가정교과에서 다루는 이론과 교실 밖의 세계를 연결하도록 돕고 있다.

실천비판철학의 접근으로 가정교과는 현재 교육 개혁 운동의 필수가 되고 있다. 1994년 「목표 2000: 미국교육법(Goal 2000: Educate American Act)」 통과를 기점으로 1998년 고도의 학문적 기초와 학생들의 요구를 충족시키기 위해서 가정과 국가 기준 교육과정을 다시 설계하여 모든 주가 가정교과와 관련된 모든 프로그램이나 과정에 이 기준을 고려하여 교육과정을 개발하도록 하고 있다(NASAFCS, 2008). 가정과 국가 기준 교육과정에서 가정과교육의 비전은 개인과 가족이 생애 전 과정에서 다양하고 세계화된 사회에서 일상생활과 일의 도전을 잘해 나갈 수 있도록 자율적 · 주도적인 힘인 임파워먼트(empowerment)를 부여하는 것이다.

종합하면, 미국의 가정과교육의 성격은 여성을 대상으로 하여 가사교육에서부터 시작하였으며, 현모양처를 위한 과학교육과 자유 교양교육을 통합한 형태의 성격에서 실천비판과학으로 변화되고 있다는 것을 알 수 있다. 비록 1917년 고용을 위한 직업교육을 장려하는 법안의 영향을 받지만 직업교육 기관을 제외하고 일반 중등학교와 평생교육 기관에서는 고용을 위한 직업

교육보다는 생애 설계 차원에서의 진로교육과 가족을 위한 과학교육과 자유 교양교육을 통합한 성격을 유지하고 있고, 현재는 가족 개혁을 통한 사회 개혁을 꾀하는 비판과학의 성격으로 변화하는 추세에 있다.

가정과교육의 대상도 가정에만 국한하지 않고 지역사회로 관심을 확장했으며, 그 목적도 가정과교육 초기에는 현모양처에 중심을 두다가 점진적으로 현명한 어머니, 책임 있는 가족 구성원과 시민, 건강하고 도덕적인 가정, 생산적이고 의식 있고 성숙하고 자유로운 가족으로 교육하여 사회적 기여를 꾀하였다. 현재는 가족과 지역사회에 관한 지속적이고 점진적인 이슈에 중심을 두어 학문적인 준비와 직업 준비를 통합하여 교육하는 추세에 있다. 가정과교육에서 기술을 개발하는 교육이 계속되지만 그 기술은 생활 기술이기보다는 사고하고 상호 작용하는 기술, 과학적으로 추론하는 기술, 실천적 · 윤리적으로 추론하는 기술에 중심을 둔다. 그리고 가족 그 이상의 지역사회, 국가, 세계에까지 관심을 갖고 개인과 사회 책임, 시민 의식, 모든 사람에 대한 존경 및 돌봄과 같은 도덕적·윤리적 가치를 포함한 여러 유형의 가치에 대해 토론한다. 가정과교육은 학교에서의 일반 정규 과목으로 수업할 뿐 아니라 위기에 처해 있는 청소년(낙제자, 10대 임신, 이민자 등)을 위한 프로그램, 성인을 위한 평생교육 등 비정규 프로그램에서도 수업하고 있다. 미국의 가정과교육은 현재 가족 개혁을 통한 사회 개혁으로 이 사회에 기여하려는 비전을 갖고 실천하고 있는 중이다.

결국 가정과교육은 여성을 학교로 끌어들여 계속 공부하게 하였고 사회로 진출시켜서 사회의 유능한 리더로서 활약하게 하는 데 기여를 하였으며 여성 해방에 선두 주자 역할을 하였다. 또한 가정과교육은 책임 있는 시민으로서의 가족, 도덕성이 있는 가족, 건강한 생활을 관리할 수 있는 가족, 그리고 가정과 지역사회, 국가, 세계와의 관계에 관심을 갖고 참여하는 민주 가정을 건설하는 데 기여하고 있다.

3. 가정과교육에 영향을 미친 철학

가정과교육은 가족의 일원인 청소년들이 자아를 성숙하게 형성하고 깨어 있는 의식으로 사회에 참여하여 자유로운 개인, 가정, 사회를 이루는 데 사명이 있기에 가치 지향적인 성격을 지니고 있다. 가치는 '옳고 바람직하고 중요한 것'이기에 단편적인 지식으로 정할 수 없다. 따라서 무엇이 중요한 가치인지를 종합적으로 숙고하는 철학적 자세가 요구된다. 철학의 기본인 다양한 사상의 유형(물질주의, 실용주의, 실증주의, 실존주의, 비판 사상)은 가정과교육의 실천 의미, 교육과정, 교수-학습 방법, 교육평가, 그리고 교사의 역할 등 다양한 교육 관점을 형성하는 기반이 된다. 따라서 가정과교육의 정체성과 정당성을 탐색하기 위해서 시대에 따른 사상 유형과 행복철학을 고찰하고자 한다.

1) 사상의 유형과 가정과교육

(1) 물질주의

물질주의는 "물질을 최고의 가치로 여기며, 성공과 행복의 기준을 물질의 소유로 판단하는 것"을 의미한다. 이때 물질은 재물만을 말하는 것이 아니라, 건강, 육체적 쾌락 등을 포함한다. 따라서 재물, 건강, 육체적 쾌락을 성공과 행복의 가장 중요한 가치로 여기고 추구하면 그것이 물질주의이다.

이러한 물질주의는 수단적 물질주의와 궁극적 물질주의로 구분된다. 수단적 물질주의는 좀 더 안전하고 즐거운 삶을 살기 위해 수단으로서 물질이 다른 무엇보다 가장 필요하다고 생각하는 것이고, 궁극적 물질주의는 소유 그 자체를 목적으로 삼아 무한하게 물질을 소유하려는 무한 탐욕을 갖는 것을 의미한다. 물질에 대한 관심은 소비 측면에서 볼 때 두 가지 방향으로 나타날 수 있다. 하나는 돈의 축적에 관심을 두어 지나치게 절약하며 저축하는 수전노가 되는 것이고, 다른 하나는 상품을 소비하는 데 지나치게 관심을 두어 허황된 자가 되는 것이다(손봉호, 1986).

물질주의는 긍정적인 면보다 부정적인 면이 많다. 물질주의자들은 성공과 행복의 정도를 물질의 소유로 판단하여 물질의 소유에 집중하고(Rinchins & Dawson, 1992), 질투심이 강하고, 관대하지 못하고, 소유욕이 강한 부정적인 인성 특성을 지닌다(Belk, 1984). 실증적인 연구에서 물질주의 수준이 높을수록 행복도가 낮고(Belk, 1984; 김경미, 2014; 김연우, 2016), 활력감이 낮으며(홍

'무엇이 삶을 의미 있게 하는가' … 한국 유일하게 '물질적 풍요' 1위 꼽아

미국의 여론 조사 기관 퓨리서치센터는 한국을 포함한 17개 선진국 성인 1만 9,000명을 상대로 "삶을 의미 있게 하는 것은 무엇인가"를 조사해 지난 2021년에 결과를 발표했다. 퓨리서치센터는 "삶을 의미 있게 만드는 원천 중 한 가지가 압도적으로 우세하다는 사실은 분명했다"라고 발표하며 조사 대상 17개국 가운데 14개국에서 가족과 아이들을 가장 많이 꼽았지만 한국만이 물질적 풍요를 1위로 꼽았다. 한국인들이 꼽은 1순위는 물질적 풍요이고, 다음으로 건강, 가족, 지위, 사회 순이었다. 한국은 다른 나라에 비해서 파트너와의 관계, 친구나 이웃과의 관계 등 인간관계를 꼽는 응답자 비중도 상대적으로 낮았다. 자연 및 야외 활동이나 취미가 중요하다고 꼽은 비중도 비교국들 중 최하위였다.

출처: 경향신문(2021. 11. 22., https://www.khan.co.kr).

기원 · 김연우, 2015), 우울증이 깊고(홍기원 · 김연우, 2015), 불안도가 높다(홍경화, 2014)고 나타났다. 카서와 카너(Kasser & Kanner, 2004)도 물질주의 수준이 높을수록 행복도가 낮고 관계의 질도 낮으며, 학업 성취도 나쁘고, 자신은 물론 주변 사람들마저 파괴한다고 하여 물질주의의 부정적 영향을 실증적으로 밝혀 주었다.

현대인들은 대놓고 물질주의자라고 말하지는 않지만 알고 보면 물질주의자들이 많다. 과학기술이 첨단으로 발전하여 과거보다 더 좋은 상품이 즐비하고, 이들 상품의 광고는 컴퓨터나 핸드폰 등에서 쉽게 접할 수 있기 때문이다.

가정과교육의 목표 중의 하나는 가족에게 필요한 물질을 지혜롭게 관리하는 교육을 하는 것이다. 가정과수업에서 돈의 가치와 경제적 자립의 중요성, 그리고 건강하게 돈을 벌고 모으며 현명하게 소비하는 경제교육을 하는 것이 중요하다. 이와 더불어 돈으로 많은 것을 할 수 있는 황금만능주의 사회에서 물질주의 가치관의 폐해와 첨단 정보사회가 세뇌하고 있는 물질주의 이데올로기를 비판하고 학습자들이 물질에 얽매이지 않고 물질이 많든 적든 어떠한 환경에서도 내면에서 깊이 들려오는 영혼의 소리를 들으면서 품위 있고 자유로운 문화가 있는 삶을 살도록 돕는 교육이 필요하다.

ACTIVITY

나의 물질주의 성향은 어떠한지 확인해 보자.

다음은 리친스와 도슨(Rinchins & Dawson, 1992)이 개발한 물질주의 가치 척도를 유지혜와 설경옥(2018)이 타당화한 한국판 물질주의 척도이다.

물질주의 가치 척도

1: 전혀 그렇지 않다. 2: 그렇지 않다. 3: 보통이다. 4: 그렇다. 5: 매우 그렇다.

점수가 높을수록 물질주의를 더 많이 추구하는 것이다.

분류	번호	내용	척도				
			1	2	3	4	5
성공 판단	1	나는 고가의 집, 차, 옷을 가진 사람들이 존경스럽고 부럽다.					
	2	물질적으로 풍족해지는 것이 내 인생에서 가장 중요한 성취 중 하나이다.					
	3	내가 소유한 것들은 내가 얼마나 인생을 성공적으로 살아가고 있는지 보여준다.					
	4	나는 사람들이 부러워할 만한 것들을 갖고 있는 게 좋다.					
	5	나는 다른 사람이 가지고 있는 물질적 소유물에 관심이 많다.					
소유 중심	6	나는 대개 내가 필요한 물건 외의 것을 지나치게 산다.					
	7	나는 많은 것을 소유한 호화로운 삶을 사는 것이 좋다.					
	8	내가 무엇을 소유하고 있는지가 매우 중요하다.					
	9	쇼핑은 내게 큰 기쁨을 준다.					
	10	나는 럭셔리한(호화로운) 삶이 좋다.					
	11	나는 내 주변 사람들에 비해 물질적 소유물을 더 많이 중요하게 여긴다.					
행복 추구	12	내가 갖고 있지 않은 어떤 물건을 소유하게 되면 내 삶은 더 나아질 것이다.					
	13	더 비싸고 좋은 물건들을 소유할 때 나는 더 행복해질 것이다.					
	14	더 많은 것들을 구매할 수 있는 경제적 여유가 주어진다면 나는 더 행복해질 것이다.					
	15	내가 갖고 싶은 모든 것들을 살 수 있는 경제적 여유가 없다는 것 때문에 매우 속상하다.					

출처: 송혜경(2023) 재구성.

(2) 실용주의

실용주의는 프래그머티즘(pragmatism)이라고 하며, 1870년대 미국에서 시작된 철학 사조로서 찰스 샌더스 퍼스(Charles Sanders Peirce)의 '실용적 극대'가 그 시작이라고 할 수 있다. 20세기에 들어 윌리엄 제임스(William James), 존 듀이(John Dewey)와 같은 학자들에 의해 발전되었다.

실용주의는 단적으로 '꿩 잡는 게 매'라는 현대인의 사고방식을 말한다. 즉, 관념이 아닌 실용성이 중요하다는 사상으로 요약될 수 있다. 실용주의는 안다는 것은 삶의 행동에 영향을 줄 때 비로소 의미를 준다고 주장하면서 실질적인 결과와 효용성의 가치를 중요하게 생각한다. 실용주의는 한마디로 추상적인 개념이 추상적으로 머물지 않고 경험과 실험이란 과학적 방법에 의해서 실제 생활에 유용한 결과를 보여 준다면 그것이 진리라고 할 수 있는 철학적 방법론이다. 따라서 개념의 의미를 추상적인 관념이 아닌 구체적인 행위의 차원에서 과학적인 증명 방식으로 도출해 낸다.

듀이(John Dewey)는 실용주의를 교육에 접목한 교육자로서, 인간 경험의 최종적 가치를 실효성에 두었다. 듀이는 실제 생활에 도움이 되지 않는 지식을 단순히 주입하는 교육을 죽은 교육이라고 비판하였다. 듀이는 실제 생활 속에서 학생들의 경험을 통해서 이루어지는 교육이야말로 산교육이며 개인의 삶과 생활에 실제로 도움이 되는 실용적인 교육이 참교육이라고 주장하였다. 그렇다고 관념이 필요하지 않은 것은 아니다. 관념(idea)은 어떤 행동을 하기 위한 계획, 혹은 실험되어야 할 가설로서 문제를 해결하는 데 도움이 되는 도구이다. 이런 점에서 듀이를 도구주의자라고도 한다(송도선, 2021). 듀이는 일상의 경험이 사고를 촉진하는 배경이기에 열등한 것으로 치부되어서는 안 되며, 일상적 경험을 수면 위로 떠오르게 하고 회복시켜서 그 경험으로부터 삶의 문제를 해결하는 교육이 필요하다고 주장하였다(조경원, 2014).

실용주의는 과학적 방법론과 잘 어울리기에 빠르게 변화하는 과학기술 분야에 적합하다. 또한 인간에게 도움이 되는 실용적 효과를 가져올 수 있다는 점에서 장점이 있다. 하지만 사람들 사이의 인간관계도 실용주의를 적용하여 실질적으로 유익이 되는 사람만을 가치 있게 생각하는 점이 문제이다. 즉, 인간을 목적이 아닌 자신의 유익을 위한 수단으로 삼아 도구화하는 것이 실용주의의 단점이라 할 수 있다(손봉호, 1986). 실용주의는 실용성만을 강조하여 실용적이지 않지만 옳은 것, 즉 정의, 평화, 자유 등의 진리 추구나 삶을 풍요롭게 하는 멋과 아름다움과 같은 예술을 간과하는 한계가 있다.

가정교과는 원하든 원하지 않든 실용주의 사상과 밀접한 관련이 있다. 하지만 가정교과는 실용주의의 장점을 취하고 단점을 비판하여 수정하는 변증법적 교과이다. 말하자면, 가정교과는 일상생활을 배경지식이 아닌 교육의 주제로 하여 개인과 가족이 접하는 실생활의 문제를 해결하는 학습 활동을 위주로 학습자들의 생활에 실질적으로 유용한 도움을 주는 면에서 실용주의의 장점을 취한다. 한편, 실용주의가 인간에게까지 확대되어 인간을 도구로 여기는 풍조를 비판하는 교육을 하고 있다. 그뿐만 아니라 문제를 해결하는 과정에서 인생에서 궁극적으로 중요하게 여기는 자유, 정의, 평등, 사랑 등의 가치를 판단하게 하며, 자신에게 이익이 되지 않더라도 그것이 타인과 사회에 유익이 된다면 연대하여 행동할 수 있는 깨어 있는 의식을 고양하는 교육을 하여 실용주의의 한계를 극복하고 있다. 이런 점에서 가정교과는 개인은 물론 가족과 사회에 진정으로 유익을 주는 스마트하게 실용적인 교과라고 말할 수 있다.

(3) 실증주의

실증주의(實證主義, positivism)란 말을 처음으로 철학적 용어로 사용한 사람은 프랑스 철학자 오귀스트 콩트(Auguste Comte)이다. 콩트에 의하면 인간의 지적 발전은 ① 신을 그저 믿는 신학적 단계, ② 머릿속에서 논리를 따지는 형이상학적 단계, ③ 실제로 증거를 가지고 생각하는 실증적 단계로 발전되었다고 본다. 콩트는 자연을 대상으로 하는 학문 이외에 인간을 연구 대상으로 하는 학문도 실증적 · 과학적 단계로 발전시키고자 마음먹었다. 콩트는 이 관점에서 실증적 사회과학을 옹호했고, 실증적 사회과학은 그에 의해 '사회학'이라는 이름을 얻게 되었다.

실증주의는 실증적인 사실에 근거하여 과학 이론을 만들고 그 이론에 근거해서 자연 현상뿐만 아니라 사회 현상까지도 과학적으로 설명한다는 것이다. 실증주의적 사고의 특징은 첫째, 시각(sight), 후각(smell), 촉각(touch), 청각(hearing), 미각(taste)의 감각을 통해서 지각한 것은 확실하다는 것이다. 둘째, 모든 참된 것은 반드시 자연과학적인 방법을 통해서만 얻을 수 있고, 자연과학적 방법은 절대로 믿을 수 있다고 하는 것이다. 마지막으로 과학적 지식은 반드시 과학기술로 이용될 수 있어야 한다는 것이다. 하지만 '실재하는 객관적 사실(positive facts)'은 자연과학은 몰라도 사회과학에서는 존재하지 않는다. 사회적인 사실은 대부분 해석된 사실이기 때문이다. 실증주의는 자연과학의 놀라운 발전을 이루는 데 방법론적인 토대가 되었지만 모든 인간 세계에까지 실증주의 방법을 적용하여 현대인의 사고방식을 눈에 보이는 증거 없이 믿지 못하는 편협한 존재로 만들었다는 점에서 한계가 있다(손봉호, 1986).

실증주의는 가정학의 학문을 전문화 · 세분화하는 데 공헌한 사상이다. 가정과교육의 내용학 지식도 실증주의 사상으로 인해서 전문적이고 세분화되었다. 실증주의 사상으로부터 나온 전문적이고 세부적인 지식은 가정교과의 내용학 지식을 풍성하게 해준다는 점에서 의미가 있다. 가정교과에서의 수업은 이러한 전문 지식을 처방적으로 주입하는 교육을 하는 것 대신에 가정과교수-학습 방법, 특히 실험·실습법이나 메이커 교육, 문제 중심 수업, 프로젝트 수업과 연결하여 경험과 관찰을 위주로 하는 실증주의의 방법론을 교육하고 있다. 다만 실험과 관찰 및 실습을 위주로 하는 실증주의 기반의 수업을 할지라도, 팀별 토론과 교사와 학생 간의 상호 작용, 보고서 작성과 발표와 피드백 등 의사소통을 할 수 있는 활동을 가미하여 이해 지향적인 교육을 하고 있다. 실증주의에 입각한 수업을 하기 위해서 가정실이라는 공간과 장비, 실습비 등의 지원과 시수의 확대가 요구된다.

(4) 실존주의

실존주의는 관념이 아닌 실존, 즉 인간의 구체적인 일상생활을 매우 중요한 것으로 간주하고 강조하는 사상이다. 실존주의는 제1차 세계대전(1914~1918)과 제2차 세계대전(1939~1945) 이후 서구의 어둡고 불안한 시대상을 반영한 사상이다. 서구인들은 그 당시 급격히 발달했던 과학 문명이 인류에게 찬란한 행복을 선물로 줄 것이라 믿었는데, 오히려 전쟁이 일어났고, 과학기술의 발달로 인해 만들어진 원자 폭탄 같은 고도의 전쟁 무기로 인해 더 많은 사람의 죽음과 불행을 경험하여 말할 수 없는 처참함을 느꼈다. 전쟁으로 인해 가까운 사람의 죽음을 목격하고 자신도 언젠가는 죽을지도 모른다는 존재 위기는 불안감을 낳았고, 이는 문학으로 표현되어 당대인들에게 공감을 얻어 사상으로 굳어졌다.

프랑스의 철학자 장 폴 사르트르(Jean-Paul Sartre)는 1945년 강연 '실존주의는 인문주의일까'에서 "실존(existence)은 본질(essence)에 선행한다"라는 명언을 남겼다. 이 말은 바로 '지금-여기' 우리가 살고 있는 삶, 즉 실존의 세계가 먼저이지, 우리가 실제로 경험하지 못하고 추상적이고 관념적으로 생각만 할 수 있는 본질의 세계가 먼저가 아니라는 것이다. 실존주의는 그 당시 서구 철학을 지배해 왔던 관념론의 관점, 즉 '사물의 본질이 존재 그 자체보다 더 근본적이고 불변적'이라는 기존의 관점(권기환, 2013)과 정반대의 입장을 취한다. 바로 이런 관념론의 관점에 대하여 실존주의 철학은 근본적인 비판을 가한다.

실존주의자들의 눈에는 소위 본질이니, 원칙이니, 원리나 하는 것은 추상적인 것일 뿐, 삶의 참모습을 보여 주지 못하고 오히려 왜곡하는 것이다. 마치 그리스 신화에서 강도 프로크루스테스가 아테네 교외의 언덕에 집을 짓고 행인을 붙잡아 철로 만든 자신의 침대에 누이고는 행인의 키가 침대보다 크면 그만큼 잘라 내고 행인의 키가 침대보다 작으면 억지로 엿가락 늘이듯이 길이에 맞추어 늘여서 죽인 것처럼, 이론이란 살아 있는 참된 사실을 늘리고 잘라 왜곡하는 것이라고 본 것이다. 이론보다 실천적이고 구체적인 삶이 더 실제에 가깝다고 보는 실존주의는 진리는 주체성에 있다는 관점을 가진다. 과학의 원리나 법칙을 논할 때 모든 관심은 대상에게만 있지, 그것을 논하는 인간 자신에게는 없다. 그가 누구이며 어떠한 감정을 느끼는지에 대해서는 전혀 관심이 없는 것이다. 진정한 진리는 인식하는 주체인 개별 인간의 구체적인 삶과 관계되어야 한다. 개별 인간인 '나'의 것이 될 수 있고 '나에게 절실히 와닿는' 지식이라야 진리가 될 수 있다. 실존주의의 모든 관심은 인간 주체에 집중한다. 사르트르는 인간은 다만 주체로서 있을 때, 혹은 주체로 인식될 때만 진정한 인간으로 남아 있을 수 있다고 본다. 대부분의 실존주의자들은 주체로서의 인간은 절대로 자유로워야 한다고 주장한다. 사르트르는 "인간은 자유롭도록 저주받았다"라고 표현하였다. 이 말은 자유는 선택이고, 선택을 하면 책임을 져야 하기 때문에 고통스러운 것이라는 의미이다. 하지만 인간은 고통스럽더라도 주체적으로 선택하기를 원하고 선택한 것에 책임을 지고 자유롭고자 하는 존재이다. 사람이 고생을 하더라도 그에게 의미 있는 삶을 살고자 하는 것은 자유에 대한 욕구가 있기 때문이다. 실존주의는 인간 개인의 실존과 주체성과 내면성에 집중하고 타인과 사회에 대해 관심이 없는 것이 단점이지만 인간의 구체적인 삶과 주체성에 관심을 두어 인간의 존엄성을 회복하는 데 지대하게 공헌한 사상이다(손봉호, 1986).

실존주의 교육에서는 학습자를 '선택하는 자, 자유로운 자, 그리고 책임을 지는 자'로 규정하면서 개인이 '나'라는 주체 의식을 갖고 완전한 자유 속에서 홀로 선택하고, 그 선택을 철저하게 책임지도록 일깨운다. 가정과교육은 어떤 타 교과보다 실존주의에서 말하는 바로 '지금-여기'의 실존적 생활을 교육의 대상으로 하고 있고 개인 및 가족이 접하는 실제적인 문제를 해결하는 가운데 스스로 선택하여 행동하고 그 행동에 책임을 지게 교육하는 점이 실존주의와 관련이 깊다. 가정교과는 인간이 살아가는 바로 지금-여기의 구체적인 삶과 학습자의 내면에 집중하여 감수성을 발달시키고 예술적인 생활에 관심을 갖고 남과 다른 자신만의 독특한 삶을 살게 교육하는 교과의 특성을 지니고 있다. 그뿐만 아니라 타인과 사회에 관심을 갖지 않는 실존주의의 단점을 극복하고자 기후 변화 위기, 저출생 · 고령화 문제, 폭력, 가족 갈등, 식품 안전성 문제, 청소년의 일탈 행동 등 사회 문제에 관심을 갖고 주도적으로 이를 해결하는 교육을 하고 있다.

(5) 비판 사상

비판 사상은 독일 프랑크푸르트대학교의 사회연구소를 중심으로 한 프랑크푸르트학파에서 비롯되었다. 그들은 자신들의 사상을 비판 사상이라고 불렀다. 주로 유태인 학자들이 주축을 이룬 이 학파에는 호르크하이머, 아도르노, 벤야민, 그리고 하버마스가 속해 있다. 이들의 주 관심은 사회에서 인간의 소외 문제이다. '소외'란 말은 19세기 독일의 철학자 헤겔이 처음으로 사용한 철학의 전문 용어로서, 자신을 자신과는 다른 대상으로 타자화(他者化)하는 것을 의미하였다. 그러나 마르크스에게 소외는 자본주의 사회에서 인간이 생산적인 노동의 주체가 되지 못하고 오히려 돈으로 사고팔 수 있는 상품으로 전락되는 상태를 뜻했다. 그것은 본래의 자유로운 자신으로부터 소외됨을 뜻할 뿐 아니라, 다른 사람으로부터의 소외, 자연으로부터의 소외 등으로 풀이된다. 비판 사상가들은 현대 자본주의 사회에서 소외 현상은 기술과 행정이 사회를 지배하는 기술관료주의의 효율성과 경제성에서 생긴다고 주장한다. 오늘날 문제를 심각하게 만드는 것은 기계 생산에 의한 물질적 풍요와 소유에 따른 계급 차별이 점점 없어지기 때문에 모든 사람들이 지금의 상태에서 벗어나려고 하지 않는 것이다. 실제로 자유를 누리지 못하면서도 자유로운 줄 알고 있고, 행복하지 못하면서도 행복을 누리는 줄 알기 때문에 지금의 소외 상태에 대한 비판적 안목이 생기지 않는다는 것이다. 더구나 전통적인 생산 방식에 의한 계급 차별은 노동의 기계화와 후기자본주의의 지능적인 사회 통제에 의하여 점점 사라지고 있어 모든 사람이 평등한 것 같이 보이나 실제로는 모든 사람이 모두 소외 상태에 빠져 있다는 것이다. 비판 사상은 인간 소외를 가져오는 기존 질서와 사회 구조를 비판하는 사상으로, 실용주의, 실증주의, 실존주의의 장점을 받아들이고 이들 사상의 단점을 비판하여 통합하는 변증법적 특성을 지닌다. 이러한 특성으로 인해 비판 사상은 가정과교육에 지대한 영향을 미치고 있다.

기술 및 그 효용 가치를 산업의 발전과 경제적 편익에서 찾는 것은 4차 산업혁명 시대에도 여전하다. 따라서 이 시대에도 인간 소외 현상은 존재한다. 첨단 과학기술의 눈부신 발전으로 인해 인간의 사회적 삶은 더욱 윤택해지고, 인간의 문화기술도 풍부해져서 인간은 더 행복해질 것이라 기대하지만 이 시대에는 오히려 AI에 의해 인간이 종속되는 상황이 현실화되어 가면서 인간 소외가 현실적인 문제로 드러나고 있다(김민수 · 노희정, 2020).

가정과교육은 4차 산업혁명 시대 가정의 일원인 청소년들이 타자화되어 자기가 누구인지 모르고 살아가는, 이른바 인간 소외를 가져오는 기존 질서는 무엇인지를 성찰하고, 비판하고, 시정하는 해방적 행동을 강화하는 교육을 실행하고 있다는 점에서, 비판 사상과 밀접한 관련이 있다.

사상의 유형

나는 어느 사상에 가까운지 나에게 해당하는 내용에 ✓표를 해보자.

1. 물질주의

돈과 쾌락을 최고의 가치로 여기며 인간 존재, 심리나 윤리도 물질로 구성된 인간의 화학적 작용에 기인한다고 본다.

☐ 나는 재물을 사랑하고 건강, 육체적 쾌락을 가장 중요한 가치로 생각한다.
☐ 나는 모든 존재하는 것은 근본적으로 물질적인 것으로 이루어졌다고 생각한다.
☐ 나는 모든 정신적인 현상도 근본적으로는 물질적인 현상의 결과에 불과하다고 생각한다.
☐ 나는 인간의 심리 현상과 정신 작용은 모두 뇌 속에 있는 물질에 의해서 일어난다고 생각한다.
☐ 나는 모든 인간의 정신 작용은 모두 육체의 물리적 작용에 의하여 설명될 수 있다고 생각한다.
☐ 나는 정신적이라고 알려진 모든 것이 실제로는 육체적인 작용의 결과에 불과한 것이라고 생각한다.
☐ 나는 삶의 가치는 육체의 쾌락과 그 쾌락을 가져다줄 수 있는 수단들의 획득에서 찾을 수밖에 없다고 생각한다.
☐ 나에게 가장 중요한 것은 육체적 쾌락이고, 이를 위해서 돈과 건강이 가장 중요하다고 생각한다.
☐ 행복의 주된 원천은 소비에 있다고 생각한다. 따라서 사고 싶은 것을 마음껏 사고 누릴 수 있도록 많은 돈을 벌어야 한다고 생각한다.

2. 실용주의

유용한 것을 최고의 가치로 생각하며 목적 자체보다도 결과를 중요시한다.

☐ 나는 '꿩 잡는 게 매'지 꿩도 못 잡는 것은 매도 아니라고 생각할 만큼 결과적으로 유익을 주는 것을 중요하게 생각한다.
☐ 나는 아무리 과정이 좋아도 결과가 좋지 않다면 아무 의미가 없다고 생각한다.
☐ 나는 순수 이론이나 객관적인 지식조차도 실제로는 어떤 목적을 위하여 추구되고 형성된 것이라고 생각한다.
☐ 나는 추상적인 이론과 단순히 지식을 위한 지식만의 추구는 전혀 쓸모없는 것이라고 생각한다.
☐ 나는 진리란 현금 가격(truth is cash value)에 비례한다고 생각한다.
☐ 나는 진리라는 표준은 그 자체가 우선 실제로 적용될 수 있는 것이어야 한다고 생각한다.
☐ 나에게 관념(idea)이란 그 자체로 어떤 내용을 담고 있는 것이 아니라 오히려 어떤 행동을 하기 위한 계획이거나 문제를 만족스럽게 해결하도록 안내하는 도구에 불과하다고 생각한다.
☐ 나에게 배워서 안다는 것이란 삶에 구체적인 영향을 줄 때 비로소 의미가 생긴다고 생각한다.

3. 실증주의

☐ 우리의 감각 기관으로 확인한 것만이 확실하다고 믿으며 자연과학적 방법을 최고의 방법으로 여긴다.

(계속)

□ 나는 우리가 우리의 감각 기관을 통해서 지각한 것만이 확실하다고 생각한다.
□ 나는 자연과학적 방법이 절대로 믿을 수 있는 것이라 생각한다.
□ 나는 모든 참된 것은 반드시 자연과학적인 방법을 통해서만 얻을 수 있다고 생각한다.
□ 나는 과학적 지식은 반드시 과학기술로 이용될 수 있어야 한다고 생각한다.

4. 실존주의

개인의 주체성과 자유가 가장 중요하며, 본질보다 실존을 중요시한다. 사회보다는 개인을 우선시한다.

□ 나에게 중요한 것은 추상적으로 생각만 할 수 있는 본질의 세계가 아니라 바로 '지금-여기' 우리가 살고 있는 삶, 즉 실존의 세계이다.
□ 나에게 소위 본질이니, 원칙이니, 원리니 하는 것은 삶의 참모습을 보여 주지 못할 뿐만 아니라 오히려 왜곡하는 것이라고 생각한다.
□ 나는 이론적이고 추상적인 것보다 실천적이고 구체적인 것이 더 실제에 가깝다고 생각한다.
□ 나는 진리는 개인의 주체성에 있다고 생각한다.
□ 나는 진정한 진리는 인식 주체에게 어떤 영향을 끼치고 인식 주체에게 절실한 것이어야 한다고 생각한다.
□ 나는 '나'의 것이 될 수 있고 '나에게 절실히 중요한' 지식이어야 진리가 될 수 있다고 생각한다.
□ 나의 주된 관심은 인간 주체와 인간의 내면성이다.
□ 나는 인간은 주체로서 있을 때, 혹은 주체로 인식될 때만 진정한 인간으로 남아 있을 수 있다고 생각한다.
□ 나는 인간은 절대로 자유로워야 한다고 생각한다.
□ 나는 아무 외부적인 힘도, 아무 보편적인 법칙도 인간의 행동과 생각을 지배할 수 없다고 생각한다.

5. 비판 사상

개인의 주체성과 자유는 정의로운 사회가 담보되어야 한다. 현실은 개인의 자아 반성과 비판 의식을 통해서 변화될 수 있다고 보며, 돈과 권력이 생활 세계를 식민지화하여 인간 소외 현상을 가져왔다고 본다.

□ 나는 개인의 자유는 정의로운 사회가 담보되어야 누릴 수 있는 것이라고 본다.
□ 나에게 가장 중요한 과제는 주로 인간 소외를 가져오는 기존 질서를 비판하여 자유롭고 정의로운 사회를 만드는 것이다.
□ 나는 현대인도 억압과 소외 상태에 머물러 있다고 생각한다.
□ 나는 현대사회에서 가장 큰 문제는 인간의 소외 문제라고 생각한다.
□ 나는 오늘날 문제가 되고 있는 소외는 관료적인 기술과 행정이 사회를 지배함으로써 생긴다고 생각한다.
□ 나는 사회가 기계와 조직으로 통제되어 개인의 자유와 창조성을 제한하고 인간성을 말살하고 있다고 생각한다.
□ 나는 현대인들이 실제로 자유를 누리지 못하면서도 자유로운 줄 알고 있고, 행복하지 못하면서도 행복을 누리는 줄 알기 때문에 지금의 소외 상태에 대한 비판적 안목이 생기지 않는다고 생각하며, 이를 깨닫게 하는 것이 중요하다고 생각한다.

출처: 손봉호(1986) 재구성.

2) 행복 철학과 가정과교육

가정과교육의 목표는 개인과 가정의 행복에 있다. 그렇다면 행복이란 무엇인가? 우리 모두는 행복하기를 바라고 있다. 행복을 신뢰할 수 있는 연구 방법을 통해서 학문으로 연구한 것이 행복학이다. 행복학의 이론적 토대는 프로이트로부터 시작하여 1990년대에 등장한 긍정심리학이다. 긍정심리학은 그동안 심리학이 소수의 장애나 인간의 문제에 초점을 맞춘 것과 달리 인간의 긍정적인 가치를 부각해서 인간을 행복하게 하는 긍정적인 정서나 개인의 강점과 덕성에 관심을 갖는다(이충진, 2020). 긍정심리학에서는 '행복'이라는 일상적인 용어보다 '삶의 질' 또는 '삶의 만족도', 그리고 '주관적 안녕'이라는 용어를 사용한다(홍종관, 2012).

행복학에서는 '행복은 무엇인가?'라는 질문을 하기는 하지만 근본적으로 던지지 않는다. 행복학에서 중요한 것은 '좀 더 행복하게 사는 것' '좀 더 행복하게 만드는 것'이다. 행복학은 '지금-여기'의 행복 지수를 올리기 위한 '지금-여기'의 처방을 찾는 것에 주력한다.

반면에, 행복 철학은 '행복이란 무엇인가'라는 질문을 던져서 행복을 철학적으로 숙고하는 데 주력한다(이충진, 2020). 개인의 행복은 좋은 사회에 의존하기 때문에 행복을 가로막고 있는 사

행복학에서 행복의 조건

긍정심리학의 창시자인 마틴 셀리그만(2020)은 행복의 다섯 가지 조건으로 행복 공식 PERMA를 제시했는데, 그 내용은 다음과 같다.

- 긍정적 정서(Positive emotion): 기쁨, 희열, 따뜻함, 자신감, 낙관성을 말한다.
- 몰입(Engagement): 시간 가는 줄 모르는 것, 어떤 활동에 빠져드는 동안 자각하지 못하는 것, 자발적으로 업무에 헌신하는 것을 말한다.
- 관계(Relationship): 타인과 함께 하는 것을 말한다. 말할 수 없이 기뻤던 순간, 자신의 성취에 엄청난 자긍심을 느꼈을 때를 생각해 보면 거의 타인과 함께했을 때이다.
- 의미(Meaning): 자신보다 더 중요하다고 믿는 어떤 것에 소속되고, 거기에 기여하는 것에 기초한다.
- 성취(Accomplishment): 남을 이기기 위해서, 돈을 벌기 위해서가 아니라 성취 그 자체가 좋아서 추구하는 것을 말한다.

우리나라에서 행복학 연구의 대표 학자인 최인철(2021)은 행복하기 위한 세 가지 조건으로 ① 자율성(자유), ② 유능감(인정), ③ 관계를 제시하였다. 최인철은 행복하기 위해서 다음의 지혜가 필요하다고 하였다. ① 자신의 한계를 깨달을 때 경험하는 절대 겸손, ② 자기 중심적 프레임을 깨고 나오는 용기, ③ 과거에 대한 오해와 미래에 대한 무지를 인정하는 지혜, ④ 돈에 대한 잘못된 심리로부터의 기분 좋은 해방이다.

회적 · 문화적 장벽을 아는 것이 필요하다. 이 장벽을 철폐하기 위해서 우선적으로 도덕적인 사회는 어떤 사회인지를 이해하고 무엇이 옳고 선한 것이지를 분별할 수 있는 철학적 작업이 전제되어야 한다(김요한, 2016). 여기에서는 행복이란 무엇인가에 대한 질문에 철학자들이 답한 내용을 이충진(2000)의 「행복 철학」 책을 요약하여 제시하여 가정과교육에서 추구하는 행복은 무엇이어야 하는지에 대한 통찰을 얻고자 한다.

(1) 아리스토텔레스

아리스토텔레스(Aristotle)에게 잘 사는 것, 즉 행복이란 첫째, 세 개(최고선, 최대량, 우연)의 좋음이다. ① 최고선이란 인간의 최종 목적이 좋은 것을 말하고, ② 최대량이란 인생 전반에서 좋음의 극대량을 의미한다. 즉, 과정도 좋고 결과도 좋은 것을 의미한다. ③ 우연이란 돈, 권력, 신분, 외모 등 노력해서 얻을 수 있는 것이 아니라 우연한 행운처럼 주어진 외적인 것, 즉 잘 타고난 것을 의미한다. 둘째, 자연적 본성을 이성의 사유를 통해 이해하고 뛰어나게 발휘하는 영혼의 탁월함이다. 영혼이 탁월한 사람은 동물과 달리 덕을 세우기 위해서 정신적 활동을 한다. 셋째, 행복이란 탁월한 정신적 활동으로 사회에 선을 행하는 것을 의미한다. 사회는 개인을 성장시키고 개인적 소질을 펼칠 수 있는 토양과 같기에 행복하려면 사회에 관심을 갖고 사회를 위해서 활동해야 한다. 이는 가정과교육이 개인과 가정의 문제 외에도 사회 문제에 관심을 갖고 민주 시민교육과 세계 시민교육을 하는 것과 관련이 있다.

아리스토텔레스는 행복해지려면 실천적 지혜를 가져야 한다고 주장한다. 실천적 지혜는 구체적이고 개별적 상황에 적합한 행동을 찾아내는 능력이며, 특정한 개별 상황에서 좋은 것이 무엇인지를 찾아내는 능력이다. 즉, 그것은 구체적 상황에의 적합성을 판단하는 능력이다. 지금-여기에서 어떤 행동을 해야 할지를 판단하는 능력이다. 탁월한 인간은 개별적인 사건을 제대로 이해하고, 그에 적합한 행동을 하도록 판단하는 능력을 가지고 있어야 한다. 훌륭한 행위를 반복적으로 하려면, 즉 행복해지려면 실천적 지혜로 행하는 훌륭한 습관이 몸에 스며들도록 해야 한다.

가정과교육에서 정신적 활동인 실천적 추론을 강조하는 것은 실천적 지혜를 습관적으로 들일 수 있는 교육의 일환이다. 이는 아리스토텔레스가 말하는 이성적인 사고를 통해서 개별 문제 상황에서 현명한 판단을 내려서 선한 행동을 하여, 행복한 삶을 살도록 하는 방법이라고 할 수 있다.

(2) 스토아학파

스토아학파(Stoicism)는 그리스 로마 철학의 한 유파이다. 기원전 313년 키프로스 출신의 제논이 아테네로 건너와 창시했다. '스토아'는 '강당'이란 의미이며, 스토아학파는 이 강당에서 철학을 가르치고 배운 사람을 지칭한다. 이 강당에서 행복은 언제나 가장 중요한 주제였다. 스토아학파의 핵심 사상은 "불행은 결코 우리의 행복을 감소시킬 수 없다"이고, 스토아 철학은 불행을 이기는 철학이다. 스토아학파에게 행복은 내면의 강인한 정신력으로 불행을 이기는 것을 말한다.

스토아학파에게 행복의 관건은 인간의 내면과 정신적 활동으로, 이는 인간 정신의 훌륭함이며, 내적인 훌륭함이다. 이 외의 모든 것은 행복과 무관한 것이다. 행복한 사람은 고통을 고통으로 받아들이지 않고 외부에서 주어지는 고통 때문에 마음의 내적인 평정을 상실하지 않는 사람이다. 이를 위해서 진정 필요한 것은 강인한 정신이다. 감정의 움직임에 영향을 받지 않고 오히려 그것을 극복하고 통제할 수 있는 심성이 강한 사람이다. 외부의 나쁜 환경이나 상황에 흔들리지 않고 의연하여 외부 자극에 의존하는 동물적 · 본능적 욕망을 억제하고 뛰어넘을 수 있는 정신이 강한 사람이다. 행복한 사람은 자신에 대한 자부심이 있고 자유로운 사람이다. 물론 이 자부심과 자유는 정신의 탁월함에 기인한다. 자유로운 사람은 자신의 정신적이고 인간적인 탁월함을 알고 그에 따른 삶을 산다. 자부심을 가진 사람은 자신의 삶을 동물의 삶으로 만들지 않는다. 동물적 본능에 굴복하지 않으며 거짓된 좋음인 허위의식에 휘둘리지 않고 해방된다.

불행한 사람은 정신의 능력이 빈약하고, 정신의 내용이 척박한 사람이다. 정신이 빈약한 사람은 무지와 나약함에서 벗어나지 못하며, 정신세계가 척박한 사람은 돈과 권력만을 좇는 물질주의자이며, 성공 지향적이다. 정신의 능력이 탁월한 사람이 행복하다. 정신이 탁월한 사람은 진정한 좋음을 이해하고, 창출하며, 자유를 누린다. 또 그러한 자신의 삶에 자부심을 가진다. 그는 타인의 시선에 얽매이지 않으며, 자신의 삶에 자족할 줄 안다. 운명도 신도 죽음도 그의 자족한 삶을 위협하지 못한다. 그런 사람이 행복한 사람이다(이충진, 2000).

가정과교육에서 고등 사고 능력인 실천적 추론을 강조하고, 거짓된 허위의식을 비판하는 해방적 행동을 강조하고, 불행과 역경을 극복할 수 있는 회복 탄력성과 임파워먼트를 강조하여 내면의 강인한 정신력을 갖도록 교육하는 것은 스토아학파가 말한 행복과 관련이 있다.

(3) 에피쿠로스학파

스토아학파 외에 헬레니즘 시대를 대표하는 또 다른 철학은 에피쿠로스학파의 철학이다. 에피쿠로스학파(Epicureanism)의 창시자는 에피쿠로스(Epicurus)이다. 그는 기원전 306년 아테네에 정원 딸린 집을 구입해서 여러 제자를 모아서 가르쳤다. 이후, 이 정원은 에피쿠로스학파의 근거지가 되었다. 이 학파에 속한 사람들을 '정원의 철학자'라고 부르는데, 그들의 가르침과 배움이 정원에서 이루어졌기 때문이다. 이후 정원은 에피쿠로스학파의 행복 개념을 지칭하는 상징이 되기도 했다.

사람들은 에피쿠로스학파의 기본 입장을 '쾌락주의'라고 불렀다. 에피쿠로스학파에게 행복은 쾌락이다. 그런데 이 쾌락은 영혼과 육체 모두에 고통의 부재 상태, 즉 마음의 평온을 의미한다. 필수적 욕망만을 충족시키되 그 정도가 과하지 않으며 꼭 필요한 욕망을 충족할 때 마음의 평온을 얻을 수 있고, 마음이 평온할 때 가장 행복하다. 에피쿠로스는 우정은 행복을 보장한다고 생각했다. 행복한 삶을 위해 우정을 나눌 소수의 친구, 그들과의 만남을 위해 마련된 작은 공간, 그곳에서 마음을 터놓고 주고받는 대화 등이 최고의 행복 중의 하나이다.

에피쿠로스학파가 강조하는 쾌락은 두 가지 중요한 특징을 가진다. 첫째, 그것은 순간의 육체적이고 감각적인 쾌락이 아니라 전 생애를 통해서 지속되는 쾌락이다. 둘째, 그것은 적극적인 쾌락의 추구를 통해 획득되는 것이 아니라 고통의 회피를 통해 획득되는 것이다. 에피쿠로스학파는 진정한 쾌락을 획득하는 방법으로 온건한 금욕의 실천을 강조한다. 욕구의 총량을 최소화하여 고통을 감소시킴으로써 고요하고 평정한 삶, 즉 진정한 쾌락으로 가득 찬 삶을 사는 것이다.

에피쿠로스학파는 행복한 삶을 살기 위해 갖추어야 할 중요한 것은 충동적인 감정에 좌우되지 않고 사리를 올바로 분별하여 그에 따라 행동할 수 있는 마음의 능력인 이성과 섬세한 감성이다. 이성을 통해서 충족되어야 하는 욕망과 억제되어야 하는 욕망을 구분할 줄 알게 된다. 죽음을 올바로 이해하는 것과 좋은 친구의 가치를 깨닫는 것 역시 이성의 역할이다. 그 외에도 욕망 충족을 위한 최소한의 물질적 여유와 경제적 독립이 필요하며, 또 주어진 여건에 맞추며 사는 절제 역시 필요하다. 이렇듯 이성은 자립적이고 소박하며, 자족적인 삶을 꾸려나가는 데 결정적으로 중요한 역할을 한다. 쾌락은 기본적으로 감정이기에 섬세한 감성이 필요하다. 감정이 둔한 사람은 정원의 꽃이 아무리 아름다워도 아름다운 줄을 모르고, 친구와 함께 나누는 음악이 아무리 좋아도 좋은 줄을 모르기 때문에 쾌락과 행복을 느끼지 못한다. 섬세한 감각을 가진 사람만이 인생을 즐길 수 있다(이충진, 2020).

가정과교육에서 실천적 추론 능력을 강조하는 것은 사리를 분별하여 행동할 수 있는 이성을 가져서 지속적이고 평온한 삶, 행복한 삶을 살게 하기 위한 것이다. 하지만 아름다움을 즐길 줄 아는 섬세한 감성을 키우는 교육도 학생들의 행복을 위해서 필요하기에 섬세한 감성을 키우는 교육도 가정과교육에서 강화될 필요가 있다.

(4) 공리주의

행복에 관한 철학적 논의가 최고조로 이른 것은 근대 시작 후 수백 년이 지난 계몽주의 시대였다. 공리주의(功利主義, Utilitarianism)는 19세기 이래 영국을 중심으로 발달한 사상으로, 유용성(utility)을 가치 판단의 기준으로 하는 사상이다. 공리주의의 핵심은 어떤 행위의 옳고 그름은 그 행위가 인간의 이익과 행복을 늘리는 데 얼마나 기여하는가 하는 유용성의 결과에 따라 결정된다고 보는 것이라는 점에서 실용주의 사상과 맥을 같이한다. 공리주의자들에게 이익과 행복은 동일하다.

19세기에 영국에서 새로운 모습으로 쾌락주의를 등장시킨 인물은 영국의 제러미 벤담(Jeremy Bentham)이다. 공리주의자인 벤담이 이해한 인간의 행복은 가능한 최대의 쾌락이다. 일생 동안 자신이 하게 되는 행동들을 통해서 얻을 수 있는 쾌락, 그것의 최대치를 실제로 얻는 삶이 행복한 삶이다. 하지만 실컷 먹고, 마시고, 놀고, 게임을 하는 사람을 행복한 사람이라고 하지 않는다. 행복은 단순히 동물이 누리는 만족이 아니기 때문이다. 벤담은 쾌락을 측정하기 위한 일반적인 기준으로 쾌락의 강함, 쾌락의 지속성(오래감), 쾌락이 결과로서 주어질 확실성, 하나의 쾌락이 가져올 파급 능력, 불쾌를 포함하지 않거나 초래하지 않을 가능성(순도)을 제시하였다. 눈앞의 쾌락에 눈이 멀어 나중에 후회하게 될 일을 무턱대고 하지는 않는다. 다이어트를 하는 사람이 눈앞의 케이크를 먹지 않고 참는 것처럼, 더 강한 쾌락을 위해 더 작은 쾌락을 포기하기도 한다.

공리주의자에게 쾌락이라고 다 같은 쾌락이 아니다. 쾌락에도 분명 좋은 쾌락과 더 좋은 쾌락이 있다. 쾌락에도 상위의 고급 쾌락이 있고, 하위의 저급 쾌락이 있다. 게임을 하면서 시간을 보내는 것과 가정과교육론 책을 읽으면서 시간을 보내는 것은 질적으로 다른 만족을 준다. 하물며 남을 돕기 위해서 봉사하면서 느끼는 자부심은 질적으로 다르다.

이와 같이 지혜, 의지, 섬세한 감성과 자부심을 갖춘 고급 쾌락이 진정한 행복이다. 행복을 위해 우리에게 요구되는 것은 무엇을 하여 쾌락을 느낄 수 있을까의 선택 능력이 아니라, 자신에게 고급 쾌락, 즉 진정한 행복을 주는 것은 무엇인지, 자기 자신을 되돌아보는 인지적 능력, 즉 자기 성찰의 능력이다. 내가 진실로 원하는 것은 어떤 것인지를 생각하고 깨달을 수 있는 능력 말이다. 이성과 절제, 자기 성찰과 의지 및 자부심과 관련된 공리주의의 행복은 가정과교육에서 이미 강조하고 있는 내용이다(이충진, 2020).

(5) 니체

니체(Friedrich Wilhelm Nietzsche)는 서구의 전통을 깨고 새로운 가치를 세우고자 했기 때문에 '망치를 든 철학자'라고 부른다. 19세기 동안 세계는 제국주의가 팽배하면서 여러 서구 열강들이 세계 곳곳을 점령하여 식민지로 삼았다. 이 시기에 니체에게 중요한 것은 어떤 일이나 행동을 할 수 있는 에너지인 '힘(power)'이었다. 그는 인간은 행복이 아니라 힘을 얻을 의지를 추구한다고 하였다. 니체에게 행복한 사람은 힘이 있고, 그 힘을 얻을 의지를 가진 초인이다. 초인은 현재의 자신을 넘어서 보다 높은 곳에 있는 자신에게로 나아가려는 사람이다. 초인은 자신을 초월하여 초월적 자신으로 만들려는 자이다. 지금의 나를 부정하고 극복하여 지금과는 다른 나, 지금보다 더 나은 나를 스스로 만들려는 사람이다. 지금 있는 곳에서 안주하고 평안을 누리는 대신에 그곳이 비록 험하고 낯선 세계라 할지라도 개척자로서의 삶을 살고자 하는 사람이다. 타성에 젖어 매일매일 물질이 풍요로운 안락한 일상을 살거나 고통과 불행을 대가로 지불하지 않는 무임승차자의 행복은 초인에게는 비열하고 부끄러운 것이다. 안전하고 안락한 환경에서 풍요로운 삶을 살면서 행복하다고 자신을 위로하는 대신에 험하고 거친 광야로 나가 폭풍우에 맞서는 모험과 도전을 감행함으로써 강인해지는 힘을 느끼는 것이 초인의 행복이다. 초인이 원하는 것은 자신이 삶의 주인이자 주체가 되어 자신의 삶을 자신의 힘으로 살아가며 강인해지는 것이다. 단지 생존하기 위해서 사는 삶, 남과 비교해서 더 잘 사는 삶, 물질주의 가치관에 함몰되어 돈과 권력만을 탐하는 사람이 아니라, 자신의 자유를 위해 목숨조차 아깝지 않게 여기는 사람에게만 허용되는 행복이 초인의 행복이다(이충진, 2020).

(6) 마르쿠제

마르쿠제(Herbert Marcuse)는 20세기 후반에 정치적 좌파에 대한 강력한 영향력을 미친 사상가이자 고도 산업사회의 비판 이론가이다. 마르쿠제에게 행복한 사람은 고도 산업사회가 강제하는 돈을 추구하는 삶을 거부하고 경제적 욕망에 몰입하는 대신에 돈의 빛깔을 띠지 않는 다양한 종류의 욕망을 추구하며, 경제 논리에 압도되어 체념하면서 무기력하게 살아가는 대신에 탈경제적 사회를 꿈꾸며 새로운 세계를 구현하는, 물질주의로부터 해방된 사람, 즉 일차원적 인간에서 벗어난 사람이다. 일차원적 인간이란, 대량 생산과 대량 소비를 위해 만들어진 인위적이고 강요된 욕망, 즉 상품을 소비하려는 욕망을 가지고 돈과 관련된 생각만을 하는 물질주의자이다. 과거에 비해서 경제적으로 풍요한 사회에서 사는 현대인은 물질적으로 풍요할수록 행복해질 것이라고 확신하면서 일 중독자와 소비광인 일차원적 인간이 되었다. 일차원적인 인간은 매일 열심히 일하여 돈을 벌고, 매일 열심히 소비하면서 그것이 행복한 삶이라고 여긴다. 그렇게 해서 일차원의 행복은 일상화된다. 하지만 마르쿠제에 따르면, 그러한 행복은 진정한 행복이 아니라 거짓된 행복이고, 왜곡되고 잘못된 껍데기일 뿐인 허위의식이라고 비판한다(이충진, 2020).

(7) 하버마스

하버마스(Jürgen Habermas) 이론은 심리학, 사회학, 정치학, 경제학 등 여러 측면의 역동적 관계를 파악하여 인간의 행복을 설명한다. 그는 인간의 행복은 의사소통을 하여 자신과 집단의 정체성을 이해하고, 좋은 사회 구조를 만드는 것이라고 설명한다(김선욱, 2016). 하지만 19세기 말경부터 자연과학이 급속도로 발전함에 따라 기술과 효율성이 강조되어 생활에서 의미를 공유하는 의사소통적 행동은 줄어들고 기술적 행동, 즉 도구적(전략적) 행동이 팽배하게 되어 결국 과학적 절차에 의해서 나온 결과를 맹목적으로 받아들이게 되는 경향이 많아졌다. 이로 인해서 인간의 자주성이 방해를 받아 진정한 행복에 이르지 못하였다. 세분화된 지식은 전문가들만의 지식이 되어, 일반인이 이해하기 어려운 지식이 되었다. 이로 인해 일상생활을 사는 사람이 전반적으로 삶을 관조할 수 있는 능력과 자신이나 집단의 정체성을 아는 능력을 상실하게 되었고, 결국 인간 소외 현상을 낳았다. 이는 생활 세계가 돈과 권력에 의해서 체계화되어 합리적 의사소통 과정을 무시하고, 효율과 경제성이라는 기준을 지향하여 현대인은 자기가 누구인지, 왜 현재의 삶을 살아가는지에 대한 이유를 깨닫지 못하고, 타인의 눈을 의식하면서 정체성을 잃고 무력한 삶을 살아가게 하였다.

하버마스에게 행복한 사람은 자신과 자신이 속한 집단의 정체성을 알고, 사람들 사이에 이해 지향적인 의사소통을 하고 민주 시민으로서 사회 문제를 해결하는 데 참여하여 사회적 · 정치적으로 좋은 구조를 만들고 개선하는 데 능동적으로 행동하는 사람이다.

가정과교육은 학습자가 현 사회에 팽배한 물질주의 이데올로기와 그릇된 인습을 비판하여 자신과 집단의 정체성을 깨닫고 주인 된 삶, 즉 주도적인 삶을 살아가게 하는 데 목적을 두고 있다. 이러한 목적을 달성하기 위해서 가정과교육은 세 유형의 행동을 강화하는 목표, 즉 인습과 전통, 그리고 위압적이고 지배적인 이데올로기에서 벗어나게 하는 해방적 행동을 기르는 목표, 자신과 타인이 공유한 문화 및 전통을 이해하는 의사소통적 행동을 기르는 목표, 가정인과 직업인의 역할을 수행하기에 필요한 기술적 행동을 향상시키는 목표를 강조하고 있다.

4. 가정과교육의 정체성

가정과교육은 가정학(생활과학)의 내용에 교육방법을 가미한 정도의 지도 방법이거나 단순히 가정학과 교육학의 산술적인 합이 아니며, '가정학'과는 구별되는 학문 분야로서의 정체성을 가지고 있다(김성숙 · 채정현, 2007). 정체성(identity)의 어원은 라틴어 'iden'으로, '전적으로 동일한 것(the same)', '정체'를 의미한다(박아청, 1998, 2003). 정체성은 완성되고 고정된 것이 아니라 새롭게 계속 추구되는, 즉 명사로서가 아니라 동사로서, '통합한 상태'로서가 아니라 '통합을 목표로 하는 끊임없는 움직임'이다(박아청, 2003).

가정과교육의 정체성은 과거 · 현재 · 미래의 연속선상에서 변하지 않는 특성, 즉 고유하고, 타 교과와 차별되며, 주체성 있는 본질적 요소를 지니지만 시대의 흐름에 따라 발전하는 과정에서 지속적으로 변화하는 것이다(박미정, 2006). 이러한 의미에서 정체성에 대하여 숙고할 때 과거를 답습하기보다는 시대의 맥락 속에서 새로운 장르를 여는 것이 요구된다. 정체성은 시대라는 맥락 속에서 살아 있기 때문이다. 여기에서는 가정교과가 타 교과와 다른 독특한 점인 정체성을 가정과교육의 성격, 가정과교육의 사명과 비전 면에서 살펴보고자 한다.

1) 가정과교육의 성격

가정과교육의 성격을 규명하는 것은 가정교과의 철학적 전제를 포함하고 있기에 대외적으로 학문적 정체성과 정당성 및 가치를 인정받는 중요한 과정이다.

가정과교육의 성격에 대해서 우리나라는 실천교과, 기능교과, 생활교과, 자유교과, 응용교과, 종합교과, 통합교과, 규범교과 등으로 매우 다양하게 제시하고 있다(김항아, 1994; 조용진, 2000; 유태명, 2003). 유태명(2003)은 가정과교육이 초기 교육과정에서는 생활교과나 기능교과의 성격을 띠었으나, 1980년대 이후에는 실천교과가 보편적으로 가정과의 성격을 대표하였고, 1990년대에 들어서면서 비판교과적 성격이 강조되기 시작했다고 평가하고 있다. 1980년대 이후 대부분의 선행 연구(장명욱, 1981; 이인희 · 이옥임, 1983; 이기열, 1987; 이인희, 1987; 송은경, 1990; 김경미, 1993; 김항아, 1994; 유태명, 2003)에서는 가정과교육의 실천교과의 성격을 강조하고 있는 추세이다.

문헌상에 가정교과의 성격이 다양하게 제시되었지만 과거부터 현재까지 변하지 않는 가정교과의 특성은 실천교과이며, 개인 및 가정생활을 대상으로 하는 생활교과의 성격을 지니고 있다. 무엇보다 가정교과는 서로 모순되는 정과 반이 하나로 통합되는 변증법적 융합교과의 성격을 지니고 있다.

교육과정에 반영된 가정과교육의 다양한 견해

나는 가정과교육에 대한 어떤 견해를 지지하는지 내가 생각하는 것에 ✓표를 해보자.

1. 전통적 여성을 위한 교과

- ☐ 가정교과는 여성들이 전통적인 가정 역할을 수행함을 목적으로 해야 한다.
- ☐ 가정교과는 여성들이 주부, 아내, 어머니로서 역할과 책임을 강조해야 한다.
- ☐ 가정교과는 여성들이 집안일을 잘 수행하도록 가르쳐야 한다.

2. 수공 훈련 교과

- ☐ 가정교과는 의복, 음식, 주거의 질을 향상시킴을 목적으로 해야 한다.
- ☐ 가정교과는 의식주에 관련된 생산품과 그 생산품을 만드는 과정을 강조해야 한다.
- ☐ 가정교과는 의식주에 관련된 물건을 만드는 기능을 연마하도록 가르쳐야 한다.

(계속)

3. 과학 적용 교과

☐ 가정교과는 인간이 접하는 물리적·사회적 환경을 증진함을 목적으로 해야 한다.

☐ 가정교과는 인간이 매일 접하는 환경을 개선함을 강조해야 한다.

☐ 가정교과는 과학적 지식을 적용하여 인간이 접하는 환경을 개선하는 법을 가르쳐야 한다.

4. 가정 관리 교과

☐ 가정교과는 지적, 사회적, 물질적, 정치적으로 자유로운 사람을 기르는 것을 목적으로 해야 한다.

☐ 가정교과는 가정을 개개인의 단위임을, 그리고 사회에 영향을 미치는 사회의 한 부분임을 강조해야 한다.

☐ 가정교과는 가정이 사회와 정치에 어떻게 영향을 주고받는지 이해하도록 가르쳐야 한다.

5. 가족 발달 교과

☐ 가정교과는 가정의 일원인 인간을 발달시키는 것을 목적으로 해야 한다.

☐ 가정교과는 가정이 인간을 발달시키는 기본적인 장소임을 강조해야 한다.

☐ 가정교과는 인간을 발달시키기 위하여 내용과 방법으로 가르쳐야 한다.

6. 어려움에 처한 집단을 도와주는(중재) 교과

☐ 가정교과는 불이익을 겪고 있는 집단을 도움으로써 사회의 평등을 추구하는 것을 목적으로 해야 한다.

☐ 가정교과는 불이익을 겪고 있는 집단의 특성과 그러한 상황에 영향을 주는 주위 형편을 강조해야 한다.

☐ 가정교과는 집단에게 불이익을 당하게 하는 여러 장애와 불리한 입장을 감소하거나 없애는 방법을 가르쳐야 한다.

출처: Thomas(1986) 재구성.

문헌상에 나타난 가정과교육의 성격

1. 학자에 따른 가정과교육의 성격

1) 이인희와 이옥임(1983): 심성개발교과, 기술교과, 생활교과

2) 유송옥 외(1989): 생활교과, 실천교과

3) 서울대학교 가정대학 1종 도서 연구개발위원회와 김경애(1998): 교양교과, 진로교과

(1) 교양교육 측면과 관련되는 가정과교육의 성격

① 전인교육, 심성개발교육을 담당한다.

② 생활교육을 한다.

③ 기술교육을 한다.

(2) 진로 교육 측면과 관련되는 가정과교육의 성격: 가정과교육은 진로교육의 취지와 원리를 반영하여 학생의 발달 수준에 맞는 진로에 대한 탐색의 기회를 제공한다.

4) 조용진(2000): 교과의 종류를 막론하고 사고와 정서를 복합적으로 동반하면서 능동적이고 자발적인 활동을 통해 경험의 성장에 기여하는 자유교육적 성격을 가진다(도야적 가치를 통해 내재적으로 정당화될 수 있는 교과).

5) 유태명(2001): 가정과교육은 기술과 지식을 중시하던 것에서 문제해결 과정, 과학성, 가치를 중시하는 것으로 변화하였다. 가정과교육은 교양교육적이며, 실천 비판적인 성격을 지닌다.

2. 문헌상에 나타난 가정과교육의 성격

- 응용 학문: 가정학은 자연과학, 사회과학, 인문과학의 기초과학을 바탕으로 생활에 응용·활용하여 가족과 가정의 복지를 모색하는 학문이다. 이러한 정의에 따르면 가정학은 응용과학으로 볼 수 있으며, 생활의 과학화 및 생활 개선이라는 목표를 추구한다.
- 실천 학문: 가족이 당면하는 실천적 문제해결에 중점을 두는 사명을 가진 교과이며, 가족의 문제해결에 중점을 두는 가정학의 한 분야이다.
- 통합 학문: 여러 교과들의 관련성을 염두에 두고 여러 교과에서 배운 원리나 지식들이 통합적으로 적용되고 실천되는 경험을 제공한다.

(1) 사명 지향적인 교과

가정교과는 사명 지향적인 교과이고, 가정교육학은 사명 지향적인 학문이다. 가정학과 가정교육학이 발전된 미국에서는 1970년대 중반부터 가정학이 제 역할을 다하고 있는가에 대해 회의하고 가정학의 철학을 정립하기 위해서 애써 왔다. 이에 미국가정학회는 가정교육학자인 브라운과 파올루치(Brown & Paolucci, 1979)에게 가정학과 가정교육학의 철학 정립을 의뢰하였다. 브라운과 파올루치는 아리스토텔레스의 학문 범주를 기초로 하여 학문의 유형을 순수 학문, 사명 지향적 학문, 해석적 학문으로 분류하였다. 이 중 가정학과 가정교육학은 사명 지향적인 학문

(profession)에 속하며, 특히 인간(가족)에게 직접 봉사하는 인적 분야에 속하는 사명 지향적인 학문이라고 규명하였고, 미국가정학회는 이를 인정하여 가정학의 사명으로 제창하였다.

아리스토텔레스의 학문 범주를 기초로 한 가정학과 가정교육학의 학문 유형

1. 순수 학문

화학, 사회학, 물리학, 경제학, 심리학처럼 학문적 목적을 달성하기 위해 새로운 지식을 획득하는 것을 목표하는 학문이다.

2. 사명 지향적인 학문

순수 학문으로부터 지식을 종합하고, 조직하며, 각각의 지식에 대한 유효성을 검토하는 전문 분야이다.

- 인적 서비스 분야: 가정학, 가정교육학, 의학, 교육학, 사회사업학과 같이 인간에게 직접 봉사하는 분야이다. 인적 서비스 분야는 직접적으로 인간에게 필요한 도움을 주는 것으로 삶의 질과 관련하여 가치 판단을 하며, 사회에 영향을 미치는 행동 변화를 추구한다.
- 비인적 서비스 분야: 우주공학, 기계공학과 같이 순수 학문의 이론을 목적 달성을 위한 수단으로 사용하는 분야이다. 환경을 변화시킴으로써 물질을 생산하고, 순수 학문의 이론을 목적 달성을 위한 수단으로 사용하는 분야로서 자연과학적·기술적인 지식이 주가 된다.

3. 해석적 학문

미술, 연극, 조각, 영화, 음악, 사진, 역사학처럼 인간의 특성 또는 환경을 그들 스스로의 해석을 통해 창작하는 것을 목표로 하는 학문이다.

가정교육학은 위의 분류를 통해 보자면 가정학의 내용과 목적을 교육을 통해서 달성되므로 사명 지향적인 학문 중 인적 분야에 속한다. 사명 지향적인 학문을 프로페션(profession)이라고 한다. 여기서 프로페션의 특성이 무엇인지를 간단히 언급하고자 한다(Brown & Paolucci, 1979).

- 프로페션은 사회를 위해서 봉사하는 전문직이나 학문이다.
- 프로페션은 실천적인 판단과 함께 지적인 활동을 포함한다. 전문직을 수행하는 전문가는 서비스를 받기 원하는 자의 요구가 무엇이며, 그들이 어떤 상황 속에 있는지 전체적으로 파악하고 판단하여 의뢰인을 도와주어야 한다. 여기서 전문가의 판단은 행동을 낳기에 중요하다. 그러한 행동은 타인에게 영향을 주며 도덕적인 결과를 초래한다. 전문가는 지식을 조직하거나 창조하는 등의 판단을 내리지만 기능인은 기능을 제공할 뿐 판단을 하지 않는다. 전문가는 단지 알기 위한 지식을 탐구하는 것이 아니라 실천을 위한 지식에 관심이 있다. 전문가는 이론적 지식을 토대로 실천을 위한 판단을 하기에 이론과 지식과 함께 사고 능력이 있어야 한다.

- 프로페션은 인간 행동 지향적이다. 여기에서 말하는 행동이란 단순히 어떤 일을 행하는 데 한정되지 않고 내적인 이유를 지닌 행동이다. 이러한 행동은 도덕적으로 타당해야 한다.
- 프로페션이 지향하는 행동은 대상 그룹의 문제를 해결하는 데 관련을 가진다.
- 프로페션은 학문 자체에서 발생하는 문제보다는 학문 밖의 사회에서 일어나는 문제를 해결하는 데 관심이 있다.

브라운(Brown, 1980)은 가정교육학을 가정학과 구별하였는데, 가정학이 특정한 가족 문제를 즉각적으로 해결하게 하는 치료적 차원의 학문이라면, 가정교육학은 일상의 생활 문제를 장기적으로 해결하는 능력을 키우게 하여 가족 문제를 예방하는 예방적 차원의 학문이라는 점에서 차이가 있다고 하였다(표 1-4).

브라운과 파올루치(Brown & Paolucci, 1979)는 『가정학 정의(Home Economics: A definition)』에서 가정학의 사명을 다음과 같이 정립하였고, 미국가정학회는 이를 가정학의 사명으로 받아들였다.

> The mission of Home Economics is to enable families, both as individual units and generally as a social institution, to build and maintain systems of actions which lead (1) to maturing in individual self-formation and (2) to enlightened cooperative participation in the critique and formulation of social goals and means for accomplishing them
>
> 가정과교육은 가정학의 사명을 교육을 통해서 이루는 역할을 해야 하기에 가정과교육의 사명은 가족의 일원인 학습자들이 자아 형성을 성숙하게 하고 깨어서 사회에 참여하는 기술적, 의사소통적, 해방적 행동 체계를 구축하고 유지하도록 교육하는 데 있다.
>
> Brown & Paolucci(1979).

표 1-4 가정학과 가정교육학의 차이

구분	가정학	가정교육학
다루는 문제	가정생활에 당면한 특정 영역의 문제를 다룬다.	개인과 가족이 접하는 일상생활을 기반으로 한 모든 영역의 문제를 다룬다.
목표	특정한 문제를 단기적 안목에서 즉각적으로 해결하도록 돕는 데 있다.	일반적인 문제를 장기적인 안목에서 해결하는 능력을 기르도록 돕는 데 있다.
차원	특정 대상에 대한 치료적 차원이다.	모든 대상에 대한 예방적 차원이다.

출처: Brown(1979).

가정교육학은 가정학의 사명을 학교 현장의 교육을 통해서 달성하는 바를 탐구하는 학문으로서, 교육받은 자(educated person)의 특성을 지니도록 학습자를 성장시키는 데 도움을 주는 학문이다. 교육받은 자는 훈련받은 자와는 달라야 한다. 왜냐하면 훈련(training)이란 동물에게 하는 것으로, 인간에게는 극히 제한적으로 기능을 습득시킬 때 필요한 것이기 때문이다. 브라운(1980)은 가정교육학에서는 피터스(Peters)가 제시한 교육받은 사람(educated person)으로 교육해야 할 것을 강조하였는데, 교육받은 자의 특성은 다음과 같다.

- 어떤 활동을 하는지 그 활동을 하는 내적인 이유 또는 근거를 지니고 있다. 예를 들면, 요리를 하든, 그림을 그리든, 책을 읽든 어떤 일을 하든지 활동 그 자체에서 가치를 추구한다. 따라서 그들은 활동을 하면서 자긍심을 지니며 기쁨을 느낀다.
- 선을 위한 지식을 추구하고 탐색한다.
- 진실을 추구하고 인간에 중심을 두며 인간의 고통에 민감하다.
- 통찰력을 지니고 있다. 즉, 전체를 파악한다. 따라서 지식의 단편을 가지고 행동하지 않는다.
- 진실에 대한 열정이 있다.
- 사회에 만연하는 전반적인 견해를 의식한다.

따라서 가정교육학은 가족의 일원인 학생이 무엇을 하든지 내적인 이유를 지니고, 선과 진실을 추구하며, 인간의 고통에 민감하고, 통찰력을 갖고 진실에 대한 열정이 있으며, 사회에 대한 전반적 견해를 의식하는 교육받은 자로서의 특성을 지니도록 교육한다. 이는 교과교육이 교육적 보편성, 즉 가치 있는 것을 추구하는 활동이 되어야 하고, 학습자의 인지적 안목의 변화를 일어나게 해야 한다는 피터스(Peters, 1966)의 의견을 뒷받침하고 있다(김종건, 2003 재인용). 교과로서의 정당성은 교육의 보편성을 추구하며, 학습자를 긍정적으로 변화시키는 데서 성립된다. 가정과교육은 이러한 점에서 교과로서의 정당성을 확보하고 있다.

위의 내용을 종합하면, 가정과교육의 사명은 가족의 일원인 청소년들이 자아를 성숙하게 형성하고, 다양하고 복잡한 사회에서 일상생활과 도전적인 일을 잘 관리할 수 있도록 자율적 · 주도적인 힘(임파워먼트)을 키우는 것이다. 이를 통해 기술적 · 의사소통적 · 해방적 행동을 강화하여 실천적 문제를 해결할 수 있는 강한 가정을 만들고, 사회를 위해서 능동적으로 참여하는 시민 의식을 키워서 가정을 사회 변화의 주체 집단이 되도록 교육하는 것이다.

(2) 변증법적 융합교과

가정교과는 변증법적 융합교과의 성격이 있다. 변증법은 다양한 사상을 하나의 정의로 통합하는 방법론으로, 헤겔 논리학의 고유한 체계를 의미한다. 변증법은 정반합(正反合)이라고 불리는 공식이 있다. 서로 모순되는 정과 반의 주장들이 합이라는 것으로 통합된 것을 찾거나 모순된 정과 반의 융합을 통한 질적 변화를 만드는 것이다.

가정교과는 사상적인 면에서, 교과의 내용 면과 교육적인 면에서 변증법적 융합교과의 성격을 지닌다. 사상적인 면에서 서로 다른 실용주의, 실증사상, 실존주의, 비판 사상의 변증법적인 융합을 하고 있다. 인문사회과학과 자연과학의 융합을 요구하는 인공지능 사회에서 가정과교육은 실용주의와 실증주의에 기초를 둔다. 가정교과의 내용은 처방적 지식만을 제시하거나 관측과 예측의 '실험 · 실습법'만을 적용할 것이 아니라, 사실 인식에 바탕을 두어 실존 사상과 비판 사상에 바탕을 둔 '해석'과 '비판'을 가미하여 교육한다. 또한, 실존 사상과 비판 사상에 기초를 둔 해석과 비판도 자연과학의 실증적인 엄밀한 자료를 필요로 한다. 가정과교육은 실용, 실증, 실존, 비판 사상의 장점을 취하고 단점을 비판하여 학생과 사회의 행복을 위해서 이러한 사상이 개인 및 가정, 더 나아가 사회에 유익을 줄 수 있도록 사상의 융합을 꾀하는 교육을 하고 있다. 내용 면에서 가정교과는 식품영양학, 의류학, 주거학, 가족학, 아동학, 소비자학, 가정경영학, 주거 디자인, 패션 디자인 등의 자연과학, 인문사회과학, 예술학의 서로 다른 학문이 통합되어 구성되고 이들 학문의 융합을 꾀하고 있다.

교육적인 면에서 가정교과는 다른 학문과 연결된 기술적 행동, 의사소통적 행동, 해방적 행동을 교육 목표와 활동 및 교사의 질문에 포함하여 세 행동 체계의 융합을 추구하고 있다. 독일의 철학자 및 사회학자인 하버마스는 인간이 기술적 관심, 의사소통적 관심, 그리고 해방적 관심을 갖고 있기에 이 관심은 기술적(도구적), 의사소통적(실천적), 해방적(비판적 또는 자기반성적) 행동을 낳는다고 하여 세 행동 체계를 구분하여 발표하였다. 그는 세 행동 중 해방적 행동이 중요하며, 이 행동에 의해 비판과학 또는 비판 이론이 탐구된다고 보았다. 비판과학(비판 이론)에서는 해방적 행동이 강조되지만 그렇다고 해방적 행동만 강조하는 것이 아니라, 기술적 행동, 의사소통적 행동의 장점을 취하고 단점을 비판하여 종합하기에 세 가지 행동을 모두 다룬다. 이런 점에서 비판 이론을 변증법적 이론이라고 한다. 비판과학에서는 개인이 당연히 옳다고 믿었던 사회 행위와 허위의식을 자기반성을 통해서 비판했을 때 그 허위의식으로부터 벗어나 주체적인 사회 행위를 하여 자유롭고 주도적인 삶을 사는 존재가 될 수 있다고 본다.

하버마스에 따르면 우리의 행동은 기술적(도구적) 행동, 의사소통적(실천적) 행동, 해방적(비판적, 자기반성적) 행동으로 이루어졌고, 세 행동 체계는 인간 활동을 성공으로 이끄는 데 필수적이다. 가정교육학자인 브라운은 오늘날 사회 기관 중 하나인 가족의 문제는 세 행동 체계를 제대로 사용하지 못하는 데서 비롯되었다고 보았다. 가족이 직면하는 실천적 문제는 문제의 맥락과 상황을 분석하고 비판하여 최선의 의사 결정을 하고 계획을 세워 행동했을 때 문제가 해결되기에 기술적 · 의사소통적 · 해방적 행동을 요한다. 하지만 현대에서 가족의 실천적 문제는 전략과 조작적인 절차인 기술적 행동으로만 해결하려 하기에 개인과 가족은 실천적 문제를 해결하는 데 실패한다.

가정과교육의 사명은 가족의 일원인 학습자가 교육을 통해서 개인의 자아 형성을 성숙하게 하고 나아가 사회적 목표와 그것을 성취하기 위한 수단을 비판하고 형성하는 데 깨어서 협동적으로 참여하도록 이끄는 기술적 · 의사소통적 · 해방적 행동의 세 행동 체계를 구축하고 유지하는 데 있다. 기술적 행동은 자연과학적인 방법, 의사소통적 행동은 해석적인 방법, 해방적 행동은 비판적 방법과 관련이 있기에 가정교과는 자연과학, 해석과학, 비판과학의 자연과학과 사회과학 및 인문과학과 예술학을 융합하는 융합교과의 성격이 있다.

가정과교육의 사명에 나타난 행동 체계는 하버마스의 비판 이론(critical theory)에서 비롯되었다. 볼드윈(Baldwin, 1991)은 가정교과에서 대상으로 하는 가정은 인간의 자율성을 성장시키기 위한 풍부한 환경을 제공하는 장소이기 때문에 가정교과는 하버마스의 기술적 행동, 의사소통적 행동, 해방적 행동인 세 행동 체계를 강화하는 교육을 하기에 적합하다고 하였다. 볼드윈(1999)은 인간은 반성적으로 숙고할 수 있으며, 스스로를 성찰하여 그릇된 행동으로부터 벗어나며, 무의식적으로 받아들인 사회 규범, 믿음, 관심을 이성적으로 비판할 수 있고, 인간의 자율과 자유를 억압하는 사회 상태를 변화시키기 위해서 이성적이고 집단적인 행동을 할 수 있는 존재라고 가정한다. 가정과교육은 가족의 물질적 요구를 충족시키는 기술적 행동과 서로 간의 이해를 촉진하는 의사소통적 행동의 장점을 받아들이고, 개인과 가족을 억압하는 사회의 부조리한 관습이나 제도를 비판하는 해방적 행동을 강화하여, 이들 세 행동 체계를 가정교과의 목표, 학습 내용과 활동에 적합하게 융합하는 융합교과의 성격을 지니고 있다. 가정과교육은 개인과 가족이 접하는 실천적 문제를 명백히 하고, 사회의 구조와 그 구조가 개인과 가족에 미치는 영향에 대해 통찰할 수 있는 기회를 제공한다. 이 과정에서 학습자는 자아를 반성하여 무의식적으로 받아들인 고정 관념과 그릇되게 형성된 사회적 믿음과 관습을 의심하여 비판할 수 있게 된다. 가정과교육은 학생들의 자율성을 발달시키고 삶의 질을 향상시키기 위해서 이성적인 사고를 통해 행동하게 한다(Brown, 1993).

비판과학의 입장을 취한 가정과교육에서 바라본 지식, 학습자, 그리고 사회에 대한 견해는 어떠한가? 볼드윈(1999)은 이에 대해서 다음과 같이 언급하였다.

비판과학 관점에서 지식은 학습자에 의해서 재구성되는 역동적인 것으로 보고 있다. 우리는 지식이란 삶의 경험 속에서 실로 옷을 짜듯이 만들어지는 것으로 인정한다. 지식은 이미 알려진 사실뿐만 아니라 새로이 알아가는 과정을 의미한다. 이러한 지식은 사회의 지배적인 힘에 의해서 왜곡되어 이데올로기로 형성될 수 있다. 그러한 이데올로기적인 믿음은 존재하는 지배적인 집단을 돕는다. 지식이란 널리 퍼져 있는 허위의식을 조장한 근원과, 이런 믿음이 낳는 행동의 결과를 인식하는 것을 의미한다. 인간의 지식은 행동을 낳기 때문에 깨어서 의식할 때 인간은 사회 구조와 과정을 바꾸는 정치적이면서 도덕적인 행동을 하게 된다.

비판과학 관점에서 학습자는 자연과 조화를 이루는 인간으로 본다. 그는 주어진 환경에서 창조적인 능력을 개발하고 모두의 행복을 위해서 도덕적인 행동을 할 수 있는 존재이다. 그러나 학습자는 사회에 만연하는 왜곡된 믿음을 갖기 쉽기에 자기반성과 자기 이해를 통해서 이성적으로 사고하여 왜곡된 믿음을 비판할 수 있는 능력을 길러야 한다. 비판과학자들은 학습자를 "사회 상태가 역사적으로 어떻게 이루어져 왔는지를 반사숙고하고 비판적으로 조사하여 역사적 · 정치적 · 경제적 · 심리적 · 교육적 · 사회적 환경이 그들의 진정한 관심을 어떻게 억압했는지를 알아낼 수 있는 존재"라고 본다. 그리고 학습자는 깨어 있는 의식을 통해서 집단적인 의사 결정을 할 수 있고, 사회에 참여하여 무의식적으로 사람을 억압하는 구속에서 벗어나는 행동을 한다고 믿는다.

비판과학은 기술적인 진보가 인간의 자유와 자기 결정을 희생하여 이루어졌다고 본다. 지배가 사회에서 이루어졌고, 지배의 힘이 역사적으로 변화 가능하다고 믿는다. 현 사회에서 이런 힘은 기술관료적인 의식이다. 사회는 인간들로 이루어졌기에 구성원의 비판적 사고에 의해서 변화될 수 있다고 믿는다.

그렇다면 세 행동과 이에 따른 질문은 무엇인가? 그리고 어떻게 구별되는가?

① 기술적 행동

기술적 행동은 경험적·분석 과학적 지식을 바탕으로 인간의 생존을 위해서 행해지는 행동으로, 원인과 결과를 예측할 수 있고 통제할 수 있는 행동이다. 기술적 행동은 음식, 옷, 주거 등과 같은 물질적인 필요를 채워 준다. 뚱뚱하고 키가 작은 여자가 좀 더 날씬하게 보이는 디자인의 옷 입기, 신선도를 적절하게 유지하고 영양이 파괴되지 않게 식품 보관하기, 채소의 색과 영양을 최적으로 유지하기 위한 조리 기술 등 과학적 지식과 이론이 기술적 행동의 예가 될 것이다. 기술적 행동의 궁극적인 목적은 정확하게 구체화된 방법을 통하여 어떠한 행동을 유발하게 하는 것이다. 기술적 행동을 통하여 학습자는 가정인과 직업인의 역할을 수행하는 데 필요한 기술을 습득할 수 있다.

기술적 질문이란 원인과 결과, 수단과 목적, 사실에 대한 질문이다. 이 질문은 절대적이고, 구체적이다. 예를 들면, 비타민 A의 섭취가 부족하면 어떤 증세가 일어나는가? 심장병을 예방하기 위해 식이 요법을 어떻게 할까? 면섬유의 특성은 무엇인가?가 이에 해당한다. 기술적 질문은 암기 위주의 낮은 수준의 사고를 자극하기에, 지적인 능력을 개발하기에는 부족하다(Comer et al., 1997).

② 의사소통적 행동

의사소통적 행동은 인간 공동체의 유지를 위해서 언어적 또는 비언어적인 상호 작용을 통하여 서로의 의도, 믿음, 신념, 아이디어, 가치와 생각을 이해하고, 어떤 목적을 추구할 것인가에 대한 진정한 합의에 이르고자 하는 행동이다. 이 말은 의사소통을 유창하게 잘하는 기술이나 전략을 가르치는 것을 뜻하지 않는다. 의사소통 행동은 서로가 중요하게 생각했으나 표현하지 못했던 가치와 의미를 표현하여 상호 이해를 돕는 행동이거나 글의 개념이나 행간에 숨은 뜻을 밝혀서 이해하는 행동이다. 인간이 살아가는 삶은 무수한 제도, 풍속, 가치와 신념, 여가와 일, 슬픔과 기쁨 등 모든 것을 포함하기에 서로를 이해하거나 개념을 이해하기 위한 의사소통이 필요하다. 가족, 행복, 부모됨, 결혼과 같은 개념은 개인의 경험이나 사회와 역사적인 배경에 따라서 다르게 해석될 수 있다. 다른 경험과 배경 속에서 살고 있는 사람이 언어나 비언어적 표현을 통해서 서로가 생각하는 의미와 가치를 상호 주관적으로 이해하는 행동이다. 의사소통적 행동을 통해 가족이나 개인은 자신의 문화뿐만 아니라 타인과 그들이 공유하는 문화 및 전통을 이해할 수 있다.

개념적 질문은 다양한 개념의 의미를 이해하기 위한 것이기에 의사소통적 행동이 요구된다. 어떤 개념을 분석하고 명확하게 하기 위해서 이 질문이 필요하다. 예를 들면, 결혼의 의미는 무엇인가? 가정에 영향을 미치는 현대사회의 특성은 무엇인가? 행복한 가정은 어떤 가정인가? 이 형태의 질문은 공동체 내의 개인이나 집단의 인식을 반영하기에, 어떤 공동체에 속하느냐에 따라 의미가 달라질 수 있다. 예를 들면, 원시 시대에 사는 사람은 결혼의 의미를 종족 보존과 생존을 위한 수단으로 생각하고, 현대의 많은 사람은 결혼의 의미를 사랑하고 사랑받는 관계의 형성에 둘 수 있다.

개념적 질문을 통해 학습자가 지니고 있는 생각을 서로 공유함으로써 함께 나누는 학습 내용을 이해할 수 있게 된다. 이 질문은 학습자 각자의 상호 주관성(inter-subjectivity)을 교류함으로써 활발하게 이루어질 수 있다. 의사소통적 질문은 학습자의 아이디어를 확장하고, 어떤 개념을 명료화하는 데 도움을 준다. 하지만 이 질문만으로는 그 개념이 과연 진실한가에 대한 탐구를 할 수 없기에 한계가 있다. 또한 교실에서의 이러한 질문은 대상이 제한적이고 상대적이므로 다양한 의미를 공유하기에 부족하다. 의사소통적 질문만으로는 학생들의 행동을 변화시키기에 충분하지 않다(Comer et al., 1997).

하버마스는 의사소통을 하는 사람끼리의 상호 이해를 위해 필수적으로 요구되는 규칙이 있는데, 이는 '이상적 담화 상황'이라 하며 이 상황을 이해 가능성, 진리성(참됨), 정당성(적합성), 진실성(진실한 태도)의 네 가지 유형으로 구분하여 제시하였다. 하버마스는 인간의 행동을 사회적 행동과 비사회적 행동으로 나눈다. 사회적 행동은 인간들 사이의 행동으로 타인에게 자신의 의도나 목적을 관철하기 위해 영향력을 행사하는 성공 지향적 행동과 상호 간의 이해를 위한 이해 지향적 행동으로 구분하였다. 하버마스가 제시한 인간 행동에서 사회적 행동의 성공 지향적 행동과 비사회적 행동은 인식적 · 도구적 합리성이 지배하는 행동 유형으로서 행동하는 자의 목적을 위한 수단만이 존재하기에 기술적 행동에 가깝다. 반면에, 이해 지향적 행동은 서로 이해를 하기 위한 상호 주관성을 바탕에 둔 행동이기에 의사소통적 행동을 의미한다. 즉, 비사회적(도구적) 행동과 사회적 행동이라 해도 성공 지향적 행동인 전략적 행동은 기술적 행동에 해당한다.

하버마스가 제시한 인간 행동 특성

1. 사회적 행동

- 성공 지향적 행동(전략적 행동): 타인에게 자신의 의도나 목적을 관철하기 위해 영향력을 행사하는 행동
  - 은폐된 전략적 행동: 무의식적 기만(체계적으로 왜곡된 의사소통), 의식적 기만(조작)
  - 공개된 전략적 행동
- 이해 지향적 행동(의사소통적 행동): 상호 간의 이해 도달을 목표로 이루어지는 행동

2. 비사회적 행동(도구적 행동)

자연을 대상으로 하는 성공 지향적 행동

③ 해방적 행동

해방적 행동은 사회적 힘과 사회 규범의 형성이 개인과 사회의 자율, 자유, 정의를 어떻게 억압하였는지를 비판하여 자율적이고 자유로운 개인과 사회를 만들고자 하는 행동이다. 말하자면, 해방적 행동이란 개인이나 집단의 자율과 자유를 억압하는 사회적 한계로부터, 그리고 비이성적이고 비합리적인 사고로부터 자유로워지려는 행동을 의미한다. 해방적 행동을 통하여 그릇된 인습과 전통, 그리고 위압적이고 지배적인 허위의식에서 벗어나 자유롭고 자율적인 개인과 사회를 만들 수 있다.

가정과교육과 관련된 해방적 행동 중의 하나는 가족 속에 스며든 성차별이나 가부장 제도의 비판, 물질적으로 쾌적한 삶이 행복한 가정의 모델처럼 생각하는 허위의식의 비판, 그리고 사회의 구조적인 모순이 가정에 미치는 영향을 비판하고 이것으로부터 벗어나는 행동을 말한다. 가정과교육이 인간의 자율과 자유로운 사회의 발전에 기여하기 위해서는 학생들은 행동 체계를 이해하고 이런 행동이 부족했을 때 개인과 가족 내에서 어떤 문제를 일으키는지를 배워야 한다.

비판적 질문을 통해서 얻은 지식으로 우리는 진실에 대한 믿음과 의미를 비판적으로 분석할 수 있다. 개념적 질문을 통해 얻은 사실이 과연 진실인지에 의구심을 이 질문을 통해서 밝힐 수 있다. 예를 들면, 쾌적한 생활을 영위하는 것이 행복일까? 맞벌이 부부의 경우 왜 남자는 가사일이나 아이 돌보기를 여자보다 적게 하는 것일까?

비판적 질문을 통해서 평등하고 자유로운 가정과 사회를 만들어 나갈 수 있으며, 개인은 자율적인 자아를 형성할 수 있다. 이 질문을 통해서 학생들은 능동적이고 깨어 있는 행동을 하며, 잠재해 있는 능력을 발휘할 수 있다. 이 질문을 통해서 억압받고 약한 집단이 강한 집단에 의해

표 1-5 기술적·의사소통적·해방적 행동의 특징과 질문의 예

구분	분류	내용
기술적 행동	특징	• 자연세계를 예측하고 통제하는 행동이다. • 기술적 행동을 통해 학습자는 가정인과 직업인의 역할 수행에 필요한 기술을 습득한다. • 기술적 질문이란 절대적이고 구체적이며 정확한 답이 있는 질문이다. • 세 종류의 기술적 질문: 원인과 결과, 사실, 수단과 목적에 대한 질문 (Comer, Hittman & Fedje, 1997)
	질문의 예	• 원인과 결과: 가족의 수입이 의식주 생활에 어떠한 영향을 미치는가? • 사실: 통계청에 따르면 얼마나 많은 가정이 가난하게 사는가? • 수단과 목적: 가족의 수입을 올리기 위해서 어떤 행동이 필요한가?
	단점	• 암기 위주의 낮은 수준의 사고를 자극하므로 지적인 능력을 개발하기에는 부족하다.
의사소통적 행동	특징	• 인간과 인간, 집단과 집단 그리고 과거와 현재 사이에서 서로 의미를 공유하는 행동이다. • 의사소통적 행동은 다양한 개념의 의미를 이해하기 위한 언어와 관계한다. • 개념을 명료하게 하고 사람들이 생각하는 의미, 그들이 생각하고 믿는 바를 표현하는 것이 중요하다. • 학습자의 생각을 서로 공유함으로써 이해를 돕는다. • 학습자의 아이디어를 확장하고 개념을 명료화한다.
	질문의 예	• 가족은 개인, 가족, 사회에 어떤 의미를 갖는가? • 가족의 전통이란 무엇인가? • 이러한 의미는 모든 문화에서 같은가, 아니면 다른가?
	단점	• 언어 개념의 진실성을 탐구할 수 없는 한계가 있다. • 의사소통적 언어만으로 학생들의 행동을 변화시키기에는 역부족이다.
해방적 행동	특징	• 진실, 자유, 평등, 정의를 목적으로 진실이 아닌 것을 진실로 믿는다거나 그릇된 인습을 아무 생각 없이 따르는 것으로부터 벗어나는 행동이다. • 해방적 행동을 통하여 인습과 전통, 위압적이고 지배적인 이데올로기에서 벗어날 수 있다. • 해방적 행동은 비판적 질문과 관계한다. • 비판적 질문을 통해서 평등하고 자유로운 가정과 사회를 만들어 나갈 수 있으며, 개인은 자율적인 자아를 형성할 수 있다. 이 질문을 통하여 학생들은 능동적이고 깨어 있는 행동을 하며 잠재해 있는 능력을 발휘할 수 있다. • 교사들은 이 질문을 함으로써 학생들에게 감춰진 잠재력을 극대화할 수 있고, 보다 넓은 시각으로 사회를 바라볼 수 있는 능력을 키울 수 있다.
	질문의 예	• 이성 교제에 대하여 나는 어떤 고정 관념을 갖고 있지는 않은가? • 이성 교제에 대한 이데올로기(허위의식)는 무엇인가? • 모든 사람이 이성교제에 대해서 나와 같이 생각한다면 이 사회는 어떻게 될까? • 이성 교제에 대해서 나는 어떠한 압력을 받고 있는가? 그 압력은 어디로부터 오는 것인가?

출처: Comer et al.,(1997).

서 자유롭게 될 수 있다. 또한 행복이라고 믿었던 허위의식을 비판할 수 있게 된다. 비판적 질문은 기술적 질문과 개념적 질문을 포괄하는 틀을 제공한다. 이 질문을 통해서 학생들은 다각적인 관점에서 상황을 조사함으로써 사고의 힘을 실을 수 있다. 그뿐만 아니라 학생들은 이 질문을 통해서 자신뿐만 아니라 사회를 위해서 최선의 행동을 모색한다. 또한 자신이 믿고 따랐던 신념과 생각을 비판함으로써 사고의 전환과 더불어 행동도 달라질 수 있다. 교사들은 이 질문을 통해 학생들의 잠재력을 끌어내고, 보다 넓은 시각으로 사회를 바라볼 수 있는 능력을 키워 줄 수 있다(Comer et al., 1997).

(3) 실천교과

무엇을 '안다'는 말속에 이론의 특징이 담겨 있는 한편, 무엇을 '한다'든가, '만든다'는 말에는 실천의 의미가 드러나게 된다. 이렇게 하고 만드는 등 삶의 활동적 측면을 '실천'이라고 통용하여 사용한다. 즉, 실천이란 삶의 활동적인 측면을 가리키는 말로서 '일' 또는 '노동'이라고 표현되는 생산적 활동, 예술적인 창작 활동, 과학적인 탐구 활동, 정치적이거나 윤리적인 선한 행위, 역사나 문화를 창조하는 행위, 의사소통 행위 등 다양한 의미를 내포하고 있다.

가정교과는 가족의 일원인 학습자의 의식주 · 아동 · 가족 · 소비 · 자원 관리 생활을 대상으로 학습자의 행동을 변화시키는 데 중점을 두는 교과이기에 실천교과의 성격을 지닌다. 가정교과에서 실천의 의미를 무엇으로 규정하느냐에 따라서 가정과교육의 철학, 가정교과의 성격, 목표, 내용 체계, 평가, 학생과의 상호 작용, 가정과교사의 역할 등 가정과교육 전반에 영향을 미치기에 실천의 의미를 묻는 것은 중요하다. 이학주(1987)와 원신애(1996)는 이러한 실천의 의미를 시대별로 다음과 같이 고찰하였다.

① 고대(기원전 6세기경~기원후 4 · 5세기)

고대 철학자인 아리스토텔레스(Aristotle)는 인간의 삶을 이루는 활동 양식을 '이론(theoria)', '실천(praxis)', 그리고 '제작(poiesis)'으로 나누어 설명하였다. 이때 이론이란 형상의 세계(있는 것, 존재하는 것)를 관조하는 활동이나 형이상학인 지식을 의미하며, 실천이란 이론적인 지식을 행위로 옮기는 일, 즉 윤리적이거나 정치적인 행위를 말한다. 제작은 노예가 질료(재료)를 가지고 무엇인가를 제작하는 행위, 즉 물건을 만들거나 예술 작품을 창작하는 일을 뜻한다(이학주, 1987).

아리스토텔레스는 그리스인들의 행동을 지식을 위해 숙고하거나 이론화하는 행동(theoria), 정치·도덕적 행동(praxis), 아름답고 유용한 물건을 생산하는 행동(poiesis or techne)의 세 유형으로 분류하였다.

테오리아(theoria)는 지식을 위해 우주(영원과 신)에 대해 숙고하거나 이론화하는 행동을 의미한다. 숙고하는 가운데 철학자는 우주의 조화에서 그가 본 것과 그 자신을 조화시킨다. 테오리아는 이론적 태도와 지식을 포함하는데, 이론적 태도는 진리, 선, 올바름을 추구하는 것이며, 이론적 지식은 이상적 세계 구조에 대한 반성적 사고를 통해서 나온다. 이론은 프락시스(praxis), 테크네(techne)와 구별되지만, 이론자의 생활 행동에 사려 깊고 깨어 있는 삶의 방식을 제공한다.

프락시스(praxis)는 살아 있는 인간 공동체의 상호 작용을 포함하는 정치적 · 도덕적 행동으로 실천을 의미한다. 그리스인들에게 정치학은 선하고 공정한 생활에 대한 지식인 윤리학의 연속이다. 정치 활동의 참여를 통하여 선하고 공정한 삶을 사는 구성원의 능력을 개발하게 되면 공동체에 유익을 주는 덕스러운 인물이 만들어진다. 선하고 공정한 생활에 대한 학습은 공공의 숙고와 논의를 통해서 이루어진다. 행동(doing)으로서의 프락시스는 자신을 담는 활동이다. 이러한 활동을 통해서 선하고 공정한 생활의 의미가 공공의 토론을 통해서 조사된다. 프락시스의 목적은 구체적인 사회 상황에서 일어나는 선과 정의에 대한 문제를 해결하고 인성을 개발하는 것이기에 교육적이다. 프락시스는 '진리(truth)'에 목표를 두고 있다. 프락시스를 통한 지식은 세밀한 과학에서 나오는 것이 아니라 삶의 계속적인 규칙과 원리에서 생성된다. 왜냐하면 그 지식이 다양한 사회관계의 구체적인 삶의 상황에서 사용되기 때문이다.

포이에시스(poiesis) 또는 테크네(techne)는 아름답고 유용한 물건을 생산하는 행동, 즉 어떤 물건을 만드는 것이나 노동과 관계하는 행동이다. 이 행동의 목적은 기술과 테크닉을 통하여 결과 또는 생산물을 내는 것이다. 이런 형태의 지식은 노동자의 실습과 경험으로부터 나온다.

② 중세(4·5세기경~14세기)

중세에는 고대 아리스토텔레스가 말한 실천(praxis)의 의미는 사라지고, 제작이 실천의 의미를 대신하였다. 이는 그리스 철학의 존재론과 인식론을 받아들여 이를 신학적으로 해석하는 과정에서 형식의 세계를 관조하는 것을 이론이라 하고, 질료(어떤 실체의 바탕을 이루는 재료)의 세계를 다루는 것, 즉 물건을 만들거나 노동하는 것을 실천이라 구분한 데서 비롯되었다. 중세에는 땀을 흘리면서 노동을 하는 것을 원죄에 대한 벌이라고 생각하였다(이학주, 1987).

③ 근대(15~19세기)

근대에는 실천을 육체적인 활동, 노동, 근로, 일, 이론의 응용, 지식의 유용성, 제작, 탐구 활동의 의미로 사용하였다. 프랑스 출신의 종교 개혁자인 칼뱅(Calvin)은 중세에 천하게 여겼던 근로와 일도 하나님의 일이기에 신성하다고 주장하여 육체적 활동과 근로의 신성함을 일깨웠다. 영국 출신의 법률가이자 경험론자인 베이컨(Bacon)은 실천이란 지식의 실제적인 결과, 즉 이론의 응용이라고 하면서 참된 지식은 실제적으로 유용한 결과를 가져오는 지식이라고 하였다. 프랑스 출신 합리론자인 르네 데카르트(René Descartes)는 참된 지식이란 실험과 관찰로부터 나온 지식, 즉 연역적으로 자명한 지식이라 하여 실험과 관찰 같은 과학적인 탐구 활동을 실천으로 보았다. 영국 출신의 경험론자인 존 로크(John Locke)는 실천의 의미를 인간의 생산적 활동인 노동이라 하였다. 그는 자연은 인간의 힘이 가해짐으로써 비로소 가치를 창출하는 것이라는 일종의 노동 가치설을 주장하였다. 한편, 독일 출신으로 관념 철학의 기초를 확립한 임마누엘 칸트(Immanuel Kant)는 고대 아리스토텔레스의 실천(praxis)의 개념을 찾아와서 실천의 의미를 두 가지 측면, 즉 이론의 적용으로서의 실천과 윤리적 행위로서의 실천으로 제안한다. 그는 이성을 순수 이성(pure reason)과 실천 이성(practical reason)으로 구별하였고, 실천 이성을 순수 이성의 우위에 두고 순수 이성의 목표가 윤리적인 행위인 실천 이성을 이끄는 데 있다고 언급하였다(이학주, 1987).

독일 출신 관념론자인 헤겔(Georg Wilhelm Friedrich Hegel)은 실천의 의미를 재검토하기 위한 출발점을 제공하였다. 헤겔에게 철학 체계의 구조를 이루고 있는 중심 개념은 정신(spirit)이다. 그에게 '정신'은 근대적 의미의 '이성'과 다르다. 근대적 의미의 이성은 개별적 인간의 인식 능력을 뜻하는 것으로, 그 자체만으로도 아무런 목적도, 지향도 없는 일종의 도구와 같은 것이다. 헤겔의 '정신'은 단순한 인식의 도구가 아니라 합리적인 세계를 이끌어 가는 보편적인 원리였다. 그에게 정신은 그 자체의 운동 법칙에 따라 자기를 세계에 구현하면서 스스로 고양해 나간다. 그는 이러한 발전 법칙을 '변증법'이라고 보았다.

헤겔은 실천이란 정신의 세계가 현실의 세계로 이행하는 과정이라고 하면서, 이때 현실이란 실제로서의 자연, 삶, 역사와 같은 대상을 말한다. 그에게 '이론'이란 현실로부터 정신으로서의 이행, 즉 실재(實在)의 정신적 표현을 의미한다. 따라서 이론과 실천은 현실과 정신을 연결하는 서로 방향을 달리하는 두 개의 교량과 같다. 헤겔에게 실천은 단순히 정신이 실재에 옮겨지는 것만을 의미하지는 않는다. 그것은 실재의 세계에 모종의 변화를 가져오는 정신의 자기 발전 법칙으로서 그 자체가 활동적인 성격을 가지는 것이며, 넓은 의미에서 이를 '실천'이라고 해석할 수 있다.

④ 현대(20세기 이후)

독일 출신으로 해석학의 대가인 가다머(Hans-Georg Gadamer)에게 실천 개념은 진정한 이해를 통해서 표출되는 것이며, 전통에 참여하여 공동체 속에서 연대성을 형성하는 합의의 상태와 동시에 전통을 변형하는 것을 의미한다. 그는 이 참여와 변형이 바로 실천으로 나아가는 길이라고 본다. 가다머는 과학의 적용을 실천이라고 규정하는 것이 이해의 방법론적인 측면만 생각하는 편중된 개념이라고 비판한다. 과학의 적용이라는 실천 개념으로 진정한 이해를 하지 못하기 때문이다. 가다머는 실천은 진정한 이해를 통해서 표출되는 것으로 보기에, 교육에서 주요 주제인 이해와 실천의 수준이 변하고 열려 있을 수 있다는 새로운 가능성을 제시하였다(원신애, 1992).

미국의 철학자, 심리학자, 교육학자인 듀이에게 실천이란 자신의 생애에서 과거, 현재, 미래를 고려한 종(種)의 행위와 자연적 · 사회적 관계와 사회 작용인 횡(橫)의 행위를 의미한다. 이는 과거보다 내일이 더 나은 행위일 뿐만 아니라, 경험의 외연을 넓혀가는 행위이자 지성을 의미한다(송도선, 2021). '실천'이란 삶의 과정 안에서 지성적 활동인 행위를 이어나가는 것이다. 행위가 '실천'으로서의 위상을 갖기 위해서는 ① 삶의 맥락 속에서 발생하는 문제의 구체성, ② 문제 상황을 어떤 방식으로 해결해 나가고자 하는 계획성, 그리고 ③ 지성을 활용하며 이 방식을 꾸준히 지속해 가는 지속성이다. 그렇기 때문에 실천은 자신의 주체성을 통해서만 이루어진다.

듀이가 말하고자 했던 '실천'을 구현하기 위해서는 첫째, 충동에 대한 자제력, 둘째, 상황 내의 관계를 고려하는 현명함, 셋째, 미래에 대한 예견을 통해 문제 상황을 해결하고자 하는 행위가 필요하다. 그는 행위를 구성하는 세 가지 요소를 습관, 충동, 지성이라고 하였다. 습관(관습)은 사회적 환경 속에서 형성된다. 습관에만 익숙해질 경우 인간은 수동성으로 내몰릴 가능성이 있다. 충동은 환경에 의해서 나온 행위로, 충동의 존재는 타고난 것이지만 충동에 따른 행동의 의미는 타고난 것이 아니다. 이때 행동이란 동물적인 움직임 모두를 지칭하며, 의식적인 것과 무의식적인 것을 모두 포함하는 활동이다. 마지막으로 지성(행위)은 ① 의미를 부여하는 '지성적 활동'이다. 모든 지성적 활동이 도덕적인 영역을 의미하지 않는다. ② 사고 행위(思考行爲), 즉 '판단'이다. 그래서 행위는 무의식적이고 본능적인 행동과 구분된다. 지성은 의미를 부여하는 사고 행위, 즉 판단을 하는 행위로서 무의식적이고 본능적인 행동과 구분되는 행위이며, 지성이야말로 실천을 의미한다(송도선, 2021).

독일의 사회학자이자 철학자, 심리학자이며 언론인인 위르겐 하버마스는 고대의 실천 개념은 규범성은 있으나 과학성이 결여되어 있으며, 근대의 실천 개념은 과학성은 있으나 규범성이 결여되었다는 한계를 지적하며, 이들의 한계를 극복하기 위한 실천 개념을 제시하였다. 하버마스가 제시한 실천 개념은 규범성과 과학성(엄밀성)을 조화시킨 의사소통적 실천이다. 이 개념에서 규범성은 이해를 통한 이성적 합의를 의미하며, 엄밀성은 과학적인 근거를 제시하여 논증과 비판을 가능하게 하는 행위이다(유태명 · 이수희, 2010).

브라운(1993)은 고대에 아리스토텔레스가 제시한 실천의 의미인 프락시스(praxis)와 하버마스의 실천 의미를 수용하여 가정과교육에서의 실천이란 정치적이고 도덕적인 행동으로 신중하고 선한 행동과 규범성과 엄밀성을 겸비한 의사소통적 행동이라고 말하였다.

브라운은 가정교과는 응용교과(기술교과)가 아니라 실천교과라고 주장하였다. 그 이유는 응용교과로서의 가정교과는 다음의 점에서 실패했기 때문이라고 언급하였다.

- 복잡하고, 모호하고 계속 변화하는 세계의 본질을 인식하는 데 실패했다.
- 과학적으로 증명한 지식만을 받아들임으로써 개인의 경험, 통찰, 직감으로부터 얻는 지식을 외면하므로 교육과정이 어떻게 학생과 교사, 사회에 영향을 주는지를 이해하는 데 실패했다.
- 실제 학습자와 교사, 교실과 사회 상황 등을 이해하는 데 실패했다.
- 정치, 문화, 경제, 사회와의 통합적 관계를 바라보는 데 실패했다.
- 평등, 나눔, 개인의 존엄성, 자유, 배려와 같은 가치를 통찰하는 데 실패했다.
- 역사적으로 바람직한 민주주의 목적을 실현하는 데 실패했다.
- 개인의 상황적 경험이나 과정을 고려하여 학생과 교사의 상호 관계를 맺는 데 실패했다.
- 목적에 대한 의미를 명확하게 파악하지 않고 방법만을 강조하며, 무엇이 목적이어야 하는지, 왜 그런지, 그것이 어떤 가치가 있는지 등에 대한 철학적 질문을 하는 데 실패했다.
- 목적이 명확하고 분명한 문제만을 다루기에 인간이 겪는 다양성과 복잡성을 외면하여 실제로 인간이 겪는 문제를 다루는 데 실패했다.

가정과교육에서의 실천 개념은 단지 제작이나 생산 활동 또는 지식의 실용성 그 이상의 폭넓은 개념, 즉 규범성과 엄밀성을 동반한 이해 지향적인 의사소통 행동, 진정한 이해를 통해서 현실의 세계를 정의로운 세계로 변화시키는 선하고 주도적인 행동, 가정생활 문화와 역사를 창조하는 행동 등으로 의미를 확대할 필요가 있다.

김승희와 채정현(2023)은 실천교과인 가정교과에서 가장 우선적으로 교육해야 할 것으로 에

리히 프롬(Erich P. Fromm)이 말하는 사랑의 실천교육을 꼽았다. 사랑의 실천교육이란 사랑할 줄 아는 능력을 배워서 생활 속에서 실천하게 하는 교육을 말한다. 사랑할 줄 아는 능력이란 학습자들이 정체성을 형성하여 자율적으로 행동하고 비판적으로 판단하며, 자신만을 생각하지 않고 타인을 존중하고 배려하고 보호하며, 자신과 타인, 그리고 공동체 사회를 위해서 책임 있는 행동을 하는 능력이다. 그리고 이 능력은 저절로 획득되는 것이 아니라 배우고 익혀야만 획득된다. 가정교과는 그것을 배우도록 가르치는 것 이상으로 실천하게 하는 교과이다. 가정교과는 사랑의 공동체인 가정과 그들의 일상생활을 대상으로 하여 관련 지식과 기술을 배워서 생활 속에서 실천하게 하는 실천교과의 성격을 띠고 있다. 그뿐만 아니라, 우리나라 초 · 중 · 고등학교 가정과교육과정에서 제시하는 가정과교육의 목표와 성취 기준은 프롬이 제시한 사랑할 줄 아는 능력과 밀접한 관계가 있다. 따라서 실천교과의 성격을 지닌 가정교과에서 프롬이 말하는 사랑의 실천교육을 다른 무엇보다 강조하여 가르칠 필요가 있다.

(4) 생활교과

가정교과는 개인과 가정의 생활을 대상으로 하는 교과이다. 1차부터 2022 개정 가정과교육과정에는 '생활'의 단어가 지속적으로 다양하게 제시되어 있다. 생활, 가정생활, 가정생활 문화, 일상생활, 생활 세계에 대한 개념을 고찰하고자 한다.

가정과교육과정에 제시된 생활 단어

- 1차: 생활, 실생활, 가정생활, 직업생활, 사회생활, 직접생활의 존귀성, 생활 연모(용구)의 수리 등
- 2차: 생활, 가정생활, 농업생활, 공업생활, 기술과 생활, 상업생활, 경제생활, 수산생활 등
- 3차: 실생활, 직업생활, 가정생활, 의식주생활, 합리적인 생활, 근면 절약하는 생활, 현대적 생활 등
- 4차: 가정생활, 일상생활, 인간생활, 의식주생활, 생활을 창의적으로, 생활인 등
- 5차: 가정생활, 일상생활, 개인생활, 의식주생활, 협동하는 생활, 생활을 창의적으로 등
- 6차: 가정생활, 실제생활, 생활의 질, 생활 관리, 소비생활, 의생활, 식생활, 주생활, 생활 기술 등
- 7차: 실생활, 일상생활, 가정생활, 생활 기술, 생활의 질 등
- 2007 개정: 미래생활, 자신의 생활, 이웃과 더불어 생활, 생활환경, 자주적 생활 능력, 가족의 생활, 생활 역량, 건전한 생활, 기본적인 생활, 생활의 문제, 가정생활 문화 등
- 2009 개정: 실생활, 가정생활, 일상생활, 의식주생활, 미래생활, 녹색생활, 가족의 생활, 생활인, 생활교과, 기초적인 생활, 생활 속 당면 문제, 생활 소양, 자립적인 생활 등

(계속)

- 2015 개정: 가정생활, 일상생활, 실생활, 기초생활, 생활 자원, 생활 역량, 가정생활 문화, 생활의 경험과 능력, 생활 자립 능력 등
- 2022 개정: 생활환경, 가정생활, 일상생활, 실생활, 사생활, 생활 자원, 생활 역량, 자립적 생활, 생활 속 문제, 의식주생활, 가족생활, 소비생활, 노년기생활, 생활 자립, 생활의 질, 생활과학 탐구, 생활 문화, 생활 양식, 생활 방식, 생활 습관, 생활의 태도, 생활 설계, 생활의 질, 생활 복지, 생활 산업, 생활 정보, 금융생활, 독립생활, 생활의 가치관 등

① 생활과 가정생활 문화의 의미

생활은 일상생활과 같은 의식주 활동 외에도 일, 여가를 취하고 상호 작용에 적극적인 의미를 발견하는 행위로서 직업생활과 사적 생활, 사회생활 등의 모든 것을 말한다. 생활이란 단어는 영어로 'life'이며, 삶, 생명, 생존 등 여러 의미를 포함하고 있다. 사람에게 생활은 주체성과 자주성을 가지고 자신의 의사 결정에 따라 행동하면서 삶을 이어가는 것이기에, 생활이란 생존에 문화가 가해진 것이라고 할 수 있다. 생활이란 말은 단독으로 쓰일 때와 식생활, 의생활, 주생활, 도시 · 농촌생활, 국민생활, 사회생활, 긴축생활, 사치생활, 문화생활, 가정생활 등 때와 장소와 경우에 따라 다양한 의미로 사용되고 있다(모수미, 1984).

윤지현(2015)은 가정생활의 개념을 존재론적 측면, 물질 및 자원 관리 측면, 체계론적 상호 작용의 측면, 그리고 변증법적 상호 작용의 측면에서 설명하였다. 존재론적 측면에서 볼 때, 가정생활은 사회에서 지친 가족 구성원들의 노동력을 재생산하기 위한 활동으로 개념화된다. 물질 및 자원 관리 측면에서 볼 때 가정생활은 가족 구성원에게 제공되는 의식주생활의 물질적 요소 및 시간과 인간관계 등의 자원을 관리하는 데 필요한 기능을 습득하고 단편적 지식을 습득하는 활동이 된다. 체계론적 상호 작용의 측면에서 볼 때 가정생활은 인간생태학적 관점, 즉 인간과 환경과의 상호 작용을 하는 활동으로 이해된다. 변증법적 상호 작용의 측면에서 가정생활은 언어적 의사소통을 통해 가족이 사회에 영향을 받는 종속 집단만이 아니라 사회를 변화시킬 수 있는 주체 집단이 되게 하는 활동이다. 즉, 개인과 가족이 사회에 수동적으로 적응하거나 흡수되는 것만이 아니라, 적극적으로 사회에 참여하고 사회를 변화시키는 행동을 의미한다.

가정생활이란 가족이 가정(家庭)이라는 장(場)에서 영위하는 공동생활이기에, 그곳에는 문화가 있다. 문화란 인간이 공유하는 언어와 행위 원리, 규범 또는 규칙 등이며, 주어진 자연환경을 변화시키고 본능을 조절하여 만들어 낸 생활 양식과 그에 따른 산물들을 의미한다. 따라서 가치관, 세계관, 사회 사상, 행동 양식 등은 문화에 영향을 미친다. 독일의 사회학자인 게오

르그 짐멜(Georg Simmel)은 문화란 '영혼이 자신에게 이르는 길'이라고 본다. 이 말의 의미는 인간의 영혼은 독립적이고 객관적인 것을 창조하며, 인간 주체는 그의 영혼에서 창조된 것으로부터 자신에게 이르는 길을 걷는다는 것이다(홍성혜, 2007; 신용철, 2009). 짐멜에게 문화는 인간 내면의 가장 깊은 곳에 있는 영혼에 의해서 창조되는 것이다.

문화는 정신 문화, 언어 문화, 예술 문화, 생활 문화, 제도 문화 등으로 분류된다. 생활 문화란 개인이 매일의 일상생활을 통해 살아가는 방식으로서, 각 집단에 따라 일상생활을 영위하면서 형성되는 의식과 생활 양식의 총체이다. 즉, 생활 문화란 가정생활에 관련된 가치나 태도 등 의식의 측면과 아울러 실제의 의식주 · 소비생활, 가족관계, 부모 양육, 가정경영 등의 양식을 포괄하는 개념이다. 이러한 가정생활 문화는 개인이나 가족에게 일정한 생각과 행동을 하도록 하는 행위 원리, 규범 또는 규칙을 의미한다. 의식주생활 및 가족과 소비생활 등 각 영역의 가정생활 문화는 사회 구성원들에 의하여 공유되고, 세대 간에 학습되며, 이로 인하여 한 사회의 문화로 축적된다.

가정생활 문화는 가족, 친족, 혼인, 법, 예술, 신앙, 가치관, 세계관 등 비물질적인 것뿐만 아니라 도구, 기술 등의 물질적인 것까지 수많은 부분들이 문화를 구성하고 있다. 각각 요소들은 각기 독립적으로 존재하는 것이 아니라 상호 관련되어 있으며, 상호 의존적인 관계를 맺으면서 전체로서 한 사회의 문화를 구성하고 있다. 가정생활 문화란 가정생활과 문화가 결합된 용어로, 우리의 일상생활에서 나타나는 개인 또는 가족들의 구체적인 삶의 모습과 특성, 그리고 그들이 공유하는 상징과 의미의 체계라고 말할 수 있다(박혜란, 1996).

짐멜의 문화 개념을 적용하면 가정생활 문화는 개인 또는 가족 각자의 내면 깊숙한 곳에 있는 영혼에 의해서 창조되어 일상생활에서 나타나는 개인과 가족의 구체적인 삶의 모습과 특성, 그리고 그들이 공유하는 상징과 의미 체계라고 말할 수 있다.

② 생활 세계의 의미

생활 세계는 독일 철학자 에드문트 후설(Edmund Husserl)에 의해서 학문적으로 정립되어 사회학 등 여러 분야에서 변용된 개념이다. 생활 세계의 개념은 의식주 생활을 기본으로 하는 미시적이고 반복적이며, 사적인 삶의 영역인 일상생활에 철학적 논의와 사회과학적 논의를 거치면서 다양해지고 확장되었다. 생활 세계 개념은 '일상성'과의 연관 속에서 보다 광범위하게 사용되고 있다(박인철, 2019).

강수택(2000)은 일상생활의 정체와 구조를 밝혀서 성인 학습의 방안을 제시하였다. 그에 의하면, 일상생활의 개념을 규정하는 데는 네 가지 관점(유물론적 관점, 변증법적 관점, 의사소통 이론 관점, 현상학적 이론 관점)이 있다.

첫 번째 관점은 일상생활은 노동이 아닌 여가 활동과 소비 활동의 총체라고 정의하고, 사회의 재생산을 가능하게 한다는 유물론적 관점이다.

두 번째 관점은 일상생활을 인간과 인간적인 것을 생산하는 현실적인 창조가 이루어지고 완성되기 시작하는 곳으로 정의하여, 노동과 노동이 아닌 것(여가 시간과 가정생활, 소비생활 등)의 일상성이 존재한다는 변증법적 관점이다. 이 관점에서 파악되는 일상생활의 구조는 다음과 같은 특징이 있다. ① 순환성과 리듬이 있다. ② 시간과 공간이 제한적이다. ③ 사람들 사이의 관계, 특히 가족생활의 중심에는 상징들(사회적인 제도나 규약에 따라 추상적인 것을 구체적 사물로 나타내는 일)이 존재한다. ④ 가장 기본적인 욕구들의 충족과 해결해야 할 문제들로 채워져 있다. ⑤ 노동과 여가 시간, 사적인 것과 공적인 것, 자연적인 것과 인위적인 것, 욕구와 소망, 경박스러운 것과 진지한 것, 소외와 소외로부터의 해방 등 양자 사이의 변증법적인 모순들이 다양한 형태로 숨어 있다. 이 관점에서는 소외된 일상생활을 비판하고 극복하는 데 관심을 기울인다.

세 번째 관점은 일상생활을 생활 세계로 부르며 생활 세계를 소통 행위의 장으로 파악하는 하버마스의 의사소통 이론 관점이다. 하버마스는 생활 세계의 특징을 다음과 같이 제시하였다. ① 생활 세계의 기본적 행위 유형은 상호 이해 지향적인 소통 행위이다. ② 물질적인 재생산과 상징적인 재생산이 함께 이루어지는 장이다. 하지만 물질적 재생산 활동은 생활 세계의 장이 아닌, 화폐 및 권력을 매개로 조직된 체계에서 이루어졌고, 이것이 생활 세계에 역으로 침투해 들어감으로써 생활 세계가 상호 이해하는 소통의 장이 아닌 화폐와 권력을 중요시하는 장으로 왜곡되어 물질주의 가치관이 팽배해졌다. 하버마스는 이를 생활 세계의 식민화라고 말하면서, 이를 비판한다.

마지막 관점은 일상생활을 인간이 자연스럽게 하나의 현실로 경험하는 세계라고 규정한다. 일상생활은 출생, 성장, 사망이라고 하는 인간의 실존 경험을 토대로 하고 있는 개인의 주관과 연관을 맺는 개인의 전기와 같은 세계라고 규정하는 알프레드 슈츠의 현상학적 관점이다. 슈츠는 일상생활이야말로 그 속에서 살고 나와서 다른 곳에서 살더라도 결국 되돌아가는 고향과 같다고 하였다.

후설과 슈츠, 그리고 하버마스는 일상생활과 생활 세계에 대해서 논의하였는데, 그 내용을 좀 더 살펴보면 다음과 같다.

• 에드문트 후설

오스트리아 출신 현상학자인 후설(Husserl)은 1930년대에 생활 세계 개념을 전면에 내세워 현상학적 고찰의 전환을 시도하였다. 그는 "학문의 위기는 학문이 삶에 대한 의의를 상실한 데 있다"고 판단하고, 학문의 시각을 규정하고 있는 과학주의, 객관주의, 실증주의가 생활 세계를 은폐하고 망각되게 한다고 비판하였다. 그는 생활 세계(또는 삶의 세계)를 "과학에 의해 구성된 객관적 세계와 구별되는 실제적이고 명료한 구체적인 세계"이면서, 다른 한편으로는 "인간의 세계에 대한 관계를 규정하는 인류학적 토대로서 자명한 것의 세계"라는 추상적이고 철학적인 개념으로 정립하였다. 그는 '참된 존재'를 둘러싼 탐구에 대한 근본적 모색을 생활 세계의 현상학이라고 보았다.

후설에게 생활 세계란 언제나 물을 필요도 없는 자명성 속에 미리 주어져 있는 감각적 경험의 세계로서 선소여성과 주관 연관성과 지평의 특징을 가지고 있다. ① 선소여성은 항상 의심할 바 없는 확실성 속에서 현존하는 것으로 지각되고 경험되는 세계이다. 선소여된 세계의 특징은 '친숙성'과 '존재 확실성'이다. ② 주관 연관적인 세계는 근본적으로 오직 주관과의 관계 속에서만 그 의미를 가지는 세계이다. ③ 지평으로서의 생활 세계는 우리에 의해 창출된 인위적 세계라기보다는 수동적으로 주어졌기 때문에 이미 습관화되어 항상 친숙감을 느끼는 세계이다. 지평은 개인이 경험하여 실천이 가능한 세계로서 근본적으로 주관화될 수밖에 없고, 무한히 확장될 수 있다. 지평은 어떤 관점을 중심으로 형성된 배경을 뜻하므로 중심이 되는 주체가 없으면 존재 불가능하다. 따라서 지평은 주관하는 인간의 습성과 상관관계를 맺고 있다.

후설의 생활 세계는 친숙한 세계이며, 자연적 산물뿐만 아니라 인간에 의해 산출된 모든 문화적 산물도 포함된다. 후설은 모든 인류를 향한 보편적인 사랑의 감정이 모든 인간에게 내재해 있다고 본다. 즉, 인간의 사랑하는 능력을 믿기에 이것이 제대로 확산된다면, '사랑의 공동체'로 생활 세계가 점진적으로 나아갈 수 있다고 믿고, 이를 수행하는 것은 결국 '교육'의 역할이라고 생각한다. 후설에 따르면, 생활 세계는 우리의 일상적이고 자연적인 세계임에도 불구하고 여러 이유로 제대로 인지되지 못하는 세계이다. 그런데 이제껏 제대로 인지하지 못했던 이러한 생활 세계를 제대로 본다면 일종의 "완전한 인격적인 사람으로 인간성이 변화된다"고 본다. 이러한 태도 변경은 교육을 통해서 가능하다(박인철, 2019).

• 알프레드 슈츠

오스트리아의 현상학자인 슈츠(Schutz)는 일상 세계란 "동료들 사이에서 행위하는 인간이 자연적 태도 안에서 하나의 현실로 경험하는 문화 세계"로서 인간에게 자명한 것으로 받아들여지는 삶의 토대로 보았다. 즉, 일상 세계란 '모든 사람'의 세계로서의 '특별한 현실'이다. 그 속에서 모든 사람은 생활하고, 사고하고, 행위하며, 타인과 소통한다. 이러한 일상 세계는 '의심받지 않는 삶'의 토대인데, 문화적으로 형성된 것이면서, 일상은 탐구의 대상이면서 동시에 비판의 대상이 된다.

알프레드 슈츠는 일상 세계는 다음과 같은 기본적인 특징을 갖는다고 하였다(강수택, 2000).

- 꿈의 세계와는 반대로 삶을 온전히 주시하는 온전히 깬 의식을 특징으로 하는 현실이다.
- 당연히 주어진 세계이다.
- 사회적 관계를 맺는 세계이다.
- 일의 세계이다.
- 현실을 경험하는 세계이다. 경험하는 과학의 세계, 놀이의 세계, 꿈의 세계 등 복합적 현실들 중에서 현실 경험의 원형이 되는 세계이다.

• 위르겐 하버마스

하버마스(Habermas)는 사회학적으로 생활 세계 개념을 설명하였다. 그에게 생활 세계란 목적합리성이 지배하는 영역인 '체계'와 구별되는 삶의 공간으로서 "개인들이 생활하는 사적 영역이자 사회화, 통합, 문화 및 전통이 재생산되는 사회적 공간"이라고 규정하였다. 하버마스는 의사소통적 행위 이론에서 생활 세계 개념을 인간 상호 간의 이해를 위해 중요한 장으로 소개한다. 생활 세계는 확정된 상태가 아니라 항상적 진화의 과정에 있다. 하버마스는 생활 세계의 사적 영역이 체계의 목적합리적 효율성 논리에 의해 '식민화'되고 있다고 비판하고, '생활 세계의 식민화'를 극복하기 위한 '이상적 담화 상황'이 이루어지는 의사소통적 공동체로서의 '공론장'을 강조하여 생활 세계를 정치적 개념으로 설정하였다.

가정교과는 친숙하고 습관화되어 배경지식으로 인지하지 못하는 생활 세계를 교육의 중심에 내세워서 학습자의 전인격적인 변화를 시도하고, 깨인 의식으로 생활의 문화를 창조하여 행복을 느끼며, 생활 세계에 침투된 물질주의 가치관을 비판하여 물질의 노예가 되지 않고 품격이 있는 전인격적인 자유로운 삶을 살게 하는 교과로서 그 가치가 있다.

강수택(2000)은 일상생활 세계와 학습의 연관성을 파악하여 교육의 방안을 다음과 제시하였는데, 이는 가정과교육의 방안과 일맥상통한다.

첫째, 일상생활은 생활의 주체인 개별 인간의 인성이 부단히 형성되는 사회화 과정이다. 따라서 학생 개개인에게 관심을 갖고 교육하되 개인이 여러 학생들과의 관계에서 소외되지 않고 성숙한 인성을 갖도록 교육해야 한다.

둘째, 일상생활은 수많은 의미들이 연관된 의미의 세계이기에 일상생활에 대한 학습 과정은 경험 혹은 체험과 관련이 있고, 학습자 개인의 자기 주도적 형식으로 이루어진다. 따라서 경험과 체험 중심으로 학습자가 마주하는 문제를 해결하는 과정에서 학습자 개인의 삶에서 구성된 경험을 주관으로 해석하고 이해해야 한다.

셋째, 일상생활은 일상적인 노동이 일어나는 실용적인 세계이자 실천 지향적인 세계이다. 따라서 학습자 개인의 실용적인 학습 동기와 요구를 파악하여 그들이 학습으로부터 소외되지 않도록 실용적인 교육을 해야 한다. 한편으로는 일상생활은 실천 지향적인 세계이기에 일상생활을 사회 또는 역사와 결부하여 교육하는 것이 필요하다.

생활을 대상으로 하는 가정교과에서 학습자들에게는 학습이 일상생활의 자연스러운 부분이 되게 하는 것이며, 교사는 그들이 일상에서 자연스럽게 생활하되 그들의 일상이 사회와 어떤 관련이 있는지를 의식하고 참여할 수 있도록 교육하는 것이 필요하다. 이를 위해, 일상생활의 내부 구조를 살펴보고, 그 속에 녹아 있는 학습 동기를 파악하여 학습자들이 그들이 배우고 싶어 하는 학습으로부터 소외되지 않게 실용적인 교육을 해야 한다. 또한 사회와 역사와의 맥락을 파악하게 하고, 삶의 과학적 · 인문사회적 · 예술적인 측면까지 통합하여 개인적으로 의미 있는 삶을 창조하면서 살게 할 뿐 아니라 사회를 위해서 주도적으로 참여하는 의식 수준이 높은 시민으로 교육하는 것이 요구된다.

2) 가정과교육의 비전과 사명

미국의 국가 수준 가정과교육과정(NASAFCS, National Association of State Administrators for Family and Consumer Science)에서는 가정과교육의 비전을 "개인과 가족이 생애 전 과정에서 다양하고 세계화된 사회에서 일상생활과 일의 도전을 잘 관리할 수 있도록 자율적 · 주도적인 힘(empowerment)을 부여하는 것이다"라고 제안하였다(NASAFCS, 2008).

이러한 비전을 실현하기 위해서 미국가정학회(AAFCS, 2000)는 '2000-2005 전략 계획안'에서 가정(교육)학의 방향을 다음과 같이 정하였다. ① 개인을 자율권(자기 주도적 결정 능력)이 충만하게 교육한다(empowering individuals), ② 가족을 강하게 교육한다(strengthening families), ③ 개인과 가족을 지역사회를 위해서 무엇인가를 할 수 있게 교육한다(enabling communities).

인간에게 직접 봉사하는 사명 지향적인 학문인 가정과교육의 사명은 학교교육을 통해서 가족의 일원인 학습자가 개인의 자아 형성의 성숙과 사회와 연계하여 깨어 있는 가정인으로서 지역사회에 참여하도록 하는 행동(기술적, 의사소통적, 해방적) 체계를 형성하고 유지하도록 하는 데 있다.

채정현, 이수희 그리고 유태명(2010)은 가정과교육의 비전을 "가족의 일원인 학습자들이 자율성(autonomy), 깨어 있음(enligtenment), 임파워먼트(empowerment)를 갖도록 교육하여 궁극적으로 가족을 사회 변화의 종속 집단이 아닌 주체 집단이 되게 하는 것이라고 하였다"고 하였다.

유태명 외(2019)는 한국가정과교육학회 30주년 기념 학술대회의 기조 강연에서 가정과교육이 추구하는 가치를 웰빙, 자유, 자주, 자립, 임파워먼트, 지속 가능성으로 제시하였다. 그들은 가정과교육의 비전과 사명을 개인과 가족, 가정과교사, 한국가정과교육학회와 교사교육자의 세 가지 요소로 구성하여 다음과 같이 제시하였다.

> ① 개인과 가족은 판단, 행동에 기반한 기술적 · 의사소통적 · 해방적 실천을 통하여 인간과 사회의 조건을 변혁해 나갈 수 있는 지식, 기능, 가치, 태도와 역량을 길러 자유로운 인간, 가족, 사회 및 지속 가능한 환경을 옹호하고 이루어 가는 행동 주체 역할을 다할 것이다. ② 가정과교사로서 임파워먼트와 실천적 지혜, 변혁적 역량을 함양하여 학생과 가족이 가정과교육의 가치와 목표를 지향하고 지속 가능한 발전을 옹호하고 이루어 나가는 것을 지원하는 변혁적 주체 역할을 다할 것이다. ③ 한국가정과교육학회와 교사교육자는 개인과 가족, 사회, 학회 회원이 미래를 이끌어 가도록 '미래를 책임지는 가정과교육(future proofing the profession)'의 리더 역할을 다할 것이다.
>
> 유태명 외(2019).

유태명 외(2019)는 가정과교육의 비전과 사명을 실천하기 위해서 ① 기술적 · 의사소통적 · 해방적(비판적) 행동인 세 행동 체계를 실천하고, ② 생활 세계에서 사고하고, 행동하고, 성찰하는 과정에서 능력을 기를 수 있도록 실천적 추론 과정을 활용하고, ③ 탐구자로서의 교사, 임파워먼트를 길러 가는 교사, 실천적 지혜를 길러 가는 교사, 행동 주체-변혁의 주체로서 교사의 전문적인 역할을 함양할 것을 제시하였다.

위의 내용을 종합하면, 가정과교육의 비전은 가족의 일원인 학습자들이 성숙한 자아를 형성하고, 다양하고 복잡한 사회에서 일상생활과 일의 도전을 잘 관리할 수 있도록 자율적 · 주도적인 힘인 임파워먼트를 갖게 하는 것이다. 이를 통해 기술적 · 의사소통적 · 해방적 행동을 강화하여 실천적 문제를 해결할 수 있는 강한 가정을 만들며, 사회를 위해서 능동적으로 참여하는 시민 의식을 키워서 가정을 사회 변화의 주체 집단이 되게 하는 것이다.

이러한 비전을 가진 가정교과는 인류에게 가정이 존재하는 한 반드시 학교에서 필수적으로 존재해야 할 교과이다. 특히, 지식정보 사회에서 가정교과는 AI 로봇과 더불어, 아니 그 이상으로 AI 로봇을 다스릴 수 있는 가정인이 되도록 교육해야 할 것이다. 가정교과가 강화되어야 할 정당성을 정리하면 다음과 같다.

첫째, 가정교과는 인간이 태어나서 최초로 접하는 가정과 그들이 활동하는 생활을 학습의 주요 대상으로 하고, 가족이 갖추어야 할 가장 고귀한 사고인 실천적 지혜를 배우고 익히도록 교육하고 있다. 즉, 가족의 일원인 학습자들이 높은 이상을 세우고, 개인과 가족, 사회를 위해서 옳은 것이 무엇인지를 분별하고 선택하고 행할 수 있는 철학적 사고의 일종인 실천적 지혜를 갖추도록 교육하고 있다.

둘째, 가정교과는 배운 것을 종합하여 자신의 삶과 연결하여 성찰하고 반성하여 높은 의식 수준에서 성숙한 의사 결정을 할 수 있는 실천적 추론 능력을 키우고 있다.

셋째, 가정교과는 생활 속에서 접하는 실제적인 생활의 문제를 배경지식이 아닌 주인공으로 등장시켜서 실천적 문제를 해결하는 수업을 한다. 문제를 해결하는 가운데 다양한 지식과 기술을 모으고 종합하여 메타 인지적인 사고를 하게 하고, 학습자들이 고차원적인 수준에서 복잡하게 얽혀 있는 생활의 문제를 해결하는 교육을 하고 있다.

넷째, 가정교과는 세계적인 안목을 갖고 개인과 가정, 공동체 사회, 더 나아가 세계를 위해서 함께 연대하여 헌신할 수 있는 이타적인 인간상을 이상적인 인간상으로 추구하고, 이를 체득하여 살아가게 교육하고 있다.

다섯째, 가정교과는 생활교과로 음식 만들기, 옷 만들기, 주거 설계하기, 아이 돌보기, 장보기 등 직접적인 경험을 통해서 오감을 발달시키고, 이론과 원리를 생활 속에서 탐구하게 한다. 또한, 가정과 지역 공동체 문제를 해결하는 과정을 통해서 사회 제도적인 측면이 개인과 가정과 어떻게 연결되어 있는지를 알고, 이를 주도적으로 해결하는 방안을 찾아 생활 속에서 실천하게 교육하고 있다.

여섯째, 가정교과는 자연과학과 사회과학 및 인문학과 예술학의 변증법적인 융합교과로 학습자들이 신체적, 정신적, 사회적, 영적, 경제적, 정서적, 심미적으로 건강하고 아름답고 행복한 사람이 되도록 교육하고 있다. 단지 질병에 걸리지 않는 수준이 아니라 활력이 넘치는 건강한 상태에서 인생의 비전을 세우고 생애를 설계하여 청소년, 청년, 중년, 노년, 죽는 그 순간까지도 선한 의지를 가지고 후회 없는 삶을 준비하도록 교육하고 있다. 말하자면 고급 행복을 누리며 살아가게 교육하고 있다.

일곱째, 가정교과는 교실을 하나의 가정 공동체로 보고 협력학습을 강화하여 모둠원들이 협력하여 토론하고 의견을 모아서 뿌듯하고 보람된 행동을 하도록 교육한다. 이 과정에서 소외되는 학습자들이 없도록 하며, 주도적으로 즐겁게 서로 협력하여 배우도록 교육하고 있다. 이러한 과정을 통해서 학생들은 사회적 · 정서적 상호 작용과 집단 지성을 발휘할 수 있게 된다.

여덟째, 가정교과는 학생들이 충동적으로 행동하는 것이 아니라 지성을 발휘해서 스스로 통제할 수 있는 것과 그렇지 못한 것을 분별하고, 선한 의지를 갖고 악한 것을 비판하며, 주도적으로 선한 행동을 실천하며, 자신의 행동에 책임질 수 있는, 진정으로 사랑할 줄 아는 사람이 되도록 교육하고 있다.

아홉째, 가정교과는 친숙하고 습관화되어 배경지식으로 인지하지 못하는 생활 세계를 교육의 중심에 내세운다. 이로써 학습자의 전인격적인 변화를 시도하고, 깨인 의식으로 생활 문화를 창조하여 일상에서 행복을 느끼며, 생활 세계에 침투된 물질주의 가치관을 비판하며, 물질의 노예가 되지 않고 품격이 있는 전인격적인 자유로운 삶을 살게 하고 있다.

열째, 가정교과는 가족의 일원인 학습자들이 자기 내면에서 들리는 미세한 소리에 귀를 기울여서 자신이 누구인지 알아가면서 정체성을 형성하고, 그들이 살아가는 길이 험한 광야일지라도 자신과 세상을 위해서 살아야 할 옳은 길이라면 모험을 감행할 수 있는 용기와 도전 정신을 갖도록 교육하고 있다.

마지막으로, 가정교과는 오늘날 가정과 사회의 문제(이혼, 가정 폭력, 노인 학대, 가정 경제 위기, 자녀교육, 가족 갈등, 질병, 기후 위기, 저출산, 사회 불평등 등)와 가족의 일원인 청소년의 문제(중도 탈락, 학교 폭력 · 데이트 폭력, 집단 따돌림, 성추행 · 성폭력, 인터넷과 게임 및 약물 중독, 흡연, 음주, 빵 · 가방 셔틀, 우울증, 강박증, 비만 등), 그리고 사회 문제(초저출산, 기후 위기, 고령화, 일자리 부족, 식품 안전)를 예방하는 교과로서 교육과정 전 영역에서 이에 대해서 교육하고 있다.

단원 마무리

1. 가정과교육의 지식은 ① 가정과교육의 정체성과 정당성, 그리고 목표 및 비전과 같은 가정과교육철학, ② 가정과교육의 철학에 도달할 내용의 선정과 조직과 같은 가정과교육과정, ③ 가정과교수-학습방법, ④ 가정과교육평가, ⑤ 가정과교사의 전문성 등이다.
가정과내용학 지식은 ① 영양학·식품 조리, ② 의복 재료와 관리·의복 디자인과 구성, ③ 주거와 실내 디자인, ④ 가정경영·소비자학, ⑤ 아동학·가족학 등으로 구성되어 있다.

2. 가정학(家政學)의 영어 표기는 주로 Home Economics로 사용된다. Home Economics에서 economics의 어원은 고대 그리스의 oikonomos[oikos(집)+nomos(규정, 법규, 습관)]로, 가정을 다스리는 것과 관련된 규정, 법규, 습관을 연구하는 학문이다. 아리스토텔레스에 의한 Home Economics는 다섯 가지 지식 중 실천 이성(practical reason)의 economics를 말한다. 이는 가족을 위해서 좋은 것과 나쁜 것이 무엇인지를 가치 판단하여 행동하는 지식으로, 가족 단위에서 사람들이 살기에 최고의 시스템을 만드는 학문을 의미한다.

3. 가정과교육의 역사적인 근본은 가정 내의 인성교육과 실기교육(조선 시대)에서부터 출발하였고, 가정학의 역사와 관련이 깊다. 개화기인 1886년 이화학당이 설립된 이후에 학교교육에서 가정과교육이 본격적으로 시작되었다. 해방 이후 1947년에 대한가정학회가 창립되었고, 1950년대에는 '생활의 합리화'를 기치로 하여 교육·계몽·연구를 추진하였으며, 국제 활동을 하기 시작하였다. 1960년대는 '생활의 과학화'를 본격적으로 구현하면서 가정학계는 자연과학 측면의 연구가 활발하였다. 1970년대에는 가정학의 전문화가 본격적으로 이루어져서 가정학계의 여러 세부 전공 학회가 설립되었고, 석사와 박사 과정이 개설되기 시작하였다. 1980년대는 가정학의 영역 및 명칭, 가정학 전공자의 사회 진출이 심도 있게 논의되었고, 각 분야의 전문적 연구도 양적·질적으로 발전하였다. 1990년대 이후 지금까지 각 분야의 활발한 연구와 함께 가정학의 전문성과 정체성에 대한 연구와 논의가 활발하게 진행되고 있다.

4. 가정과교육의 철학에 영향을 미친 사상은 물질주의, 실용주의, 실증주의, 실존주의, 비판 사상이다. 물질주의는 물질을 최고의 가치로 여기며 성공과 행복의 기준을 물질의 소유로 판단하는 것을 의미한다. 실용주의는 관념이 아닌 실용성이 중요하다는 사상으로 요약될 수 있다. 실증주의는 경험적, 객관적으로 증명 가능한 사실만이 참된 진리라고 보는 사상이며, 실존주의는 실존, 즉 인간의 구체적인 일상생활을 매우 중요한 것으로 간주하고 강조하는 사상이다. 비판 사상은 인간 소외를 가져오는 기존 질서와 사회 구조를 비판하는 사상으로, 실용주의, 실증주의, 실존주의의 장점을 받아들이고 이들 사상의 단점을 비판하여 통합하는 변증법적 특성을 지닌 사상이다.

5. 가정과교육의 목표는 개인과 가정의 행복이다. 철학자가 말한 행복의 개념은 다르지만 가정과교육에서 강조하는 것과 관련이 많다. 아리스토텔레스는 행복은 최종 목적과 과정 및 결과가 좋고, 이성적인 사고로 선을 행하는 것이라 하고, 실천적 지혜를 교육받아야 행복해질 수 있다고 하였다. 스토아학파는 내면의 강인한 정신력으로 불행을 이기는 것, 에피쿠로스학파는 고통 없이 마음이 평온한 것, 공리주의자는 이성과 절제, 성찰과 의지,

자부심과 관련된 지속적이고 결과와 파급 효과가 큰 최대의 쾌락이라 하였다. 니체는 현재의 자신을 넘어서 보다 높은 곳에 있는 자신에게로 나아가려는 힘을 갖는 것, 마르쿠제는 돈을 추구하는 삶을 거부하고 다양한 종류의 욕망을 추구하는 것, 그리고 하버마스는 의사소통을 하여 자신과 집단의 정체성을 이해하고 좋은 사회 구조를 만드는 것이라고 하였다.

6. 가정과교육은 가족의 일원인 청소년들이 행복하게 살도록 교육하는 데 사명이 있는 사명 지향적인 교과, 자연과학·인문사회과학·예술학을 교과사상, 교과내용, 교육방법 등에 포함하는 변증법적 융합교과, 학생들의 행동을 선하게 변화시키는 실천교과, 그리고 생활을 대상으로 하는 생활교과의 성격이 있다.

7. 가정과교육이 추구하는 가치는 행복(웰빙), 자유, 자주, 자립, 임파워먼트, 지속 가능성 등이다. 가정과교육의 비전은 가족의 일원인 청소년들이 자아를 성숙하게 형성하고, 다양하고 복잡한 사회에서 일상생활과 도전적인 일을 잘 관리할 수 있도록 자율적·주도적인 힘(임파워먼트)을 키우는 것이다. 이에 따라 기술적·의사소통적·해방적 행동을 강화하여 실천적 문제를 해결할 수 있는 강한 가정을 만들고, 사회를 위해서 능동적으로 참여하는 시민 의식을 키워서 가정을 사회 변화의 주체 집단이 되도록 교육한다.

1. 다음은 가정과교사들의 대화이다. 가정과교육과정의 관점에서 강조하는 행동 측면으로 볼 때, 현 교사와 정 교사가 수업을 통해 강화하고자 하는 행동의 명칭과 그 행동의 의미를 각각 쓰시오. [4점] [2014]

> 유 교사 : 현 선생님과 정 선생님은 '청소년의 자기 관리' 단원의 수업을 어떻게 하시나요?
> 현 교사 : 저는 학생들이 자기 관리 능력을 개발하는 데 목적을 두고, 청소년의 자기 관리에 필요한 지식, 기능, 절차를 아는 것이 중요하다고 생각합니다. 또한 청소년의 자기 관리 능력을 기르는 데 필요한 효율적인 수단을 찾아내는 수업을 진행해 왔습니다. 그 결과, 학생들이 능숙하게 자기 관리를 할 수 있는 능력을 기를 수 있었어요.
> 정 교사 : 현 선생님의 수업 방향은 저와 많이 다르네요, 저는 '청소년이 자기 관리를 위해 무엇을 해야 하는가'와 같은 질문으로 행동의 방향을 학생들이 탐색하도록 했습니다. 특히 문제가 맥락이나 상황을 고려하여 지식, 기능, 가치 판단력 등을 통합적으로 적용하여 문제를 해결할 수 있도록 지도했습니다. 또한 그 방안을 실행할 때 자신과 타인 및 사회에 미치는 영향까지 생각해 보도록 했습니다. 이와 같은 수업을 통해 학생들의 비판적 사고 능력을 향상시킬 수 있었다고 생각해요.

2. <보기>의 사례는 괄호 안의 ㉠에 들어갈 내용이다. 브라운(M. Brown)의 세 가지 행동 체계 중에서 (가), (나)에 나타나는 행동 체계를 순서대로 쓰고, 그에 해당하는 이유를 각각 설명하시오. [5점] [2016]

> 예비 가정과교사 : 가정과수업을 통해서 학생들이 세 가지 행동 체계를 잘 실천하는 게 중요하다고 들었어요. 이번 시간에 '사랑과 결혼' 단원으로 수업을 준비하고 있습니다. 제가 이 단원에서 제시할 수 있는 행동 체계에 대한 교수-학습 사례에는 어떤 것이 있을까요?
> 가정과교사 : 각 행동 체계에 대한 교수-학습 활동 사례로는 다음과 같은 것이 있어요. (㉠)

<보기>

> (가) "2013년 여성의 초혼 연령은 평균 몇 세인가?"라는 질문에, 은영이는 통계청 자료를 찾아보고 29.6세라고 대답하였다.
> (나) "결혼의 의미는 무엇인가?"라는 질문에, 지영이는 사랑의 결실이라고 하였고 영훈이는 법률적 제도로 맺어진 관계라고 하는 등 다양한 의견이 나왔다. 의견을 종합한 결과 결혼의 의미는 ○○(이)라는 결론에 이르렀다.

3. 다음은 '가정과교육론' 강의 내용의 일부이다. <작성 방법>에 따라 서술하시오. [4점] [2020]

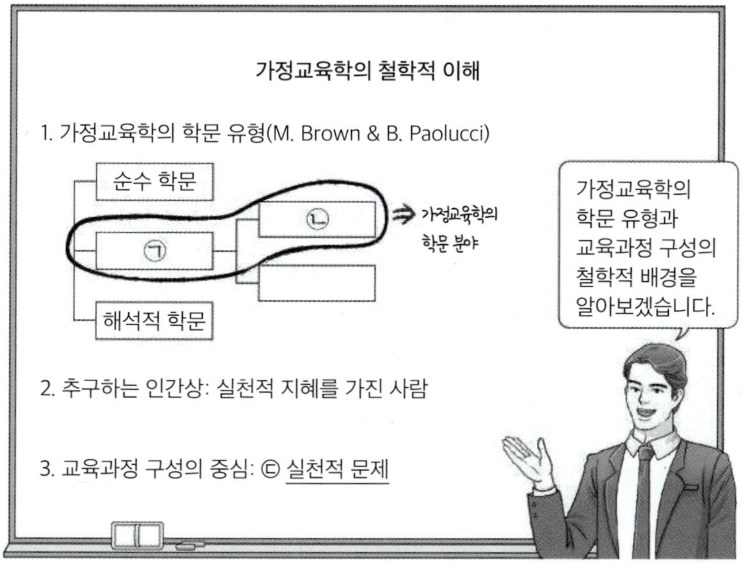

<작성 방법>

- ㉠에 들어갈 학문 유형을 쓰고, ㉡에 해당하는 가정교육학의 특성을 설명할 것.
- 밑줄 친 ㉢의 특성을 2가지 쓸 것.

4. 다음은 가정과교육 학술대회에 참가한 후 나눈 예비교사 간의 대화 내용이다. <작성 방법>에 따라 서술하시오. [4점] [2023]

예비 교사 A :	이번 강연을 통해서 가정과가 실천교과의 성격을 가지고 있다는 것을 알게 되었어요.
예비 교사 B :	맞아요. 가정과의 성격은 2015 개정 가정과교육과정 문서에도 명시되어 있어요.
예비 교사 A :	그런데 실천의 의미가 시대에 따라 달라졌다는 것이 흥미로웠어요. 특히, 고대에서 실천은 프락시스(praxis)였더군요. 이것은 아리스토텔레스(Aristoteles)가 그리스인들의 행동을 유형화한 것 중 하나예요.
예비 교사 B :	네. 고대 그리스에서 실천의 의미는 정치적인 활동, (㉠), 실천적 지혜와 관련된 신중한 행동을 뜻하지요.
예비 교사 A :	그렇군요. 실천의 의미를 바로 알고, 가정과의 정체성을 파악하는 것이 중요하다고 생각해요. 강연자는 ㉡ <u>브라운과 파올루치(M. Brown & B. Paolucci)가 주장한 가정학의 사명</u>을 강조했어요. 그것은 가족이 세 행동 체계를 형성하고 유지할 수 있는 능력을 기를 수 있도록 하는 것이었어요. 저도 가정과교사가 되면 사명감을 가지고 임해야겠다는 생각을 가지게 되었어요.
예비 교사 B :	좋은 생각이에요. 세 행동 체계는 기술적 행동, 의사소통적 행동, (㉢) 행동으로 이루어져 있어요.

<작성 방법>

- 괄호 안의 ㉠에 해당하는 용어를 쓸 것.
- 밑줄 친 ㉡에 제시된 세 행동 체계의 중요성을 2가지 서술할 것.
- 괄호 안의 ㉢에 해당하는 용어를 쓸 것.

5. 다음은 가정과 예비 교사와 지도 교사 간의 대화이다. <작성 방법>에 따라 서술하시오. [4점] [2024]

예비 교사 :	가정교과를 영어로 표기하면 'home economics'인데, 'economics'는 아리스토텔레스(Aristoteles)가 분류한 지식 중 (㉠)에 속하는 것으로 알고 있어요.
지도 교사 :	맞아요. 아리스토텔레스는 지식을 5가지로 분류하였는데, 과학, 예술, (㉠), 직관적 이성, 철학적 지식이 그것이에요.
예비 교사 :	네, 저는 'economics'가 어떤 지식에 속하는지 알고 나서 가정교과의 본질을 이해하는 데 많은 도움이 되었어요. 가정교육학은 문헌상으로 실천학문으로 소개되고 있는데, 하버마스(J. Habermas)가 제시한 실천의 개념이 무엇인지 궁금해요.
지도 교사 :	하버마스는 고대의 실천의 개념은 규범성은 있으나 과학성이 결여되었으며, 근대의 실천의 개념은 과학성은 있으나 규범성이 결여되었다는 한계를 지적했어요. 그래서 이 한계를 극복하기 위해 실천의 개념으로 ㉡ <u>규범성</u>과 과학성을 조화시킨 (㉢) 실천의 개념을 제시했어요.
예비 교사 :	그렇군요. 가정과교육에서 실천은 단지 제작이나 생산 활동 또는 지식의 실용성을 넘어서는 폭넓은 개념이네요.

<작성 방법>

- 괄호 안의 ㉠에 해당하는 지식을 쓰고, 이 지식의 의미를 서술할 것.
- 밑줄 친 ㉡의 의미를 하버마스(J. Habermas)의 실천의 개념에 근거하여 서술할 것.
- 괄호 안의 ㉢에 해당하는 용어를 쓸 것.

CHAPTER 2

가정과교육과정

THEORY OF HOME ECONOMICS EDUCATION

가정과교육과정

- 1. 가정과교육과정의 이해
  - 1) 교육과정의 개념
    - (1) 내용 또는 교과목으로서의 교육과정
    - (2) 계획된 활동으로서의 교육과정
    - (3) 경험으로서의 교육과정
    - (4) 동사로서의 currere 교육과정
  - 2) 교육과정 이론과 재개념주의
    - (1) 교육과정 이론의 변화
    - (2) 재개념주의
  - 3) 가정과교육과정의 관점
    - (1) 브라운의 가정과교육과정 관점
    - (2) 보빗의 가정과교육과정 관점
    - (3) 볼드윈의 가정과교육과정 관점
- 2. 교육과정의 수준과 CBAM
  - 1) 국가·지역·학교교육과정
    - (1) 국가교육과정
    - (2) 지역교육과정
    - (3) 학교교육과정
  - 2) 관심에 기초한 교육과정 실행 모형(CBAM)
- 3. 우리나라의 가정과교육과정
  - 1) 7차 교육과정기 이전
  - 2) 2007 개정 교육과정 이후
  - 3) 2015 개정 가정과교육과정
    - (1) 가정과교육과정의 성격
    - (2) 가정과교육과정의 교과 역량
    - (3) 중·고등학교 '가정생활' 분야의 목표
    - (4) 내용 체계의 특징
    - (5) 2015 개정 가정과교육과정의 구조와 내용 체계
  - 4) 2022 개정 가정과교육과정
    - (1) 가정과교육과정 설계의 개요
    - (2) 가정과교육과정의 성격
    - (3) 중·고등학교 가정과교육과정의 목표
    - (4) 내용 체계의 특징
    - (5) 2022 개정 중등학교 가정과교육과정의 구조와 내용 체계

- 4. 세계의 가정과교육과정
  - 1) 일본
    - (1) 일본의 개정 가정과 학습지도 요령
    - (2) 일본 가정과의 세 가지 힘(기둥)과 개정의 중점 사항
    - (3) 일본 중학교 가정과의 편제와 교육 목표
    - (4) 일본 고등학교 가정과교육과정의 편성과 교육과정 목표
    - (5) 일본 전문 교과 '가정'의 구성
  - 2) 미국
    - (1) 미국 가정과교육과정 국가 기준의 의의
    - (2) 미국 가정과교육과정 국가 기준의 과정 질문
    - (3) 미국 가정과교육과정 국가 기준의 내용 영역
  - 3) 핀란드
    - (1) 핀란드 국가 핵심 교육과정
    - (2) 핀란드의 기본 과목과 횡단 역량
    - (3) 핀란드의 기본 과목, '가정'
  - 4) 스웨덴
    - (1) 2022년 개정 스웨덴 교육과정
    - (2) 스웨덴의 가정과교육과정
  - 5) 북한
    - (1) 북한의 교육과정
    - (2) 북한의 가정과교육과정
- 5. 학교교육과정의 개발과 운영
  - 1) 학교교육과정 개발의 목적과 필요성
  - 2) 학교교육과정 개발 모형
    - (1) 타일러의 교육과정 개발 모형
    - (2) 타바의 교육과정 개발 모형
    - (3) 니콜스의 교육과정 개발 모형
    - (4) 워커의 교육과정 개발 모형
  - 3) 학교교육과정 운영을 위한 가정과교수-학습 환경의 구성과 관리
    - (1) 가정실의 필요성과 활용
    - (2) 가정실 환경 조성
  - 4) 학교교육과정의 평가

생각해 보기

01 가정과교육에서 가장 가치 있는 지식은 어떤 것인가? 왜 그렇다고 생각하는가?

02 만약 여러분에게 갑자기 초인적인 힘이 생겨서 세계의 모든 사람들에게 다섯 가지 특성을 부여할 수 있다면 어떤 특성을 선택할 것인가? 그 이유는 무엇인가?

03 가정과교육과정 하면 떠오르는 것은 무엇인가? 왜 그럴까?

04 2번에서 선택한 특성 중 하나를 골라 가정과교육과정을 구성한다면 긍정적인 측면과 우려되는 측면은 무엇인가?

05 현재의 가정과교육과정에서 가장 강조하는 것은 무엇이라고 생각하는가? 그 근거는 무엇인가?

06 미래 사회에서 가정과교육이 학습자와 그 가정, 사회에 보다 기여하기 위해서는 어떠한 교육과정으로 구성되어야 할까? 미래 사회의 특성을 근거로 이야기해 보자.

07 다른 나라의 가정과교육과정은 어떤 특징이 있는지 조사해 보자.

08 다양한 교과 활동이 가능하면서 쾌적하고 안전한 가정실을 구상해 보자.

09 교육과정 개발 모형에 따라 가정과수업과 평가를 개발한다면 어떤 모형이 좋을까? 그 이유는 무엇인가?

CHAPTER 2

가정과교육과정

교육과정은 '무엇을, 왜, 가르쳐야 하는가'에 대한 답을 찾아가는 과정이라고 볼 수 있다. 즉, 가정과교육과정은 '어떠한(what) 지식이 가치 있는가?', '왜(why) 그러한 지식이 가치 있는가?', '그러한 지식은 어떻게(how) 획득되고 형성되는가?'의 세 가지 근본적인 문제를 다룬다고 볼 수 있다(Schubert, 1986).

이러한 문제는 가정과교육 이론과 실천에 관련된 모든 활동의 바탕이 된다. 가정과교육에서 학생들에게 가르쳐야 할 가치 있는 지식이 무엇이고, 그것이 왜 가치가 있으며, 그것을 어떻게 알 수 있는지에 대한 탐구는 가정과교육의 필요성과 정당성, 실천력과 밀접한 관련이 있다.

1. 가정과교육과정의 이해

이 절에서는 가정과교육과정의 이해를 위해서 교육과정의 개념, 교육과정 이론 및 재개념주의, 브라운, 보빗, 볼드윈의 가정과교육과정 관점에 대해 살펴보겠다.

1) 교육과정의 개념

교육과정을 나타내는 '커리큘럼(curriculum)'의 어원은 라틴어 '쿠레레(currere)'에서 유래한다. '쿠레레'는 일반적으로 '달리는 코스'라는 뜻으로 교육에 적용되어 교수요목(course of study)을 의미하기도 하고, 동사로서 '경주로를 따라 달리는 것'을 의미하기도 한다. 즉, 교육과정은 좁은 의미로는 특정한 학년, 학생들을 위한 특정한 교과의 구체적 교육 계획을 의미하며, 넓은 의미로는 학교가 가르치는 모든 것을 의미하기도 한다.

교육과정은 내용(content)으로서의 교육과정, 경험(experience)으로서의 교육과정, 계획(plan)으로서의 교육과정, 결과(outcome)로서의 교육과정으로 나누기도 하고, 의도된 교육과정, 전개된 교육과정, 실현된 교육과정으로 구분하기도 하며, 공식적인 교육과정과 잠재적 교육과정, 그리고 영 교육과정(null curriculum)으로 나눌 수도 있다. 또한 교육 내용을 결정하는 주체의 역할 분담에 따라 국가 수준 교육과정, 지역 수준 교육과정, 학교 수준 교육과정, 교사 수준 교육과정으로 나누기도 한다.

슈버트(Schubert, 1986)는 교육과정에 대한 다양한 개념을 ① 내용 또는 교과목, ② 계획된 활동, ③ 의도된 학습 결과, ④ 문화적 재생산, ⑤ 경험, ⑥ 개별적인 과업과 개념, ⑦ 사회 재건을 위한 안건, ⑧ 동사로서의 '쿠레레' 교육과정으로 구분하여 정리하였다. 그중에서 몇 가지 특징적인 개념을 살펴보면 다음과 같다.

(1) 내용 또는 교과목으로서의 교육과정

교육과정에 대한 가장 전통적이고 일반적인 개념은 학교에서 배우는 교과목으로 보는 관점이다. 학생들이 필수적으로 배워야 하는 내용을 교과목으로 구성하며 가정과교육과정이 여기에 해당한다고 볼 수 있다.

이 교육과정의 개념은 학교에서 점심시간이나 휴식 시간에 이루어지는 비형식적인 사회적 상호 작용을 통한 학습이나 많은 경험들을 적절히 설명하지 못하는 한계가 있다. 또한 인지발달, 창의적 표현력, 인격적 성숙과 같은 중요한 문제에 대한 설명력이 약하기 때문에 교육과정을 너무 단순화하는 제한점이 있다.

(2) 계획된 활동으로서의 교육과정

학생들에게 전달되는 계획된 모든 활동을 교육과정으로 보는 개념이다. 이때 계획의 범위는 가정과 수업 계획으로부터 교육과정 지침서까지 모든 문서화된 서류부터 교사의 머릿속에 떠오르는 아이디어와 같이 문서화되지 않은 계획까지도 포함한다.

이 개념은 계획이 활동에 의해 완수되기 때문에 내재적인 발달보다는 외형에 강조점을 두고, 학습과정보다는 산출 결과에 가치를 두며, 활동 수행에 신경을 쓰다가 활동 자체가 목적이 되는 경우가 발생하는 문제점이 생길 수 있다.

(3) 경험으로서의 교육과정

경험으로서의 교육과정은 학생들이 실제로 학습한 경험을 강조한다. 학습 경험은 학생들이 실제로 알게 되거나 이해하게 되는 교육과정으로, 동일한 계획이라 할지라도 학습자의 지식이나 기술, 태도, 가치 등에 따라 아주 다른 결과를 가져올 수 있다.

경험으로서의 교육과정은 이론적으로는 매우 그럴듯해 보이지만 실제적으로는 너무나 광범위하고 연구가 불가능하다는 한계가 있다.

(4) 동사로서의 currere 교육과정

교육과정 'currere'를 '경주로'가 아니라 동사 형태로 파악하여 '경주로를 따라 달리는 것(running of the race)'으로 해석하는 개념이다. 즉, 교육과정이란 생활 경험에 대한 해석으로 자신과 타인, 그리고 세계에 대해 합의된 시각을 만들어 내는 재개념화 과정이다. 재개념화의 목적은 부당한 관습이자 이데올로기, 획일성 등의 구속으로부터 개인을 해방하고, 자신과 타인 및 세계에 대한 새로운 방향을 형성하는 것이다.

그러나 이러한 노력이 학교의 교사나 학생에 의해 이루어지기 어려우며, 이러한 활동은 한 문화의 지식과 기술, 가치를 가르치는 학교의 목적 이상의 것이라는 비판이 있다.

2) 교육과정 이론과 재개념주의

(1) 교육과정 이론의 변화

교육의 역사에서 무엇을 가르쳐야 하는가에 대한 아이디어는 수없이 많고 종류도 다양하다. 그 예로 교육의 주된 목적을 정신의 훈육(discipline)으로 본 전통적 교육과정, 교육은 타고난 잠재 가능성을 발현하는 과정이며, 학습자인 아동의 입장에서 규정되어야 한다고 본 아동 중심 교육과정이 있다. 이후 산업사회가 고도화되어 감에 따라 사회적 필요를 고려한 사회 중심 교육과정이 등장하였고, 종래의 교과 중심, 아동 중심, 사회 중심의 교육관을 통합하여 제시한 타일러(Tyler)의 교육과정 이론이 등장하게 된다. 그리고 1960년대 초부터 지식의 결과가 아니라 지식을 탐구하는 방법과 과정을 가르쳐야 한다는 학문 중심 교육과정이 등장하였다(교육과학기술부, 2008).

이러한 교육과정 이론과 각 유형의 특징을 이귀윤(1996)은 다음과 같이 정리하였다.

첫째, 교과 중심 교육과정은 학교의 지도하에 학생이 배우는 모든 교과와 교재를 말한다. 철학적 관점을 기준으로 삼을 경우 전통주의적 입장이며, 지식이나 학문을 강조했다는 점에서 내용 선정의 원천 중 지식을 분류 기준으로 한다.

둘째, 학문 중심 교육과정은 지식이나 학문의 구조를 가르쳐야 한다는 입장이다. 지식이나 학문의 구조는 학습의 전이를 높이며, 기억을 오래가게 할 뿐만 아니라 고등 지식과 기초 지식 간의 간격을 좁힐 수 있기 때문이다. 이 유형도 철학적 관점에서의 분류는 전통주의적 입장에 기초하고 있으며, 내용 선정의 분류 기준에서 보면 지식에 비중을 두고 있다.

셋째, 인지 과정 중심 교육과정은 탐구 결과로서의 지식 그 자체를 가르치기보다는 문제해결력, 창의력, 비판적 사고력 등 사고의 방식이나 학습하는 방법을 중시하는 교육과정 유형이다. 이 유형의 교육과정은 인지 과정을 중시한다는 점에서 내용 선정 기준은 지식이라고 볼 수 있다.

넷째, 경험 중심 교육과정은 교육의 수단과 목적이 경험과 분리될 수 없다는 입장으로 교과와 학생 간의 상호 작용을 중시한다. 경험 중심 교육과정은 철학적 관점에서 진보적 입장으로 분류될 수 있으며, 교육의 목적에서 보면 개인과 사회를 동시에 중시하고 있다. 또한 내용 선정의 원천에서 보면 문화적 측면을 많이 강조하고 있다.

다섯째, 인간 중심 교육과정은 인간의 성장 가능성을 최대한으로 신장하고 개인적으로 만족스러운 삶을 살 수 있도록 도와줌으로써 개인의 자아실현을 지향하는 데 궁극적인 목적이 있다. 인간 중심 교육과정은 철학적 관점에서 보았을 때 진보주의적 가치관에 입각하고 있으며, 내용 선정의 원천으로 보면 생활 경험으로 분류될 수 있다.

여섯째, 사회 재건 중심 교육과정은 학교가 사회의 중요한 문제들을 분석하고 이를 실천에 옮기도록 하는 데 주안점을 두어야 한다는 입장이다. 교육의 목적을 사회에 둔 교육과정 유형으로, 이러한 교육과정 관점은 '재개념주의'로 이어진다.

(2) 재개념주의

1970년대 미국에서는 타일러의 사고 체계에 의존해 오던 교육과정 연구의 문제점을 인식하고 교육과정 탐구를 다원화하려는 노력이 여러 가지 형태로 나타났다. 이와 같이 교육과정의 전통적 관점과는 달리 보다 철학적이고 사회적 · 경제적인 맥락에서 교육과정을 보고자 하는 새로운 경향을 갖는 학자들을 '재개념주의자(reconceptualists)'라고 부른다. 하지만 같은 '재개념주의자'라 하더라도 교육과정에 대한 관점과 접근 방식이 매우 달랐다. 이러한 현상은 많은 학자들이 서로 다른 관점으로 교육과정의 탐구 영역을 확장하고자 노력한 결과에서 그 원인을 찾을 수 있다.

타일러를 중심으로 한 전통주의자들은 일반적으로 교육과정의 기본적인 목표나 가치 등에 대한 철학적인 판단을 유보한 채 이른바 '타일러의 논리'로 알려진 네 가지의 질문[1]을 통해 교육과정 개발의 절차와 방법에 중점을 두었다(허숙, 1995). 즉, 전통주의자들은 교육과정을 의도된 학습 경험으로 정의하고, 학교는 현 생산 체제를 유지하고 사회 적응을 유도하는 기능을 하며, 교육과정에 대한 가치 판단의 기준을 객관성과 실증성에서 찾는 가치 중립적인 입장이었다. 즉, 전통주의자들의 관점에서 보는 교육과정은 의도된 목표를 달성하기 위해 선정된 지식, 기술, 태도의 행동적 항목들이며 학교에서 가르치고자 미리 계획한 학생들의 경험인 것이다. 이에 따라 교육과정의 본질적인 질문을 추구하기보다는 교육과정의 실제적인 개발과 개선을 위한 임시적이고 처방적인 절차에만 치중하여 실제와는 거리가 먼 과학적 이론만 추구하는 한계점을 지니고 있었다.

재개념주의는 전통적 관점에 대한 비판에서는 공통적인 목소리를 내고 있지만, 교육과정 탐구의 이론적 바탕이나 접근법이 서로 다르며 표 2-1과 같이 실존적 관점을 지지하는 파이너(W. Pinar, 1975)와 구조적 관점을 지지하는 애플(M. Apple, 1978)을 중심으로 크게 둘로 나뉜다.

실존적 관점을 지지하는 파이너는 교육과정 탐구의 기본적인 질문을 '교육적 경험의 본질은 무엇인가?'에 두고 그 해답을 실존주의 철학과 정신분석학, 역사적 · 문화적 분석에서 찾고자 하였다. 파이너는 교육과정을 말이 경주로를 달리듯 스스로 경험하는 'currere'로 정의하며 학습자 개개인의 자아 발견과 자기 해방을 강조하였다. 특히, 파이너는 '해방'을 정치적 · 경제적 ·

1 170쪽 '타일러의 교육과정 개발 모형' 참고

표 2-1 전통주의자와 재개념주의자의 교육과정 관점 비교

관점 / 질문	전통주의자(R. Tyler)	재개념주의자	
		실존적(W. Pinar)	구조적(M. Apple)
교육과정의 기본 질문	• 타일러의 논리(네 가지 질문) • 철학적 판단 유보 • 가치 중립성 • 절차와 방법 중시	• 교육적 경험의 본질은 무엇인가? • 나는 누구인가? • 나는 어떻게 진정한 나 자신을 발견할 수 있는가?	• 교육 경험의 속성은 무엇인가? • 사회적 불평등의 원인은 무엇인가? • 학교는 어떻게 사회 정의를 실현할 수 있는가?
해답의 원천	• 경험·분석적 과학 • 행동주의 심리학 • 기능주의 사회학 • 체제 공학	• 생활 체계 분석 • 실존주의 철학 • 정신분석학 • 역사적·문화적 분석	• 마르크스 경제학 • 비판주의 사회학 • 역사적·이념적 분석
교육과정의 개념	• 의도된 학습 경험 • 계획과 설계 • 체제적 운영	• 쿠레레 • 자아 발견 • 자기 해방	• 의미의 창조 • 참여적 개혁 • 사회적 해방
학교의 기능과 역할	• 생산 체제 • 현 체제 유지 • 사회 적응 유도	• 개인의 함양 • 불평등의 감소 • 자아 발견	• 상호 작용의 망 • 권력의 배분 • 사회 정의 구현
교육과정의 가치 기준	• 과학 • 객관성과 실증성	• 자아의 가치 • 정의	• 인간 본연의 가치 • 사회 정의

출처: 허숙(1995).

심리적 불공정성으로부터 자신과 타인을 자유롭게 하는 과정으로 생각했다. 이에 따라 학교는 자아의 발견을 위한 곳이며, 교육과정은 미리 마련된 경험의 목록이 아닌 교육 속에서 개인이 갖는 실존적 경험을 의미하는 것이다. 즉, 교육과정을 탐구하는 것은 자신의 교육 경험을 돌이켜 성찰하고, 그 의미를 파헤치는 일이며, 이를 통해서 현재와 미래의 교육적 조망을 갖게 됨으로써 진정한 자아를 확립해 가는 것이다. 하지만 이 관점은 개인의 실존에만 관심을 두고 있어 교육적 실패 현상의 원인을 구조적으로 찾기에 부족하다는 한계점을 지니고 있다.

한편, 애플은 교육의 실패 원인을 학생들의 선천적인 능력이나 교사들의 노력 부족에서 기인하기보다는 그들이 속한 기관이나 사회 체제로부터 주어진 지식이나 이데올로기, 권력, 제도와 같은 구조에서 분석하는 구조적 관점을 제시하였다(허숙, 1995). 애플은 교육과정 탐구의 기본적인 질문을 '교육 경험의 속성은 무엇인가?'와 '학교는 어떻게 사회 정의를 실현할 수 있는가?'에 두고 그 해답을 마르크스 경제학과 비판주의 사회학에서 찾고자 하였다. 이에 따라 교육과정을 '의미의 창조', '참여적 개혁' 또는 '사회적 해방'이라고 정의하고, 학교는 교육을 통하여 권력을

배분하여 사회 정의를 구현하는 역할을 하는 곳이라 보았다.

애플의 구조적 관점은 교육과정의 이론과 실제에 대한 숨은 의미를 사회와의 관련 속에서 파악하게 함으로써 교육 문제의 사회적 · 정치적 배경을 이해하는 도구를 제시해 주는 변증법적 탐구라는 장점이 있으나, 대안을 뚜렷하게 제시하지 못하는 한계점을 지니고 있다.

슈버트(H. Schubert)의 교육과정 이론 분류

교육과정 이론은 모학문인 철학의 하위 영역으로 교육과정 연구를 뒷받침할 수 있는 기본적인 질문과 가정들을 다룬다. 학자에 따라 교육의 목적이나 본질에 대한 중요한 철학서들 자체를 교육과정 이론이라고 보기도 하고, 1947년 시카고대학교에서 개최된 '교육과정 이론 회의'에서 교육과정 이론이 탄생했다고 보기도 한다.

슈버트(1987)는 교육과정 이론을 ① 기술적 교육과정 이론(descriptive curriculum theory), ② 처방적 교육과정 이론(prescriptive curriculum theory), ③ 비판 이론(critical theory)으로 분류하였다.

- 기술적 교육과정 이론: 일반화할 수 있는 경향들을 기술하려 하며, 행동을 설명하고 예언함으로써 그것을 통제하는 것이 이론가들의 역할이라고 생각한다. 즉, 교육 및 교육과정의 특수한 실재를 모형화하여 현상을 예언·설명하려고 하며, 현재의 상태를 분석하고 경험적 자료를 수집하여 설명적 명제를 구성하고자 한다. 기술적 교육과정 이론은 자연과학적 이론과 유사하여 가치 중립적인 성격을 띠지만, 인식론·형이상학·가치론·정치학으로부터 자유로울 수 없는 한계를 지닌다.
- 처방적 교육과정 이론: 교육과정을 일종의 제안이라고 여긴다. 처방적 이론의 목적은 실천 규준을 설정하려는 것이며, 특정 학급 상황에서 학생들에게 제시하고자 하는 교육과정은 물론이고, 교과서, 교사용 교재 등도 처방적 형태를 띤다.
- 비판 이론: 프랑크푸르트학파로 분류되는 후기 마르크스주의 이론가들에게서 비롯되어 기존의 사회적·경제적 계급을 당연하게 받아들이는 태도와 그러한 구조를 영속하는 교육방법에 대해 신중하게 반성한다. 특히, 프레이리(P. Freire, 1970)는 압박받고 있는 이들을 해방하기 위해서 만연해 있는 은행 적립식 교육(banking pedagogy)을 문제 제기식 교육(problem posing pedagogy)으로 바꿔야 함을 강조하였다.

3) 가정과교육과정의 관점

교육과정 문제를 숙고할 때 우리는 개념적인 틀을 사용하여 문제의 특성을 파악하고 해석한다. 이와 같이 교육과정 문제들을 인식하는 개념적인 렌즈가 패러다임, 또는 관점이다.

패러다임이나 관점은 우리가 문제 상황에 직면했을 때 더 나은 의사 결정을 할 수 있게 도와준다. 즉, 혼란스럽고 어려운 딜레마는 탐구 패러다임에 의해서 아주 분명한 문제로 변형되고, 관점을 비평의 근거로 제공함으로써 제기된 문제를 적절하게 비평할 수 있게 하며, 가능성의 목록이 증가할수록 실천의 방향이 분명하게 부각될 수 있다(Schubert, 1986).

(1) 브라운의 가정과교육과정 관점

미국의 가정교육학자 브라운(M. Brown, 1978)은 가정과교육과정 관점을 역사적으로 분석하여 기술적 관점, 자아실현 관점, 실천적 추론 관점[2]이 있음을 밝혀서 각각의 관점이 가정과교육의 목적, 교과 내용, 학습자, 사회, 교수방법에 대해서 어떻게 다르게 생각하고 있는지를 비교·분석하였다. 여기에서 기술적 관점은 전통적 관점의 실증 사상이나 실용 사상을 지지하고, 자아실현 관점은 실존적 관점의 실존사상을, 실천적 추론 관점은 비판 사상을 지지하여, 용어는 다르지만 그 기본 믿음 체계는 유사하다.

가정과교육과정에서 기술적 관점은 경험적·분석적 탐구 방법에 의해 얻은 지식과 기술을 숙달시켜 학생들이 그 지식과 기술을 일상생활에 적용할 수 있게 하는 것을 교육 목적으로 한다. 자아실현 관점은 학습자가 그들이 살고 있는 세계에 대한 이해를 넓히고, 사회적·문화적 배경에 대한 이해를 기초로 서로 대화에 참여할 수 있게 하여 학습자의 잠재력을 개발하고 자신의 존재 의미를 발견하게 하는 것을 목적으로 한다. 반면 실천적 추론 관점은 왜곡된 믿음이 어떻게 그들의 신념과 행동에 영향을 주는가를 이해하고 그들의 삶에 영향을 주는 의사 결정에 참여하게 하여 비판적으로 사고하고 문제를 해결하는 방법을 기르게 하는 것을 교육 목적으로 한다.

브라운(1978)은 이러한 세 가지 관점 중 실천적 추론 교육과정 관점이 가정과교육과정으로 가장 정당한 것으로 인정하고 있다. 그 이유는 가정과교육의 대상인 가정생활이 정치적·경제

---

2 브라운(M. Brown, 1978)이 Perspective A, B, C로 분류한 것을 위드(Weade, 1984)가 A를 기술적, C를 자아실현, 그리고 B를 실천적 추론 관점으로 명명하였다.

표 2-2 브라운의 가정과교육과정 관점

구분	기술적 관점	자아실현 관점	실천적 추론 관점
사상	실용·실증 사상	실존 사상	비판 사상
사회	사회와 문화는 절대적으로 받아들여지고 보호되어야 한다.	모든 사회와 문화는 구성원이 사회화될 것을 요구한다. 이와 같은 노력은 인간이 개성을 지니는 것을 방해한다.	사회와 문화는 인간에 의해 창조되고 발달되어야 한다.
학습자	학습자는 사회가 요구하는 지식과 기술을 전수받아야 한다.	학습자는 자신의 독특한 잠재성을 개발할 수 있는 피지 않은 꽃과 같은 존재이다. 학습자는 자신의 독특한 잠재성을 기를 수 있으며 선천적으로 선하고 현명하다.	학습자는 독립적으로 비판하고, 창조적으로 사고하며, 도덕적으로 책임을 져야 하는 존재이다.
지식	지식은 이전 학자들의 연구에 의해 축적된 정보에 따라 전개되어야 한다.	지식은 사적인 것이며, 개인은 자신에게 중요한 지식을 선택해야 한다.	지식은 이미 알려진 것과 알아가는 활동의 과정으로 구성된다.
교육 목표	교육 목표는 사회에서 요구하는 지식과 기술을 숙달시키는 것이어야 한다.	교육 목표는 자신의 존재 의미를 발견하고, 잠재성을 개발하는 데 있다.	교육 목표는 비판적으로 사고하고 문제해결력을 길러 주체적으로 실천할 수 있는 능력을 기르는 데 있다.
교수방법	교수방법은 교사가 미리 결정한 내용을 설명식으로 전달하여 이루어져야 한다.	교수방법은 교사의 지시 없이 개인의 자유로운 방식으로 이루어져야 한다.	교수방법은 학생들의 정신적인 성숙을 위하여 교과 내용을 비판적으로 분석하며 문제를 해결하는 과정 중에 민주주의적인 방법으로 이루어져야 한다.

출처: Brown, M. M.(1978); Weade, R.(1984).

적·사회적·이념적 상황과 직접적 또는 간접적으로 관련되어 있기 때문이다. 이에 브라운은 가정생활의 문제를 해결하기 위해서는 가정생활과 관련되는 지식의 문제, 이데올로기의 문제, 그리고 권력 관계의 문제 등에 대한 상호 관련을 분석하는 일이 무엇보다 우선시되어야 한다고 주장한다. 또한 실천적 추론 관점을 기반으로 하는 가정과교육은 가족 구성원의 의식과 행동을 변화시켜 자신은 물론 가정과 사회를 위해서 자발적으로 노력하게 할 것을 강조하였다. 이러한 노력의 결과, 가정은 더 이상 사회의 종속적 집단이 아닌 사회의 핵심적 주체 집단으로 발전할 수 있을 것이다.

하버마스의 포괄적 지식 이론에 근거한 패러다임 비교

하버마스(J. Habermas)의 지식 이론은 세 가지 탐구 패러다임에 대한 비교·분석으로 보편적으로 많이 인용되고 있다.

1. 경험적·분석적 패러다임

경험적·분석적 과학은 기술적 관심을 지향하고, 작업 세계의 사회 조직을 그대로 수용한다. 즉, 관료제에서 직책이 높다는 이유만으로 어떤 사람이 다른 사람을 통제하는 것을 당연시하는 위계 구조를 지니며, 연구자는 법칙과 같은 명제를 구하고, 그러한 명제를 검증한다.

2. 해석학적 패러다임

슈왑(J. Schwab)의 실제적 패러다임을 연상시키는 해석학적 입장은 실제적인 것에 관심을 두고, 개인들은 그들이 속해 있는 문화 및 역사적 환경과 계속적으로 상호 작용을 맺고 있다고 가정한다. 이 패러다임에서 실제란 단순히 사물이 나타나는 방식이 아니라, 의미를 간주관적으로 소통하는 사람들 사이의 의사소통 과정을 통해 구성된다.

3. 비판적 패러다임

비판적 실천의 주창자들은 해석학적 입장을 넘어서는 해방에 관심을 둔다. 사회 조직이 인간에게 사회·경제적 계층과 이데올로기에 의해 부과된 제약을 초월할 수 있는 힘을 부여해 주어야만 진정한 의미와 덕을 추구할 수 있다고 강조한다. 즉, 교육이 사회·경제적 평등과 정의를 위해 제공되어야만 실제적 관심에 바탕을 둔 의미와 덕이 추구될 수 있다는 것이다.

탐구 또는 과학 유형	경험적·분석적 패러다임	해석학적 패러다임	비판적 패러다임
지향하는 관심	기술적	의사소통적	해방적
사회적 조직	작업	상호 작용	개인의 힘
논리	• 통제와 확실성의 원리 강조 • 경험적으로 검증 가능한 법칙과 같은 명제를 중시 • 가치 중립적 지식을 상정 • 객관화할 수 있는 지식 • 효율성이나 경제성 중시 • 사회 실재를 있는 그대로 수용	• 이해와 의사소통의 상호 작용 강조 • 인간을 지식의 능동적 창출자로 간주 • 일상생활의 토대 내면에 있는 가정과 의미를 탐색 • 실제를 역사적·정치적 및 사회적 맥락 내에서 공유되고 간주관적으로 구성되는 것으로 간주 • 언어 사용을 위한 의미에 관심	• 이데올로기 비판과 실천의 필요성을 전제 • 억압적이고 지배적인 것을 폭로 • 허위 의식에 대한 감수성 요구 • 왜곡된 개념과 부당한 가치를 문제로 부각함 • 탐구가 기초하고 있는 가치 체계와 정의 개념을 검토하고 설명

ACTIVITY

가정과교육과정 선호도

세 가지 중에 자신의 생각과 가장 가까운 것에 체크하시오.

가정과교육의 목적	건전한 가정생활을 통해 훌륭한 삶과 인간의 발전을 향상시키는 데 있어야 한다.	A
	직업인과 가정인으로서 살아가는 데 필요한 기술과 지식을 습득하는 데 있어야 한다.	B
	실천 문제해결을 위한 행동에 대해 도덕적인 판단을 하게 하는 데 있다.	C
가정과학습의 주안점	인지적인 면에 중점을 두어야 한다.	A
	기술적인 면에 중점을 두어야 한다.	B
	인지적·정서적·기술적인 면의 종합에 중점을 두어야 한다.	C
가정과 내용의 배열	사회에 필요한 관련 지식의 순서에 따라 배열되어야 한다.	A
	기술적인 과정에 따라 배열되어야 한다.	B
	해결되어야 하는 문제에 따라 배열되어야 한다.	C
가정 과목의 강조점	개념적인 내용을 강조해야 한다.	A
	기술을 습득하기 위한 과정을 강조해야 한다.	B
	지식, 생각 과정, 그리고 문제해결에 필요한 행동을 강조해야 한다.	C
가정과 내용의 강조점	근본적으로 내재된 진리를 강조해야 한다.	A
	인간이 그들의 역할을 잘 수행하기 위해서 필요한 능력의 개발을 강조해야 한다.	B
	여러 대에 걸쳐 공통적으로 일어나는 문제의 파악을 강조해야 한다.	C
가정과 지식	내용의 논리에 따라 전개되어야 한다.	A
	기술 숙달을 위한 단계적인 과정에 따라 전개되어야 한다.	B
	질문하는 과정에 따라 전개되어야 한다.	C
가정과교육과정에서 강조해야 하는 중요한 질문	무엇을 알아야 할까?(What do we know about……)에 관한 것이어야 한다.	A
	어떻게 할까?(How to……?)에 관한 것이어야 한다.	B
	무엇을 해야만 하는가?(What should we do regarding?) 또는 어떤 행동을 취하나?(What action to take?)에 관한 것이어야 한다.	C
가정과교수방법	개념 획득과 강의가 주요한 교수방법이어야 한다.	A
	숙련학습과 실습이 주요한 교수방법이어야 한다.	B
	협동학습과 토론이 주요한 교수방법이어야 한다.	C
가정과를 통한 학생들의 성취도 평가	세워진 목표에 의하여 평가되어야 한다.	A
	숙달된 능력의 입증 정도에 의하여 평가되어야 한다.	B
	문제를 해결할 수 있는 능력에 의하여 평가되어야 한다.	C
가정과교육과정의 행동 방식의 주안점	해석적인 행동에 중점을 두어야 한다.	A
	기술적인 행동에 중점을 두어야 한다.	B
	인습에서 벗어나려는 행동에 중점을 두어야 한다.	C

출처: 채정현(1996a).

나는 어떤 유형인지 알아봅시다.

A: 개념 중심 교육과정, B: 능력 중심 교육과정, C: 실천적 문제 중심 교육과정.

(2) 보빗의 가정과교육과정 관점

보빗(N. Bobbitt, 1986, 1989)은 교육과정 모형을 능력 중심, 개념 중심, 실천적 문제 중심 교육과정의 세 가지로 분류하였으며, 각 교육과정이 주로 실행된 시기를 개념 중심 교육과정은 1960년대, 능력 중심 교육과정은 1970년대, 실천적 문제 중심 교육과정은 1980년대라고 보았다.

기술적인 면에 중점을 두는 능력 중심 교육과정은 직업인과 가정인으로서 살아가기 위해 필요한 기술과 지식을 습득하는 데 가정학의 목적을 두었다. '어떻게 할까?(How to…?)'에 관한 질문을 중심으로 숙련 학습과 실습이 주요한 교수방법이 된다. 이에 따라 학생들의 가정과성취도는 숙달된 능력의 입증 정도에 의하여 평가되며, 가정학이 생활에 필요한 기술을 제공한다는 점에서 기술적인 행동에 중점을 두는 관점이다.

인지적인 면에 중점을 두는 개념 중심 교육과정은 가정학 분야에서 중요한 일반화의 원칙에 따라 내용을 중심으로 지식을 순서화하고, 건전한 가정생활을 통해 훌륭한 삶과 인간의 발달을 촉진하는 데 가정학의 목적을 둔다. 따라서 '무엇을 알아야 할까?(What do we know about…)'에 관한 질문을 가지고, 개념 획득과 강의 중심의 교수방법을 수행하며, 가정과를 통한 학생들의 성취도는 설정된 목표에 의하여 평가된다. 개념 중심 교육과정은 의미와 정보를 서로 교환한다는 점에서 해석적 행동에 중점을 두는 관점이다.

인지적 · 정서적 · 기술적인 면을 모두 강조하는 실천적 문제 중심 교육과정은 실천 문제해결을 위한 행동에 대해 도덕적인 판단을 하게 하는 데 가정학의 목적을 둔다. '무엇을 해야만 하는가(What should we do regarding)?' 또는 '어떤 행동을 취하나(What action to take)?'의 질문과 개인과 가족이 직면하는 항구적인 문제를 중심으로 가정학의 지식과 교과목이 편성되며, 주로 협동학습과 토론 학습을 통해 학습하고, 학생들의 성취도는 문제를 해결할 수 있는 능력을 중심으로 평가한다. 실천적인 가족 문제를 검토하고 해결한다는 점에서 해방적인 행동에 중점을 두는 관점이다.

이와 같은 실천적 문제 중심 교육과정은 미네소타주 정부의 '문제 중심 교육과정(problem posing curriculum)'과 펜실베이니아주립대학교(Hultgren, 1986)의 '가치 추론 모형(value reasoning design)', 오하이오주의 '실천적 행동 교육과정(practical action curriculum)'의 형태로 개발되었다.

표 2-3 보빗의 가정과교육과정 관점

구분		능력 중심 교육과정	개념 중심 교육과정	실천적 문제 중심 교육과정
가정	학습	기술적인 면에 중점을 두어 체계적이고 기대할 수 있는 방법으로 강력한 통제가 있을 때 더 효과적으로 이루어진다.	인지적인 면에 중점을 두어 내용과 정보 제공에 의해 이루어진다.	인지적·정서적·기술적인 면의 종합에 중점을 두고, 인간은 성숙함과 상호 작용을 통하여 변화한다고 본다.
	교과목	기술 습득을 위한 과정에 중심을 둔다.	내용에 중심을 두고 지식을 순서화한다.	해결되어야 하는 문제의 관점에서 형성되고 순서화한다.
	가정학의 목적	직업인과 가정인으로 살아가는 데 필요한 지식과 기술을 습득한다.	건전한 가정생활을 통해 훌륭한 삶과 인간의 발달을 촉진한다.	실천적 문제해결을 위한 행동에 대한 도덕적인 판단을 하게 한다.
	교육의 기능	목표 달성을 위하여 효율적인 수단을 발견한다.	미리 정해진 수단을 통하여 목적을 이루는 데 있다.	인습에서 벗어나 비판적 사고를 하게 하는 과정을 발견한다.
내용 선정	개념	개발될 필요가 있는 능력의 중요성에 따라 선정한다.	가정학 분야에서 중요한 일반화의 원칙에 따라 미리 선정한다.	개인과 가족이 직면하는 항구적인 문제를 선정한다.
	내용 선정	능숙함과 역할 수행에 필요한 행동을 계속 개발하는 능력을 기르는 데 중점을 둔다.	진리를 표현하고 보편성이 있고 개념 사이의 관계를 나타내는 일반화에 중점을 둔다.	모든 세대를 거쳐 공통적이고 계속 발생되는 항구적인 문제를 규명하는 데 중점을 둔다.
교육과정의 형식	지식	기술을 완전하게 습득시킬 수 있는 점진적인 단계에 따라 배열한다.	내용의 논리에 따라 배열한다.	질문하는 과정에 따라 배열한다.
	학습 경험	'어떻게' 경험하는가에 중심을 둔다.	'무엇을' 경험하는가에 중심을 둔다.	실천적 문제와 관련하여 '무슨 행동을 취해야 하는가'에 중심을 둔다.
	범위와 순서	자세하게 미리 구체화한다.	광범위한 맥락 속에서 미리 결정하고 구체화한다.	한 무리의 개념적 아이디어에 근거하여 실천적 문제에 따라 결정한다.
	교수방법	교사가 학생들의 행동 결과를 고려하여 결정한다.	사회적 조건과 관련해서 교사들이 보는 학습자의 요구에 의해서 결정한다.	사회 조건과 광범위한 인간 복표와 관련된 상황 분석에 초점을 둔다.
	성취도	숙달된 능력의 입증 정도에 의하여 평가한다.	세워진 목표에 의하여 평가한다.	문제를 해결할 수 있는 능력에 의하여 평가한다.
행동 체계		가정학이 생활에 필요한 기술을 제공한다는 점에서 기술적인 행동에 중점을 둔다.	의미와 정보를 서로 교환한다는 점에서 해석적인 행동에 중점을 둔다.	실천적인 가족 문제를 검토하고 해결한다는 점에서 해방적 행동에 중점을 둔다.

출처: N. Bobbitt(1989).

비판적 관점에 토대를 둔 가정과교육과정에서 중요한 '질문'

비판적 관점에 토대를 둔 가정과교육과정에서는 'how to' 문제와 'what should be'의 문제를 모두 다루어야 하지만 'how to'의 문제는 'what should be'의 문제를 다룰 때 하위 영역으로 다루어질 수 있기에 'what should be'의 문제를 강조하여 다룰 필요가 있다.

'how to' 문제는 기술적 행동과 관련된 문제로 목표와 결과를 주로 강조하고, 주로 기술적 전략을 통해서 문제가 해결된다. 반면 'what should be'의 문제는 인간이 지속적으로 관심을 갖는 문제로, 건강하게 먹기 위해서 무엇을 해야 하는가?, 아이를 양육하기 위해서 무엇을 해야 하는가?, 인간의 잠재력을 키우기 위해서 무엇을 해야 하는가?, 가족을 강하게 하기 위해서 무엇을 해야 하는가?와 같이 인간의 존엄성, 자유, 자아 인식과 같은 것이 내포된다.

'what should be'의 문제는 개인과 가족이 접하는 항구적인, 즉 지속적인 문제이며, 사회 상황이 달라질 때마다 계속적으로 재조사될 필요가 있는 문제이다. 가족 일은 잠재적인 개개 가족원의 욕구를 만족시키고 잠재력을 개발하는 일이기 때문에 가족 일을 하려면 많은 가족이 일상적으로 만나는 구체적인 문제에 지속적인 관심(실천적 문제)을 가져야 한다.

출처: Montgomery(1999).

(3) 볼드윈의 가정과교육과정 관점

볼드윈(Baldwin, 1989)은 브라운(Brown, 1978), 슈버트(Schubert, 1986) 등의 교육과정 관점을 종합하여 가정과교육과정 관점을 표 2-4와 같이 기술적 · 해석적 · 비판적 관점으로 살펴보았다.

기술적 관점은 사회와 문화는 유지되고, 미래는 통제와 예측이 가능하다고 보며, 학습자는 사회에 적응하기 위해 그에 적합한 태도와 기술을 개발하고, 이전의 학자들에 의해 축적된 가치중립적인 지식을 습득해야 한다고 생각한다. 이에 따라 교육 목적은 경험적 · 분석적 탐구 방법에 의해 얻은 지식을 학생들이 일상생활에 적용하여 학습자의 기술적 행동 변화를 꾀하며, 이를 위해 수업 목표를 달성할 수 있도록 교과 내용에 중점을 두어 수업을 운영하고, 교육 목표를 준거로 선다형 문제, 완성형 문제 등을 통해 평가를 한다.

해석적 관점은 의사소통의 좌절로 인해 사회적 긴장 상태가 발생한다고 보고, 의사소통을 통해 상호 이해를 하는 것이 사회의 평화를 가져온다는 기본 인식 아래 학습자는 다른 사람들과의 대화를 통해 자신의 편견을 깨닫고, 자신들의 세계를 해석하고 의미를 재구성해 나간다. 모든 지식은 가설적이고, 연구에 의해서 새로운 결과가 나오면 지식은 바뀌게 되고, 따라서 지식이란 알려진 것뿐만 아니라 알아가는 과정이라고 해석하고, 교육의 목적을 우리가 살고 있는 세계에 대한 이해를 넓히고, 함께 대화에 참여하는 것에 두며, 이에 따라 학생들이 상호 이해에 도달할 수 있는 토의 · 토론 수업 등을 권장한다. 그리고 수행평가 등을 통해 학생들 자신이 다루는 문제에 대한 사회적 · 문화적인 맥락의 이해 능력과 대화를 통해 문제를 해결할 수 있는 능력 등을 평가한다.

비판적 관점은 사회와 문화는 인간에 의해 창조되고 발달되기 때문에 사회의 방향은 이성적인 시민에 의해 변화될 수 있으며, 학습자는 비판적인 수용력을 발달시킬 수 있는 잠재력을 가진 존재로서 사회 구성원이 공유하는 지식과 의미는 왜곡될 수 있으며, 지식은 신념을 가지고 행동했을 때야 비로소 이해되는 것임을 인식하여 학생들이 그들의 삶에 영향을 주는 의사 결정에 주도적이고 지혜롭게 참여하게 하는 데 교육의 목적을 둔다. 이에 따라 교수방법은 신념과 행동의 근원에 대해 비판적으로 생각해 보고, 왜곡된 믿음이 어떻게 학습자의 신념과 행동에 영향을 주는지 이해하게 한다. 또한 협동학습 등을 통해 학생들이 자율성을 가지고 성장할 수 있도록 수업을 운영하고, 수행평가 등을 통해 해결해야 할 문제에 대한 비판 능력과 사회 정의에 입각하여 행동할 수 있는 능력 등을 평가한다. 볼드윈은 비판적 관점은 기술적 관점과 해석적 관점의 장점을 수용하고 단점을 비판하기 때문에 이 두 관점의 메타 관점이라 볼 수 있고, 따라서 가정과교육과정의 관점으로 정당하다고 밝혔다.

종합하면 가정과교육과정의 기술적 관점은 기존의 가족, 또는 사회 구조의 강화를 장려한다. 해석적 관점은 상호 작용과 참여, 의사 결정을 지원하는 관계를 촉진하며, 비판적 관점은 가족과 교실 내에서 신념, 가치, 규범에 대한 반성적인 질문을 통해 학습자들이 사회적 책임감과 자율성을 지니고 성장하기를 기대한다. 또한 관계의 상호성을 강조하지만 사회적 관계를 왜곡하는 이데올로기로부터의 자유를 추구한다.

가정과교육과정의 세 가지 관점은 사회, 학습자, 교육의 목적에 대한 서로 다른 가정, 즉 세상을 보는 서로 다른 방식에서 발전하며, 이러한 관점은 우리가 개인, 가족, 사회 간의 관계에 대해 서로 다른 입장을 취하기에, 가정과교육과정을 다르게 선택하고 구성하게 할 것이다. 따라서 가정과교육과정의 관점은 가정과교육과정을 어떻게 디자인하면 좋을지에 대한 아이디어와 통찰력을 제공하는 데 의의가 있다.

표 2-4 볼드윈의 가정과교육과정

요소 \ 관점	기술적 관점	해석적 관점	비판적 관점
사회	• 사회의 미래는 통제와 예측이 가능함 • 사회와 문화는 절대적으로 받아들여지고 보호되어야 함	• 상호 이해에 이르는 것은 사회적 삶의 기본임 • 사회적 긴장 상태는 의사소통의 좌절로 인해 발생함	• 사회와 문화는 인간에 의해 창조되고 발달됨 • 사회의 방향은 이성적인 시민에 의해서 조절될 수 있음
학습자	• 학습자는 직업인으로서의 잠재력을 가지고 있으므로 그에 적합한 태도와 기술을 개발하는 것이 중요함	• 학습자는 다른 사람들의 가치와 신념에 대해 개방적인 태도를 가짐으로써 자신들의 편견을 깨닫게 됨 • 학습자는 대화에서 끊임없이 그들의 세계를 해석하고 의미를 재구성함	• 학습자는 비판적인 수용력을 발달시킬 수 있는 잠재력을 가진 존재임 • 학습자는 역사적·정치적·경제적·교육적 상황이 어떻게 그들 자신의 관심을 억누르는지를 이해함
지식	• 지식은 가치 중립적(옳고 그른 것이 없음)임 • 이전의 학자들에 의해 축적된 정보에 따라 전개됨 • 보편적이고 쉽게 변하지 않음	• 지식은 알려진 것뿐만 아니라 알아가는 과정임 • 모든 지식은 가설적이며, 연구에 의해서 새로운 결과가 나오면 지식은 바뀜	• 지식은 신념을 가지고 행동했을 때 비로소 이해되는 것임 • 사회 구성원이 공유하는 지식과 의미는 왜곡될 수 있음
교육 목적	• 학습자의 기술적 행동 변화 • 경험적·분석적 탐구 방법에 의해 얻은 지식을 학생들이 일상생활에 적용할 수 있게 하는 것임	• 우리가 살고 있는 세계에 대한 이해를 넓히고자 하는 것 • 학생들이 사회적·문화적 배경에 대한 이해를 기초로 하여 서로 함께 대화에 참여할 수 있게 함	• 왜곡된 믿음이 어떻게 학습자의 신념과 행동에 영향을 주는가를 이해할 수 있게 함 • 학생들이 그들의 삶에 영향을 주는 의사 결정에 주도적이고 지혜롭게 참여하게 함
교수방법	• 교과 내용에 중점을 둠 • 학생 활동은 수업 목표를 달성할 수 있도록 구성함	• 교육 자료는 교사와 학생에 따라 다르게 해석될 수 있음 • 학생들에 상호 이해에 도달하는 토론 수업이 권장됨	• 교사는 교수방법을 통해 학생들이 신념과 행동의 근원에 대해 비판적으로 생각하도록 격려함 • 학생들이 자율성을 가지고 성장하게 하도록 협동학습이 권장됨
평가	• 평가의 준거는 교육 목표가 됨 • 선다형 문제, 연결 문제, 완성형 문제, 참-거짓 문제로 평가함	• 대화를 통해 문제를 해결할 수 있는 능력을 평가함 • 학생들은 자신이 다루는 문제의 사회·문화적 맥락을 어떻게 이해하는가에 대해서도 평가함(수행평가)	• 사회 정의에 입각하여 행동할 수 있는 능력을 평가함 • '누구의 이익이 만족되는가?'와 같은 주제를 비판할 수 있는 능력을 평가함(수행평가)

출처: Baldwin(1989); 박명주·유태명(2001).

ACTIVITY

가정과교육과정의 세 가지 관점

학습자, 사회, 가정교과 지식에 대한 인식 내용을 보고 기술적·해석적·비판적 관점에서 어디에 해당하는지 쓰시오.

구분	인식 내용	관점
1. 사회에 대한 인식	나는 사회의 방향이 이성적인 대중에 의해 바뀔 수 있다고 생각한다.	(①) 관점
	나는 사회는 인간이 만든 것이며, 그 사회의 구조와 변화 과정에 대한 비판적 깨달음을 통해 사회는 변화된다고 생각한다.	
	사회는 인간에게 바람직한 방향으로 발전하므로 학교는 이러한 사회에 잘 적응할 수 있는 교육을 해야 한다고 생각한다.	(②) 관점
	나는 가족, 사회와 같은 여러 단체나 사회 조직은 국가의 생산 과정을 유지하기 위해 필요하다고 생각한다.	
	나는 사회적 긴장 상태가 의사소통의 좌절로 인해 발생한다고 생각한다.	(③) 관점
	나는 인간의 생활 세계는 '대화의 세계'이며, 대화를 통해 상호 이해에 이르는 것이 사회적 삶의 기본이 된다고 생각한다.	
2. 학습자에 대한 인식	나는 학생들이 사회가 요구하는 지식과 기술을 전수받아야 한다고 생각한다.	(④) 관점
	나는 학생들은 현존하는 가치, 규범, 역할을 받아들이도록 사회화되어야 한다고 생각한다.	
	나는 학생들이 대화를 통해 끊임없이 그들의 세계를 해석하고 의미를 재구성해 나가야 한다고 생각한다.	(⑤) 관점
	나는 학생들이 자신의 독특한 잠재력을 개발할 수 있는 피지 않은 꽃과 같은 존재라고 생각한다.	
	나는 학생들이 사회 전반에 내재된 왜곡된 믿음을 비판하고 자신을 반성할 수 있는 잠재력을 가지고 있다고 생각한다.	(⑥) 관점
	나는 학생들이 사회가 요구하는 지식과 기술을 그대로 전수받기보다는 이를 비판하여 새롭게 창조해야 한다고 생각한다.	
3. 가정교과 지식에 대한 인식	나는 가정교과와 관련된 지식은 옳고 그른 것이 없는 가치 중립적인 것이라고 생각한다.	(⑦) 관점
	나는 가정교과와 관련된 지식은 주로 실험과 관찰에 의해서 얻는다고 생각한다.	
	나는 가정교과와 관련된 지식은 가정과 사회 정의와 평등을 위한 것이기에 가치 지향적인 것이라고 생각한다.	(⑧) 관점
	가정교과와 관련된 지식은 특정인의 이익을 위해 사용될 때 왜곡될 수 있기에 비판적 사고를 통해서 수정되어야 한다고 생각한다.	
	나는 가정교과와 관련된 지식은 과거와 현재의 다른 문화를 이해함으로써 얻는다고 생각한다.	(⑨) 관점
	나는 가정교과와 관련된 지식은 깊이 있는 해석을 통해서 얻는다고 생각한다.	

출처: 권기영·이기영·이수희(2011) 발췌·재구성.

정답: ① 비판적, ② 기술적, ③ 해석적, ④ 기술적, ⑤ 해석적, ⑥ 비판적, ⑦ 기술적, ⑧ 비판적, ⑨ 해석적

2. 교육과정의 수준과 CBAM

우리나라는 1954년에 고시된 제1차 교육과정부터 '교육과정'이라는 용어를 사용해 오고 있으며, '교육과정'은 학교에서 가르치고자 계획한 교과목이나 학습 내용의 편제나 체계, 또는 교육의 목적과 목표에 근거하여 학생들에게 제공할 학습 경험, 학습 내용과 학습 방법 및 평가를 체계적으로 조직한 교육 계획으로 정의하고 있다(교육부, 2022a).

1) 국가·지역·학교교육과정

「초·중등교육법」 제23조 제1항에서는 교육과정 운영의 주체를 학교로 명시하고 있다. 또한 동법 제2항에서는 교육과정의 기준과 내용을 정하는 주체를 국가교육위원회와 교육감(시·도 교육청)으로 정의하고 있으며, 교육과정의 안정적인 운영을 위한 후속 지원 계획의 수립 및 시행의 주체를 교육부로 명시하고 있다.

> 제23조(교육과정 등) ① 학교는 교육과정을 운영하여야 한다.
> ② 국가교육위원회는 제1항에 따른 교육과정의 기준과 내용에 관한 기본적인 사항을 정하며, 교육감은 국가교육위원회가 정한 교육과정의 범위에서 지역의 실정에 맞는 기준과 내용을 정할 수 있다.
> ③ 교육부장관은 제1항의 교육과정이 안정적으로 운영될 수 있도록 대통령령으로 정하는 바에 따라 후속 지원 계획을 수립·시행한다.
> ④ 학교의 교과(敎科)는 대통령령으로 정한다.
>
> 출처: 「초·중등교육법」 법률 제19740호, 2023. 10. 24., 일부 개정.

이와 같이 교육과정은 주도하는 주체(중앙 정부, 시·도 교육청, 학교)에 따라 국가교육과정, 지역교육과정, 학교교육과정으로 구분한다. 제5차 교육과정까지는 교육부 주도의 중앙 집권적 교육과정 결정 방식을 채택하여, 교육과정의 내용을 중앙에서 결정하고 학교는 이를 시행하는 역할로 한정하였으나, 제6차 교육과정부터 지역의 특수성과 학교의 실정을 반영하여 교육과정의 기준과 내용을 정할 수 있도록 변화되었다.

(1) 국가교육과정

국가교육과정이란 교육과정의 기준과 내용에 관한 기본적인 사항을 국가 수준에서 결정하여 고시한 일반적인 기준을 의미한다. 국가교육과정은 '제1차 교육과정'부터 '제7차 교육과정', '2007 개정 교육과정'부터는 고시되는 연도를 포함하여 '2009 개정 교육과정', '2015 개정 교육과정', '2022 개정 교육과정' 등으로 명명하고 있다.

국가교육과정은 개괄적이고 일반적인 기준으로 제5차 교육과정을 개발하는 과정에서 국가교육과정으로 고시되는 문서를 '교육과정 기준', '교육과정 요강', 또는 '교육과정 지침'과 같은 용어를 사용하는 것이 '교육과정'이라는 명칭보다 타당하다는 논의도 있었다고 한다. 실제로 교육과정 문서를 미국은 'curriculum guideline', 또는 'curriculum framework', 'program guide', 'minimum standards'로, 일본은 '学習指導要領(학습지도 요령)'으로, 타이완은 '課程 標準(과정 표준)', 프랑스는 'programes et instructions', 영국은 'national curriculum'이라고 명명하고 있다.

국가교육과정은 '교육의 기본 설계도'이면서, 교육의 방향을 제시하는 교육적 기준이나 가이드라인의 역할을 담당하고 있으며, 교육행정 및 재정, 교원의 양성 · 수급 · 연수, 교과서 등의 교재 개발, 입시 제도, 교육 시설 · 설비 등에 대한 정책 수립과 집행의 근거가 된다. 즉, 국가교육과정은 법적 구속력을 가짐과 동시에 지역이나 학교의 실정에 알맞게 편성 · 운영할 수 있도록 지원하는 것이 중요하다고 볼 수 있다.

이에 따라 우리나라 국가교육과정은 총론과 각론(교과 교육과정)으로 구분된다. 총론에서는 교육과정의 성격을 다음과 같이 밝히며, 학교교육과정의 설계와 운영, 학교급별 교육과정 편성 운영의 기준, 학교교육과정 지원에 대한 사항을 안내하고 있다.

> 이 교육과정은 「초·중등교육법」 제23조 제2항에 의거하여 고시한 것으로, 초·중등학교의 교육 목적을 달성하기 위해 초·중등학교에서 운영하여야 할 학교교육과정의 공통적이고 일반적인 기준을 국가 수준에서 제시한 것이다.
>
> 이 교육과정 기준의 성격은 다음과 같다.
>
> 1. 국가 수준의 공통성을 바탕으로 지역, 학교, 개인 수준의 다양성을 추구할 수 있도록 학교교육과정의 기준과 내용에 관한 기본 사항을 제시한다.
> 2. 학교교육과정이 학생을 중심에 두고 주도성과 자율성, 창의성의 신장 등 학습자 성장을 지원할 수 있도록 교육과정의 기준과 내용을 제시한다.
> 3. 학교의 전반적인 교육 체제를 교육과정 중심으로 운영할 수 있도록 교육과정의 기준과 내용을 제시한다.

(계속)

4. 학교교육과정이 추구하는 교육 목적의 실현을 위해 학교와 시·도 교육청, 지역사회, 학생·학부모·교원이 함께 협력적으로 참여하는 데 필요한 사항을 제시한다.
5. 학교교육의 질적 수준을 국가와 시·도 교육청, 학교 수준에서 관리하고 개선하기 위해 기반으로 삼아야 할 교육과정의 기준과 내용을 제시한다.

출처: 교육부(2022).

(2) 지역교육과정

국가교육과정이 전국의 공통적, 일반적, 표준적, 대강적, 요강적인 교육 내용 기준이라면, 지역의 특성과 실정, 필요, 요구 등이 반영된 지역의 교육과정이나 교육과정 편성 · 운영 지침을 '지역교육과정'이라고 한다. 지역교육과정은 「초 · 중등교육법」 제23조 제2항에 따라 개발되며, 국가교육과정 총론에서도 "지역의 특수성, 교육의 실태, 학생 · 교원 · 주민의 요구와 필요 등을 반영하여 교육청 단위의 교육 중점을 설정하고, 학교교육과정 개발을 위한 시 · 도 교육청 수준 교육과정 편성 · 운영 지침을 마련하여 안내한다"라고 밝히고 있다. 또한 학교교육과정의 원활한 편성과 운영을 위하여 시 · 도 교육청 수준에서 이루어져야 하는 행정적 · 재정적 지원 사항, 예를 들면 "학교가 새 학년도 시작에 앞서 교육과정 편성 · 운영에 관한 계획을 수립할 수 있도록 교육과정 편성 · 운영 자료를 개발 · 보급하고, 교원의 전보를 적기에 시행한다", "학교교육과정 편성 · 운영을 위해서 교육 시설, 설비, 자료 등을 정비하고 확충하는 데 필요한 행정적 · 재정적 지원을 한다" 등의 구체적인 지원 사항을 유형별로 제시하고 있다.

지역교육과정 총론　　지역교육과정　　교육과정 편성·운영 지침

그림 2-1 지역교육과정 사례

지역교육과정은 국가교육과정과 학교교육과정을 자연스럽게 이어 주는 교량적 역할을 하며, 장학 자료, 교수-학습 자료 및 지역 교재 개발의 기본 지침이 되고 있다.

(3) 학교교육과정

학교교육과정은 국가교육과정이나 시 · 도의 교육과정 또는 교육과정 편성 · 운영 지침을 근거로 하여 지역의 특수성과 학교의 실정에 맞게 학교별로 마련한 '의도적인 교육 실천 계획(school program)'이다. 즉, 학교교육과정은 학교에 소속되어 있는 학생들에게 실현해야 할 교육 목표, 내용, 방법, 평가 등에 관한 실천 가능한 구체적인 실행 교육과정이고, 특색 있는 해당 학교의 교육 설계도이며, 상세한 교육 운영 세부 실천 계획이다. 따라서 각 학교의 학교교육과정은 단순히 교육 목표와 교육 내용만을 의미하는 협의의 개념으로 볼 것이 아니라, 학습자의 '교육 경험의 질'을 관리하는 구체적인 교육 프로그램의 계획을 의미하는 실천적 · 포괄적인 개념으로 보아야 한다.

특히, 교육과정에 대한 지역 및 학교의 자율성이 확대되면서 교사의 역할이 종래의 교육과정 실행자 및 사용자, 교수자에 한정되지 않고 교육과정에 대한 의사 결정자, 교육과정의 설계 및 개발자로 확대되었다.

2022 개정 교육과정에서는 학교교육과정의 '설계(design)'라는 개념을 도입하고 있으며, 이는 학교교육과정 개발의 의미를 교과목의 편성을 넘어서서 학생들에게 적합한 학습 경험을 계획하고 실천하는 것으로 확장하여(교육부, 2022), 학생의 학습을 종합적으로 디자인하고 교육과정을 개발 · 운영하는 궁극적인 주체가 학교, 그리고 교사라는 점을 강조하고 있다.

이에 초 · 중등학교교육과정 총론(교육부, 2022d)은 'Ⅰ. 교육과정 구성의 방향'에 이어 'Ⅱ. 학교교육과정 설계와 운영'을 별도의 장으로 제시하여 학교교육과정 설계의 원칙, 교수-학습, 평가, 모든 학생을 위한 교육 기회의 제공을 안내하고 있다. 그 주요 내용을 살펴보면 다음과 같다.

> **1. 설계의 원칙**
>
> 1) 학교는 이 교육과정을 바탕으로 학교교육과정을 자율적으로 설계·운영하며, 학생의 특성과 학교 여건에 적합한 학습 경험을 제공한다.
>
> (1) 학습자의 발달 수준에 적합한 폭넓고 균형 있는 교육과정을 통해 다양한 영역의 세계를 탐색해 보는 기회를 제공하고, 학습자의 전인적인 성장·발달이 가능하도록 학교교육과정을 설계하여 운영한다.

(계속)

(2) 학생 실태와 요구, 교원 조직과 교육 시설·설비 등 학교 실태, 학부모 의견 및 지역사회 실정 등 학교의 교육 여건과 환경을 종합적으로 고려하여 학습자에게 적합한 학습 경험을 제공한다.

(3) 학교는 학생의 필요와 요구에 따라 학교의 특성을 고려하여 다양한 교육 활동을 설계하여 운영할 수 있다.

(4) 학교 교육 기간을 포함한 평생 학습에 필요한 기초 소양과 자기 주도 학습 능력을 갖출 수 있도록 지원하며 학습 격차를 줄이도록 노력한다.

(5) 학생들의 자발적인 참여를 원칙으로 하여 학교와 시·도 교육청은 학생과 학부모의 요구에 따라 방과 후 활동 또는 방학 중 활동을 운영·지원할 수 있다.

(6) 학교는 학교교육과정의 효율적인 설계와 운영을 위하여 지역사회의 인적·물적 자원을 계획적으로 활용한다.

(7) 학교는 가정 및 지역과 연계하여 학생이 건전한 생활 태도와 행동 양식을 가지고 학습할 수 있도록 지도한다.

2) 학교교육과정은 모든 교원이 전문성을 발휘하여 참여하는 민주적인 절차와 과정을 거쳐 설계·운영하며, 지속적인 개선을 위해 노력한다.

(1) 교육과정의 합리적 설계와 효율적 운영을 위해 교원, 교육 전문가, 학부모 등이 참여하는 학교교육과정 위원회를 구성·운영하며, 이 위원회는 학교장의 교육과정 운영 및 의사 결정에 관한 자문 역할을 담당한다. 단, 특성화 고등학교와 산업 수요 맞춤형 고등학교의 경우에는 산업계 전문가가 참여할 수 있고, 통합 교육이 이루어지는 학교의 경우에는 특수 교사가 참여할 것을 권장한다.

(2) 학교는 학습 공동체 문화를 조성하고 동학년 모임, 교과별 모임, 현장 연구, 자체 연수 등을 통해서 교사들의 교육 활동 개선이 이루어지도록 한다.

(3) 학교는 학교교육과정 설계·운영의 적절성과 효과성 등을 자체 평가하여 문제점과 개선점을 추출하고, 다음 학년도의 교육과정 설계·운영에 그 결과를 반영한다.

2. 교수-학습

1) 학교는 학생들이 깊이 있는 학습을 통해 핵심 역량을 함양할 수 있도록 교수-학습을 설계하여 운영한다.

2) 학교는 학생들이 수업에 능동적으로 참여하고 학습의 즐거움을 경험할 수 있도록 교수-학습을 설계하여 운영한다.

3) 교과의 특성과 학생의 능력, 적성, 진로를 고려하여 학습 활동과 방법을 다양화하고, 학교의 여건과 학생의 특성에 따라 다양한 학습 집단을 구성하여 학생 맞춤형 수업을 활성화한다.

4) 교사와 학생 간, 학생과 학생 간 상호 신뢰와 협력이 가능한 유연하고 안전한 교수-학습 환경을 지원하고, 디지털 기반 학습이 가능하도록 교육 공간과 환경을 조성한다.

… 이하 생략 …

출처: 교육부(2022d).

2) 관심에 기초한 교육과정 실행 모형(CBAM)

사회는 매우 빠르게 변화하고 있고, 이에 따라 국가, 지역, 학교교육과정은 끊임없이 혁신을 추구하고 있다. 그러나 교육과정 혁신과 변화가 이루어지기 위해서는 실행의 주체인 교사의 관심과 실행이 있어야 하며, 교사의 관점 또는 견해를 기초로 하여 학교를 변화시키고자 하는 변화 모형이 관심에 기초한 교육과정 실행 모형(CBAM, Concerns-Based Adoption Model)이다(Hall et al., 1973).

CBAM은 홀(Hall) 등이 1979년에 개발한 모형으로, 교육 혁신이 성공적으로 정착하기 위해서는 실행 주체자의 관심, 실행 수준, 실태를 진단하여 적절한 지원을 제공해야 한다는 기본 전제를 가지고 있다. 이 모형은 관심 기반 수용 모형, 관심 기반 실행 모형 등으로도 번역되어 사용되고 있고, 최근에는 그림 2-2와 같이 교육 혁신에 대한 교사의 관심도, 실행도, 혁신도의 세 가지 차원을 진단하고, 그 결과에 따라 지원책을 개발하여 변화를 촉진하는 모델로도 발전하였다.

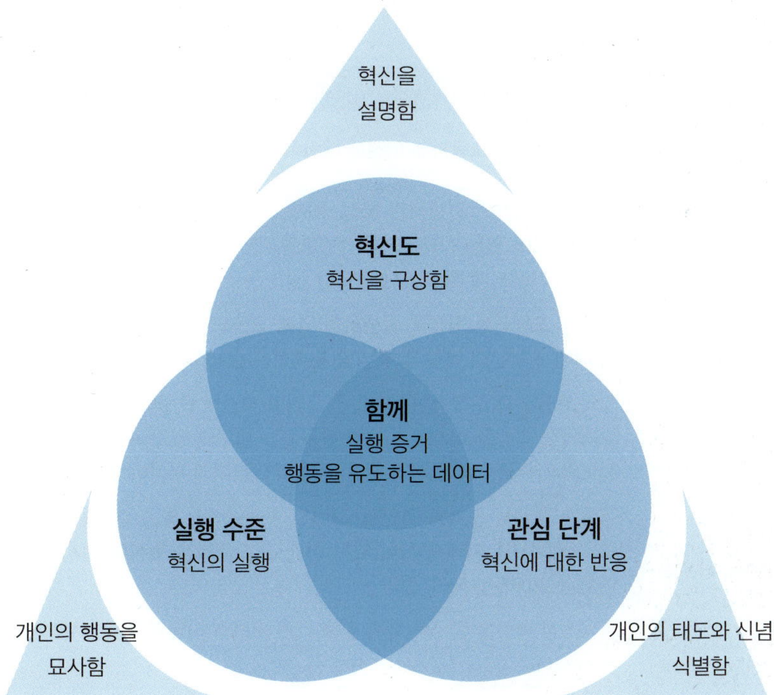

그림 2-2 관심에 기초한 교육과정 실행 모형(CBAM)

출처: SEDL Archive(https://sedl.org).

그러나 혁신도의 측정이 어려워서 대부분의 연구는 관심도와 실행도를 중심으로 이루어지고 있다.

이 모형에서 변화 지원자는 실행자가 교육과정 혁신에 대한 관심이 어느 정도의 단계에 있는가를 진단하고, 자원 체계로부터 이에 필요한 정보를 수집하여 실행자들이 교육과정 혁신을 실행하는 데 어려움이 없도록 적절한 지원을 제공한다. 이런 노력을 통하여 실행자들은 교육과정 혁신을 보다 더 독립적으로 실행할 수 있게 되며, 그것을 자연스럽게 채택하여 새로운 혁신이 현장에 도입되고 수용된다고 본다.

관심에 기초한 교육과정 실행 모형은 다음과 같은 특성을 지니고 있다.

첫째, 이 모형은 교사의 관심과 태도를 진단하여 학교의 변화를 이루려 한다.

둘째, 교사가 교육과정 혁신에 대하여 어느 정도의 관심이 있는지 그 단계를 정의한다.

셋째, 변화 지원자가 교육과정 혁신을 직접 실행하는 교사의 관심 단계와 실행 수준을 진단하여 자원 체계로부터 관심 단계와 실행 수준에서 요구하는 지식과 기술에 관한 정보를 얻어 실

표 2-5 관심에 기초한 교육과정 실행의 관심 단계

단계	내용
0단계 (지각적, awareness)	교사들이 거의 교육과정 혁신에 대하여 모르고 있는 상태이다.
1단계 (정보적, information)	교육과정 혁신의 일반적인 특성, 효과, 그리고 그것을 가르치기 위하여 요구되는 사항에 관심이 있는 상태로, 교사는 교육과정 혁신에 대하여 일반적으로 알고 있으며 보다 더 자세하게 배우는 데 관심이 있다.
2단계 (개인적, personal)	교사는 교육과정 혁신을 실행하기 위해 요구되는 사항이 무엇인지 불확실하므로 조직 내에서 자신의 역할 및 책임을 분석하는 상태이다.
3단계 (운영적, management)	일의 효율성과 조직 및 관리, 일정 그리고 시간적 요구에 가장 큰 관심이 있는 상태로, 교육과정 혁신을 실시하기 위해 요구되는 업무와 일의 과정뿐만 아니라 그와 관련된 정보와 자원을 어떻게 가장 잘 사용할 수 있을지에 관심이 있다.
4단계 (결과적, consequence)	어떻게 학생을 평가할 것인지, 그리고 학생들에게 좋은 결과를 주기 위하여 무슨 노력을 해야 하는지에 관심이 있는 상태로, 교육과정 혁신이 실시되었을 때 학생에게 미치는 효과에 관심이 있다.
5단계 (협동적, collaboration)	교육과정 혁신을 잘 실시하기 위해 다른 교사와 어떻게 협동할지에 대하여 관심이 있는 상태이다.
6단계 (강화적, refocusing)	특별히 주요하게 무엇이 변화될 것인가, 교육에 보다 유익할 만한 대안들을 철저히 조사하는 상태로, 교육과정 혁신을 실시함으로써 얻을 이익을 철저히 조사한다.

출처: G. E. Hall & S. Loucks(1978).

행자를 돕는다.

넷째, 이 모형의 주요 측정치는 교육과정 혁신에 대한 실행자 체계의 관심 단계와 실행 수준이다. 교육과정 실행의 관심 단계는 표 2-5와 같이 지각적-정보적-개인적-운영적-결과적-협동적-강화적 단계의 7단계로 나뉜다. 관심 단계별 지원책을 몇 가지 살펴보면, 지각적 관심 단계에 있는 실행자라면 교육과정 혁신에 대해 잘 아는 교사와 대화할 시간을 마련하거나 교육과정 혁신에 대해 충분한 정보를 제공한다. 운영적 관심 단계의 실행자라면 혁신의 요소와 절차를 명료하게 제시하고, 협동적 관심 단계의 실행자라면 다른 교사와 협동하여 필요한 기술을 개발할 수 있는 기회를 제공하며, 강화적 관심 단계의 실행자에게는 교사의 생각을 발전시키고 실행에 옮기는 데 도움이 되는 자원을 이용할 수 있도록 도와준다.

교육과정 실행 수준은 표 2-6과 같이, 0수준은 비실행, 1수준은 오리엔테이션, 2수준은 준비, 3수준은 기계적 실행, 4수준은 일상화, 5수준은 정교화, 6수준은 통합화, 7수준은 갱신의 여덟 수준으로 구분할 수 있다.

표 2-6 관심에 기초한 교육과정 실행 수준

수준	내용
0수준 (비실행, non use)	교사가 교육과정 혁신에 대한 지식이 거의 없고, 혁신에 참여하지 않으며, 참여하기 위한 아무런 노력도 하지 않는 상태
1수준 (오리엔테이션, orientation)	교사가 교육과정 혁신에 관해 흥미를 갖고, 혁신에 대한 가치, 실행을 위한 요구 사항 등의 정보를 조사하고 있는 상태
2수준 (준비, preparation)	교사가 교육과정 혁신에 참여하기로 마음먹고, 구체적인 일정을 마련하는 등 처음으로 교육과정 혁신의 실행을 준비하고 있는 상태
3수준 (기계적 실행, mechanical use)	교사가 교육과정 혁신을 실행하기 위해 요구되는 과업을 점진적으로 행하는 단계로, 대부분 단기적인 혁신의 실행에 초점을 두는 상태
4수준 (일상화, routine use)	교사의 교육과정 혁신이 정착되어 진행되고 있으나, 결과를 향상시키기 위한 준비 또는 숙고가 거의 일어나지 않은 상태
5수준 (정교화, refinement)	교사가 학생들에게 미치게 될 결과들에 관한 지식에 기초하여 교육과정 혁신 실행을 수정하고자 시도하는 상태
6수준 (통합화, integration)	교사가 동료들과 협력하면서 교육과정 혁신을 실행하고자 하는 상태로, 학교의 전문적 문화를 형성하고자 시도하는 상태
7수준 (갱신, renewal)	교사가 교육과정 혁신의 질을 평가하고, 혁신과 관련한 중요한 사항을 변경하거나 다른 대안을 모색하는 상태

출처: G. E. Hall & S. Loucks(1978).

3. 우리나라의 가정과교육과정

우리나라의 가정과교육은 제1차 교육과정이 제정되기 이전인 교수요목기부터 현재에 이르기까지 많은 변화를 겪으며 국가교육과정의 필수 교과로서 자리매김을 해왔다. 이 절에서는 가정과교육과정 형성기부터 1997년 고시된 제7차 교육과정기까지, 그리고 2000년 이후 수시 개정 체제로 바뀐 2007 개정 교육과정기부터 최근의 교육과정까지 가정과교육과정의 변화를 살펴보고자 한다.

1) 7차 교육과정기 이전

가정교과는 1909년 고등여학교 시행규칙에 '가사', '재봉', '수예' 등의 과목으로 등장하였고, 미국의 초기 가정학 성립(Elisa, 2004)과 같이 여성교육의 성격이 짙었다. 일제 강점기인 1943년 고등여학교 규정에서는 주부, 어머니로서의 덕조 함양과 함께 일본의 식민지교육 정책에 따라 직업교육 위주의 기술 및 기능교육, 실업교육이 강조되었다(왕석순, 2003). 이에 따라 8 · 15 광복 이후, 교수요목기에는 6 · 25 전쟁으로 혼란스러웠던 사회적 상황에서 가정과교육과정은 여성교육과 실생활에 필요한 기능교육에 중점을 두었다.

제1차 교육과정기에는 '가정생활' 과목이 개설되었고, 직업인으로서의 능력 배양과 가정생활 개선을 중요하게 여겼다. 제2차 교육과정기는 경험 중심 교육 사조로서 자주성, 유용성, 생산성, 합리성과 함께 민주 가정과 자주적인 직업생활을 영위할 수 있는 능력 함양과 기술교육에 중점을 두었으며, 가정과교육과정에는 '가정과정', '가정일반' 과목이 편성되었다.

제3차 교육과정기에는 과학적 생활을 영위할 수 있는 가정 관리자 양성을 목적으로 하여 미풍양속, 부덕 함양을 중시하였으며, '가정' 과목 외에 '가사' 과목이 신설되었다. 제2, 3차 교육과정 시기는 과학 · 기술의 발달을 가정생활과 연결하여 생활의 과학화와 생활 개선을 추구하는 교과로 가정과교육의 최대 전성기 또는 황금기로 평가되고 있다(김윤정, 2002; 왕석순, 2003). 이러한 생활의 과학화는 4차까지도 이어져서 제4차 교육과정기에는 '가정'과 '가사' 과목으로 편제되었고, 과학 · 기술교육과 전인교육, 진로 탐색의 성격이 강했다. 제5차 교육과정기에는 '가정', '가사' 외에 '기술 · 가정'이 선택 과목으로 편제되었고, 가정과교육과정에 소비생활 영역이 추가되었으며, 가정생활에 필요한 지식과 기능 습득, 진로 탐색 교과의 성격은 지속되었다.

제6차 교육과정기에는 교과명으로 '가정'이 독립적으로 사용되었으며, 실천적 경험과 실생활의 적용을 강조하는 실천교과적 성격을 강조하였다. 이 시기는 생활의 질 향상을 위한 능력 습득을 강조하였고, '가정'을 남녀 학생 모두가 필수적으로 이수하게 하여 남녀 교양교육의 기틀을 확립한 시기이다. 한편 제7차 교육과정기는 국민 공통 기본 교육과정을 편성하면서, 가정교과가 기술교과와 병합되어 교과와 과목명이 '기술 · 가정'으로 바뀌었으며, 선택 중심 교육과정인

우리나라 초창기 가정과 교과서는 어떻게 구성되었을까?

교육과정과 긴밀한 관계를 맺고 있는 것이 교과서이다. 교과서는 교육과정이 바뀜과 동시에 새로운 교육과정의 목표와 기준에 따라 개발되고 활용되며, 학교에서는 교육과정을 대체하는 매체로서 수업과 평가에서 매우 중요한 위치를 차지해 왔다.

우리나라 초창기의 가정과교과서는 어떤 형태였을까? 교수요목기나 제1차 교육과정기의 가정과교과서는 14.6×20.6cm 정도로 A5(A4의 절반) 크기였다.

교수요목기의 가정과교과서인 『중등 가사교본』의 저자는 출판사와 상관없이 모두 손정규 외의 3인이 동일해서 모든 출판사의 교과서 내용이 유사하였다. 또한 손정규를 제외한 조기홍, 표경조, 주월영이 모두 대한가정학회의 초창기 회장으로서 우리나라 가정학을 발전시킨 대표적인 학자라는 사실도 흥미롭다.

이와 비교하여 제1차 교육과정기에는 교과명은 '가정생활'이었지만, 출판사에 따라 '이상적인 가정생활', '즐거운 가정생활', '새로운 가정', '모범 고등 가정' 등 융통성 있는 과목명으로 발행되었다. 또한 교수요목기와 달리 저자진도 출판사에 따라 달라졌기에 학교에서 교과서를 선택해서 사용할 수 있는 폭이 더 넓어졌음을 알 수 있다.

교수요목기

시기: 1948년
저자: 손정규, 조기홍, 표경조, 주월영
크기: 14.6×20.6cm
쪽수: 76쪽

제1차 교육과정기

시기: 1956년
저자: 표경조, 주월영, 김종순, 이금려, 박유분, 김동일, 권정희, 심종섭
크기: 14.4×20.6cm
쪽수: 274쪽

제1차 교육과정기

시기: 1960년
저자: 조기홍, 방순경, 박용경, 현병진
크기: 14.7×20.6cm
쪽수: 219쪽

표 2-7 7차 교육과정 이전의 우리나라 중등 가정과교육과정의 시기별 특징

시기	교과명	과목명 중/고	학년별 시간 배당 1	2	3	성격	목표	특징
고등여학교 시행규칙 (1909. 7)		가사 재봉 수예				• 가사: 가사에 필요한 지식, 기능 습득 • 재봉: 재봉에 관한 지식, 기능 습득 • 수예: 수예의 지식, 기능 습득	• 근검, 절약, 질서, 주밀, 청결 사상 함양 • 절약, 이용 습관 함양	• 여성교육
고등여학교 규정 (1943. 3)		가정	2 2	2 3	4 3	• 가정의 실무 습득, 근로 습성 함양 • 주부, 어머니로서의 덕조 함양	• 국가의 본의를 명백히 하고 황국 여자의 임무 자각	• 주부교육
교수요목	실업	가사 재봉 수예	1	1	1	• 실생활에 필요한 기능교육에 중점	-	• 실생활 기능 중심
제1차 교육과정 (문교부령 제35/45호) (1954. 4/ 1955. 8)	실업·가정	가정생활	5 1~7	5 1~7	5 1~7	• 실생활에 필요한 것을 중심으로 실생활에 대한 이해를 깊게 하고, 실생활의 충실한 발견을 꾀하는 교과 • 직업인으로서 살 수 있는 1인 1기 능력을 길러 주는 교과	• 가정생활의 개선과 향상 • 바람직한 개인, 가정인, 사회인, 직업인으로서의 능력 배양	• 경험 중심 교육 사조 • 남녀 구분 없이 선택 • 실업·가정교과 수준에서 성격 제시
		가정생활	3	3	3			
제2차 교육과정 (문교부령 제120/121호) (1963. 2)	실업·가정	가정	4~5	4~6	3~12	• 종합적인 가정생활을 유지할 수 있도록 다양한 생활 경험을 제공하는 교과 • 노작을 통하여 미덕을 기르고 일을 안전하고 신속하게 할 수 있는 능력을 배양하는 교과 • 민주 가정과 직업생활을 영위할 수 있는 능력을 길러 주는 교과	• 가정생활의 지식과 기능 양성 • 직업 지식과 기능 체득 • 민주적이고 자주적인 생활을 영위할 수 있는 주부 양성	• 경험 중심 교육 사조 • 여학생 • 실험·실습 위주의 교육과정 • 성격 별도 제시 안 됨
		가정 일반	4 14					
교육과정 부분 개정 (문교부령 제251호) (1969. 9)		기술(여) (필수) 가정(선택)	4~5	3 2~3	3 2~9	• 산업 사회와 가정에 필요한 기초 지식과 기술 습득 교과	• 적성에 맞는 직업을 통한 근면한 국민으로 국가 발전에 기여	• 기술 교육 강화
		가정 산업 일반 기술(여)	10 4 4					
제3차 교육과정 (문교부령 제325/350호) (1973. 8/ 1974. 12)	실업·가정	가정(필수) 가사(선택)	3	3 3~4	3 3~7	• 기술에 대응하는 과목으로 가정 편제 • 농공상수산에 대응하는 과목으로 가사 과목 신설	• 과학적 생활을 영위할 수 있는 가정 관리자 양성 • 한국 여성으로서의 덕성 함양 • 가사 실무 기능의 습득	• 학문 중심 교육 사조-성격 별도 제시 안 됨
		가정 가사	8~10 8~10 (총 18단위)					
제4차 교육과정 (문교부 고시 제442호) (1981. 12)	실업·가정	가정 가사	3	4~6	5~7	• 일상생활과 관련된 기초적 기능을 교육하는 교과 • 진로 선택에 도움이 되는 교과	• 가정생활과 산업에 필요한 지식과 기술의 습득 • 적성에 맞는 진로 탐색 • 근로의 존엄성 인식과 경제 발전에 기여	• 성격 별도 제시 안 됨
		가정 가사	8~10 8~10					

(계속)

<table>
<tr><th rowspan="2">시기</th><th rowspan="2">교과명</th><th>과목명</th><th colspan="3">학년별 시간 배당</th><th rowspan="2">성격</th><th rowspan="2">목표</th><th rowspan="2">특징</th></tr>
<tr><th>중/고</th><th>1</th><th>2</th><th>3</th></tr>
<tr><td rowspan="2">제5차 교육과정
(문교부 고시 제87-7/88-7호)
(1987. 3/1988. 3)</td><td rowspan="2">실업·가정</td><td>가정
기술·가정
가사(선택)</td><td>3</td><td>4~6</td><td>4~6</td><td rowspan="2">• 가정생활 및 소비생활에 필요한 지식과 기능을 습득하게 하는 교과
• 가족과 사회의 일원으로 협동하는 태도를 길러 주는 교과
• 근로와 직업의 중요성을 알고 자신의 진로를 탐색할 수 있는 기회를 주는 교과</td><td rowspan="2">• 현대 산업 이해
• 가정생활에 필요한 지식과 기능을 습득하여 생활의 질 향상에 기여
• 능력과 적성에 맞는 진로 선택</td><td rowspan="2">• 남녀 공통 이수의 필요성 대두
• 소비생활 영역 추가</td></tr>
<tr><td>가정(필수)
가사(선택)</td><td colspan="3">8
8
(선택 2단위 증감 허용)</td></tr>
<tr><td rowspan="2">제6차 교육과정
(교육부 고시 제1992-11/1992-19호)
(1992. 6/1992. 10)</td><td rowspan="2">가정</td><td>가정
(남녀 공통 필수)</td><td>2</td><td>1</td><td>1</td><td rowspan="2">• 학생의 실천적 경험과 실생활에서 유용성을 중시하는 교과
• 실생활에 적용을 중시하는 실천 교과로서 체험학습을 통하여 개념과 원리를 구체적으로 이해시키고, 의사 결정 능력, 문제해결 능력, 창의력 등을 기르는 데 도움을 줌
• 미래 사회를 살아가는 데 필요한 지식, 기능, 태도를 종합적으로 길러 주어, 궁극적으로 개인과 가정생활의 질을 향상시키고 사회의 복지와 국가 발전에 기여하는 교과</td><td rowspan="2">• 가정생활에 필요한 기본적인 지식과 기능 습득
• 개인 및 가정의 안녕과 복지 증진, 사회 복지 향상에 기여
• 가정의 본질 이해, 가정생활에 필요한 지식과 기술 습득으로 생활의 질적 향상
• 능력과 적성에 맞는 진로 선택</td><td rowspan="2">• 가정 독립 교과 - 교과 성격 신설</td></tr>
<tr><td>가정(필수)
가사(선택)</td><td colspan="3">8
6</td></tr>
<tr><td rowspan="2">제7차 교육과정
(교육부 고시 제1997-15호)
(1997. 12)</td><td rowspan="2">기술·가정</td><td>기술·가정
(남녀 공통 필수)</td><td>2
(1)</td><td>3
(1.5)</td><td>3
(1.5)</td><td rowspan="2">• 초등 실과와 연계된 국민 공통 기본 교과
• 학생의 실천적 경험과 실생활에서 유용성을 중시하는 교과
• 기술·산업과 가정생활에 관한 다양한 경험과 진로 탐색
• 가정생활에 필요한 기본적인 지식과 기능 습득으로 가정생활에 대한 이해와 생활의 질 향상 교과
• 의사 결정 능력, 문제해결 능력, 창의력, 협동심, 의사소통 능력, 인간관계 기술 등을 기르는 교과
• 일의 경험을 통한 적성 개발과 진로 탐색 및 일에 대한 건전한 태도를 기르는 교과</td><td rowspan="2">• 일상생활과 관련되는 일의 경험으로 생활에 필요한 기초능력 습득
• 기술과 가정생활에 관련되는 다양한 실천적 경험으로 적성 계발, 진로 탐색, 일과 직업에 대한 건전한 태도 가지기
• 일의 창의적 계획, 실천으로 미래 생활의 합리적 설계와 준비</td><td rowspan="2">• 기술교과와의 병합-국민 공통 기본 교육과정과 고등학교 선택 중심 교육과정으로 구성</td></tr>
<tr><td>기술·가정
(필수)
가정과학
(심화 선택)</td><td>3</td><td colspan="2">6</td></tr>
</table>

※ 이 표는 우리나라 중등 가정과교육과정의 시기별 성격, 목표, 특징을 교육과정 원문 및 해설서(국가교육과정정보센터, http://ncic.re.kr)와 여러 연구(송은경, 1990; 정덕희, 1993; 김항아, 1994; 이춘식 외, 2001; 김윤정, 2002; 왕석순, 2003)를 종합하여 정리한 것이다.

고등학교에서는 심화 선택 과목으로 '가정과학'이 편제되었다. 학생의 실천적 경험과 실생활에의 유용성을 중시하고, 의사 결정 능력, 문제해결 능력, 창의력, 협동심, 의사소통 능력, 인간관계 기술 등을 가르치는 교과의 성격을 강조하였으며, 진로 탐색과 일에 대한 건전한 태도를 기르는 교과 특성 역시 강조되었다.

이상의 내용을 종합하면 교수요목기부터 제7차 교육과정기까지의 가정과교육과정은 표 2-7과 같이 초기에는 여성 중심의 직업교육적 성격으로, 가정학 모학문의 특성을 강조한 기술이론적 특성이 강했다. 그러나 제6차 교육과정기 이후에는 남녀 공통의 보통교육 및 교양교육, 실천 비판적 성격과 내용으로 변화되었다(이춘식 외, 2001). 그렇지만 가정과교육이 전 교육과정기를 통해 추구해 온 교육 목표는 실생활을 중심으로 바람직한 개인, 가정인, 사회인, 직업인 양성과 행복한 가정생활의 영위에 있다고 볼 수 있다.

표 2-8 7차 교육과정까지의 가정과교육과정의 변화

<table>
<tr><th colspan="2">구분</th><th>교수
요목기</th><th>제1차
교육과정</th><th>제2차
교육과정</th><th>제3차
교육과정</th><th>제4차
교육과정</th><th>제5차
교육과정</th><th>제6차
교육과정</th><th>제7차
교육과정</th></tr>
<tr><th colspan="2">교과 편제</th><td>분과적
접근</td><td colspan="6">독립 교과
접근</td><td>절충적
접근</td></tr>
<tr><th colspan="2">교육 목표</th><td colspan="4">직업교육적 접근
(의식주, 직업 강조)</td><td colspan="4">보통 교육적·교양교육적 접근
(소질 개발과 실천성 강조)</td></tr>
<tr><th rowspan="2">교육
내용</th><th>강조</th><td colspan="4">기술 이론적 특성
(모학문 특성 강조)</td><td colspan="2">기술 실천적 특성
(실생활 활용 강조)</td><td colspan="2">실천 비판적 특성
(자주적 참여 강조)</td></tr>
<tr><th>선정 및
조직</th><td colspan="7">내용 영역 중심
접근</td><td>통합 내용
및
내용 영역
중심 접근</td></tr>
<tr><th rowspan="2">이수</th><th>시간</th><td colspan="4">최고기</td><td colspan="2">상대적 이수 시간
감소</td><td colspan="2">절대적 이수 시간
감소</td></tr>
<tr><th>방법</th><td>남녀
구분
이수</td><td>남녀
부분적
구분 이수</td><td colspan="3">남녀
구분
이수</td><td>남녀
부분적
공통 이수</td><td colspan="2">남녀
공통
이수</td></tr>
</table>

출처: 이춘식 외(2001).

2) 2007 개정 교육과정 이후

2000년 이후 국가 수준 교육과정에서 가장 큰 특징은 수시 개정 체제로 변화되면서 기존의 차수별 교육과정이 아니라 고시한 연도를 포함한 명칭인 2007, 2009, 2015, 2022 개정 교육과정으로 변화하고 있다. 표 2-9는 2007 개정 시기부터 2022 개정 교육과정까지 고시 시기, 교과명, 과목명, 시간 배당, 성격 및 목표, 주요 특징 등을 정리한 것이다.

먼저 2007 개정 교육과정기부터 2022 개정 교육과정기까지 가정과교육과정은 '실과(기술 · 가정)'의 교과로 중학교에서는 '기술 · 가정', 고등학교에서는 '기술 · 가정' 및 '가정과학'이 2015 개정 교육과정기까지 편제되었다가, 2022 개정 교육과정에 진로 선택 과목으로 '생활과학 탐구', 융합 선택 과목으로 '아동발달과 부모'와 '생애 설계와 자립'이 편제되었다.

중학교의 '기술 · 가정' 과목은 제7차 교육과정기부터 2007 개정 교육과정기까지 7학년에서 10학년에 이르는 국민 공통 기본 교과로 연간 1학년 68시간, 2학년 102시간, 3학년 102시간을 수업하는 것으로 편성되었다. 그러나 2009 개정 교육과정 이후에는 총론에 '과학/기술 · 가정' 또는 '과학/기술 · 가정/정보'의 교과군별 3년간 이수 시간[3]만 제시되어 있고, 교과군별 20% 증감이 가능하기에 학교별로 편성하는 시수가 다르게 되었다.[4]

고등학교의 경우, 2007 개정 교육과정기에는 국민 공통 기본 교육과정에 의해 10학년에서 연간 102시간을 필수로 이수하였다. 그러나 2009 개정 교육과정 이후에는 교과 영역이나 교과군별로 이수 시간이 제시되어 단위 학교에 따라 선택한 과목이나 편성 학년 등이 모두 달라지게 되었다.

가정과교육과정의 성격 및 목표를 보면, 2007 개정 가정과교육과정에서는 국민 공통 기본 교과로 생활 역량 함양, 건전한 가치관, 문제해결 능력, 창의력, 의사 결정 능력, 삶의 문제해결 능

---

3 2009 개정 교육과정에서는 중학교 3학년까지의 공통 교육과정에서는 '과학/기술 · 가정'군에 포함되어 3년간 총 648시간으로 편제되었고, 2015 개정 교육과정에서는 정보 과목이 연간 34시간(주당 1시간) 기준으로 '과학/기술 · 가정/정보'군에 포함되어 교과군의 총 이수 시간이 680시간으로 편제되었으며, 이는 2022 개정 교육과정에서도 기본 편성 시수는 동일하다.

4 2009 개정 교육과정 이후에는 대부분의 시 · 도 교육청에서 2007 개정 교육과정의 시수를 준용하여 교과별 교육과정의 기준 시수로 삼기에 중학교 '기술 · 가정'은 3개년간 주당 8시간(272시간)이 기준이 되며, 가정과교육과정을 실효성 있게 운영하기 위해서는 단위 학교에 이 시수를 편제할 수 있도록 교과 담당 교사의 노력이 필요하게 되었다.

표 2-9 2007 개정 교육과정 이후 중등 가정과교육과정의 시기별 특징

시기 (고시)	교과명	과목명 중/고	학년별 시간배당 1	2	3	성격 및 목표	주요 특징
2007 개정 교육과정 (교육인적 자원부 제2007-79호) (2007. 2)	실과 (기술 · 가정)	기술·가정 (필수)	2 68	3 102	3 102	• 7~10학년의 국민 공통 기본 교과 • 학습자의 경험과 실생활에서 유용성을 중시하며, 학습자가 주도적인 삶을 영위하는 데 필요한 가치관과 다양한 능력을 기르는 데 도움을 주는 실천 교과 • 학습자 자신과 가족이 전 생애에서 접하는 생활 문제를 자주적으로 해결할 수 있는 생활 역량 함양 강조 • 건전한 가치관, 문제해결 능력, 창의력, 의사 결정 능력 등과 같은 사고 활동을 통해 삶의 문제를 해결하는 능력을 길러줌	• 국민 공통 기본 교육과정 (7~10학년) 기술·가정 • (고) 선택 중심교육과정 - 보통 교과: 기술·가정 - 전문 교과: 가사·실업에 관한 교과 - 선택 과목: 가정과학
		기술·가정 (필수) [선택] 가정과학	(102)				
2009 개정 교육과정 (교육과학 기술부 고시 제2009-41호) (2009. 12)		기술·가정 (필수)	(과학/기술·가정 646시간/3년) 8(272)*			• 실천 교과의 성격을 가진 보통 교과 • 다양한 실천적 경험을 바탕으로 자신에게 당면한 문제를 주도적으로 해결하고 일과 직업에 대한 건전한 가치관을 형성하여 생애를 설계하는 진로 개발 능력, 실천적 자기 관리 능력 등의 역량을 기르는 핵심 교과 • 자립적인 삶과 건강한 가정생활을 영위할 수 있는 역량을 길러 주는 데 중점을 둠 • 가정생활에 대한 지식, 능력, 가치 판단력을 함양하여 건강한 개인 및 가정생활을 영위하고, 현재와 미래 생활을 주도할 수 있는 역량과 태도를 기름	• (중) 공통 교육과정 과학/기술·가정: 646(272) • (고) 선택교육과정 - 일반 과목: 기술·가정 - 심화 과목: 가정과학 - 전문 교과: 가사·실업
		[일반] 기술·가정 [심화] 가정과학	생활·교양군 -필수 이수 단위 16(12)				
2015 개정 교육과정 (교육부 고시 제2015-74호) (2015. 9)		기술·가정 (필수)	(과학/기술·가정/정보 680시간/3년) 8(272)			• 개인과 가족이 전 생애에서 직면하게 될 생활의 경험과 문제를 바탕으로 학습자들이 문제해결력을 길러 일과 직업에 대한 건전한 가치관을 형성하여 진로 탐색 역량을 길러주는 데 중점을 둠 • 실천적 문제해결 능력, 생활 자립 능력, 관계 형성 능력의 교과 역량 함양 • 자신과 가족의 행복한 삶, 안전하고 건강한 삶, 균형 있고 조화로운 삶을 이뤄나가는 데 기여함 • 가정생활에 대한 지식, 능력, 가치 판단력을 함양하여 실천적 문제해결력을 통해 자립적인 삶을 영위하고, 현재와 미래의 행복하고 건강한 가정생활을 주도적으로 영위하게 함	• (중) 공통 교육과정 과학/기술·가정/정보: 680(272) • (고) 선택 중심 교육과정 - 일반 선택 과목: 기술·가정 (편성: 5±2단위) - 진로 선택 과목: 가정과학(편성: 5±3단위) - 전문 교과: 식품·조리·섬유·의류·식품 가공·보건·복지·미용·관광·레저 등
		[일반 선택] 기술·가정 [진로 선택] 가정과학	생활·교양군 -필수 이수 단위 (16)				

(계속)

<table>
<tr><th rowspan="2">시기
(고시)</th><th rowspan="2">교과명</th><th>과목명</th><th colspan="3">학년별 시간배당</th><th rowspan="2">성격 및 목표</th><th rowspan="2">주요 특징</th></tr>
<tr><th>중/고</th><th>1</th><th>2</th><th>3</th></tr>
<tr><td rowspan="2">2022 개정
교육과정
(교육부 고시
제2022-33호)
(2022. 12)</td><td rowspan="2">실과
(기술
·
가정)</td><td>기술·가정
(필수)</td><td colspan="3">(과학/기술·
가정/정보군:
680시간/3년)
8(272)</td><td rowspan="2">• 다양한 수준의 생활환경과 건강한 관계를 형성하여 삶을 주도해 가는 데 필요한 생활 역량 함양
• 자기와 타인에 대한 이해를 바탕으로 삶에서 발생하는 다양한 실천적 문제를 해결하며, 자립적 생활 역량과 건강한 관계 형성 역량 함양
• 학습자의 삶은 물론 가족과 친구, 이웃 및 공동체, 나아가 생태 환경과의 관계에서 지속 가능한 공존을 지향하도록 성찰할 수 있는 실천적 경험을 강조
• 교과 지식, 수행 역량, 가치 및 태도를 함양하여 생활 속 문제를 탐구하고 문제해결의 결과가 개인과 사회에 미치는 영향을 인식하여, 가정생활을 바탕으로 주도적인 삶을 영위할 수 있도록 함</td><td rowspan="2">• (중) 공통 교육과정
과학/기술·가정/정보: 680(272)
• (고) 학점 기반 선택 중심 교육과정
- 일반 선택 과목: 기술·가정
- 진로 선택 과목: 생활과학 탐구
- 융합 선택 과목: 아동발달과 부모, 생애 설계와 자립
(편성 기본 학점: 4±1학점)
* 미니 과목: 2-1학점
- 전문 교과: 식품·조리, 섬유·의류, 경영·금융, 보건·복지, 문화·예술·디자인·방송, 미용 등</td></tr>
<tr><td>[일반 선택]
기술·가정

[진로 선택]
생활과학
탐구

[융합 선택]
아동발달과
부모
생애 설계와
자립</td><td colspan="3">기술·가정/
정보/제2외국어/
한문/교양:
(16)</td></tr>
</table>

* 2009 개정 교육과정 이후 교과군별 시간 배당으로 변화되어 기술·가정의 편제 기준은 2007 개정 교육과정의 3개년간 8시간 총 272시간을 기준으로 제시한다.

력을 강조하였고, 2009 개정 가정과교육과정에서는 실천 교과의 성격을 가진 보통 교과로서 진로 개발 능력, 실천적 자기 관리 능력, 자립적인 삶과 건강한 가정생활을 영위할 수 있는 역량을 길러 주는 데 중점을 두었다. 2015 개정 가정과교육과정에서는 실천적 문제해결 능력, 생활 자립 능력, 관계 형성 능력을 교과 역량으로 제시하였고, 2022 개정 가정과교육과정도 같은 맥락에서 "자기와 타인에 대한 이해를 바탕으로 삶에서 발생하는 다양한 실천적 문제를 해결하며, 자립적 생활 역량과 건강한 관계 형성 역량을 함양한다"라고 밝히고 있다.

한편, 중학교가 공통 교육과정에 해당되는 반면, 고등학교는 선택(중심) 교육과정으로 2007 개정 교육과정에서는 보통 교과(기술 · 가정교과군)와 전문 교과(가사 · 실업)로 나뉘어 편성되었다. 고등학교의 '기술 · 가정' 과목은 2009 개정 교육과정에서는 일반 과목, 2015와 2022 개정 교육과정에서는 일반 선택 과목으로 구분되고, '가정과학'은 교육과정 시기별로 선택 과목(2007), 심화 과목(2009), 진로 선택 과목(2015)으로 과목 구분이 달라졌다. 특히, 2022 개정 교육과정에서는 '가정과학'을 대체한 '생활과학 탐구'와 '아동발달과 부모', '생애 설계와 자립'이 진로 선택과 융합 선택 과목으로 새롭게 등장하였다.

그리고 가정 분야 전문 교과는 2007 및 2009 개정 교육과정에서는 가사 · 실업군으로 편제되었고, 2015와 2022 개정 교육과정에서 '인간발달'은 보건 · 복지 교과군에, '식품과 영양'은 각각 음식 · 조리 교과군(2015)과 식품 · 조리 교과군(2022)으로 편제되는 등 교과(군)이 세분화되었다.

3) 2015 개정 가정과교육과정

2015 개정 가정과교육과정의 성격, 교과 역량, 중 · 고등학교의 세부 목표, 내용 체계의 특징 등을 살펴보면 다음과 같다(교육부, 2015b).

(1) 가정과교육과정의 성격

2015 가정과교육과정의 성격은 다음과 같다.

• 초·중학교

실과(기술·가정)교과는 '가정생활', '기술의 세계'로 교육 분야를 구분하여 개인과 가족이 전 생애에서 직면하게 될 생활의 경험과 문제를 실제적이고 통합적인 내용으로 구성하고, 노작 활동을 비롯한 다양한 실천적 경험을 바탕으로 학습자들이 문제해결 능력을 길러 일과 직업에 대한 건전한 가치관을 형성하여 진로를 탐색을 할 수 있는 역량을 길러 주는 데 중점을 둔다.

'가정생활' 분야에서는 아동기와 청소년기의 발달 단계에 있는 학습자들이 현재와 미래의 삶에서 개인과 가족의 신체적·정서적·사회적 건강과 안녕을 유지하며 가정생활의 행복감을 향상시킬 수 있도록 자신과 가족, 지역사회, 자원, 환경과의 건강한 상호 작용을 통해 관계를 형성하고, 자립적인 생활 능력과 실천적 문제해결 능력을 길러주는 데 중점을 둔다.

• 고등학교

- '가정생활' 분야에서는 개인과 가족이 전 생애에서 직면하게 될 실생활의 문제를 중심으로 교육 내용을 구성하여 학습자가 실제적 경험을 통하여 실생활에서 당면하는 문제를 해결하고 학습자의 실천적 경험을 통해 개인의 자기 주도적인 삶과 행복하고 건강한 가정생활을 영위할 수 있는 역량을 길러주는 데 중점을 둔다.
- 자신과 가족, 지역사회, 자원, 환경과의 건강한 관계를 형성하여 전 생애에 걸쳐 기술적 행동, 의사소통적 행동, 반성적 행동을 할 수 있도록 한다.

(2) 가정과교육과정의 교과 역량

2015 개정 가정과교육과정에서는 '실천적 문제해결 능력, 생활 자립 능력, 관계 형성 능력'을 가정과의 교과 역량으로 명시하였고, 각 교과 역량에 대한 설명은 다음과 같다.

- '실천적 문제해결 능력': 일상생활 속에서 발생될 수 있는 다양한 문제에 대하여 그 배경을 이해하고 문제해결의 대안을 탐색한 후, 비판적 사고를 통한 추론과 가치 판단에 따른 의사 결정으로 실행할 수 있는 능력
- '생활 자립 능력': 삶의 주체로서 자신의 발달 과정에서 자아 정체감을 형성하여 일상생활의 문제를 스스로 판단·수행할 수 있으며, 주도적인 관점에서 자기 관리 및 생애를 설계할 수 있는 능력
- '관계 형성 능력': 대상과의 관계를 소중히 여기고, 존중과 공감, 배려와 돌봄을 통해 공동체 감수성을 함양하여 자신과 가족, 친구, 지역사회, 자원, 환경과의 건강한 상호 작용과 관계를 형성·유지할 수 있는 능력

(3) 중·고등학교 '가정생활' 분야의 목표

2015 개정 가정과교육과정의 총괄 목표 및 세부 목표는 다음과 같다.

• 총괄 목표

가정생활에 대한 지식, 능력, 가치 판단력을 함양하여 실천적 문제해결을 통해 자립적인 삶을 영위하고, 현재와 미래의 행복하고 건강한 가정생활을 주도적으로 영위할 수 있도록 한다.

• 중학교

1. 자신의 발달과 가족 관계에 대한 이해를 바탕으로 긍정적 자아 정체감을 형성하고 배려와 돌봄을 실천함으로써 행복한 삶을 위한 관계 형성 능력과 실천적 문제해결 능력을 기른다.
2. 가정생활과 관련된 실천적 문제를 이해하고 노작 활동과 체험, 비판적 사고와 반성적 행동을 통해 개인과 가족의 안전하고 건강한 삶을 위한 실천적 문제해결 능력과 생활 자립 능력을 기른다.
3. 공동체와 환경을 고려한 생활 자원의 관리와 미래를 준비하는 생애 설계를 통해 자신의 균형 있고 조화로운 삶을 위한 관계 형성 능력과 생활 자립 능력을 기른다.

• 고등학교

1. 사랑과 결혼, 부모됨의 선택이 새로운 가족 형성의 기반이 됨을 이해하여 가족원 간의 배려와 돌봄을 실천할 수 있는 관계 형성 능력과 실천적 문제해결 능력을 기른다.
2. 한식, 한복, 한옥의 가치와 타 문화에 대한 이해를 바탕으로 가정생활 문화를 유지·발달시킬 수 있는 방안을 탐색하고, 비판적 사고와 가치 판단을 통해 개인과 가족의 안전하고 건강한 삶을 위한 이성적 행동을 할 수 있는 생활 자립 능력과 실천적 문제해결 능력을 기른다.
3. 가정생활에 필요한 개인적·사회적 자원을 관리, 활용하는 방법을 탐색하고 노후까지의 생활 설계에 대한 이해와 준비를 통하여 삶의 질을 높일 수 있는 관계 형성 능력과 생활 자립 능력을 기른다.

(4) 내용 체계의 특징

2015 개정 교육과정은 내용 체계를 영역, 핵심 개념, 일반화된 지식, 내용 요소, 기능으로 구성하였으며 그 의미는 다음과 같다.

- 영역: 교과의 성격을 가장 잘 나타내 주는 최상위의 교과 내용 범주
- 핵심 개념: 교과의 기초 개념이나 원리
- 일반화된 지식: 학생들이 해당 영역에서 알아야 할 보편적인 지식
- 내용 요소: 학년(군)에서 배워야 할 필수 학습 내용
- 기능: 수업 후 학생들이 할 수 있거나 할 수 있기를 기대하는 능력으로 교과 고유의 탐구 과정 및 사고 기능 등을 포함

(5) 2015 개정 가정과교육과정의 구조와 내용 체계

표 2-10은 2015 개정 가정과교육과정의 주요 특징을 정리한 것이다.

4) 2022 개정 가정과교육과정

2022 개정 가정과교육과정(교육부, 2022b)의 설계 개요, 성격, 중 · 고등학교의 목표, 내용 체계의 특징 등을 살펴보면 다음과 같다.

(1) 가정과교육과정 설계의 개요

2022 개정 교육과정은 '교육과정 설계의 개요'에서 가정과교육과정과 총론과의 연계성, 교육과정 구성 요소(영역, 핵심 아이디어, 내용 요소 등) 간의 관계, 교과 역량 등 가정과교육과정의 설계 방향에 대한 개괄적인 소개를 하고 있다.

표 2-10 2015 개정 가정과교육과정의 구조와 내용 체계

<table>
<tr><td colspan="2">학년군</td><td colspan="2">(초1)~중3</td><td colspan="3">고1~고3</td></tr>
<tr><td colspan="2">교육과정 유형</td><td colspan="2">공통 교육과정</td><td colspan="3">선택 중심 교육과정</td></tr>
<tr><td colspan="2">교과 영역</td><td colspan="2">-</td><td colspan="3">생활·교양</td></tr>
<tr><td colspan="2">교과군</td><td colspan="2">과학/기술·가정/정보</td><td colspan="3">기술·가정*</td></tr>
<tr><td colspan="2">과목 유형</td><td>-</td><td>보통 교과: 일반 선택</td><td colspan="3">보통 교과: 진로 선택</td></tr>
<tr><td colspan="2">과목명</td><td>기술·가정</td><td>기술·가정</td><td colspan="3">가정과학</td></tr>
<tr><td colspan="2">교과 역량</td><td colspan="2">실천적 문제해결 능력, 생활 자립 능력, 관계 형성 능력</td><td colspan="3">실천적 문제해결 능력, 생활 자립 능력, 관계 형성 능력, 진로 개발 능력</td></tr>
<tr><td colspan="2">기능</td><td colspan="2">분석하기, 평가하기, 문제해결하기, 실천하기, 조사하기, 추론하기 등</td><td colspan="3">창안하기, 공감하기, 실천적 문제해결하기, 설계하기, 제안하기 등</td></tr>
<tr><td>영역
(3개)</td><td>핵심
개념</td><td colspan="2">내용 요소</td><td>영역
(2개)</td><td>핵심
개념</td><td>내용 요소</td></tr>
<tr><td rowspan="2">인간
발달
과
가족</td><td>발달</td><td>• 청소년기 발달의 특징
• 청소년기의 성과 친구 관계</td><td>• 사랑과 결혼
• 부모됨의 준비
• 임신 중 생활과 출산</td><td rowspan="2">인간
발달
과
가족</td><td>발달</td><td>• 개인 생애 주기 및 가족생활 주기에 따른 발달 과업
• 개인 및 가족의 발달 지원
• 개인 및 가족의 발달 관련 직업·진로 개발</td></tr>
<tr><td>관계</td><td>• 변화하는 가족과 건강 가정
• 가족 관계
• 가족의 의사소통과 갈등 관리</td><td>• 자녀 돌보기
• 가족 문화와 세대 간 관계</td><td>관계</td><td>• 결혼 문화와 행복한 결혼생활
• 가족법과 가족 복지 서비스
• 결혼과 가족생활 관련 직업·진로 개발</td></tr>
<tr><td rowspan="3">가정
생활
과
안전</td><td>생활
문화</td><td>• 청소년기의 영양과 식행동
• 식사의 계획과 선택
• 옷차림과 의복 마련
• 주생활 문화와 주거 공간 활용</td><td>• 한식과 건강한 식생활
• 한복과 창의적인 의생활
• 한옥과 친환경적인 주생활</td><td rowspan="5">자원
관리
와 생
활 문
화</td><td rowspan="3">생활
문하</td><td>• 요리와 인류
• 생활 습관병과 식이 요법
• 푸드 디자인의 실제
• 식생활 관련 직업·진로 개발</td></tr>
<tr><td rowspan="2">안전</td><td rowspan="2">• 청소년기 생활 문제와 예방
• 성폭력과 가정 폭력 예방
• 식품의 선택과 안전한 조리
• 주거 환경과 안전</td><td rowspan="2">• 가족의 생애 주기별 안전
• 가족의 치유와 회복</td><td>• 패션의 이해와 스타일링
• 의류 마케팅의 실제
• 의생활 관련 직업·진로 개발</td></tr>
<tr><td>• 주거 선택과 주택 관리
• 주거 공간 디자인의 이해와 실제
• 주생활 관련 직업·진로 개발</td></tr>
<tr><td rowspan="2">자원
관리
와
자립</td><td>관리</td><td>• 청소년의 자기 관리
• 의복 관리와 재활용
• 청소년기의 소비생활</td><td>• 가정생활 복지 서비스의 활용
• 경제적 자립의 준비
• 지속 가능한 소비생활 실천</td><td rowspan="2">관리</td><td rowspan="2">• 소비 시장의 이해와 소비자 구매 행동
• 가계 재무 설계
• 소비생활과 가계 재무 관련 직업·진로 개발</td></tr>
<tr><td>생애
설계</td><td>• 저출산·고령 사회와 일·가정 양립
• 생애 설계와 진로 탐색</td><td>• 가족생활 설계
• 자립적인 노후 생활</td></tr>
</table>

* 교육부(2015), 초·중등학교 교육과정 총론, p.17.

• 초·중학교 가정과교육과정 설계 개요

실과(기술·가정) 교육과정의 내용 영역 중 '인간발달과 주도적 삶', '생활환경과 지속 가능한 선택'은 '인간'과 '생활환경'이라는 교과 주제와 '자기 주도성'과 '지속 가능성'이라는 총론의 방향성을 고려하여 구성하였다. '인간발달과 주도적 삶' 영역에서는 나의 발달과 관계 형성을 목표로 자신과 타인을 이해하고 존중하면서 가정생활의 일상성을 인식하고 가족은 물론 생활 문화 공동체로서 함께 살아가기 위한 공동체 역량을 길러 주고자 하였다. '생활환경과 지속 가능한 선택' 영역은 생활 자원 관리와 환경과의 공존을 목표로 의식주 생활환경에서 발생할 수 있는 실천적인 문제를 정의하고, 문제해결의 과정과 결과를 통찰하여 문제해결 역량을 기르며, 자신의 생활환경 변화를 위해 요구되는 소비자 시민성과 자립 역량을 기를 수 있도록 설계하였다. 즉, '인간발달과 주도적 삶' 영역은 '발달'과 '관계'라는 핵심 개념에, '생활환경과 지속 가능한 선택' 영역은 '관리'와 '선택'이라는 핵심 개념에 기반을 두었으며, 이를 근거로 하여 자신의 일상생활을 성찰하고 주도적 삶을 위한 행동 체계를 구축해 나갈 수 있도록 설계하였다.

• 고등학교 가정과교육과정 설계 개요

일반 선택 과목인 '기술·가정'의 생활과학 분야는 개인과 가족이 생활환경 속에서 생활 양식을 구축하고 사회라는 문화적 공간과 시간 속에서 생활 문화로 확장되는 것을 인식하여 전 생애 관점에서 자립 역량을 함양하고 학습자의 요구와 흥미에 따른 진로 설계 역량을 기르는 데 중점을 두어 설계하였다. 진로 선택 과목인 '생활과학 탐구'는 생활과학 분야와 관련된 학문적 이슈들의 문제를 해결하기 위해 탐구 과정을 경험하도록 하여 생활과학 관련 분야로의 진로 설계에 도움이 되도록 개발하였다. 융합 선택 과목인 '아동발달과 부모'는 아동의 안전 강화 및 학대 예방이라는 국가적·사회적 요구를 반영하였으며, 부모됨과 돌봄의 가치를 인식하고 사회적 돌봄 및 정책적 이슈들을 함께 고민하는 기회를 제공하도록 설계하였다. 또 다른 융합 선택 과목인 '생애 설계와 자립'은 사회로의 첫 독립을 앞둔 후기 청소년기 학습자에게 사회적·정서적 자립, 경제적 자립, 일상생활의 자립의 의미를 성찰해 보고 실생활에 적용해 보는 학습 내용으로 구성하였다.

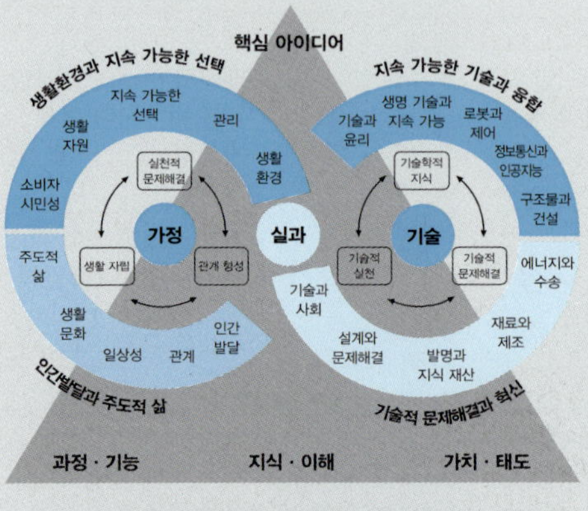

영역별 핵심 개념 및 교과 역량

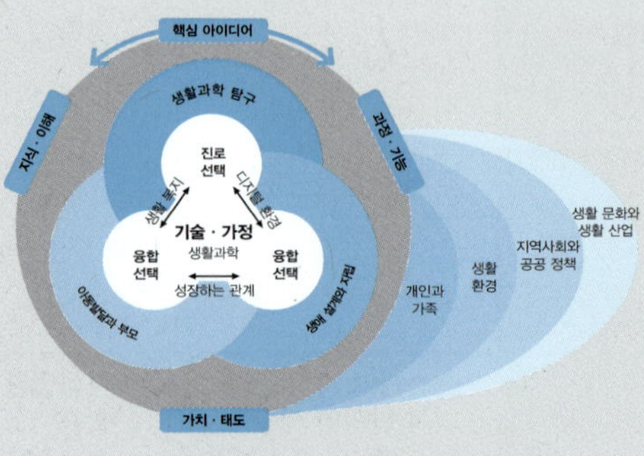

고등학교 '생활과학 분야' 선택 과목

※ '가정'교과 역량으로 2015 개정 교육과정과 동일하게 '실천적 문제해결, 관계 형성, 생활 자립' 역량이 제시됨

(2) 가정과교육과정의 성격

2022 개정 가정과교육과정의 성격은 다음과 같다.

• **중학교**

실과(기술·가정)의 '인간발달과 주도적 삶', '생활환경과 지속 가능한 선택' 영역은 개인과 가족이 일상생활에서 가족은 물론 친구 및 이웃을 비롯한 다양한 수준의 생활환경과 건강한 관계를 형성하여 삶을 주도해 가는 데 필요한 생활 역량 함양을 지향한다. 최근의 예측 불가능한 사회 및 생태 환경의 변화가 '좋은 삶'의 기초가 되는 일상생활을 위협하였지만, 오히려 자립적 생활인으로의 자기 관리와 매일의 일상을 공유하는 가족 및 생활환경과 건강한 관계 형성이 인간 삶의 행복의 기초임을 성찰하도록 했다. 이에 학습자가 자기와 타인에 대한 이해를 바탕으로 삶에서 발생하는 다양한 실천적 문제를 해결하며, 자립적 생활 역량과 건강한 관계 형성 역량을 함양하게 한다. 이를 위해 학습과정에서 일상적인 의식주 생활 및 소비생활을 통해 가족, 친구, 이웃과의 건강하고 친밀한 관계 형성, 실천적 문제해결 과정을 통한 건강한 발달 과정 경험 및 의식주와 소비를 위한 생활 자원을 관리하는 데 필요한 실제 경험을 제공한다. 특히, 매일의 일상생활에서 지속적인 선택을 통해 축적되는 삶을 영위하고, 그 결과가 학습자의 삶은 물론 가족과 친구, 이웃 및 공동체, 나아가 생태 환경과의 관계에서 지속 가능한 공존을 지향하도록 성찰할 수 있는 실천적 경험을 강조하여 제공한다.

• **고등학교**

고등학교 '기술·가정'은 고등학교 1~3학년군에 해당하는 일반 선택 과목으로 '생활과학' 분야 및 '공학' 분야의 진로 선택과 융합 선택 과목을 학습하는 데 기본이 되는 과목이다. 특히, 학습자들이 현재와 미래의 삶에서 경험하게 될 '가정과 생활과학'에 대한 탐구를 바탕으로 비판적 사고 능력, 실천적 문제해결 능력을 함양하며, 정서적 공감 능력을 바탕으로 인간애를 발휘하는 생활의 태도를 기르는 데 중점을 둔다.

고등학교 '기술·가정'의 가정 영역은 자기 및 타인 이해의 관점을 전 생애로 확장하여 가족 및 가족 이외의 다양한 연령의 사람들과 공감 능력에 기반하여 보다 성숙한 관계로 성장할 수 있는 역량을 함양하도록 하였다. 또 학습자가 전 생애에서 직면하게 될 생활과 삶의 다양한 문제들을 지역사회의 생활환경으로 확장하여, 나와 가족, 우리 사회의 건강하고 행복한 생활 문화를 창의해 가는 역량을 길러 주는 데 중점을 둔다.

(3) 중·고등학교 가정과교육과정의 목표

2022 개정 중 · 고등학교 가정과교육과정의 총괄 목표 및 세부 목표는 다음과 같다.

• **중학교**

교과 지식, 수행 역량, 가치 및 태도를 함양하여 생활 속 문제를 탐구하고 문제해결의 결과가 개인과 사회에 미치는 영향을 인식하여, 주도적인 삶을 영위할 수 있도록 한다.

(계속)

1. 자기 및 타인 이해의 건강한 발달과 상호 존중 및 돌봄의 태도를 바탕으로 긍정적인 자아 정체성과 대인 관계를 형성하며, 개인의 발달과 삶의 요구를 충족시킬 수 있는 건강한 의식주 생활을 주도적으로 영위하기 위해 필요한 자립적 생활 역량을 함양한다.
2. 변화하는 생활환경에서 개인과 가족의 삶에 적용할 수 있는 지식, 수행 능력, 태도를 기르고, 생활 자원을 삶의 요구와 필요에 맞게 합리적으로 활용하며, 공동체와 생태 환경을 고려한 책임 있는 행동을 통해 나와 가족, 공동체 삶의 질을 향상시키는 생활 역량을 기른다.

• **고등학교**

가정 및 생활과학에 대한 지식, 사고 능력 및 수행, 가치 판단력을 함양하여 실천적 문제해결의 과정을 통해 자립적이며 주도적 삶을 설계하고, 현재와 미래의 행복하고 건강한 생활 문화를 주도적으로 영위할 수 있도록 한다.

1. 급변하는 디지털 사회 환경에서 인간의 기본적인 삶의 조건에 기여하는 의식주 생활환경과 소비 및 재무 환경에 관련된 개인과 가족 및 공동체의 요구를 분석하여, 안전하고 행복하며 스마트한 삶의 영위를 위한 창의적 생활 문화의 방안을 탐구하며, 개인과 가족 소비 공동체의 삶의 질을 향상시킬 수 있다.
2. 전 생애로 확대된 인간발달에 대한 이해와 급변하는 생활환경에 대한 이해를 바탕으로 삶의 경로에서 나타나는 다양한 문제를 파악하고, 예측 가능한 위기에 대응하여 치유 및 회복, 성장하는 데 필요한 역량을 갖추고 관련된 사회의 다양한 복지 서비스를 분석하여, 일과 생활의 균형을 갖춘 생애 설계를 할 수 있다.

(4) 내용 체계의 특징

2022 개정 교육과정은 내용 체계를 영역, 핵심 아이디어, 지식 · 이해, 과정 · 기능, 가치 · 태도의 내용 요소 등으로 제시하고 있으며 그 의미는 다음과 같다.

- 내용 체계: 학습 내용의 범위와 수준을 나타냄
- 영역: 교과(목)의 성격에 따라 기반 학문의 하위 영역이나 학습 내용을 구성하는 일차 조직자
- 핵심 아이디어: 영역을 아우르면서 해당 영역의 학습을 통해 일반화할 수 있는 내용을 핵심적으로 진술한 것. 이는 해당 영역 학습의 초점을 부여하며 깊이 있는 학습을 가능하게 하는 토대가 됨
- 내용 요소: 교과(목)에서 배워야 할 필수 학습 내용
  - 지식·이해: 교과(목) 및 학년(군)별로 해당 영역에서 알고 이해해야 할 내용
  - 과정·기능: 교과 고유의 사고 및 탐구 과정 또는 기능
  - 가치·태도: 교과 활동을 통해 기를 수 있는 고유한 가치와 태도
- 성취 기준: 영역별 내용 요소(지식·이해, 과정·기능, 가치·태도)를 학습한 결과 학생이 궁극적으로 할 수 있거나 할 수 있기를 기대하는 도달점

(5) 2022 개정 중등학교 가정과교육과정의 구조와 내용 체계

2022 개정 가정과교육과정의 교과목별 구조와 중학교 및 고등학교의 교육과정 내용 체계를 살펴보면 표 2-11~13과 같다.

표 2-11 2022 개정 가정과교육과정의 교과목별 구조

학년군	(초1)~중3	고1~고3			
교육과정 유형	공통 교육과정	학점 기반 선택 중심 교육과정			
교과군	과학/기술·가정/정보	기술·가정/정보*			
과목 유형	-	일반 선택	진로 선택	융합 선택	
과목명	**기술·가정**	**기술·가정**	**생활과학 탐구**	**아동발달과 부모**	**생애 설계와 자립**
편성 학점 및 시간 배당	(272)	4±1학점			2-1학점
교과 영역	① 인간발달과 주도적 삶 ② 생활환경과 지속 가능한 선택	① 생활 문화와 디지털 환경 ② 소비자와 생활복지 ③ 인간과 성장하는 관계	① 인간행동과 생활과학 ② 생활환경과 생활과학 ③ 생활과학과 진로	① 부모됨의 준비 ② 아동발달과 돌봄	① 사회·정서적 자립 ② 경제적 자립 ③ 일상생활 자립
성취 기준 코드	[9기가01-01]	[12기가01-01]	[12생활01-01]	[12아동01-01]	[12자립01-01]

* 교육부(2022), 초·중등학교 교육과정 총론, p.26.

표 2-12 중학교 가정과교육과정(기술·가정) 내용 체계

구분 \ 영역		① 인간발달과 주도적 삶	② 생활환경과 지속 가능한 선택
핵심 아이디어		• 인간발달에 대한 이해는 자립적인 삶을 이끌고 타인과의 건강한 관계를 형성하는 기초가 된다. • 일상에서 직면하는 문제에 대처할 수 있는 역량은 개인 및 가족의 긍정적 발달과 행복한 일상의 삶을 주도적으로 이끌 수 있게 한다. • 일상에서 직면하는 상호 존중과 협력적 소통에 기반한 관계 맺음의 경험은 건강한 대인 관계를 확장하는 밑거름이 된다. • 가정일과 생활 습관은 변화하는 일상에서 개인 및 가족의 요구와 문제를 해결해 나갈 수 있게 하면서 생활 방식과 진로를 스스로 개척하고 성장하기 위한 바탕이 된다.	• 삶의 욕구와 문제를 해결하는 과정에서 인간이 경험하는 생활 자원의 제한성은 개인과 가족의 관리 능력을 요구한다. • 생활의 기본 조건으로서 의식주 생활의 수행 능력을 갖추는 일은 창의적이고 가치 있는 삶을 설계하고 영위할 수 있는 기초가 된다. • 변화하는 생활환경을 안전하고 건강하게 유지하고자 하는 개인과 가족의 책임 있는 행동을 통해 소비자 시민성을 함양할 수 있다. • 일상생활에서 지속 가능한 선택을 지향하는 것은 현재 생활 공동체와의 공존과 함께 미래 세대의 건강한 삶을 위한 책임 있는 행동이다.
내용 요소	지식·이해	• 청소년기 발달과 자아 정체성 • 영양과 청소년의 식생활 • 자기 이미지와 표현 • 청소년 문제와 적응 유연성 • 전환기 탐색 및 진로 설계 • 가족의 다양성과 변화 • 가족 간의 갈등과 소통 • 뉴노멀 사회에서의 가족 문화 • 또래와 세대 관계 • 상호 존중 관계의 형성과 역할 수용	• 생활 자원의 순환 과정 • 식품 선택과 식생활 안전 • 식사 계획과 조리 원리 • 의복 재료와 관리 행동 • 의복 마련 계획과 업사이클링 • 주거 환경과 주거 문화 • 주거 공간 구성과 계획 • 소비자 의사 결정과 책임 • 디지털 생활환경과 자원 관리
	과정·기능	• 주제에 대한 배경과 맥락 파악하기 • 문제해결의 목표 설정하기 • 결과를 고려한 최선의 방안 선택하기 • 청소년기 발달 특징을 자신에게 적용하기 • 청소년기 건강한 자아 정체성 형성하기 • 발달의 특성에 따른 의생활과 식생활 실천하기 • 청소년의 문제 상황 대처하기 • 자기 이해에 기반한 진로 탐색과 설계하기 • 시민적 역량과 관련된 가족의 역할 탐색하기 • 역할 기대를 고려하여 문제해결 방안 탐색하기 • 의사소통과 갈등 관리의 방법 탐색하기 • 또래 및 가족과 친밀한 관계 형성하기	• 생활 및 습관적 행동 관찰하기 • 기대하는 목표 설정하기 • 변화를 위한 기회 탐색하기 • 자신의 행동이 미치는 영향 성찰하기 • 지속 가능성을 고려하여 대안 결정하기 • 생활 자원의 생산과 폐기 과정 탐색하기 • 다양한 변인을 고려하여 식사를 계획하고 조리하기 • 의생활에 업사이클링 활용하기 • 더불어 사는 주거 문화 실천하기 • 소비자 문제 탐색 및 해결 방안 적용하기

(계속)

구분 \ 영역		① 인간발달과 주도적 삶	② 생활환경과 지속 가능한 선택
내용 요소	가치·태도	• 청소년기 발달에 대한 긍정적인 수용 • 성적 의사 결정의 상호 존중과 성인지 감수성의 함양 • 성폭력과 가정폭력에 대한 인식 및 시민적 행동 내면화 • 다양한 생활 방식 및 타인에 대한 존중과 배려 • 가족원으로서 협력과 공감의 태도 • 가족 친화적 가치에 대한 존중 • 진로 설계의 중요성 내면화 • 다름을 존중하고 더불어 살아가는 공동체 가치 실현 • 일상생활에서 자기 주도적 태도	• 일상생활 속 선택에 대한 책임과 성찰 • 생태 지향적 삶의 태도 • 생활 자원 관리에서 지속 가능성을 고려하는 태도 • 의식주 생활에서 건강을 추구하는 태도 • 책임 있는 소비자로서의 신념 • 제작 과정에서 창의적이고 성취 지향적인 태도 • 안전한 생활환경을 위한 예방적 태도 • 창의적인 의식주 소비생활을 실천하는 태도 • 변화와 혁신에 대한 개방적 태도

표 2-13 고등학교 가정과교육과정(기술·가정) 내용 체계

구분 \ 영역		① 생활 문화와 디지털 환경	② 소비자와 생활 복지	③ 인간과 성장하는 관계
핵심 아이디어		• 한국 의식주 생활 문화의 전통에 대한 이해는 좋은 삶으로의 개선 및 공동체의 존속에 기여한다. • 미래 지향적 생활 산업을 이해하는 것은 개인과 가족이 의식주 생활 문화에 대한 공감적 관찰 기회를 가지고 더 나은 의식주 생활 문화를 이끌도록 하며, 다양한 진로 영역으로 확대할 수 있게 한다.	• 저출생 고령 사회에서 전 생애에 걸쳐 삶을 계획할 때는 건전한 자산 형성의 중요성을 인식하고 가족과 일이라는 생활의 균형을 도모할 수 있어야 한다. • 소비자 안전과 삶의 질 향상을 위한 생활 복지는 권리로서의 복지 서비스 활용하고 소비 공동체로서의 소비자 시민성늘 함양함으로써 실현될 수 있다.	• 성인기 이후 인간발달에 대한 이해는 개인적 발달을 넘어서 자신과 타인을 존중하고 발달적 요구를 반영한 상호 돌봄을 실천하는 데 기여할 수 있다. • 삶의 위기 경험에 대한 치유와 회복은 인간에게 성장할 수 있는 계기가 될 수 있으며, 치유와 회복을 위해서는 긍정적 마인드와 지속적인 훈련을 통해 회복 탄력성을 유지하는 것이 중요하다.
내용 요소	지식·이해	• 일상생활과 생활 문화의 형성 • 한국 의식주 생활 문화의 독창성 • 의식주 생활과 문화 다양성 • 미래 식생활과 푸드 테크 • 스마트 의류와 메타 패션 • 유비쿼터스 주거와 가상 공간	• 저출생 고령 사회에서의 생애 설계 • 자산 형성과 가계 재무 • 소비자 안전과 소비자 시민성 • 생활 복지와 빅데이터 • 맞춤형 스마트 복지	• 성과 사랑 • 성년기의 독립과 결혼 • 부모됨의 선택과 역할 • 중년기 부모와 청소년기 자녀 • 노년기 생활과 유니버설 디자인 • 디지털 시대의 관계 형성 • 회복 탄력성과 성장

(계속)

구분		① 생활 문화와 디지털 환경	② 소비자와 생활 복지	③ 인간과 성장하는 관계
내용 요소	과정·기능	• 일상생활 속 문화적 요소 발견하기 • 일상생활의 생활 문화로의 확장성 파악하기 • 생활 문화의 독창적 요소 탐색하기 • 생활 문화의 다양성 비교·분석하기 • 생활 문화에 반영된 미래 변화의 요소 발견하기 • 생활 문화의 새로운 아이디어 적용하기 • 미래 지향적 생활 문화 창안하기	• 기대하는 목표 설정하기 • 일과 생활의 불균형이 삶에 미치는 영향 분석하기 • 생애 주기에 따른 생활 디자인하기 • 가계 재무 설계 및 평가하기 • 생활 복지와 맞춤형 스마트 복지 현황 파악하기 • 새로운 아이디어 창출하기 • 자신의 행동이 미치는 영향을 성찰하기 • 결과를 고려한 최선의 방안 선택하기 • 시민 참여형 정책 제안하기	• 성인의 발달에 대한 배경과 맥락 파악하기 • 인간의 발달 특징을 자신과 가족에게 적용하기 • 관계에서의 문제해결을 위한 최선의 방안 결정하기 • 가족 상호 돌봄의 방안 탐색하기 • 회복 탄력성 키우기 • 위기의 배경과 맥락을 이해하고 긍정적으로 해석하기 • 역할 기대를 고려하여 문제해결 방안 탐색하기
	가치·태도	• 지속되는 일상생활의 가치 존중 • 한국의 생활 문화에 대한 자긍심 • 생활 문화에 대한 문화 감수성 • 아날로그와 디지털 생활 문화의 균형과 상호 존중 • 생활 문화 답습에 대한 비판적 태도 • 생활 문화의 새로운 가치 창조	• 일과 생활의 균형과 조화를 존중하는 태도 • 일과 노동이 가지고 있는 의미와 가치 • 생활 설계를 위한 미래 지향적 태도 • 경제적 자립과 건전한 자산 형성에 대한 적극적 태도 • 소비 행동에 대한 책임감 • 복지 서비스를 활용하는 적극성 • 복지 서비스 공유 및 확산의 가치	• 디지털 공간까지 확장된 인간에 대한 보호와 존중 • 가족 내 소통과 협력적 태도 • 노년기 생활 안전에 대처하려는 자세 • 노년기 삶에 대한 존중과 나이듦에 대한 긍정적 태도 • 관계로부터의 안전을 생각하는 태도 • 위기를 통한 성장의 의미 수용

교육과정 문해력을 높이기 위한 주요 개념

- 블록 타임제: 수업을 한 과목당 2~3시간씩 연속으로 진행하여 탐구, 토론, 실습, 실험 활동의 학습 효과를 높일 수 있도록 하는 제도
- 자유 학기제: 중학교 과정 중 한 학기를 운영하며, 자율적으로 학생 참여 중심의 주제 선택 활동과 진로 탐색 활동을 운영함
- 진로연계교육: 입학 초기 및 상급 학교(학년)으로 진학하기 전 학기의 일부 시간을 활용하여 학교급 간 연계 및 진로 교육을 강화하는 교육
- 학교자율시간: 교육과정에 제시되어 있는 교과 외에 학교가 자율적으로 다양한 과목과 활동을 개설하여 운영하는 시간(교육부, 2022)
- 단위 수: 1주일당 수업 시수, 일반적으로 단위 수에 학기당 17주, 연간 34주를 곱하면 학기당 이수 시간과 연간 이수 시간을 구할 수 있음
- 1학점: 50분을 기준으로 하여 16회를 이수하는 수업량(교육부, 2022)

4. 세계의 가정과교육과정

비교교육은 "둘 이상의 현상 간의 유사점 및 차이점을 조사하는 연구"(Bray & Thomas, 1995)로, 시간과 장소라는 맥락의 차이를 고려하여 둘 이상의 교육 현상 간의 유사성과 상이성, 공통성과 특수성을 비교 · 분석함으로써 분석 대상의 전체성을 이해하고 해석하는 것이다.

특히, 다른 나라의 교육과정에 대한 비교 연구는 교육의 사회적 · 경제적 · 정치적 맥락 간의 상호 작용에 대한 이해를 심화할 수 있고, 다양한 사례에 근거하여 교육 혁신을 촉진할 수 있으며, 국제적인 이해를 통해 친선을 도모할 수도 있다. 또한 우리나라와 다른 나라의 가정과교육과정을 비교하면 우리나라 교육의 실제에 대해 보다 깊은 성찰을 할 수 있고, 두 나라의 가정과교육에 발전적인 시사점을 제공할 수 있다.

이 절에서는 일본, 미국, 핀란드, 스웨덴, 북한의 가정과교육과정에 대해 최근 자료를 중심으로 살펴보고자 한다.

1) 일본

(1) 일본의 개정 가정과 학습지도 요령

일본은 '지속 가능한 사회의 창조자 육성' 및 '일본 사회에 뿌리를 둔 웰빙의 향상'에 중점을 두고 교육 정책을 추진하고 있다. 일본은 이와 관련하여 2017년과 2018년 각각 중학교와 고등학교 학습지도 요령(교육과정)을 개정하였고, 도쿄 올림픽이 열리는 2020년에 소학교, 2021년에 중학교, 2022년에 고등학교에 순차적으로 적용하고 있다.

새로운 학습지도 요령에서는 '아이들에게 무엇을 기르게 할 것인가'에 대해서 OECD 등의 여러 역량 이론을 바탕으로 세 개의 힘, 또는 세 개의 기둥을 기르는 것을 강조하고 있다.

즉, ① 현재와 미래 실생활에서 필요한 지식 및 기능, ② 예측 불가능한 상황에서 대응할 수 있는 사고력, 판단력, 표현력 등, ③ 배운 것을 실생활과 사회에 적응할 수 있도록 하는 배우려고 하는 자세, 인간성 등이다. 이 세 가지의 힘 또는 세 개의 기둥을 균형 있게 익히도록 함으로써 '살아가는 힘'을 갖추고, 사회에 나가서도 학교에서 배운 것을 활용할 수 있도록 하는 것에 중점을 두고 있다.

(2) 일본 가정과의 세 가지 힘(기둥)과 개정의 중점 사항

소 · 중 · 고등학교의 '가정과 학습지도 요령'(문부과학성, 2017, 2018)에서 제시한 가정과의 세 가지 힘(기둥)은 다음과 같다.

첫째, (지식 및 기능) 생활의 자립에 필요한 가족 · 가정생활, 의식주 생활, 소비 · 환경에 관해서 기초적이고 과학적인 지식을 획득하고 이해하며, 생활에 관한 지식과 기능을 습득한다.

둘째, (사고력, 판단력, 표현력 등) 생활 속에서 문제를 발견하고 과제를 해결하며, 과정과 결과를 표현한다.

셋째, (배우려고 하는 자세, 인간성 등) 가족, 지역 사람들과 협동하며, 보다 나은 생활의 실현을 위해서 생활을 고민하고 창조한다.

'2017, 2018 가정과학습지도 요령'에서 특별히 개정에 중점을 둔 것은 학교급 간 내용의 계통성과 명확화, 공간과 시간 축의 명확화, 학습과정의 개선이다.

구체적으로 살펴보면, 첫째, 소 · 중 · 고등학교 내용은 아동과 학생의 발달에 기초하여 소 · 중 · 고등학교의 내용이 연계되도록 하면서, '가족 · 가정생활', '의식주 생활', '소비생활 · 환경' 관련 세 가지 프레임워크로 구성하였는데, 이는 생활의 운영에 관계된 가정과의 시점 · 사고방식에 근거한다.

특히, 가정과의 시점 · 사고방식은 '가족 · 가정생활', '의식주 생활', '소비생활 · 환경' 등에 관한 생활상에 대해, '협력 · 협동', '건강 · 쾌적 · 안전', '생활 문화의 계승 · 창조', '지속 가능한 사회의 구축' 등의 시점으로 해결해야 할 문제를 파악하고, 보다 나은 생활의 실현을 향해 고찰해 나가는 것이다. 즉, 그림 2-3과 같이 '협력 · 협동'은 '가족 · 가정생활'의 학습에, '건강 · 쾌적 · 안전'과 '생활 문화의 계승 · 창조'는 '의식주 생활'에, '지속 가능한 사회의 구축'은 '소비생활 · 환경' 학습에 관련이 큰 것으로 나타나고 있다.

둘째, 공간축과 시간축이라는 2개의 시점으로부터 학교급별로 학습 대상을 명확하게 했다. 즉, 공간 축의 시점에서는 가정, 지역, 사회라는 공간적 펴짐으로, 시간 축의 시점에서는 지금까지의 생활, 현재의 생활, 앞으로의 생활, 평생을 전망한 생활이라는 시간적인 확산으로부터 학습 대상을 파악하고 지도 내용을 배열하는 데 중점을 두었다.

셋째, 학습과정을 근거로 한 개선으로 생활에서 문제를 발견하고, 과제를 설정한 후 해결 방법을 검토하고, 계획, 실천, 평가, 개선하는 일련의 학습과정에 중점을 두고 이 과정을 토대로 기초 지식과 기술 습득에 관한 내용이나 이들을 활용하여 사고력, 판단력, 표현력 등을 함양하는 것과 관

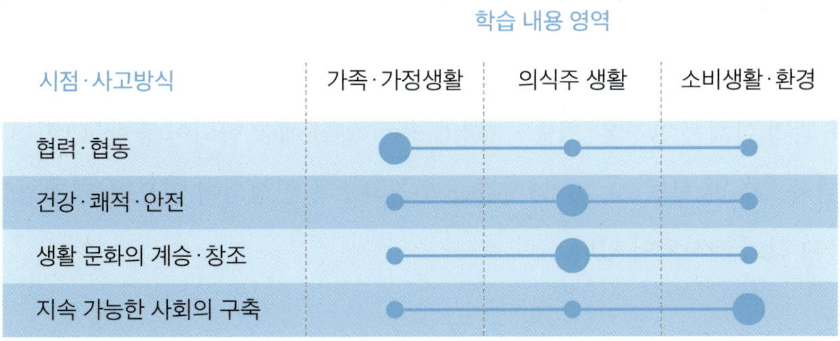

그림 2-3 일본 가정과의 시점 · 사고방식

출처: 문부과학성 교육과정부회, 가정, 기술 · 과정 워킹 그룹.

생활의 과제 발견	해결 방법 검토 및 계획		과제 해결을 위한 실천 활동	평가 및 개선		가정·지역에서의 실천
기존에 학습한 지식 및 기능과 생활 경험을 바탕으로 생활을 응시하고 생활에서 문제를 찾아 해결해야 할 과제를 설정한다.	생활과 관련된 지식과 기술을 습득하고 해결 방법을검토한다.	해결의 전망을 가지고 계획을 세운다.	생활에 관련된 지식 및 기능을 활용하여 조리, 제작 등의 실습이나, 조사, 교류 활동 등을 실시한다.	실천한 결과를 평가한다.	결과를 발표하고 개선책을 검토한다.	개선책을 가정·지역에서 실천한다.

그림 2-4 일본 가정과학습과정의 예

련된 내용에 중점을 두었다(그림 2-4).

한편, 가정과 수업에서는 '주체적이고 대화적이며 깊은 배움'의 실현에 초점을 두었다. 이것은 수업의 방법이나 기술의 개선만을 의도하는 것이 아니라 학생에게 목표로 하는 자질이나 능력을 성장시키기 위해 '주체적이고 대화적이며, 깊은 배움'의 관점에서 수업 개선을 하는 것이며, 한 번의 수업으로 모든 배움이 실현되는 것이 아니고, 학습을 전망하고 되돌아보는 장면을 어떻게 설정할지, 그룹 등에서 대화하는 장면을 어디에 설정할지, 학생이 생각하는 장면과 교사가 가르치는 장면을 어디에 어떻게 구성할지 등으로 설계하고 실현을 도모해 가는 것이다. 특히, 깊은 배우기의 열쇠로는 '시점 · 사고방식', 즉 '어떤 시점에서 사물을 포착하고, 어떤 사고방식으로 사고하는가'와 관련되어 가정과를 통해 학습과 사회를 연결하는 것이다.

(3) 일본 중학교 가정과의 편제와 교육 목표

2017년에 개정된 중학교 가정과교육의 편제와 목표는 다음과 같다.

먼저 교육과정 편제는 가정은 '기술 · 가정(技術 · 家庭)'에 포함되어 중학교 1학년부터 3학년까지 필수 과목으로 매 학년 70, 70, 35시간을 운영하도록 편성되어 있으며, 가정과교육과정의 목표는 다음과 같이 제시되어 있다.

생활의 운영에 관한 시점·사고방식을 일과 의식주 등에 대한 실천적·체험적인 활동을 통해 보다 좋은 생활의 실현을 향해, 생활을 궁리하고 창조한다.

1. 가족·가정의 기능에 대한 이해를 깊게 하고, 가족·가정, 의식주, 소비 환경 등에 대해서, 생활의 자립에 필요한 기초적인 이해를 도모함과 동시에 그들과 관련된 기술을 익히도록 한다.
2. 가족·가정이나 지역에서의 생활 중에서 문제를 찾아 과제를 설정하고, 해결책을 구상하며, 실천을 평가·개선하고, 고찰한 것을 논리적으로 표현하는 등, 앞으로의 생활을 전망해 과제를 해결하는 힘을 기른다.
3. 자신과 가족, 가정생활과 지역과의 관계를 생각하여, 가족이나 지역의 사람들과 협력하고 더 나은 삶을 실현하기 위해 삶을 고안하고 창조하는 실천적인 태도를 기른다.

(4) 일본 고등학교 가정과교육과정의 편성과 교육과정 목표

일본의 고등학교 학습지도 요령은 2018년에 고시되었다. 고등학교 가정 과목으로는 '가정기초(家庭基礎)'와 '가정종합(家庭綜合)'이 편성되었다. '가정기초'(2단위)는 고등학교의 졸업 단계에서 자립한 생활자로서 필요한 실천력을 육성하는 것을 중심으로 내용이 구성되었고, '가정종합'(4단위)은 평생을 전망한 라이프 스테이지별 생활을 과학적으로 이해시키고, 주체 생활을 설계하며, 생활 문화의 계승, 창조 등 생활의 가치와 질을 높여 나가 생활을 창조하는 것을 중시한 내용으로 구성되었다. 고등학교 가정과교육과정의 목표는 다음과 같다.

생활의 운영에 관한 시점·사고방식을 일과 실천적·체험적인 학습 활동을 통해서 다양한 사람들과 협력하여 더 나은 사회를 구축하기 위해 남녀가 협력하여 주로 가정과 지역의 생활을 창조하는 자질과 능력을 다음과 같이 육성하는 것을 목표로 한다.

1. 인간의 생애에 걸친 발달과 생활의 일을 종합적으로 파악하여, 가족·가정의 의의, 가족·가정과 사회와의 관계에 대해 이해를 깊게 하고, 가족·가정, 의식주, 소비나 환경 등 생활을 주체적으로 운영하는 데 필요한 이해를 도모하고 그와 관련된 기술을 익히도록 한다.
2. 가정이나 지역 및 사회에서의 생활에서 문제를 찾아 과제를 설정하고 해결책을 구상하고, 실천을 평가·개선하고, 고찰한 것에 근거해서 논리적으로 표현하는 등, 평생을 전망하여 생활의 과제를 해결하는 힘을 기른다.
3. 다양한 사람들과 협력하여 더 나은 사회를 구축하기 위해 지역사회에 참여하게 하며, 동시에 자신, 가정, 지역의 삶을 주체적으로 창조하려는 실천적 태도를 기른다.

(5) 일본 전문 교과 '가정'의 구성

일본 고등학교의 전문 교과 '가정'은 총 21개의 과목으로 구성되어 있다.

> 생활 산업 기초, 과제 연구, 생활 산업 정보, 소비생활, 보육 기초, 보육 실천, 생활과 복지, 주거생활 디자인, 복식 문화, 패션 조형 기초, 패션 조형, 패션 디자인, 의상 수공예, 음식 디자인, 식문화, 요리, 영양, 음식, 식품 위생, 공중 위생, 종합 조리 실습

2) 미국

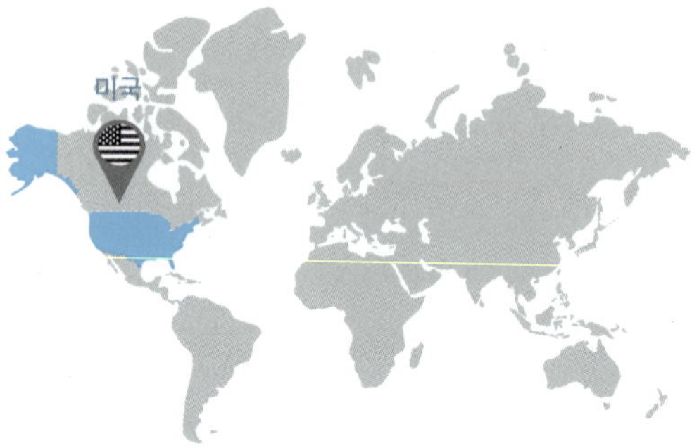

미국은 주 단위로 교육 관련 결정이 이루어지고, 주 교육청에서 개발한 교육과정 안내서나 지침서 등을 보급하여 교사가 활용할 수 있도록 한다. 이에 따라 실제 미국 학교에서는 개별 단위 학교마다 과목 구성이 다르고, 같은 과목이라도 개별 교사가 개설된 과목의 교육과정을 개발하는 것이 보편적이어서 이수하는 과목, 단위, 운영 방식 등이 매우 다양하다. 이러한 배경에서 미국에서는 1990년대에 「목표 2000: 미국교육개혁법(Goals 2000: Educate America Act)」을 제정한 이후 국가 수준에서 각 교과마다 교육과정 기준을 개발하기 시작하였다. 가정교과의 경우도 1988년 NASAFCS(National Association of State Administrators of Family and Consumer Sciences)에 의해 처음으로 국가 기준이 개발되었으며, 2008년과 2018년에 개정되어 활용되고 있다.

(1) 미국 가정과교육과정 국가 기준의 의의

미국의 가정과교육의 국가 기준(2018)은 다양한 글로벌 사회에서 전 생애에 걸쳐 삶과 일에 대한 도전을 관리해야 하는 개인과 가족의 역량을 강화하여, 학생들이 가족생활, 직업생활, 가정 관련 직업을 준비할 수 있도록 국가(주, 지역) 수준의 프로그램을 제공하는 전통을 유지하고 있다.

가정과교육과정 국가 기준은 정의된 학습 경로나 프로그램의 일련의 과정을 이수한 후 학

생들이 무엇을 알아야 하고, 무엇을 할 수 있어야 하는지에 대한 기대이며 결과이다. 따라서 국가 기준은 학습 경로나 프로그램이 끝날 때 학생 성취도의 지표로 활용될 수 있으며, 이 국가 기준을 활용하여 주 또는 지역교육과정이 다양한 학습 분야의 내용 지식과 기술을 활용하여 개발된다.

(2) 미국 가정과교육과정 국가 기준의 과정 질문

미국 가정과교육과정은 사회와 시대적 요구를 반영하여 실천적 문제 중심 교육과정, 역량 중심 교육과정, 과정 지향 교육과정으로 구성되었다. 특히, 과정 지향 교육과정으로 운영하기 위해 16개의 학습 영역에서 내용 기준별로 제공되는 사고, 의사소통, 리더십, 관리 과정 영역과 관련된 12개의 과정 질문(process question) 프레임워크를 개발하였다.

과정 질문의 틀은 표 2-14와 같이 한 축으로는 세 행동 체계를, 다른 한 축으로는 사고 과정, 의사소통 과정, 리더십 과정, 관리 과정의 네 과정 영역(process area)을 배치한 이차원적 구조로 이루어졌다. 과정 질문은 해결해야 하는 맥락적 문제를 중심으로 구조화된 내용에 대해 학생들이 사고하고 추론하고 반사숙고하도록 설계되었다.

표 2-14 미국 가정과교육과정 국가 기준의 과정 질문 프레임워크

행동 유형 / 과정 영역	기술적 행동	해석적 행동	반성(성찰)적 행동
사고 과정	사고 과정을 기술적 행동으로 이끄는 질문	사고 과정을 해석적 행동으로 이끄는 질문	사고 과정을 반성적 행동으로 이끄는 질문
의사소통 과정	의사소통 과정을 기술적 행동으로 이끄는 질문	의사소통 과정을 해석적 행동으로 이끄는 질문	의사소통 과정을 반성적 행동으로 이끄는 질문
리더십 과정	리더십 과정을 기술적 행동으로 이끄는 질문	리더십 과정을 해석적 행동으로 이끄는 질문	리더십 과정을 반성적 행동으로 이끄는 질문
관리 과정	관리 과정을 기술적 행동으로 이끄는 질문	관리 과정을 해석적 행동으로 이끄는 질문	관리 과정을 반성적 행동으로 이끄는 질문

출처: LEAD FCS(https://www.leadfcsed.org).

(3) 미국 가정과교육과정 국가 기준의 내용 영역

2018년에 개정된 미국 가정과교육과정 국가 기준의 내용 영역은 표 2-15와 같이 16개의 대영역으로 구성되어 있다. 코스 순서가 아니라 다양한 내용과 역량을 중심으로 분야별로 제시되어 있어서 교육과정 편성 시 다양한 융합이 가능하다.

표 2-15 미국 가정과교육과정 국가 기준 분야 및 포괄적 기준

영역	분야	포괄적 기준
1.0	직업, 지역사회 및 가족 관계	가족, 직장, 지역사회 환경에서 다양한 삶의 역할과 책임 통합
2.0	소비자 및 가족 자원	글로벌 맥락에서 인간, 경제, 환경 자원과 관련된 관리 관행을 평가
3.0	소비자 서비스	소비자 서비스 분야 경력에 필요한 지식, 기술, 실천의 통합
4.0	교육 및 유아기	유아기, 교육 및 서비스 분야의 직업에 필요한 지식, 기술, 실천의 통합
5.0	시설 및 자산 관리	시설 관리 및 유지 보수 분야의 경력에 필요한 지식, 기술, 실천의 통합
6.0	가족	가족의 중요성과 가족이 개인과 사회의 행복에 미치는 영향 평가
7.0	가족 및 복지 서비스	가족 및 복지 서비스 분야의 직업에 필요한 지식, 기술, 실천의 통합
8.0	식량 생산 및 서비스	식품 생산 및 서비스 분야의 경력에 필요한 지식, 기술, 실천의 통합
9.0	식품 과학, 영양학 및 영양	식품 과학, 식품 기술, 영양학 및 영양 분야의 경력에 필요한 지식, 기술, 실천의 통합
10.0	접객, 관광 및 레크리에이션	호텔, 관광, 레크리에이션 분야의 직업에 필요한 지식, 기술, 실천의 통합
11.0	주택 및 인테리어 디자인	주택 및 인테리어 디자인 분야의 경력에 필요한 지식, 기술, 실천의 통합
12.0	인간발달	인간의 성장과 발달에 영향을 미치는 요인 분석
13.0	대인 관계	가족, 직장, 지역사회에서 존중하고 배려하는 관계 형성
14.0	영양과 웰빙	개인과 가족의 웰빙을 향상시키는 영양 및 웰빙 습관 형성
15.0	육아	개인, 가족 및 사회의 복지 강화에 대한 양육 역할 및 책임의 효과 평가
16.0	섬유, 패션, 의류	섬유 및 의류 분야의 경력에 필요한 지식, 기술, 실천의 통합

3) 핀란드

핀란드는 국민들이 지속적인 배움을 추구하며 교육과 훈련의 힘에 대한 신뢰를 확대해 온 나라이다. 이와 같은 저력으로 핀란드는 2000년대 초의 OECD 국제학업성취도(PISA) 평가에서 OECD 회원국 중 높은 순위에 오른 나라 중의 하나였다. 2006년 이후 PISA 순위가 하락하였으나 서구 유럽 국가 중 꾸준히 상위권을 유지하고 있다.

이에 따라 핀란드 정부에서는 기초 학력 강화, 노동 시장 수요와 교육의 일치도를 높이는 유연한 직업 교육 및 훈련, 신체 활동 확대, 교사의 행정 부담을 줄이고 충분히 지원 대책을 마련하는 등 새로운 교육 정책을 내세우고 있다(한국교육과정평가원, 2014).

(1) 핀란드 국가 핵심 교육과정

핀란드는 청소년들의 능력 수준에 따라 초등학교 4학년 이후 학문이나 전문적인 진로를 조기에 결정하는 복선제 교육 시스템으로 운영되었는데, 학습 기회의 불평등과 집단 간 성취 격차를 초래한다는 논쟁이 있었다. 이에 1968년 모든 사람들에게 초등학교부터 중학교까지 9년간의 교육을 제공하는 기본 교육법을 제정하였다.

이에 따라 핀란드 교육과정은 초 · 중학교가 통합된 9년간의 종합 학교(comprehensive school), 3년제 일반계 고등학교와 2~3년제 직업학교의 고등학교 과정으로 이루어진다. 핀란드는 특히 평등의 가치를 중요하게 여기며 평등 교육 정책에 중점을 두고 있다.

핀란드 교육청은 2014년에 초등 및 중학교 기본 교육을 위한 국가 핵심 교육과정을 도입하였는데, 이 교육과정의 목적은 학교 문화와 학교교육을 개혁하여 학습과정의 질과 학습 결과를 향상시키는 것이다. 또한 핀란드 교육과정에서는 기본 교육의 네 가지 가치로, ① 학생 개개인의 고유성(uniqueness)을 존중하고, 좋은 교육을 받을 권리를 보장하며, ② 인류애, 일반적 지식과 능력, 평등과 민주주의를 통해 교양 있는(civilized)/교육받은 인간(educated human being), 민주 사회의 적극적인 시민으로서 각 학생의 성장을 촉진하며, ③ 풍요로움(richness)으로 문화적 다양성에 가치를 두고, ④ 삶을 위한 지속 가능한 방법에 대한 필요성을 이해하는 것을 제시했다(양지선, 2019).

개혁의 주요 목표에는 학생 참여 강화, 학습의 의미 증가, 모든 학생이 성공감을 느낄 수 있도록 하는 것이 포함된다. 어린이와 청소년은 학업에 더 많은 책임을 지고 학업에 더 많은 지원을 받도록 권장된다. 학생들은 목표를 설정하고, 문제를 해결하며, 설정된 목표에 따라 학습을 평가한다. 학생들의 경험, 감정, 관심 분야 및 다른 사람들과의 상호 작용은 학습의 기초가 된다. 교사의 임무는 각 학생의 개별 학습 방식을 고려하여 학생들이 평생 학습자가 되도록 지도하는 것이다.

(2) 핀란드의 기본 과목과 횡단 역량

핀란드에서는 전 학년에 걸쳐 기본 교육법에서 정한 교과목을 기본적으로 이수하며, 이 과목을 기본 과목, 또는 핵심 과목이라고 부른다. 핀란드의 모든 기본 과목은 ICT 기술, 웰빙, 일상생활 관리에 중점을 둔다.

핀란드의 7~9학년 기본 과목

모국어와 문학, 제2국어, 외국어, 수학, 환경 연구, 생물학, 지리학, 물리학, 화학, 가정, 보건 교육, 종교 또는 윤리, 역사, 사회학, 음악, 시각 예술, 공예, 체육

또한 핀란드의 국가 핵심 교육과정은 교육의 횡단 역량(transversal competences)에 중점을 두고 있다. 횡단 역량은 빠르게 변화하는 사회에서 요구되는 개인의 능력으로, 모든 과목에서 횡단 역량을 키우는 것에 중점을 둔다. 국가 핵심 교육과정에 명시된 횡단 역량은 그림 2-5와 같이 생각하고 배우기 위한 학습, 문화적 역량, 상호 작용과 자기표현, 자신을 돌보고 일상생활 관리하기, 다문화 역량, 정보통신기술(ICT) 역량, 직업생활 역량과 기업가 정신, 참여/몰입 및 지속 가능한 미래 구축의 일곱 가지이다. 이러한 일곱 가지 역량은 핀란드 교육과정이 추구하는 교육받은 인간을 위한 요소라고도 볼 수 있다(양지선, 2019; FNAE, 2016).

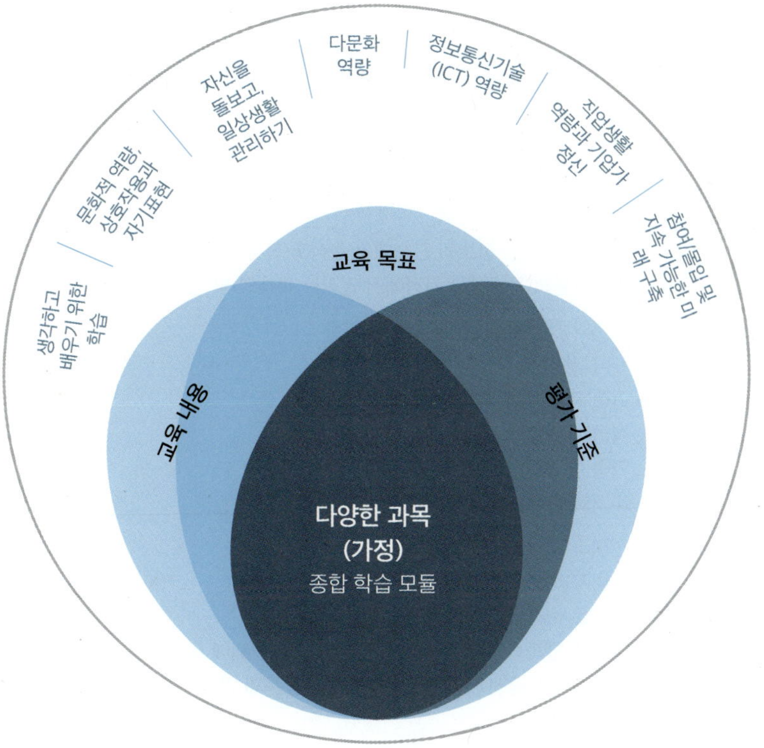

그림 2-5 횡단 역량

출처: Finnish National Agency for Education(2024).

(3) 핀란드의 기본 과목, '가정'

핀란드의 2014 국가 핵심 교육과정에서 '가정'은 기본 과목으로 편성된다. 즉, 핀란드의 가정교과는 필수 교과로서 1~6학년에는 통합 주제로 가르치고, 6학년에서 옷 만들기와 목공을 필수 과정으로 하며, 7~9학년에서는 필수 과목으로 '가정'을 편성한다.

가정과는 과목 성격 및 목표로 일상생활에서 필요한 지식, 기능, 태도, 준비 등을 개발하고 웰빙을 촉진하기 위한 지속 가능한 생활 방식을 채택하는 것을 규정하고 있다.

가정과의 학습 영역은 이전에는 ① 가족과 공동생활, ② 영양과 음식 문화, ③ 소비자와 변화하는 사회, ④ 가정과 환경으로 구성하였으나 2014 교육과정에서는 ① 식품 지식 및 기능, 음식 문화, ② 주거 및 더불어 살기, ③ 가정에서의 소비자 및 재무 기능의 내용으로 구분되고 통합적인 접근 방식을 안내하고 있다.

또한, 핀란드 교육과정은 가정과교과 역량을 별도로 제시하지 않았으나, 총론에서 강조한

표 2-16 핀란드 가정과교육과정의 핵심 내용

영역명	핵심 내용
식품 지식 및 기능, 음식 문화	• 식품 지식과 기능 • 식사 준비, 베이킹 기능의 개발 • 영양 권고, 식품 안전, 식품 사슬 • 경제적·윤리적인 선택 • 신뢰할 수 있는 정보의 관점에서 음식과 식사 선택 • 학습자들의 정체성과 가정에서 열리는 축제의 부분으로서의 음식 문화와 풍습
주거 및 더불어 살기	• 주거와 관련된 환경 의식, 주거 비용 • 세탁, 세탁에 적합한 물질 • 가전 제품, 장비, 작업의 실행 • 직물과 재료에 대한 관리 • 가족 내 자원 사용과 책임감 • 주거와 관련된 서비스 평가
가정에서의 소비자 및 재무 기능	• 선택과 계약 • 소비자의 권리와 책임 및 서비스 활용 • 도구로서의 미디어 사용 • 또래 집단과 미디어가 소비자로서 개인의 선택에 미치는 영향 • 가정에서의 금전 사용과 관련된 상황 및 문제 인식

출처: 양지선(2019).

횡단 역량과 교과와의 연계성을 강조하고, 수업 목표와 교과 역량의 역할을 하는 학습의 기능을 연결하여 학생들이 역량을 성취할 수 있도록 돕는 데 중점을 두었다. 가정교과의 평가는 지식과 기능을 활용한 실제 수행 능력을 평가하고자 하였으며, 교과 지식과 역량의 성취를 평가하는 기준은 수행 중심의 진술 형태로 제시하고 있다(양지선, 2019).

4) 스웨덴

스웨덴의 교육과정은 학생들이 생명 존중, 자유와 민주주의, 평등과 인권, 지속 가능성 등의 가치를 배우고 실천할 수 있도록 하는 것을 목표로 한다.

(1) 2022년 개정 스웨덴 교육과정

스웨덴의 교육과정은 학습 목표와 학습 내용으로 구성되어 있어, 교사들이 수업을 계획하고 평가할 때 참고할 수 있다. 학습 목표는 학생들이 각 교과에서 달성해야 하는 지식과 능력, 태도와 가치를 정의하고, 학습 내용은 학생들이 학습해야 하는 주제와 내용을 제시한다.

스웨덴의 국가교육과정은 우리나라와 유사하게 교육과정 총론과 각론으로 나뉜다. 교육과정 총론은 전체적인 교육철학과 목표, 학교 환경과 문화, 학생들의 책임과 영향력, 평가와 성적 부여 등을 설명한다. 각론은 각 교과의 목적과 특성, 학습 목표와 학습 내용, 평가 기준 등을 설명한다.

스웨덴은 2022 교육과정 개정에서 "학생들이 환경 문제와 지속 가능 발전에 대해 배우고 이해하며, 자신들이 살아가는 사회와 자연환경에 대해 책임감을 갖고 행동할 수 있도록 도울 것이다"라는 문장과 함께 ESD(Education for Sustainable Development, 지속 가능 발전 교육)를 교육과정의 목표로 설정하였다. ESD를 스웨덴의 교육과정 목표로 설정한 이유는 다음과 같다.

- ESD는 스웨덴의 헌법에 명시된 생명 존중, 자유와 민주주의, 평등과 인권, 지속 가능성 등의 가치와 일치한다.
- ESD는 유네스코가 주도하는 국제적인 프로그램으로, 스웨덴이 세계 공동체의 일원으로서 책임감을 가지고 기여해야 한다.
- ESD는 현재와 미래에 직면한 기후 변화, 환경 문제, 빈곤, 불평등 등의 글로벌한 과제를 해결하기 위해 필요한 지식과 기술, 태도와 가치를 학습하고 실천할 수 있도록 한다.

ESD는 각론에서 각 교과의 목적과 특성, 학습 목표와 학습 내용으로 구체화되고, 융합 과정으로도 구현되었다. 융합 과정은 여러 교과의 내용을 융합하여 통합적으로 다루는 교육과정을 말하며, 예를 들어, 환경 · 지속 가능 발전 교육은 가정과와 도덕, 사회, 과학 등의 교과 내용 요소를 융합하여 생명 존중과 지속 가능한 발전을 위한 교육을 의미한다.

(2) 스웨덴의 가정과교육과정

스웨덴에서 가정과는 '가정과 소비자 과학(home and consumer science)'이라는 교과(목)명으로 불린다. 2022 스웨덴의 '가정과 소비자 과학'은 교과(목)의 특성, 목적을 다음과 같이 제시하고 있다(이인규, 2023; 스웨덴 국립교육청, 2022).

스웨덴 '가정과 소비자 과학' 교과(목)의 특성

가정과 가족생활은 인간에게 가장 중요한 것이다. 가정에서의 습관은 개인과 가족, 사회와 자연의 안녕에 영향을 미친다. 소비자 문제와 가정에서의 소비자 관련 작업에 대한 지식은 사람들에게 건강, 경제 및 환경과 관련하여 소비자로서 의식적인 선택을 할 수 있게 함으로써 일상생활을 제대로 수행할 수 있도록 하고 지속 가능한 발전을 촉진하는 데 중요한 도구를 제공한다.

1. 목표

- '가정과 소비자 과학' 교과(목)의 교육은 학생들이 가정에서의 일, 경제 및 소비 선택에 대한 지식과 관심을 개발할 수 있도록 하는 것을 목표로 한다. 생각, 감각적 경험, 행동이 이루어지는 과정에서 상호 작용을 통해 학생들에게 음식과 식사에 대한 앎을 개발할 수 있는 기회가 주어져야 한다. 이러한 방식으로 교육은 학생들이 집에서 요리하고, 식사를 준비하며, 기타 작업을 수행하는 데 주도성과 창의성을 개발할 수 있도록 도와야 한다.
- 교육을 통해 학생들은 건강, 복지 및 공유 자원에 대한 가정의 선택이 미치는 영향에 대한 인식을 개발할 수 있어야 한다. 교육은 또한 학생들이 소비 조건과 지불, 저축, 신용 및 대출에 대한 지식을 개발하도록 도와야 한다. 이를 통해 학생들은 개인 재정에 대해 정보를 바탕으로 선택을 하고 젊은 소비자가 직면할 수 있는 다양한 문제와 상황을 처리할 수 있다.
- 교육은 학생들이 가정 내 규범, 성평등, 노동 분업에 대해 성찰할 수 있는 지식과 기회를 개발하도록 도와야 한다. 또한 교육은 학생들에게 다양한 가정의 문화적 다양성과 전통에 대한 지식을 개발할 수 있는 기회를 제공해야 한다.

2. 교과 역량

'가정과 소비자 과학' 분야의 교육은 학생들에게 다음과 같은 능력을 길러 주어야 한다.

- 다양한 필요와 상황에 맞게 음식과 식사를 계획 및 준비하고 가정에서 발생하는 기타 실제 작업을 처리하는 능력
- 가정에서의 경제 및 소비에 대한 지식
- 가정에서 발생하는 선택과 행동이 건강, 경제 및 환경에 미치는 영향을 기준으로 평가하는 능력

2022에 개정된 스웨덴 교육과정에서 핵심 내용은 음식과 요리, 개인 금융과 소비, 라이프 스타일의 3개 영역으로, 이들은 연계성과 계열성을 지니며, 초등학교에서 중등학교까지 운영되고 있다. 여기서 국가교육과정정보센터의 세계 교육과정[5]에서 소개한 1학년에서 9학년까지의 '가정과 소비자 과학' 핵심 내용은 표 2-17과 같다. 또한 스웨덴 교육과정에서는 '가정과 소비자 과학'을 학습하고 6학년 말, 9학년 말의 성적(등급) 기준을 제시한 것이 특징이다. 이를 정리하면 표 2-18과 같다.

5 국가교육과정정보센터(NCIC)에서 2024년 1월 29일에 게재한 자료

표 2-17 스웨덴 '가정과 소비자 과학'의 핵심 내용

영역 \ 학년	1~6학년	7~9학년
음식과 요리	• 다양한 상황에 맞는 요리 • 베이킹을 포함한 간단한 조리 방법, 작업의 계획, 구성, 평가 • 간단한 지침과 요리법, 일반적인 요리 용어를 읽고 따르는 방법 • 요리와 관련된 맛, 냄새, 농도, 질감에 대한 감각에 대한 이야기 • 요리에 사용할 수 있는 도구 및 기술 장비와 이를 기능적이고 안전하게 사용하는 방법 • 식품 취급, 준비, 보관과 관련된 위생 및 식품 안전	• 다양한 요구와 상황에 맞는 요리 • 식품의 특성과 용도 • 음식 선택 및 베이킹을 포함한 조리 방법 • 스스로 식사 만들기(예: 제철 재료와 남은 음식 활용) • 지침 및 조리법, 읽고 따라 하는 방법과 요리의 개념 • 요리를 하면서 느낀 맛, 냄새, 농도, 식감에 대한 이야기 • 요리에 사용할 수 있는 도구 및 기술 장비와 이를 기능적이고 안전하게 사용하는 방법 • 식품 취급, 준비, 보관과 관련된 위생 및 식품 안전
개인 금융과 소비	• 청년 개인 금융: 저축과 소비의 관계, 소비하고 저축하는 다양한 방법 • 사실적인 소비자 정보와 소비 선택에 미치는 기타 영향 간의 차이, 숨겨진 광고 메시지를 포함하여 다양한 형태의 광고 • 비교 가격을 기준으로 일반 상품의 비교	• 청년 개인 금융: 예산 편성을 포함한 소비 및 재정 계획 • 신용 쇼핑, 구독, 대출 및 저축 • 사실적인 소비자 정보와 소비 선택에 미치는 기타 영향 간의 차이, 숨겨진 광고 메시지를 포함하여 다양한 형태의 광고 • 소비자의 권리와 의무, 보증, 불만 사항, 철회권, 공개 구매 및 개인 구매, 매장 구매와 온라인 구매의 차이점
리이프 스타일	• 웰빙을 위해서 다양하고 균형 잡힌 식단을 섭취하는 것의 중요성, 하루의 식사 배분 방법 • 지역사회를 위한 식사의 중요성, 다양한 음식 전통 • 가정 내 식품 및 기타 소모품의 자원 관리 • 식품 및 기타 상품에 대한 인증 및 라벨과 그 중요성 • 청소 절차 및 방법	• 다양하고 균형 잡힌 식사 구성 및 개인의 필요에 따른 적응 • 지역사회를 위한 식사의 중요성, 다양한 음식 전통 • 싱널 관점에서 본 가정에서의 노동 분업 • 자원 관리, 식품 및 기타 상품의 선택 및 사용에 대한 고려 사항, 식품 및 기타 상품의 생산, 운송 및 재활용이 인간의 건강, 경제 및 환경에 미치는 영향 • 청소 및 세탁 절차와 방법

출처: 스웨덴 국립교육청(2022).

표 2-18 스웨덴 '가정과 소비자 과학'의 등급 기준

영역 \ 기준	6학년 말	9학년 말
E	• 학생은 주로 기능적 절차를 사용하여 간단한 식사를 준비하고 집에서 발생하는 기타 실제 작업을 관리한다. • 학생은 저축하고 소비하는 다양한 방법의 예를 제시하고 소비 선택에 영향을 미칠 수 있는 요소를 간단한 방법으로 설명한다. • 학생은 가정에서의 선택과 행동이 건강, 경제 및 환경에 어떻게 영향을 미치는지 간단한 방법으로 평가한다.	• 학생은 주로 기능적 절차를 사용하여 식사를 계획하고 준비하며 가정에서 발생하는 기타 실제 작업을 처리한다. • 학생은 작업 과정이 결과의 품질에 어떤 영향을 미쳤는지 간단한 방법으로 평가한다. • 학생은 개인 재정과 소비 선택에 영향을 미칠 수 있는 요인과 결정을 간단한 방법으로 설명한다. • 학생은 가정에서 일어나는 선택과 행동이 건강, 경제 및 환경에 어떻게 영향을 미치는지 간단한 방법으로 평가한다.
D	• 학생의 전반적인 앎은 C와 E 사이로 평가된다.	• 학생의 전반적인 앎은 C와 E 사이로 평가된다.
C	• 학생은 기능적인 절차를 사용하여 간단한 식사를 준비하고 집에서 발생하는 기타 실제 작업을 처리한다. • 학생은 다양한 저축 및 소비 방식의 예를 제시하고 무엇이 소비 선택에 영향을 미칠 수 있는지 발전된 방식으로 설명한다. • 학생은 가정에서의 선택과 행동이 건강, 경제 및 환경에 어떻게 영향을 미치는지 발전된 방식으로 평가한다.	• 학생은 기능적 절차를 사용하여 식사를 계획하고 준비하며 가정에서 발생하는 기타 실제 작업을 처리한다. • 학생은 작업 프로세스가 결과의 품질에 어떤 영향을 미쳤는지 발전된 방식으로 평가한다. • 학생은 개인 재정과 소비 선택에 영향을 미칠 수 있는 요인과 결정을 발전된 방식으로 설명한다. • 학생은 가정에서 발생하는 선택과 행동이 건강, 경제 및 환경에 어떻게 영향을 미치는지 발전된 방식으로 평가한다.
B	• 학생의 전반적인 앎은 A에서 C 사이로 평가된다.	• 학생의 전반적인 앎은 A에서 C 사이로 평가된다.
A	• 학생은 간단한 식사를 준비하고 가정에서 발생하는 기타 실제 작업을 잘 작동하는 절차를 사용하여 처리한다. • 학생은 저축하고 소비하는 다양한 방법의 예를 제시하고 무엇이 소비 선택에 영향을 미칠 수 있는지 잘 발달된 방식으로 설명한다. • 학생은 가정에서의 선택과 행동이 건강, 경제 및 환경에 어떻게 영향을 미치는지 잘 발달된 방식으로 평가한다.	• 학생은 식사를 계획하고 준비하며 가정에서 발생하는 기타 실제 작업을 잘 작동하는 절차를 사용하여 처리한다. • 학생은 작업 과정이 결과의 품질에 어떤 영향을 미쳤는지 잘 발달된 방식으로 평가한다. • 학생은 개인 재정과 소비 선택에 영향을 미칠 수 있는 요인과 결정을 잘 발달된 방식으로 설명한다. • 학생은 가정에서 발생하는 선택과 행동이 건강, 경제 및 환경에 어떻게 영향을 미치는지 잘 발달된 방식으로 평가한다.

출처: 스웨덴 국립교육청(2022).

Reading Time | 호주의 빅토리아주 가정과교육과정과 수능 시험

호주 빅토리아주 교육과정에는 8개 공통 학습 영역이 있는데, 가정교과는 cross-curricular 교과로서, 가정과교사가 8개의 공통 교육과정에서 가정교과와 관련된 요소를 골라서 교육과정을 편성한다.

그러나 호주 빅토리아주에서는 가정 과목인 '식생활 연구(food studies)'와 '건강과 인간발달(health and human development)'이 대학 입학 시험 과목에 포함된다. 즉, 고등학교 11, 12학년에 이 과목이 선택 과목으로 개설·운영되며, 가정과교사들은 교육과정을 면밀하게 분석하여 학생들이 해당 과목의 점수를 잘 받을 수 있도록 다양한 교수-학습 자료를 개발하고 토의, 토론 등 수업 방법도 다양화하고 있다.

이러한 호주의 대학 입학 시험 제도는 우리나라에서도 대학수학능력시험 과목에 가정 과목이 포함될 필요성을 제기한다. 실제로 우리나라에서도 대입학력고사를 실행하던 시기에는 '가사' 과목이 시험 과목으로 편성되어 있었고, 대학수학능력시험 시기에는 직업 탐구 영역에서 가정 과목인 '식품과 영양', '인간발달'을 시험 과목으로 채택하였다. 하지만 직업 탐구 영역은 특성화 고등학교 학생들을 위한 시험 영역이므로 일반계 고등학교 학생들도 선택하여 응시할 수 있는 가정계열 대학수학능력시험 과목 편성이 필요하다.

다음은 2023년도 호주에서 실시한 '식생활 연구' 대학 입학 시험 기출 문제이다. 이 시험은 객관식과 서답형으로 이루어지며, 식품과 관련된 사회 이슈에 대한 자료를 해석하여 해결책을 모색하는 문제가 다수 출제되므로 우리나라 중등학교에도 참고할 수 있을 것으로 보인다. 한편, 이 시험에 대한 채점은 빅토리아주 교육과정평가원으로부터 임명된 패널이 하게 된다.

2023년도 '식생활 연구' 기출 문제

디킨대학교 신체 활동 및 영양 연구소(IPAN)의 헬렌 맥퍼슨 박사는 40~65세 사이 성인의 식습관과 뇌 용적을 연구한 결과, 풍부한 채소, 과일, 곡물과 좋은 기름을 섭취한 사람들은 식단에 그러한 음식이 덜 포함된 사람들에 비해 나이가 들어도 더 큰 뇌 용적을 유지했다.

… 중략 …

맥퍼슨 박사가 2021년 알츠하이머병 저널에 발표한 연구 결과는 뇌의 신체 건강을 보호하기 위해 평생 건강한 식습관이 필요하다는 점을 시사한다는 점에서 중요하다. 이 연구는 40~65세의 19,184명의 식단과 두뇌를 조사했다. 연구 참가자들은 음식 일기를 작성하며 참가자들의 건강한 음식 섭취량을 평가할 수 있었다. 이 연구는 또한 의료 스캔을 사용하여 참가자의 뇌 크기를 측정했다. 데이터를 수집하고, 그래프로 작성하여 분석하고, 식단의 질과 뇌 크기 사이의 연관성을 알아냈다.

1. 본 연구에서 성인의 뇌 크기와 식습관 유지에 관한 연구 결과가 '호주 건강한 식습관 가이드'의 건강한 식습관 권장 사항과 어떻게 일치하는지 설명하시오.
2. 맥락과 증거 제시는 식품의 타당성을 평가하는 데 사용되는 두 가지 기준이다. 이 두 가지 기준을 사용하여 중년층의 뇌 신체 건강을 유지하는 데 식이 요법의 중요성과 관련된 연구 결과의 타당성을 평가하시오.

출처: VCAA BULLETIN(https://www.vcaa.vic.edu.au).

출처: 유난숙(2020).

5) 북한

(1) 북한의 교육과정

북한은 1972년부터 40년 가까이 '전반적 11년제 의무교육' 제도를 유지하다가 2012년 '전반적 12년제 의무교육'으로 교육 체제를 크게 바꾸었다. 즉, 4년제 소학교 과정을 5년제로 1년 확대하고, 중학교 6년을 3년제 초급 중학교와 3년제 고급 중학교로 분리했다. 이에 따라 북한의 학제는 유-초-중-고의 연한이 2-5-3-3년 체제로 변경되었고, 유치원 1년(높은 반)과 초중등교육을 합한 12년을 무상 의무교육으로 운영한다. 학교 명칭은 소학교, 초급 중학교, 고급 중학교로 칭하며, 이는 각각 남한의 초등학교, 중학교, 고등학교에 해당한다.

'전반적 12년제 의무교육'은 우리나라의 국가교육과정 총론과 유사한 성격을 지니며, 북한은 2012년 12년제 의무교육이 시작되면서 일부 교과를 통합하여 교과목 수를 줄이는 방향으로 교육과정이 개편되었다고 한다. 한편 2022년에 발표된 '제2차 전반적 12년제 의무교육강령'에 따라 유치원, 소학교, 초급 중학교 1학년 과정의 교과서를 우선 집필 중이라고 한다(통일부, 2024).

(2) 북한의 가정과교육과정

북한에서 국어, 영어, 수학 등은 우리나라와 교과명이 동일하지만, 초등 실과는 '도화공작'이라는 과목명으로 소학교에서는 5년간 매주 2시간씩, 초급 중학교에서는 '기초기술'이라는 과목명으로 3년간 매주 1시간씩 편성되어 있다(국립통일교육원, 2023).

특히, '기초기술'에는 절반 정도의 분량에 가정과의 식생활, 의생활, 가정 기기 등의 내용이 포함되어 있다. 이에 따라 2015 개정 실과(기술 · 가정) 교육과정과 2012 전반적 12년제 의무교육제의 초급 1학년 '기초기술'의 가정 영역을 비교한 연구 결과를 살펴보면, 표 2-19와 같이 두 나라 모두 기본적으로는 가정 및 일상생활에서 필요한 기초적인 기술 및 지식을 다룬다는 공통점이 있다. 그러나 남한의 가정과교육과정이 가정학 하위 영역의 내용을 폭넓게 다루는 데 비해 북한은 의생활과 식생활 영역만 다루고 있다. 성취 기준(도달 기준)의 측면에서는 남한이 지식

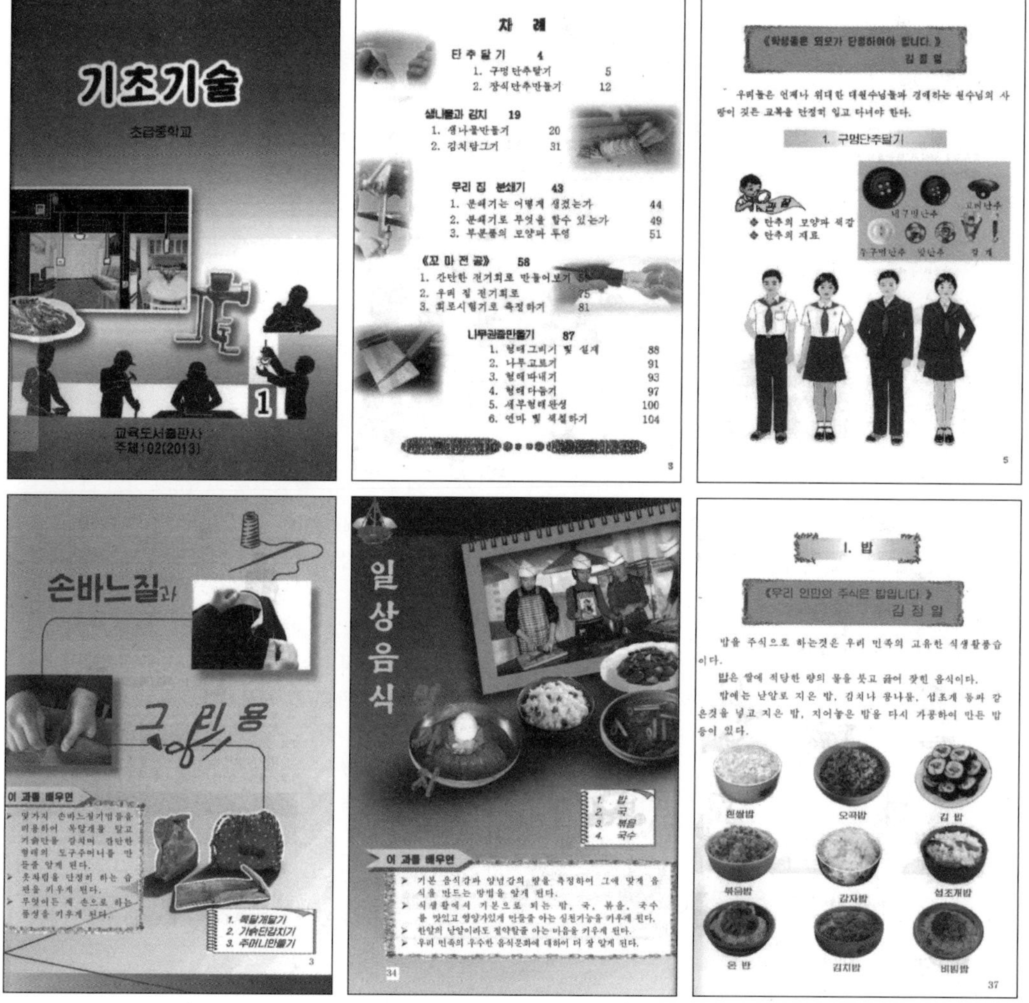

그림 2-6 북한의 '기초기술 1, 2' 교과서의 가정과 내용

출처: 교육도서 출판사(2013, 2014).

과 기능뿐만 아니라 고차적 사고 역량까지 폭넓게 다루는 데 비해 북한은 주로 수공 기능의 습득을 강조하고 있다. 교수-학습 방법과 평가 측면에서는 학생 중심의 실습 수업과 실생활에서의 실천을 강조하고 있으며 수업과정에 대한 평가와 학생의 자기 평가를 포함한다는 공통점이 있다. 교과서의 내용은 그림 2-7과 같이 남북한 모두 실습 위주의 학생 참여 수업을 지향하고 있으나, 남한의 활동 과제가 창의력과 실천력을 기르도록 하는 데 비해, 북한의 활동 과제는 학생들이 스스로 계획하거나 탐구하는 내용은 찾아보기 어렵다(한주 · 박미정, 2023).

표 2-19 남북한 11세 학생들이 배우는 실과와 기초기술 가정 영역의 성격과 목표

구분	남한	북한
항목	1. 성격 목표	머리말 '기초기술' 과목 교육의 목적과 목표
교과 성격	• 실천적이고 창의적인 노작 활동을 통해 일상생활 지식, 기초 생활 능력, 가치 판단력을 함양하고 스스로 생활을 개선하도록 함	• 가정 및 일상생활에서 갖추어야 할 훌륭하고 고상한 품성과 태도, 기초적인 기술 지식 및 기능과 함께 학습 방법, 응용 및 실천 능력을 키워줌으로써 그들이 졸업 후 강성 국가 건설에서 자기의 몫을 맡아 수행할 수 있는 기초를 마련
교과 목표	• 가정생활에 대한 지식, 능력, 가치 판단력을 함양하여 실천적 문제해결을 통해 자립하는 삶, 주도적인 삶을 영위하도록 함	• 품성과 태도: 진지한 학습 태도, 절약, 협력, 의사소통, 재활용 및 생활 오물 처리, 사회 발전에 이바지하려는 태도 등 강조 • 지식과 기능: 기초 기술 지식과 기능을 정확하게 습득하여 응용하는 것, 여러 가지 도구들을 목적에 따라 안전하고 정확하게 선택하여 이용, 필요한 정보를 얻고 활용할 수 있도록 하는 것을 강조 • 과정과 방법: 관찰 과정을 통해 비교·분석 능력과 창조적 상상 능력의 기초 마련, 만드는 과정을 통해 개념을 구체화·공고화, 손 감각과 기능을 발전, 서로 돕거나 의견을 주고받는 과정을 통해 표현 및 전달 능력, 정보 수집 능력과 학습 능력 습득 등 강조
교과 역량	• 교과 역량 제시: ① 실천적 문제해결 능력 ② 생활 자립 능력 ③ 관계 형성 능력	• 학생들을 창조적인 실천 능력과 탐구 능력을 가진 산인간으로 육성 • 가정 및 일상생활에서 갖추어야 할 훌륭하고 고상한 품성과 태도를 기름 • 기초 기술 지식과 기능 습득을 통해 생활의 문제를 원만히 해결하는 능력
교과의 지향점	• 실천적이고 창의적인 노작 활동을 통해 일상생활에 필요한 지식, 기초 생활 능력, 가치 판단력 등을 함양하여 스스로 생활을 개선할 수 있도록 함	'기초기술' 과목 교육의 목적과 목표 • 학생들을 김정일 애국주의로 고양함 • 졸업 후 장성 국가 건설에서 자기 몫을 맡아 수행할 수 있는 기초 마련 • 사회주의 경제 강국 건설
교사에 대한 요구	-	• 김일성, 김정일, 김정은이 각각 교시한 교수법 쇄신 강조 • 교사들의 부단한 수업 혁신 강조

출처: 한주·박미정(2023).

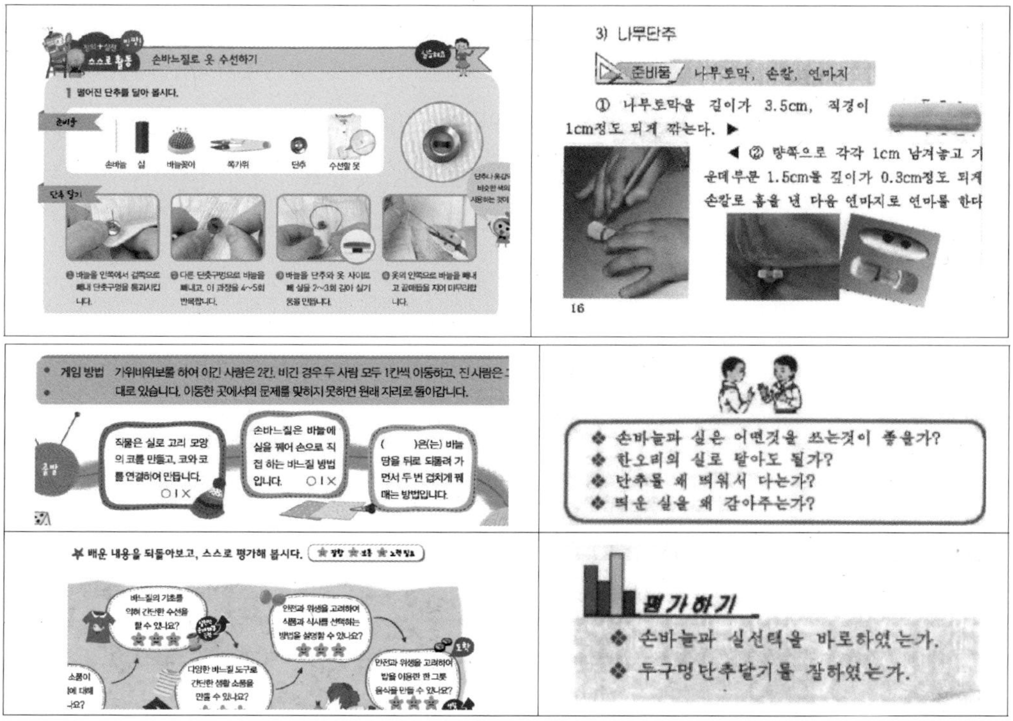

그림 2-7 (좌)남한과 (우)북한의 활동 과제와 평가 활동 비교

출처: 한주·박미정(2023).

결론적으로 남한의 가정과교육과정은 의생활, 식생활, 주생활, 아동 · 가족, 소비자 · 가정 경영 영역 등 가정생활의 전반에 걸친 내용을 다루면서 학생들이 일상생활에서 발생할 수 있는 다양한 문제에 대해 비판적 사고와 가치 판단을 통해 주도적으로 문제를 해결할 수 있는 실천적 역량을 기르는 데 목적을 둔다. 반면, 북한의 가정과교육과정은 의생활과 식생활 영역에 한정하여 학생들이 기초 기술 지식과 기능 습득을 통해 생활의 문제를 원만히 해결함으로써 궁극적으로 국가 발전에 이바지하도록 하는 데 목적을 두는 것에 차이가 있다. 이는 북한이 정치 · 경제 체제의 존속을 위하여 국가 원수를 '어버이'와 동일시하는 등 '대가정'이라는 전체주의적 가족관을 가지고 있고, 공산주의 경제 체제에서 개인의 주생활이나 소비생활 영역을 계획하고 실천할 수 있는 일상 행위에는 한계가 있기 때문으로 해석된다.

그러나 북한의 가정과교육과정은 하버마스가 제시한 인간의 행동 유형(Habermas, 1972) 중 환경을 예측하고 통제하기 위한 기술적 행동만 강조하고 있어서, '개인' 사이의 민주적 의사소통이나, 사회의 잘못된 이데올로기에 대한 비판적 성찰 등의 측면은 전혀 다루고 있지 않은 점은 매우 안타깝다. 따라서 미래에 남북이 상호 이해를 바탕으로 더 활발히 교류하고 북한 학생들과 그들의 가족들의 삶의 질 향상을 위해서는 북한의 국가교육과정에 일상생활의 영역을 폭넓게 가르치는 가정과교육과정이 보다 확대되어 편성되고, 가정과교육과정의 내용이나 목적도 질적으로 발전시킬 필요가 있다.

5. 학교교육과정의 개발과 운영

학교교육과정은 "학교에서 운영되는 교육과정 또는 학교에서 스스로 개발한 교육과정"이라는 의미를 지닌다. 첫 번째 의미의 교육과정은 학교에서 사용하고 운영되는 교육과정이 학교교육과정이라는 입장이고, 두 번째 의미는 단위 학교가 주체가 되어 교육과정을 개발한 것을 강조하는 입장이다. 이를 영어로는 'school-based curriculum'이라고 부르고, 이러한 교육과정을 개발하는 행위를 'SBCD(School-Based Curriculum Development)'라고 부른다.

교사들은 이미 편성된 교육과정의 단순한 수용자로 간주되기도 하지만, 실제로 교사들이 내린 결정과 행동은 학생들이 학교에서 겪는 경험의 많은 부분을 제공한다. 즉, 교사들은 학교에서 끊임없이 학생들의 지식과 기술, 태도, 가치관에 영향을 주는 프로그램을 디자인하고 운영하므로 교사들은 모두 교육과정 디자이너 또는 개발자이며 운영자이다. 특히, 우리나라 교육과정의 변화 방향이 국가교육과정은 대강화하여 지침만 제공하고, 학교에서 교사가 지역이나 학교, 학생들의 요구와 상황에 맞게 교육과정을 설계하고 개발하여 운영하는 것을 강조하는 추세이다. 따라서 전문성 있는 가정과교사가 되기 위해서는 교육과정 설계(디자인) 및 개발 역량을 길러야 한다.

1) 학교교육과정 개발의 목적과 필요성

우리나라는 제6차 교육과정부터 교육과정 편성 · 운영의 역할 분담 체제를 갖추도록 함으로써 교육과정 중심의 학교교육 체제로의 변화를 꾀하게 되었다(권낙원 · 민용성 · 최미정, 2008). 이것은 국가 수준의 공통성과 지역, 학교, 개인 수준의 다양성을 동시에 추구하고자 하는 것이다.

학교교육과정을 편성하고 운영해야 할 필요성에 대해 『2007 개정 교육과정 중학교 총론 해설서』에서 다음과 같이 정리하고 있다.

첫째, 학교교육과정의 편성을 통하여 국가 수준의 교육과정을 해당 학교의 실정에 알맞게 지속적으로 보완 · 조정함으로써 학생 실태에 맞는 학습자 중심의 교육과정의 다양화, 개별화, 자율화를 꾀할 수 있어 교육의 효율성(effectiveness)을 높일 수 있다.

둘째, 지역이나 학교의 특수성, 교육의 실태, 학생 · 교원 · 학부모의 요구와 필요를 반영하여 해당 학교의 교육 중점을 설정 · 운영함으로써 학교교육의 적합성(suitability)을 높일 수 있다.

셋째, 교원의 자율성(autonomy)과 전문성(professional expertise)의 신장을 위해서 학교교육과정이 필요하다. 학교교육과정의 편성 · 운영은 교원의 전문적인 업무이며, 교사가 교육과정을 편성 · 운영할 수 있는 능력이 있기 때문에 교직을 전문직이라고 할 수 있다. 즉, 학교교육과정은 학생들의 능력과 요구를 가장 잘 이해하고 학교의 지역적인 특수성을 잘 아는 교사들이 학교교육과정 편성 · 운영 과정에 능동적 · 적극적으로 참여하도록 유도함으로써 자율성과 전문성을 신장할 기회를 가지도록 할 수 있다.

넷째, 학습자 중심의 교육을 구현하기 위해서 학교교육과정이 필요하다. 학생들은 개개인의 적성, 능력, 흥미나 관심, 장래 진로에 따라 개인차가 있으므로 학생들의 다양한 요구와 흥미, 적성을 수용하고, 교육 내용에 대한 학생의 선택권을 확대하려면 학생의 발달 단계에 알맞은 해당 학교의 교육과정이 필요하다.

다섯째, 교육의 다양성을 추구하기 위해서 학교교육과정이 필요하다. 그동안 우리나라의 초 · 중등교육은 획일성이 커다란 문제로 지적되어 왔다. 즉, 획일적인 지식 주입식 교육을 탈피하여 학생 개개인의 적성에 따라 모든 학생이 성공할 수 있도록 개별 교육을 실천하려면 '교과서 중심의 학교교육 체제'를 탈피하여 '교육과정 중심의 학교교육 체제'로 전환해야 한다.

'교과서 중심'의 학교교육을 탈피하여 '교육과정 중심'의 학교교육 체제로 전환하는 것은 교육 수요자의 다양한 요구에 대응하는 교육의 실천이며, 교육 본연의 모습을 되찾아 교육과정이 기대하는 '교육의 질'을 강화할 수 있는 방법이다.

2) 학교교육과정 개발 모형

학교교육과정 개발 모형은 단위 학교에서 이루어지는 교육과정 개발 과정을 이해하고, 학교 특색에 맞는 교육과정을 개발하는 데 도움이 될 수 있다. 학교교육과정 개발의 과정은 학교라는 특수성이 고려되어야 하기 때문에 별개의 독립된 학교교육과정 개발 모형을 제시하는 학자도 있으나, 대부분 일반적인 교육과정 개발 모형을 함께 활용하고 있다.

여기에서는 일반적인 교육과정 개발 모형으로 대표적인 타일러(R. Tyler)의 모형, 타바(H. Taba)의 모형, 니콜스(Nicholls & Nicholls)의 모형, 워커(D. Walker)의 모형을 살펴보고자 한다.

(1) 타일러의 교육과정 개발 모형

타일러의 모형은 가장 전통적인 교육과정 개발 모형으로, 타일러(Tyler, 1949)는 모든 교육과정 개발에서 다음과 같은 네 가지 기본적 문제를 다루어야 한다고 제안하였다.

첫째, 학교에서 달성해야 할 목표는 무엇인가?

둘째, 목표를 달성하기 위한 학습 경험은 어떤 것이어야 하는가?

셋째, 학습 경험을 어떻게 효과적으로 조직할 수 있는가?

넷째, 이 교육 목표가 달성되고 있는지를 어떻게 평가할 수 있는가?

타일러는 이러한 네 가지 질문에 기초하여 그림 2-8과 같이 교육 목표 설정, 학습 경험 선정, 학습 경험 조직, 교육평가로 이어지는 절차를 주장하였다. 특히, 타일러는 교육과정 개발이 학교와 교실의 특수한 맥락을 고려하면서 이루어져야 함을 강조하기 위해 학습 내용 대신에 '학습 경험'이라는 용어를 사용하였고, 학습 경험 조직의 원리로 계속성(continuity), 계열성(sequence), 통합성(integrity)을 제시하였다.

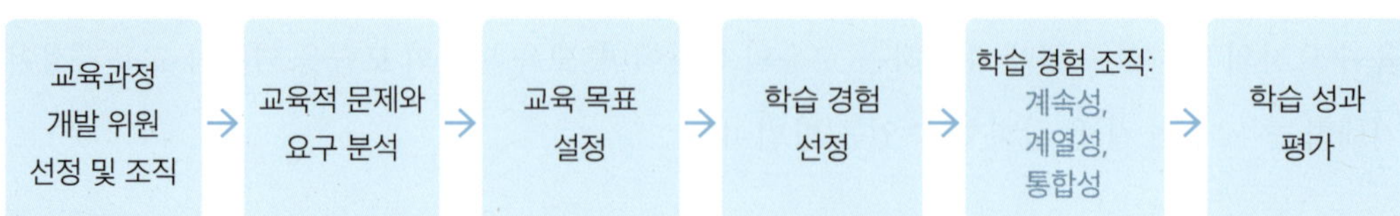

그림 2-8 타일러의 교육과정 개발 모형

- 계속성(continuity): 학습 요소를 학기와 학년을 계속하여 반복하면서 경험하도록 조직하는 원리(예: 초등 실과에서 배운 식생활 내용 요소를 중학교와 고등학교 가정 수업에서 학습하도록 설계함)
- 계열성(sequence): 학습의 위계성에 따라 학습자가 어떤 내용을 먼저 배우고, 어떤 내용을 나중에 배울지를 조직하는 원리(예: 중학교보다 고등학교의 가정과교육과정이 더욱 전문적인 내용으로 구성됨)
- 통합성(integrity): 교육 내용의 관련성을 바탕으로 횡적으로 묶거나 서로 연결하여 제시하는 학습 경험 조직의 원리(예: 지속 가능 발전 목표에 맞게 가정과교육과정을 재구성 및 통합하여 교육과정을 설계함)

(2) 타바의 교육과정 개발 모형

타바(Taba, 1962)는 타일러의 모형을 수정하여 그림 2-9와 같이 단선적이지만 개발 단계를 보다 세분화한 교육과정 개발 모형을 제안하였다. 교육과정 개발 단계에서 외부 전문가들에 의한 하향식 접근이 아닌 교사들에 의해 행해지는 상향식 모형으로 접근하였다. 따라서 구체적인 단원의 '교수-학습'을 설계하는 데 유용하다.

타일러와 타바 모형은 합리적 모형(rational model), 객관주의 모형(objective model), 기술-과학적 접근(technical-scientific approach)으로 분류된다. 이와 같은 합리적 모형의 장점은 교육과정 개발의 논리라고도 할 수 있는 목표의 개발, 내용과 학습 활동의 설정, 평가라는 과정을 제시하여 논리적이며 합리적인 구조를 도출하였다는 것이다(Print, 1993). 이들 모형은 처방 형태의 접근 방법을 제공함으로써 교육과정 개발자들의 과제를 단순화하였고, 목표의 역할과 가치를 강조하여 교육과정 개발자들이 과제에 대해 진지하게 사고해 볼 수 있게 해주었다. 그러나 교수-학습과정은 예측하기 어렵기 때문에 교육과정 개발 모형과 실제 간에 괴리가 나타날 수 있으며, 명세화된 행동 목표 설정에 치중한다는 비판이 있다(권낙원 외, 2008).

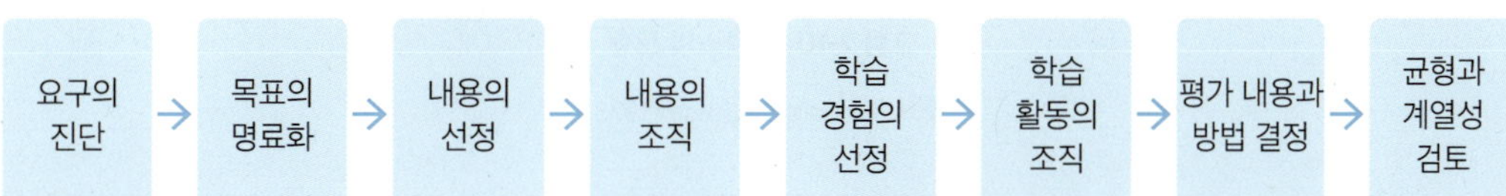

그림 2-9 타바의 교육과정 개발 모형

(3) 니콜스의 교육과정 개발 모형

니콜스(Nicholls & Nicholls, 1978)는 상황 분석을 강조한 순환적 모형(cyclic model)을 제안했다. 순환적 모형은 논리적 · 계열적 구조에 기초하여 개발된 교육과정의 장점을 그대로 수용하면서 상황의 변화에 따라 교육과정의 요소들을 변화시킬 수 있도록 허용하고 있다.

그림 2-10과 같이 상황 분석→목표 설정→내용 선정 및 조직→방법 선정 및 조직→평가의 과정으로 제시되어 있다.

이 모형은 논리적이며 계열적인 구조를 나타냄으로써 교육과정을 개발하고 계획하기에 유용하고 교육과정 개발 과정이 효율적이라는 장점이 있다. 또한 상황 분석을 하나의 출발점으로 삼고 있기 때문에 효과적인 목표를 설정할 수 있는 기초 자료를 제공해 준다. 그러나 합리적 모형이 갖고 있는 문제점을 그대로 지니면서, 실제 운영에서 상황 분석에 매우 많은 시간이 필요한 약점을 지닌다(권낙원 외, 2008).

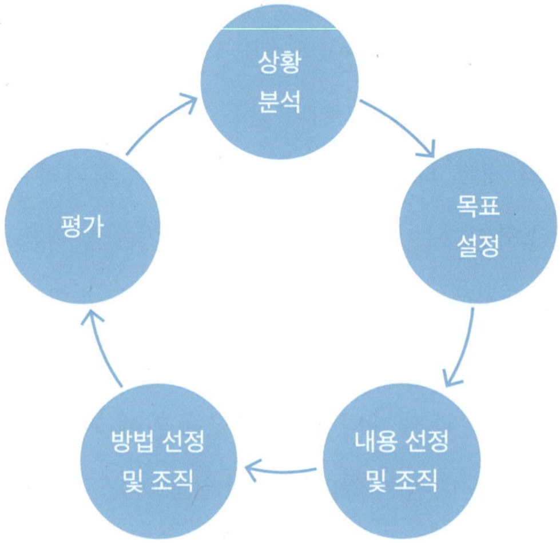

그림 2-10 니콜스의 모형

출처: Nicholls & Nicholls(1978).

(4) 워커의 교육과정 개발 모형

워커(Walker, 1971)는 실제로 교육과정 개발자는 처방적인 모형을 따르지 않는다고 하면서, 학교 현장에서 실제로 이루어지는 개발 과정을 자연주의적 모형(naturalistic model) 또는 역동적·상호 작용 모형(dynamic or interactive model)으로 제안하였다.

이 모형은 출발점(강령, platform)→숙의(deliberation)→설계(design)의 3단계로 구성되었다. 출

그림 2-11 워커의 모형

출처: Walker, D. F.(1971)

발점(강령) 단계에서는 개발자가 교육과정에 대해 가지고 있는 신념과 가치 체계를 정립하고 새로운 정보를 탐색한다. 숙의 단계에서는 교육과정에 대한 합의점을 찾기 위해 서로 아이디어를 제시하고 협의한다. 설계 단계에서는 개발자들이 논의를 통해 프로그램의 상세한 계획을 수립한다.

이에 따라 워커의 모형은 미리 결정된 절차에 의해 교육과정 개발의 목적과 과업을 최대한 성취해 나가는 전통적 관점의 모형과는 달리, 모든 참여자의 신중한 숙의와 실제적 추론의 역동적 과정에 의해 합의된 결정에 도달하는 모형이다(권낙원 외, 2008).

역동적 · 상호 작용 모형은 합리적 모형이나 순환적 모형과 달리 행동적 목표 진술에서 자유로울 수 있으며, 보다 현실적이고 실행 가능성이 높은 교육과정 개발 절차라고 할 수 있다(Print, 1993). 그러나 모형 자체가 애매하며 방향감이 부족하다는 비판을 받고 있다. 즉, 역동적 상호 작용 모형은 비체계적인 접근 방식을 취하고 있으므로 운영이 혼란스럽고 전체를 고려하지 못할 위험성이 있다(권낙원 외, 2008).

지금까지 살펴본 교육과정 개발 모형들은 각 모형 간에 본질적인 차이보다는 강조하고 있는 요소가 다소 다르다. 이러한 모형을 학습함으로써 가정과교육과정 개발에 대한 시사점을 얻을 수 있는 것은 물론 실제 학교 수준에서 교육과정을 개발하는 데도 도움이 될 것이다.

3) 학교교육과정 운영을 위한 가정과교수-학습 환경의 구성과 관리

학교교육과정의 설계 및 운영에서 교수-학습 환경을 구성하고 관리하는 것은 매우 중요하다. 2022 개정 교육과정에서도 학교교육과정을 설계하고 운영할 때 교과의 특성에 맞는 다양한 학습이 이루어질 수 있도록 교과 교실 운영을 활성화하고, 유연하고 안전하며, 디지털 기반 학습이 가능한 교육 공간과 환경을 조성할 것을 안내하고 있다.

초·중등학교 교육과정 총론

Ⅱ. 학교교육과정 설계와 운영

2. 교수-학습

라. 교사와 학생 간, 학생과 학생 간 상호 신뢰와 협력이 가능한 유연하고 안전한 교수-학습 환경을 지원하고, 디지털 기반 학습이 가능하도록 교육 공간과 환경을 조성한다.

1) 각 교과의 특성에 맞는 다양한 학습이 이루어질 수 있도록 교과 교실 운영을 활성화하며, 고등학교는 학점 기반 교육과정 운영을 위해 유연한 학습 공간을 활용한다.
2) 학교는 교과용 도서 이외에 시·도 교육청이나 학교 등에서 개발한 다양한 교수-학습 자료를 활용할 수 있다.
3) 다양한 지능 정보 기술 및 도구를 활용하여 효율적인 학습을 지원할 수 있도록 디지털 학습 환경을 구축한다.
4) 학교는 실험 실습 및 실기지도 과정에서 학생의 안전사고를 예방하기 위해 시설·기구, 기계, 약품, 용구 사용의 안전에 유의한다.
5) 특수교육 대상 학생 등 교육적 요구가 다양한 학생들을 위해 필요할 경우 의사소통 지원, 행동 지원, 보조 공학 지원 등을 제공한다.

출처: 교육부(2022c).

(1) 가정실의 필요성과 활용

학교 공간은 교육의 목표를 구현하기 위한 공간이면서 학교 구성원들의 삶의 연장으로서의 체험적 공간이다(고재윤 · 김은정, 2020). 학생들은 일상생활의 많은 시간을 학교에서 보내므로, 학교 환경은 학생들의 신체와 정신, 그리고 사회적 발달에 큰 영향을 미치게 된다.

최근의 '학교 공간 혁신', '그린 스마트 미래학교' 등의 교육정책은 국가교육과정을 점차 대강화하고 학교교육과정의 주도성과 자율성을 점차 확대하고자 하는 교육적 흐름이다. 또한 학교 공간이나 환경을 보다 안전하고 쾌적하게 조성하여 학생들의 생활과 학습을 긍정적으로 촉진하고자 하는 노력이라고 볼 수 있다.

가정과 전용의 학습 공간을 가사실, 또는 가정실이라고 부른다. 기존에는 가사실이라는 이름으로 주로 조리 실습을 하는 공간으로 활용하였으나, 최근에는 가정실 또는 메이커실 등의 다양한 이름으로 부르며 조리 실습만 하는 공간이 아니라 일상적인 가정과의 학생 참여형 수업 활동, 협동학습, 의생활 실습, 메이커 교육 공간 등으로 공간을 다용도로 활용하고 있다. 가정실은 교과 학습실의 역할도 하므로 가정과 수업 활동의 결과물이나 수행평가 등의 자료를 보관하기에도 매우 유용하다.

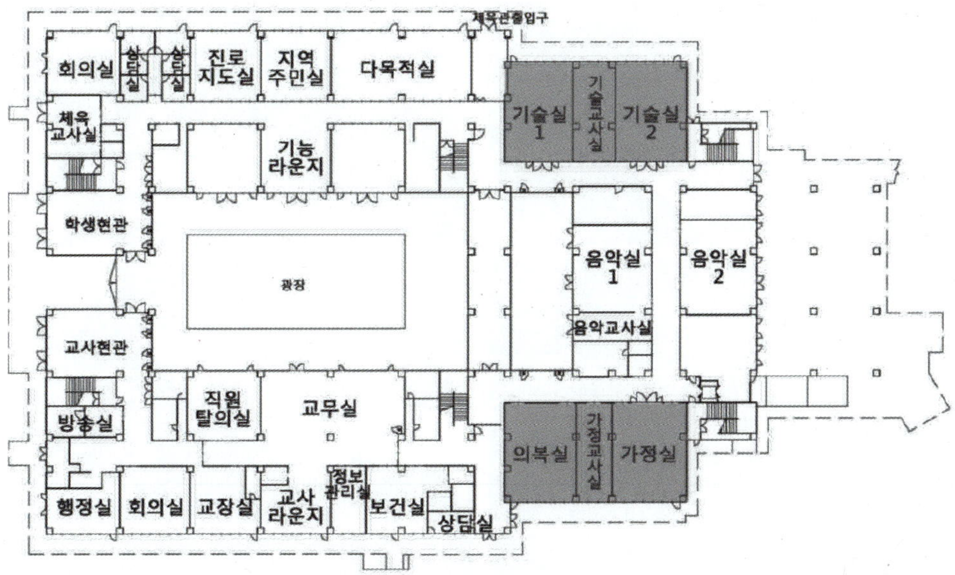

1층 평면도

그림 2-12 일본 오오구치 중학교의 의복실과 가정실 평면도

출처: 문경숙 · 고인룡(2022).

따라서 가정과교사는 가정실의 교수-학습 활동이 일어나는 공간인 가정실의 구축과 운영에 관심을 가져야 할 필요성이 있다. 가정실의 환경 구성이 잘 이루어져야 보다 효율적인 가정과교수-학습 활동이 이루어질 수 있기 때문이다.

한편, 일본의 중학교에서는 그림 2-12와 같이 1층에 교무실, 교장실, 보건실 옆에 가정실과 의복실이 배치되어 있다(문경숙 · 고인룡, 2022). 가정과 수업을 위한 공간으로 가정실과 의복실을 가지고 있으며, 가정과교사실이 중심에 있으므로 수업 준비와 운영이 더욱 용이할 것으로 보인다. 또한, 그림 2-13과 같이 핀란드와 아일랜드의 의생활 실습실과 조리 실습실, 미국의 아동발달 실습실과 인테리어 · 텍스타일 실습실 등 가정과 수업 내용에 따른 별도의 공간을 갖추고, 다양한 활동이 가능하도록 교구를 구비하고 있는 학교가 많다.

현재, 우리나라에서 핀란드와 같이 의생활과 조리 실습을 위한 별도의 공간을 갖추는 경우는 드물지만 학교 상황에 따라 가정과교사의 의지가 있다면 가능한 일이다. 서울의 S고등학교에서는 노후화된 가정 실습실을 리모델링하는 과정을 '가정과학'의 주거 공간 디자인 수업과 연계하여, 학생들 스스로 패티, 그라인딩, 마스킹, 도색, 타일 부착, 줄눈 시공, 조명 설치 등의 작업을

그림 2-13 다른 나라의 가정실

❶~❹ 핀란드의 의생활 실습실과 조리 실습실, ❺~❻ 아일랜드의 의생활 실습실과 조리 실습실, ❼~❿ 미국의 아동발달 실습실, 인테리어·텍스타일 실습실, 조리 실습실, 의복 판매실

그림 2-14 가정실 환경구성 사례

하였다. 수업을 마친 후에 학생들의 만족감과 성취감이 매우 높았던 사례가 있다. 또한 서울의 P 고등학교에서는 교사 신축을 하면서 가정과에서 가정 실습실 2개, 준비실 2개, 예절실 1개를 마련하여 조리 실습, 의생활 실습, 다도, 한복 입기 실습, 예절교육 등을 지역사회 행사 및 학생들의 진로와 연계될 수 있도록 운영한 사례가 있다(고재윤 · 김은정, 2020).

따라서 가정실은 쾌적해야 하며, 충분한 활동 공간에 현대화 · 정보화된 시설을 갖추어 자기주도적 탐구 활동은 물론 이론 수업과 실험 · 실습을 병행할 수 있는 공간으로 구성되어야 한다. 그림 2-14는 다양한 가정과 수업이나 평가 활동이 이루어질 수 있도록 가정실을 구성한 사례이다. 첫째부터 셋째 줄의 사진은 경상북도 소재 학교 가정실의 구성 사례이고, 넷째 줄은 아일랜드의 가정실 구성 사례이다. 조리 실습실의 경우 뒷배경으로 요리 프로그램과 같이 보드를 설치하거나, 앞에서 시범을 보이는 것이 잘 보일 수 있도록 실물 화상기를 배치하는 것도 활용도가 높아 보인다. 또한 가정실에 실험 실습 시 안전 수칙 외에 전기레인지나 식기 세척기, 손세탁 및 세탁기 사용법과 음식물 쓰레기 줄이는 방법 등을 안내하는 게시물도 확인할 수 있다.

(2) 가정실 환경 조성

① 학생 책상

가정실의 학생 책상은 무조건 모둠용으로 구비하기보다는 학습 형태에 따라 다양하게 활용할 수 있도록 마련하는 것이 좋다.

학생 책상은 상판을 인조 대리석으로 하면 학습용과 식탁으로 겸용해서 쓸 수 있고 교실이 환해 보이는 장점이 있으나, 무겁기 때문에 학습 자리 배치를 바꾸기 어렵다는 단점이 있다.

② 조리 실습대

가스오븐레인지의 깊이와 싱크대의 작업 효율성을 고려하여 조리 실습대 앞면의 요철을 최소화한다. 빌트인 시스템을 도입하고, 선반을 제작하여 조리 실습 시 재료나 그릇을 올려놓을 수 있도록 하면 편리하다.

③ 교사 작업대

교사의 작업대는 평상시에는 책상이나 교탁으로 사용할 수 있고, 실험이나 실습을 할 때는 작업대로 쓸 수 있는 형태로 구상하는 것이 좋다. 상판을 레일로 처리하여 매립형 싱크대를 설치하

Reading Time | 가사 실습실을 어떻게 써야 할까?

우리나라에서에 1949년 발간된 『중등 가사교본-요리실습편』(손정규 외, 장왕사)에서 가사 실습실의 사용에 대하여 설명하고 있다. 현재와 어떤 공통점이 있고, 차이점이 있는지 알아보자.

(1) 실습실

학교의 가사 실습실은 요리를 만드는 곳, 빨래와 염색을 하는 곳과 음식을 대접할 만한 방들이 각각 있기도 하고 형편에 따라 갖추어 있지 않기도 하다.

우리 실습실은 내가 배우는 곳이고 또 이 학교를 다니는 여러 동무가 다 같이 한 차례씩 이 방에서 재미있는 실습을 하는 곳이다. 먼저 이방은 몇 간이며 향(向)은 어떻게 되었으며 세간(什物)은 무엇이 있나 보자.

(2) 세간의 분류

요리 용구와 식사 용구를 구별할 것이며 요리 용구와 식사 용구에는 일상에서 쓰는 그릇과 특별한 때에 쓰는 그릇이 나뉘어 있나 보자. 우리 집에서는 손님이 오실 때 쓰는 그릇은 다른 찬장에 두고 어머니가 일일이 간수하신다.

(3) 실습실 사용 시 주의 사항

실습실이나 기구를 쓸 때에는 선생님께 여쭙고 쓰고, 다 쓴 후에는 그릇을 제자리에 넣고 물과 불을 조심하여 꼭 잠가야 한다. 여러 사람이 공동으로 쓰기 위한 규칙을 지켜야 한다.

(4) 어떻게 하면 청결할까?

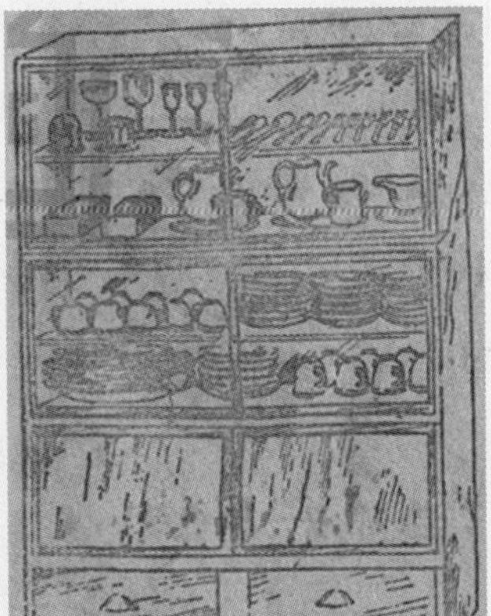

실습실을 청결하게 정리하려면 방을 치우는 것, 요리하는 것, 뒷설거지를 하는 데 사용하는 제구를 구별해야 한다.

① 행주는 어떻게 쓰나?

행주에는 마른행주, 진행주가 있고, 그중 용도에 따라 그릇 행주, 요리 행주, 소반 행주로 구별한다. 행주는 항상 깨끗하게 유지하기 위해 실습이 끝난 후에는 남은 불을 이용하여 비눗물에 삶아야 한다.

② 걸레는 어떻게 구별하나?

걸레는 마른걸레, 진걸레, 마루 닦는 것, 상다리 닦는 것을 구별해야 한다. 걸레 빨기도 행주에 묻지 않게 해야 한다. 걸레를 깨끗하게 하려면 적어도 세 번은 빨아야 한다. 처음에는 때를 잘 비벼서 빼내고, 두세 번 헹군 후 잘 말려야 한다. 걸레통은 사용한 후에 물에 씻어 물기가 마르도록 엎어 놓고, 긴 방학 동안에는 말린 것을 그늘에서 포개어 모아 둔다.

그림 2-15 가정실의 학생 책상

면 편리하다. 교사 작업대에서 컴퓨터와 LCD 프로젝터, 전동 스크린 스피커 등이 작동되도록 설치해야 수업에서 멀티미디어 기자재를 쉽게 활용할 수 있다.

④ 수납장

수납장은 되도록 붙박이장으로 설계하여 공간을 효율적으로 사용하고, 준비실에도 수납장을 설치하여 중요 비품을 보관하는 것이 좋다. 수납 공간의 내부는 다양한 크기의 교구를 수납할 수 있도록 구성한다.

⑤ 기타

가정실에서 사용하는 전기 기자재가 많이 늘어나면서 실험이나 실습을 효율적으로 하려면 전기 콘센트가 모둠별로 여유롭게 제공되어야 하며, 안전하게 관리되어야 한다. 따라서 콘센트를 오토리프팅 시스템(auto lifting system)으로 설치하면 편리하다.

전동 스크린은 학생들이 멀티미디어 학습 자료를 시청하기 편리하도록 대각선 방향으로 설치하고, 천장에는 화재를 막기 위한 설비를 해야 한다. 아울러 싱크대 상판에 전기 인덕션 등을 설치하면 깨끗하고 청소도 용이하며 안전하다.

그림 2-16 가정실의 시설 및 설비

4) 학교교육과정의 평가

학교교육과정이 처음 계획했던 대로 실천되었는지, 그리고 학교교육과정을 통해 어떤 결과가 도출되었는지 알아보기 위해서는 '평가'라는 작업이 필수적으로 뒤따르게 된다.

학교교육과정 평가는 평가에 대한 개념 정의와 주요 목적에 따라 다양하게 접근할 수 있다. 예를 들면, 타일러(Tyler, 1983)는 평가의 의미를 "행동 용어로 진술된 목표들과 학생 성취 간의 일치 정도를 알아보는 과정"이라고 하여, 학교교육과정 목표가 얼마나 달성되었느냐를 평가의 기준으로 삼았다. 반면 스테이크(Stake, 1973)는 프로그램의 전체 맥락 속에서 나타나는 현상들을 모두 발견 · 검증하는 데 평가의 목적을 두고 프로그램에 의해 나타나는 모든 현상이 평가의 대상이 된다는 가치 판단 지향적인 접근을 하고 있다.

뷰챔프(Beauchamp, 1975)는 교육과정 평가에 ① 교사의 교육과정 운영에 대한 평가, ② 교육과정 설계에 대한 평가, ③ 학생들의 학습 성과에 대한 평가, ④ 교육과정의 개발 과정의 네 차원이 포함되어야 함을 강조하였다.

한편, 학교교육과정 평가에 적절한 모형으로 스터플빔(Stufflebeam, 1973)의 CIPP 모형이 있다. CIPP는 '상황(Context)', '투입(Input)', '과정(Process)', '산출(Product)'의 약자이다. 스터플빔은 평가란 "의사 결정의 대안을 판단하기 위한 유용한 정보를 기술 · 획득 · 제공하는 과정"이라고 보았다. 이 정의의 특징은 ① 평가는 의사 결정자에게 유용한 정보를 제공함으로써 합리적인 의사 결정을 돕기 위하여 수행된다. ② 평가는 계속되는 순환 과정으로 체계적인 프로그램의 전 과정에서 실시된다. ③ 평가의 과정은 정보를 기술, 획득, 제공하는 세 단계를 거친다는 점이다.

스터플빔의 네 가지 의사 결정 형태와 관련한 평가의 형태를 제시하면 그림 2-17과 같다. 상황 평가는 목표를 결정하기 위한 근거를 제공하며, 관련된 환경, 실제적 조건, 요구와 기회, 문제를 진단해 준다. 투입 평가는 과제의 목표를 달성하기 위해 자원을 어떻게 활용하느냐를 결정하기 위한 정보를 제공하기 위한 것이며, 자원과 시간, 예산 요구, 절차적 장벽과 장벽을 극복할 수 있는 가능성 및 비용, 과제 목표 설계와의 관련성 등을 평가한다. 과정 평가는 계획 및 실행 과정에 책임을 진 사람에게 주기적인 피드백을 제공하기 위해 실행되며, 절차 설계나 실행에서의 결함 발견 및 예견, 계획된 결정을 위한 정보 제공, 절차 기록을 목표로 한다. 산출 평가는 과제의 성취도를 판단하고 반응하기 위해서 의사 결정을 순환시키는 역할을 한다. 산출 평가의 방법으로는 목표의 조작적 정의, 활동의 목표와 관련된 기준의 측정, 이 측정치와 사전에 결정된 절대적 또는 상대적 기준과의 비교, 그리고 상황 평가 · 투입 평가 · 과정 평가 정보를 사용한 결과의 합리적 해석을 내리는 것을 포함한다.

그림 2-17 스터플빔의 의사 결정 형태와 평가

출처: Stufflebeam(1973).

CIPP 모형은 평가의 대상을 목표 이외의 대상에까지 확대했다는 장점이 있고, 체계적이고 합리적이어서 대규모의 프로그램이나 프로젝트에 적용하는 데 유용한 평가 모형이다. 그러나 의사 결정의 합리성과 개방성, 의사 결정자의 규명 문제에 대해 불분명하고, 실제 운영상에 많은 어려움이 따른다는 단점이 있다.

최근에는 학교 수준의 교육과정에 대한 자율적 설계와 운영이 확대됨에 따라 학교교육과정의 계획, 운영, 성과에 대한 평가의 중요성이 더욱 강조되고 있다. 이에 따라 2022 개정 교육과정에서는 학교가 학교교육과정 설계 및 운영의 적절성과 효과성 등을 자체 평가하여 문제점과 개선점을 추출하고, 다음 학년도의 교육과정 설계 및 운영에 그 결과를 반영할 것을 안내하고 있다. 가정과교육과정의 평가는 학교교육과정 평가의 일부분으로, 또는 교사 교육과정의 평가 수준에서 이루어질 수 있다.

ACTIVITY

가정과교육과정 자체 평가 기준 만들기

가정과교과협의회에서 '가정과교육과정 자체 평가 기준'을 만들어 활용하고자 한다. 다음 자료에서 필요한 문항을 추출하여 '가정과교육과정 자체 평가 기준'을 구성하시오.

평가 영역	평가 요소	자체 평가 지표	가정과 교육과정 평가
학교 교육 과정 계획	계획 수립 과정	전년도 학교교육과정 계획·운영 실태·성과를 충실하게 분석하였는가?	
		지역사회·학교의 특성 및 학생·학부모·교사의 요구 사항을 충실하게 조사하고 의견 수렴이 이루어졌는가?	
		학교교육과정 계획 수립 과정에서 학교 구성원 간의 공식적인 협의체를 구성하여 논의하였는가?	
		교원·학생·학부모는 학교교육과정 계획 수립 과정에 만족하는가?	
	계획 내용	국가교육과정 기준 및 시·도 교육청의 편성·운영 지침을 학교교육과정 계획에 반영하였는가?	
		학교의 교육 중점 및 중장기 발전 계획, 운영 지원 계획 등을 학교교육과정 계획에 반영하였는가?	
		학교 특성과 학생의 요구 등을 고려하여 교과, 창의적 체험 활동 영역을 계획하였는가?	
		학생의 특성과 수준을 고려하여 영역별 평가 활동을 계획하였는가?	
		교원·학생·학부모는 학교교육과정 계획 내용에 만족하는가?	
학교 교육 과정 운영	교과 교육	교과 교육 계획과 실제의 교수-학습 및 평가는 일치하였는가?	
		학교 여건 및 학생의 특성을 고려한 교과별 교수-학습이 이루어졌는가?	
		교과별 역량, 목표, 내용에 일관성 있는 평가를 실시하였는가?	
		교원·학생·학부모는 교과 교육 활동 운영에 만족하는가?	
	창의적 체험 활동	창의적 체험 활동 계획과 실제 운영은 일치하였는가?	
		학교 여건 및 학생의 특성을 고려하여 창의적 체험 활동을 실시하였는가?	
		창의적 체험 활동 목표 및 내용에 일관성 있는 평가를 실시하였는가?	
		교원·학생·학부모는 창의적 체험 활동 운영에 만족하는가?	
	지원 체제	교원의 전문성 신장을 위해 교원 연수 및 장학을 실시하였는가?	
		학교교육과정 운영을 위해 학부모, 지역 인사 등과 긴밀한 협조 체제를 유지하였는가?	
		학교교육과정 운영에 필요한 예산 및 교육 시설, 설비 등을 효과적으로 지원하였는가?	
		교원·학생·학부모는 학교교육과정 운영을 위한 학교의 지원 내용과 방식에 만족하는가?	
학교 교육 과정 성과	교육 성과	학생은 교과 성취 기준에 도달하였는가?	
		학생은 창의적 체험 활동의 교육 목표에 도달하였는가?	
		학생은 긍정적인 학습 태도를 형성하였는가?	
		학교교육과정 운영의 결과, 학생의 바람직한 인성 형성에 도움이 되었는가?	
		학생과 학부모는 학교에서 이루어진 교육 계획별 교육 성과에 만족하는가?	
		교원은 교육과정 운영 지원 체제와 각 교육 계획에 따른 학교 변화에 만족하는가?	
	교육 성과 활용	학교·교원·학생은 교육과정 목표 달성과 성과를 지속적으로 점검하고 평가하였는가?	
		학교·교원은 평가 결과 문제점 및 개선 사항, 교육과정 성과 등을 다음 학년도 교육과정 계획·운영에 활용하였는가?	

출처: 교육부(2022).

단원 마무리

1. 브라운, 보빗, 볼드윈의 가정과교육과정의 관점은 하버마스의 세 가지 탐구 패러다임과 맥을 같이 한다. 기술적/능력 중심 관점은 기존의 가족, 또는 사회 구조의 강화를 장려하고, 자아실현/개념 중심/해석적 관점은 상호 작용과 참여, 의사 결정을 지원하는 관계를 촉진하며, 실천적 추론/실천적 문제 중심/비판적 관점은 가족과 교실 내에서 신념, 가치, 규범에 대한 반성적인 질문을 통해 학습자들이 사회적 책임감과 자율성을 지니고 성장하기를 기대한다.

2. 교육과정은 교육과정 운영의 주체에 따라 국가, 지역, 학교교육과정으로 구분한다. 교육과정 개정 등의 성공적인 정착을 위해 교사의 관심과 실행 수준을 진단하고 적절한 지원을 제공하여 변화를 촉진하는 모형이 관심에 기초한 교육과정 실행 모형(CBAM)이다.

3. 우리나라의 가정과교육과정은 교수요목기부터 현재에 이르기까지 많은 변화를 겪으며 국가교육과정의 필수 교과로서 초기의 여성 중심의 기술적·이론적 성격이 강한 교과에서 남녀 공통의 보통교육, 실천 비판적 성격과 내용으로 변화하였다. 2015 교육과정에서는 실천적 문제해결 능력, 관계 형성 능력, 생활 자립 능력을 교과 역량으로 강조했고, 2022 개정 교육과정에서는 고등학교 진로 선택 과목에 '생활과학 탐구', 융합 선택 과목에 '아동발달과 부모', '생애 설계와 자립'이 편성되었다.

4. 삶의 질을 중시하는 복지 국가인 북유럽의 핀란드와 스웨덴은 가정이 독립 과목으로 운영되고 있고, 일본 고등학교의 가정교과는 독자적으로 운영되며, 전문 교과 '가정'은 21개의 과목으로 구성되어 있다. 미국의 국가 기준 과정 질문 프레임워크는 최근의 질문을 강조하는 우리나라 교육 현장에 시사점이 크다. 북한은 가정과교육과정이 보다 확대되어 편성될 필요가 있으며, 호주는 대학 입학 시험에 가정 과목을 포함하고 있는 등 다른 나라의 가정과교육과정의 특징을 비교하여 살펴봄으로써 우리나라 가정과교육과정의 발전 방향을 모색할 수 있다.

5. 우리나라 국가교육과정은 점차 학교교육과정의 자율성과 교사의 교육과정 설계·운영 능력을 강조하고 있는 추세이다. 따라서 전문성 있는 가정과교사는 학교교육과정을 설계하고 운영해야 하며, 이때 가정과의 특성에 맞는 다양한 학습이 이루어질 수 있도록 교과 교실의 성격을 가진 가정실 등의 교수-학습 환경을 조성하고 활용해야 한다.

1. 다음은 김 교사가 2015 개정 교육과정(교육부 고시 제2015-80호)에 따른 중학교 실과(기술·가정) 교육과정 연수를 받고 정리한 내용의 일부이다. ㉠과 ㉡에 해당하는 것을 순서대로 쓰시오. [2점] [2017]

1. 성격: 생활의 문제를 해결하는 과정을 통해 자기 주도적 삶을 영위하도록 함.
   교과역량 함양으로 행복한 삶, 건강한 삶, 조화로운 삶을 이룸.
   → 실천적문제해결능력, 생활자립능력, (㉠)

2. 목표
   - 총괄 목표: 실천적 문제 해결을 통한 자립적 삶을 영위함.
   - 세부 목표: 성격에 제시된 교과역량이 영역별로 나타남.

3. 내용 체계: 영역, 핵심개념, 일반화된 지식, 내용요소, 기능으로 구성됨.

교과의 기초 개념이나 원리 / 탐구과정 및 사고 기능

영역	인간발달과 가족		가정생활과 안전		자원관리와 자립	
핵심개념	발달	관계	㉡	안전	관리	생애설계
내용요소						

필수학습내용

… (하략) …

2. 다음은 A 학교의 교육과정 편성을 위한 회의 내용이다. 괄호 안의 ㉠, ㉡에 해당하는 명칭을 순서대로 쓰시오. [2점] [2019]

교육과정 편제표를 작성하고자 하니, 2015 개정 고등학교 교육과정을 확인하신 후, 개설하고자 하는 과목의 교과 영역, 교과군, 과목 구분을 정확하게 말씀해 주시기 바랍니다.

'가정과학'을 개설하고자 합니다.
'가정과학'은 고등학교 편제와 단위 배당 기준에서 교과 영역은 (㉠), 교과군은 '기술·가정', 선택 과목 중에서 (㉡)에 해당합니다.

3. 다음은 가정과 교과교육 연구회에서 교사들이 나눈 대화이다. <작성 방법>에 따라 서술하시오. [4점] [2022]

> 교사 A : 최근 교사 수준의 교육과정에 대한 교사들의 관심이 높아지고 있어요.
>
> 교사 B : 네. 저는 교사가 교육과정을 재구성하여 수업과 평가에 활용할 수 있으려면 반드시 (㉠)이/가 필요하다는 생각이 들어서 이번 학기부터 동료 선생님들과 함께 '교육과정 바르게 읽기'라는 모임을 만들어 교육과정 문서에 대해 공부하고 있습니다.
>
> 교사 C : 저도 (㉠)이/가 교사 전문성의 핵심이라는 생각이 들어요. 저는 올해 건강한 식생활을 주제로 자유학년제 프로그램을 운영했어요. 여기에 대한 평가를 바탕으로 내년 프로그램을 계획해 보려고 하는데 혹시 적절한 평가 방법이 있을까요?
>
> 교사 A : 저는 지난 여름방학 연수에서 교육 프로그램 평가에 활용할 수 있는 스터플빔(D. Stufflebeam)의 CIPP 모형에 대해서 배웠는데, 이 모형은 (㉡), 투입, 과정, 산출을 각각 체계적으로 평가하는 모형입니다. 한번 적용해 보세요.
>
> … (중략) …
>
> 교사 B : 앞으로 시행될 고교학점제를 준비하려면 가정과교사들이 온라인 공동교육과정 운영에도 많은 관심을 가져야겠습니다.
>
> 교사 A : 기술·가정 과목에 대한 수업 연구와 홍보도 필요해요. 제가 근무하고 있는 고등학교에서는 기술·가정을 3단위로 개설해서 운영하고 있는데 학생들은 시간을 더 늘려 달라고 하네요.
>
> 교사 C : 일반계 고등학교의 기술·가정 과목은 생활·교양 교과 영역의 필수 이수 단위인 16단위 내에서 고등학교 3년간 최대 ㉢ <u>7단위까지 이수가 가능</u>하니까 내년도 교육과정 편성에서는 학생들의 의견이 적극 반영되면 좋겠네요.
>
> … (하략) …

<작성 방법>

- ㅇ 괄호 안의 ㉠에 해당하는 용어를 쓸 것.
- ㅇ 괄호 안의 ㉡에 해당하는 용어를 쓸 것.
- ㅇ 밑줄 친 ㉢의 근거를 '선택 과목의 기본 단위 수'를 포함하여 서술할 것. [단, 2015 개정 교육과정(교육부 고시 제2020-248호)에 근거할 것.]

4. 다음은 2022 개정 가정과교육과정에 대한 가정과교사들의 대화이다. 괄호 안의 ㉠과 ㉡에 해당하는 용어를 순서대로 쓰시오. [2점] [2024]

교사 A : 2022 개정 가정과교육과정은 학습자의 주도성과 역량에 기반을 둔 교과교육과정의 특색이 잘 드러나는 것 같아요.

교사 B : 맞아요. 중학교 가정과교육과정에서는 학습자가 자신의 일상생활을 성찰하고 주도적 삶을 위한 행동 체계를 구축해 나갈 수 있도록 하고 있어요. '성격 및 목표'에서는 교과 역량을 실천적 문제 해결 역량, 생활 자립 역량, (㉠) 역량으로 제시하고 있고, 2015 개정 가정과교육과정의 교과 역량과 동일해요.

교사 A : 고등학교 교육과정에는 학습자의 주도성을 키우고 선택권을 강화하는 방향이 교육과정 편성·운영에서 잘 나타나고 있어요.

교사 B : 그것은 고교학점제와 학교 선택 과목 등에서 살펴볼 수 있어요. 고등학교의 선택 중심 교육과정에서 일반 선택 과목, 진로 선택 과목, 융합 선택 과목으로 나누어 교과목을 편성하는데, 이 중 (㉡)은/는 가정 교과의 진로 선택 과목이에요. 진로 설계에 중점을 두고 초등학교 '실과', 중학교 '기술·가정', 고등학교 일반 선택 과목 '기술·가정'의 가정 영역과 연계하여 학습내용을 심화한 과목이에요.

5. 다음은 가정과 교육과정에 대해 교사들이 나눈 대화이다. <작성 방법>에 따라 서술하시오. [4점] [2025]

> 교사 A : 교수·학습 과정을 설계하기 전에는 교과 교육과정의 방향, 성격 및 목표, 내용 체계 및 성취 기준을 알고 있어야 합니다. 그래서 오늘은 2022 개정 가정과 교육과정(교육부 고시 제2022-33호)에 대해 자세히 살펴보도록 하겠습니다. 먼저 2022 개정 가정과 교육과정의 개정 방향은 '(㉠)'와/과 '학습 과정에 대한 성찰'을 지향하고 있어요.
>
> 교사 B : 그렇다면 교육과정 개정 방향인 (㉠)은/는 가정과 교육의 성격이 지향하는 바와 맥락을 같이 하고 있는 건가요?
>
> 교사 A : 네, 가정과 교육의 성격이 생활교과, 응용교과, 통합교과 등 다양하게 제시되었지만 2007 개정 가정과 교육과정(교육인적자원부 고시 제2007-79호)부터 현재까지 변하지 않은 교과의 성격은 (㉡)입니다. 가정과 교육은 일상의 삶에서 가족이 당면하는 문제를 해결하며 학습자의 행동을 변화시키는 데 중점을 두고 있어요. 그리고 교과의 성격을 아는 것은 수업을 설계할 때 수업의 주안점이나 방향을 정하는 데 중요합니다.
>
> 교사 B : 그렇군요. 수업을 설계할 때는 가정과 교과의 성격뿐 아니라 가정과 교육과정도 잘 이해하고 있어야겠네요.
>
> 교사 A : 맞아요. 현재 학교에서는 2015 개정 가정과 교육과정(교육부 고시 제2015-74호)과 2022 개정 가정과 교육과정이 함께 적용되고 있어, 두 시기의 교과 교육과정을 비교하여 알고 있어야 해요.
>
> 교사 B : 두 시기의 교육과정을 살펴보니 내용 체계에 변화가 있더라고요.
>
> 교사 A : 네, 맞아요. 2015 개정 교육과정과 2022 개정 교육과정에서 제시하고 있는 '내용 요소'는 같은 의미입니다. 하지만 2022 개정 교육과정에서는 ㉢'내용 요소'의 범주를 상세화하고 있어요. 그리고 2015 개정 교육과정은 ㉣'핵심 개념'을, 2022 개정 교육과정은 '핵심 아이디어'를 제시하고 있어요.

<작성 방법>

- 괄호 안의 ㉠, ㉡에 해당하는 용어를 순서대로 쓸 것.
- 밑줄 친 ㉢에 해당하는 범주를 쓰고, 밑줄 친 ㉣의 의미를 서술할 것. [단, 2015 개정 실과(기술·가정)/정보과 교육과정(교육부 고시 제2015-74호)과 2022 개정 실과(기술·가정)/정보과 교육과정(교육부 고시 제2022-33호)에 근거할 것.]

CHAPTER 3

가정과교수-학습 방법

THEORY OF HOME ECONOMICS EDUCATION

가정과교수-학습 방법

- 1. 교수와 학습
  - 1) 교수와 학습의 의미
  - 2) 교수-학습의 구성 요소
  - 3) 교수 이론과 학습 이론
- 2. 좋은 수업과 교수-학습 방법
  - 1) 좋은 수업이란?
  - 2) 교수-학습 패러다임의 변화
  - 3) 교수-학습 방법
- 3. 강의법
  - 1) 강의법의 개념 및 특징
  - 2) 강의법에서 교사의 표현 기술
  - 3) 효과적인 질문 전략
    - (1) 교사의 질문 전략
    - (2) 교사의 답변 전략
  - 4) 유의미 학습: 효과적인 설명식 수업
- 4. 토의·토론법
  - 1) 토의와 토론의 개념
  - 2) 토의·토론법의 특징
  - 3) 토의·토론법의 종류
    - (1) 하브루타
    - (2) 둘 가고 둘 남기
    - (3) 피라미드
- 5. 실험·실습법
  - 1) 실험·실습법의 개념 및 특징
  - 2) 시범
  - 3) 실험·실습 운영 시의 안전 수칙
    - (1) 가정실에서 학생이 지켜야 할 안전 수칙
    - (2) 가정실에서 교사가 지켜야 할 안전 지도 수칙

- 6. 협동학습법
  - 1) 협동학습법의 개념 및 특징
  - 2) 협동학습의 원리
  - 3) 다양한 협동학습 모형
    - (1) 직소 모형
    - (2) 성취 과제 분담 모형
    - (3) 팀 경쟁 학습 모형
    - (4) 함께 학습하기 모형
    - (5) 집단 조사 학습 모형
    - (6) 자율적 협동학습 모형
- 7. 역할 놀이
  - 1) 역할 놀이의 개념 및 특징
  - 2) 역할 놀이의 단계
- 8. 창의적 문제해결법
  - 1) 창의적 문제해결법의 개념
  - 2) 창의적 문제해결법의 절차
- 9. 문제 중심 학습
  - 1) 문제 중심 학습의 개념 및 특징
  - 2) 문제 중심 학습의 절차
- 10. 실천적 문제해결 수업
  - 1) 실천적 문제해결 수업의 개념 및 특징
  - 2) 실천적 문제해결 수업의 내용과 절차
    - (1) 기대하는 목표 설정
    - (2) 문제의 맥락 이해
    - (3) 바람직한 대안 탐색
    - (4) 행동의 결과 고려
    - (5) 행동 및 행동의 평가
- 11. 프로젝트법
  - 1) 프로젝트법의 개념 및 특징
  - 2) 프로젝트법의 단계
    - (1) 목적 설정 단계
    - (2) 계획 단계
    - (3) 실행 단계
    - (4) 평가 단계

생각해 보기

01 내가 경험했던 좋은 수업들은 어떤 특징이 있었는지 생각해 보자.

02 과거에서 현재에 이르기까지 교실 수업 장면을 떠올려 보자. 교수-학습의 모습은 어떤 방향으로 변해 왔을까?

03 강의식 수업 방법은 반드시 지양해야 할까? 강의식 수업을 효과적으로 하기 위해서는 어떠한 요소나 전략이 필요할지 생각해 보자.

04 협동학습을 하면서 느꼈던 어려움을 떠올려 보고, 학생들이 협동학습에서 겪는 다양한 어려움을 줄일 수 있는 방법을 생각해 보자.

05 학생들이 흥미와 호기심을 가지고 몰입하면서 수업에 적극적으로 참여할 수 있는 교수-학습 방법은 무엇이 있을까?

06 역할 놀이는 효과적인 수업 방법일 뿐만 아니라, 갈등 해결의 좋은 도구이기도 하다. 학교 현장에서 발생할 수 있는 갈등 상황 중 하나를 설정해서 역할 놀이를 어떻게 활용할 수 있을지 생각해 보자.

07 중학교 자유 학기제에서 운영할 수 있는 가정 교과 관련 프로젝트 주제를 브레인스토밍해 보자.

08 실천적 문제해결 수업은 학생들이 개인적·사회적으로 해결을 필요로 하는 다양한 문제에 대해 실천적 추론 과정을 통해 스스로 최선의 해결책을 찾아서 실천하도록 하는 가정과교수-학습 방법이다. 학교급(중/고)별로 학생들이 해결해야 할 실천적 문제는 무엇이 있을지 생각해 보자.

CHAPTER 3

가정과교수-학습 방법

교사의 주된 활동은 학생들을 가르치는 일이다. '가르친다'는 말은 지식이나 정보를 전달하는 소극적 행동만을 의미하는 것이 아니라, 학습자가 가진 잠재력을 이끌어 내고 비판적 사고와 창의성을 발휘하도록 돕는 적극적인 상호 작용 행위이다. 좋은 가르침은 학생들에게 배움의 가치와 자신의 성장 가능성을 믿게 해주고, 새로운 것을 배우는 데 주저하지 않는 용기를 준다. 이를 통해 학생들은 적극적인 학습자가 되어 자신의 삶을 주도적으로 살아갈 수 있는 힘을 기르게 된다.

가정과교사는 매일 수업을 통해 학생들을 만난다. 좋은 수업을 위해서는 가정과교육의 철학과 교육과정, 학생들의 능력과 요구 등을 고려하여 수업 목적에 적절한 교수-학습 방법을 활용할 수 있어야 한다. 이 장에서는 교수-학습이 무엇인지, 그리고 가정과 수업에서 활용할 수 있는 다양한 교수-학습 방법에는 무엇이 있는지 알아본다.

1. 교수와 학습

1) 교수와 학습의 의미

교수(敎授)[1]란 '가르침을 주는 것'이라는 의미로, 가르치는 사람이 특정한 목표를 가지고 학습자의 환경을 조작하여 학습 목표를 달성하게 하는 의도적인 활동을 말한다. 학습(學習)이란 '배우고 익히는 일'로, 경험이나 연습의 결과로 발생하는 비교적 영속적이고 지속적인 행동의 변화를 의미한다. 이러한 변화는 교육, 훈련, 경험 등에 의한 것으로, 생득적 변화, 성숙에 의한 변화, 또는 일시적 변화는 포함되지 않는다(강이철, 2023). 따라서 학습은 학습자가 주체적으로 새로운 지식과 기술, 태도를 습득하고 내면화하는 과정이라고 할 수 있다.

이와 같이 교수-학습 과정은 '가르치고 배우는' 과정으로, 교수와 학습의 관계는 그림 3-1과 같이 세 가지 경우를 생각할 수 있다(이성흠 외, 2017). A는 교사가 학습 목표 달성에 필요한 일정한 내용을 가르쳤지만 학생은 전혀 그 내용을 학습하지 않은 경우로, 바람직하지 못한 관계로 볼 수 있다. B는 학교교육에서 가장 현실적인 모습으로, 학생들은 배운 내용의 일부만을 학습하게 되는 상황이다. 마지막으로 C는 교사가 가르친 내용을 학생들이 완전하게 학습한 경우, 혹은 교사가 가르친 내용보다 학생들이 더 많이 학습한 경우로, 가장 이상적인 관계로 간주된다.

교수-학습의 관계가 이상적인 관계가 아닌 바람직하지 못한 현실적 관계로 나타나는 이유는 무엇일까? 이에 대해 변영계(2006)는 다음과 같이 설명하고 있다. 첫째, 학습은 반드시 교수

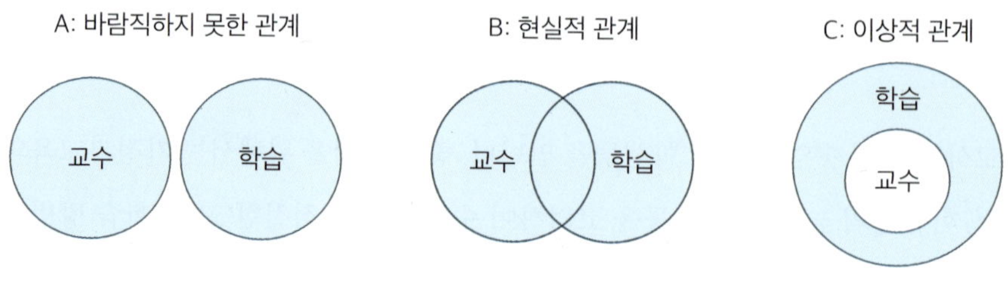

그림 3-1 교수와 학습의 관계

출처: 이성흠 외(2017).

1 유사한 용어인 수업(授業)은 '업(학업이나 기술)을 준다'는 뜻으로, 교수와 마찬가지로 가르치는 활동을 의미한다. 두 용어를 구분하기도 하지만, 일반적으로는 함께 사용하는 경우가 많다(김광현, 2018).

의 결과로만 발생하지 않는다. 교수의 결과가 효과적으로 나타나기 위해서는 수업 내용과 학습자의 학습 기대, 준비 정도, 그리고 다양한 환경적 조건들이 적절히 조화되어야 한다. 둘째, 교수 진행 전 준비 과정의 충실도가 학습에 영향을 미친다. 학습 내용이 학습 목표 달성에 적합한지, 학습자의 수준에 적절한지, 수업 내용에 적합한 교수-학습 방법이 선정되었는지, 학습 동기를 유발하기 위한 충분한 시간이 배분되었는지 등 수업이 이루어지는 전체 과정에 대한 철저한 준비가 교수의 결과에 영향을 미치기 때문이다. 셋째, 교수-학습 상황은 교수자가 계획한 대로 진행되지 않을 수 있다. 예를 들면, 교수자가 학습자의 동기 유발을 위해 준비한 영상이 교실 컴퓨터의 기술적인 문제로 재생되지 않을 수도 있고, 발표하기로 한 학생이 결석할 가능성도 있으며, 학습자의 상태에 따라 교수자가 계획한 시간보다 더 많은 설명이 필요할 수도 있다.

따라서 이상적인 교수-학습 관계를 만들기 위해서는 교수-학습에 영향을 미치는 다양한 변수를 예측하고 교수와 학습의 교집합을 확장할 수 있도록 지속적인 고민과 실천이 필요하다.

2) 교수-학습의 구성 요소

앞에서 살펴본 것과 같이 교수 활동은 학생들에게 특정 행동의 변화를 기대하는 계획적이고 가치 지향적인 행위이다. 따라서 교사는 사전에 계획된 목표가 효과적으로 잘 달성될 수 있도록 교수-학습과 관련된 요소를 적절히 통제할 수 있어야 한다.

교수-학습 상황을 구성하는 핵심 요소는 교사, 학생, 교육 내용으로, 이를 교육의 3요소라고 부른다(백영균 외, 2019). 이 외에 교육방법이나 교육 환경 등도 교수-학습에 영향을 미친다. 즉, 교수-학습 과정에서 교사, 학생, 교육 내용을 비롯한 여러 요소들이 교육 목표라는 공동의 목적 달성을 위해 역동적으로 상호 작용하게 된다.

이러한 특성으로 인해 교수-학습 과정은 체제적인(systematic) 성격을 갖게 되는데, 여기서 체제(system)란 구성 요소들이 특정한 목적을 달성하기 위해 상호 작용하며 조직된, 통합적 전체를 의미한다. 백영균 외(2019)는 교수-학습 체제를 구성하는 요소들의 상호 작용적 관계를 그림 3-2와 같이 나타냈다.

각 요소별 특징을 살펴보면 다음과 같다.

- 교육 목표: 교수-학습 활동의 방향을 제시하는 기준으로, 학습자가 달성해야 할 지식, 기술, 태도 등을 명확히 규정하는 역할을 한다. 교사는 가치 있는 교육 목표를 설정하고 학습자가

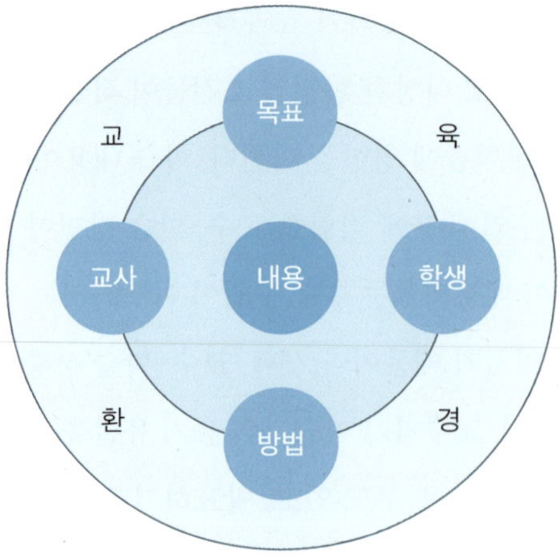

그림 3-2 교수-학습 체제를 구성하는 구성 요소 간의 상호 작용적 관계

출처: 백영균 외(2019).

이러한 목표를 보다 명확히 인식할 수 있도록 해야 한다.

- 교육 내용: 교육 내용은 교육 목표 달성을 위해 제공되어야 할 학습 경험으로, 학생의 수준과 흥미를 고려하여 교육 목표에 적합한 내용을 선정 · 구성해야 한다.
- 교육방법: 교육 목표를 효과적으로 달성하기 위해 사용되는 다양한 교수-학습 전략과 기법을 의미한다. 학습자의 특성과 교육 내용에 따라 적절한 방법을 선택해야 하며 학생들의 능동적 참여를 이끌어 낼 수 있어야 한다.
- 교사: 교사의 전문성, 교수법 및 태도는 학습 효과에 직접적인 영향을 미친다. 교사는 해당 교과에서 무엇을, 왜, 어떻게 가르쳐야 할지에 대한 전문적 식견을 가지고 있어야 하며 자신의 교과가 학생의 삶과 사회에 어떤 기여를 할 수 있는지에 대해서도 답할 수 있어야 한다.
- 학생: 학생은 학습 활동에 능동적으로 참여하고 자신의 학습을 주도하는 역할을 한다. 학생의 지능 수준, 선수학습 정도, 적성, 흥미, 학습 양식, 동기 등은 학습 성과에 큰 영향을 미치기 때문에 서로 다른 배경을 가진 학생들의 다양한 요구를 고려해야 한다.
- 환경: 교육이 이루어지는 물리적 · 사회적 · 심리적 조건으로, 학교 환경, 교실 환경, 교사 환경, 학습자 환경 등이 있다. 물리적 환경은 교실의 설비, 교육 자료, 기술 도구 등을 포함하며, 사회적 환경은 학습자 간의 상호 작용, 협력, 교사와의 관계 등을 포함한다. 심리적 환경은 학습 동기, 스트레스, 자존감 등에 영향을 주기 때문에 긍정적이고 안전한 학습 환경 조성이 중요하다.

이와 같이 교수-학습의 구성 요소들은 독립적이면서도 전체 교수-학습 체제 속에서 유기적으로 상호 작용하며 교육의 효과성을 높이는 데 중요한 역할을 한다. 따라서 교수-학습을 계획할 때 각각의 요소가 어떻게 상호 연결될 수 있는지 통합적으로 고려하는 것이 중요하다.

3) 교수 이론과 학습 이론

교수 이론과 학습 이론은 교수-학습이 잘 이루어지기 위한 다양한 조건을 체계화한 이론들을 통칭하는 용어이다. 학습 이론은 학습자가 정보를 습득하고 이해하며 적용하는 과정을 설명하는 이론으로, 주로 학습의 심리적 메커니즘, 동기 부여, 기억, 인지 과정 등을 다룬다. 또한 사회적 상호 작용, 정서적 · 환경적 요인, 학습자의 발달 단계 등에도 관심을 가진다. 학습 이론은 크게 행동주의 학습 이론, 인지주의 학습 이론, 구성주의 학습 이론으로 구분할 수 있다(김광현, 2018).

행동주의 학습 이론은 학습을 '연습이나 경험의 결과로 나타난 관찰 가능하고 지속적인 행동의 변화'라고 본다. 따라서 특정 자극에 특정한 반응을 보이도록 만들고 이를 유지하는 데 관심을 두며, 보상과 처벌 등 행동을 유발할 수 있는 외적 요인을 적절하게 통제하는 것을 중요시한다. 행동주의 관점에서 볼 때 잘 가르치는 교사란, 특정 반응을 나타내는 자극을 발견하고, 그 자극이 학습자에게 영향을 주도록 교수-학습 환경을 설계하며, 이를 체계적으로 강화하는 사람이다. 예를 들면, 학생이 적절한 행동을 했을 때 보상을 통해 행동을 강화하고, 질문을 유도하기 위해 질문하는 학생을 칭찬하며, 과제를 하지 않은 학생에게 벌점을 부여하는 등의 활동은 행동주의 관점에서 적절한 지도라고 볼 수 있다.

인지주의 학습 이론은 행동주의에서 소홀히 다루었던 학습자의 내부 정신 작용에 관심을 가진다. 학습을 단순히 외부 자극에 대한 반응으로 보지 않고, '학습자의 인지 구조 속에서 이루어지는 정보처리 과정'으로 본다. 따라서 학습자가 새로운 정보를 이해하고 이를 기존의 지식과 연결하여 체계적으로 저장하는 과정을 중요시한다. 인지주의 관점에서 볼 때 잘 가르치는 교사란, 학습자가 새로운 정보를 기존 지식과 연결하고, 이를 이해하고 내면화할 수 있도록 교수-학습 환경을 설계하는 사람이다. 예를 들면, 학생이 학습 목표를 명확히 인지할 수 있도록 효과적으로 제시하고, 새로운 개념을 소개하기 전에 관련 지식의 개념도에 해당하는 선행 조직자를 제시하여 학습자가 이미 알고 있는 개념과 연결할 수 있게 계획하며, 학생들이 정보를 효과적으로 처리하고 기억하도록 다양한 학습 전략을 사용하는 것 등이 해당된다.

구성주의 학습 이론은 학습자를 자신의 경험을 통해 의미를 구성하는 능동적인 존재로 가정한다. 따라서 학습자가 새로운 정보를 기존 지식과 통합하여 의미를 생성하는 과정을 중요시한다. 또한, 학습은 '학습자가 경험과 상호 작용을 통해 개인적 의미를 창출하는 과정'이므로, 맥락에 따라서 학습의 결과는 다르게 나타날 수 있다. 구성주의 관점에서 훌륭한 교사는 학습자가 주체적으로 학습에 참여하고 자신의 경험을 통해 지식을 형성할 수 있는 환경을 조성하는 사람으로, 사회적 상호 작용과 맥락적 경험이 학습에 중요한 역할을 한다는 점을 인식하고, 협동학습이나 프로젝트 기반 학습 등을 통해 학습자가 문제해결 과정에서 지식을 구성할 수 있도록 지원하는 역할을 한다.

표 3-1 학습 이론의 특징 비교

구분	행동주의 학습 이론	인지주의 학습 이론	구성주의 학습 이론
철학적 배경	• 객관주의	• 객관주의	• 주관주의
학습의 정의	• 관찰 가능한 바람직한 행동의 변화	• 새로운 인지 구조의 생성 및 변화	• 경험과 실제적 지식을 활용한 개인적 의미 창출
학습의 과정 및 결과	• 주위 환경 자극에 대한 유기체의 반응 • 효과성, 효율성 강조	• 인지적·정신적 과정 • 감각 기억→작동 기억→장기 기억 • 효과성, 효율성 강조	• 지식 구성의 능동적 과정 • 지식의 재해석, 재구성, 재진술 • 맥락적·실제적 상황 강조
학습 방법	• 프로그램 학습 • 반복 연습	• 발견 학습 • 선택적 주의 집중, 부호화 전략, 인출 전략	• 문제 중심 학습, 협력학습
교사의 역할	• 학습을 점진적·단계적으로 계열화하여 제시 • 적절한 단서, 암시 사용 • 즉시적 피드백	• 학습자의 인지 과정 지원 • 다양한 기억 전략 사용 • 지연된(유예된) 피드백	• 관찰자, 진행자, 자극자, 촉진자, 조력자, 격려자 • 실제적 과제 제시 • 반성적·성찰적 기회 제공
학생의 역할	• 단서, 암시에 대한 반응 • 간단하고 쉬운 내용부터 단계적으로 접근	• 전체와 구조에 관심 • 정보를 능동적으로 기억, 통합, 활용	• 학습자 스스로 지식 구성 • 학습 목표 설정, 학습 진행, 평가의 학습자 주도
교육에 대한 시사점	• 학생의 행동을 효과적으로 다루기 위한 행동 수정의 원리 및 외재적 동기 강화 방법 제시 • 학습 과제 계열화의 원리 제시 • 관찰 가능한 행동에 대한 평가 및 피드백의 중요성 강조	• 유의미 학습과 탐구 학습 강조 • 정보처리 전략의 강조 • 내재적 학습 동기 유발 • 학습자의 메타 인지의 중요성 강조	• 지식 구성 과정의 상황 맥락의 중요성 제시 • 협력학습의 중요성 강조 • 학생과 상호 작용하는 촉진자로서의 교사 역할 강조

출처: 김보경(2024); 김진영 외(2023) 재구성.

요약하면, 행동주의는 외적 자극과 반응을 통해, 인지주의는 학습자의 내부 사고 과정을 통해, 구성주의는 경험과 상호 작용을 통해 지식이 형성된다는 입장을 취하며, 각각의 독특한 관점은 학습 과정을 이해하는 데 도움을 준다. 가정과교사는 각 학습 이론이 학습에 대해 가지고 있는 기본적인 전제와 가정이 다르다는 점을 이해하고, 학생들의 발달 수준과 요구에 맞는 교수-학습 환경을 조성하기 위해 노력해야 한다.

지금까지 살펴본 학습 이론이 주로 '학습은 어떻게 일어나는가'를 설명하는 이론이라면, 교수 이론은 교수자가 학습 목표를 효과적으로 달성하기 위해 사용하는 방법과 전략을 제시하는 이론이다. 교수 이론은 제2차 세계대전 때 훈련의 효과성을 높이기 위한 여러 가지 접근이 시도되면서 함께 발달하였다(류지헌 · 김민정 · 임태형, 2023). 교수 이론의 목적은 교육의 효율성과 효과성을 높이는 데 있으며, 주로 교육과정 설계, 교수방법, 교수 자료의 활용, 학습 평가 등에 초점을 두고 있기 때문에 앞으로 다룰 다양한 교수-학습 방법과도 관련된다. 다음은 교수 이론이 어떻게 발달해 왔는지를 개괄적으로 설명한 것이다.

교수 이론의 발달 역사

- 1960년대 행동주의: 개별 학습을 위한 교수 절차에 대한 연구가 활발하게 진행, 개별 학습자의 학습 속도에 따라 진행될 수 있도록 한 프로그램 교수법이 발달되었다.
- 1970년대 체제 이론: 체제적 교수 설계 이론이 도입되고 교수 설계의 중요성이 확산되었다.
- 1980년대 인지주의: 정보처리 이론 및 인지주의적 관점이 광범위하게 적용되었다.
- 1990년대 구성주의: 학습자에 의한 학습 과정 촉진, 문제해결력의 증진, 협력학습 등을 강조하는 새로운 시각이 등장하였다.
- 2000년대 이러닝: 인터넷의 발달로 네트워크 기반의 학습 환경이 가능해져 원격학습이 확산되었다.
- 2010년대 스마트 러닝: 이동성과 휴대성이 높은 스마트 기기의 발달로 디지털 학습이 가능해지고 학습 형태가 다변화되었다.
- 2020년대 AI 기반 학습 체제: 학습자의 상태에 따라 개별화된 처방을 제공하는 맞춤형 학습지원 활동이 가능해졌다.

출처: 류지헌 외(2023).

2. 좋은 수업과 교수-학습 방법

1) 좋은 수업이란?

교사라면 누구나 좋은 수업을 위해 노력할 것이다. 그러나 수업은 정확한 공식에 따라 수행되는 기술적인 활동이 아니라, 교사의 철학과 가치관이 녹아 있는 예술적인 활동이기에, 좋은 수업이 무엇인지 그 개념에 대해서는 간단히 정의 내리기 어렵다. 학생들이 원하는 좋은 수업은 어떤 것일까? 재미있는 수업, 설명이 명료하여 이해하기 쉬운 수업, 소통이 활발한 수업, 열정적인 수업, 삶에 도움이 되는 수업 등 매우 다양한 의견이 있을 수 있다.

오랫동안 대학에서 우수한 강의를 해온 조벽 교수는 유능한 교육자의 핵심 특성으로, 수업 내용에 관한 지식, 명확하게 설명하는 능력, 토론의 장려, 충분한 준비, 흥미와 학습 동기 유발, 학생들에 대한 충분한 시간 할애, 열의, 학생들을 위한 배려 등 여덟 가지 특성을 제시하고, 각각을 전문 지식, 교수 기술, 마음가짐이라는 세 영역으로 구분하여 제시하였다(조벽, 2020, 그림 3-3).

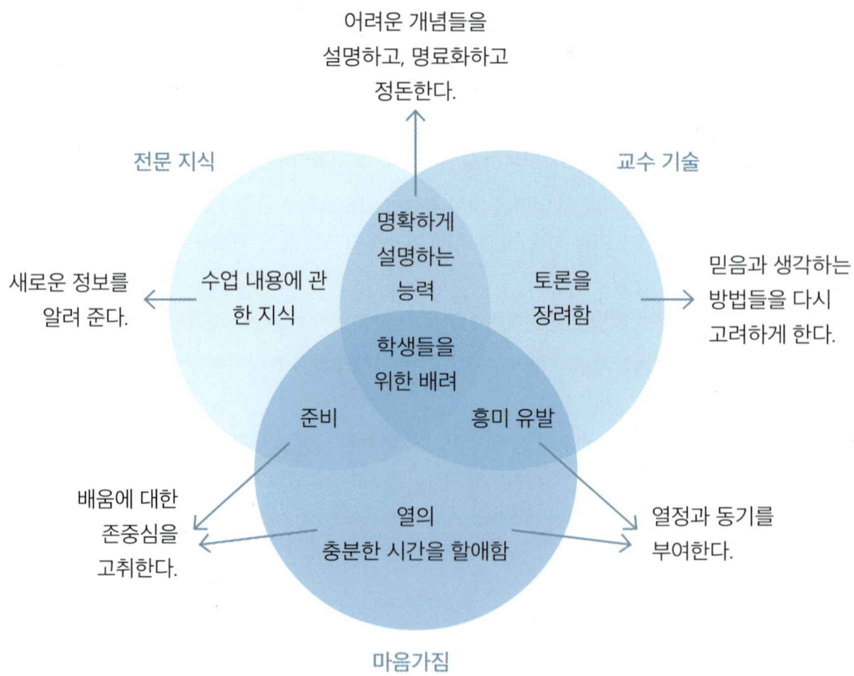

그림 3-3 유능한 교육자의 핵심 특성과 최고의 수업 특징

출처: 조벽(2020).

그는 유능한 교육자가 갖는 이러한 특성은 무엇보다 학생들을 배려하는 마음에서 나온다고 보았다. 이렇게 세 영역이 잘 갖추어진 최고의 수업은 다음과 같은 특징이 있다. ① 학생들에게 새로운 정보를 알려 주고, ② 어려운 개념을 설명하고 명료화하고, 정돈하며, ③ 믿음과 생각하는 방법들을 다시 고려하게 한다. 또한 학생들의 ④ 배움에 대한 존중심을 고취하고, ⑤ 더 깊게 학습하기 위한 열정과 동기를 부여한다. 이런 수업이 제공되었을 때 비로소 학생들은 새로운 정보와 같은 전문 지식과 더불어 자기 주도 학습 역량 등의 학습 기술, 학습자로서의 올바른 자세에 해당하는 마음가짐, 즉 지식, 기술, 태도를 함께 형성할 수 있게 된다(그림 3-4).

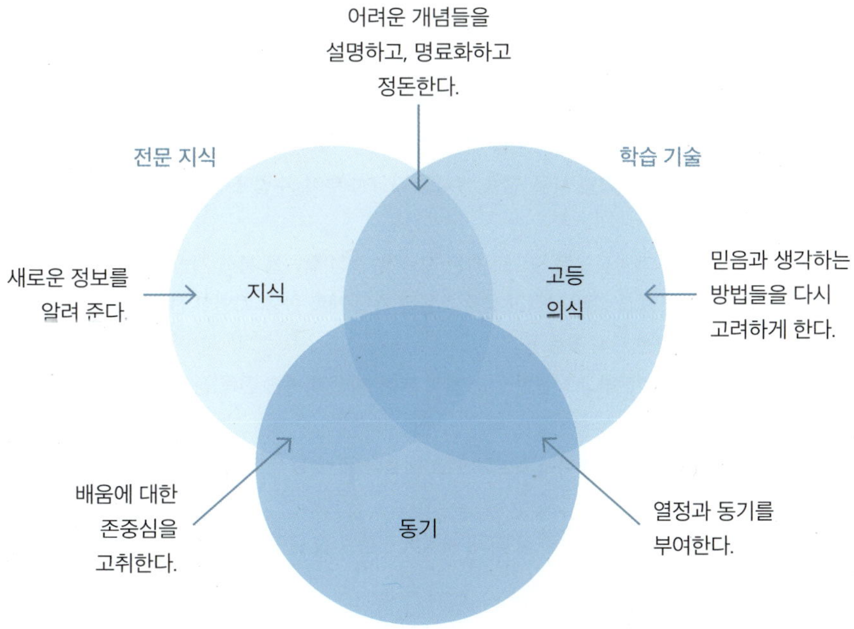

그림 3-4 최고의 수업을 통해 학생이 얻는 것

출처: 조벽(2020).

독일의 교육학자 힐베르트 마이어(Meyer, 2011)는 좋은 수업의 구성 요소를 체계적으로 밝힌 학자로 널리 알려져 있다. 마이어에 따르면, 좋은 수업은 다음과 같이 정의된다.

> 민주적인 수업 문화의 틀 아래서, 교육 본연의 과제에 기초하여, 성공적인 학습 동맹[2]이라는 목표를 가지고, 의미의 생성[3]을 지향하면서, 모든 학생의 능력의 계속적인 발전에 기여하는 수업

그는 좋은 수업의 열 가지 특징을 다음과 같이 제시하고, 좋은 수업을 위해서 교사에게는 수업에 대한 이론적 지식과 실천 지식(혹은 경험 지식), 그리고 행위 능력, 이 세 가지가 필요하다고

마이어가 제시한 좋은 수업의 열 가지 특징

1. 수업의 명료한 구조화: 수업 목적-내용-방법의 조화로운 일치, 방법적 진행과정의 일관성, 과제와 규칙, 역할의 명료성, 규칙에 대한 합의, 의례와 자유 공간의 적절성 등
2. 높은 비율의 학습 몰두 시간: 훌륭한 시간 경영과 시간 엄수, 수업의 조직화에 드는 시간 절약, 일과 편성의 리듬화 등
3. 학습 촉진적인 분위기: 상호 존중, 규칙의 준수, 책임의 공유, 공정성, 배려 등
4. 내용적인 명료성: 학습 과제의 적절성(학습 구조 분석, 학습 상태 분석 등 수행), 주제 전개 과정의 순조로움, 수업 결과 정리의 명료성과 구속력 등
5. 의미 생성적 의사소통: 수업 계획과 실행 과정에 학생이 참여하도록 하기, 토론 문화 형성, 의미 회담(수업 자체에 대한 교사와 학생의 대화), 학생의 학습 저널 작성, 학생으로부터의 피드백 수집
6. 방법적 다양성: 풍부한 연출 기법 사용, 행동 방식의 다양성 부여, 수업 진행 형식의 변화, 기본 형식들 간의 균형 등
7. 개별적인 촉진(학생들이 개인적으로 필요로 하는 지원 및 중점 학습을 통해 개인에게 적합한 학습 상황을 만들어 내는 것): 개별적인 학습 상태 분석과 상호 조율된 촉진 계획 활용, 차별화 전략의 사용, 고위험군에 속한 학생들에 대한 특별한 촉진 계획 활용 등
8. 지능적 연습: 연습 장려, 충분하고 적절한 연습 과제 부여, 학생의 학습 전략(정교화, 조직화 등) 지원, 목적 지향적인 지원 등
9. 분명한 성취 기대: 학생의 성취 능력에 합당한 학습 내용의 제시, 평가 기준의 공개, 교사의 촉진적 태도, 학업 진보 촉진적 피드백 제공 등
10. 준비된 환경: 질서 정연함, 기능적인 교실 배치, 사용이 편한 학습 도구 완비 등

출처: Meyer(2011).

2 교사와 학생이 수업에서 통용될 권리와 의무 그리고 달성해야 할 성취와 성과에 대해서 교수학적-사회적 계약을 맺는 것

3 학생이 교수-학습 과정과 그 결과에 어떤 개인적이고 개별적인 의미를 부여하는 과정

하였다. 즉, 교수-학습에 대한 이론적 지식을 갖추는 것뿐만 아니라, 자신의 수업 행동에 대한 반성적 성찰을 통해 경험적 지식을 쌓아가야 하며, 마지막으로 이러한 지식을 수업 실천을 통해 구체적으로 완수해 나가는 능력이 필요하다.

앞의 두 학자가 좋은 수업의 요소와 성격을 규정했다면, 교육공학의 측면에서는 최적의 교수-학습 상황, 즉 좋은 수업을 구현할 수 있는 조건을 밝히는 데 관심을 두어 왔다. 조규락과 김선연(2006)은 최적의 교수-학습 상황의 조건으로 효과, 효율, 매력, 안정이라는 네 가지 개념을 제시하였다(그림 3-5). 각각의 내용을 살펴보면 다음과 같다.

- 효과(effective): 의도한 교수-학습 목표에 도달했는지를 의미한다. 아무리 좋은 환경에서 교육이 이루어져도 학습자가 배운 것이 없다면 효과가 없다고 볼 수 있다.
- 효율(efficient): 투입한 시간, 노력, 예산에 비해 효과가 나타난 정도이다. 교육 활동에는 많은 예산과 인력 등이 투입되며, 이러한 자원은 늘 한정적이기 때문에 효율성은 주요한 고려 대상이 된다.
- 매력(attractive): 학습자의 흥미와 관심을 끄는 정도이다. 매력적인 수업은 무척 재미있고, 다양한 자료가 활용되며 학생들은 동기가 부여되어 활발하게 참여하게 된다.
- 안정(stable): 변하거나 흔들리지 않고 일관된 결과를 유지하는 것을 말한다. 교육의 상황과 조건이 늘 동일할 수는 없지만, 비교적 유사한 상황이라면 유사한 결과를 도출할 수 있어야 한다.

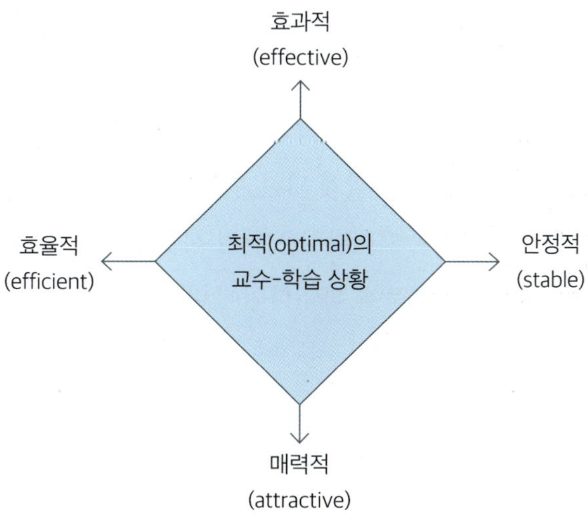

그림 3-5 최적의 교수-학습 상황

출처: 조규락 · 김선연(2006).

여기서 4개의 축이 각각의 개념의 정도를 나타낸다고 보면, 가운데 그려지는 마름모의 면적이 넓을수록 효과적인 교수-학습 상황이라고 볼 수 있다. 반면, 네 조건 중 어느 한쪽으로만 치우친 경우를 좋은 수업으로 보기 어려울 것이다. 따라서 좋은 수업을 위해서는 네 가지 조건을 전체적인 관점에서 동시에 고려하는 것이 필요하다. 수업에서 각 범주를 넓히려면 어떤 전략이 필요할지 창의적으로 생각해 보자.

효과	• 배운 내용이 오래 남는 수업 • 학생들의 눈높이에 맞는 수업 • 이해가 잘되는 수업 • 깨달음을 주는 수업
매력	• 재미있는 수업 • 열정적인 수업 • 자유롭고 개방적인 수업 • 다양한 자료와 매체를 사용하는 수업
효율	• 동기를 유발할 수 있는 수업 • 집중이 잘되는 수업 • 학생 간에 소통이 있는 수업 • 학생 참여 기회가 많은 수업
안정	• 균형 있는 수업 • 꾸준한 수업 • 안전한 환경을 제공하는 수업

그림 3-6 좋은 수업의 범주별 조건(예시)

출처: 김광현(2018).

2) 교수-학습 패러다임의 변화

앞에서 살펴본 좋은 수업에 대한 정의는 교수-학습 패러다임과도 밀접한 관련이 있다. 패러다임이란 과학자들이 세계를 이해하고 연구하는 데 사용하는 기본적인 개념적 틀로(Kuhn, 1962), '현상을 바라보는 안목 또는 사고의 틀'이라는 의미로 다양한 분야에서 널리 사용된다. 패러다임은 새로운 발견이나 변화가 있을 때 도전을 받게 되며, 이 과정에서 기존의 패러다임이 새로운 패러다임으로 전환되는 특징을 지닌다. 패러다임은 특정 시점에서 사람들의 사고방식이나 행동을 형성하는 기본적 틀로 작용하기 때문에, 패러다임이 바뀌면 사람들의 문제해결 방식이나 행동도 달라지게 된다.

교육 분야에서도 다양한 패러다임의 변화가 일어나고 있다. 이 중 가장 두드러진 변화로 볼 수 있는 것은 교사 중심에서 학습자 중심으로의 변화라고 할 수 있다. 전통적인 교육에서는 교육을 훈련이나 정신 도야의 차원으로 보았기 때문에 모든 교수-학습 과정에서 교사가 중심이 되어 학습을 주도하였다. 그러나 이런 방식은 21세기를 주도할 창의적 인재를 기르기에는 한계가 있다. 게다가 기술의 발달로 인해 온라인 학습, 이러닝, 협력학습 등 다양한 교수-학습 방법이 도입되면서 학습자가 능동적으로 학습에 참여할 수 있는 기회가 늘어나고 있다. 이런 이유로 오늘날의 교육은 교사 중심에서 학습자 중심으로 변화하고 있다.

교사 중심 교수방법은 교사가 중심이 되어 학습자에게 내용을 전달하는 방법으로, 교육과 관련된 대부분의 결정권이 학교나 교사에게 있다. 주로 강의식 수업으로 운영되기 때문에 수업에서 학습자 개개인의 특수한 여건이나 어려움, 또는 개인차에 대한 고려가 거의 불가능하다. 그러나 학습자 중심 교수방법은 학습자가 수업의 주체가 되며, 모든 학습 환경은 학생의 학습을 도울 수 있도록 준비된다. 학습자의 다양한 요구와 개인차를 고려하여 여러 가지 형태의 교수-학습 방법을 적용할 수 있다. 학습자 중심 교수방법의 가장 큰 장점은 학습자가 교사에게 의존하지 않고 스스로 학습하는 과정을 통해서 효과적이고 능동적으로 학습하는 능력을 키울 수 있다는 점이다(박숙희 · 염명숙, 2013).

이렇듯 미래 사회에서 기대하는 학생의 역할은 수동적인 학습자가 아니라, 자기 주도적으로 학습하고, 토론, 협력, 프로젝트 기반 학습 등을 통해 적극적으로 참여하며 자신의 학습 결과에 책임을 지는, 학습자 주도성(student agency)을 갖춘 사람이다.

표 3-2 교사 중심 교수와 학습자 중심 교수 비교

구분	교사 중심 교수	학습자 중심 교수
구조	• 교육의 결정 권한이 교육 기관이나 교사에게 있음	• 학습자의 요구에 따라 융통성 있게 변경
수업 방식	• 강의식·교과서 중심의 수업 • 획일적인 지도 • 암기 위주의 주입식 교육 • 수동적인 수업 참여 • 교사의 수업 능력, 지도성에 의존	• 탐구식·발견 중심의 수업 • 개인차를 고려한 개별 중심 지도 • 사고력·문제해결력 증진을 위한 수업 • 능동적인 수업 참여
수업 평가	• 규준 지향 평가	• 목표 지향 평가
장점	• 짧은 시간에 많은 내용을 체계적으로 가르침 • 학교교육의 전형적인 수업 방식으로 교사나 학생 모두에게 익숙함 • 시간, 경비, 시설의 효율적인 운영이 가능한 경제적인 교수법	• 흥미 있는 수업 • 창의력 향상 • 학습자의 성취 욕구 충족 • 개인차를 인정하는 교육
교사의 역할	• 유일한 정보 제공자	• 수업의 안내자 • 학습 촉진자

출처: 박숙희·염명숙(2013).

학습자 주도성의 개념을 이해하기 위해서는 OECD의 '2030 학습 프레임워크: 학습 나침반'을 살펴볼 필요가 있다. OECD는 2015년부터 'OECD Education 2030: 미래 교육과 역량' 프로젝트를 진행해 왔다. 2015년부터 2018년까지 진행된 1단계 프로젝트에서는 '미래 사회를 살아갈 학생들에게 무엇을 가르칠 것인가'에 초점을 두고 OECD Education 2030 학습 프레임워크를 다음과 같이 개발하였다(그림 3-7).

이 학습 프레임워크는 학습에 대한 OECD의 방향성을 나침반의 이미지로 표현한 것으로, 이를 '학습 나침반 2030(Learning Compass 2030)'이라고 부른다. 학습 나침반은 하나의 은유로서, 학생들이 익숙하지 않은 상황을 스스로 헤쳐나가는 법을 배우고, 교사로부터 고정된 지시나

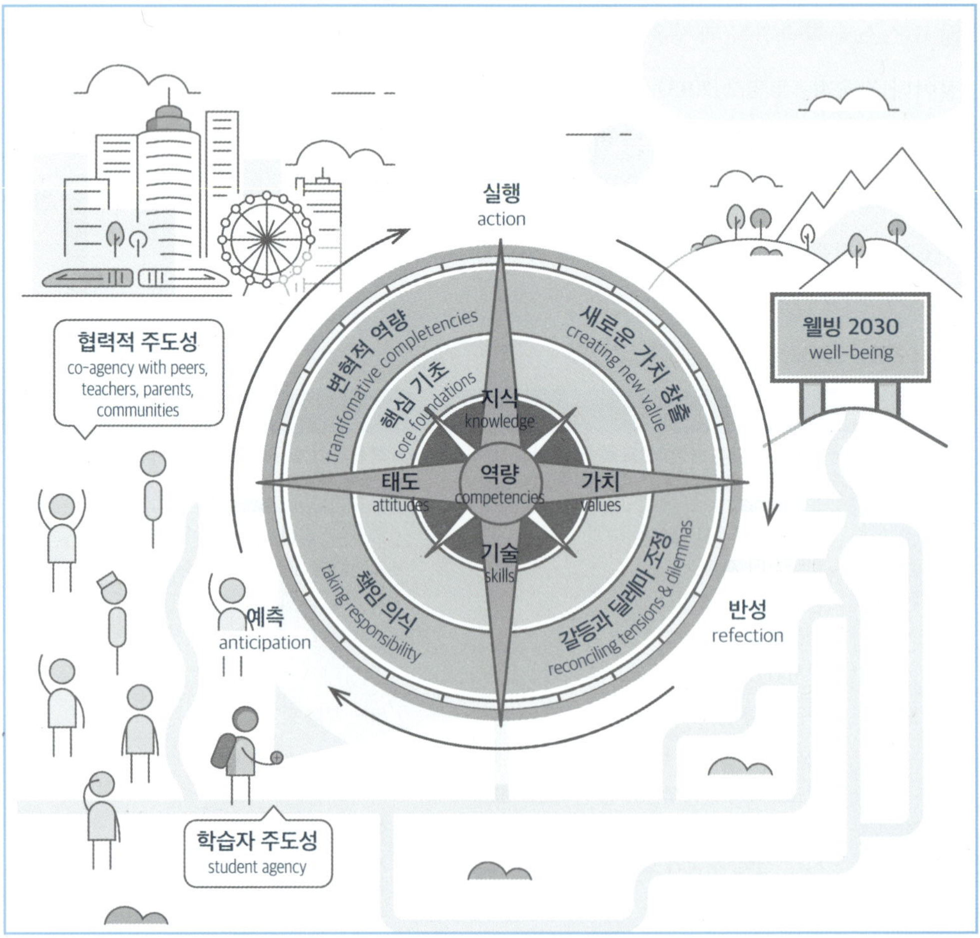

그림 3-7 OECD Education 2030 학습 프레임워크

출처: OECD(https://www.oecd.org).

방향을 단순히 받는 것이 아니라 의미 있고 책임감 있는 방식으로 방향을 찾는 법을 배워야 한다는 필요성을 강조하기 위해 채택되었다. 여기서 학습자 주도성이란 "자신의 성장과 웰빙을 위해 자기가 처한 상황 속에서 긍정적인 목적의식을 가지고, 이를 달성하기 위해 계획하고, 학습하고, 실행하며, 그 행동에 책임을 질 수 있는 주도적 능력 및 성향"을 말한다(OECD, 2019).

나침반의 각 방향에는 학생들에게 필요한 지식, 기술, 태도 및 가치, 그리고 이를 포괄하는 역량이라는 개념이 제시되어 있다. 또한, 학생들에게 필요한 변혁적 역량으로 창의적 · 비판적 사고를 통한 '새로운 가치 창출', 복잡하고 모호한 상황에 익숙해지는 '긴장과 딜레마 조정', 윤리 의식을 토대로 성찰하고 협력하는 '책임 의식'을 강조한다. 이러한 역량은 미래 사회를 살아가는 개인에게 꼭 필요한 가치로 인식되고 있으며, 이는 학생이 주도성을 발휘할 때 제대로 습득할 수 있다.

OECD에서 학습자 주도성과 함께 강조하고 있는 개념으로 '교사 주도성(teacher agency)'이 있다. 이는 교사가 학습자의 주도성을 촉진하기 위해 학생 개개인의 필요와 능력에 맞춘 교수 전략을 개발하고 실행하는 데 주도적 역할을 해야 함을 의미한다. 또한 교사는 학생들에게 피드백을 제공하고, 학습 동기를 부여하며, 학생들이 자신의 학습 과정을 반성하고 개선할 수 있도록 하는 촉진자 및 지원자로서의 역할을 맡는다. 따라서 학습자 주도성과 교사 주도성이 상충되지 않고 상호 시너지를 낼 때 진정한 의미를 살릴 수 있을 것이다.

한편, 학습자 주도성의 개념을 무비판적으로 수용해서는 안 된다는 우려의 목소리도 있다. 예를 들면 OECD의 학습자 주도성의 핵심 원리로 거론되는 자율성, 선택권, 개별화 등이 신자유주의의 원리를 따른다는 비판 등이 제기되어 왔다. 남미자 외(2021)는 학습자 주도성의 개념이 잘못 사용되면 교육에서 국가의 개입을 최소화하고 학교와 개별 학습자에게 권한을 이양함으로써 교육의 결과에 대한 책임이 개인에게 전가될 수도 있다고 지적했다. 이들은 학습자 주도성을 학습자 개인의 능력이나 역량 등 사적 측면으로만 이해할 것이 아니라, 정의와 평등 같은 공적 측면, 즉 모두의 좋은 삶의 실천에 관한 개인의 잠재 가능성이 발현되는 현상으로 이해할 필요가 있다고 주장하였다.

1장에서 배운 것처럼, 가정교과를 통해 학생들이 얻게 될 궁극적인 가치는 한 인간으로서 자율적이고 비판적으로 사고하며, 자신과 가정, 사회를 위한 최선의 해결책을 찾아 책임감 있게 실천하고, 자존감이 있는 건강한 인간으로 행복하게 살아가는 힘을 기르는 데 있다. 이러한 가정과교육의 사명과 가치는 학습자 주도성의 공적 의미와도 연결된다. 이는 가정과교사가 교사

표 3-3 교사와 학습자의 역할 변화

구분	과거	현재
교사 역할	• 교사는 학습자의 의문 사항에 대해 항상 전문가로 보여야 한다. • 교사는 학습자에게 끊임없이 정보를 주고 지시한다. • 교사는 항상 학습자의 학습에 초점을 맞추어 질문하고 통제한다. • 교사는 학습자를 학습 목표에 도달시키기 위해 단계적으로 훈련하고 지도한다.	• 교사는 학습자가 배우고자 하는 것을 다 알지 못해도 적시에 참여한다. • 교사는 학습자가 필요한 정보를 스스로 수집하고 평가할 수 있도록 지원하고 협력하고 지도한다. • 교사는 학습자 스스로 탐구하고 대안적인 방법을 찾도록 능동적으로 지도하며 학습자 각자가 문제를 창의적으로 해결하는 데 그들의 지식과 기술을 사용하도록 격려한다.
학습자 역할	• 학습자는 교사가 지식과 지도 방향을 지시하기까지 수동적으로 기다린다. • 학습자는 항상 배우는 자의 역할을 충실히 한다. • 학습자는 항상 주어진 절차에 따른다. • 학습자는 교사를 모든 문제를 해결해 줄 수 있는 사람으로 본다.	• 학습자는 그들이 필요로 하는 지식과 학습 경험을 능동적으로 찾고, 그들이 필요한 것이 무엇인지를 결정하고 그것을 얻기 위해 추구한다. • 학습자는 지식을 준비하는 자, 또는 전문가로서 참여한다. • 학습자는 문제를 창의적으로 해결하기 위해 탐구하고 탐색한다.

출처: Newby et al.(2000); 박숙희·염명숙(2013) 재인용.

주도성을 가지고 학습자 주도성을 이끌어 낼 때에 온전히 실현 가능하다.

3) 교수-학습 방법

교수-학습 방법이란 "교육 목표를 성공적으로 달성하기 위해 선정된 교육 내용을 학습자에게 효과적으로 전달하는 실천 행위"로, 수업 방법, 교수방법, 교수 형태 등의 다양한 용어로 혼용되고 있다(손은주 · 추성경 · 임희수, 2015). 여기에서는 교수-학습 방법이라는 용어로 통일하여 사용하였다.

교수-학습 방법은 특정 교육 목표 달성을 위해 학자들에 의해 고안된 것도 있지만 토의나 토론과 같이 인간 삶에서 일어나는 행위가 교수-학습 방법으로 활용되는 경우도 있다. 또, 과학 및 정보통신기술의 발달로 기존에 없던 새로운 교수-학습 방법이 생겨나기도 한다.

조이스, 웨일 및 칼훈(B. Joyce, M. Weil & E. Calhoun, 2004)은 교수-학습 방법을 학습의 본질과 학습자의 역할을 기준으로, 학습자가 정보를 어떻게 인지하고 처리하는지에 관심을 갖는 정보처리 모형, 사회적 상호 작용을 통한 학습 방식을 강조하는 사회적 모형, 학습자가 주체적으로 지식을 구성하는 과정을 중시하는 개인적 모형, 외적 자극과 반응의 관계를 통해 행동 변화에 초점을 맞춘 행동주의 체제 모형으로 구분하였다.

이 외에도 조규락과 김선연(2006)은 철학의 관점에 따라 수용 학습과 발견 학습으로, 교수-학습 과정을 주도하는 주체에 따라 교사 주도 학습과 학습자 주도 학습으로, 추구하는 학습 성과의 성격에 따라 지식습득과 문제해결로, 학습 집단의 크기에 따라 개별, 소집단, 대집단으로, 교수-학습 환경에 따라 면대면교육과 원격교육으로 제시하였다.

이처럼 교수-학습 방법은 다양한 유형과 특징이 있으므로, 교사의 수업 의도, 수업 내용, 학생의 발달 수준, 수업 환경 등 여러 요인을 함께 고려하여 융통성 있게 선택하고 적용하는 지혜가 필요하다. 채정현(2009)은 가정과 수업에서 교수-학습 방법을 계획할 때는 학생들이 배운 내용을 실제 생활에 적용할 수 있는 심동적인 측면과, 왜 그 내용을 생활에 적용해야 하는지 이해하는 인지적인 측면, 그리고 자신뿐 아니라 인간을 소중하게 생각하며 타인과 사회를 위한 선한 행동을 할 수 있는 정의적인 측면을 함께 키울 수 있는지 고려해야 한다고 하였다. 가정과 수업에서 유용하게 사용할 수 있는 교수-학습 방법으로, 강의법, 토의 · 토론법, 실험 · 실습법, 협동학습법, 역할 놀이, 창의적 문제해결법, 문제 중심 학습, 실천적 문제해결 수업, 프로젝트법에 대해 알아본다.

가르침의 예술

'가르침은 예술'이라는 말은 하나의 은유이다. 이 은유는 가르침의 어떤 측면에 주목하는 것일까?

첫째, 전통과 관습에 얽매이지 않는 창의적 수업 실천에 주목한다. 알려져 있는 수업 모형에 만족하지 않고 새로운 길을 찾아 나서는 교사는 예술가이다. 그리고 많은 다른 예술가의 삶처럼 이런 교사의 실천에는 열정과 교육적 상상력이 넘치도록 흘러나온다.

둘째, 가르침은 예술이라는 은유는 목적과 수단의 분리를 거부한다. 수업 목표는 학생과의 만남 이전에 미리 설정되지 않는다. 수업의 방향과 목표는 교사와 학생의 만남에서 발현된다. 마치 조각가가 최종 조각품을 완성하기까지 자신이 무엇을 만들려고 하는지를 알지 못하듯이. 이 말을 준비 없이 무책임하게 수업하는 것으로 오해해서는 안 된다. 뛰어난 공연처럼 예술적 수업은 철저한 준비가 필요하다. 그러나 준비한 바를 완벽하게 재현하는 데 수업의 성패가 달려 있지 않다. 학생들의 미세하고 풍부한 반응에 공명하는 것, 즉흥성과 우연성에 개방되는 것, 기다림과 여백에 익숙해지는 것, 이런 분위기 속에서 수업의 목표와 수단은 상호 혼용된다.

(계속)

셋째, 이런 수업에서 교사는 자연스럽게 수업의 미세한 질적 특성에 주목한다. 교사는 학생과 상황에 대한 민감성, 즉각적이고 사려 깊은 행동 능력, 교육적 주의력과 배려 등 과학적 관리나 목적(수단적 방법론에서 놓치기 쉬운, 계량화가 불가능한 것)에 관심을 갖는다.

마지막으로 예술적 수업은 학생과 교사 모두에게 미적 체험을 불러일으킨다. 이 말은 설명하기 다소 어렵다. 그러나 뛰어난 공연을 볼 때 우리의 마음속에 자연스럽게 떠오르는 미적 감흥을 기억해 보라. 뛰어난 수업을 경험할 때도 교사와 학생의 마음속에 동일한 체험이 가능하지 않을까? 교사는 가르침에 몰입하고 학생들은 가르침에 아름답게 전염되는 지적 유대와 정서적 융합의 체험!

이와 같은 수업의 예술적 측면은 우리에게 무척 낯설다. 우리의 눈이 수업의 과학성 측면에 오랫동안 훈련되어서 새로운 것을 받아들일 준비가 되어 있지 않기 때문이리라. 수업의 예술성에 익숙해지려면 우리에게는 새로운 감성과 지각력이 필요한지도 모른다. 그러나 우리가 잘 지각할 수 없다고 해서 수업의 예술성 측면이 소멸되는 것은 아니다. 교사와 학생이 교과를 통해 높은 수준의 지적, 정서적 유대를 맺어 가는 극적인 순간들을 기억해 보라. 그런 순간은 어떤 다른 종류의 아름다움으로 환원될 수 없는 '아름다움 자체'이기도 하다. 문제는 우리가 이런 아름다움을 구현하는 수업 능력과 그런 수업을 발견하고 소통할 수 있는 능력을 어떻게 계발할 것인가에 있다.

출처: 이혁규(2013).

3. 강의법

1) 강의법의 개념 및 특징

강의법이란 한 명의 교사가 동시에 많은 학생을 대상으로 언어적 매체를 이용하여 가르치는 교사 중심의 교수-학습 방법으로, 교육 현장에서 가장 보편화되어 있는 방법이다. 강의법의 장점은 짧은 시간에 많은 학생들에게 다양한 지식과 내용을 전달할 수 있어서 수업의 효율성이 높다는 점이다. 또한, 교사가 수업 시간, 학습량, 학습 내용, 속도 등을 조절하기 수월하여 교사의 의도에 따라 융통성 있게 수업을 진행할 수 있다. 특히, 사실적 정보나 개념들을 논리적 · 객관적으로 분명하게 전달하기 좋으며, 전체 내용을 개괄하거나 요약할 때 교사의 언어적 표현 능력을 통해 학생에게 명확하게 이해시킬 수 있다. 강의법의 단점으로는 수업의 성패가 전적으로 개별 교사의 역량에 달려 있기 때문에 교사가 지식 전달에 능숙하지 않을 경우 학생들이 내용을 충분히 이해하기 어려우며, 획일적인 수업으로 인해 개별 학생의 학습 속도나 능력을 충분히 고려하기 어렵다는 점을 들 수 있다. 또한 학생들의 참여가 제한적이기 때문에 학생의 동기와 주의력이 떨어질 수 있고, 적극적인 질문이나 토론의 기회가 부족하여 비판적 사고와 문제해결 능력을 키우기에는 한계가 있다.

2) 강의법에서 교사의 표현 기술

강의법은 주로 교사의 언어에 의존해 수업 내용을 전달하므로, 다른 교수-학습 방법에 비해 교사의 표현 기술과 효과적인 전달 능력이 더욱 중요해진다. 따라서 교사와 학생 사이의 성공적인 의사소통을 위해서는 효과적인 표현 기술이 필수적이다. 특히, 의사소통에서는 언어적 표현 못지않게 비언어적 표현이 차지하는 영향력이 크므로, 말하는 내용뿐만 아니라 얼굴 표현이나 몸동작의 적절성 여부 등도 점검해 보아야 한다. 교사가 효과적인 강의식 수업을 진행하기 위해 점검해 보아야 할 구체적인 표현 기술은 다음과 같다.

언어적 표현과 비언어적 표현

언어적 표현	비언어적 표현
• 발음이 정확한가? • 말투가 듣기에 자연스럽고 매끄러운가? • 목소리의 크기와 말하는 속도가 적절한가? • 수업의 흐름이나 강조점에 따라 억양에 변화를 주는가?	• 자세가 바른가? • 얼굴 표정이 온화하고 적절한 변화를 주는가? • 모든 학생과 골고루 시선을 맞추고 있는가? • 필요에 따라 몸동작을 효과적으로 사용하는가? • 서 있는 자리를 자연스럽게 변화를 주어가며 움직이고 있는가?

3) 효과적인 질문 전략

교사가 일방적으로 정보를 전달하는 강의식 수업은 학생들의 능동적 참여를 제한하여 수업에 대한 동기와 집중력을 떨어뜨릴 수 있다. 이때 적절한 질문을 활용하면 지적 긴장감을 불러일으켜 주의 집중에 도움을 주고 학습에 대한 흥미를 유발할 수 있다.

교사는 질문을 통해 각 학생이 가진 독특한 개성, 흥미, 능력 등을 파악하고 학생들의 학습 상태를 점검할 수 있으며, 모든 학생이 수업에 직접 참여하게 함으로써 학생의 학습 동기와 상호작용을 높일 수 있다. 잘 만들어진 질문은 학생들의 고차적인 사고력을 자극하여 학생들이 배운 내용을 적용 · 분석 · 종합 · 평가할 수 있는 기회를 제공한다. 또한 학생은 질문에 응답하는 과정에서 의사소통기술과 표현력을 기를 수 있다.

반면, 질문을 잘못 사용할 경우 교사 중심의 수업이 되기 쉬우며, 학생이 자료나 의미에 중점을 두고 대답하기보다 교사의 관심에 따라 대답하는 경향이 나타날 수 있다. 또한 우수 학생 중심의 수업이 되기 쉬우며, 그 외의 학생들에게 좌절감을 줄 우려가 있다. 교사와 학생 사이에 질문을 주고받는 것은 교수-학습 과정에서 중요한 상호 작용이기 때문에 교사는 효과적인 질문 전략에 대해 잘 알고 있어야 한다. 일반적으로 교사가 질문하거나 답변할 때 고려해야 할 사항은 다음과 같다.

(1) 교사의 질문 전략

- 학생 전체에게 골고루 응답 기회를 준다.
- 학생이 이해하기 쉽도록 한 번에 한 가지씩, 명료하고 구체적으로 질문한다.
- 다양한 형태와 다양한 사고 수준의 질문을 준비하되, 가급적 사고를 촉진할 수 있는 발산적 질문을 활용한다.
- 학생들이 질문에 당황하지 않고 편안한 마음으로 수업에 참여할 수 있는 분위기를 조성한다.
- 질문 후에는 답변을 생각할 시간을 충분히 주고, 질문에 대한 학생의 반응을 존중하며 적절한 피드백을 제공한다.
- 학생들이 답변할 수 있도록 부분적 힌트를 주거나 계열화된 질문을 사용한다.
- 질문에 대한 답이 정답이 아니더라도 학습자가 위축되지 않도록 격려하고 스스로 답을 찾을 수 있도록 도와준다.
- 답이 나오지 않는 질문은 전체 학생에게 다시 한 번 질문하거나 다른 학생에게 대답할 기회를 준다.

(2) 교사의 답변 전략

- 학생의 말을 경청하고, 질문에 대해서 긍정적인 반응을 보인다.
- 학생이 질문한 내용의 핵심을 전체 학생에게 다시 한 번 정리하여 말해 준다.
- 학생이 자신의 질문에 대한 답을 스스로 고민해 볼 수 있도록 격려한다.
- 가능한 한 바로 답변하되, 질문에 대한 답을 모르는 경우에는 이를 인정하고, 해당 질문을 학습의 확장 기회로 삼아 추가 탐구, 자료 확인, 또는 공동 탐색으로 연결한다.

4) 유의미 학습: 효과적인 설명식 수업

강의법과 같이 교사의 설명이 중심이 되는 수업을 할 때, 학생들에게 좀 더 의미 있고 적극적인 학습이 일어날 수 있도록 하는 방법으로 오슈벨(D. Ausubel)의 유의미 학습을 들 수 있다. 유의미 학습이란 새로운 학습 내용이 학습자의 기존의 인지 구조에 의미 있게 연결되어 그 안으로 포섭될 때 일어나는 학습을 의미한다(Ausubel, 1968).

오슈벨은 학습지도법의 형태를 지식의 획득 방식에 따라 수용 학습과 발견 학습, 지식을 인지 구조에 통합하는 방식에 따라 기계적 학습과 유의미 학습으로 구분하였다(표 3-4). 여기서 수용 학습이란 이미 제시되어 있는 내용을 받아들이는 방식이며, 발견 학습이란 주어진 자료를 근거로 하여 개념이나 원리를 도출하는 방식이다. 기계적 학습은 정보를 암기하는 데 주안점을 두는 데 비해, 유의미 학습은 새로운 지식을 기존의 인지 구조에 통합하는 과정을 강조한다. 오슈벨은 언어적 수용이 반드시 기계적 수업이 되는 것은 아니며, 발견 학습의 형태가 아니더라도, 즉 수용의 형태로도 얼마든지 유의미한 학습이 될 수 있다고 주장한다.

그는 이러한 유의미 학습을 위한 원리로 다음의 여섯 가지를 제시하였다(김진영 외, 2023).

- 선행 조직자의 원리: 선행 조직자란 본격적인 학습 전에 제공되는 추상성, 일반성, 포괄성이 높은 자료를 의미하며, 새로운 지식을 학습자의 기존 지식과 논리적으로 연결하여 유의미 학습이 효과적으로 일어날 수 있게 해준다. 선행 조직자는 사진, 그림, 음악, 삽화, 모형, 도표, 개념도, 질문, 시범 등 다양한 형태로 제시될 수 있다.
- 점진적 분화의 원리: 학습 내용을 제시할 때 가장 포괄적이고 일반적인 개념에서 시작하여 점차 구체적이고 세부적인 내용으로 분화하여 제시한다.

표 3-4 학습지도법의 형태

방식	수용 학습	발견 학습
기계적 학습	교사가 교육 내용을 체계적으로 요약·정리하여 학생에게 제시하며, 학생은 그것을 기계적으로 기억한다. (예: 무의미한 철자 학습)	학습자 스스로 기본 개념과 원리를 발견하며, 학생들은 그것을 기계적으로 기억한다. (예: 시행착오적 실험)
유의미 학습	교사가 교육 내용을 체계적으로 요약·정리하여 학생에게 제시하며, 학생은 그것을 기존에 배운 내용과 관련하여 기억한다. (예: 개념 간의 명료화)	학습자 스스로 기본 개념과 원리를 발견하며, 학생들은 그것을 기존에 배운 내용과 관련하여 기억한다. (예: 과학자들의 창의적 연구)

출처: 김재춘 외(2007) 재구성.

- 통합적 조정의 원리: 새로운 개념을 기존의 지식 구조와 통합하여 학습자가 일관된 지식 체계를 형성하도록 돕는다.
- 선행학습의 요약·정리의 원리: 새로운 과제를 학습하기 전에 지금까지 학습해 온 내용을 요약 · 정리해 주면 학습이 촉진된다.
- 내용의 체계적 조직의 원리: 학습의 극대화를 위해서는 학습 내용이 계열적 · 체계적으로 조직되어야 한다.
- 학습 준비도의 원리: 학습자의 기존 인지 구조와 함께, 학습자의 발달 수준도 고려해야 한다.

조이스 외(2004)는 오슈벨의 이론을 바탕으로 선행 조직자를 이용한 수업의 단계를 표 3-5와 같이 제시하였다.

표 3-5 선행 조직자를 이용한 교수-학습 단계

수업 단계	학습 활동
1단계 선행 조직자의 제시	• 수업의 목표를 명확히 한다. • 선행 조직자를 제시한다. • 규정짓는 속성을 확인한다. • 예시를 제공한다. • 맥락을 제공한다. • 반복한다. • 학습자의 관련 지식과 경험을 신속하게 인지한다.
2단계 학습 자료의 제시	• 자료를 제시한다. • 주의 집중을 유지한다. • 구조를 명시화한다. • 학습 자료의 논리적 순서를 명시화한다.
3단계 인지적 구조 강화하기	• 통합적 조정의 원칙을 사용한다. • 능동적 수용 학습을 촉진한다. • 교과목에 대한 비판적 접근을 유도한다. • 명확화한다.

출처: Joyce et al.(2004).

가정과 수업에서도 선행 조직자를 활용하여 학생들의 유의미 학습을 도울 수 있다. 조수경과 채정현(2007)은 가정과 수업에서 선행 조직자를 활용하여 강의할 때 얻을 수 있는 이점을 다음과 같이 설명하였다.

- 순서적으로 사고하여 기술하는 방법 및 지식의 위계 개념을 효과적으로 가르칠 수 있다.
- 인지의 재조직화 방법 및 비판적 사고 방법 등을 직접 가르칠 수 있다.
- 아이디어나 정보를 제시하고, 이를 교정하고 명료화할 필요가 있을 때 유용하다.
- 독서 및 시청각 자료의 관람 등 기타 수용 학습 활동의 효과성과 효율성을 높여 준다.

그림 3-8은 조수경과 채정현(2007)이 수업에서 선행 조직자로 활용하기 위해 자원의 의미와 종류에 대한 개념도를 만든 것이다. 개념도는 학습 자료에 포함된 개념들을 추출하여 개념들 간의 관계를 나타내는 그림으로, 학습에 앞서 학생이 이미 알고 있는 지식과 앞으로 학습할 내용 간의 연관성을 시각적으로 나타낸 것이다. 여기서는 가정교과뿐만 아니라 사회교과에서 다루는 내용까지 함께 분석하여 학생들의 기존 인지 구조에 좀 더 폭넓게 관련되게 하였다.

이와 같이 선행 조직자를 활용하면 학생들이 새로운 개념을 기존 지식과 연결하여 좀 더 효과적으로 학습의 전체적인 맥락을 이해할 수 있으며, 유의미 학습이 일어나도록 할 수 있다.

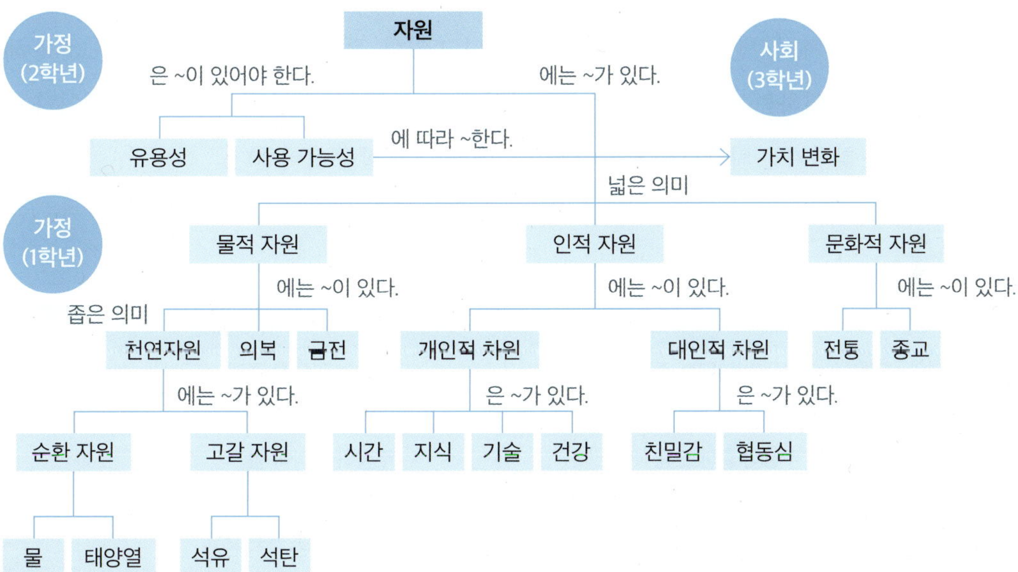

그림 3-8 '자원의 의미와 종류' 개념도

출처: 조수경·채정현(2007).

4. 토의·토론법

1) 토의와 토론의 개념

토의(discussion)는 어떤 주제에 대해서 여러 사람들이 정보와 의견을 교환하여 학습하거나 문제를 해결하는 말하기 듣기 활동이며, 토론(debate)은 어떤 주제에 대해 서로 다른 주장을 하는 사람들이 논증과 실증을 통해 규칙에 따라 자기 주장을 정당화하여 다른 사람을 설득하려는 말하기 듣기 활동이다(정문성, 2022). 토의와 토론은 목적과 규칙 등에서 표 3-6과 같은 차이점이 있다.

그러나 수업에서는 토의와 토론 활동을 완전히 구분하지 않고 사용하는 경우가 더 많다. 왜냐하면 토론을 위해서는 다양한 의견을 교환하고 수렴하는 토의 과정이 필요하며, 토의를 하다 보면 다양한 대안들 사이의 우열을 가려야 하는 상황이 생기기 때문이다. 따라서 이 절에서는 토의법과 토론법을 구분하지 않고, 학생들이 의사소통을 통해 자신과 타인의 생각을 검토하면서 합리적인 결론을 찾기 위한 하나의 교수-학습 방법으로 서술하였다.

토의와 토론은 차이점뿐만 아니라 공통점도 지니고 있다. 두 활동 모두 특정 주제나 문제 해결 방안에 대해 논의하는 과정이며, 참여자들 간의 말하기와 듣기를 통해 최선의 해결책이나 의견의 합의점을 찾아가는 의사소통 활동이라는 점에서 그 본질을 같이한다.

표 3-6 토의와 토론의 차이점

구분	토의	토론
주제의 성격	합의가 필요한 주제	선택이 필요한 주제
목적	최선의 결과 도출	대안의 우열을 가림
참석자(2인 이상)	주장이 같아도 됨	주장이 달라야 함
상호 작용	정보나 의견 교환	논증과 실증
규칙	규칙이 없거나 느슨함	엄격한 토론 규칙 존재
말하기와 듣기	특별한 제한 없음	공평성을 위해 제한함
필요한 능력	창의성	논리성

출처: 정문성(2022).

2) 토의·토론법의 특징

토의법은 집단 구성원들이 자기의 의견을 발표함과 동시에 타인의 의견을 경청하고 존중하면서 의견 교환을 통하여 문제를 해결하는 교수-학습 방법으로, 특히 공동체 의식, 민주적 생활 태도 등 사회적 기능 및 태도를 향상시키는 데 적합하다. 토론법은 특정 주제나 문제에 대해 찬반 양측이 논리적으로 자신의 주장을 펼치고, 상대방의 주장을 반박하는 과정을 통해 결론을 도출하는 교수-학습 방법으로, 학생들이 논리적 사고와 비판적 사고를 발달시키는 데 효과적이며, 자신의 의견을 명확하게 표현하고 설득하는 능력을 기르는 데 도움을 준다.

두 방법 모두 다양한 의견을 통해 문제를 다각도로 분석하고 해결책을 모색하는 과정에서 문제해결력과 창의력, 논리적 추론 능력 등 고등 사고를 발달시킬 수 있으며, 서로 대화하고 문제를 해결하는 과정을 통해 학습 동기와 흥미, 자율성을 향상시킬 수 있다.

이상우(2022)는 토의·토론 수업의 교육적인 효과를 다음과 같이 제시하였다.

- 사회 현상을 바라보는 안목과 문제 의식 배양
- 민주 시민 의식 함양
- 학습 능력 및 고등 정신 능력의 개발
- 가치관과 태도의 변화를 통한 성장
- 의사 표현 능력 신장
- 수업에 대한 흥미 및 참여도 증가
- 비교적 높은 학습 효과
- 사회적 기술 습득
- 학습 효율성 증대

토의 · 토론법은 참여자의 적극적이고 활발한 의사소통을 전제로 하기 때문에 교사와 학생의 사전 준비 정도에 따라 그 효과가 크게 달라지게 된다. 교사는 토의 · 토론의 주제와 목적, 집단의 크기 등을 고려하여 적합한 토의 · 토론의 유형을 선택하고, 학생들이 토의 · 토론 과정을 충실히 준비하고 실행할 수 있도록 필요한 자료를 제공하거나 준비 상황을 점검해야 한다. 무엇보다 학생들의 자발적이고 적극적인 참여를 위해 학생들의 흥미와 요구를 고려하고, 학생들에게 참여의 기회가 골고루 주어지도록 수업을 구조화해야 한다. 또한 토의 · 토론 과정에서는 사회자의 역할이 매우 중요한데, 그 이유는 사회자가 미숙할 경우 토의를 원활하게 진행하기 어려워지고 소수에 의해 토의가 주도될 가능성이 있기 때문이다. 따라서 교사는 수업 실행에 앞서 사회자의 역할에 대해 안내하고, 충분한 시간을 두고 사회자를 준비시킬 필요가 있다.

토의법과 토론법의 일반적인 절차는 다음과 같다(이상우, 2022).

1. 토의법의 일반적인 절차

1. 주제 선정	토의를 위한 주제를 선정하거나 교사가 주제를 제시
2. 안내하기	토의 목적, 토의 절차와 방식, 집단 크기, 역할 분담, 준비물 등을 안내하기
3. 토의하기	집단별 토의 주제 및 내용 확인, 토의 절차 확인, 역할 분담하기, 개인적으로 생각하기, 절차에 따라 구성원들끼리 토의하기
4. 정리하기	집단별 토의 결과 정리 및 발표, 조별 토의 활동 과정 및 결과에 대한 평가, 토의 결과에 대한 학급 전체적인 종합 정리, 반성 및 평가

2. 토론법의 일반적인 절차

1. 주제 이해	주제 인식(왜 논쟁해야 하는가, 우리 삶에서 어떤 가치를 지니는가), 주제와 관련된 경험 조직 및 정리, 주제 관련 조사 등
2. 주제 연구	주제와 관련된 정보와 자료 수집, 정리 및 분석적 검토(주제와 관련된 지식을 자기 주도적으로 획득, 조직, 분석, 체계적인 정리)
3. 토론 준비	토론 전략 및 기법에 대한 논의, 반론 제기가 어려울 정도의 논리적 근거 마련하기, 완벽한 추론 전략 세우기, 판정인이나 청중에 대한 설득력 있는 말하기 준비(근거의 확실성, 논리적 타당성, 설득력 있는 주장, 토론 수행 전략의 효율성 등에 대한 종합적인 계획과 준비) ※ 교사는 모든 과정과 내용을 지켜보고 사전에 검토하면서 지도함
4. 토론 수행	토론 수행하기(순발력, 기동성, 적절성, 인내심, 자제력, 협동성, 분위기 주도 능력, 실수에 대한 관용력, 예측하지 못한 상황에 대한 위기 대처 능력 등의 발휘)
5. 결과 검토	토론 결과 확인하기, 토론 결과에 대한 수긍, 토론의 성공과 실패 요인 검토, 토론 수업 전체에 대한 부분적·종합적 평가와 반성(토론 준비, 토론 과정, 토론 결과, 발언 내용, 토론 방법 및 전략 등), 토론을 통해서 얻은 것과 수업 목표 달성에 대한 확인(토론을 통해서 알게 된 것과 고민해야 할 점 등)

3) 토의·토론법의 종류

교실 수업에서의 토의 · 토론와 관련하여 다양한 방법을 제시하고 있는 정문성(2022)은 수업의 목적에 따라 토의 · 토론법의 종류를 다음 표 3-7과 같이 범주화하여 제시하였다. 이러한 구분이 절대적인 것은 아니며, 각 방법에서 제시하는 절차를 완벽하게 따라야 하는 것도 아니다. 수업 목적과 필요에 따라 몇 가지 방법을 적용해 보면서 자신의 수업 방식에 적합한 토의 · 토론 방법을 익혀가는 것이 좋다. 여기서는 가정과 수업에서 유용하게 활용할 수 있는 토의 · 토론 방법으로 하브루타, 둘 가고 둘 남기, 피라미드 토의 · 토론에 대해 알아본다.

표 3-7 목적에 따른 토의·토론 수업의 종류 예시

목적	방법의 사례
모둠 세우기	비빔밥, 진진가, 창문 만들기 등
아이디어 개발	둘 가고 둘 남기, 기회의 원, 나인윈도우, 디즈니 창의성 전략 등
발표력과 학습	가치 수직선, 모둠 인터뷰, 신호등, 짝 토의·토론 등
쟁점 분석	가치 분석, 매트릭스 분석, SWOT, Pro-Con 등
협력적 의사 결정	쌍비교 분석(PCA), 만장일치, 역장 분석, 피라미드 등
논리력과 시합	CEDA, 칼 포퍼 모형, 툴민 모형 등
문제해결과 프로젝트	디자인싱킹, 목표 나무, 탐구 공동체 등
이미지 활용 소통	비주얼싱킹, 추론 레이어, 카드 뉴스, 페임랩 등

출처: 정문성(2022).

(1) 하브루타

① 목적과 특징

하브루타(havruta)는 전통적으로 유대인의 학습에서 유래한 토의 · 토론 방법으로, 두 명의 학습자가 짝을 이루어 서로 질문하고 논의하며 텍스트를 깊이 있게 분석하는 방법이다. 하브루타는 학습자가 텍스트를 깊이 있게 탐구하는 자기 주도적 학습 경험을 제공할 수 있으며, 협력학습을 통해 비판적 사고와 의사소통 능력을 향상시키는 데 매우 효과적이다.

하브루타를 수업에 적용할 때 유의 사항으로, 교사는 명확한 목표를 설정하여 학생들이 무엇을 배우고 어떤 결과를 도출해야 하는지 이해할 수 있도록 하는 것이 중요하며, 학생들이 효과적인 질문을 작성할 수 있도록 지도해야 한다. 또한 학생들의 토론 과정을 관찰하여 적절한 피

드백을 통해 토론이 원활하게 진행되도록 돕고, 하브루타 활동에 충분한 시간을 할애하되 각 단계가 효율적으로 진행되도록 시간을 관리해야 한다.

② 하브루타의 기본 원리

- 짝(pair) 학습: 하브루타 학습은 두 명의 학습자가 쌍을 이루어 진행된다. 이 쌍은 서로의 학습 파트너가 되어, 지속적인 대화와 토론을 통해 학습 내용을 깊이 있게 탐구한다.
- 질문과 토론: 학습자는 텍스트에 대해 질문을 던지고, 그 질문에 대해 토론하며 다양한 관점을 탐구한다. 이 과정을 통해 텍스트의 의미를 더욱 명확히 이해하게 된다.
- 상호 교정: 하브루타 학습에서는 상대방의 의견을 경청하고, 필요한 경우 교정하며 학습을 진행한다. 이러한 상호 작용을 통해 학습자는 자신의 이해를 점검하고, 새로운 통찰을 얻는다.

③ 하부르타를 적용한 토의·토론 수업의 절차(예시)

- 준비: 교사나 학생이 학습할 텍스트(혹은 주제)를 선택하고 교사는 텍스트와 관련된 배경 정보를 제공하여 학생들이 해당 내용을 더 잘 이해할 수 있도록 돕는다.
- 질문 만들기: 학생들은 텍스트의 주요 개념과 내용을 파악하고, 이에 대해 다양한 관점에서 질문을 만든다.
- 짝 토론: 두 학생이 짝을 이뤄 자신들이 만든 질문에 대해 의견을 교환하며 토론을 진행한다. 가장 좋은 질문 1~2가지를 선정한다.
- 모둠 토론: 모둠을 구성하여 짝 토론에서 선정한 질문들에 대해 토론을 진행하고 좋은 질문 1~2가지를 추린다.
- 전체 공유: 각 모둠에서 선정된 좋은 질문과 논의 사항을 발표하고 전체 학급이 공유한다.
- 쉬우르: 교사는 학생들이 나누었던 질문과 대화들에 대해 다시 전체 학생들에게 질문하여, 학생들이 해당 텍스트를 깊이 있게 이해하고 정리할 수 있도록 한다.

(2) 둘 가고 둘 남기

① 목적과 특징

둘 가고 둘 남기는 케이건(Kagan, 1994)에 의해 개발된 모형으로, 각 모둠 구성원 중, 몇 명은 원래 자리에 남고, 몇 명은 다른 모둠으로 이동하여 모둠 간 역동적 상호 작용을 통해 다양한 정보를 얻도록 하는 모둠 토의 방법이다. 교사는 학급 규모를 고려하여 모둠의 수, 모둠별 이동 인원을 결정할 수 있으며, 3 가고 1 남기, 1 가고 3 남기 등도 가능하다.

이동하는 학생들은 다른 모둠에 가서 정보를 얻는 과정에서 흥미를 느끼고, 잘 듣는 훈련을 하게 되며, 모둠에 남은 학생들은 다른 모둠에서 온 학생들에게 자기 모둠의 학습 결과를 설명하는 과정에서 사고력을 정교하게 하고 발표력을 키울 수 있다. 이렇게 모둠 구성원이 순환하는 과정을 통해 개인, 소집단, 대집단의 학습 경험을 얻게 되고, 결국 모든 모둠은 비슷한 학습 결과물을 얻게 된다.

② 진행 방법

- 개인별 과제 해결하기: 교사는 지식이나 정보 공유에 적합한 과제를 제시하고, 모든 학생은 개별적으로 과제를 해결한다.
- 모둠별로 의견 모으기: 모둠은 개인별 과제를 모으고 토의 · 토론을 통해 모둠의 결과물로 완성한다.
- 시계 방향으로 둘 가고 둘 남기: 모둠에서 2명은 남고 2명은 시계 방향의 옆 모둠으로 이동한다. 이동한 사람들은 다른 모둠의 결과물 정보를 얻어 오고, 모둠에 남은 사람들은 다른 모둠에서 온 두 사람에게 자신의 모둠에서 나온 결과를 설명해 준다.
- 한 번 더 이동하기: 적당한 시간이 흐르면 교사는 모둠 구성원이 한 번 더 같은 방향으로 이동하여 같은 활동을 하게 한다. 대개 두 모둠 정도만 방문하면 충분하다.
- 자기 모둠으로 돌아와 과제 완성하기: 이동을 하던 학생은 모두 자기 모둠으로 돌아와 가져온 정보를 보태어 자기 모둠 과제를 완성하여 제출한다.

(3) 피라미드

① 목적과 특징

피라미드(pyramid) 토의 · 토론은 주제에 대한 각자의 의견을 브레인라이팅 기법을 활용해서 종이에 적고, 1:1, 2:2, 4:4식으로 토의 · 토론을 해 나가면서 생각들을 줄이고 묶어 가며 의견을 수렴하는 방법이다. 따라서 전체 구성원의 의견을 모을 때 유용하게 사용할 수 있다. 모든 학생이 개인적으로 의견을 내야 하며, 토의가 진행됨에 따라 함께 토의하는 학생 수가 늘어나기 때문에 소수 토론과 다수 토론을 동시에 경험할 수 있다. 동일한 주제에 대해서 유사한 의견이나 주장을 여러 번 하게 되므로, 좀 더 발전된 표현력을 연습할 수 있는 것도 장점이다.

② 진행 방법

- 교사는 모든 학생에게 4장의 쪽지(혹은 포스트잇)를 배부한다. 이때 쪽지의 수는 교사의 수업 의도에 따라서 자유롭게 조절한다.
- 학생들은 각자 받은 쪽지에 자신의 의견을 적는다.
- 우선 짝과 1:1로 토의·토론을 거쳐, 두 사람의 의견 중 좋은 의견만 4개를 선정하여 남긴다. 이때 남기는 의견의 수도 교사가 적절히 조절할 수 있다.
- 이 과정을 2:2, 4:4명 순으로 확장하면서 토의를 진행한다. 각 단계에서도 남기는 의견의 수는 4개 정도로 조절하고, 최종적으로 1개의 팀(4개의 의견)이 남을 때까지 토의를 계속 진행한다.
- 최종 의견 4개가 정해지면 학급 전체에 공유하고 교사는 전체 활동에 대한 정리를 한다.

③ 지도 시 유의점

- 학급 학생 수가 홀수일 때는 부전승 제도를 사용하거나 두 사람이 한 사람인 것처럼 융통성 있게 운영할 수 있다.
- 8:8까지 진행되어 모둠원이 16명이 되면 관심 없는 학생이나 소외되는 학생이 생기기 시작한다. 따라서 모둠 내에서의 피라미드 토의·토론으로 변형해서 진행할 수 있다.
- 모둠이 커지면 여러 명이 책상에 여러 개의 쪽지를 붙여 놓고 함께 토의하기 어려울 수 있으므로 교실이나 복도 벽에 쪽지를 붙여 놓고 진행할 수 있다.

이 외에도 표 3-8과 같이 우리의 일상생활에서 사용되는 다양한 유형의 토의·토론을 수업에 적절하게 활용할 수 있다.

표 3-8 다양한 토의·토론의 유형

유형	특징
원탁 토의 (round table discussion) 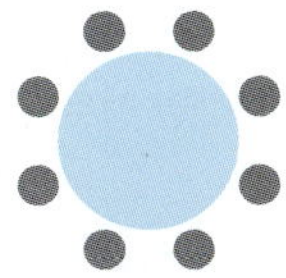	• 토의의 가장 기본적인 형태로 보통 10명 내외의 인원이 서로 대등한 관계 속에서 정해진 주제에 대해 자유로운 형식으로 서로의 의견을 교환하는 방식이다. • 장점: 자유롭게 의견을 나타낼 수 있으므로 발언이 활발하게 이루어지며 민주적이다. • 단점: 참여자들의 지적 수준이나 경험이 비슷하지 않은 경우에 토의가 산만해지기 쉬우며, 발언이 특정인에게 편중되기 쉽다. • 충분한 경험을 지닌 사회자가 중요하다.
배심 토의 (panel discussion) 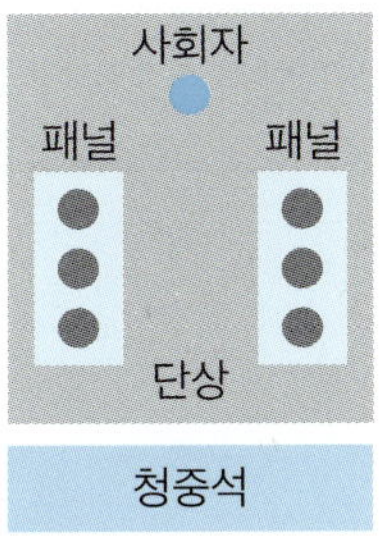	• 특정 주제에 대해 의견이 대립되거나 다양한 견해가 있을 때 이를 대표하는 4~6명의 전문가(배심원, panel)들이 서로의 입장에서 토의하는 형태로 모든 학생이 발언하기 어려울 경우 몇 명의 대표자를 뽑아 단상에서 토의하도록 한다. • 장점: 청중과 발표자 간에 자유로운 질의응답이 가능하며 토의 문제에 대해 참여자의 사고를 향상시킬 수 있다. • 단점: 패널의 발표 시간을 통제하기 어려우며 단시간에 지나치게 다양하게 발표하는 경우 토의의 초점을 맞추기 어렵다. 토의 진행이 비공식적 대화 형태로 이루어져 논리적이고 체계적인 정보 제시가 어려울 수 있다.
심포지엄 (symposium) 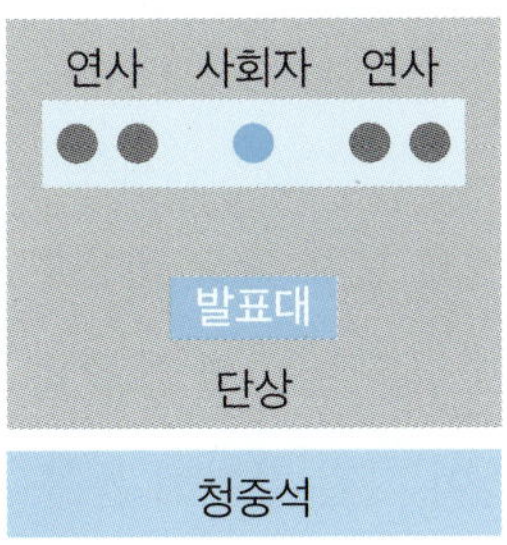	• 배심 토의와 유사하나 좀 더 형식적이며 동일한 문제에 대해 좌담 형식으로 학문적으로 의견을 주고받는 토의 형태이다. • 일반적으로 토의 주제에 대해 권위 있는 전문가 2~3명이 각기 다른 의견을 10~15분 정도 강연한 후, 일반 참가자가 질문을 하거나 의견을 진술하여 종합적으로 의견을 집약하는 방법이다. • 장점: 많은 청중들이 전문가의 다양한 지식과 경험을 접할 수 있으며 같은 주제에 대한 여러 발표자들의 다양한 의견 제시를 통해 흥미로운 토의 진행이 가능하다. • 단점: 한 가지 주제에 대해서만 토의가 진행될 수 있으며, 발표자의 사전 준비가 미비할 경우 의견 제시 수준에만 머무를 수 있다.
공개 토의 (forum discussion) 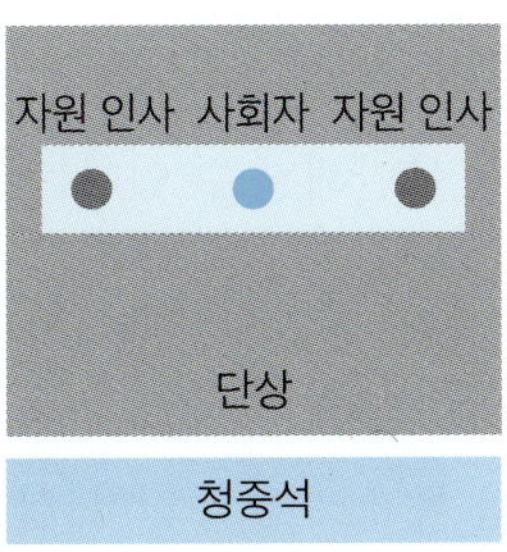	• 고대 로마의 포럼(forum) 형식처럼 원래 시장과 같이 많은 군중이 모인 곳에서 이루어지던 방식으로 참가자에게 주제에 대한 관심과 열의를 북돋아 문제를 명백히 밝히고 참가자의 사고를 활발히 하는 방법이다. 1~3인 정도의 전문가가 10~20분간 공개 연설을 한 후, 이 내용을 중심으로 참가자들과 질의 응답하는 방식이다. • 장점: 청중의 직접적인 참여를 중시하므로 직접적이고 합리적이며 시사적인 문제를 다룸으로써 연령, 계층 등에 상관없이 토의를 진행할 수 있다. • 단점: 청중이 자료에 대해 비판적으로 참여하거나 질문하지 않는다면 전문가의 의견을 일방적으로 받아들이게 될 수 있다. 버즈 토의와 같은 소그룹 토의를 병행하여 적극적 참여를 이끌어 내는 것이 좋다.

(계속)

유형	특징
세미나 (seminar) 	• 참가자 모두가 주제에 대해 권위 있는 전문가들로 구성된 소수 집단 형태로 주제에 대한 강연이나 강의 후 질의 응답을 통해 전문적인 연수나 훈련의 기회를 제공하는 공개 토의의 형태이다. • 장점: 높은 전문성과 다양한 토의를 통해, 참석자들의 관심 집중 및 흥미 유발과 전문성을 높일 수 있다. • 단점: 특정 분야의 전문적 지식을 요구하기 때문에 주제에 대한 정보가 없는 사람들은 이해하기 어렵다.
버즈 토의 (buzz discussion) 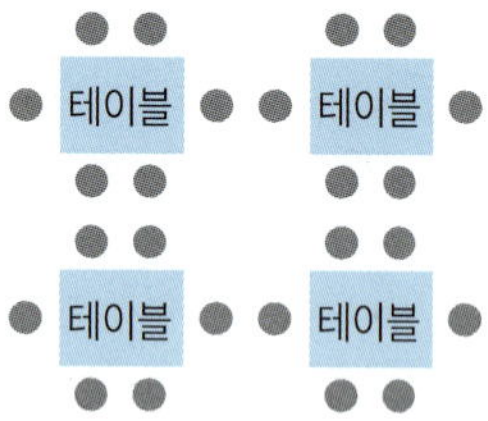	• 대규모 토의 집단을 6명 정도의 소집단으로 나누어 소집단 토의를 진행하고 최종적으로는 전체 집단이 다함께 토의 결과를 모아 결론을 맺는 방법이다. • 장점: 다수인을 소집단 토의에 참여시킬 수 있고 각자 서로 자유롭게 발언하는 기회를 가지기 때문에 적극적인 토의를 유도할 수 있다. • 단점: 어려운 주제에 대해 심도 있게 다루기에는 부적합하다.

5. 실험·실습법

1) 실험·실습법의 개념 및 특징

실험·실습법은 학생들이 직접 실험이나 실습을 통해 문제를 해결하는 과정을 통해 학습 내용을 이해하고 체득하도록 하는 교수-학습 방법이다. 학생들이 자발성과 창조성을 발휘할 기회를 제공함으로써 학습 동기와 참여를 높일 수 있으며, 학습할 내용을 학생들이 직접 경험해 볼 수 있으므로 설명만으로 이해하기 어려운 내용을 깊이 이해하는 데 도움을 준다. 무엇보다 경험을 통해 지식과 기술을 습득하기 때문에 배운 내용이 실생활에 효과적으로 전이될 수 있다. 그러나 적절한 실험실 환경과 도구, 재료 등을 갖추기 위해서 수업 준비에 많은 시간이 필요하며, 실험 · 실습이 먼저 끝난 집단에 대한 고려가 부족할 경우, 학습 분위기가 산만해질 수 있다는 단점이 있다.

가정과교육은 학생들에게 문제해결력이나 의사 결정력 등의 고등 사고 능력을 길러 주는 것뿐만 아니라 가정생활에서 요구되는 기능과 태도의 함양도 중요한 교육 목표로 삼고 있다. 실제로 학생들은 실험 · 실습을 선호하는 편이나, 학교의 실험 · 실습 환경이 제대로 갖추어져 있지 않아 충분한 실험 · 실습이 이루어지지 않는 경우도 있다. 따라서 가정과교사는 학생들에게 적절한 실험 · 실습 경험을 제공해 줄 수 있도록 장기적인 계획을 세워서 가정과 실험 · 실습 환경을 조성하는 일에 관심을 가져야 한다. 또한 조리 실습이나 바느질 실습 외에 가정교과의 다양한 영역에서 실험 · 실습법을 적용할 수 있는 주제를 발굴하여 학습자가 미래의 행복한 가정인으로 살아가는 데 필요한 다양한 기능과 태도를 직접 익힐 수 있는 기회를 제공해야 한다.

2) 시범

시범(demonstration)은 교사가 학생들이 학습해야 할 새로운 기능에 대해 바람직한 행동 양식을 직접 보여 주고, 학생들이 관찰과 모방을 통해 이를 학습할 수 있도록 하는 방법으로, 일반적으로 실험 · 실습법에서 함께 활용된다. 시범의 장점은 이론적인 설명만으로는 이해하기 어려운 내용을 직접 보여줄 수 있기 때문에 어려운 절차나 방법을 가르치기에 효과적이라는 점이다. 예를 들어, 조리과학 실험이나 의복 구성 실습 등 기술적인 과제의 진행을 미리 보여줌으로써 학생들이 이론적 지식과 실제 적용을 연결할 수 있고, 학습한 내용을 보다 잘 기억하고 이해하게 된다. 또한, 시범은 학생들의 참여를 유도하는 데도 효과적이다. 교사가 시범을 보인 후, 학생들에게 질문을 하거나 직접 실습해 보도록 유도함으로써 학습에 대한 흥미를 높일 수 있다. 이와 같은 상호 작용은 학생들이 능동적으로 참여하게 하고, 스스로 문제를 해결하는 경험을 제공한다.

하지만 시범을 진행할 때는 몇 가지 유의해야 할 점이 있다. 우선, 시범의 내용이 명확하고 간결해야 하며, 학생들이 이해하기 쉬운 언어로 설명해야 한다. 또한, 시범을 준비하는 과정에서 필요한 재료나 장비를 사전에 점검하고, 안전사고를 예방하기 위한 조치를 취해야 한다. 시범이 끝난 후에는 학생들과의 토론이나 피드백 시간을 통해 이해도를 확인하고, 추가적인 질문을 받을 수 있는 시간을 마련하는 것이 중요하다.

교사는 수업에 앞서 미리 시범의 순서, 절차, 방향, 위치 등을 고려해야 하며, 학습자에게 즉각적으로 피드백을 주는 것이 좋다. 시범 수업의 효율성을 높이기 위해서는 시범 장면을 동영상으로 녹화하여 학생들이 필요할 때 반복해서 활용하도록 할 수 있다.

3) 실험·실습 운영 시의 안전 수칙

실험 · 실습을 진행하는 데 사용되는 각종 도구나 기계의 실행에 위험성이 따를 수 있다. 교사는 학생이 기능을 연마하는 것과 관련하여 안전 수칙을 지키는 모든 행위를 관찰, 감독, 확인하고 지도할 의무가 있다. 따라서 각종 자재와 설비 등을 사용하는 데 안전사고의 위험성이 있음을 항상 유의하고 수업에 앞서 학생들에게 실험 · 실습의 방법이나 계획, 유의점 등을 인식시켜야 한다. 가정실에서 학생이 지켜야 할 일반적인 안전 수칙은 다음과 같다.

(1) 가정실에서 학생이 지켜야 할 안전 수칙

- 실습에 맞는 의복 및 실험복을 착용한다.
- 뛰거나 장난치지 않는다.
- 실습 기자재는 교사의 허락을 받은 후 사용한다.
- 실습 도구를 사용할 때 안전에 유의해야 한다.
- 사용한 실습 도구는 제자리에 정리해 둔다.
- 약품 등을 사용했을 경우 정해진 기준에 따라 별도로 폐기한다.
- 안전사고가 발생할 경우 즉시 교사에게 알리고, 긴급 조치가 필요할 경우 신속히 119에 연락한다.
- 칼이나 가위 등, 안전사고의 위험이 있는 도구는 사용에 특히 더 유의하고, 사용 후 즉시 제자리에 꽂아둔다.
- 가스를 사용할 때는 주위 학생들에게 조심할 것을 알린다.
- 가스를 사용하고 난 후에는 즉시 가스 안전밸브를 잠근다.

또한 교사는 가정실의 교구 관리와 안전 관리에 책임이 있으므로, 정기적으로 가정실을 점검해야 한다. 특히, 가정실에서의 안전사고 방지를 위해서 다음과 같은 사항에 유의해야 한다.

(2) 가정실에서 교사가 지켜야 할 안전 지도 수칙

- 사용할 실습 도구나 기계 등에 대해서 실습 전에 반드시 관련 사전교육을 실시한다.
- 교사도 학생들과 마찬가지로 실습에 맞는 작업복을 입는다.

- 시범은 정확하고 올바른 절차에 따라서 진행한다.
- 실습 중에는 학생들이 정해진 위치를 이탈하지 않도록 지도한다.
- 도구를 능숙하게 사용하지 못하는 학생들은 교사가 특별히 관심을 가지고 지도 · 감독한다.
- 가정실 내의 모든 장치와 안전 설비가 제대로 작동하고 있는지 확인하고, 문제가 생겼을 경우 즉시 필요한 조치를 취한다. 안전 설비가 제대로 작동하지 않을 경우에는 실습을 연기한다.
- 안전사고로 환자가 발생했을 경우 즉시 응급조치를 취하고 빠른 시간 내에 전문가에게 치료받을 수 있도록 대처 요령을 숙지한다.

2022 개정 교육과정의 교수-학습 방법에서 제시하는 실험·실습 시의 안전 요구 사항

실험·실습 활동은 학습자 주도의 문제해결에 초점을 두고 아래 사항을 유의하도록 한다. 특히, 교과의 교육 내용을 분석하여 연간 또는 학기별 실험·실습 계획을 세우고, 실험·실습 활동에 필요한 재료, 설비, 기구 및 자재 등을 사전에 준비하고 점검하며, 학습자의 안전을 가장 고려한다.

① 안전한 실험·실습 활동을 위하여 도구, 기계, 설비 등을 사전에 점검 및 수리하고, 사용 방법을 정확하게 익히도록 한다. 또한 안전사고 예방을 위해 사전에 교육을 실시하고, 안전 관련 보호 장비를 착용하도록 한다.

② 간단한 응급 처치 요령을 익히도록 하고 사고 발생 시 응급 처치 요령에 따라 즉각적으로 치료받을 수 있도록 한다.

③ 실험·실습 재료나 도구를 지정된 장소에 보관하고, 안전·위생 등을 고려하여 취급한다.

④ 조리 기구, 열원과 연료를 다룰 때의 주의점과 소화기 사용법 등을 지도하여 안전사고가 발생하지 않도록 주의한다.

⑤ 조리 실험·실습에서는 식품을 선택, 손질, 보관할 때 위생과 안전을 고려하여 식품 오염에 유의하여 지도한다.

⑥ 실험·실습 후에 남은 재료, 부산물, 폐기물 등을 재활용 및 분리 배출 등에 관한 지침에 따라 처리하여 환경 오염을 예방한다.

⑦ 유해 물질이나 분진, 가스가 발생하는 활동에는 환기 및 공기 순환 장치의 설치를 의무화하고 관련 장비의 활용에 따른 주의 사항을 준수한다.

⑧ 안전한 실험·실습 활동을 위한 최소한의 실습 공간을 확보하고, 학습자의 발달을 고려하여 인체공학적 측면에서 실습 환경을 조성한다.

출처: 교육부(2022b).

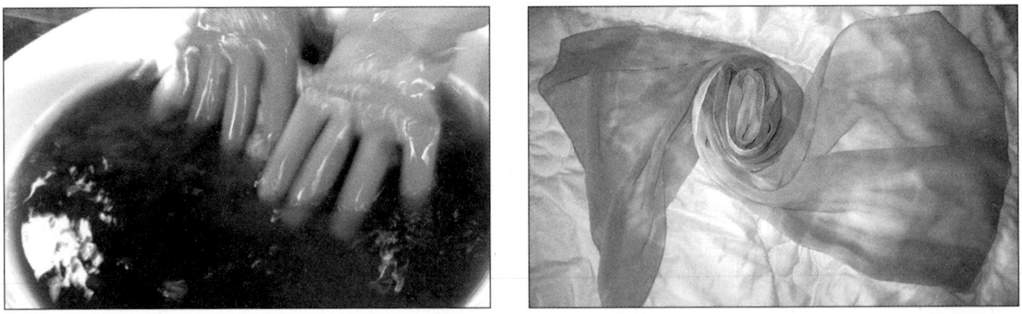

의복 재료 실습: 천연 염색 실습

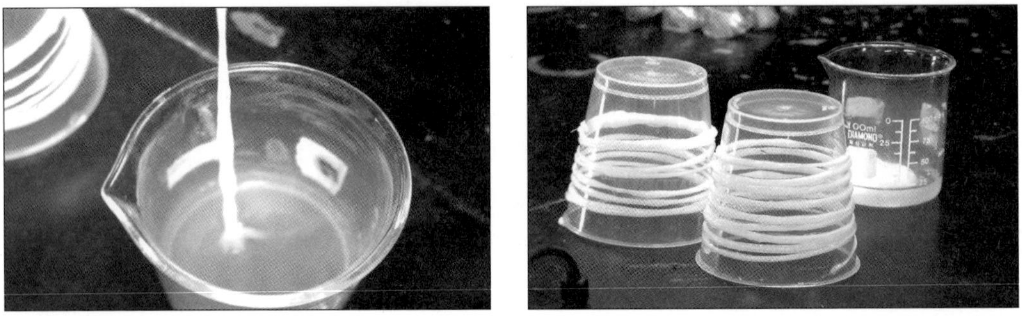

의복 재료 실험: 나일론의 생성 원리

조리과학 실험: 글루텐의 형성, 산·염기에 대한 채소의 변화

조리 실습: 피자 만들기

그림 3-9 가정과 수업에서의 다양한 실험·실습

6. 협동학습법

1) 협동학습법의 개념 및 특징

협동학습(cooperative learning)법이란 특정한 학습 문제해결을 위해 소집단을 조직하고, 설정된 목표를 달성하기 위하여 구성원끼리 서로 도움을 주고받는 학습 방법이다. 협동학습은 학생이 교사의 통제나 보호에서 벗어나 독립적으로 학습함으로써 다양한 정보원을 접할 수 있고, 다른 학생들이 가지고 있는 학습 방법을 관찰하고 배울 수 있으므로 혼자서 학습하는 경우보다 더 많은 것을 학습할 수 있다. 또한, 동료 학습자와 함께 과제를 해결하는 과정을 통해 문제해결 능력, 의사 결정 능력, 타인을 배려하는 태도와 독립심을 기를 수 있다.

협동학습이 원활하게 이루어지도록 하기 위해서는 소집단을 효과적으로 구성하는 데 주의를 기울여야 한다. 소집단은 다양한 기준에 따라 구성할 수 있는데, 일반적으로 학업 성취도를 기준으로 동질적 집단이나 이질적 집단으로 구성한다. 동질적 집단은 학습 속도나 난이도 조절이 용이하여 심화 또는 보충 학습에 효과적이지만, 능력 수준에 따른 낙인 효과가 발생할 수 있다. 반면 이질적 집단은 또래 교수학습이 활발히 일어나고 학생들에게 긍정적 자아 개념과 소속감을 심어줄 수 있어 협동학습에서 주로 권장되지만, 학습 능력 차이로 인한 집단 내 분쟁이나 무임승차 문제가 발생할 수 있다. 따라서 교사는 학생 개개인의 특성과 자질을 파악하여 학습 목표에 적합한 집단을 구성하고, 개인적 책무성을 확보할 수 있는 적절한 장치를 마련하는 것이 중요하다.

협동학습의 단점 해소 방안

- 집단 간 편파 문제: 주기적으로 소집단을 재편성하거나, 과목별로 소집단을 다르게 편성하는 것이 좋다.
- 자아 존중감 손상: 자아 존중감 손상이 우려되는 학습자에게는 협동학습을 시작하기 전이나 중간에라도 협동학습 기술을 습득시키는 방안이 필요하다. 이러한 학습자가 속한 집단은 교사가 계속해서 관찰해야 하며, 집단의 특성이나 학습자의 특성에 따라 해당 학습자가 협동 과정에 참여할 수 있는 방안을 구체적으로 만들어 주는 작업도 필요하다.
- 부익부 현상: 각본을 통한 역할 분담, 집단 보상에 대한 적절한 강조, 협동 기술 증진 등의 방법을 적용하여 방지한다.

출처: 변영계·김영환·손미(2009).

2) 협동학습의 원리

존슨과 존슨(Johnson & Johnson, 1987)은 협동학습을 성공적으로 달성하기 위해 갖추어야 할 다섯 가지 기본 요소를 긍정적 상호 의존성, 면대면을 통한 상호 작용, 개인 책무성, 사회적 기술, 집단의 과정화로 제시하고 있다(박숙희 · 염명숙, 2013).

- 긍정적 상호 의존성: 집단의 구성원은 상호 의존성을 가지고 과제를 수행한다. 학습자들은 그들의 수행이 다른 구성원에게 도움이 되며, 또 다른 구성원의 수행이 그들 자신의 수행에 도움이 된다는 것을 인식해야 한다. 그러므로 집단 구성원 모두가 서로 협력하여 같은 목표를 향해 나아간다는 긍정적인 상호 의존성이 필요하다.
- 면대면을 통한 상호 작용: 집단 구성원이 서로 얼굴을 마주 대하며 관심을 가지고, 서로 개방적이며 허용적인 태도를 보여 주어 심리적으로도 일체감을 가지는 것이 필요하다. 이와 같은 상호 작용을 통해 학습자는 서로 효율적으로 도움을 나눌 수 있으며, 학습 과제를 신속하고 정확하게 완성할 수 있다. 또한, 서로 믿고 격려하는 가운데 학습 동기도 높아지고 불안감도 해소된다.
- 개인적 책무성: 집단 구성원 각자의 수행이 집단 전체의 수행 결과에 영향을 주며, 또 집단 전체의 수행은 구성원 각자의 수행에 다시 영향을 준다는 서로 간의 책무성이 필요하다. 이는 집단 점수와 개인 점수를 병행하는 방법을 통해 책무성을 확인한다.
- 사회적 기술: 집단 구성원 간에 원만한 인간관계를 가지므로 지적인 측면뿐 아니라 정의적 측면에서도 긍정적이다. 집단 내의 상호 작용은 문제를 해결하는 과정에서 서로를 신뢰하고 의지하게 하며, 이런 과정 속에서 의사소통 기술을 발달시킨다. 이와 같은 사회적 인간관계를 통한 협동학습은 개별 학습이나 강의식 수업에서는 얻을 수 없는 훌륭한 장점이기도 하다.
- 집단의 과정화: 집단 구성원 모두가 적극적으로 학습 활동에 참여하는 과정을 통해 협동학습에서 요구되는 원칙과 기술을 익혀야 한다. 또한, 모든 협동학습에서 '일벌레'나 '무임승차자'가 생기지 않도록 과제 달성과 관련된 모든 임무를 세분화하여 모든 구성원이 각자의 역할을 수행할 수 있도록 한다. 동시에 팀 간의 경쟁을 활용하면 소집단 내 구성원들 간의 유대관계를 효과적으로 증대할 수 있다.

3) 다양한 협동학습 모형

협동학습 모형은 1960년 이후 현재까지 지속적으로 연구되고 있으며, 교과의 특성, 학생들에게 제공하는 피드백의 방법 등에 따라 다양한 형태로 개발되어 사용되고 있다. 새롭게 개발된 모형은 대체로 기존 모형들의 현장 적용을 통하여 장단점 분석에 기초하여 미흡한 점을 보완하면서 개발되어 왔으며 앞으로도 새로운 모형이 등장할 가능성이 상당히 높다(이성흠 · 이준, 2009). 학교 현장에서 비교적 널리 사용되고 있는 협동학습 모형에는 직소 모형, 성취 과제 분담 모형, 팀 경쟁 학습 모형, 함께 학습하기 모형, 집단 조사 학습 모형, 자율적 협동학습 모형 등이 있다.

(1) 직소 모형

애론손(A. Aronson)에 의해 개발된 직소(jigsaw) 모형은 학교 현장에서 널리 활용되는 협동학습 모형 중 하나이다. '직소'라는 이름은 모집단이 전문가 집단으로 갈라졌다가 다시 모집단으로 돌아오는 모습이 마치 조각난 그림을 끼워 맞추는 직소 퍼즐과 비슷하다고 하여 붙여졌다. 직소 모형의 일반적 절차는 표 3-9와 같다. 직소 모형은 모둠 구성 후 개인별 전문 과제를 부과하여 전문가 그룹 협동학습을 진행하고 다시 원 소속 집단으로 돌아가 자신이 학습한 내용을 모둠원들에게 가르친 후 개별 평가를 통해 개인별 점수를 산출하는 직소 Ⅰ 모형을 기본으로 한다. 여기에 개인의 향상 점수를 집단에 보상해 주는 직소 Ⅱ 모형, 평가 전 학습 시간을 추가한 직소 Ⅲ 모형, 퀴즈(평가)를 통해 전문가 집단 협동학습 내용의 정확성을 다시 한 번 확인하는 직소 Ⅳ 모형으로 발전되어 왔다.

(2) 성취 과제 분담 모형

성취 과제 분담(STAD, Student Teams-Achievement Division) 모형은 교사가 학생들에게 제공하는 보상 중심의 협동학습 모형으로 개인별 형성 평가 결과, 자신의 기본 점수에서 향상된 점수만큼 모둠 점수에 기여하게 되고 모둠별로 보상이 주어지는 특징이 있다. 이 모형의 절차는 3단계로 구분할 수 있다. 1단계에서는 4~6명의 이질적인 모집단을 구성하고 수업 목표를 제시한다. 2단계는 팀 내 협동학습으로 2명씩 짝을 지어 팀 구성원 모두가 학습 내용을 이해할 때까지 팀 학습을 진행한다. 이때 학습 과제지와 정답지가 모두 주어지므로 정답을 맞히는 것을 넘어서 학습 과제를 모두 이해해야 한다. 3단계는 평가 단계로 팀 학습이 끝나면 개별적으로 시험을 보

표 3-9 직소 모형의 단계별 활동

단계	구분	활동
1단계 모집단 구성	직소 모형 공통	수업 주제를 정한 후 모집단을 구성하고 전체 학습 과제를 모둠 내 구성원의 수에 맞게 나눈 후 각 구성원에게 과제를 부여한다.
2단계 전문가 활동		같은 과제를 맡은 학생들끼리 새로운 집단인 전문가 집단을 형성하여 담당한 공통의 내용에 대한 토의와 학습을 진행한다.
3단계 모집단의 재소집	직소 I 모형	학생들은 자신의 모집단으로 돌아와 각기 조사하고 학습한 전문적 내용을 구성원들에게 발표하고 가르친다. 소집단 학습이 끝나면 개별 평가가 이루어진다. 이때의 평가 내용은 단원 전체에 대한 것이며, 개인적 시험으로 이루어지므로 시험 점수는 개인 점수에만 기여하고 집단 점수에는 기여하지 못한다.
	직소 II 모형	직소 I 모형에 향상 점수제와 보상을 추가한 모형으로 소집단 학습이 끝나면 단원 전체에 대해 개인적인 시험을 치르게 되는데, 개별 점수와 소집단 점수를 산출하고, 소집단 점수는 향상 점수에 기초하여 계산된다. 학급 신문이나 게시판에 팀의 성적을 공고하고 이전의 3단계를 계속 반복하며, 개인의 향상 점수에 기초한 소집단 점수를 다시 계산하여 새로운 소집단 순위를 게시한다.
	직소 III 모형	직소 II 모형에 평가 전 학습 시간을 추가한 모형으로 원 소속 집단의 협동학습 후 즉시 평가에 들어가지 않고 학습할 시간을 추가로 제공한 후 개별 평가를 하고 팀 점수를 산출하여 보상한다.
	직소 IV 모형	직소 III 모형에 퀴즈를 추가한 모형으로 전문가 집단에서 원 소속 집단으로 오기 전 퀴즈를 거쳐 전문가 집단에서의 학습 내용의 정확성을 점검하고 원소속 집단에서도 평가에 들어가기 전에 간단한 퀴즈를 통해 협동학습의 결과를 점검한다.

고 개인의 점수를 받는데, 자신이 이전까지 시험의 평균 점수를 초과한 향상 점수만큼은 팀 점수에 기여하게 된다. 팀 점수를 산출하고 우수 팀을 게시한 후 집단에게 보상한다.

(3) 팀 경쟁 학습 모형

팀 경쟁 학습(TGT, Team Games Tournaments) 모형은 성취 과제 분담 모형과 팀 구성, 수업 방법, 보상 방법 등이 비슷하지만 게임을 통하여 각 팀 간의 경쟁을 유도한다는 점이 특징이다. 이 모형의 절차는 3단계로 구분할 수 있다. 1단계에서는 수업 목표를 제시하고 4~6명의 이질적 모집단을 구성한다. 두 장의 학습 과제지와 정답지를 나누어 주고, 짝을 지어 학습 과제를 해결하는데, 팀 구성원 모두가 학습 내용을 이해할 때까지 팀 학습이 계속된다. 2단계는 팀 내 협동학습으로 토너먼트 게임을 실시하여 교사가 일정한 학습 내용에 대해 팀별로 평가를 한 후 팀 성적이 가장 높은 팀부터 낮은 팀까지 일렬로 앉힌다. 팀 성적이 낮은 팀이 높은 팀에게 도전하면서 자신의 등급(자리 위치)을 높여간다. 3단계는 평가 단계로 팀의 점수를 산출하고 우수 팀을 게시하며 집단에게 보상한다.

(4) 함께 학습하기 모형

함께 학습하기(LT, Learning Together) 모형은 1975년 미국 미네소타대학교의 데이비드 존슨(David Johnson)과 로저 존슨(Roger Johnson) 형제에 의해 개발된 모형으로, 개발자의 이름을 따서 존슨 모형이라고도 불린다. 이 모형의 절차는 3단계로 구분할 수 있다. 1단계는 모집단 구성의 단계로 5~6명의 이질적 구성원으로 집단을 구성하고 팀별로 학습 주제와 수업 목표를 제시한다. 2단계는 팀 내 협동학습으로, 토의를 거쳐 팀별로 각 개인의 작업이나 역할을 분담하고, 교사는 학생들의 협동적 행위가 얼마나 잘 이루어지는지 관찰한다. 3단계는 평가의 단계로 학습 내용의 정리 및 발표를 하고 개별적 시험을 시행한다. 성적은 소속된 집단의 평균 점수를 받게 되므로 자기 집단 내의 다른 학생들의 성취 정도가 개인의 성적에 영향을 준다. 경우에 따라서 집단 평균 대신 집단 내 모든 구성원이 정해진 수준 이상 도달했을 때, 각 집단 구성원들에게 보너스 점수를 주기도 한다.

(5) 집단 조사 학습 모형

집단 조사 학습(GI, Group Investigation) 모형은 1976년 이스라엘 텔 아비브(Tel Aviv)대학교에서 샤란(Sharan)에 의해 개발된 모형으로, 실용주의적 측면과 과학적 접근을 강조한 듀이의 교육철학을 근거로 한다(고재희, 2008). 소집단을 구성한 후 학습해야 할 과제를 집단 수에 맞추어 단원으로 나누어 제시한다. 학생들은 정해진 학습 과제에 대한 자료를 수집하고 정리 · 해석하며, 결론을 이끌어 낸 후 전체 학급을 대상으로 전시, 구두 보고, 비디오 상영 등 다양한 방법으로 조사 내용을 보고한다. 교사와 학생은 각 집단의 전체 학습에 대한 기여도를 평가하여 개별적인 평가와 집단 평가를 실시한다. 특히, 교사는 학생의 협동이 얼마나 잘되었는지, 주어진 주제에 대해서 얼마나 열심히 구체적으로 준비했는지를 평가한다.

(6) 자율적 협동학습 모형

자율적 협동학습(co-op co-op) 모형은 집단 조사 학습과 비슷하나 이를 보다 정교화한 것으로, 주어진 주제나 문제에 대한 관심을 촉진하기 위해 학생끼리 토론을 하고 토론이 끝나면 능력과 성별 등이 다양한 학생으로 팀을 구성한다. 각 팀에서는 선택한 주제를 작은 단위의 학습 주제로 나누는데, 이 과정에서 학생 개개인의 흥미나 관심에 따라서 세부적인 학습 주제를 선택함으로써 협동학습에 보다 적극적으로 참여하도록 한다. 자신이 맡은 주제에 대해 전문가가 되어 연구한 후 다시 팀으로 복귀하여 팀 전체가 학급에 발표할 내용을 준비한다. 각 팀은 학급 전체 앞에서 발표를 하며 이에 대해 팀의 측면에서 팀 내 구성원의 활동에 대한 평가가 이루어진다. 이어서 반 전체적인 측면에서 각 팀에 대한 평가가 이루어진다. 일반적으로 교사는 팀보다는 개인별로 평가한다.

협동학습 지도 방법

1. 긍정적인 상호 의존성을 강화하는 방법

- 1개의 연필, 책, 보조 자료를 한 모둠에 준다.
- 한 모둠이 1개의 보고서를 제출하게 한다.
- 각 모둠원이 다른 자료를 보도록 나누어준다.
- 모둠원이 모두 성공하면 상 또는 보너스 점수를 준다.

2. 개인적 책무성을 강화하는 방법

- 각 모둠에서 임의로 한 학생을 뽑아 공부한 결과를 대답하게 한다.
- 모든 사람이 보고서를 쓰고 모두가 돌아가며 수정하고 교사는 한 보고서를 뽑아 점수를 준다.
- 각 학생에게 다른 역할을 분담시킨다.
- 모든 학생이 잘하면 그 모둠에 보너스 점수를 준다.

3. 학생들에게 기대하는 행동

- 모든 학생이 모둠에 기여하고 도와야 한다고 말한다.
- 조심스럽게 타인의 말을 듣는다.
- 모둠에 있는 모든 사람이 참여하도록 격려한다.
- 도움이 되는 행동과 아이디어를 칭찬한다.
- 필요하다면 도움을 구한다.
- 모든 사람이 이해하는지 점검한다.
- 자기 모둠에 머물러 있는다.
- 소리를 낮추어 말한다.

4. 점검할 때 해야 할 것들

- 학습을 강화하기 위해서 즉각적으로 피드백을 준다.
- 보다 세밀하게 설명하도록 격려한다.

7. 역할 놀이

1) 역할 놀이의 개념 및 특징

역할 놀이(role-playing)는 타인의 역할을 연기해 보는 경험을 통해 자신의 가치나 의견을 좀 더 분명히 알고 타인의 입장을 이해하는 데 도움을 주는 극화된 놀이 방법이다. 원래 심리 치료나 상담 등에서 인간관계 문제를 해결하거나, 타인의 행동이나 감정을 이해할 필요가 있을 때 사용되던 기술을 교수-학습에 적용한 것이다. 역할 놀이의 과정은 인간 행동의 생생한 사례를 제시하며 학생들에게 그들의 감정을 탐구하고, 그들의 태도에 대한 통찰력을 갖게 하고, 문제해결 기술과 태도를 개발하며, 다양한 방법으로 교과를 탐구하는 수단을 제공한다(Joyce 외, 2004). 역할 놀이는 개인 간의 갈등, 집단 간의 관계, 개인적 딜레마, 역사적 혹은 시사적 문제 등의 영역을 다루는 데 적합하므로 의사소통이나 갈등 해결과 같이 대인 관계 기술을 기르고, 타인의 행동이나 감정을 이해할 필요가 있는 단원에서 유용한 교수-학습 방법으로 사용할 수 있다.

역할 놀이는 실제와 비슷한 상황을 연출하므로 현실감 있는 학습이 가능하며, 학생들이 그동안 가지고 있었던 심리적 억압을 표출할 수 있는 기회를 제공할 수 있다. 학생들은 상대방의 역할을 연기함으로써 타인의 관점을 이해하고, 사물을 다각적인 방법으로 바라볼 수 있게 된다. 또한 자신을 객관적으로 알아가는 데 도움이 되므로 스스로 반성할 기회를 갖게 된다.

역할 놀이를 시작하기 전 학생들이 역할 놀이에 대해 충분하게 이해하고 있어야 하고, 역할극에 필요한 물리적 여건들이 준비되어야 하며, 역할극이 끝난 후에는 이를 통해 느낀 점 등을 모두 함께 토론해야 하므로 수업에 많은 시간이 필요하다.

2) 역할 놀이의 단계

역할 놀이의 효과는 실연의 질과 그에 뒤따르는 분석, 그리고 학생들이 역할을 얼마나 실제 상황과 비슷하게 지각하고 있느냐에 따라 달라진다. 교사가 단순히 문제 상황을 던져 주고 몇몇 학생들에게 연기를 해보게 하여 그 실연 내용에 대해 토론을 해보는 정도로는 역할 놀이가 가진 효과를 충분히 얻기 어렵다.

이 모형을 개발한 샤프텔 부부[파니 샤프텔(Fannie Shaftel)과 조지 샤프텔(George Shaftel)]은 역할 놀이의 활동을 ① 집단 워밍업시키기, ② 참가자 선정하기, ③ 무대 설치하기, ④ 관찰자 준비시키기, ⑤ 실연하기, ⑥ 토론과 평가하기, ⑦ 재실연하기, ⑧ 재실연에 대한 토론과 평가하기, ⑨ 경험을 나누고 일반화하기라는 9단계로 구성할 것을 제안하였다(Joyce et al., 2004). 이런 각 단계들은 복잡한 사고 과정을 통해 추구되어야 하며, 학생들이 그들의 역할을 준비할 시간이 있어야 한다. 또한 후속 토론이 단순한 반응 확산의 집합에 그쳐서는 안 되므로 역할 놀이의 목적이 명확히 규명되어야 한다.

역할 놀이의 1단계는 집단의 분위기를 조성하는 단계로, 교사는 수용적인 분위기를 조성하고 학생들에게 예시를 통해 해당 문제를 소개하여 학생들이 이 문제를 그들이 취급해야 할 영역으로 받아들이도록 한다. 2단계는 참가자를 선정하는 단계로, 교사와 학생은 역할 놀이에 필요한 여러 가지 배역들을 정하고, 그 배역들이 무엇과 같을지, 어떻게 느낄지, 그리고 어떤 일을 할지 등을 기술한 후 해당 역할을 연기할 학생을 선정한다. 3단계는 무대 설치의 단계로, 역할 연기자들의 간단한 행동 라인을 정하고, 그에 필요한 기본적인 장치를 사용하여 참여자들이 그들의 역할을 시작할 때 안전감을 느낄 수 있도록 하는 것이 중요하다. 4단계는 관찰자를 선정하는 단계로, 관찰자는 단순한 구경꾼이 아니라 역할 연기자들이 무엇을 완수하려 하는가, 역할 연기자들이 취한 행동이 도움이 되는가 안 되는가, 어떤 대안적 경험을 했더라면 더 좋았을 것인가 등을 결정하는 적극적인 참여자가 되어야 한다. 5단계는 실연을 하는 단계로, 연기자들이 정해진 역할을 맡아 생생한 연기와 반응을 보이는 단계이다. 첫 번째 실연의 목적은 사건과 역할을 확립해서 후에 실연이 탐지 · 분석 · 재연될 수 있도록 하는 것이므로 필요 이상으로 길게 할 필요는 없다. 6단계는 토론과 평가의 단계로, 문제가 중요하고 역할 연기자들과 관찰자들이 지성적이고 감성적으로 참여하게 되면 자연스럽게 이루어진다. 토론의 초점은 묘사된 행동에 대한 해석보다는 행동의 결과, 행위자의 동기에 맞춰져야 한다. 7단계는 재실연의 단계로, 교사와 학생은 역할을 바꿀 수도 있으며 새로운 방법으로 해석할 수도 있다. 예를 들면, 한 가지 역할을 변경해서 모든 사람들이 이와 같은 변화가 다른 역할 연기자에게 어떤 변화를 일으켰는지를 관찰할 수 있다. 8단계는 7단계에서 재실연한 역할 놀이에 대한 후속 토론 과정으로, 학생들이 내린 해결책에 대해 교사는 이런 결론이 실제로 가능한지를 계속 질문해서 보다 현실적인 해결책을 찾도록 격려한다. 9단계는 그들이 경험한 바를 상호 교환하고 일반화하는 단계이다. 이와 같은 일반화를 위해서는 많은 경험이 필요하므로 교사는 학생들이 충분한 역할 놀이 경험을 통해 문제 상황에 대한 접근 방법과 그 결과를 일반화할 수 있도록 이에 대한 토론을 장려해야 한다.

표 3-10 역할 놀이의 단계

단계	활동
1단계 집단 워밍업시키기	• 문제를 확인하거나 소개하기 • 문제를 명확히 하기 • 문제 이야기를 해석하고 문제점 탐색하기 • 역할 놀이를 설명하기
2단계 참가자 선정하기	• 역할들을 분석하기 • 역할 연기자 선정하기
3단계 무대 설치하기	• 행동의 계열 결정하기 • 역할들을 다시 설명해 주기 • 문제 상황의 내면 파악하기
4단계 관찰자 준비시키기	• 무엇을 볼 것인지 결정하기 • 관찰자에게 과제를 할당하기
5단계 실연	• 역할 놀이 시작하기 • 역할 놀이 유지하기 • 역할 놀이 중단하기
6단계 토론과 평가	• 역할 놀이 장면을 검토하기(사건, 위치, 현실성 등) • 중요한 요점을 검토하기 • 다음 실연을 개발하기
7단계 재실연	• 수정된 역할 놀이하기: 다음 단계나 행동 대안 제안하기
8단계 재실연에 대한 토론과 평가	• 토론과 평가하기(6단계와 동일)
9단계 경험의 공유와 일반화	• 문제 상황을 실제 경험과 현재 문제에 연결, 일반적인 행동 원리 탐색하기

출처: Joyce et al.(2004).

8. 창의적 문제해결법

1) 창의적 문제해결법의 개념

창의적 문제해결법(CPS, Creative Problem Solving)은 학생들의 실생활과 관련된 문제를 해결하는 활동을 통하여 기르는 것을 목적으로 발전해 온 수업 모형이다. 오스본(Osborn)은 창의적 문제해결에 대한 초기 논의를 통해, 창의성이 타고나는 능력이 아니라 훈련을 통해 기를 수 있는 사고 능력임을 강조하고 판단을 유보한 상태에서 다양한 아이디어를 자유롭게 산출하는 사고의 중요성을 제시하였다(Osborn, 1953). 이후 파네스(Parnes)는 오스본의 사고 원리를 바탕으로 창의적 문제해결 과정을 수업에서 활용할 수 있도록 정리하여, 사실 발견 – 문제 발견 – 아이디어 발견 – 해결안 발견 – 수용성 발견으로 이어지는 5단계 절차를 제시하였다(Parnes, 1967). 이후 아이작슨(Isaksen)과 트레핑거(Treffinger)는 실제 문제해결에서는 문제 자체가 처음부터 분명하지 않은 경우가 많다는 점에 주목하여, '혼란 찾기' 단계를 추가하여 창의적 문제해결 과정을 실제 수업 장면에서 활용할 수 있도록 정교화하였다(Isaksen & Treffinger, 1985).

2) 창의적 문제해결법의 절차

창의적 문제해결법의 절차는 혼란 찾기 - 자료 찾기 - 문제 찾기 - 아이디어 찾기 - 해결책 찾기 - 수용안 찾기의 6단계로 이루어진다(표 3-11).

표 3-11 창의적 문제해결법의 절차

학습 단계	학습 성취 요소	교수-학습 활동
1단계 혼란 찾기	• 전시 학습 확인 • 흥미 유발 • 포괄적인 학습 목표 유도	• 전시 학습에 대한 내용을 확인한다. • 본시 학습과 관련하여 포괄적이면서 흥미 있는 주제를 유도한다. • 주제에 따라 혼란 진술문을 작성한다. • 적절한 혼란 진술문을 선정한다.
2단계 자료 찾기	• 다양한 자료 수집 • 자료 선정	• 혼란 진술에 관련된 상황이 수많은 상이한 관점으로부터 검토된다. • 정보, 인상, 느낌, 감정, 관찰 등 다양한 자료가 수집된다. • 가장 중요한 자료를 확인하고 분석한다.
3단계 문제 찾기	• 학습 문제 확인 • 문제의 상세화	• 수많은 가능한 문제 진술과 하위 문제가 생성된다. • 다양한 문제를 분석하고 평가한다. • 중심 문제를 선정한다.
4단계 아이디어 찾기	• 아이디어 산출 • 가장 적절한 아이디어 선정	• 아이디어를 산출할 방법 및 기법을 의논한다. • 다양한 아이디어를 산출한다. • 가장 전망 있고 흥미 있어 보이는 아이디어를 선정한다(개방적이고 허용적인 분위기를 조성한다).

(계속)

학습 단계	학습 성취 요소	교수-학습 활동
5단계 해결책 찾기	• 아이디어 평가 • 준거 선정 • 임시 해결책 선정	• 유망한 아이디어에 대한 평가 준거를 제시한다. • 평가 준거에 따라 아이디어들을 검토한다. • 선정된 아이디어를 수정·강화하여 최상의 아이디어로 구체화한다.
6단계 수용안 찾기	• 해결책 검토 • 수행 단계 계획	• 최종적인 해결책을 확정한다. • 해결책을 수행하기 위해 구체적 계획들이 만들어진다.

출처: 김영채(2007).

가정과 수업에서 활용할 수 있는 창의성 증진을 위한 사고 기법

사고 기법이란 어떤 유형의 사고를 하기 위해 우리가 의도적·계획적으로 사용하는 사고의 절차 또는 사고 도구라고 말할 수 있다. 일반적으로 창의적 사고에서 사용할 수 있는 기법은 아이디어 생성을 위한 기법인 발산적 사고 기법과 아이디어를 사정·개발·선택하기 위한 기법인 수렴적 사고 기법으로 나눌 수 있으며, 각각의 사고의 의미와 사용되는 대표적인 사고 기법은 아래 표와 같다(김영채, 2007).

발산적 사고와 수렴적 사고

구분	의미와 원리	대표적인 사고 기법
발산적 사고	• 유의미하고 새로운 연결을 만들고 표현하는 사고 과정, 아이디어(대안, 가능성)를 생성해 내는 사고 과정이다. • 충분한 수의 대안이 생성될 때까지는 판단을 유보하는 '판단 지연'의 원리가 적용된다.	• 브레인스토밍 • 브레인라이팅 • 강제 결합법 • 시넥틱스 • 육색 사고모 기법 • 스캠퍼 • 오스본의 질문 리스트 • 속성 열거법 • 형태 분석법 • 마인드맵
수렴적 사고	• 아이디어들을 분석하고, 다듬고, 선택하는 사고 과정, 아이디어(대안, 가능성)를 선택하거나 개발하는 초점화의 사고 과정이다. • 더 나은 대안을 찾고 만들기 위해, 대안들을 긍정적으로 평가하는 '긍정적 판단'의 원리가 적용된다.	• 하이라이팅 • PMI 기법 • P-P-C • 평가 행렬법 • 쌍비교 분석법 • 역브레인스토밍

1. 브레인스토밍

브레인스토밍(brainstorming)은 오스본(A .F. Osborn)에 의해 처음 소개되었으며, 특정한 주제에 대해 두뇌(brain)에서 폭풍(storming)이 휘몰아치듯이 생각나는 아이디어를 많이 내놓는 것이다. 질보다는 양을 중시하여 짧은 시간에 많은 아이디어를 생산하는 것이 목적이므로, 자유분방하게 아이디어를 내고, 어떤 아이디어가 나오

(계속)

더라도 비판하거나 평가하지 않는 것이 원칙이며, 타인의 아이디어나 의견을 조합하여 새로운 아이디어나 의견을 만든다. 주로 집단 토의에서 사용되며, 어떠한 의견이라도 자유롭게 발언할 수 있는 융통적인 분위기를 조성하는 것이 중요하다.

2. 브레인라이팅

브레인라이팅(brain writing)은 독일의 프랑크푸르트에 있는 바텔 연구소 과학자들이 만들어 낸 것으로, 이 기법은 한 집단이 조용히 글로 자기 아이디어를 기록하여 제출하는 브레인스토밍의 일종이다(한국교육과정평가원, 2010). 이 방법은 여러 사람 앞에서 자신의 의견을 제시하는 것을 수줍어하거나 부담스러워서 자신의 아이디어를 잘 표출하지 않는 브레인스토밍의 단점을 보완한 방법으로, 종이에 글로 쓰거나 그림을 그려 벽면이나 화이트보드 등에 게시하도록 하여 동등한 참여를 보장하고 아이디어 산출에 대한 심리적 부담을 줄일 수 있다.

3. 강제 결합법

강제 결합법(forced relationships, forced connection method)은 와이팅(C. S. Whiting)이 창안한 방법으로, 서로 관련이 없어 보이는 어떤 사물이나 아이디어를 강제로 연결하여 새로운 아이디어를 생성하는 기법이다. 발명품 중에는 지우개가 달린 연필처럼 이 방법으로 개발된 것들이 많이 있다.

4. 시넥틱스(결부법)

시넥틱스(synectics)의 어원은 '관련이 없는 것들 간의 요소들을 결합하는 것'을 의미하는 그리스어 'synecticos'에서 유래했으며, 이는 고든(Gordon, 1961)이 창안한 방법이다. 시넥틱스는 주어진 문제를 분석하고 가능한 해결책을 개발하기 위해서 유추와 비유를 사용하여 친숙한 것을 낯선 것으로 전환하거나 낯선 것을 친숙하게 전환해 보도록 하는 방법이다. 이때 유추의 종류에는 자신을 문제에서 다루고 있는 대상이 되었다고 상상하는 개인적 유추, 문제해결을 위해 단순히 상황이나 조건을 바꾸어 보는 직접적 유추, 서로 모순되는 듯 보이는 두 개념을 합쳐 보는 응축된 갈등 등이 있다(정문성, 2022).

시넥틱스의 일반적 절차는 아래와 같다.

- 문제 정의: 해결하고자 하는 문제를 명확히 정의한다.
- 유추와 비유 생성: 문제와 관련된 유추와 비유를 통해 다양한 아이디어를 생성한다.
- 아이디어 평가: 생성된 아이디어를 평가하고, 최적의 해결책을 선택한다.
- 구체화: 선택된 아이디어를 구체화하고, 실현 가능한 방안을 모색한다.

5. PMI 기법

PMI(Plus, Minus, Interesting)는 보노(Edward de Bono)가 제안한 방법으로, 생각하는 사람이 어떤 판단에 도달하기 전에 그 상황을 다시 자세히 검토하는 것을 도와주는 인지 확장 도구이다. PMI 기법이란 Plus, Minus, Interesting의 약자로, 제안된 아이디어의 장점(P), 단점(M), 흥미로운 점(I)을 따져 본 후 그 아이디어를 평가하는 기법이다. 하나의 아이디어에 대해 집중적으로 분석하고자 할 때 간단하면서도 효과적으로 활용할 수 있다.

(계속)

6. 육색 사고모 기법

영국의 심리학자 보노(Edward de Bono)는 우리가 사고를 하는 데 어려움을 겪는 주된 원인을 감정, 정보, 논리, 희망, 그리고 창의적인 사고 등을 한꺼번에 같이 하는 과정에서 생기는 '혼돈' 때문이라고 보고, 한꺼번에 한 가지씩만 다루는 단순한 사고를 하도록 하는 육색 사고모 기법(six thinking hats)을 제안하였다. 이 기법은 학습자들이 여섯 가지 각기 다른 색의 모자를 쓰고, 의도적으로 자신이 쓰고 있는 모자 색깔이 의미하는 유형의 사고를 함으로써 폭넓은 사고력을 신장해 준다. 또한 사고모를 사용함으로써 자아(자존심)와 사고가 분리되며, 의식을 한 초점에 집중할 수 있고, 모자를 바꾸어 써 봄으로써 다양한 측면들을 융통성 있게 고려해 볼 수 있다.

육색 사고모가 의미하는 사고 유형

구분	내용
백색모(흰색)	순수한 색. 어떤 비판도 해석도 덧붙이지 않은 사실에 초점을 맞춘 사고, 중립적이고 객관적인 사고
적색모(빨간색)	피와 정열의 상징. 감정이나 영감에만 의지하는 사고, 직관에 의한 감정이나 느낌
흑색모(검은색)	어두움, 긴장감을 주는 색. 논리적으로 비판하거나 부정적인 사고
황색모(노란색)	밝고 적극적인 색. 오로지 긍정적인 측면에서만 생각, 낙관적 긍정적인 시각
녹색모(초록색)	풍부한 자연과 성장하는 식물을 상징. 새로운 아이디어를 생성하고, 창조적인 사고
청색모(파란색)	조절 및 통제의 이미지. 다른 모자의 사용법을 조절하는 역할(사회자)

7. 하이라이팅

하이라이팅(highlighting)은 좋은 아이디어들이 매우 많을 때, 이들을 공통적인 요소를 기준으로 몇 개의 범주로 압축하여 분류하기 위한 수렴적 사고 도구이다. 아이디어들 가운데 그럴듯해 보이는 것의 앞에 ✓ 표시를 하는데, 이를 히트(hits)라고 한다. 한 번 더 검토하고 더블 체크를 하여 개수를 줄일 수 있다. 히트들을 들여다보고 관련된 것끼리 묶는 것을 '핫스팟'(hot spots)이라 부른다. 즉, 하이라이팅 기법은 아이디어들을 나열하고 재미있어 보이는 히트 아이디어들만 뽑아서 관련 있는 것끼리 묶은 핫스팟들을 검토하여 가장 좋은 아이디어를 선택하는 것이다.

8. 스캠퍼

미리 문제해결의 착안점을 정해 놓고 그에 따라 다각적인 사고를 해봄으로써 아이디어를 얻는 기법으로, 브레인스토밍 기법을 고안한 오스본이 소개하고 로버트 에벌리(Robert Eberle)가 재구성한 아이디어 촉진 발문법이다. 스캠퍼(SCAMPER)는 다음 표와 같은 질문에 해당하는 영어의 첫 철자를 의미하며 필요에 따라 적절한 순서로 필요한 질문을 선택해서 사용할 수 있다.

(계속)

스캠퍼의 의미

구분	내용
S(Substitute): 대치하기	다른 누구와? 다른 무엇? 다른 성분? 다른 재료? 다른 에너지? 다른 장소? 다른 음성?
C(Combine): 결합하기	혼합하면? 단원을 조합하면? 목적을 합하면? 아이디어를 조합하면?
A(Adapt): 맞도록 고치기	번안하면? 각색을 하면? 이것과 비슷한 것은? 이것은 어떤 아이디어를 시사하는가? 과거의 것과 비슷한 것은? 베낄 수 있는 것은? 내가 흉내 낼 수 있는 사람은?
M(Modify-magnify-minify): 변형-확대-축소하기	변형하면? 확대하면? 빼면? 의미, 색깔, 소리, 향기, 형태 등을 바꾸면? 빈도를 높이면? 더 강하게 하면? 더 작게(가볍게, 쉽게, 짧게) 하면?
P(Put to other use): 다른 용도로 사용하기	(모양, 무게 또는 형태 등으로 보아) 다른 용도는? 수정하면? 맥락을 바꾸면?
E(Eliminate): 제거하기	이것을 없애 버리면? 부품 수를 줄이면? 압축하면? 낮추면? 더 가볍게 하면? 없어도 할 수 있는 것은?
R(Reverse-Rearrange): 뒤집기-재배치하기	거꾸로 하면? 역할을 바꾸면? 위치를 바꾸면? 보조를 바꾸면? 원인과 결과를 바꾸어 보면?

9. 역브레인스토밍

역브레인스토밍(reverse brainstorming)은 기존의 아이디어에 대하여 '비판'을 생성하기 위해 비판을 장려하는 기법이다. 브레인스토밍처럼 양적인 면을 중시하면서 자유분방하게 진행한다는 점에서는 유사하지만, 아이디어를 생성해 내는 브레인스토밍과는 달리 이미 만들어 놓은 아이디어에 대해 '비판'을 생성해 내는 기법이다. 이 방법은 이미 도출된 많은 아이디어들에 대해 일차적인 평가 과정을 거쳐 몇 개의 아이디어를 추린 후 이를 심도 있게 분석할 때 적합한 방법이다.

9. 문제 중심 학습

1) 문제 중심 학습의 개념 및 특징

문제 중심 학습(PBL, Problem based learning)은 캐나다 의대 교수인 베로스(H. Barrows)에 의해 개발되고, 후에 베로스와 메이어(Barrow & Meyers)에 의해 보다 체계화된 형태로 제시되었다. 실제로 발생하는 문제와 상황을 중심으로 교수-학습을 구조화하여 학습자들이 문제를 협력적이고 자기 주도적으로 해결해 가도록 하는 교수-학습 방법이다.

문제 중심 학습은 혼자가 아닌 여럿이 협동해서 문제를 해결하는 과정을 통해 자신의 견해를 타인의 견해와 비교하여 좀 더 객관적인 시각으로 평가하고 사고의 영역을 확장할 수 있다. 여기서의 문제는 학습자가 당면하고 있는 실제적인 성격을 갖는 과제로 학습자가 일상생활에서 접할 수 있는 비구조화된 문제를 대상으로 한다. 학습자는 지식을 구성해 나가며 그 과정에서 최선의 해결책을 찾고 그러한 접근이 다른 대안보다 효율적이라는 것을 증명하고 설득할 수 있어야 한다. 문제 중심 학습은 구조적 문제와는 다르게, 문제를 찾고 필요한 정보를 검증하며 실행 계획을 세우는 과정이 필요하다. 또한 책임 분담을 바탕으로 한 자기 주도적 학습이 요구되며, 집단으로 문제를 해결하는 과정을 통해 학습자 간 상호 이해를 높일 수 있다.

2) 문제 중심 학습의 절차

문제 중심 학습의 절차는 일반적으로 문제 제시, 문제의 재확인, 발표, 문제 결론의 4단계로 이루어진다. 첫 번째 단계인 문제 제시 단계에서 교사는 학생들에게 세부적이고 구체적인 맥락의 문제를 제시하고 학생들은 이에 대해 가설을 세우고, 사실 정보를 수집하며 주어진 과제를 해결하기 위해 더 알아야 할 내용들을 분석하고, 구체적인 실천 계획을 세운다. 두 번째 단계인 문제 재확

학습 과정	주요 활동
문제 제시 단계	학생들은 다음의 네 가지를 검토하면서 문제를 발견·정의하게 된다. • 아이디어: 문제의 원인과 결과, 가능한 해결 방안에 대해 아이디어를 제안한다. • 사실: 질문 등을 통해 정보를 수집하며, 이는 가설 설정에 중요한 역할을 한다. • 학습 과제: 문제해결을 위해 학생들이 이해하고, 알아야 할 필요가 있는 학습 내용이다. • 향후 계획: 문제해결을 위해 학생들이 이후에 해야 하는 일 또는 실천 계획을 수립한다.
↓	
문제 재확인 단계	아이디어, 사실, 학습 과제, 향후 계획 등의 과정을 통해 수집한 자료를 토대로 처음 문제해결을 위해 모색했던 해결 방안을 재조정한다.
↓	
발표 단계	학습한 결과를 발표하고, 다른 학습자의 학습 결과나 아이디어를 자신의 것과 비교하며 학습 결과를 정리하고 자신의 학습에 대해 스스로 평가한다.
↓	
문제 결론 단계	학습 결과를 정리하며, 학습 결과 및 과정에 대한 평가를 실시한다.

그림 3-10 문제 중심 학습의 과정과 단계별 주요 활동

출처: 고재희(2008).

인 단계에서는 이전 단계에서의 결과를 종합하고, 주어진 문제에 대해 다시 새로운 접근을 시도한다. 세 번째 발표 단계에서는 학습한 결과를 발표하여 모든 학습자와 결과를 공유한다. 마지막 문제 결론 단계는 전체적인 학습 결과 및 수행 과정을 총평하는 단계로, 학습 결과뿐만 아니라 학습 과정에 대해 학습자의 결과물, 수행 일지, 활동 전후의 지식 습득 정도 등 다양한 자료를 통해 종합적으로 평가한다.

10. 실천적 문제해결 수업

1) 실천적 문제해결 수업의 개념 및 특징

1장에서 살펴본 바와 같이, 브라운과 파올루치(Brown & Paolucci, 1978)는 개인과 가정이 기술적 · 의사소통적 · 해방적 행동 체계를 구축하고 유지할 수 있도록 하는 것을 가정학의 사명으로 보았다. 이 세 행동 체계는 개인의 자아 형성을 성숙하게 하고, 사회의 목표와 이를 달성하기 위한 수단의 비판 및 형성에 협력적으로 참여하도록 이끌어 주는 역할을 한다. 그렇다면 가정과 수업을 통해서 가정학의 가치를 공유하고 학생이 세 가지 행동 체계를 구축하게 하려면 가정과 수업은 어떻게 이루어져야 할까?

종래의 가정과교육과정은 가정학의 세분화된 학문 영역(개념) 중심으로 구성된 것이 보편적이었으며, 특히 경험과학적 · 표준과학적 방법을 통해 실증적 지식을 산출하는 기술적 행동에 많은 관심을 두어 왔다. 이는 가정생활의 여러 측면에 관련된 지식의 전달과 기능 연마 등의 역할은 수행할 수 있었지만, 인간이 어떠한 판단과 행동으로 살아가는 것이 바람직한가와 같은 도덕적인 문제, 또는 시대와 상관없이 반복해서 발생하는 항구적인 문제를 해결하기 위한 고등 사고 능력을 개발시키는 데 한계가 있었다. 이에 브라운(Brown, 1980)은 가정학의 학문적 성격에 적합한 교육 내용을 꾸미기 위해서는 항구적이고 실천적인 문제를 다루어야 한다고 보고, 실천적 문제와 관련된 교육 내용을 가르치기에 적합한 방법으로 실천적 추론을 제안하였다(유태명 외, 2004). 여기서 실천적 문제란 우리가 매일의 생활에서 직면하여 해결해 나가는 삶의 구체적 상황에서의 행동과 관련 있는 문제로, 경험 · 분석과학과 해석과학뿐만 아니라 비판과학의 지식과 방법이 모두 요구되는 문제이다(유태명 · 이수희, 2010).

표 3-12 실천적 문제와 이론적 문제의 차이

구분	실천적 문제	일반적 문제
문제의 맥락	특정 맥락에서 존재하는 문제이므로 이를 해결하기 위해서는 맥락을 고려해야 한다.	구체적 시간, 지역, 문화 등의 맥락과 상관없이 과학적 원인을 탐구할 수 있는 문제이다.
목표의 일반적·특수적 수준	특수적 수준(특정 상황이나 맥락에서의 문제해결을 모색한다.)	일반적 수준(탈맥락적이고 일반적 상황에서의 일반화된 지식을 창출한다.)
해결 방법	'어떤 행동을 해야 하는가'에 대한 사고에 기초하여, 어떤 바람직한 행동이 취해졌을 때 해결된 것으로 간주한다.	일반화된 진리 진술문(generalized statement)이 생성될 때 해결된 것으로 간주한다.

출처: 유태명·이수희(2010).

실천적 문제해결 수업은 다음의 다섯 가지 가정을 전제로 하고 있다.

첫째, 가정과교육은 인간에게 봉사하는 학문이며, 둘째, 학습자는 가정과 수업을 통해서 가족문제를 해결하는 방법을 배우고, 셋째, 개인과 가족이 접하는 실천적 문제는 믿을 만한 지식과 정보를 습득하고 이성적으로 생각하는 사고 과정인 실천적 추론을 통해서 해결된다. 넷째, 실천적 추론을 통해 현명한 의사 결정을 하여 문제를 보다 잘 해결하게 되므로 수준 높은 삶을 살 수 있으며, 다섯째, 학습자는 협동학습 분위기에서 실천적 추론을 활발하게 할 수 있다는 것이다(채정현, 1999).

이때 '실천'이라는 의미는 아리스토텔레스의 실천적 지혜의 의미를 담고 있다. 실천적 지혜란 이성을 동반한 참된 실천적 품성 상태로서, 인간에게 좋은 것과 나쁜 것이 무엇인지 잘 알고 이치에 따라 행동할 수 있는 상태로 최선의 행동을 하기 위해 반사숙고하는 과정을 포함한다. 즉, 실천적 추론에서의 '실천'의 의미는 '몸소 행한다'는 일차적인 의미를 넘어서, 추론의 결과가 '나뿐만 아니라 나를 둘러싼 가정, 사회, 국가 등, 즉 타인을 위해서도 이로운가'라는 기준에 근거해서 가치를 판단하고 행동한다는 의미를 가지고 있으므로 가정학에서 추구하는 사명과 일맥상통함을 알 수 있다. 즉, 실천적 문제해결 수업은 학생들이 살아가면서 당면하는 항구적이고 실천적인 문제들에 대해 실천적 추론이라는 비판적 사고 과정을 통해 최선의 해결책을 찾고, 이를 직접 행동에 옮겨 실천하는 일련의 과정이다. 이는 가정과교육의 사명을 이루는 데 가장 적합한 수업 모형이며, 일반적으로 실천적 추론 수업, 실천적 문제 중심 수업 등의 용어와 함께 사용된다. 이미영, 박미정 그리고 채정현(2010)은 실천적 문제해결 수업을 통한 비판적 사고력과 문제해결력을 가정교과에서 앞으로 강조해야 할 중요한 능력 중 하나라고 강조하였다.

실천적 문제해결 수업은 오하이오주와 오리건주 등 이미 실천적 문제를 중심으로 수업을 실행하고 있는 미국에서 수학한 연구자들을 통해 1990년대부터 국내에 소개되면서 현재까지 가정과교육의 근본 철학으로 자리 잡아가고 있다. 2022 개정 교육과정에서도 '가정 및 생활과 관련된 내용과 활동에 따라 상황과 맥락을 깊이 있게 이해하고, 다양한 관점의 대안적 방법과 행동을 성찰할 수 있는 실천적 문제해결 과정을 통해 교과의 가치와 태도를 기를 수 있도록 지도할 것'을 명시하고 있다(교육부, 2022b).

2) 실천적 문제해결 수업의 내용과 절차

라스터(Laster, 1982)는 실천적 문제해결을 위해 거쳐야 할 과정을 표 3-13과 같이 4단계로 제시하였다. 이 수업은 문제를 명확히 하는 문제 정의 단계, 문제의 맥락을 고려하여 최선의 대안을 찾는 실천적 추론 단계, 실제 상황에서 기술을 사용하는 행동 단계, 행동을 실행한 후 실제의 결과와 행동 과정을 반성하는 행동에 대한 평가 단계로 진행된다.

표 3-13 실천적 문제해결 수업의 단계

단계	과정 내용
1단계 문제 정의	• 일반적인 문제를 소개한다. • 현실에서 부딪치고 있는 실천적 문제를 알아본다. • 실천적 문제와 이론적·과학적 문제를 구별한다.
2단계 실천적 추론	• 바람직한 목표를 설정한다. • 문제와 관련되는 복합적인 상황을 해석한다. • 목표에 도달하기 위한 다양한 해결점, 전략, 수단을 구상한다. • 여러 가지 대안을 펼쳐 놓고 각 대안을 선택했을 경우 예상되는 결과를 예측한다. 즉, 이 결과가 자신과 타인, 그리고 사회의 행복에 어떤 영향을 미치는지 생각한다. • 대안들 중 선택할 때 필요한 기준을 세운다. • 기준을 놓고 복합적인 여러 상황과 바람직한 목표를 생각하고 행동의 결과를 평가한다. • 위 사항들을 추론하여 의사 결정한다.
3단계 행동	• 효율적인 행동을 위해서 필요한 기술을 연마한다. • 실제 상황에서 그러한 기술을 사용하도록 한다.
4단계 행동에 대한 평가	• 행동을 실행한 후 실제의 결과와 행동과정을 반성한다. • 이러한 결과를 기준에 비춰 보았을 때 바람직한 목적을 이룬 결과였는지를 평가한다. • 미래를 위해서 개념을 정립하고 형성한다. • 새로운 목표를 세운다. • 새 문제를 정의한다.

출처: Laster(1982).

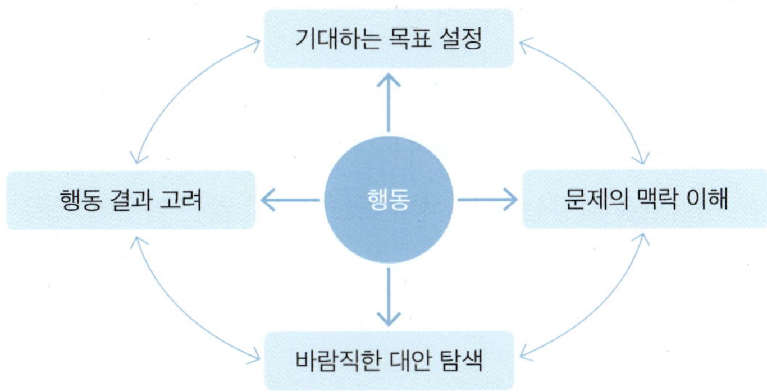

그림 3-11 실천적 추론 요소들의 상호 작용

출처: Oregon Department of Education(1996).

실천적 문제해결 수업의 과정에서 가장 핵심적인 단계인 실천적 추론(practical reasoning)은 비판적 추론과 도덕적 판단을 통해 실천적 문제의 해결 방안을 찾는 논리적 사고 과정이다. 이 과정은 문제에 내포된 맥락이나 상황을 파악함으로써 해당 문제를 사회적 · 문화적인 측면에서 바라볼 수 있도록 도와 준다. 또한 이러한 문제가 개인, 가정, 사회, 국가처럼 광범위한 영역에 미치게 될 영향을 고려하여 모두를 위해 최선의 선택이 무엇인지 판단하도록 하는 비판적인 사고력을 길러 준다. 따라서 실천적 문제해결 수업은 학생들이 실천적 추론이라는 도덕적이고 합리적인 문제해결 과정을 경험함으로써 주도적 행동 변화, 즉 실천을 하도록 이끄는 데 관심을 둔다.

실천적 문제해결 수업은 각 문제해결의 요소들이 그림 3-11과 같이 상호 영향을 주면서 각 과정을 반복하거나 실천적 문제에 따라 달라지기도 한다. 즉, 실천적 추론은 변증법과 같이 각 과정이 순차적이지 않고 반복될 수 있으며, 일반적으로 다음의 다섯 가지 요소를 포함한다(Brown & Paolucci, 1979; Fedge, 1998; Olson, 1999; 유태명 외, 2004 재인용). (1)~(4)의 과정을 실천적 추론 과정으로 보며, 이 과정을 통하여 지속적인 실천적 판단을 하게 되고 궁극적으로는 (5)의 행동과 평가에 이르게 된다.

(1) 기대하는 목표 설정

실천적 문제를 해결하면 이루게 될 기대하는 결과와 목표를 미리 상정하는데, 이때 목표는 특정 개인을 위해 좋은 것보다는 많은 사람들에게 가치 있는 것이어야 한다.

(2) 문제의 맥락 이해

문제의 현재 상태를 파악하기 위한 사회적 · 역사적 · 문화적 · 경제적 · 종교적 · 사상적 · 정치적 · 정서적 · 환경적 맥락이 무엇인지 찾아본다. 가치 정보를 해석하는 작업으로, 겉으로 드러나는 가치, 믿음, 생각만을 다루는 것이 아니고 드러나지 않는 잘못된 가치, 믿음, 생각 등에 대해 비판적으로 볼 수 있어야 한다.

(3) 바람직한 대안 탐색

지금까지 전형적으로 해왔던 행동을 검토하고 기대한 목표를 이룰 수 있는 대안적 행동을 찾기 위해 기술적 정보를 분석하고 가능한 전략들을 찾아본다. 대안적 행동과 방법, 행동의 파급 효과, 행동과 평가 단계는 동시에 일어나는 경우가 일반적이다.

(4) 행동의 결과 고려

제안된 대안적 행동을 했을 때 예견할 수 있는 결과를 고려해 본다. 가장 기초적인 철학적 사고 활동으로 모든 사람들이 이와 같은 행동을 한다면, 혹은 하지 않는다면 어떤 일이 일어날 것인가를 생각해 보고, 이를 통해 개인 차원, 가족 차원, 지역사회 차원, 글로벌 차원에서의 행동을 제안할 수 있다.

(5) 행동 및 행동의 평가

제안된 대안과 전략들 중에서 앞의 실천적 추론 과정을 총체적으로 고려해 볼 때 어떤 행동과 전략이 가장 정당화될 수 있는지 실천적 판단을 내리고 이를 행동으로 옮기기 위해 필요한 지식, 기능, 여건을 갖춘다. 또한 행동에 이르게 된 과정을 반사숙고하여 성찰함으로써 행동이 기대를 둔 목표를 이루게 하는지, 행동의 과정은 어땠는지, 실천적 판단 과정에서 추론은 제대로 이루어졌는지를 평가해 본다.

실천적 추론 과정을 통하여 도달한 판단은 단순한 문제해결 과정을 통한 판단에 비해 이성적이며 도덕적으로 타당하다. 실제 가정과 실천적 문제해결 수업은 행동과 평가까지를 포함하는 것이 바람직하다.

실천적 추론을 강화하는 방법으로 노어와 매닝(Knorr & Manning, 1997)은 수업에 다양한 내용을 적절한 매체를 사용하여 학습자가 풍부한 정보를 수집하고, 간접 경험을 할 수 있는 기회를 주어 상상력을 개발할 것을 제시하고, 학습자의 감성을 개발해야 한다고 언급하였다. 이는 자신의 이익보다는 공동의 유익을 생각하여 판단하고 결과에 책임지는 순수성이 있어야 하기 때문이며, 따라서 학습자에게 이성, 감성, 사회성 그리고 윤리성이 요구된다. 이 네 가지는 미래형 인재에게 요구되는 지능이기도 하다(채정현 · 유태명 · 박미정, 2007).

실천적 추론이란?

실천적 추론은 가장 정당한 근거를 바탕으로 행동할 것을 결정하는 고등 사고 과정이다(Coombs, 1971; Kister, Laurenson & Boggs, 1995 재인용). 여기서 가장 정당한 근거는 신뢰할 만하고, 거짓이 없으며, 충분히 입증될 수 있는 사실 정보와 타당한 가치관이 된다. 도덕적으로 타당한 가치관이란 특정 행동에 의해 현재 영향을 받고 있거나 앞으로 받을 수 있는 모든 사람들에게 유익한 가치관을 말한다. 예를 들면, "어떤 행동을 해야 하는가?"를 결정할 때 가능한 모든 행동들과 행동들의 잠재적인 결과를 미리 평가해 보는 것은 도덕적으로 타당한 행위라고 볼 수 있다. 따라서 실천적 추론 과정은 우리가 일련의 대안적 행동들 중에서 신뢰할 만한 이성적 근거를 바탕으로 도덕적인 가치관에 합당한 행동을 선택하고 실천하도록 돕는다.

출처: 채정현 외(2007).

표 3-14 실천적 추론의 실행과정에서 다루는 내용과 질문

가치를 둔 목표	
내용	• 가정과의 실천적 문제를 제기한다. • 바람직한 것으로 개념화된 목표나 이상 상태를 상정해 본다.
질문	• 이 상황에는 어떤 종류의 가치가 포함되는가? • 이 상황에서 모든 사람들에게 최선의 결과는 무엇일까? • 무엇을 행하는 것이 정당할까?
문제의 맥락과 배경	
내용	• 실천적 문제에 영향을 주는 배경과 관련 요소들에 대해 알아본다. • 신뢰성이 있다고 판단되는 다양한 출처로부터 정보를 수집한다. • 맥락을 이해하고, 정보를 활용한다.
질문	• 문제의 지배적 관점은 무엇이며, 우리의 어느 사고에서 시작되었나? • 어떤 사회적 세력이 지배적인 관점을 강화해 주는가? • 이와 같은 상황은 과거에 어떠했는가? • 이 상황에서의 경제적·정치적·종교적·문화적·사회적·역사적·정서적 요인은 무엇인가? • 필요한 정보는 무엇이며 어디서 획득할 수 있는가? • 이 정보는 얼마나 편향될 수 있는가?

(계속)

대안적 행동과 방법	
내용	• 대안적인 행동 방안을 찾는다. • 가치를 성취할 수 있는 계획을 세운다. • 목표에 도달하기 위한 대안적인 해결 방안, 전략, 수단을 만들어 낸다. • 특정 관심사의 목적, 추구하는 가치를 위한 이성적 행동을 이끌어 낸다.
질문	• 추구하는 가치에 이르게 하기 위해 어떤 단계들이 필요한가? • 어떤 전략이 이상적인 변화를 가져올 수 있나? • 누가 이 일을 할 수 있으며, 이것을 하기 위해 무엇이 필요한가? • 목표에 도달하기 위해 사용한 행동은 무엇인가? • 이러한 행동을 지지한 이유는 무엇인가?
행동의 파급 효과	
내용	• 가능한 행동이 자신, 타인, 문화·사회, 글로벌 환경에 미치는 단기·장기 파급 효과를 평가한다.
질문	• 특정한 기대하는 결과(desired result)를 수립한 것의 결과는 무엇인가? • 개인, 가족, 사회에 초래하는 결과는 무엇인가? • 이 행동의 단기적·장기적 결과는 무엇인가? • 우리가 제안한 행동을 모두가 했을 때 무슨 일이 생길까?
행동 및 평가	
내용	• 무엇을 해야 하는가에 대한 판단과 추론을 통해 결론에 도달한다. • 정당화된 근거, 가치를 두는 목적, 맥락적 조건, 행동의 가능한 파급 효과에 의해 지지된 행동을 선택한다. • 선택한 행동을 달성하기 위한 계획을 설계한다. • 설정된 기준과 가치를 둔 목표에 기초한 행동의 계획을 실행하고 모니터한다. • 성숙하고 윤리적인 행동을 취한다. • 자신, 타인, 문화·사회, 글로벌 환경에 미치는 파급 효과를 포함하여 행동과 결과를 평가한다. • 실천적 추론 과정을 평가한다.
질문	• 지금의 상황에서 여러 맥락에 대한 이해와 대안적 행동의 파급효과를 고려한다면 나는 어떤 행동을 해야 하는가? • 모든 사람들이 이 문제에 대해 같은 결정을 내린다면 어떨까? • 나와 가족 그리고 타인을 위해 가장 긍정적인 결과를 가져오는 선택인가? • 다른 상황에 처해 있어도 같은 결정을 내릴 것인가, 왜 그렇고 왜 그렇지 않은가? • 어떤 전략을 실행할 수 있나? • 실행하는 데 방해가 되는 요소를 극복하는 방안은 무엇이 있을까?

출처: 이민정·유태명(2010) 재구성.

실천적 문제해결 과정과 과학적 문제해결 과정의 비교

실천적 문제해결 과정과 과학적 문제해결 과정은 다음과 같은 차이점이 있다. 즉, 과학적 문제해결 과정이 구조적인 문제에 대해서 사실 정보에 근거한 가설을 세우고 그것을 학생 스스로 검증하는 과정을 통해 지식을 확인하는 것이라면, 실천적 문제해결의 과정은 실제 생활에서 일어나는 항구적인 문제들에 대해서 그 문제에 내포되어 있는 사회적·문화적·역사적 맥락을 파악하는 과정에서 사실 정보뿐만 아니라 가치 정보까지도 포함한다. 이를 바탕으로 현실적으로 실천 가능한 최선의 도덕적인 해결책을 찾아가는 추론의 과정이 실천적 문제해결 과정의 핵심이다.

실천적 문제해결 과정과 과학적 문제해결 과정의 비교

실천적 문제해결 과정	과학적 문제해결 과정
어떤 신념을 가지고 행동할 것인지에 대한 가치론적 질문에 대하여 추론 과정을 활용하여 해결책을 찾고, 취해야 할 최선의 행동을 선택한다. 무엇을 할 것인가? 무엇이 행해져야만 하는가와 같은 질문을 다룬다.	이론적이거나 기술적인 질문, 즉 무엇이 있는가? 무엇이 조절하는가? 무슨 요인들인가? 왜, 어떻게? 등에 대한 해답을 찾기 위해 과학적 추론 과정을 활용한다.
1. 상황을 분석하고, 문제를 규명한다.	1. 문제를 정의한다.
2. 관련 정보를 찾고 평가한다. • 배경 요인들 • 가치와 목표 • 대안적 행동들 - 기술적 행동 - 의사소통적 행동 - 비판적 행동 • 각 행동들의 결과	2. 문제에 관련된 정보를 수집한다. • 이론들 • 선행 연구들
3. 가치와 목표(특히, 도덕적·윤리적 가치 기준), 관련 요인들을 활용하여 행동과 그 결과들을 평가한다.	3. 가설을 설정한다.
4. 결론을 도출하고, 최선의 행동을 아래에 근거하여 선택한다. • 가치관과 목표 - 도덕적이고 윤리적인 목표 - 실행 가능한 목표 - 관련된 다른 사람들의 가치관 • 사실들 • 예상되는 가능성	4. 가설을 검증하는 실험을 한다.
5. 행동을 취한다.	5. 관찰하고, 실험에서 데이터를 기록한다.
6. 결과에 비추어 의사 결정에 대해 반사숙고하고, 행동을 평가한다.	6. 실험에서 관찰된 사실들에 전적으로 근거하여 결론을 도출한다.

출처: Kister, Laurenson & Boggs(1995).

(계속)

실천적 추론을 중심으로 개발된 미국 오리건주의 『Balancing work, family, community life』 교육과정 안내서에 도식화된 문제의 틀(구조)은 다음과 같다.

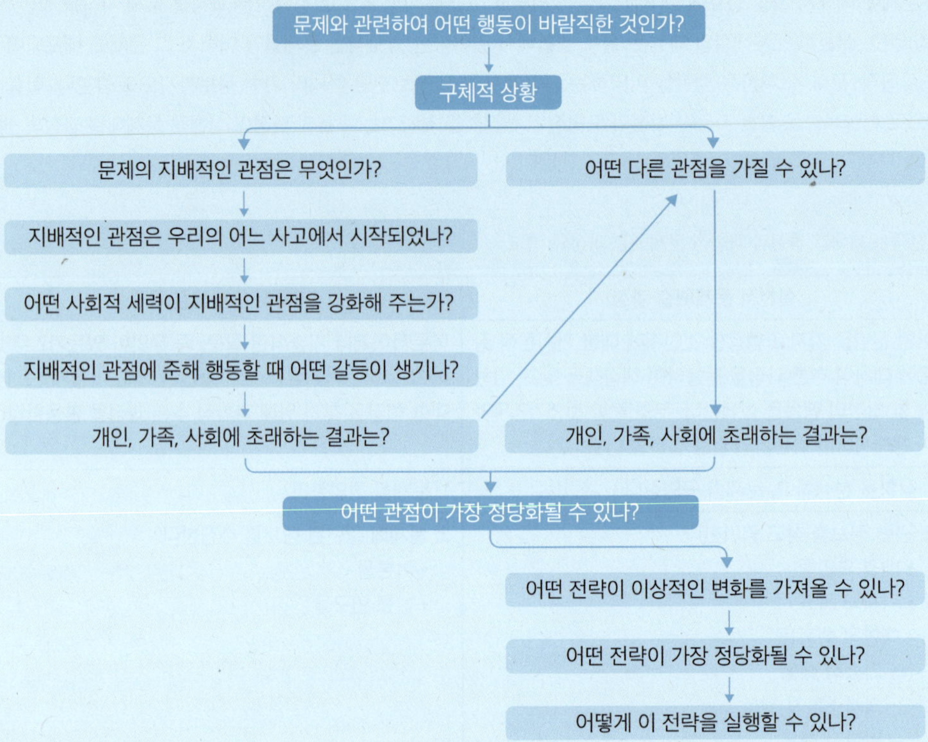

오리건주의 실천적 문제해결 교육과정 개발에 사용된 문제 틀

출처: Southers & Baldwin(1996).

실천적 문제해결 수업의 적용 사례

이진희·채정현(2008)은 '청소년과 소비생활' 단원을 중심으로 블렌디드 러닝(blended learning) 전략을 활용한 실천적 문제 중심 가정과교수-학습 과정안을 개발하고, 이를 실제 수업에 적용하였다. 실천적 추론 수업의 과정은 그림과 같이 수업에 앞서 각종 자료를 제시하여 학생들이 문제를 인식하는 단계 → 본시 수업의 과정으로 학습 목표를 제시하고 문제의 배경을 이해하고 바람직한 대안을 탐색한 후 그 결과를 예측해 보는 실천적 추론의 단계 → 실제 행동 계획을 세우고 행동하는 단계 → 행동을 평가하는 단계로 구성된다. 이 교수-학습 과정안은 오프라인 수업과 온라인 수업의 장점을 결합한 블렌디드 학습 전략을 적용한 것으로 실천적 문제 중심 수업의 전 과정에 걸쳐 교사와 학생 사이에 온/오프라인상의 활발한 상호 작용이 이루어지는 것이 특징이다.

과정	기본 단계	주요 내용	주요 교수-학습 활동	BL 전략
수업 전	문제 정의	문제 인식	청소년들의 소비생활 문제점과 그 원인에 대한 내용을 담고 있는 동영상(십대의 소비생활)을 시청하고 활동지의 질문에 답한다.	off-class on-line 개별 학습
본시 수업	실천적 추론	기대하는 목표 세우기	동영상을 본 소감을 모둠끼리 모여서 간단히 이야기 나누고 몇 학생은 발표한다.	off-class on-line 개별 학습/ 행동 학습/ 일제 학습
		문제의 배경 이해하기	청소년의 소비생활에 대한 기사로 구성된 읽기 자료를 읽고 모둠별로 청소년 소비생활의 문제점 세 가지 이상을 적어 본다. 문제의 원인은 무엇이며, 문제를 해결하기 위한 대책은 무엇인지 활동지에 작성하고 각 모둠별로 돌아가며 결과를 발표한다.	
		바람직한 대안 탐색하기	모둠원은 청소년들이 올바른 가치관을 가지고 현명한 소비생활을 할 수 있도록 지도해 주는 청소년 상담원이라 가정하고 모둠 활동지 사례 중 한 가지를 골라 사례에 등장하는 청소년에게 조언할 내용을 작성해 본다.	
		행동의 결과 고려하기	짝을 지어 자신의 소비 습관 중에서 실천이 잘되지 않고 있는 항목에 대해 서로 이야기 나누고 현명한 소비생활을 위한 목표를 적어 본다.	
수업 후	행동	행동 계획	온라인 학습방에 탑재된 활동지를 활용하여 '현명한 소비생활 습관을 형성하기 위한 목표'를 달성하기 위해 실천 가능한 계획을 세운다.	off-class on/off-line 행동/ 개별 학습
		실천	완성된 계획서는 온라인 학습방에 탑재하고, 계획서대로 일주일간 실천한다.	
	행동 평가	개인별 행동 평가	일주일 동안 행동을 실천한 후 실제의 결과와 행동 과정에 대한 개인별 느낀 점을 성찰 일기로 작성하고 온라인 학습방에 탑재한다.	off-class on-line 개별 학습

BL 전략을 활용한 실천적 문제 중심 교수-학습 과정 예시

출처: 이진희·채정현(2008) 재구성.

11. 프로젝트법

1) 프로젝트법의 개념 및 특징

프로젝트법(project method)은 20세기 초 진보주의자들에 의해 주창된 교수-학습 방법으로, 킬패트릭(W. Kilpatrick, 1918)이 「프로젝트법(The Project Method)」이라는 논문을 통해 소개하였다. 킬패트릭은 듀이의 경험 이론에 기반을 두고 학생의 흥미와 관심에 따라 개개인이 주도적으로 학습해 나가야 한다고 보았다. 즉, 프로젝트법이란 학습자 스스로 어떤 목적을 가지고 자기 힘으로 계획을 세워서 실천함으로써 자발적이고 창의적인 학습 효과를 거두고자 하는 교수-학습 방법으로, 기존의 숙제와 달리 정형화되어 있지 않은 열린 반응을 요구한다는 점에서 융통성이 있다.

프로젝트법은 학생의 흥미에서 출발하여 스스로 계획하고 실천하는 방법으로, 학습 활동에 대하여 확실한 동기가 부여되며, 이를 통해 자주성과 책임감을 기를 수 있다. 개개인의 요구와 능력에 맞게 프로젝트를 계획할 수 있으며 끝까지 작업을 요구하므로 학습에 대한 인내심과 성취감도 느낄 수 있다. 교사의 입장에서는 학생 개개인을 관찰하여 알 수 있는 기회가 주어지므로 학생들의 수행 과정을 관찰하고 판단하여 다양한 평가를 할 수 있는 장점이 있다. 반면, 수행 시간이 많이 소요되기 때문에 효율적인 시간 계획이 필요하며, 사용하는 자료나 도구가 사전에 잘 준비되지 않으면 실패할 가능성이 크다. 또한, 학생들의 흥미에 입각한 활동이므로, 학습의 과정이 혼란스러울 수 있고, 학급 전체에 실시할 경우 학습 부진아에게는 시간을 낭비할 우려가 크다는 단점이 있다.

2) 프로젝트법의 단계

프로젝트법의 단계는 일반적으로 목적 설정, 계획, 실행, 평가의 단계로 이루어진다.

(1) 목적 설정 단계

무엇을 할 것인지 학습할 문제를 설정하는 단계로, 구체적인 프로젝트 명을 정하고 그 목적을 확인하는 단계이다. 이때 학습자가 자신의 능력과 흥미에 맞는 학습 주제를 선정하는 것이 중요하다.

(2) 계획 단계

프로젝트 학습 활동의 성패를 좌우하는 중요한 단계로, 의미 있는 학습이 이루어지기 위해서는 신중하고 치밀한 계획이 필수적이다. 학습자는 실천에 앞서 자신이 세운 전체적인 수행 과정의 계획이 적절한지 평가할 수 있어야 하며, 필요에 따라 교사의 검토를 바탕으로 수정하게 된다.

(3) 실행 단계

계획에 따라 실제로 프로젝트를 실행하는 단계로, 가능한 한 많은 참고 자료를 활용하고, 최선의 활동과 노력을 통해 작업을 실행하도록 한다. 교사는 실행 과정에서 문제가 일어나더라도 학생들이 포기하지 않고 끝까지 프로젝트를 수행할 수 있도록 적극적으로 조언과 격려를 해주는 것이 중요하다. 문제해결 과정에서 교사가 직접 해결하는 것보다는 학생들이 판단하여 해결할 수 있도록 안내하는 것이 필요하다. 수행 과정에서 문제에 봉착했을 때는 '이 문제를 어떻게 해결하였는가?', '이 과정을 통해서 무엇을 배웠는가?' 등을 기록함으로써, 다양한 관점에서 문제해결 능력을 기를 수 있도록 하는 것이 좋다.

(4) 평가 단계

완성된 작품이나 활동 결과에 대해서 평가하는 단계로, 각 프로젝트를 전시나 보고의 형태로 학습 전체에 발표하게 함으로써 학습자 상호 간 평가와 자신에 대한 평가를 할 수 있는 기회를 제공한다.

체인지메이커(Change Maker)

체인지메이커란 변화를 만드는 사람(change + maker), 자신의 아이디어와 자기 주도적인 실행을 통해 문제를 효과적으로 해결하고, 긍정적인 변화를 만들어 낼 수 있는 개인으로서, 이를 위해 필요한 자질과 목적의식을 분명히 갖고 있는 사람을 말한다. 즉, 체인지메이커는 생각을 주저 없이 실행에 옮겨 자신의 삶은 물론, 그들의 가족, 그들의 이웃, 그들의 공동체가 더 나은 삶을 살 수 있도록 노력하는 사람이다(최선경 외 대구 체인지메이커프로젝트 수업연구회, 2018).

뒤의 디자인싱킹이 문제를 정의하고 창의적으로 해결하는 방법론이라면, 체인지메이커는 이러한 방법론을 활용하여 실질적인 변화를 만들어 내는 사람이나 활동을 지칭한다. 이 둘은 문제해결을 목표로 한다는 점, 창의성과 혁신을 추구한다는 점, 사회의 다양한 구성원의 필요를 충족시키고자 하는 점 등에서 밀접한 관련이 있다.

디자인싱킹(Design Thinking)

디자인싱킹이란 '디자이너의 사고방식'이다. 디자이너는 예술적이면서도 기술적으로 현실화할 수 있고, 동시에 고객을 만족시켜 이윤을 창출할 수 있는 디자인을 위해 독특한 사고방식을 사용한다. 창조적 직관과 분석적 경험이 합쳐진 사고방식인 디자인싱킹이 최근에는 하나의 교육방법으로 자리 잡고 있다.
디자인싱킹은 학생들이 복잡한 문제를 체계적으로 분석하고 창의적인 해결책을 개발하도록 도와줌으로써 실생활의 다양한 문제를 해결하는 능력을 키워 줄 수 있다. 또한, 팀워크와 협력을 기반으로 하기 때문에 의사소통 능력과 사회적 능력을 효과적으로 향상시킬 수 있으며, 학생들이 주도적으로 문제를 정의하고, 해결책을 찾아 실행하는 경험을 제공함으로써 학습에 대한 흥미와 동기를 높이고 자기 주도적 학습 태도를 기를 수 있다(김성완, 2021).

디자인싱킹의 5단계

- **사전활동: 주제 선정하기**

본격적인 디자인싱킹을 수행하기에 앞서, 학생들이 관심을 갖는 실제 삶과 관련된 주제를 선정하는 단계이다.

▪ 1단계: 공감(empathize)

사용자의 입장에서 상황을 바라보고 공감하는 과정으로, 사용자 인터뷰, 관찰, 사용자 경험 지도 작성 등을 통해 사용자가 진정으로 원하는 요구가 무엇인지 파악한다.

▪ 2단계: 문제 정의(define)

공감 단계에서 얻은 통찰을 바탕으로 문제를 명확하게 정의하는 단계로, 5Whys 등의 근본 원인 분석을 실시하여 표면적 문제가 아닌 근본 문제를 찾음으로써 창의적인 해결책을 탐구할 수 있는 기반을 마련한다.

▪ 3단계: 아이디어 도출(ideate)

앞에서 정의된 근본 문제를 해결할 수 있는 다양한 해결책을 탐색하는 단계로, 브레인스토밍, 마인드 매핑 등 창의적 아이디어 생성 기법을 활용하여 많은 아이디어를 도출한다.

▪ 4단계: 프로토타입(prototype)

아이디어를 실현 가능한 시제품으로 만들어 보는 단계로, 다양한 형태의 프로토타입을 제작하여 아이디어의 실현 가능성을 테스트하고, 최종 산출물 개발에서 고려해야 할 사항을 찾아낸다.

▪ 5단계: 테스트(test)

프로토타입을 실제 사용자와 함께 테스트하고 피드백을 받는 단계로, 최종 제품의 문제점을 발견하고 개선하여 사용자 만족도를 높인다.

- **사후 활동: 공유하기**

최종 문제해결 방안을 이해 관계자들과 공유한다.

(계속)

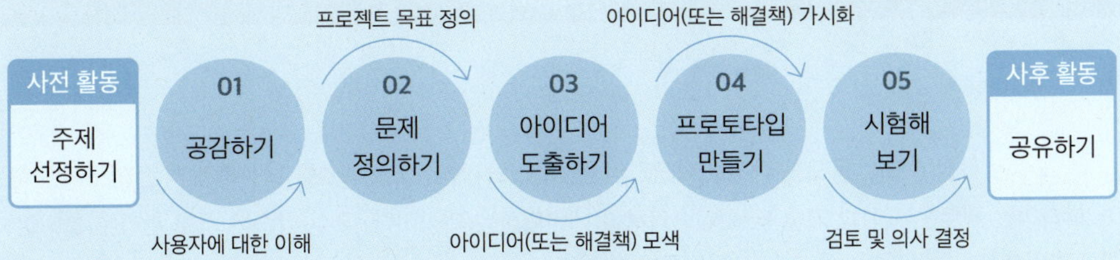

디자인싱킹 수업 활동 단계

출처: 김성완(2021).

단원 마무리

1. 교수는 특정한 교수 목표를 가지고 학습자의 환경을 조작하여 학습 목표를 달성하게 하는 의도적인 활동이며, 학습이란 새로운 지식과 기술 태도를 습득하고 내면화하는 과정이다. 교수-학습은 서로 분리된 활동이 아니라 서로 영향을 주고받으며 상호 작용하는 통합된 과정으로 인식되고 있다. 이러한 교수-학습 상황을 구성하는 핵심 요소로 교사, 학생, 교육 내용이 있으며 이를 교육의 3요소라고 한다. 학습 이론은 학습자가 정보를 습득하고 이해하며 적용하는 과정을 설명하는 이론으로 크게 행동주의 학습 이론, 인지주의 학습 이론, 구성주의 학습 이론으로 구분할 수 있다. 교수 이론은 교수자가 학습 목표를 효과적으로 달성하기 위해 사용하는 방법과 전략을 제시하는 이론으로 교육의 효율성과 효과성을 높이는 데 관심을 둔다.

2. 좋은 수업에 대한 개념은 다양하지만, 일반적으로는 효과, 효율, 매력, 안정이라는 네 조건을 만족시켜야 한다. 또한 교수-학습에 대한 패러다임이 교사 중심에서 학습자 중심으로 변화하고 있으며, OECD의 '2030 학습 프레임워크: 학습 나침반'에서는 학습자 주도성과 교사 주도성을 강조하고 있다. 따라서 학습자는 목적의식을 가지고 주도적으로 학습하고, 그 결과에 책임질 수 있어야 한다. 교사는 이러한 학습자 주도성을 이끌어 내기 위해 개인의 필요와 능력에 맞는 교수 전략을 개발하고 실행할 수 있어야 한다. 교수-학습 방법이란 교육 내용을 학습자에게 효과적으로 전달하기 위한 행위로서 교사의 수업 의도, 수업 내용, 학생의 발달 수준, 수업 환경 등 여러 요인을 함께 고려하여 선택해야 한다.

3. 강의법은 많은 학생에게 언어적 매체를 사용해 지식을 전달하는 교사 중심의 교수-학습 방법으로, 효율적으로 다양한 내용을 전달할 수 있지만 교사의 역량에 크게 의존하고 학생의 참여가 제한적이라는 단점이 있다. 이로 인해 학생의 동기와 주의력이 저하될 수 있으며, 비판적 사고와 문제해결 능력을 기르는 데 한계가 있다. 유의미 학습은 새로운 학습 내용이 학습자의 기존의 인지 구조에 의미 있게 연결되어 일어나는 능동적 학습으로, 적절한 선행 조직자를 제시하여 지식을 구조화하여 제시할 수 있다.

4. 토의·토론법은 학생들이 의사소통을 통해 자신과 타인의 생각을 검토하면서 합리적인 결론을 찾기 위한 교수-학습 방법으로, 다양한 의견을 나누는 과정에서 문제 해결력, 창의력, 논리적 추론 능력 등 고등 사고 능력을 발달시킬 수 있다. 교사는 토의·토론에서 지켜야 할 규칙이나 예절을 숙지할 수 있도록 지도하고, 사회자가 필요한 토의·토론일 때는 사회자의 역할과 자세에 대해 교육함으로써 학생들이 성숙한 토의·토론 문화를 배울 수 있도록 한다.

5. 실험·실습법은 학생들이 직접 실험이나 실습을 수행하고, 그 결과 보고서를 제출하도록 하는 교수-학습 방법으로, 이때 적절한 시범을 보이면 학생들이 관찰과 모방을 통해 효과적으로 학습할 수 있다. 실험·실습법을 적용할 때는 교사와 학생 모두 안전 수칙과 지도 수칙을 잘 지켜야 한다.

6. 협동학습(cooperative learning)법은 특정한 학습 문제해결을 위해 소집단을 조직하고, 설정된 목표를 달성하기 위하여 구성원끼리 서로 도움을 주고받는 학습 방법이다. 협동학습을 성공적으로 달성하기 위해서는 긍정적 상호 의존성, 면대면을 통한 상호 작용, 개인적 책무성, 사회적 기술, 집단의 과정화 등의 기본 요소가 잘

이루어져야 한다. 대표적인 협동학습 모형으로는 직소 모형, 성취 과제 분담 모형, 팀 경쟁 학습 모형, 함께 학습하기 모형, 집단 조사 학습 모형, 자율적 협동학습 모형 등이 있다.

7. 역할 놀이는 타인의 역할을 연기해 보는 경험을 통해 자신의 가치나 의견을 좀 더 분명히 알고 타인의 입장을 이해하기 위한 기법으로, 인간의 갈등, 집단 간의 관계, 개인적 딜레마 등을 다루는 데 적합한 교수-학습 방법이다. 역할 놀이는 집단 분위기 조성→참가자 선정→무대 설치→관찰자 선정→실연→토론과 평가→재실연→후속 토론→일반화의 단계를 거친다.

8. 창의적 문제해결법은 학생들의 실생활과 관련된 문제를 해결하는 활동을 통하여 창의성을 기르고자 하는 목적으로 개발되었다. 가장 보편적인 창의적 문제해결법(CPS)의 단계는 혼란 찾기→자료 찾기→문제 찾기→아이디어 찾기→해결책 찾기→수용안 찾기로 진행된다.

9. 문제 중심 학습은 실제로 발생하는 문제와 상황을 중심으로 교수-학습을 구조화하여 학습자들이 문제를 협력적이고 자기 주도적으로 해결해 가도록 하는 교수-학습 방법이다. 수업 절차는 일반적으로 문제 제시→문제의 재확인→발표→문제 결론의 4단계로 이루어진다.

10. 실천적 문제해결 수업은 학생들이 삶에서 당면하는 실천적 문제에 대해 실천적 추론이라는 논리적이고 도덕적인 사고 과정을 통해 최선의 대안을 찾고 실행하기 위해 고안된 교수-학습 방법이다. 실천적 문제해결 수업은 문제 정의→실천적 추론→행동→행동에 대한 평가의 과정으로 진행되며, 이때 실천적 추론의 요소(기대하는 목표 설정, 문제의 맥락 이해, 바람직한 대안 탐색, 행동의 결과 고려)들은 서로 상호 작용하면서 문제해결을 위한 사고를 돕는다.

11. 프로젝트법은 학습자 스스로 어떤 목적을 가지고 자기 힘으로 계획을 세워서 실천함으로써 자발적이고 창의적인 학습 효과를 거두고자 하는 교수-학습 방법으로, 학습 활동에 대한 동기를 높일 수 있고 자주성, 책임감 등을 기를 수 있다. 프로젝트법은 목적 설정→계획→실행→평가의 단계로 이루어지며, 교사는 학생이 세운 프로젝트 계획이 적절한지 검토하고 끝까지 인내심을 가지고 해낼 수 있도록 학생을 지원하고 격려하는 것이 중요하다.

중등학교교사 임용후보자 선정경쟁시험 가정 기출문제

1. 다음 (가)는 고등학교 교수-학습 지도안이고, (나)는 이에 대한 수업 성찰 일지이다. <작성 방법>에 따라 서술하시오. [4점] [2021]

(가)

주제	K-Culture! 한복을 입다.
학습 목표	한복의 특징을 이해하고 현대 의복에서의 활용 방안을 탐색한다.
교수 매체	교과서, 활동지, 인터넷 환경, 컴퓨터(노트북 등)
교수-학습 활동	
1차시 등교 수업 (대면 수업)	▸ 토의 활동: 한복의 우수성에 대해 ㉠ 버즈 토의하기 ▸ 한복의 옷고름 매는 방법 실습하기
2차시 원격 수업 (실시간 쌍방향 수업)	▸ 모둠별 아이디어 회의 환경 조성: 모둠별 아이디어를 나눌 수 있는 가상 커뮤니티 URL 공유하기 ▸ 브레인스토밍 및 ㉡ 하이라이팅 활동하기: 한복의 다양한 특성들을 현대 의복에서 활용하는 방안에 대한 아이디어 탐색 및 결정 ▸ 활동지 정리 및 제출: 최종 아이디어를 정리하여 온라인 과제 제출방에 제출하기
3차시 등교 수업 (대면 수업)	▸ 각 모둠별로 제출한 아이디어 발표 및 평가하기

(계속)

(나)

작성자: 교사 ○○○

최근 코로나19로 인해 교육 환경이 바뀌어 수업 방법도 변하였다. 이번에 수업에 적용한 방법은 ⓒ 온라인과 오프라인 등 학습 환경의 결합뿐만 아니라 다양한 교수-학습 방법과 매체 등의 결합을 통칭하는데, 일반적으로는 온라인과 오프라인의 학습을 병행하는 것을 의미한다. 앞으로 온라인 수업에 익숙해지려면 다양한 매체 사용법을 익혀야겠다.

이번 3차시의 수업을 통해서 아이들이 한복의 장점을 현대 의복에 활용하는 다양한 방법을 제안하는 모습을 보고 뿌듯했다. 한복은 제작 시 (ⓔ)을/를 충분히 두고 마름질하여 쉽게 의복을 고쳐 입을 수 있는 장점이 있다. 아이들이 성장기인 자신들의 체형 변화를 고려하여 이를 현대 의복 디자인에 적용한 것이 참신해서 칭찬해 주었다.

<작성 방법>

- 밑줄 친 ㉠, ㉡을 설명할 것.
- 밑줄 친 ⓒ에 해당하는 수업 방법을 쓸 것.
- 괄호 안의 ⓔ에 해당하는 용어를 쓸 것.

2. 다음은 가정교육과 학생이 가정교육론 수업을 듣고 요약한 학습 자료이다. <작성 방법>에 따라 서술하시오. [4점] [2021]

● 하버마스(J. Habermas)의 인식론에 따른 과학의 세 가지 패러다임

인간의 관심	기술적 관심	의사소통적 관심	해방적 관심
주된 질문	㉠	우리는 어떤 목표를 추구해야 하는가?	우리는 어떤 행동을 해야 하는가?
과학의 종류	경험·분석과학	역사·해석과학	비판과학
궁극적인 목적	현상에 대한 예측과 통제	㉡	비판적 사고를 통해 개인이나 집단의 자유를 억압하는 지배적 관점으로부터 해방

- 하버마스의 인식론은 가정학자 브라운(M. Brown)의 가정과교육 패러다임의 기초가 됨.
- 브라운은 가정학의 학문적 성격에 적합한 실천적 문제를 다루기 위한 방법으로 (㉢)을/를 제안함.

● 실천적 문제 중심 수업의 (㉢) 과정에서 다루는 내용

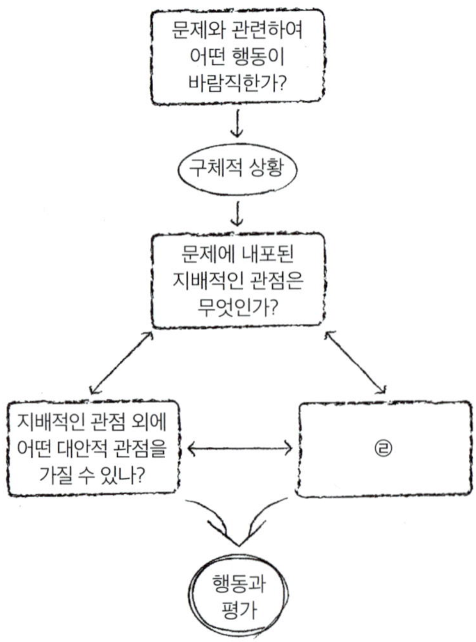

(계속)

<작성 방법>

- ㉠, ㉡의 내용을 각각 서술할 것.
- 괄호 안의 ㉢에 해당하는 용어를 쓸 것.
- ㉣에 해당하는 요소를 쓸 것.

3. 다음 (가)는 교육 실습생이 작성한 수업 계획안이고, (나)는 이에 대한 지도 교사의 서면 피드백 내용이다. <작성 방법>에 따라 서술하시오. [4점] [2021]

(가)

【수업 계획안】

교육 실습생: ○○○

[수업 단원] 청소년기의 영양과 식행동

[수업 목표] 6대 영양소의 기능과 급원 식품을 알 수 있다.

[수업 모형] STAD(Student Team Achievement Division) 모형

[수업 의도] 모둠 내 구성원이 상호 협동하고 모둠의 학습 내용이 타 모둠의 학업 성취를 돕도록 함.

[수업 단계]

수업 단계		교사의 주요 수업 활동
1단계	교사의 수업 안내	- 동기 유발 자료로 청소년기 식생활 문제를 다룬 동영상을 보여 준다. - 청소년기 영양의 중요성에 대해 설명한다.
2단계	모둠별 학습	- 학급을 6개의 모둠으로 편성하고, 모둠별로 6대 영양소의 기능과 급원 식품을 조사하는 과제를 부여한다. - 각 모둠에게 과제 해결에 필요한 활동지와 참고 자료를 배부하고 모둠별로 학습 과제를 해결하도록 한다.
3단계	㉠	- 전체 학생에게 학습 주제와 관련된 퀴즈 문항을 제시하여 (㉠)을/를 실시한다.
4단계	모둠 점수 산출	- 개인별 기본 점수를 기준으로 하는 (㉡) 점수의 평균으로 모둠별 점수를 산출한다.
5단계	모둠 점수 게시와 보상	- 단원의 수업이 끝나면 모둠 점수를 게시하고 우수한 학생과 우수 모둠에게 보상한다.

[상세 교수-학습 지도안]

…(하략)…

(계속)

(나)

<수업 계획안에 대한 피드백>

작성자: 지도 교사 △△△

수업을 구상하느라 고생 많았습니다. 제출한 수업 계획안에 대해 몇 가지 의견을 드립니다. 선생님은 이 수업을 통해 한 모둠의 학습 내용이, 다른 모둠의 학업 성취를 돕도록 의도하였습니다. 그런데 STAD 모형은 모둠 간 경쟁을 기반으로 하기 때문에 이 모형보다는 협동학습 모형 중 GI(Group Investigation) 모형이 더 적합합니다. ⓒ GI 모형을 적용한 모둠별 학습 과제로 새롭게 구상해 보면 어떨까요?

협동학습 모형에서는 학생들이 자신의 학습에 대한 개별 책무성을 갖도록 학습 구조를 만드는 것이 중요합니다. 예를 들면 일부 우수한 학생이 자신의 노력이 다른 학습자에게 돌아간다고 인식하여 학습에 소극적으로 참여하게 되는 (ⓔ)을/를 방지하기 위한 방안 등을 고민해 보아야 하는 것이죠.

<작성 방법>

- 괄호 안의 ㉠, ㉡에 해당하는 용어를 순서대로 쓸 것.
- (가)의 수업 목표를 달성하기 위한 밑줄 친 ⓒ을 서술할 것.
- 괄호 안의 ⓔ에 해당하는 용어를 쓸 것.

4. 다음 (가)는 교육 실습생의 수업 계획의 일부이고, (나)는 이에 대한 지도 교사와의 대화이다. <작성 방법>에 따라 서술하시오. [4점] [2022]

(가)

교육 과정	내용요소	(㉠)
	성취 기준	[12기가01-03] 부모됨의 의미를 인식하고, 책임 있는 부모가 되기 위해 필요한 역량을 탐색한다.

[수업 개요]

- 수업 주제: 부모됨의 의미와 책임 있는 부모가 되기 위해 필요한 역량
- 수업 모형: 직소(Jigsaw) Ⅳ 협동학습 모형

1단계		2단계		3단계		4단계		5단계
모집단 구성	➡	㉡ 전문가 집단 활동	➡	모집단 재소집	➡	개별 평가	➡	집단 점수 산출

[교수-학습 지도안]

…(하략)…

(계속)

(나)

교생: 이번 수업은 학생들이 책임 있는 부모가 되기 위해 필요한 역량에 대해 전문가 집단에서 학습하고 다시 모집단으로 돌아가 서로 가르치도록 계획했습니다.

교사: 직소 Ⅳ 협동학습 모형을 적용했군요. 4단계 개별 평가를 위해 개발한 '부모 자격 시험' 문항이 인상적이네요. 학습 내용을 다양한 유형의 지필 평가 문항으로 잘 구성했어요. 하지만 학생들이 부모됨에 대한 지식을 아는 것만으로는 해당 성취 기준에 충분히 도달한다고 보기는 어려워요. 학생들이 수업 주제와 관련된 문제를 자기 주도적으로 해결해나가도록 (ⓒ) 모형을 적용해 보면 어떨까요?

교생: 네. 감사합니다. (ⓒ) 모형으로 수업을 계획할 때 제가 유의해야 할 점이 있을까요?

교사: 무엇보다 주제와 관련된 실제적이고 비구조화된 문제를 만드는 게 중요해요. 그래야 수업의 첫 단계인 '문제 제시' 단계에서 학생들이 해당 문제에 대한 아이디어를 만들고, 현재 알고 있는 사실을 바탕으로 더 알아야 할 학습 과제를 정해서 향후 계획을 세울 수 있어요.

…(하략)…

<작성 방법>

- 괄호 안의 ㉠에 해당하는 내용을 쓸 것. [단, 2015 개정 실과(기술·가정)/정보과 교육과정(교육부 고시 제2020-236호)에 근거할 것.]
- 직소 Ⅲ 모형과 비교했을 때 밑줄 친 ㉡에서 일어나는 활동 내용과 그 필요성을 서술할 것.
- 괄호 안의 ⓒ에 해당하는 용어를 쓸 것.

5. 다음은 가정과교사가 작성한 '건강한 가족 밥상 차리기' 수업 계획서이다. <작성 방법>에 따라 서술하시오. [4점] [2023]

[수업 주제]
ㅇ 건강한 가족 밥상 차리기

[학습 목표]
ㅇ 가족 구성원의 요구와 영양적 균형을 고려한 한 끼 식사를 계획할 수 있다.
ㅇ 안전하고 위생적으로 조리한 후 식사를 평가할 수 있다.

[교수-학습 방법]
ㅇ ㉠ 킬패트릭(W. Kilpatrick)의 프로젝트 학습

[수업 과정]
(가) 학생들은 가족의 요구를 분석하여 가족 식단을 작성하고, 식단에 있는 음식의 조리 방법을 탐색하여 조리 계획을 수립한다.
(나) 모둠별로 상차림 결과물을 발표하고 평가한다.
(다) 학생들은 위생과 안전을 고려하여 조리를 한다.
(라) 학생들은 흥미에 따라서 주체적으로 가족의 유형을 정하고, 활동 주제를 선택한다.

[평가 계획]
ㅇ 수업 과정마다 주어진 교사의 피드백, 이에 대한 학생의 반성이 담긴 프로젝트 계획서, 조리 실습 보고서, 교사가 관찰한 기록을 모아 놓은 자료들을 수집하여 학생 개개인을 종합적으로 평가한다. ㉡

<작성 방법>

ㅇ 밑줄 친 ㉠의 장점을 2가지 서술할 것.
ㅇ [교수-학습 방법]에 따라 [수업 과정] (가)~(라)를 순서대로 나열할 것.
ㅇ ㉡에 해당하는 평가 방법을 쓸 것.

6. (가)는 볼드윈(E. Baldwin)의 실천적 문제 중심 수업을 적용한 교수-학습 지도안이고, (나)는 (가)의 교수-학습 지도안에 대해 가정과교사들이 나눈 대화이다. <작성 방법>에 따라 서술하시오. [4점] [2024]

(가)

[2022 개정 가정과교육과정의 내용 체계]

핵심 아이디어	삶의 위기 경험에 대한 치유와 회복은 인간에게 성장할 수 있는 계기가 될 수 있으며, 치유와 회복을 위해서는 긍정적 마인드와 지속적인 훈련을 통해 (㉠)을/를 유지하는 것이 중요하다.
지식·이해	(㉠)와/과 성장

[학습목표]

ㅇ 가족생활에서 발생하는 다양한 위기의 극복과 치유 방안을 탐색할 수 있다.

[교수-학습 활동]

㉡ 과정	교수-학습 활동
A	가족생활에서 발생하는 다양한 위기 상황이 성장의 기회가 될 수 있는지 토의해 보고, 문제의 근본적인 원인과 문제 행동을 지속하게 하는 요인을 찾아본다.
B	가족생활에서 발생하는 위기 상황이 지속될 때 어떤 문제가 발생할 수 있는지 검토한 후 다양한 해결 전략을 구성한다.
C	전략의 실천 방법을 토의하여 실천 계획을 세우고, 프로젝트를 수행한 후 결과를 평가하여 배운 점을 성장일기로 작성한다.
D	가족 관계 단절, 가족 해체, 상실, 질병, 경제적 위기 등의 사례를 제시하면서 '이와 관련하여 우리는 무엇을 해야 하는지'에 대해 문제를 제기한다.
E	가족생활의 다양한 위기 상황에서 각각의 전략으로 행동했을 때 개인, 가족, 사회에 미치는 영향을 고려하여 정당한 전략을 선택한다.

(나)

김 교사 : 실천적 문제 중심 수업으로 설계하셨네요. 이렇게 설계한 이유가 있나요?

이 교사 : 네, 실천적 문제 중심 수업은 세 행동 체계를 실천할 수 있는 능력을 길러 주는 것을 목표로 하고 있기에 가정교과의 사명을 달성하는 데 적합한 방법이거든요.

김 교사 : 그렇군요. 그럼 세 행동 체계와 관련하여 교사가 수업 중에 할 수 있는 질문 유형에는 무엇이 있나요?

이 교사 : 기술적 질문, 개념적 질문, (㉢)이/가 있어요. 이 질문들은 (가)의 교수-학습 활동의 전 과정에 적용할 수 있어요.

(계속)

<작성 방법>

- (가)의 괄호 안의 ㉠에 해당하는 용어를 쓸 것.
- (가)의 **[교수-학습 활동]**에서 순서 없이 제시된 밑줄 친 ㉡의 A~E를, 실천적 문제 중심 수업의 과정에 따라 순서대로 배열할 것.
- (나)의 괄호 안의 ㉢에 해당하는 질문 유형을 쓰고, 이 질문 유형이 중요한 이유를 학습자의 행동 측면에서 서술할 것.

7. (가)는 가정과교사가 작성한 교수-학습 지도안의 일부이고, (나)는 수업을 실행한 후 작성한 수업 성찰 일지의 일부이다. <작성 방법>에 따라 서술하시오. [4점] [2024]

(가)

[단원명]

- 건강과 환경을 생각하는 의복 관리

[단원 목표]

- 의복 재료의 특성을 설명할 수 있다.
- 건강과 환경을 고려한 의복 관리 방안을 탐색할 수 있다.

[단원의 구조]

- 건강과 환경을 생각하는 의복 관리
  - (㉠)
  - 옷감의 종류와 특성
  - 의복의 세탁
  - 의복의 보관

[단원 지도 계획]

차시	학습 주제	교수-학습 방법
1~2	의복 재료의 특성	탐구학습
3~4	건강과 환경을 고려한 의복 세탁과 보관	문제 중심 학습

(계속)

(나)

1~2차시 수업은 '의복 재료의 특성'을 주제로 하여 탐구학습을 진행하였다. 첫 단계에서는 세탁 후에 옷이 수축된 사례를 제시함으로써 문제를 파악하도록 하였다. 두 번째 단계는 (㉡) 단계로 왜 이런 일이 발생했는지에 대한 잠정적인 결론을 설정하도록 하였다. 세 번째 단계에서는 실험을 설계하고, 자료를 수집하도록 하였다. 네 번째 단계에서는 모둠에 옷감을 나누어 주고, 실험을 실시하게 한 후 그 과정을 탐구 실험 보고서에 작성하도록 하였다. 마지막 단계에서는 실험을 통한 증거로 일반적인 결론을 내리도록 하여 탐구학습을 마무리하였다.

3~4차시 수업은 '건강과 환경을 고려한 의복 세탁과 보관'을 주제로 하여 문제 중심 학습을 진행하였다. 수업의 첫 단계에서는 건강과 환경에 부정적 영향을 줄 수 있는 과도한 세제나 드라이클리닝 용제의 사용을 문제 상황으로 제시하고, 이에 대해 해결책을 제시한 보고서를 모둠별로 작성하도록 하였다. 두 번째 단계에서는 ㉢ 과제 수행 계획서를 작성하도록 하였다. 세 번째 단계에서는 탐색과 재탐색의 과정을 거쳐 문제에 대한 해결책을 도출한 후, 탐색 내용을 정리하여 보고서를 완성하도록 하였다. 마지막 단계에서는 (㉣) 단계로 문제 중심 학습을 마무리하였다.

<작성 방법>

- 학습 내용 간의 위계를 고려하여 괄호 안의 ㉠에 해당하는 학습 내용을 쓸 것.
- 괄호 안의 ㉡에 해당하는 단계를 쓸 것.
- 밑줄 친 ㉢ 과정을 지도할 때 교사가 해야 할 일에 대해 과제 수행 계획서에 담겨야 할 내용 4가지를 포함하여 서술하고, 괄호 안의 ㉣에 해당하는 단계를 쓸 것.

CHAPTER 4

가정과수업 설계

THEORY OF HOME ECONOMICS EDUCATION

가정과수업 설계

- 1. 수업 설계 모형
  - 1) 수업 설계란?
  - 2) 수업 설계 모형
  - 3) ADDIE 모형
    - (1) 분석
    - (2) 설계
    - (3) 개발
    - (4) 실행
    - (5) 평가
  - 4) 딕과 캐리 모형
    - (1) 교수 목표 확인
    - (2) 교수 분석
    - (3) 학습자 분석 및 상황 분석
    - (4) 수행 목표 진술
    - (5) 평가 도구 개발
    - (6) 수업 전략 개발
    - (7) 수업 자료 개발 및 선정
    - (8) 형성평가 설계 및 실시
    - (9) 교수 프로그램 수정
    - (10) 총괄평가 설계 및 실시
  - 5) ARCS 동기 설계 모형
    - (1) ARCS 동기 설계 모형의 각 요소별 하위 개념
    - (2) ARCS 동기 설계의 10단계
- 2. 교수 분석
  - 1) 요구 분석
  - 2) 학습자 분석
  - 3) 학습 환경 분석
  - 4) 학습 과제 분석
- 3. 교수-학습 과정안의 설계와 개발
  - 1) 단원 지도 계획과 교수-학습 과정안의 구성 요소
  - 2) 수업 목표 진술
    - (1) 타일러의 수업 목표 진술 방법
    - (2) 메이거의 수업 목표 진술 방법
    - (3) 그론룬드의 수업 목표 진술 방법
    - (4) 가네의 수업 목표 진술 방법
  - 3) 평가 도구 설계
  - 4) 교수-학습 과정안 설계
    - (1) 교수-학습 과정안의 내용
    - (2) 가네의 아홉 가지 수업 사태
    - (3) 교수-학습 과정안의 종류
    - (4) 가정과교수-학습 과정안의 평가

- 4. 수업 매체의 설계와 개발
  - 1) 수업 매체의 개념과 기능
  - 2) 수업 매체의 유형
    - (1) 호반의 시각 자료 분류
    - (2) 데일의 경험의 원추
    - (3) 디지털 수업 매체의 종류와 특성
    - (4) 실감형 미디어
  - 3) ASSURE 수업 매체 설계 모형
    - (1) A: 학습자 분석
    - (2) S: 학습 목표 진술
    - (3) S: 교수방법, 매체 및 자료 선택
    - (4) U: 수업 매체와 자료 활용
    - (5) R: 학습자의 참여 유도
    - (6) E: 평가와 수정
  - 4) 가정과수업 매체의 개발과 활용
    - (1) 인쇄 자료
    - (2) 프레젠테이션 자료
    - (3) 동영상 자료
- 5. 디지털 기반 수업의 실행
  - 1) 디지털 기반 학습의 발달
    - (1) e-러닝
    - (2) m-러닝
    - (3) u-러닝
  - 2) 블렌디드 러닝
  - 3) 플립드 러닝
  - 4) 가정과수업에서 활용할 수 있는 다양한 에듀테크 도구들
    - (1) 패들렛
    - (2) 퀴즈앤
    - (3) 띵커벨
    - (4) 멘티미터
    - (5) 퀴즐렛
    - (6) 미리캔버스
    - (7) X-mind
    - (8) Vrew
    - (9) 클로바노트

생각해 보기

01 새 학교에 발령받았을 때, 효과적인 수업 운영을 위해서 알아야 할 정보는 어떤 것이 있을까?

02 자유 학기제 프로그램을 운영한다고 가정하고, ADDIE 수업 설계 모형에 따라 각 단계별로 해야 할 일을 조사해 보자.

03 수업이 진행되는 과정 중에도 계속해서 학생들의 동기를 이끌어 내기 위해, 수업의 도입→전개→정리에서 각 부분별로 어떤 노력이 필요할까?

04 교수-학습 과정안을 상세하게 작성했을 때 수업에서 얻을 수 있는 장점은 무엇일까?

05 온라인과 오프라인을 결합한 블랜디드 수업이 기존의 오프라인 수업(면대면)에 비해 가지는 강점이 무엇인지 생각해 보자.

06 내가 알고 있는 다양한 교육용 에듀테크 도구를 모두 나열해 보고, 각각을 가정과수업에서 어떻게 활용할 수 있는지 이야기해 보자.

07 가정과수업에서 학생들이 ChatGPT 등의 AI 도구를 활용할 수 있는 학습 과제를 생각해 보자.

CHAPTER 4

가정과수업 설계

수업은 교사와 학생의 상호 작용으로 이루어지는 역동적인 과정이며, 여러 가지 요인들이 복합적으로 작용하는 활동이다. 따라서 교사는 수업을 계획할 때 학습자의 특성, 수업 목표와 내용, 교수-학습 방법 등은 물론이고, 수업 환경과 수업 매체 등 다양한 요소들을 고려해야 한다. 이렇듯 수업에 영향을 미치는 다양한 제반 요소들을 효과적으로 계획하여 학습자에게 기대하는 변화가 일어날 수 있도록 하는 일련의 활동을 수업 설계[1]라고 한다.

이 장에서는 다양한 수업 설계 모형의 특징과 단계별 내용을 확인하고, 이 중 대표적인 수업 설계 모형인 ADDIE 모형의 단계에 따라 실제 가정과수업을 설계하는 구체적인 방법과 원리, 전략 등을 알아본다. 교수 분석 단계에서는 요구 분석, 학습자 분석, 학습 환경 분석, 학습 과제 분석을, 설계 및 개발 단계에서는 수업 목표 설정, 평가 도구 설계, 수업 매체 설계, 교수-학습 과정

1 교육 분야에서 '수업 설계'와 '교수 설계'를 혼용해서 사용하고 있다. 학교 현장의 교사들은 대체로 자신의 수업을 설계하는 미시적 교수 설계를 하는 경우가 많으므로 이 장에서는 중등학교 교실 상황에 초점을 두어, '수업 설계'라는 표현을 사용하였다.

안 설계를 다룬다. 실행 단계에서는 다양한 디지털 기반 수업 매체의 활용법을 알아본다.

1. 수업 설계 모형

1) 수업 설계란?

수업 설계란 특정 학습 내용이나 학습 집단에 대하여 학습자의 지식과 기능 면에서 기대되는 변화를 가져오기 위해 필요한 최적의 교수방법이 무엇인지를 결정하는 과정이다(변영계 외, 2009). 교육을 '인간 행동의 계획적 변화(정범모, 1974)'라고 본다면, 교사는 학생의 행동 변화에 대한 올바른 방향성을 가지고 수업 목표 달성을 위해 의도적이고 구체적인 계획을 수립해야 한다. 이렇게 볼 때 가정과수업 설계란, 가정교과의 교육 목표를 효과적으로 실현할 수 있도록 수업의 목표와 내용, 학습자의 특성, 학습 환경 등 교수-학습에 영향을 미치는 다양한 요소들을 고려하여 수업의 전 과정을 계획하는 활동이라고 볼 수 있다.

효과적인 수업 설계를 위해서 고려할 사항은 다음과 같다(류지헌 외, 2023). 첫째, 수업은 개개인의 학습을 촉진할 수 있도록 계획되어야 한다. 학습자 개인의 선수 지식과 동기 수준을 반영하여 그들의 개별적인 요구를 충족시킬 수 있는 수업 활동을 구성하는 것이 중요하다. 둘째, 수업 계획은 목표 지향적인 의도적 활동이므로, 학습자에게 바람직한 인간발달 조건을 제공하기 위하여 사전에 체계적으로 설계되어야 한다. 셋째, 수업은 체제적 접근을 이용하여 설계되어야 한다. 이것은 수업 설계가 과학적인 분석과 결과에 근거한 활동이어야 함을 전제한다. 실증적으로 밝혀진 수업 설계 원리를 적용할 때, 수업을 보다 효과적으로 실행할 수 있다.

여기서 체제(system)란 목표 달성을 위해 각 부분이나 요소가 유기적으로 구성되어 상호 작용하면서 기능하는 전체적인 관계를 의미한다. 체제의 대표적인 예로 우리 몸을 들 수 있다. 우리 몸의 장기들은 개별적으로는 각각의 기능을 담당하지만 전체적으로는 상호 작용을 통해 생명 유지라는 공동의 목표를 추구한다. 이렇게 체제는 상호 의존성을 지닌 여러 하위 체제들로 구성되어 있으며, 크게는 외부로부터의 투입(input), 전환 과정(process), 산출(output), 환류(feedback)라는 순환적인 관계를 통해서 공동의 목표를 달성한다. 이때 환류는 각 요소들이 목표 달성에 적합한 방법으로 운영되고 있는지를 확인하여 해당 단계에 교정적 정보를 재투입함으로써 체제의 효율성과 일관성을 유지해 주는 중요한 역할을 한다. 요약하면, 수업 설계가 체제적 접근을 따른다는 것은 수업에 영향을 미치는 다양한 요소들, 그리고 이들의 상호 작용을 총체적으로 고려한다는 의미로 볼 수 있다.

2) 수업 설계 모형

수업 설계 모형이란 수업 설계를 위해 필요한 절차나 수행해야 할 과제를 단계별로 제시한 틀로서, 체계적이고 과학적인 수업 설계를 위한 명료한 지침을 제공해 주는 역할을 한다. 따라서 수업 설계 모형을 활용하면 수업의 계획 단계에서부터 마지막 평가 단계까지 각 단계에서 무엇을 결정하고 어떻게 실행해야 할지 등을 효과적으로 판단할 수 있다. 예를 들어, 가정과교사가 중학교 자유 학기제의 총 16차시 프로그램을 계획하는 상황을 가정했을 때, 교사는 프로그램의 목표와 주제를 무엇으로 설정할지, 이것이 학교의 전체적인 교육 방향과 일치하는지, 학생들의 희망과 요구는 무엇인지, 교실 환경의 설비 등은 적합한지 등 수많은 정보를 수집하고 의사 결정을 해야 한다. 이러한 판단 및 수업 실행에 도움을 주는 것이 수업 설계 모형이다.

수업 설계 모형을 활용할 때의 이점

- 총체적인 설계 가능: 각 단계에서 필요한 요소를 체계적으로 검토하고 반영함으로써 중요한 내용을 모두 포함한 완성도 높은 설계가 이루어진다.
- 효율성 증대: 체계적인 계획과 분석을 통해 중복 작업을 줄이거나 자원을 효과적으로 사용하는 등 프로그램의 효율성을 높일 수 있다.
- 일관성 향상: 명확한 수업 목표를 설정하도록 돕고 이를 달성하기 위한 설계와 개발 과정을 체계적으로 관리함으로써 프로그램의 일관성을 높일 수 있다.
- 피드백을 통한 질 개선: 각 단계에서의 평가와 피드백을 통해 설계 과정 중 발생할 수 있는 문제를 조기에 발견하고 수정함으로써 프로그램을 지속적으로 개선하고 품질을 향상시킬 수 있다.

수업 설계 모형은 그 종류가 매우 다양하며 학자별로 여러 기준으로 구분하고 있다. 조규락과 김선연(2006)은 한 학기 또는 수년 동안 지속되는 광범위한 수업에 대한 계획인 거시적 수업 설계 모형과, 단원 혹은 차시 단위의 수업을 설계하는 미시적 수업 설계 모형으로 구분하였다. 또는 학교 교실 지향 모형, 산출물 지향 모형, 체제 지향 모형의 세 가지로 구분하기도 한다(이성흠 외, 2017). 이 장에서는 가정과수업에서 활용하기 적합한 수업 설계 모형으로, 가장 폭넓게 사용되고 있는 ADDIE 모형, 체제적 설계의 특징을 잘 보여 주는 딕과 캐리(Dick & Carey) 모형, 수업에서의 동기를 설계하는 켈러(Keller)의 ARCS 동기 설계 모형, 수업 매체를 설계하는 ASSURE 모형에 대해서 공부한다.

3) ADDIE 모형

ADDIE 모형은 수업 설계의 기본이 되는 분석(Analysis), 설계(Design), 개발(Development), 실행(Implementation), 평가(Evaluation)의 각 단계의 앞 글자를 따서 만들었다. 1975년 플로리다주립대학교의 교육공학센터에서 처음 개발했으며, 이후 여러 차례의 수정을 거쳐 지금과 같은 순환적이고 체제적인 모습을 갖추게 되었다(김보경, 2024). ADDIE의 각 단계는 수업 설계에 필요한 가장 일반적이고 핵심적인 활동을 포함하고 있기 때문에 이 모형을 잘 이해하는 것은 다른 모형을 이해하는 데 도움이 된다.

(1) 분석

분석(Analysis) 단계는 학습과 관련된 요인들을 분석하고 학습 내용을 정의하는 과정이다. 바람직한 상태 또는 기대되는 상태와 현재 상태 간의 격차를 파악하는 요구 분석과 학습자의 지능, 선수 학습 능력, 적성, 인지 양식이나 학습 양식, 학습 동기나 태도 등을 분석하는 학습자 분석이 이루어진다. 또한 수업에 영향을 미치는 학습 환경 분석이 필요하다. 여기에는 수업 매체, 기자재, 시설 등의 물적 자원뿐만 아니라 교실 및 실험실 등 공간에 대한 분석도 포함된다. 그리고 수업 목표 달성을 위해 필요한 지식, 기능, 태도 등을 파악하고 이들 간의 관계와 계열성을 밝히는 학습 과제 분석도 이 단계에서 해야 할 중요한 활동이다.

(2) 설계

설계(Design) 단계는 분석 과정에서 나온 결과를 종합하는 과정으로, 학습자들이 수업이 끝난 후에 수행해야 할 성취 행동 또는 수업 목표를 명세적으로 기술하고, 그 달성 여부를 평가할 수 있도록 평가 도구를 설계한다. 또한 학습 과제를 어떤 방식으로 배열하고 조직할 것인지 프로그램을 구조화·계열화하며, 수업 목표 달성을 위한 구체적인 교수-학습 방법과 수업 매체를 선정한다.

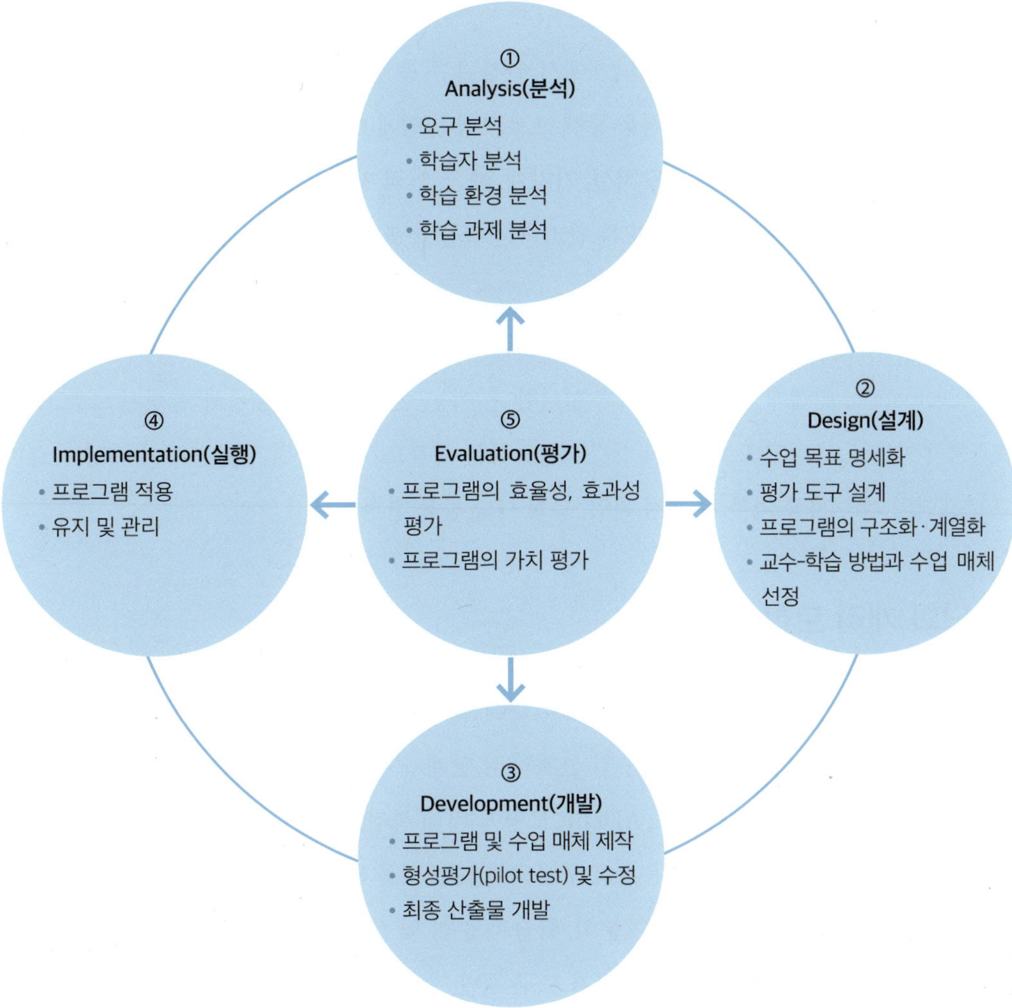

그림 4-1 ADDIE 교수 설계 모형

(3) 개발

개발(Development) 단계는 분석과 설계 단계에서 결정된 설계 결과에 따라 수업에서 사용할 프로그램과 수업 매체를 실제로 개발하고 제작한다. 먼저 프로그램과 수업 매체의 초안을 개발하고, 교과 전문가와 학습자를 대상으로 형성평가(pilot test)를 실시하여 평가한 후, 필요한 부분을 수정하여 수업 현장에서 활용될 최종적인 산출물을 개발한다. 여기에는 수업 교재, 학생 활동지, 교수-학습 과정안 등의 아날로그 자료와 프레젠테이션 자료 등의 디지털 자료가 모두 포함된다.

(4) 실행

실행(Implementation) 단계는 개발 단계에서 완성된 최종 산출물을 실제로 현장에 적용하는 것으로, 실행 과정에서 나타난 문제점을 통해 프로그램 운영에 대한 수정 · 보완이 이루어진다. 프로그램이 원활히 실행될 수 있도록 시설, 기자재, 예산, 인적 자원 등 필요한 지원 체제를 확보하고, 프로그램이 계속적으로 유지되도록 관리하는 활동도 포함된다.

(5) 평가

평가(Evaluation) 단계에서는 총괄평가를 실시한다. 이는 실제 수업 현장에서 실행된 프로그램의 효과성과 효율성, 그리고 프로그램의 가치를 평가하는 과정으로, 총괄평가를 통하여 해당 자료나 프로그램의 계속 사용 여부, 문제점 파악, 수정 사항 등을 결정한다.

4) 딕과 캐리 모형

딕과 캐리(W. Dick & L. Carey) 모형은 체제적 접근에 입각하여 수업 설계 단계를 제시하는 대표적인 절차 모형으로, 그림 4-2와 같이 수업 설계의 각 단계가 투입과 산출의 관계로 긴밀하게 연결되어 있다. 이 모형은 총 10단계로, ADDIE 모형에 비해 복잡해 보이지만, 각 단계의 내용을 살펴보면 ADDIE 모형과 유사한 내용으로 구성되어 있는 것을 확인할 수 있다. 예를 들어, 딕과 캐리 모형에서의 교수 목표 확인, 교수 분석, 학습자 분석 및 상황 분석은 모두 ADDIE 모형의 분석 단계에 해당하며, 수행 목표 진술, 평가 도구 개발, 수업 전략 개발은 설계 단계에, 수업 자료 개발 및 선정, 형성평가 설계 및 실시[2]는 개발 단계에 해당한다. 딕과 캐리 모형은 ADDIE 모형에서의 실행 단계는 포함하지 않으며, 총괄평가 설계 및 실시는 ADDIE 모형의 평가 단계에 해당된다.

2 학자에 따라 딕과 캐리 모형의 형성평가 단계를 ADDIE 모형의 평가(E)로 분류하는 경우도 있다. 그러나 형성평가의 목적은 프로그램을 수정·보완하는 데 있으므로, 이 책에서는 ADDIE 모형의 개발 단계로 분류하였다.

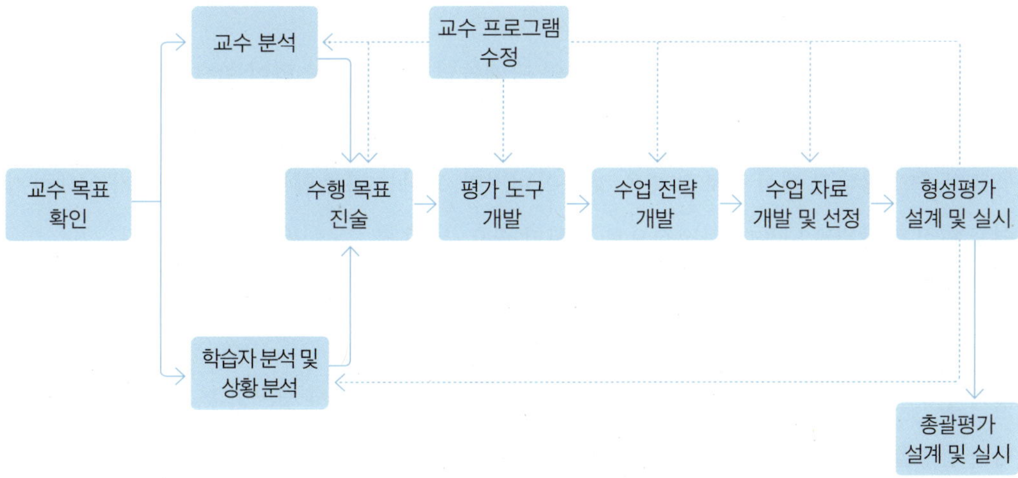

그림 4-2 딕과 캐리의 교수 체제 설계 모형

출처: Dick, Carey & Carey(2009).

(1) 교수 목표 확인

교수 목표 확인(identify instructional goals)은 수업이 끝났을 때 학습자들이 할 수 있기를 바라는 바, 즉 최종 교수 목표를 결정하는 단계이다. 이 교수 목표는 학습자의 요구 분석이나 교육과정 분석을 통해 파악되고 설정된다. 학교 현장에서는 교육과정이 이미 정해져 있는 경우가 많으므로 학습자의 요구 분석보다는, 주로 교육과정 분석을 통해 교수 목표를 확인하게 된다.

(2) 교수 분석

교수 분석(conduct instructional analysis)은 교수 목표가 정해지면 이를 성취하기 위해 학습자가 배워야 할 학습 유형을 결정하고, 해당 학습 과제를 성공적으로 학습하기 위해서 필요한 하위 기능 및 학습을 하는 데 필요한 학습 절차 등을 분석한다.

(3) 학습자 분석 및 상황 분석

학습자 분석 및 상황 분석(analyze learners and contexts)은 교수 분석과 병행해서 학습자의 특성과 환경에 대해 분석하는 것이다. 여기에는 수업이 시작될 때 특정 학습을 하기 위해 학습자가 갖추고 있어야 할 선수 지식, 즉 출발점 행동과 학습자의 읽기 수준, 주의 집중력, 동기 수준, 태도, 성격, 학습 유형 등의 학습자의 특성을 비롯하여 교수-학습의 맥락, 상황, 배경들이 포함된다.

(4) 수행 목표 진술

수행 목표 진술(write performance objectives)은 앞 단계들의 결과에 기초하여 학습자들이 수업을 끝냈을 때 할 수 있게 되기를 기대하는 것이 무엇인지 구체적인 행동 용어로 진술하는 단계이다. 목표의 수가 많다고 해서 무조건 좋은 것은 아니지만, 교사는 가르칠 내용을 학습자가 이해하기 쉽도록 작은 단위로 나누어 점진적으로 제시할 필요가 있다.

(5) 평가 도구 개발

평가 도구 개발(develop assessment instruments)은 설정된 목표들에 대한 성취 수준을 측정할 수 있는 평가 문항을 개발하는 단계이다. 이때 성취 목표에 기술되어 있는 내용과 평가 문항에서 측정하고자 하는 것은 일관성이 있어야 한다.

(6) 수업 전략 개발

수업 전략 개발(develop instructional strategy)은 실제로 수업을 실행할 방법과 절차를 개발하고 수업 매체의 활용에 대한 계획을 세우는 단계이다. 여기에는 수업 전 활동 사항(동기 유발, 목표 제시, 출발점 행동 확인), 정보와 지식의 제시(교수 계열화, 제시할 자료 및 예시 계획), 학습자 참여(실행 연습과 피드백), 시험과 검사(사전 검사, 학습 증진 검사, 사후 검사), 추수 활동(교정 학습, 심화 학습) 등이 포함된다.

(7) 수업 자료 개발 및 선정

수업 자료 개발 및 선정(develop and select instructional materials)은 앞 단계의 수업 전략에 근거하여 실제 교수-학습 활동에 필요한 교수 자료 프로그램을 만드는 단계이다. 여기에는 교재, 교사용 안내서, 학습자 매뉴얼 등 교수-학습 활동에서 사용되는 모든 자료가 포함되며, 특히 적합한 수업 매체를 선정하고 활용하는 방안도 고려해야 한다.

(8) 형성평가 설계 및 실시

형성평가 설계 및 실시(design and conduct formative evaluation of instruction)는 일차적으로 개발이 완료된 프로그램에 대해 형성평가를 통해 그 결과를 검토하고 필요에 의해서 수정 · 보완하는 단계로, 보통 일대일 평가, 소집단 평가 및 현장 평가 등을 통해 이루어진다.

(9) 교수 프로그램 수정

교수 프로그램 수정(revise instruction)은 형성평가 결과를 토대로 학습자가 학습 목표를 달성하는 데 어떤 부분이 어려운지를 파악하여 잘못된 곳을 수정 · 보완하는 것이다. 이 평가 결과를 기반으로 하여 교수 분석과 학습자 및 맥락 분석이 제대로 이루어졌는지, 학습 목표가 적절히 진술되고 평가 문항이 타당하게 개발되었는지, 사용된 교수 전략이 효과적이었는지 등을 종합적으로 검토하고 수정함으로써 더욱 효과적인 수업 설계가 가능해진다.

(10) 총괄평가 설계 및 실시

총괄평가 설계 및 실시(design and conduct summative evaluation of instruction)는 최종적으로 수정된 교수 프로그램의 효과를 검증하는 데 그 목적이 있다. 이 단계는 일반적으로 설계자가 아닌 외부 평가자가 해당 프로그램의 가치를 평가하는 것으로, 그 결과를 다시 피드백하여 수정 · 보완하기 위한 형성평가의 목적과는 다르다.

5) ARCS 동기 설계 모형

일반적으로 동기란 '어떤 행동을 일으키도록 하는 힘'으로 정의된다. 학습이 일어나기 위해서는 학습자에게 학습하고자 하는 충동이 일어나야 하는데, 이것이 곧 동기이다. 교사는 수업을 통해 학습자의 바람직한 행동 변화를 이끌어 낼 수 있도록 효과적인 동기 설계를 해야 한다. 특히, 가정과교육은 실생활에서의 사려 깊은 실천을 목표로 하기에 학생들의 자발적인 실천을 이끌어 내기 위해서는 그들의 다양한 동기 요소를 고려하는 것이 필요하다.

(1) ARCS 동기 설계 모형의 각 요소별 하위 개념

켈러(J. M. Keller)는 수업에서 학습자의 동기를 유발할 수 있는 다양한 전략들을 다음의 네 가지, 즉 주의 집중(Attention), 관련성(Relevance), 자신감(Confidence), 만족감(Satisfaction)으로 범주화하여 제시하였다.

우선, 학습이 이루어지기 위해서는 반드시 학습자의 주의 집중이 필요하다. 주의 집중 전략은 '학습자의 주의 집중을 어떻게 유발하고 유지시킬 수 있는가'에 관심을 둔다. 둘째, 관련성 전략은 '이 수업이 어떤 측면에서 학습자에게 가치 있게 여겨질 것인가'에 관심을 둔다. 관련성 전

표 4-1 ARCS의 하위 개념과 동기 유발 및 지원 전략

구성	하위 개념 및 과정 질문	주요 지원 전략
주의 집중	A1: 지각적 각성 흥미를 끌기 위해 무엇을 할 수 있을까?	새로운 접근을 사용하거나 개인적·감각적 내용을 넣어 호기심과 놀라움을 만들기
	A2: 탐구적 각성 탐구하는 태도를 어떻게 유발할까?	질문, 역설, 탐구, 도전적 사고를 양성함으로써 호기심 증진하기
	A3: 변화성 그들의 주의 집중을 어떻게 지속할 수 있을까?	자료 제시 형식, 구체적 비유, 흥미 있는 인간적인 실례, 예기치 못했던 사건들의 변화를 통해 흥미 지속하기
관련성	R1: 목적 지향성 학습자의 요구를 어떻게 최적으로 충족시켜 줄 수 있을까?	수업의 유용성에 대한 진술문이나 실례를 제공하고, 목적을 제시하거나 학습자들에게 목적을 정의하게 하기
	R2: 모티브 일치 수업을 학습자의 학습 양식과 개인적 흥미에 언제, 어떻게 연결할까?	개인적인 성공 기회, 협동학습, 지도자적 책임감, 긍정적인 역할 모델 등의 제공을 통해 학습자 동기와 가치에 민감하게 반응하는 수업 만들기
	R3: 친밀성 수업과 학습자의 경험을 어떻게 연결할까?	구체적인 실례와 학습자의 학습이나 환경과 관련된 비유를 제공하여 교재와 개념들을 친밀하게 만들기
자신감	C1: 학습 요건 성공에 대한 긍정적 기대감을 어떻게 키워 줄 수 있을까?	성공 요건과 평가 준거에 대해 설명하여 믿음과 긍정적 기대감을 확립하기
	C2: 성공 기회 자신의 역량에 대한 믿음을 향상시킬 수 있는 학습 경험을 어떻게 제공할까?	학습의 성공 가능성을 높이기 위해 많은 다양한 도전적인 경험을 제공하여 역량에 대한 신념을 강화하기
	C3: 개인적 통제 학습자가 자신의 성공이 스스로의 노력과 능력에 의한 것이라고 어떻게 알 수 있을까?	개인적인 통제(가능할 때마다)를 제공하는 기법을 사용하고, 개인적 노력 때문에 성공했다는 것에 대해 피드백을 제공하기
만족감	S1: 내재적 강화 학습 경험에 대한 학습자들의 내재적 즐거움을 어떻게 격려하고 지원할까?	개인적 노력과 성취에 대한 긍정적 느낌을 제공할 수 있는 피드백이나 정보를 제공하기
	S2: 외재적 보상 학습자의 성공에 대한 보상으로 무엇을 제공할까?	언어적 칭찬, 실제적이거나 추상적인 보상, 인센티브를 사용하거나, 학습자들이 그들의 성공에 대한 보상을 제시하도록 하기
	S3: 공정성 공정한 처리에 대한 학습자들의 지각을 어떻게 만들어 줄까?	진술된 기대와 수행 요건을 일치시키고, 모든 학습자의 과제 및 성취평가 시 일관성 있는 측정 기준을 사용하기

출처: Keller·송상호(2000).

략의 핵심은 수업의 가치를 학습자의 요구와 연결하는 데 있다. 여러 학자들은 관련성 요소가 높은 학습자가 동기 수준이 높고, 과제 수행도 더 잘한다는 것을 밝히면서, 관련성 요소의 중요성을 강조하였다. 셋째, 자신감 전략은 '학습자들이 자신의 통제하에서 성공하도록 하기 위해 어떻게 도와줄 수 있는가'라는 질문과 관련된다. 학습자에게 동기와 관심이 일어나려면, 그들이 자신의 성공에 대한 가능성을 믿을 수 있어야 한다. 넷째, 만족감 전략은 '학습자들이 그들의 학습 경험에 대해 만족하고 계속적으로 학습하려는 욕구를 가지도록 하기 위해 어떻게 도와줄 수 있는가'라는 질문과 관련된다. 사람들은 신기함, 유능하다는 느낌, 개인적인 관심 영역에서 지식과 기능을 획득하는 것, 약간의 통제나 자율에 대한 경험 등을 좋아한다. 이런 모든 조건들이 학습 환경 내에서 충족될 때 내재적 만족감이 생긴다. ARCS 모형의 각 요소별 하위 개념과 동기 유발을 위한 전략들은 표 4-1과 같다.

(2) ARCS 동기 설계의 10단계

켈러와 송상호(2000)는 수업 설계 시 수업 전반에 걸쳐 어떤 동기 전략을 사용해야 할지 계획하고 평가할 수 있도록 딕과 캐리의 수업 설계 단계를 기준으로 10단계의 ARCS 동기 설계 단계를 제시했다(표 4-2).

- 1단계 - 코스 정보 획득(obtain course information): 적절한 동기 전략을 선택하고 개발하기 위해서 가르칠 코스와 대상자에 대한 배경 정보를 수집하는 단계로, 수업의 목적, 수업 빈도, 수업의 기간 등을 계획하고 수업의 상황적인 맥락과 교사의 개인적 성향, 경험 등을 파악해야 한다.
- 2단계 - 대상자 정보 획득(obtain audience information): 학습자들의 성격이나 관심사, 학교 학습의 중요성에 대한 태도, 학습자들이 해당 수업 내용에 대해 가지고 있는 태도, 학습자들이 경험한 선수 교수 전략들에 대한 정보를 수집하는 과정이다.
- 3단계 - 대상자 동기 분석(audience analysis): 학업 성취를 위한 학습자의 동기가 너무 낮거나 너무 높지 않은지 학습자가 지니는 동기 상태를 구체적으로 확인하여 동기 상태를 예측하는 단계이다.
- 4단계 - 기존 교재 분석(analyze existing materials): 현재 사용 중인 교재가 학습자에게 적합한 동기 전략들을 포함하고 있는지, 대상자에게 부적합한 동기 전략들은 없는지, 부족한 전략은 무엇이고 더 필요한 전략은 무엇인지 분석하는 단계이다. 이러한 교재 분석 결과를 통해 동

기 설계 과정에서 해결해야 할 문제들을 확인할 수 있다.

- 5단계 – 동기 목표 설정 및 측정 방법 열거(list objectives and assessments): 수업 설계자가 학습자에게서 관찰하고자 하는 동기가 유발된 행동과 기대하는 수준을 진술하는 것이다. 즉, 학습자들의 학습 동기가 유발되었다는 것을 확인할 수 있는 방법을 마련하는 것이 이 단계의 주요 목적이다.
- 6단계 – 예비 전략 열거(list potential tactic): 동기 목표와 기타 주어진 상황에 적합하고 가능한 모든 동기 전략을 열거한다. 브레인스토밍을 통해 수업의 도입, 전개, 정리 또는 수업 전체에 걸쳐서 각각 사용할 수 있는 전략들은 무엇이 있는지 최대한 수집한다. 또 이 전략들을 주의집중, 관련성, 자신감, 만족감으로 구분하여, 각각 창의적이고 다양한 전략들을 나열한다.
- 7단계 – 최종 전략 선택(select and design tactics): 이 단계에서는 실제로 수업 및 교재에 포함될 동기 유발 전략들을 구체화하고 재구성한다. 수업의 도입, 전개, 정리, 전체에 사용할 동기 전략들을 ARCS 각 요소별로 통합하거나 재구성하여 선택한다.
- 8단계 – 교수 전략에 통합(integrate with instruction): 7단계를 거쳐 최종 선택한 동기 전략이 수업의 내용과 교수 전략에 서로 조화를 이룰 수 있도록 전체 맥락을 고려하여 통합하는 과정

표 4-2 딕과 캐리의 수업 설계 단계에 따른 10단계 동기 설계 단계

일반적 단계	동기 설계 단계(ARCS 모형)	수업 설계 단계(딕과 캐리 모형)
분석	① 코스 정보 획득 ② 대상자 정보 획득 ③ 대상자 동기 분석 ④ 기존 교재 분석	• 교수 목표 확인 • 학습자 및 맥락 분석
설계	⑤ 동기 목표 설정 및 측정 방법 열거	• 교수 분석 • 수행 목표 진술 • 평가 도구 개발
개발	⑥ 예비 전략 열거 ⑦ 최종 전략 선택 ⑧ 교수 전략에 통합 ⑨ 교재 선택 및 개발	• 교수 전략 개발
시험 평가	⑩ 평가 및 수정	• 교수 자료 개발 및 선정 • 형성평가 • 교수 프로그램 수정 • 총괄평가

출처: Keller · 송상호(2000).

이다. 설계 대상인 수업의 주요 요소를 나열해 본 다음, 선택한 동기 전략을 다시 살펴보면서 이러한 전략들이 수업의 어느 부분에 어떻게 필요한지 결정한다.

- 9단계 – 교재 선택 및 개발(select and development materials): 이 단계에서는 앞 단계에서 결정된 동기 전략에 맞는 교재를 선택하는 과정이다. 기존의 교재가 위의 동기 전략을 사용하기에 적합하지 않을 경우 교재를 새로 개발할 필요가 있다. 실제로 개발해야 하거나 기존 교재를 많이 수정해야 하는 동기 전략들을 기술하고, 이에 맞는 교재를 개발하기 위한 시간 계획을 세우며, 교재의 초안을 개발 · 평가하는 과정이 포함된다.
- 10단계 – 평가 및 수정(evaluation and revision): 학습자의 동기가 얼마나 향상되었고 학습 효과가 얼마나 높게 나타났는지를 검증하는 단계이다. 수업 설계자가 구체적이고 객관적인 평가 결과를 알고자 할 경우, 질문지, 관찰, 체크리스트 등과 같은 공식적 평가 절차를 거친다. 교사는 형성평가 및 다양한 평가를 실시하고, 이 결과를 근거로 하여 수업 설계를 수정할 수 있다.

2. 교수 분석

1) 요구 분석

일반적으로 요구 분석(needs analysis)은 개인이나 조직이 기대하는 바와 현실이 불일치하는 부분을 확인하는 작업이다(소효정 외, 2023). 예를 들어, 고등학교 학생들이 이전에는 개설되지 않던 새로운 선택 과목의 개설을 희망한다면 이것이 요구에 해당된다. 또한, 학기마다 학생들이 응답하는 교사평가 결과에 수업에 대한 요구 사항이 나타나 있다면 이것 역시 요구라고 볼 수 있다. 수업을 개선하고 학습자의 만족도를 높이려면 이러한 요구와 현재 상태 사이의 간극을 줄이려는 노력이 필요하다. 따라서 수업 설계의 시작은 관련된 사람들이나 조직의 요구를 구체적으로 파악하는 데서 시작해야 한다. 학교 현장에서는 학습자 및 학부모의 요구, 교육과정상의 요구, 시대적 · 사회적 · 정책적 요구 등이 이에 해당된다. 요구 분석을 위해 자료를 수집할 때에는 다음과 같은 방법들을 활용할 수 있다.

- 문서 분석: 국가 교육과정 문서를 통해서 기르고자 하는 인간상, 교과의 성격과 목표, 내용 체계 및 성취 기준 등을 확인하여 교과에서 추구하는 큰 방향이 무엇인지 확인한다.

- 설문 조사 및 인터뷰: 학생이나 학부모를 대상으로 특정 교육에 대한 필요성 및 요구 사항을 확인한다.
- 현황 파악: 학생들이 해당 과목 혹은 해당 학교에서 어떤 교육을 받아 왔는지, 학교에서 활용하고 있는 교육 콘텐츠와 자료들은 무엇이 있는지 파악한다.

2) 학습자 분석

학습자 분석(learner analysis)은 대상 학습자들에 대한 자료를 수집한 후, 그중 개발하고자 하는 교육 프로그램에 영향을 미칠 요소들을 찾아 분석하는 것이다(김보경, 2024). 자신이 새 학교로 발령받은 가정과교사라고 생각해 보자. 가장 먼저 수업에서 만날 학생들이 몇 학년인지, 성별 구성은 어떤지, 학급별 성향은 어떻게 다른지, 학습 능력은 어느 정도 수준인지 등, 학생과 관련된 다양한 정보가 필요할 것이다.

이 단계에서 확인해야 할 학습자의 특성은 크게 지적 특성, 개인적 특성, 심리적 특성으로 구분할 수 있다. 첫째, 지적 특성은 학습자가 학습을 시작하는 시점에서 가지고 있는 지식과 기능으로, 선수 학습과 선행학습(예습) 정도를 말한다. 둘째, 개인적 특성은 학습자의 환경적 · 물리적 혹은 신체적 특성으로, 나이, 성별, 지능, 학력, 사회경제적 배경, 신체적 특성 등이다. 이러한 변인들의 대부분은 학습자가 스스로 쉽게 변경할 수 없는 고정적인 변인이며, 학습자 자신의 의지와는 상관없이 생득적 혹은 후천적으로 결정된 변인이다. 셋째, 심리적 특성은 학습자의 학업 성취에 영향을 주는 심리적인 내적 변인으로, 학습 양식과 정보 처리 방식, 학습 동기 등이 있다. 이러한 심리적 변인들은 직접적으로 학업 성취에 영향을 미치는 것은 아니지만, 학습하는 경향성 혹은 태도에 지속적인 영향을 미친다(윤관식, 2023).

학습자 분석은 교사가 수업의 목표를 설정하고, 학습 과제의 난이도 및 진행 속도 등을 결정하는 데 도움을 주며, 학생 개인별 특성을 반영한 개별화 수업 전략을 세울 수 있게 해준다. 따라서 이 단계에서는 학생들의 사전 학습 정도, 학습 동기 등 수집 가능한 정보를 최대한 활용할 필요가 있다.

3) 학습 환경 분석

학습 환경은 크게 인적 환경과 물리적 환경으로 구분할 수 있다. 인적 환경 분석은 학생이나 학생을 포함한 조직의 구성원이나 관련자를 파악해 보는 것이다. 학교의 경우 담임 교사, 교과 담당 교사, 업무 분장에 따른 보직 교사, 교장이나 교감과 같은 관리자, 행정직 직원들, 학부모, 지역사회 인사들이 있다. 물리적 환경 분석은 수업이나 교육 프로그램을 실행하기 위한 학습 공간을 포함하여, 사용할 수 있는 수업 매체와 필요한 예산 등을 파악해 보는 것이다. 가정과교사는 교실 및 가정 실습실의 기자재를 파악하고, 실험 · 실습 수업을 운영할 수 있는 예산 및 실습 보조 교사 지원 여부 등을 확인하는 것이 필요하다.

4) 학습 과제 분석

학습 내용이 학생들이 배워야 하는 내용 자체를 말한다면, 학습 과제는 이 내용이 학생이 수행할 수 있는 과제의 형태로 가공된 것을 말한다(김보경, 2024). 예를 들어, 가정교과의 '생활자원의 순환 과정'이라는 학습 내용에 대해서, 가정과교사는 모둠 조사 활동을 통해서 우리 지역의 생활자원의 순환 과정을 알아보고 그 결과를 보고서로 작성하도록 하거나, 생활자원의 순환 과정에서 발생할 수 있는 문제점에 대해 토의 · 토론 활동을 진행하는 등 다양한 형태로 학습 과제를 제시할 수 있다. 이때 학습 과제의 유형과 성격은 생활자원의 순환 과정에 대해서 학생들이 어떠한 지식과 기능, 태도를 배우기를 기대하는지에 따라서 달라지게 된다.

학습 과제의 유형과 관련해서, 가네(Gagné, 1985)는 학습의 결과로서 학습자에게 어떤 유형의 능력이 길러지는가를 분석하였다. 그 결과 언어적 정보, 지적 기능, 인지 전략, 운동 기능, 태도라는 능력 중 어느 한 가지 이상의 유형이 길러진다고 보고, 이를 기준으로 학습 과제를 다음과 같이 분류하였다(김보경, 2024).

언어적 정보란 주로 기억을 해야 하는 것으로, 사물, 사건, 현상 등을 언어적으로 표현하는 능력을 말한다. 예를 들어, '식물성 섬유는 동물성 섬유에 비해 알칼리에 강하다'라는 명제는 언어적 정보에 해당한다. 이러한 언어적 정보는 지적인 능력을 사용해서 이해하거나 분석해야 하는 대상이 아니라 주로 암기를 요구하는 학습 과제이다.

지적 기능이란 인간이 살아가고 있는 자연환경이나 사회 환경을 이해하고 적용하기 위해서 상징적 부호를 사용하는 능력을 말한다. 예를 들어, 비만도를 계산하는 공식이나, 엥겔 지수의 개념 등, 자연 현상이나 사회 현상을 이해하고 분석하기 위한 이론, 법칙, 공식과 같이 상징적 기호들을 포함하는 과제를 지적 기능 영역의 학습 과제라고 한다. 학교 학습에서 다루는 많은 학습 과제가 지적 기능에 속한다. 지적 기능은 단순 암기가 아닌 지적인 능력을 활용해서 그 원리를 이해하고 분석하는 것이 중요하다. 지적 기능을 활용한 학습은 학습자가 단순한 지적 기능을 사용해야 하는 학습부터 고차원적이고 복잡한 지적 기능을 사용해야 하는 학습까지 있으며, 이는 다음과 같이 분류할 수 있다.

- 변별 학습: 대상의 속성을 파악하여 한 대상을 다른 대상으로부터 구별해 내는 능력이다. 예를 들어, 학생들이 직물과 편물을 변별해 내는 능력이다.
- 구체적 개념 학습: 구체적 대상에 대한 개념을 이해하는 능력을 말한다. 예를 들어, 다양한 직물의 샘플을 보고, 데님이 무엇인지 찾을 수 있는 능력이다.
- 정의된 개념 학습: 정의에 따라서 대상을 분류할 수 있는 능력을 말한다. 예를 들어, 학생들이 다양한 직물의 특성을 보고 천연 섬유와 인조 섬유, 혹은 신소재 등으로 분류할 수 있는 능력이다. 각 개념의 정확한 정의를 알아야 분류할 수 있다.
- 규칙 학습: 규칙적으로 나타나는 현상을 개념이나 상징들 간의 관계를 가지고 이해하는 능력이다. 앞에서 언급한 비만도를 계산하는 공식 등이 해당된다.
- 고차적 규칙 학습: 두 가지 이상의 규칙을 적용하여 문제를 해결하는 능력으로, 일상에서 부딪히는 대부분의 문제들이 다양한 원리와 법칙에 관련되기 때문에 여기에 해당된다.

인지 전략이란 학습자가 정보를 처리하고 기억하는 데 도움을 주는 구체적인 방법이나 기술을 말한다. 예를 들어, 학습 내용에 적절한 암기 방법을 사용하거나, 마인드맵을 작성하여 요약하거나, 반복 연습을 하는 것 등이 해당된다. 인지 전략은 학습 과정에서 직접적으로 사용되는 도구로, 학습자가 새로운 정보를 이해하고 기억할 수 있도록 돕는다. 인지 전략의 효과성을 판단하는 기능을 메타 인지라고 볼 수 있다. 메타 인지는 자신의 사고 과정이나 학습 과정을 인식하고 조절하는 능력을 말한다. 따라서 학습자가 특정 인지 전략이 효과적이지 않다고 판단하면, 메타 인지적 조절을 통해 다른 전략을 시도하게 된다.

운동 기능이란 근육을 움직여서 조작을 해야 하는 학습 과제를 말한다. 예를 들어, '재봉틀을 사용하여 테이블보 만들기' 등이 해당된다.

태도란 어떤 대상이나 현상에 대해서 마음가짐을 선택하는 경향성을 말한다. 예를 들어, '친구를 존중하기', '어르신을 공경하기', '소셜 미디어에 악성 댓글 달지 않기' 등이 있다. 주로 윤리적 · 도덕적 자세를 필요로 하는 학습 과제이다.

이러한 학습 과제를 하위 기능으로 분석하는 방법에는 위계적 분석, 절차적 분석, 군집 분석, 혼합 분석 등이 있다(소효정 외, 2023).

- 위계적 분석: 해당 학습 과제를 수행하기 위해 미리 학습되어야 하는 하위 학습 과제를 밝히는 것으로, 주로 지적 기능 영역의 학습 과제를 분석할 때 사용한다.
- 절차적 분석: 주로 운동 기능 영역의 학습 과제를 분석할 때 사용되는 기법으로, 순차적으로 실행해야 하는 학습 과제를 분석할 때 사용한다. 예를 들어, 조리 실습 시 정해진 하위 기능을 순서대로 수행하면 목표에 도달할 수 있게 된다.
- 군집 분석: 주로 언어적 정보 영역의 학습 과제를 분석할 때 사용되는 기법으로, 학습 과제 간 논리적 관계가 없는 경우에 교사가 임의로 과제들을 묶는 것을 말한다. 예를 들어, 세계의 가정생활 문화를 알아볼 때 각 국가별로 제시하기보다는 대륙별로 묶어서 제시할 수 있다.
- 혼합 분석: 위의 세 가지 기법들을 동시에 혼합하여 학습 과제를 분석하는 것을 말한다. 일반적으로 학습 과제의 대부분이 언어적 정보, 지적 기능, 운동 기능 등의 학습 영역들이 복합적으로 포함되어 있는 경우가 많다. 따라서 결과적으로 학습 과제 분석을 할 때 일반적으로 혼합 분석을 한다.

3. 교수-학습 과정안의 설계와 개발

교수-학습 과정안이란 학생이 학습 목표를 달성할 수 있도록 하는 수업의 세부 계획에 대한 구체적인 설계도로, 일반적으로 한 차시의 실제 수업을 효과적으로 수행하기 위한 사전 계획서로 볼 수 있다. 그러나 교수-학습 과정안을 상세하게 작성하면 수업이 정형화되어 수업의 융통성과 예술성이 저해될 수 있다는 우려도 있다. 미리 정해진 계획에 맞춰 수업을 진행하다 보면 학생들의 필요와 반응을 즉각적으로 반영하기 어렵고, 이로 인해 학생들의 이해 수준이나 관심사에 맞춰 수업을 조절하는 데 한계가 생길 수 있기 때문이다.

교수-학습 과정안을 작성하는 것은 수업이 체계적이고 일관성 있게 진행될 수 있도록 돕는 중요한 과정이기 때문에 교수-학습 과정을 구체적으로 계획하는 것은 효과적인 수업을 위해서 매우 중요하다. 교수-학습 과정안을 작성하면 학습 요소가 제대로 포함되어 있는지, 학습 활동이 논리적으로 배열되었는지, 교사와 학생 간의 상호 작용이 충분한지, 시간 배분은 적절한지 등 효과적인 수업을 위한 여러 요소를 점검할 수 있다. 그리고 수업 후에도 자신의 수업을 반성하고 개선하는 데 유용한 자료로 활용할 수 있다.

1) 단원 지도 계획과 교수-학습 과정안의 구성 요소

학교 현장에서 교사는 차시별 수업 설계에 앞서, 전체 단원의 지도 계획을 세우게 되며, 그 안에 교수-학습 과정안이 포함된다. 일반적으로 단원 지도 계획에 포함되는 일반적인 내용은 표 4-3과 같다.

표 4-3 단원 지도 계획의 구성 요소와 내용

구성 요소	포함되는 내용
교재 및 단원명	교과서명 및 단원명을 간단하게 기술한다.
단원 설정 이유	단원의 성격 또는 단원 설정의 이유는 이 단원을 학습해야 하는 이유를 기술하는 것으로, 학생의 목적, 필요, 요구(학생관), 국가나 사회적 요구(사회관), 교과의 계열적 요구(교재관)를 고려하여 기술한다. 특정한 서술 양식은 없으므로 자유롭게 서술하면 된다.
단원 학습 목표	학생들이 수업 후에 가지게 될 능력 혹은 결과물에 대한 교사의 기대를 기초로 설정된다. 따라서 학습 목표는 학생들이 수업을 통해 달성할 수 있는 최종 행동으로 나타나게 된다. 일반적으로 목표 진술은 학습 내용과 행동 면이 동시에 포함되며, 단원의 학습 목표는 이해, 기능, 태도 면으로 기술된다.

(계속)

구성 요소	포함되는 내용
단원 학습 내용의 구조	지도할 내용이 지식의 구조상 또는 교과의 구조상 어떠한 위치를 차지하고 있는지를 기술한다.
차시별 교수-학습 계획	본 단원을 지도하는 데 필요한 시간과 시간별로 다루어야 할 내용을 순차적으로 제시하는 것이다. 따라서 단위 시간에 따라 대단원을 몇 차시로 나누어 지도할 것인지, 지도할 주요 학습 과제(내용)는 무엇인지, 수업 방법은 어떠한 형태인지, 준비해야 할 교수 매체 및 자료는 무엇인지를 제시하여 본시 학습 내용이 대단원에서 어떠한 위치를 갖고 있는지를 파악할 수 있게 한다.
지도상의 유의점	학습지도 과정에서 학생의 선행 학습 정도, 개인차 등을 어떻게 고려할 것인지, 학생들의 능동적 참여를 어떻게 유도할 것인지, 학습 목표 달성을 위해 필요한 인적·물적 자원의 협조를 어떻게 구할 것인지, 안전사고 예방을 위해 어떻게 조치를 할 것인지 등 수업 목표 달성을 위해 필요하거나 유의해야 할 사항에 대해 기술한다.
본시 교수-학습 과정안	수업의 절차를 얼마나 세분화하며, 어떻게 조직하는 것이 좋은가의 문제는 수업의 목표, 수업의 내용 및 방법에 따라 교사가 스스로 판단해야 한다. 일반적으로 본시 수업 지도안에는 아래와 같은 사항들을 기재하며, 기타 사항으로 판서 및 평가 계획에 관한 사항이 포함될 수 있다. • 해당 교과명, 전체 학습 계획 중 해당 차시, 교과서 페이지 • 지도 교사명, 수업 실시일(연, 월, 일, 교시), 지도 대상의 학년과 학급, 지도 장소 • 학습의 주제 또는 단원명, 교육과정 성취 기준, 본시 교수·학습 목표, 본시 수업을 위해 필요한 수업 자료나 교수 매체 • 구체적인 지도 단계(일반적으로 도입, 전개, 정리의 3단계로 제시)와 단계별 학습 과제 • 지도 단계에 따른 시간 배분

2) 수업 목표 진술

한 단원이나 한 차시의 교수-학습 과정안을 작성할 때 가장 먼저 결정해야 할 것은 수업 목표를 구체적으로 설정하는 것이다. 명확한 수업 목표는 학생이 도달해야 할 방향을 제시하며, 수업 중 불필요한 내용이나 활동이 포함될 가능성을 줄여 수업이 일관성 있게 진행될 수 있도록 해 준다.

수업 목표의 진술 방법을 제시한 대표적 학자로는 타일러(R. Tyler), 메이거(R. Mager), 그론룬드(N. Gronlund), 가네(R. Gagné) 등이 있다. 이들의 기본적인 견해는, 교사가 효과적으로 가르치기 위해서는 수업이 끝난 후 학생이 어떤 능력을 갖추게 될지를 정확히 이해해야 한다는 것이다. 따라서 교수자는 교수-학습 과정안을 개발하기 전에 학습자의 학습 성과 측면에서 구체적인 수업 목표를 진술해야 한다는 점을 강조했다. 각 학자별 수업 목표 진술 방법은 다음과 같다.

(1) 타일러의 수업 목표 진술 방법

타일러(R. Tyler)는 수업 목표에 학습자가 수업이 끝난 후에 할 수 있는 행동과, 무엇에 대해 행동해야 하는지에 대한 내용이 표시되어야 한다고 보았다. 여기서 중요한 것은 행동을 진술할 때, '느낀다', '감상한다', '안다', '이해한다' 등의 암시적 동사가 아니라, '설명한다', '그린다', '만든다', '말한다'와 같이 성취 행동의 달성 여부를 쉽게 판단할 수 있는 명시적 동사로 진술하는 것이다.

> 예 가정 폭력의 사회·구조적인 원인과 영향을 설명할 수 있다.
> (학습 내용) + (명시적 행동)

(2) 메이거의 수업 목표 진술 방법

메이거(R. Mager)는 하나의 수업 목표는 다음의 세 가지 조건을 충족시켜야 구체적이고 명확한 목표가 될 수 있다고 하였다. 우선, 학생들이 학습했다는 것을 나타낼 수 있는 행동형 동사를 사용해야 하며, 둘째, 이 행동이 어떠한 환경이나 조건에서 수행되는지를 기술해야 하고, 마지막으로, 이 행동을 얼마나 잘 수행해야 목표를 달성했다고 볼 것인지 그 기준(준거)을 표현해야 한다는 것이다. 메이거의 목표 진술 방법 역시 도달점 행동과 도달점 행동이 일어났다는 것을 입증할 수 있는 외현적 행동 동사를 사용한다.

> 예 주어진 사진 자료를 보고, 디자인의 원리가 적용된 사례를 두 가지 이상 제시할 수 있다.
> (조건) + (기준) + (성취 행동)

(3) 그론룬드의 수업 목표 진술 방법

그론룬드(N. Gronlund)는 수업 목표를 진술할 때 최종 수업 목표에 해당하는 '일반 목표'를 포괄적으로 진술한 다음, 이 일반 목표를 구체화할 수 있는 '명세 목표'를 진술하는 것이 바람직하다고 하였다. 이 경우 일반 목표로 진술한 거시적인 관점의 내용과 행동을 좀 더 세부적으로 분석할 수 있고, 명세 목표들 간의 유기적인 관련성을 파악할 수 있는 장점이 있다. 앞의 두 학자와 다르게, 그론룬드의 수업 목표는 행동 동사가 아닌 일반성을 가진 용어, 즉 '이해한다', '적용한다', '해석한다' 등의 용어로 진술된다(Gronlund, 1995; 윤관식, 2024 재인용).

예 청소년기 영양의 중요성을 이해한다. (일반 목표)
- 청소년기 영양의 특수성을 이해할 수 있다. (명세 목표)
- 청소년기 영양 섭취 기준을 해석할 수 있다. (명세 목표)

(4) 가네의 수업 목표 진술 방법

가네(R. Gagné) 역시 학습자의 도착점 행동(핵심 동사)과 그 행동이 일어나는 조건과 함께 보조 동사를 구체적으로 진술할 것을 요구하였다. 가네는 기존의 수업 목표 진술 방식은 그 형식과 내용이 불완전하다고 주장하면서, 다음과 같은 다섯 가지 요소로 구성된 목표 진술 방식을 제안하였다(강이철, 2023).

- 특정 상황과 검사 문항이 주어지면 (상황)
- 도구 사용과 특정 조건과 제약하에서 (도구, 제약 조건 및 특정 조건)
- 의미 있는 학습 내용을 (대상)
- 관찰 가능한 방법으로 (행위 동사)
- 바람직한 유형의 학습 행동을 위하여 (학습 능력)

예 청소년의 하루 식품 섭취 사례가 주어졌을 때,
(상황)

청소년기 영양소 섭취 기준과 식품영양성분 데이터를 활용하여,
(도구 및 조건)

건강한 성장과 발달을 위한 식생활 개선 방안을 분석·제안하는 보고서를 작성함으로써
(대상) (행위 동사)

건강한 식생활을 실천하는 데 필요한 문제 해결 능력을 기른다.
(학습 능력)

우리 교육 현장에서 수업 목표를 명세적으로 기술해야 한다는 점이 당연하게 받아들여지고 있다. 심지어 행동 동사를 쓰지 않으면 좋은 수업 목표가 아니라고 보기도 한다. 그러나 수업 목표가 명세적으로 설정되었다고 해서 그것이 곧 수업 목표의 가치를 담보하는 것은 아니다.

수업 목표를 구체적으로 진술하는 데 대해 다음과 같은 비판이 제기되어 왔다(윤관식, 2024; 김보경, 2024).

- 수업 목표를 너무 구체화하면 수업이 비인간화될 수 있다.
- 문제해결력이나 비판적 사고력과 같은 고차원적 사고 기능을 제한할 수 있다.
- 교육의 모든 성과가 행동적 용어만으로는 정의되거나 측정될 수 없다.
- 목표를 사전에 구체적으로 진술하는 경우 수업 과정에서 우연히 성취되는 것들을 간과하기 쉽다.
- 자질구레하고 무의미한 목표들이 강조되고 정작 교육적으로 중요한 목표들을 간과하기 쉽다.
- 평가만을 염두에 두고 수업을 진행할 우려가 있다.

그러나 구체적인 수업 목표가 갖는 확실한 장점, 예를 들면, 구체적 목표를 통해서 학생이 수행하기를 기대하는 학습 행동을 구체화할 수 있고, 학생이 수업 목표에 도달했는지 명확하게 파악하여 지도할 수 있으며, 수업 개선에도 효과적인 방식이라는 점(윤관식, 2024) 등을 고려할 때, 수업 목표를 명세적으로 진술하는 것은 여전히 수업 설계에서 중요한 부분을 차지한다.

그렇다면 가정과수업에서 수업 목표를 가치 있게 구체적으로 설정하려면 어떻게 해야 할까? 우선 가정과수업 목표는 교육과정의 분석을 통해서 이루어져야 한다. 가정과교육과정의 성취 기준은 내용 요소에 따라 차이가 있지만, 하나의 성취 기준당 2~4차시 정도로 실행이 가능하다. 따라서 성취 기준과 성취 기준 해설을 분석하여 2~3개의 학습 과제를 설정하고, 이를 학습 내용과 행동 동사로 재진술해 보는 방식으로 접근할 수 있다. 그러나 이 경우 자칫 성취 기준이 차시별로 분절되면서 수업 목표가 파편화될 가능성도 있으므로, 차시별 수업이 하나의 성취 기준 내에서 일관성을 유지하면서 실행되도록 주의를 기울여야 한다.

성취 기준	[9기가02-11] 급변하는 소비 환경의 변화를 이해하고, 다양한 소비자 정보를 비판적으로 분석하여 자신의 소비 생활에 활용한다.
성취 기준 해설	[9기가02-11] 이 성취 기준은 디지털 소비 환경으로 변화함에 따라 무분별하게 쏟아지는 사회 관계망 광고, 추적 광고, 맞춤형 광고 등의 소비자 정보를 비판적으로 분석하여 문제점을 인식한다. 신유형 광고와 중립적 소비자 정보를 구분하는 활동을 통해 미디어 리터러시 역량을 함양하고, 유용한 소비자 정보를 선별하여 자신의 소비생활에 가치 있게 활용할 수 있도록 지도한다.

→

차시별 수업 목표
소비 환경의 변화 사례를 보고 오늘날 소비 환경의 특징을 설명할 수 있다.
새로 등장한 소비자 정보 유형에 대해 각각의 장단점을 분석할 수 있다.
유용한 소비자 정보를 선별하여 자신의 삶에 활용하는 구체적 방법을 제안할 수 있다.

그림 4-3 2022 개정 가정과교육과정 성취 기준에 따른 차시별 수업 목표 예시

3) 평가 도구 설계

평가는 특정 교육 현상의 가치를 판단하여 의사 결정에 도움을 주기 위한 활동이다. 일반적으로 학교에서는 교사가 최소 한 학기 단위로 평가 계획을 수립하여 제출하도록 하고 있다. 교사는 평가를 포함한 장기적인 수업 계획을 통해 교수-학습 활동의 완급을 조절할 수 있으며, 타 교과의 수업 계획을 참고하여 수행평가의 시기, 실험 · 실습 활동의 시기 등을 유연하게 조정해야 한다.

최근에는 학생들이 수업 과정에서 실제로 경험하고 성취한 내용을 평가하는 과정 중심 평가가 강조되면서 평가가 일회성이 아닌 상시적인 활동으로 인식되고 있다. 매 차시 수업을 모두 평가한다는 것은 불가능한 일이다. 그러나 평가 도구를 효율적으로 설계하면 학생들의 중요한 학업 진전을 놓치지 않고 확인할 수 있으며, 구체적인 루브릭을 기준으로 학생들에게 실질적인 피드백을 제공할 수 있다. 평가 도구는 타당도, 신뢰도, 객관도, 실용도 등의 조건을 갖추어야 하며, 평가 도구를 설계하는 일반적인 절차는 그림 4-4와 같다.

그림 4-5는 학기별 교수-학습평가 계획서의 표준안 예시 양식(2024년 기준)이며, 표 4-4는 이에 따라 작성된 평가 영역 및 반영 비율의 예시 자료이다. 이 표에 해당되는 수행평가 세부 기준 예시안은 〈부록〉에 제시하였다.

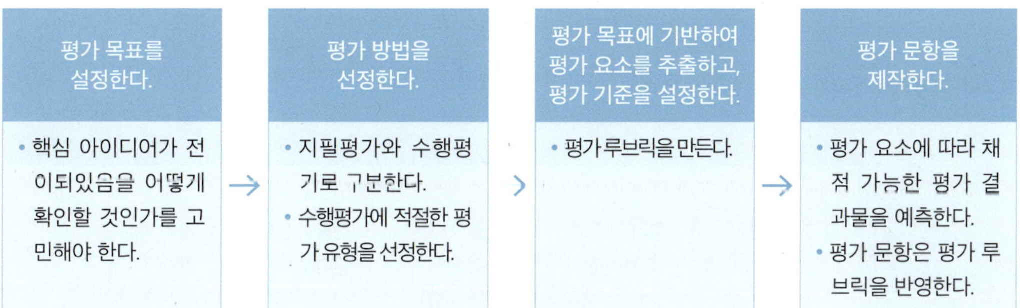

그림 4-4 평가 도구 설계의 일반적 절차

출처: 대구미래교육연구원(2023).

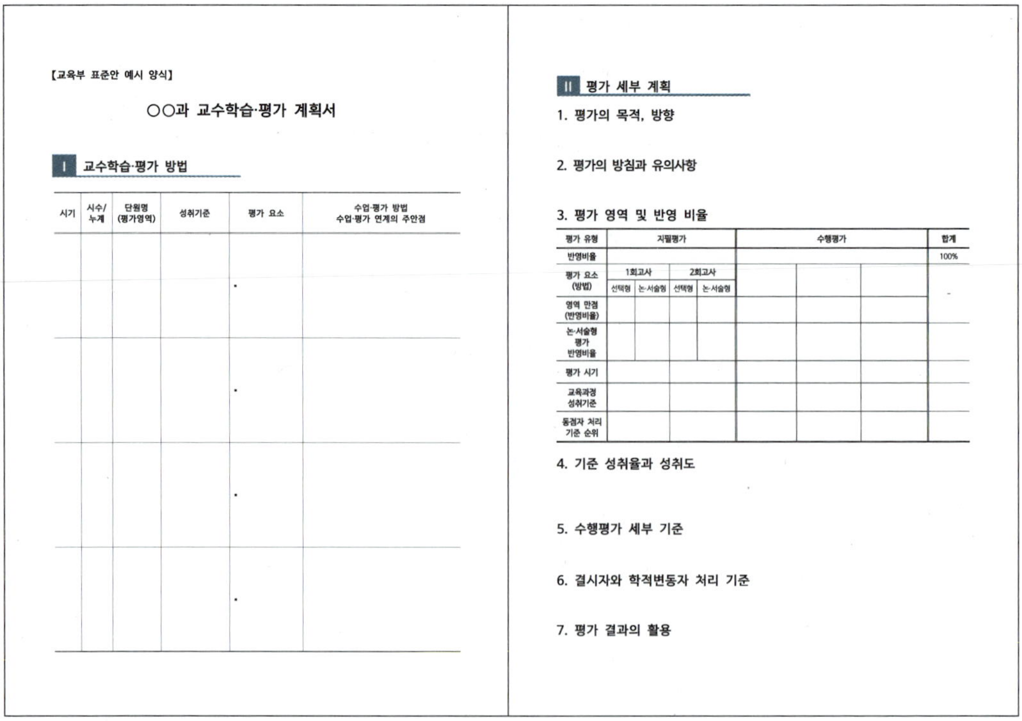
【교육부 표준안 예시 양식】

○○과 교수학습·평가 계획서

I 교수학습·평가 방법

시기	시수/누계	단원명(평가영역)	성취기준	평가 요소	수업·평가 방법 수업·평가 연계의 주안점
				•	
				•	
				•	
				•	

II 평가 세부 계획

1. 평가의 목적, 방향

2. 평가의 방침과 유의사항

3. 평가 영역 및 반영 비율

평가 유형	지필평가				수행평가			합계
반영비율								100%
평가 요소(방법)	1회고사		2회고사					-
	선택형	논·서술형	선택형	논·서술형				
영역 만점(반영비율)								
논·서술형 평가 반영비율								
평가 시기								
교육과정 성취기준								
동점자 처리 기준 순위								

4. 기준 성취율과 성취도

5. 수행평가 세부 기준

6. 결시자와 학적변동자 처리 기준

7. 평가 결과의 활용

그림 4-5 학기별 교수-학습평가 계획서 표준안 양식

출처: 강원특별자치도교육청 홈페이지(https://www.gwe.go.kr)

표 4-4 평가 계획의 평가 영역 및 반영 비율 예시

평가 유형	지필평가		수행평가				합계
반영 비율	30%		70%				100%
평가 요소(방법)	2회 고사		1. 우리 가족의 더불어 살아가는 주생활 문화 만들기(프로젝트)	2. 저출산·고령 사회 분석하기(논술형)	3. 생활 속 필요한 애플리케이션 제안하기(서·논술형)	4. 가족 특성을 반영한 주거 공간 구성하기(포트폴리오)	-
	선택형	서·논술형					
영역 만점(반영 비율)	80점(24%)	20점(6%)	100(20%)	100(15%)	100(15%)	100점(20%)	
서·논술형 평가 반영 비율	-	6%	5%	15%	15%	-	41%
평가 시기	7월		4월	5월	6월	7월	

(계속)

평가 유형	지필평가	수행평가				합계
교육과정 성취 기준	[9기가01-04]~ [9기가01-06] [9기가02-06] [9기가02-07] [9기가02-12] [9기가03-06]	[9기가02-05] [9기가02-06] [9기가03-08]	[9기가03-06] [9기가03-07]	[9기가05-04] [9기가05-05]	[9기가01-04]~ [9기가01-06] [9기가02-05]~ [9기가02-07]	
동점자 처리 기준 순위	1	2	4	5	3	

자료 제공: 조윤정 선생님(강원특별자치도교육청 소속).

4) 교수-학습 과정안 설계

(1) 교수-학습 과정안의 내용

교수-학습 과정안을 작성하는 데 어떤 정해진 법칙이 있는 것은 아니지만, 일반적으로 우수한 교수-학습 과정안은 학습 목표에 맞는 적절한 수업 내용의 선택, 학습 효과를 고려한 적절한 시간 배분, 시간 단계에 적절한 학습 과정의 전개, 능동적인 학생의 참여 유도, 융통성 있는 수업 운영 및 효과적인 교수-학습 자료의 활용 등의 특징을 갖는다(이지연, 2008). 또한 각 교과의 성격, 학습 내용의 특성, 선택한 교수-학습 방법, 학생의 특성, 학습 환경 등에 따라서 교수-학습 과정안의 형태와 내용은 달라질 수 있다.

일반적으로 한 차시의 교수-학습 과정안은 '도입→전개→정리'로 구분할 수 있으며, 각 단계에서 이루어지는 활동의 예시는 표 4-5와 같다. 교수-학습 과정안의 내용은 수업의 목표와 수업 모형, 학습 전개 방식 등에 따라 달라지므로, 반드시 이 내용을 기계적 · 순차적으로 적용해야 하는 것은 아니다.

표 4-5 교수-학습 과정안 구성의 예시

<table>
<tr><td>단원명</td><td></td><td>차시</td><td></td><td>학년-학급</td><td></td></tr>
<tr><td>핵심 아이디어</td><td colspan="5">(단원의 학습을 통해 최종적으로 도달할 개념적 이해를 명제 형태로 진술한다.)</td></tr>
<tr><td>성취 기준</td><td colspan="5"></td></tr>
<tr><td>학습 주제</td><td colspan="2"></td><td>학습 목표</td><td colspan="2"></td></tr>
<tr><td colspan="6">학습 내용</td></tr>
<tr><td colspan="2">① 지식·이해</td><td colspan="2">② 과정·기능</td><td colspan="2">③ 가치·태도</td></tr>
<tr><td colspan="2">(학생들이 배워야 할 지식을 기술한다.)</td><td colspan="2">(학생들이 배워야 할 과정·기능을 기술한다.)</td><td colspan="2">(①과 ②를 배우면서 함양해야 할 가치·태도를 기술한다.)</td></tr>
<tr><td>④ 탐구 질문</td><td colspan="5">(핵심 아이디어에 도달하기 위해 학습해야 할 ①~③을 범주화하여 기술한다.)</td></tr>
</table>

(차시)	(수업 단계)	(학습 활동)	(기타 사항)
	도입	• 수업 환경 점검(출석, 자리 매치 등) • 학습 목표 안내 • 학습 동기 유발 • 전시 학습(선행 지식) 확인	수업 매체, 지도 시 유의 사항 등
	전개	• 학습 과제 제시 • 학생-학생, 학생-교사의 상호 작용 • 질문과 응답 • 연습 기회의 제공 및 피드백 등	
	정리	• 내용 정리 • 학습 정도 확인 • 차시 예고	

(후략)

(2) 가네의 아홉 가지 수업 사태

교수-학습 과정안 설계를 위한 대표적인 이론적 지침으로 가네(Gagné)의 아홉 가지 수업 사태(nine instructional events)를 들 수 있다. 수업 사태란 학습자의 학습 과정에서 필요한 내적 인지 과정이 효과적으로 일어나도록 교수자가 의도적으로 설계·제공하는 일련의 외적 교수 사건을 의미한다(Gagné, 1985). 이러한 수업 사태는 특정 학습 목표 달성에 필요한 학습 경험을 조직하고, 학습자의 인지적 처리 과정과 수행 행동을 체계적으로 촉진하는 역할을 한다.

가네는 학습을 학습자 내부에서 일어나는 내적 인지 과정으로 보고, 이러한 변화 과정이 원활하게 이루어지기 위해서는 각각에 대응하는 외적 조건이 적절히 제공되어야 한다고 보았다. 여기서 내적 조건은 정보의 수용, 저장, 인출과 같은 학습자의 인지적 처리 과정의 상태를 의미하며, 외적 조건은 이러한 내적 조건에 맞추어 교수자가 제공하는 자극, 안내, 연습 기회, 피드백, 평가 과제 등 교수·학습 환경 전반을 포함한다. 그림 4-6은 수업의 외적 조건으로서의 가네의 아홉 가지 수업 사태의 교수 활동을 학습자의 내적조건인 인지 과정에 대응시킨 것이다.

아홉 가지 수업 사태는 매 차시마다 동일하게 적용해야 하는 고정 절차가 아니라, 학습 목표, 학습 유형 등 학습 상황과 학습자의 특성에 따라 선택·강조·생략·반복될 수 있는 수업 설계 원리로 이해해야 한다(Driscoll, 2000).

표 4-6은 가네의 아홉 가지 수업 사태별 예시를 제시한 표로, 수업 설계 시 참고할 수 있다.

그림 4-6 9가지 수업 사태와 학습자의 인지 과정

표 4-6 가네의 아홉 가지 수업 사태

구분	아홉 가지 수업 사태	예시
도입부	1. 주의 집중시키기 (gaining attention)	• 학습자에게 새롭거나 놀라운 사례, 이미지, 영상 등을 제시한다. • 답이 필요 없는 개방형 질문을 하면서 학습자의 참여를 끌어 낸다. • 짧은 영상을 보여 주며 학습자의 주의를 끈다. • 학습자에게 새로운 그림을 보여주며 개방형 질문을 한다. • 흥미를 끌거나 약간의 도전 의식을 일으키는 문제를 제시한다.
	2. 학습 목표 제시하기 (informing learners of the objectives)	• 목표에 담겨 있는 학습 성과를 설명한다. • 프로젝터를 활용하여 스크린에 제시한다. • 단순히 언어적인 수단을 쓴다. • 학습자들이 목표를 소리 내어 읽도록 한다.
	3. 선행 지식 활성화하기 (stimulating recall of prior learning)	• 선행 학습의 여부를 확인할 수 있는 시간적인 여유가 있을 때는 간단한 쪽지 시험이나 퀴즈를 활용한다. • 수업 매체를 이용하여 간단한 문제를 제시하여 선수 지식 혹은 기능의 여부를 확인한다. • 갖추고 있어야 할 선행 학습이 충분히 되어 있지 않다면 보충 학습을 제시한다.
전개부	4. 자극 자료 제시하기 (presenting the content)	• 학습 내용의 특성에 따라 변별적 성격을 가진 자료(영상, 이미지, 모델, 사례 등)를 함께 제시한다. • 변별적 자료는 다른 정보와 구별되도록 색상, 고딕체, 밑줄 등을 이용하여 제시한다. • 수업 내용을 지원하는 다양한 보조 자료 등을 제공한다.
	5. 학습 안내 제공하기 (providing learning guidance)	• 학습할 정보를 있는 그대로 제시하는 것이 아니라, 저장된 기존 정보와의 연결을 염두에 둔다. • 학습자의 이해를 돕기 위하여 암시, 맥락 단서, 사례, 시연, 도표 등을 이용한다. • 수업 내용을 이해하기 쉽도록 친밀한 사례, 이미지 등을 활용한다. • 학습 성과 성취에 적절한 교수방법을 활용한다.
	6. 수행 유도하기 (eliciting performance)	• 수업 진행 과정에서 다수의 질문 혹은 퀴즈를 제공하여, 학습자의 학습 여부를 확인한다. • 문제 제시의 시각 효과나, 시간을 효율적으로 관리하기 위하여 수업 매체를 활용하여 질문이나 퀴즈를 제시한다.
	7. 피드백 제공하기 (providing feedback)	• 결과에 대한 정오만을 제시한다. • 피드백: 오답으로 판명되었을 때 정답만 제시한다. • 오답으로 판명되었을 때 왜 정답과 다른지 그 이유를 설명한다.

(계속)

구분	아홉 가지 수업 사태	예시
정리부	8. 수행(학습 성과) 평가하기 (assessing performance)	• 학습 성과의 확인은 최종 수업 목표와 세부 수업 목표에 기반을 두고 실시한다. • 시간적인 여유가 있을 때는 간단한 쪽지 시험이나 퀴즈를 활용한다. • 수업 매체를 이용하여 간단한 문제를 제시하여 학습 성과 여부를 확인한다. • 학습 성과를 달성하지 못한 학생에게는 학습 내용을 정리하여 다시 제공한다. 수업 상황상 시간 제약으로 인해 실시할 수 없다면, 과제로 제시한다.
	9. 파지 및 전이 높이기 (enhancing retention and transfer)	• 학습 내용을 반복할 수 있도록 연습 활동을 할 기회를 제공한다. • 학습 내용을 다른 상황에 적용할 수 있도록 적용 상황 사례를 제공한다. • 수행 과제를 제공함으로써 학습 내용을 내재화하도록 한다.

출처: 윤관식(2024) 재구성.

위긴스와 맥타이의 이해 중심 교육과정 설계 모형

백워드 설계 모형(Backward Design)은 위긴스와 맥타이(Wiggins, McTighe, 1998)가 제안한 모형으로, 이해 중심 교육과정 설계 모형이라고도 불린다. '백워드'라는 표현은 역방향으로 진행된다는 의미로, 전통적인 수업 설계가 '목표 설정→학습 경험 선정→학습 경험 조직→평가'의 절차를 따르는 반면, 이 설계 모형은 평가 계획이 학습 경험의 선정과 조직보다 앞서 행해진다. 이해 중심이라는 표현은 교사가 수업을 계획할 때 학생들이 '무엇을 이해해야 하는지'를 중심으로 설계한다는 의미로, 그들은 '영속적 이해(enduring understanding)'라는 표현을 사용한다.

영속적 이해란, "학생들이 오랜 시간 동안 기억하고 적용할 수 있는 깊이 있는 이해"를 의미한다. 즉, 학습자가 수업을 마친 후에도 오랫동안 기억하고, 다양한 상황에서 응용할 수 있는 개념, 원리, 가치 등을 말한다. 즉, 이 설계 모형의 목적은 학생들이 단편적인 사실과 지식의 기억에서 벗어나 학습 내용에 대한 이해를 바탕으로 실제 생활의 문제를 해결할 수 있는 능력을 기르는 데 있다. 따라서 영속적인 이해의 달성 여부는 실제 수행 장면에서 판단된다. 학생들이 이해했다면 단지 알고 끝나는 것이 아니라 실제 상황에서 활용할 수 있어야 한다. 가정교과에서는 가정 내에서의 의사소통, 갈등 해결, 책임감 있는 소비와 같은 주제들이 영속적 이해의 예시가 될 수 있다.

위긴스와 맥타이는 1998년 백워드 설계 템플릿을 개발하였으며, 2011년 이후 이 모형을 좀 더 정교화하고 유연성을 높인 2.0 버전을 제시하였다. 두 버전은 모두 '1단계: 바라는 결과 확인하기→2단계: 이해의 증거 결정하기→3단계: 학습 경험 계획하기'로 구성되어 있으나, 내용과 설계 템플릿에서 약간의 차이를 보인다. 2.0 버전은 1단계에서 설정하는 단원의 목표를 전이(Transfer), 의미(Meaning), 습득(Acquisition)으로 유형화하였다. 또한 2, 3단계에서도 목표 유형을 T, M, A로 코드화하여 활용함으로써 목표가 평가 계획과 학습 경험 선정에 일관성 있게 반영되도록 하였다(강현석·이지현, 2019).

(계속)

이해 중심 교육과정 설계 템플릿

<table>
<tr><th colspan="3">1단계: 바라는 결과 확인하기</th></tr>
<tr><td rowspan="4">목표 설정하기
• 이 단원은 어떤 내용 기준과 프로그램 혹은 과제 관련 목표를 다룰 것인가?
• 이 단원은 어떤 마음의 습관과 교차 학문적 목표를 다룰 것인가?</td><th colspan="2">전이</th></tr>
<tr><td colspan="2">학생들은 자신들이 학습한 것을 …을 하는 데 사용할 것이다.
• 어떤 유형의 장기적 성취가 바람직한가?</td></tr>
<tr><th colspan="2">의미</th></tr>
<tr><td>이해
학생들은 …을 이해할 것이다.
• 학생들이 이해하기를 바라는 것은 구체적으로 무엇인가?
• 그들은 어떠한 추론을 형성해야 하는가?</td><td>본질적 질문
학생들은 …을 숙고할 것이다.
• 어떤 사고 유발 질문이 탐구, 의미 형성, 전이를 촉진할 것인가?</td></tr>
<tr><td rowspan="2"></td><th colspan="2">습득</th></tr>
<tr><td>핵심 지식
• 학생들은 어떤 사실과 기본 개념을 알고 기억할 수 있어야 하는가?</td><td>기능
• 학생들은 어떤 기능과 절차를 활용할 수 있어야 하는가?</td></tr>
</table>

<table>
<tr><th colspan="3">2단계: 수행 가능한 증거 결정하기</th></tr>
<tr><th>코드</th><th>평가 준거</th><th>평가 증거</th></tr>
<tr><td>• 바라는 결과 모두가 적절하게 평가되고 있는가?</td><td>• 바라는 결과 달성을 판단하기 위해서 각각의 평가에 필요한 준거는 무엇인가?
• 평가 양식과 상관없이 어떤 특징이 가장 중요한가?</td><td><수행 과제>
학생들은 …을 증거로 그들이 실제로 이해하고 있음을 보여줄 것이다.
• 학생들은 복잡한 수행을 행하며 그들의 이해(의미 형성 및 전이)를 어떻게 증명할 것인가?

<다른 증거>
학생들은 …을 함으로써 1단계 목표 달성을 보여줄 것이다.
• 1단계 목표 달성 유무를 결정하기 위해 수집해야 할 다른 증거(자료)는 무엇인가?</td></tr>
</table>

(계속)

3단계: 학습 경험 계획하기		
코드	학생의 사전 지식, 기능 수준, 그리고 잠재적인 오개념을 확인하기 위해서 어떠한 사전 평가를 사용할 것인가?	**사전 평가** / **과정 모니터링**
• 각 학습 활동 혹은 유형의 목표는 무엇인가?	**학습 활동** *학생들의 전이, 의미 그리고 습득 성공은 …에 달려 있다.* • 학습 계획에는 세 가지 목표(습득, 의미, 전이)가 다루어지는가? • 학습 계획은 학습 원리와 최고의 실행을 반영하는가? • 1단계와 2단계는 탄탄하게 줄 맞추기가 되어 있는가? • 이 계획은 모든 학생들에게 매력적이고 효과적이겠는가?	• 학습 활동 중에 학생들이 습득, 의미 그리고 전이로 나아가는 것을 어떻게 관찰할 것인가? • 잠재적인 난관이나 오해는 무엇인가? • 학생들은 자신들이 필요한 피드백을 어떻게 구할 것인가?

백워드 설계에 기반하여 개발한 고등학교 가정교과 금융소비자교육 프로그램 사례

1단계: 바라는 결과 확인하기	
설정된 목표	1. 금융 투자 상품의 특성과 투자 원칙을 이해하고 합리적인 금융 의사 결정을 내릴 수 있다. 2. 자신을 둘러싼 금융 환경의 변화를 이해하고, 신용과 위험을 관리하는 능력을 기른다. 3. 생애 주기 단계별로 재무 목표를 설정하고 재무 설계를 할 수 있다.
전이(T: Transfer)	
• 금융 환경과 서비스에 대한 이해를 바탕으로 생애 주기별로 재무 설계를 하고 이를 실천할 수 있다.	
의미(M: Meaning)	
이해	**본질적 질문**
• 금융 거래 과정에는 자기 책임의 원칙이 있으므로 금융 상품에 대한 이해를 바탕으로 신중한 의사 결정을 내려야 한다. • 생애 주기에 따라 달라지는 재무 자원과 재무 목표를 반영하여 재무 설계를 해야 한다.	<포괄적 본질적 질문> • 생애 주기별로 행복과 만족을 느끼는 삶을 보내기 위해서는 무엇이 필요할까? <소재 제한적 본질적 질문> • 생애 주기별로 이용할 수 있는 금융 서비스는 무엇이 있을까? • 재무 설계 과정은 어떻게 이루어지는가?

(계속)

습득(A: Acquisition)	
핵심 지식	**기능**
• 금융 환경과 금융 서비스 • 분산 투자 • 금융소비자 보호 제도 • 생애 주기별 재무 목표 • 재무 설계	• 금융 상품의 특징과 투자의 원칙을 반영하여 모의 금융 투자 상품을 선택하기 • 생애 주기별 재무 목표를 고려하여 재무 설계하기

2단계: 수행 가능한 증거 결정하기		
코드	**평가 준거**	**평가 증거**
A	내용의 적절성	• 여러분은 고객의 금융 및 자산 설계를 지원하는 재무 설계사이다. 여러분은 고객이 내 집 마련, 노후 등 장래 계획의 목표를 달성할 수 있도록 신용과 위험 관리, 저축 및 투자 계획, 노후 자금 관리 등에 대한 중장기적 포트폴리오를 제공해야 한다.
M	자료 해석의 타당성	• 이를 위해 우선 고객의 가족 구성, 직업 등의 생활환경과 수입, 지출 자산, 부채 등의 재무 상황을 파악해야 한다. 파악한 정보를 토대로 고객의 목표 달성을 위한 다양한 금융 상품을 추천하고 전반적인 자산 설계에 대한 정보를 제공할 수 있다.
T	문제해결 과정의 협력도	• 또한, 여러분은 활동 과정에서 모둠원들의 생각과 의견을 존중하고 서로 협력하여 재무 설계 포트폴리오를 제작해야 한다.
T	문제해결 과정의 완성도	• 그리고 이를 점검·평가하는 과정에서 고객이 관심과 흥미를 보이고 지지를 얻을 수 있도록 발표 자료를 체계적이고 전달력 있게 구성해야 한다.

항목 점수	내용의 적절성	자료 해석의 타당성	문제해결 과정의 협력도	결과물의 완성도
상	재무 설계의 절차와 방법을 모두 명확하게 이해하여 포트폴리오를 제작함	주어진 자료의 생활환경과 재무 상황을 명확하게 분석함	모둠의 의사 결정 과정이 합리적이며, 모둠 구성원 모두가 활동에 능동적으로 참여함	포트폴리오가 체계적이고 전달력 있게 구성됨
중	재무 설계의 절차와 방법을 일부 이해하여 포트폴리오를 제작함	주어진 자료의 생활환경과 재무상황을 일부 분석함	모둠의 의사 결정 과정이 소수의 의견에 치우치며, 몇몇의 모둠구성원만 활동에 능동적으로 참여함	포트폴리오의 체계성이 일부 결여되어 있고, 전달력이 다소 부족함
하	재무 설계의 절차와 방법을 대부분 이해하지 못한 상태로 포트폴리오를 제작함	주어진 자료의 생활환경과 재무 상황 분석이 대부분 미흡함	모둠의 의사 결정 과정을 거치지 않으며, 모둠원 모두가 소극적으로 활동에 참여함	포트폴리오가 전반적으로 체계적이지 못하고, 전달력이 많이 부족함

(계속)

코드	평가 준거	평가 증거
A M	정확성 적절성	<다른 증거> • 주요 개념과 관련된 퀴즈 • 동료 및 자신의 결과물에 대해 평가하기 • 반성 일지

3단계: 학습 경험 계획하기

코드	차시	• 금융 상품의 종류와 특징에 대해 얼마나 알고 있는지 퀴즈로 평가한다. (사전 평가)	과정 모니터링
M A T	10-12 /21	<학습 활동> • 영상을 살펴보고 금융 투자의 위험성과 투자의 원칙에 대해 생각하기(W, H) • 본질적 질문 제시하기(W) • 금융 투자와 관련된 주요 용어의 개념 알기(E1) • 생애 주기별 발달 과업과 대표적인 재무 목표 조사하기(E1) • 투자의 원칙을 적용하여 모둠별로 생애 주기별 모의 투자 활동 설계하기(E2, O) • 모둠별로 자료를 발표하고 상호 평가하기(R) • 투자의 원칙을 반영하여 모의 주식 투자 활동 계획하기(E1) • 투자 보고서를 작성하고 소감문 나누기(O, R)	• 수행 과제 및 루브릭에 대한 학습자의 파악 정도를 확인한다. • 주요 개념에 대한 이해가 부족한 학생은 개별 보충지도를 한다.
A M	13-15 /21	• 자료를 살펴보고 변화된 금융 환경 예측하기(W, H) • 미래 금융 환경의 변화와 관련된 주요 용어의 개념 알기(E1) • 금융 환경의 변화로 인해 기대되는 장점과 문제점에 대해 토의하기(E1) • 「금융소비자보호법」과 관련된 주요 용어의 개념 알기(E1) • 현행 「금융소비자보호법」으로 해결하기 힘든 금융 투자 관련 사건을 조사하기(E1) • 금융소비자 문제를 해결하기 위한 추가 법률안을 모둠 활동을 통해 제정하고 발표 후 모둠별 평가하기(O, E2)	• 토의 시 적극적인 참여를 유도한다.
A M T	16-18 /21	• 신용 관리와 관련된 주요 용어의 개념과 부채 관리 방법 알기(E1) • 과도한 가계 부채 발생 시의 문제점에 대해 토의하기(E1) • 위험 관리와 관련된 주요 용어의 개념과 위험 관리 방법 알기(E1) • 생애 주기별 재무 목표와 위험 요인을 분석하고, 생애 주기 단계별로 유용하게 활용할 수 있는 신용과 위험 관리 방안에 대해 조사하기(E2, O) • 모둠 활동 결과를 발표하고 상호 평가하기(R, E2)	

(계속)

A M T	19-21 /21	• 자립적 노후생활을 위해 필요한 자금 계산하기(E1) • 연금의 종류와 특징 알기(E1) • 생애 주기별 재무 설계의 단계 알기(E1) • 주어진 자료의 재무 상태를 분석하고 이전 시간에 작성했던 자료를 종합하여 신용과 위험 관리, 저축 및 투자 계획, 노후 자금 관리 등의 재무 설계 포트폴리오 작성하기(E2, O) • 모둠별로 자료를 발표하고 상호 평가하기(R) • 본질적 질문에 비추어 단원학습의 핵심 내용을 파악하고 일반화하기(R, E2) • 배움 노트 쓰기(R)	• 루브릭에 비추어 결과물을 살펴보고 수정하도록 지도한다. • 본질적 질문의 환기를 통해 학생들이 일반화에 도달할 수 있도록 한다.

출처: 차지혜·박미정(2023).

(3) 교수-학습 과정안의 종류

차시별 교수-학습 과정안은 상세화 정도에 따라 상세안과 약안으로 구분할 수 있다.

① 상세안

상세하게 작성된 교수-학습 과정안은 교사가 따라야 할 수업 절차와 수행되어야 하는 제반 요소를 모두 포함하고 있으므로 교수-학습 활동이 어떻게 진행될지 구체적인 정보를 얻을 수 있다. 교수-학습 활동을 진행하고 그에 대한 피드백을 통해 수업을 개선하고자 하는 현장 연구나, 공개 수업, 혹은 예비 교사의 경우에는 상세안을 작성하는 것이 도움이 된다.

표 4-7은 고은미 외(2023)가 개발한 메타버스 ZEP 플랫폼 기반의 '가족' 영역 교수-학습 과정안(총 7차시) 중 2차시를 예시로 제시한 것이다. 이 프로그램은 초등 실과와 중등 가정과교육과정의 공통 내용 중 가족 영역의 핵심 개념인 '관계'를 중심으로 학습자의 흥미를 반영한 메타버스 플랫폼을 활용하는 수업을 설계한 것이다. 교수-학습 과정안의 내용, 메타버스 플랫폼 적용의 적절성, 프로그램의 활용 가능성 측면에서 전문가 타당도가 높게 나타났다.

표 4-7 교수-학습 과정안의 상세안 예시

<table>
<tr><th>학습 주제</th><td>변화하는 가족1(개념, 형태, 가치관)</td><th>메타버스 플랫폼 & 에듀테크</th><td>ZEP, Youtube, Mentimeter</td></tr>
<tr><th>주의 환기</th><td colspan="3">▶ ZEP 링크 초대: 학생 입장시키기</td></tr>
<tr><th>동기 유발</th><td colspan="3">▶ 『당신은 누구와 살고 있습니까?』 책 소개하기
• 책에 등장하는 신상 가족들을 소개한다.
- 로봇 가족, 펫팸족, LAT 부부, 나홀로족, 셰어하우스족
• 신상 가족들의 모습을 살펴보며, 가족이 변화해 가고 있음을 이해한다.
▶ 『네게 가장 소중한 것은 뭐니?』 동화책 읽기
• 책을 읽고 느낀 점을 공유한다.</td></tr>
<tr><th>학습 목표 제시</th><td colspan="2">▶ 학습 목표 제시 및 인지하기
• 변화되어 온 가족의 개념을 설명할 수 있다.
• 현대사회의 가족 가치관의 변화에 대해 이해할 수 있다.
• 사회 변화에 따른 가족의 형태 변화를 설명할 수 있다.</td><td>학습 장면
</td></tr>
<tr><th rowspan="4">전개 1</th><td colspan="3">▶ 가족의 개념 변화
• 가족의 개념에 대해 발문한다.
• 현대에 와서 확대되고 있는 가족의 개념을 설명한다.
- 가족: 결혼과 혈연으로 맺어진 집단 → 다양한 가족 구성원과 생활 양식까지 포함
▶ 가족 가치관의 의미
• 가치관과 가족 가치관의 의미를 설명한다.
- 결혼, 자녀, 성 역할, 노부모 부양과 같은 가족의 생활 양식에 관해 가족 구성원이 바람직하다고 판단하는 기준</td></tr>
<tr><td colspan="2">▶ 밸런스 게임으로 알아보는 나의 가족 가치관</td><td rowspan="3">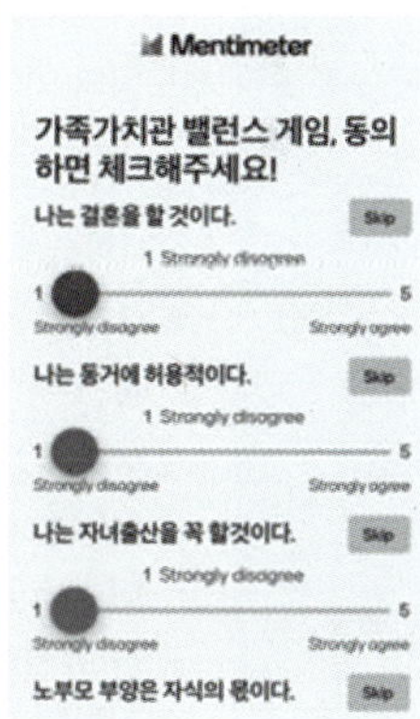
</td></tr>
<tr><th>초등</th><th>중등</th></tr>
<tr><td>• 결혼하기 vs 결혼하지 않기
• 아기 낳기 vs 아기 낳지 않기
• 자립적으로 생활하기 vs 가족에게 의지하기
• 집안일은 여자가 하기 vs 집안일은 모두가 하기
• 할아버지, 할머니, 아빠, 엄마와 다 같이 대가족으로 살기 vs 아빠, 엄마 핵가족으로 살기
• 친구랑 놀기 vs 가족이랑 놀기</td><td>• 결혼하기 vs 결혼하지 않기
• 동거 가능 vs 동거 불가
• 이혼 가능 vs 이혼 불가
• 아기 낳기 vs 아기 낳지 않기
• 남자가 아기 키우기 vs 여자가 아기 키우기
• 노부모 부양은 자녀의 의무 vs 노부모 부양은 자녀의 의무가 아님
• 집안일은 여자가 하기 vs 집안일은 부부가 함께하기</td></tr>
<tr><td></td><td colspan="3">• 책상 배열을 모둠별로 바꾼다.
• 가족 관련 질문에 대해 모둠원들과 의견을 나눈다.
• 나의 결혼 가치관이 사회에 미치는 영향에 대해 생각해 본다.</td></tr>
</table>

(계속)

전개 2	▶ 가족 형태의 변화 • 영상을 통해 다양한 가족의 모습을 살펴본다. - 확대 가족, 핵가족, 무자녀 가족, 입양 가족, 분거 가족, 다문화 가족, 한부모 가족, 조손 가족, 독신 가구, 재혼 가족 • '다양한 가족 인식 개선 공익 캠페인' 영상 시청 https://www.youtube.com/watch?v=7AynzB1exRs - 가족의 다양성을 인정하고 편견 없이 긍정적으로 받아들인다.
정리 및 평가	▶ 학습 내용 정리 및 평가 • 학습 목표를 되짚어 보며 학습 내용을 정리한다. • 학습지를 통해 다 같이 퀴즈를 풀어 본다.

출처: 고은미 외(2023).

② 약안

교사가 매 차시의 수업에 대해 상세안을 작성하는 데는 많은 시간이 소요된다. 따라서 교수-학습 과정의 핵심적인 요소들만을 포함한 약안의 형태로도 수업을 계획할 수 있다. 수업을 시간의 흐름에 따라 '도입→전개→정리' 등으로 크게 구분하고 각 단계에서 해야 할 사항을 간략하게

표 4-8 교수-학습 과정안의 약안 예시

단원	인간과 성장하는 관계	주제	건강한 관계 맺기와 사랑	고1	차시: 1/3
성취 기준	[12기가03-02] 부모됨의 의미를 성찰하고 건강한 임신과 출산의 방안을 탐색하여 책임 있는 부모가 되기 위해 필요한 역량을 탐색한다.				
학습 목표	부모됨의 의미를 성찰하고 책임 있는 부모가 되기 위해 필요한 역량을 기르기 위해 노력할 수 있다.				
수업 절차	수업 내용				
도입(5분)	• 전시학습 확인: 건강한 관계의 주요 특징에 대해 질문 • 동기 유발: 부모님이 나의 성장에 미친 영향에 대해 짝과 이야기 나누기 • 학습 목표 제시				
전개(35분)	• 모둠 활동 주제 안내 및 진행 - 다양한 양육 태도를 가진 부모에 대한 기사 및 영상 자료를 토대로 각 유형이 자녀, 본인, 사회에 미치는 영향에 대해 토의하기 - 각 유형에 대해, 책임 있는 부모가 되기 위해 더 필요한 역량과 이를 갖추기 위해 노력할 점을 제시하기 - 모둠별 발표 및 토의, 피드백				
정리(5분)	• 개별 학습 정리 - 부모됨의 의미에 대해 자신만의 정의를 내리고, 책임 있는 부모가 되기 위해 중요한 우선순위 역량을 3가지 정해 보기 • 차시 학습 예고: 건강한 임신과 출산 방안의 탐색				

적으면 교수-학습 과정안에서 중복되는 내용을 줄이고, 작성 시간을 단축할 수 있으며, 자신에게 적합한 형태로 수업 설계를 할 수 있다.

이 외에도 가정과교사는 창의적인 발상을 통해 교수-학습 과정안의 전통적 모습을 탈피하고, 자신의 상황에 최적화된 교수-학습 과정안의 형식을 찾아 나갈 필요가 있다. 표 4-8은 약안의 예시이다.

(4) 가정과교수-학습 과정안의 평가

교수-학습 과정안이 타당하고 효과적으로 작성되었는지 살펴보기 위해서는 이를 판단할 수 있는 기준이 필요하다. 한국가정과교육학회 · 한국교육과정평가원(2008)의 가정과교수-학습 지도안 평가 양식 예시안을 참고하면 교수-학습 과정안을 평가하여 개선이 필요한 부분을 수정 · 보완하는 데 도움을 받을 수 있다(표 4-9~10).

표 4-9 가정과교수-학습 지도안 평가 양식 예시안 A

항목	평가 내용	평가
목적성	학습 목표 달성에 타당성과 효율성을 지니고 있는가?	
창의성	교과 및 단원별 특성에 따른 수업 모형 개발 적용이 이루어지고 있는가?	
합리성	교수-학습 과정안이 전체적으로 잘 구성되어 있는가?	
일관성	적정 과제 부여 및 점검, 수행평가 적용 등 적절한 환류가 이루어지고 있는가?	
	수업에 관한 지식과 치밀한 계획은 세웠는가?	
전문성	준비, 실행, 평가는 치밀하게 되었는가?	

출처: 한국가정과교육학회 · 한국교육과정평가원(2008).

표 4-10 가정과교수-학습 지도안 평가 양식 예시안 B

구분	평가 내용	평가	특이 사항
교수 활동	교육과정에 충실한 지도안인가?		
	학습 목표는 적정하며 수업 목표 진술에 맞게 기술되어 있는가?		
	학습 내용은 적절히 선정·재구성되었는가?		
	지도 내용의 연구는 심도 있게 이루어졌는가?		
	학습 동기를 적절히 유발하여 학습 의욕을 촉진하는가?		
	교수 활동 단계는 유기적으로 진행되고 있는가?		
	학생 수준에 따른 개별 학습을 촉진하는가?		
	교과 및 학습 목표에 적합한 교수방법을 활용하는가?		
	자기 주도적 학습(학습 방법의 학습)을 촉진하는가?		
	질문의 유형은 다양하며 학생의 사고를 자극하는가?		
학습 활동	학습 준비 및 학습 결과의 정리는 충실한가?		
	능동적으로 학습 활동에 참여하고 있는가?		
	학생 상호 간의 의견 교환이나 협력이 이루어지는가?		
	사고력과 문제해결력, 창의력 신장이 이루어지고 있는가?		
평가 활동	수행평가가 효과적인 방법으로 이루어지는가?		
	평가 결과를 학습 활동에 환류하고 있는가?		
	학습 내용을 요약·정리하고 있는가?		
	차시 학습을 위한 적절한 과제를 부여하는가?		
학생 자료	학습 지도에 유용한 자료가 충분히 준비되었는가?		
	학습 사태에 따라 적시에 제시·활용되는가?		
	다양한 기자재의 활용이 이루어지고 있는가?		
	학습 기자재의 활용 방법을 숙지하고 있는가?		

출처: 한국가정과교육학회·한국교육과정평가원(2008).

4. 수업 매체의 설계와 개발

인간은 미각을 통해서 1%, 촉각을 통해서 1.5%, 후각을 통해서 3.5%, 청각을 통해서 11%, 시각을 통해서 83%를 학습한다(Pike, 2004). 다양한 교수-학습 자료를 활용할 경우 학생들의 감각과 지적 호기심을 자극하여 학습 효과를 높일 수 있다. 특히, 가정교과는 인지적 · 정의적 · 심동적 영역을 모두 다루는 교과로, 가정과교사는 학생이 다양한 감각을 통해 수업에 집중할 수 있도록 적절한 수업 매체를 사용하여 호기심과 흥미를 유지하는 데 관심을 가져야 한다.

1) 수업 매체의 개념과 기능

수업 매체는 교수-학습에서 사용되는 다양한 교재 및 자료를 통칭하는 용어이다. 매체(media)는 원래 '사이'라는 뜻의 라틴어 'medium'에서 유래된 용어로, 송신자와 수신자 간의 정보를 전달하는 모든 것을 의미하는 광의적 개념의 의사소통 수단이며 정보의 원천이다. 예를 들면, 비디오, TV, 인쇄 자료, 컴퓨터 프로그램, 교사 등이 모두 매체의 의미에 포함된다. 이러한 매체가 교수 목적으로 메시지를 제공할 때 수업 매체라고 하며, 결국 수업 매체의 목적은 의사소통과 학습을 촉진하는 데 있다(Smaldino, Russell, Heinich & Molenda, 2005). 전통적으로 수업 매체는 교사가 내용을 효과적으로 전달하기 위해 사용하는 칠판, 모형, 실물 화상기, 사진, 비디오, 영화, TV 등 시청각 기자재를 의미하였다. 최근에는 테크놀로지의 발전과 더불어 등장한 인터넷 및 모바일 스마트 기기와 같은 다양한 디지털 매체도 교육에서 활발하게 활용되고 있다(소효정 외, 2023).

이러한 기술의 발전과 함께 수업 매체는 끊임없이 변화하고 있으며, 수업 매체의 역할 및 교육적 효과도 더욱 다양해지고 있다. 수업 매체가 교수-학습 과정에서 수행하는 교육적 기능은 크게 네 가지로 구분할 수 있다(유승우 외, 2013).

- 매개적 보조 기능: 매체를 사용하여 학습자들의 흥미를 끌고 주의를 집중시키며, 학습 동기를 유발할 수 있다. 예를 들어, 수업 도입 부분에서 관련 영상을 제시함으로써 학습자의 흥미를 불러일으킬 수 있다.
- 정보 전달 기능: 수업 매체를 통해 다수의 학습자에게 정보를 효과적으로 전달할 수 있다. 매체의 종류에 따라 정보의 전달 방식이 달라질 수 있으며, 디지털 매체를 활용하면 전통적인 인쇄 매체에 비해 시간과 장소를 초월하여 신속하고 정확하게 정보를 전달할 수 있다.

- 교수 기능: 수업 매체가 교수자의 역할을 수행하는 것을 뜻한다. 즉, 매체가 단순히 정보를 전달하는 것을 넘어, 학습자의 인지적 사고를 촉진하는 역할을 한다. 예를 들어, 학습자가 모바일 애플리케이션을 통해 영어 말하기를 배우는 경우, 그 애플리케이션이 교수자의 역할을 하므로 교수 기능으로 간주할 수 있다.
- 학습 경험 구성 기능: 학습자들이 매체를 활용하여 자신의 경험과 지식을 스스로 구성할 수 있도록 돕는 기능이다. 이 경우 매체는 내용을 직접적으로 전달하는 교수자의 역할보다 학습 과정에서 파트너로서의 역할을 한다. 학습자는 다양한 매체를 이용해 매체 활용 능력을 기르며, 자신의 경험과 지식을 창의적으로 표현하여 효과적인 학습을 할 수 있다.

이와 같이 수업 매체는 여러 기능을 통해 교수-학습 과정을 지원하고, 학습자의 적극적인 참여를 유도한다. 수업 매체는 교육 목표에 맞게 적절히 사용될 때 효과가 있으며 수업 매체에 대한 교사의 올바른 이해를 바탕으로 체계적인 수업 설계와 함께 계획되어야 한다.

2022 개정 기술 · 가정 교육과정에 제시된 교수-학습 방법 및 매체

• 중학교 기술·가정

- 실생활과 관련된 조사, 탐구, 체험, 문제해결, 공유나 나눔 활동을 중시하고, 학습자의 삶과 밀접한 지역사회 연계 교육을 활용한다. 특히, 지역의 인적 자원을 활용하거나 지역 내 관련 자원 및 기관(박물관, 과학관, 산업체, 연구소 등)을 연계하여 지도할 수 있다.
- 실물이나 모형, 사진 및 동영상 자료, 멀티미디어 자료, 가상현실(VR), 증강현실(AR), 빅데이터 자료 등과 같은 여러 가지 유형의 아날로그 및 디지털 자료를 교수-학습 자료로 활용하여 교수-학습의 실재감을 높일 수 있도록 한다.
- 가정과 관련된 교수-학습은 개인과 가족이 다양한 삶의 문제들에 대응하며 삶의 질을 향상시키는 주도적 역할을 할 수 있는 역량을 기르기 위해 초학문적 접근, 다양한 교육 내용 영역을 융합하는 통합적인 접근을 추구한다. 여러 가지 생활환경의 상황과 맥락을 깊이 있게 관찰하고 분석·해석·탐구·성찰하기 위한 실천적 문제해결 과정, 창의적 및 비판적 사고, 협력적 의사소통, 성찰하는 가치·태도를 함양하도록 한다. 이를 위해서 프로젝트 학습, 실험·실습학습, 실천적 문제 중심 학습, 토의·토론 학습, 메이커 중심 학습, 협동학습, 봉사 기반 학습 등 다양한 방법을 활용하고, 지역사회 연계 체험 학습이 이루어질 수 있도록 한다.

• 고등학교 일반 선택 과목 기술·가정

- 실생활과 관련된 조사, 탐구, 체험, 문제해결, 공유나 나눔 활동을 중시하고, 학습자의 삶과 밀접한 지역사회 연계 교육을 활용한다. 특히, 지역의 인적 자원을 활용하거나 지역 내 관련 기관 및 시설(박물관, 과학관, 산업체, 연구소 등)을 견학하거나 탐방하여 지도한다.

(계속)

- 실물이나 모형, 사진 및 동영상 자료, 멀티미디어 자료, 가상현실(VR), 증강현실(AR), 빅데이터 자료 등과 같은 여러 가지 유형의 아날로그 및 디지털 자료를 교수-학습 자료로 활용하여 교수-학습의 실재감을 높일 수 있도록 한다.
- 가정 분야 관련 교수-학습은 개인과 가족이 당면하는 삶의 문제들을 주도적으로 해결할 수 있는 교육 내용 간 통합적 접근, 지역과 사회 체계의 지속 가능성을 위해 다양한 학문과 융합할 수 있는 초학문적 접근을 추구한다. 또한 가정 및 생활과 관련된 내용과 활동에 따라 상황과 맥락을 깊이 있게 이해하고, 다양한 관점의 대안적 방법과 행동을 성찰할 수 있는 실천적 문제해결 과정과 함께 창의적 사고를 기반으로 한 협력적 의사소통 과정을 통하여 가치·태도를 기를 수 있도록 지도한다. 이를 위해서 주제 중심 프로젝트 학습, 창의적 문제해결 학습, 실천적 문제 중심 학습, 체인지 메이커 학습, 지역사회 기반 봉사 학습 등 다양한 방법을 활용하고, 실생활 맥락에 대한 이해를 높이기 위한 지역사회 연계 체험 학습이 이루어질 수 있도록 한다.

출처: 교육부(2022b).

학습자 측면에서 본 수업 매체 활용 효과와 한계

1. 수업 매체 활용의 효과

- 집중력과 흥미가 유발되고, 학습 내용 전달에 효과적이다.
- 사진, 기사 등을 시각적으로 볼 수 있어서 기억에 오래 남는다.
- 수업 내용을 이해하는 데 많은 도움이 된다.
- 딱딱할 수 있는 수업을 좀 더 흥미롭게 만들어 준다.
- 글로 이해하기 어려운 부분에 대한 이해를 돕는다.
- 수업에 더 능동적인 참여를 유도한다.
- 수업의 집중도를 높여 주고 흥미를 유발한다.
- 판서 시간을 줄여 주고 수업 시간의 효율적 사용을 돕는다.
- 일방적 수업이 아니라 쌍방향 방식의 수업을 가능하게 한다.

2. 수업 매체 활용의 한계

- 기계가 고장 나면 시간이 지체된다.
- 비디오를 보는 경우 주의가 산만해질 수 있다.
- 지루할 수 있는 수업을 다양하게 하여 학습 능력을 높이는 장점이 있으나, 교수자의 사용법 숙지가 필요하다.
- 다양한 매체의 사용은 학습자에게 올바른 정보를 제공하는 측면에서 도움이 되지만, 너무 많은 매체의 사용은 학습자에게 혼란을 줄 수 있다.
- 설치 시 많은 시간이 소요되므로 사전 준비가 필요하다.
- 시각 매체를 장시간 사용 시 주의가 산만해지고 수업 집중도가 떨어지기도 한다.

출처: 이지연(2008).

2) 수업 매체의 유형

현재에도 많은 교수 매체들이 개발되어 새롭게 사용되고 있으며, 교수 매체의 종류는 매우 다양하다. 학자에 따라 수업 매체 분류 방식이 다르며, 호반(C. Hoban)과 데일(E. Dale) 등의 학자들이 구체성과 추상성을 중심으로 시청각 매체를 분류한 이래, 여러 학자들이 다양한 방식에 의해 교수 매체의 유형을 구분하고 있다.

(1) 호반의 시각 자료 분류

호반(Hoban,1937)은 시각 자료를 사실성의 정도에 따라 구체적인 것에서 추상적인 것으로 순차적으로 제시하였다. 호반은 사실과 가까운 매체일수록 보다 정확한 메시지를 전달할 수 있는 반면, 전달 매체가 추상성을 갖는다면 메시지의 이해가 떨어지는 것으로 보았다. 따라서 학습이 쉽게 이루어지기 위해서는 추상적인 것을 구체적이고 사실적으로 전달할 수 있는 매체가 중요하다고 하였다. 호반은 추상적 단계와 구체적 단계를 그림 4-7과 같이 분류하고 있다.

(2) 데일의 경험의 원추

데일(Dale, 1969)은 호반의 모형을 매체의 구체성과 추상성을 바탕으로 확장하여 '경험의 원추(corn of experience)'라는 모형을 제시하였다. 학습자의 경험을 ① 학습자가 실제로 해보거나 직접 보는 등의 직접적인 경험 단계, ② 실제적 사건을 관찰하거나 시청각 매체를 통해 간접 경험을

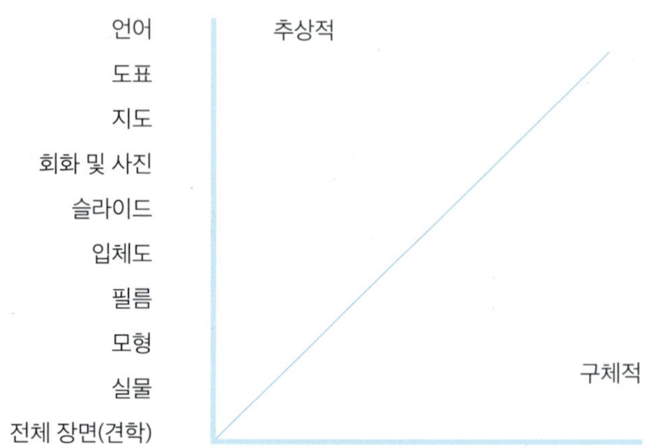

그림 4-7 호반의 매체 분류

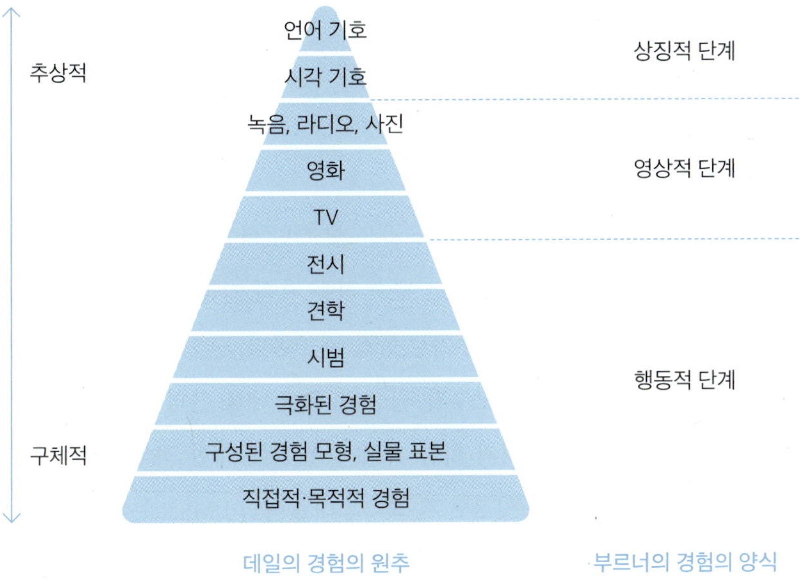

그림 4-8 데일의 경험의 원추와 부르너의 경험의 양식

출처: Smaldino et al.(2015).

하는 단계, ③ 언어와 기호 등의 상징적인 수단을 통한 추상적인 경험 단계의 3단계로 구분하고 원추의 맨 아래에서 위까지 각 단계에 해당하는 매체를 구체적인 것에서 추상적인 것으로 위계적으로 배열하였다(그림 4-8). 특히, 경험의 원추는 학생들이 사전에 구체적인 경험을 하였을 경우 그 이후의 간접적 경험이나 추상적 경험을 보다 의미 있게 받아들일 수 있음을 강조하고 있다(이지연, 2008).

부르너(J. Bruner)는 행동적 경험에서부터 점차 경험의 영상적 표상으로, 그리고 상징적 표상으로 진행되어야 함을 주장하면서 학습자가 직면할 학습 자료의 계열은 학습자가 과제를 성공적으로 성취하는 데 직접적인 영향을 준다고 지적하였다(Bruner, 1966). 이 모형은 부르너의 행동적 · 영상적 · 상징적 단계의 3단계 경험과 양식이 일치한다(Smaldino et al., 2005).

(3) 디지털 수업 매체의 종류와 특성

최근 기술의 발달로 다양한 수업 매체가 등장하고 있다. 과거에는 시각 자료, 청각 자료 등 단일한 용도에 따라 수업 매체를 사용했지만, 오늘날에는 인터넷을 기반으로 하는 디지털 기술이 중심이 되면서 스마트폰, 태블릿 등의 디바이스를 통해 시청각 정보를 자유롭게 주고받을 수 있게 되었다. 특히, 최근 교육 플랫폼의 발전은 학습자들에게 더 풍부하고 통합적인 학습 경험을 제공함으로써 교육 환경을 혁신적으로 변화시키고 있다.

① 학습 관리 시스템

학습 관리 시스템(LMS, Learning Management Systems)은 웹 기반 학습 환경에서 학습자의 학습을 지원하고 관리해 주는 시스템으로, 일반적으로 교수 활동 지원 기능, 학습 지원 및 관리 기능, 학습 통계 기능, 시스템 지원 및 콘텐츠 관리 기능 등을 제공한다. 단순히 학습자에게 콘텐츠를 전달하고 관리하는 매개체 역할이 아닌, 교수자, 학습자, 학습 내용 간의 상호 작용을 돕는 도구로서 사용되며, 학습자에게 필요한 지식과 학습 과정 및 결과에 대한 정보를 제공함으로써 학습자의 자기 주도적 학습을 지원한다(이진주 외, 2023). 대표적인 LMS로는 구글 클래스룸(Google Classroom), EBS 온라인 클래스, 클래스팅 등을 들 수 있다.

② 화상 회의 도구

실시간 온라인 화상 회의 도구를 활용하여 온라인 수업을 진행할 수 있다. 대표적인 예로는 줌(Zoom), 마이크로소프트 팀즈(Microsoft Teams), 구글 미트(Google Meet) 등이 있다. 교사와 학생이 물리적으로 떨어져 있어도 실시간으로 상호 작용할 수 있으며, 화면 공유, 실시간 채팅, 소그룹 토의 등 다양한 기능을 통해 협력적 학습 환경을 조성할 수 있다.

③ 디지털 콘텐츠

디지털 콘텐츠는 전자 형태로 제공되는 모든 종류의 교육 자료를 의미한다. 이는 텍스트, 이미지, 비디오, 오디오 파일 등 다양한 형태로 제작되며, 주로 인터넷을 통해 접근할 수 있다. 디지털 콘텐츠는 교사와 학생들이 교육 자료를 쉽고 빠르게 접근하고 활용할 수 있도록 도와준다. 예를 들어, 전자책, 온라인 강의 동영상, 교육용 소프트웨어 등이 해당된다.

④ AI 디지털 교과서

AI 디지털 교과서는 학생 개인의 능력과 수준에 맞는 다양한 맞춤형 학습 기회를 지원할 수 있도록 인공지능을 포함한 지능정보기술을 활용하여 다양한 학습 자료 및 학습 지원 기능 등을 탑재한 교과서로(교육부, 2023), LMS 기능을 가진 디지털 콘텐츠로 볼 수 있다. 주요 특징은 AI에 의한 학습 진단과 분석, 개인별 학습 수준과 속도를 반영한 맞춤형 학습, 학생의 관점에서 설계된 학습 코스웨어(human-centered design) 제공 등을 들 수 있으며, 가정교과는 2026년부터 중학교 학교급에서 적용된다.

⑤ 공개 교육 자원

공개 교육 자원(OERs, Open Educational Resources)은 무료로 사용, 수정 및 배포할 수 있도록 공개된 교육 자료를 말한다. 다양한 형태의 디지털 콘텐츠를 포함하며, 학습자와 교육자가 자유롭게 접근할 수 있어, 전 세계적으로 지식의 공유와 교육의 평등한 접근을 촉진하는 중요한 도구로 자리 잡고 있다. 대표적인 예로, MOOC, Khan Academy, MIT OCW 등[3]이 있다.

⑥ 교육용 앱과 게임

교육용 앱과 게임은 학습 내용을 재미있고 흥미롭게 전달하기 위해 설계된 디지털 도구이다. 전 세계적으로 널리 사용되는 언어 학습용 앱인 듀오링고(Duolingo), 퀴즈를 통해 실시간으로 학생들의 학습을 진단하고 의견을 수렴할 수 있는 카훗(Kahoot), 플래시 카드 기능을 통해 반복 학습과 암기에 도움을 주는 퀴즐렛(Quizlet) 등을 들 수 있다. 이런 앱들은 대부분 학습자의 참여를 높이고 동기 부여를 강화하기 위해서 게임의 요소와 원리를 적용하여 설계된다.

이와 같이 게임에서 사용하는 보상 체계나 원리를 적용하여 학습자의 참여와 동기를 유도하는 방법을 게이미피케이션(gamification)이라고 한다. 게이미피케이션을 수업에 적용할 경우 학생들의 참여도를 높이고 동기 부여를 강화할 수 있으며, 실시간 피드백을 제공하여 학습 성과를 즉각적으로 평가할 수 있다는 장점이 있다. 그러나 동기 부여 효과가 일시적일 수 있고 과도한 경쟁을 유발할 가능성이 있으며, 모든 학습자에게 적합한 것은 아닐 수 있기 때문에 적절한 설계와 활용이 중요하다.

3 • MOOC(Massive Open Online Courses): 전 세계 누구나 무료 혹은 저비용으로 접근할 수 있는 대규모 온라인 강좌를 의미하며, 대표적인 플랫폼으로 Coursera, edX, Udacity 등이 있다.
• Khan Academy: 수학, 과학, 역사, 경제 등 여러 주제에 대한 무료 동영상 강의와 연습 문제를 제공한다.
• MIT OCW(MIT Open Course Ware): 매사추세츠공과대학교(MIT)에서 제공하는 강의 자료로, 실제 MIT 수업에서 사용하는 강의 노트, 시험, 강의 영상 등이 공개되어 있다.

(4) 실감형 미디어

실감형 미디어란 가상현실에서의 커뮤니케이션을 통해 몰입형 학습 경험을 제공하는 기술이다. 실감형 미디어의 종류에는 VR, AR, AC, MR, XR 등이 있으며, 그 특성은 표 4-11과 같다(김보경, 2024).

표 4-11 실감형 미디어의 종류와 특성

종류	특징	가정과수업 활용 방안
VR (가상현실, Virtual Reality)	VR은 완전히 가상의 환경을 생성하여 사용자가 그 안에서 몰입감 있게 경험할 수 있도록 하는 기술이다. 모든 경험이 1인칭 시점으로 이루어져, 사용자는 가상과 현실의 경계가 흐려지는 듯한 실재감을 느낄 수 있다. 가상 환경과 객체가 모두 인공적으로 구성되기 때문에 상호 작용성이 높으며, 이로 인해 실재감과 존재감이 크게 향상된다.	가상으로 설계된 주방이나 주거 환경을 탐험할 수 있다. 예를 들어, 주방 안전교육에서 학생들은 가상 주방에 들어가 위험 요소를 식별하고, 안전한 조리 방법을 연습할 수 있다. 또한, 가상의 집을 둘러보며 인테리어 디자인을 시도하거나, 생활 공간을 효율적으로 배치하는 방법을 학습할 수 있다.
AR (증강현실, Augmented Reality)	AR은 현실 세계에 가상 객체를 겹쳐 보여주는 기술로, 사용자가 현실에서 얻는 경험을 기술적으로 강화한다. 현실의 배경을 유지하면서 가상의 요소를 추가함으로써, 사용자는 실제로 존재하는 것처럼 보이는 가상 객체와 상호 작용할 수 있다. 이는 현실 세계와 분리된 경험을 제공하는 VR과 달리, 일상적인 환경에서 접근이 용이하지만 몰입감은 다소 낮을 수 있다.	AR을 활용하여 실제 생활에서 바로 적용 가능한 기술을 배울 수 있다. 예를 들어, 식재료를 카메라로 비추면 해당 식재료의 영양 정보와 조리법이 화면에 나타나는 AR 애플리케이션을 활용할 수 있다. 또한, 가정과수업에서 조리 과정을 시각적으로 안내하는 AR 가이드를 통해 학생들이 실시간으로 요리 기술을 익힐 수 있다.
AV (증강된 가상세계, Augmented Virtuality)	AV는 가상의 환경에 실제 객체를 통합하여 가상 공간에서 현실의 물체를 조작할 수 있게 하는 기술이다. 이 기술은 가상과 현실의 경계를 허물고, 사용자가 현실에서 경험하기 어려운 상황을 가상 환경에서 실감 나게 체험할 수 있게 한다. 예를 들어, 가상 공간에서 실제로 존재하는 물체를 활용하여 다양한 경험을 제공할 수 있다.	학생들은 가상의 환경에서 실제 가구를 배치하거나 조작할 수 있다. 예를 들어, 가정과수업에서 주거 공간 디자인을 가르칠 때, 학생들은 가상의 집에 실제 가구를 배치해 보고, 그 조화를 시각적으로 확인할 수 있다. 이를 통해 학생들은 주거 환경의 배치와 인테리어 디자인을 직접 체험하며 배울 수 있다.
MR (혼합현실, Mixed Reality)	MR은 현실과 가상을 결합하여 AR의 현실감과 VR의 몰입감을 함께 제공하는 기술이다. 사용자는 반투명한 디스플레이를 통해 현실 배경을 보면서 그 위에 가상의 객체를 겹쳐 볼 수 있다. MR은 가상 객체가 현실 환경과 상호 작용할 수 있게 하여, 물리적 세계와 가상 세계의 융합을 경험하게 한다.	MR을 통해 학생들은 현실의 교실 환경에서 가상의 객체와 상호 작용할 수 있다. 예를 들어, 학생들은 실제 교실에서 반투명 디스플레이를 사용하여 가상의 가전 제품이나 주방 기구를 조작해 보는 경험을 할 수 있다. 이 과정에서 가전 제품의 작동 원리를 배우거나, 에너지 효율적인 사용 방법을 익힐 수 있다.

(계속)

종류	특징	가정과수업 활용 방안
XR (확장현실, Extended Reality)	XR은 VR, AR, AV, MR을 모두 포함하는 개념으로, 물리적 세계와 가상 세계의 경계를 허물어 인간의 경험 세계를 확장하는 기술을 의미한다. 이 용어는 사물 인터넷과 같은 기술의 발전으로 인해 물리 세계와 가상 세계에서 동시에 다양한 자아와 경험이 존재하게 되는 상황을 표현한다.	학생들은 XR을 통해 가상의 식품 생산 공장을 탐방하거나, 다양한 식재료의 원산지와 생산 과정을 경험할 수 있다. 이 과정에서 학생들은 식품의 원산지와 품질, 지속 가능성에 대해 깊게 이해할 수 있다.

3) ASSURE 수업 매체 설계 모형

수업 매체의 효율적인 선정과 활용을 위한 대표적인 모형으로는 하이니히(Heinich)와 그 동료들이 개발한 ASSURE 모형을 들 수 있다. 이 모형은 수업 매체를 활용하여 수업을 진행할 때 학습자 분석(Analyze learners), 학습 목표 진술(State objectives), 교수방법, 매체 및 자료 선택(Select methods, media & materials), 수업 매체와 자료 활용(Utilize media and materials), 학습자의 참여 유도(Require learner participation) 그리고 평가와 수정(Evaluate and revise)의 여섯 단계로 구성되어 있으며, 각 단계의 앞 글자를 따서 효과적인 수업을 보장(assure)한다는 의미를 내포하고 있다(백영균 외, 2019).

(1) A: Analyze learners(학습자 분석)

학습자의 특성은 교수–학습 과정에서 수업 매체 선정과 교육 내용 조직에 큰 영향을 미치므로 수업 매체를 활용하여 교육의 목표를 극대화하기 위해서는 가장 먼저 학습자의 특성을 분석해야 한다. 학습자 특성의 요인은 다음과 같다.

- 일반적 특성: 학습자의 연령, 학력, 직위, 지적인 적성, 문화적 · 사회적 · 경제적인 요인 등을 고려한다.
- 학습자의 출발점 능력: 교사는 학급 내 질문 혹은 학급 밖의 인터뷰와 같은 비공식적인 수단이나 표준화 검사 혹은 교사 자작 검사와 같은 공식적 수단을 통해 출발점 능력을 확인해야 한다.
- 학습 양식: 학습자의 지각적 선호와 강점, 정보 처리 습관, 동기적 요소, 생리적 요인 등을 고려한다.

(2) S: State Objectives(학습 목표 진술)

수업 전에는 할 수 없었으나 수업이 끝난 후 학습자가 할 수 있게 되기를 기대하는 능력, 즉 학습 목표를 진술하는 단계이다. 학습 목표는 학습자가 도달해야 하는 목표 지점은 어디이며, 어떠한 새로운 능력을 발휘할 수 있어야 하는지에 대해 명세적 수준으로 기술하는 것으로, 인지적 영역과 정의적 영역, 그리고 운동 기능 영역으로 나누어 진술할 수 있다. 수업 매체 활용 시 구체적인 목표를 진술하는 것은 교사 자신이 무엇을 가르쳐야 할지 명확하게 해주어 교수 활동의 일관성을 유지해 준다. 또한 학습자가 목표에 도달하였는지 확인하기 위한 평가의 내용, 절차, 방법에 준거를 결정할 수 있고, 목표에 도달하기에 가장 적합한 교육 내용, 교수-학습 전략과 매체를 선정하는 데 도움을 준다.

(3) S: Select Methods, Media & Materials(교수방법, 매체 및 자료 선택)

학습자의 다양한 능력과 특성을 파악하고, 학습자들이 나타내야 할 명세적인 행동 목표가 설정되었다면, 이 정보들을 바탕으로 어떤 교수-학습 방법이 가장 효과적이고 효율적이며 매력적으로 목표를 달성하게 할 것인지, 어떤 수업 매체가 학습자와 학습 목표 달성에 적합할 것인지, 실제적으로 판단해야 한다. 매체와 자료 선택의 준거는 다음과 같다(Smaldino et al., 2005).

- 자료는 교육과정과 일치되는가?
- 자료는 정확한가, 최신의 것인가?
- 명료하고, 정확한 용어를 사용하고 있는가?
- 흥미를 유발하고 유지시키는가?
- 학습자의 참여를 유발하는가?
- 기술적 품질이 우수한가?
- 효과성에 대한 객관적인 증거가 있는가?
- 의도적인 편견이나 상업적 성격은 없는가?
- 사용자 안내문이 포함되어 있는가?

(4) U: Utilize Media & Materials(수업 매체와 자료 활용)

앞 단계에서 선정한 수업 매체를 어떻게 활용할 것인지 그 방법을 계획하고 실행하는 단계이다. 교사는 수업 매체를 활용하기 전에, 교실 배치나 필요한 시설 등을 미리 확인하고 준비해야 한다. 이를 위해서 하이니히와 동료들은 이 단계에서 아래의 '5P'의 단계를 따르도록 조언하고 있다(백영균 외, 2019).

- 매체 자료 점검(Preview the materials): 수업 매체를 사용하기 전, 기술적인 부분과 내용의 적절성을 사전에 검토하여 수업 매체에 대해 전반적인 이해를 갖춰야 한다. 예를 들어, 학습자에게 보여줄 동영상 자료를 교사가 미리 보지 않는다면 자료 내용에 대한 성적 · 윤리적 타당성을 보장할 수 없다.
- 매체 자료 준비(Prepare the materials): 수업 매체를 계획한 수업 활동에 알맞게 순서를 조정하거나 자료의 부분적인 제시가 이루어질 수 있도록 필요한 수업 매체의 목록을 작성하고 리허설을 한다.
- 학습 환경 준비(Prepare the environment): 계획한 수업 매체를 활용하기에 학습 환경이 적합한지 점검한다. 수업 매체의 특성에 따라 암막 시설, 충분한 전원 공급, 다양한 조명 조절 장치 등이 요구될 수 있으며, 어디에서 사용하든 학습자들에게 안락한 의자, 적절한 환기, 온도, 밝기 등이 제공되어야 한다.
- 학습자 준비(Prepare the learners): 학습자를 사전에 준비시키는 단계로, 학습자들의 주의를 집중시키기 위하여 제시할 내용의 소개, 학습 주제와의 관련성, 사용할 교수 매체에 대한 정보나 특별한 용어에 대해 미리 안내함으로써 동기를 부여한다.
- 학습 경험의 제공(Provide the learning experience): 실제로 수업 매체를 활용하는 교수-학습 과정으로, 교사는 교수-학습 방법에 맞게 적절하고 능숙하게 수업 매체를 활용하여 수업이 원활히 진행될 수 있도록 해야 한다.

(5) R: Require Learner Participation(학습자의 참여 유도)

학습 내용은 일방적인 전달로만 이루어지는 것이 아니라, 학습자가 학습 과정에 능동적으로 참여할 때 더욱 효과적으로 이루어질 수 있다. 따라서 시청각 매체의 활용으로 학습자들이 자칫 수동적으로 변할 수 있는 상황을 방지하기 위해, 학습자들이 적극적으로 교수-학습 과정에 참여할 수 있도록 하는 방안을 고려해야 한다. 이를 위해 학습자들에게 수행을 요구하거나, 학습한 내용을 연습할 수 있는 실제 활동의 기회를 주고, 적절한 피드백을 제공하는 등의 방법을 사용할 수 있다.

(6) E: Evaluate and Revise Materials(평가와 수정)

매체 활용 수업이 종료되면 반드시 학습자의 성취도 및 사용된 교수-학습 방법과 수업 매체의 효과를 평가해야 한다. 평가와 수정은 이 모델의 가장 마지막 단계이기도 하지만 평가의 결과를 지속적으로 수정하여 다음의 교수-학습 과정에 반영한다는 의미에서 지속적인 매체 활용을 위한 첫 단계이기도 하다. 따라서 평가 결과, 수정해야 할 점은 반드시 다음의 교수-학습 방법, 수업 매체 선정과 활용에 반영되어야 한다.

수업 매체 선정 시 고려 사항

- 학습자의 특성: 학습자의 지적 수준, 학년, 성별, 관심과 흥미, 학습 동기 등의 학습자 개별적인 특성을 고려하여 선정한다.
- 교사의 수업 매체 사용 능력: 수업 매체에 대한 교사의 선호도 및 사용 능력을 고려한다. 다양한 수업 매체를 접해 보고 새로운 수업 매체의 사용법을 배우려는 노력이 필요하다.
- 수업 상황: 수업 집단의 형태와 교수-학습 방법, 수업 전략 등을 고려한다.
- 학습 목표와 내용: 학생이 도달해야 학습 목표와 학습 과제의 성격을 고려한다.
- 수업 매체의 물리적 속성과 기능: 수업 매체의 물리적 속성은 시각 자료인지 청각 자료인지, 혹은 시청각적 속성을 모두 포함하는지 등과 관련된다. 수업 매체의 기능은 동기 유발에 적합한지, 학습을 심화하는 데 적합한지, 이해를 돕기 위한 것인지, 개념을 명확하게 하기 위한 것인지 등과 관련된다.
- 학습 환경: 수업 매체를 사용할 학습 환경의 시설을 고려한다. 최근에는 대부분의 교실에 전자 칠판이 설치되어 있고, 학생들이 사용할 수 있는 개인별 태블릿 PC 등이 보급되어 있다. 따라서 수업에 앞서 인터넷의 사용 여부, 태블릿 PC 충전 상태 및 앱 설치 상태 등을 점검해 두어야 한다.
- 수업 매체의 실용성: 수업 매체를 제작하고 사용하기 위해 들이는 시간, 비용, 노력 등이 실용적인지 고려한다. 사용하고자 하는 수업 매체가 너무 비싸거나, 다루기 어렵거나, 행정적·물리적으로 사용이 불편한 경우, 혹은 교사가 사용법을 배우는 데 너무 많은 시간과 노력이 필요한 경우에는 대체 가능한 다른 수업 매체를 고려해 볼 필요가 있다.

4) 가정과수업 매체의 개발과 활용

(1) 인쇄 자료

인쇄 자료는 학교 현장에서 널리 사용되는 중요한 수업 매체로, 학생들에게 효과적으로 정보를 전달하고 학습 과정을 안내하여 학습을 촉진할 수 있어야 한다. 또한 인쇄 자료는 학생들에게 시각적으로 무리가 없으면서도 수업에 흥미를 가질 수 있도록 효율성과 매력성을 고려해서 개발해야 한다.

인쇄 자료가 지금까지 널리 활용되고 있는 이유는 다음과 같은 다양한 장점을 가지고 있기 때문이다. 첫째, 인쇄 자료는 다른 수업 매체에 비해 인쇄물을 제작하는 데 비교적 적은 경비가 소요되므로 경제적이다. 물론, 교재의 양과 내용, 사용자의 수에 따라서 상대적인 이익이 달라질 수 있지만, 내용이 결정되면 그 다음 제작 비용은 비교적 저렴하다. 둘째, 제작과 활용이 용이하다. 최근에는 컴퓨터가 일상화되면서 전문적인 출판 체제를 갖추지 않고도 쉽게 질 좋은 인쇄물을 제작할 수 있다. 또한 제작된 자료는 특별한 도구 없이 언제든지 쉽게 반복적으로 활용할 수 있다. 셋째, 시각적 피로감이 적다. 같은 양의 정보를 컴퓨터 화면으로 전달하면, 사용자는 상당한 시각적인 피로감을 느낄 것이다. 하지만 인쇄물로 출력해서 사용하면, 사용자는 많은 양의 정보를 비교적 쉽게 읽을 수 있다. 넷째, 전체적인 내용 파악이 용이하다. 인쇄물은 한 번에 전체적인 내용을 훑어볼 수 있으며, 숙독뿐만 아니라 속독이 가능하다. 따라서 일정한 시간에 많은 양의 정보를 얻을 수 있는 수단이 될 수도 있다(오인경 · 최정임, 2005).

하지만 인쇄 자료는 평면 위에 정보를 제공하는 것이기 때문에 입체적인 내용이나 움직임이 필요한 내용은 효과적으로 전달하기 어렵고, 일방적으로 정보를 전달하는 형태라 학습자의 욕구나 동기를 충족시키는 데 제한점이 있다. 또한 한 번 만든 내용을 다시 사용하기 위해서는 재인쇄를 해야 하므로 자원이 낭비되는 등의 단점이 있다. 따라서 인쇄 자료는 이와 같은 특징을 고려하여 학습자의 특성과 수업 목표에 적합한 형태로 제작되어야 한다.

시각 정보 제시의 원리

- 근접성의 원리: 여백의 효과를 이용하여, 한 자료 안에서 서로 관련 있는 항목 혹은 내용을 물리적으로 가깝게 배치하고 그렇지 않은 것을 서로 멀리 배치하여 나타내는 방법이다. 즉, 논리적으로 연결되거나 강조될 정보와 그렇지 않은 정보끼리 묶어서 제시하는 방법이다. 이때 묶여진 항목을 구별하기 위해 글자 크기 혹은 글자체에 변화를 주는 것도 좋다.
- 정렬의 원리: 한 페이지 안에 요소들을 시각적으로 질서 정연하게 제시하는 것을 말한다. 대체로 왼쪽 정렬, 가운데 정렬, 오른쪽 정렬, 양쪽 정렬 방식이 있는데, 한 페이지 안에서는 같은 정렬 방식을 이용하는 것이 좋다.
- 반복의 원리: 한 페이지 혹은 하나의 자료 전체 안에서, 어떤 요소를 반복적으로 사용하여 전체 자료의 일관성을 갖도록 하는 것이다. 이때 반복적으로 사용할 수 있는 요소는 주로 글자체, 선, 색상, 불릿 기호 등이다. 같은 영역에 속하는 정보를 표현하는 몇 가지 특수 효과를 반복적으로 활용한다면, 시각 정보의 지각을 높일 수 있다.
- 대조의 원리: 한 자료 안에서 서로 다른 항목이나 내용을 완전히 다르게 표현하고 제시하는 것으로 시각적인 주의 집중을 이끌 수 있다.

표 4-12 시각디자인의 평가 기준

구분	평가 항목	강조점				
		5	4	3	2	1
명확성	1. 제시된 글자나 그림의 크기는 적절한가? 2. 제시된 글자나 그림은 명확하게 인쇄되었는가? 3. 제시된 글자나 그림은 배경과 명확하게 구분되는가? 4. 제시된 그림은 학습자나 기타 목표로 하는 대상에 적합한가? 5. 주의 집중 전략은 적절히 활용되었는가? 6. 제시된 그림이나 도형이 정말 중요한 것으로만 구성되어 간결한가? 7. 시각적 계열화가 필요한 경우, 그 계열화는 적합한가?					
효과성	1. 제시된 요소는 균형적으로 배열되어 있는가? 2. 제시된 시각 정보의 테두리는 적절한가? 3. 제시된 시각 정보는 화면을 효율적으로 활용하고 있는가? 4. 복수의 단어와 그림이 제시되었을 때, 어느 단어가 어느 그림에 속하는지 명확하게 구분되는가? 5. 그림이나 사진이 제공되었을 때 이들은 목적이 잘 나타날 수 있는 각도에서 잡은 것인가?					
매력성	1. 제시된 시각 정보는 학습자가 가지고 있는 경험이나 흥미에 부합하는가? 2. 제공된 시각 정보가 학습자가 다음 내용에 대한 심적 준비도나 안정감을 가질 수 있도록 도와주는 일관된 스타일이 있는가? 3. 제시된 시각 정보는 주의를 끄는가? 4. 제시된 시각 정보는 흥미를 지속시키는가? 5. 제시된 시각 정보는 기억을 도울 수 있는 방법을 제시하거나 포함하고 있는가?					

출처: 변영계 외(2009).

인쇄 매체는 의사 전달을 위하여 대부분 시각 정보에 의존하므로, 시각 정보를 효과적으로 표현하고 제시하는 것이 중요하다. 따라서 인쇄 자료에서 시각 정보를 제시할 때에는 근접성, 정렬, 반복, 대조 등의 원리를 고려해야 한다(김미량 외, 2008).

(2) 프레젠테이션 자료

프레젠테이션 자료는 듣는 대상에게 말하고자 하는 내용을 잘 전달할 수 있도록 고안된 자료로, 널리 사용되는 프레젠테이션 제작 도구로는 마이크로소프트(Microsoft)사의 파워포인트(powerpoint), 애플(Apple)사의 키노트(key note) 등을 들 수 있다. 또한 미리캔버스(miricanvas), 캔바(canva)와 같이 온라인상에서 멀티미디어 자료를 제작할 수 있는 도구를 활용할 수도 있다. 이 외에 주제나 텍스트를 입력하면 자동으로 프레젠테이션 자료를 생성해 주는 감마(Gamma) 등의 인공지능 기반 서비스도 보편화되고 있다.

프레젠테이션 자료의 장점은 텍스트, 이미지, 동영상 등 각종 멀티미디어 자료를 동시에 체계적으로 제시할 수 있고, 이를 pdf 파일 등으로 변환하여 손쉽게 수업자료로 배포할 수 있다는 점이다. 프레젠테이션 자료를 체계적으로 잘 구성할 경우 학생들의 호기심을 자극하고 수업의 흐름을 효율적으로 제시할 수 있는 유용한 도구가 된다. 반면, 비효율적으로 구성된 프레젠테이션 자료는 오히려 학생들의 집중도를 떨어뜨리고, 수업이 목표와 동떨어진 방향으로 흘러갈 수 있다. 따라서 프레젠테이션 자료가 수업의 목적에 적합한지, 내용을 효과적으로 제시할 수 있도록 구성되었는지를 지속적으로 확인하면서 제작해야 한다.

실제로 효과적인 프레젠테이션 자료를 만들기 위해서는 기술적인 부분과 관련된 자료 제작의 원리를 고려해야 한다. 프레젠테이션의 자료 제작 시 고려 사항은 다음과 같다.

- 너무 화려한 배경은 학생의 시선을 빼앗고, 집중도를 떨어뜨리므로, 내용에 집중할 수 있도록 단순하고 깔끔한 디자인을 사용한다. 배경 자체에 애니메이션 기능이 있어서 계속해서 움직이는 것도 좋지 않다.
- 학생이 읽기 쉬운 글자 크기와 글씨체를 사용한다. 화면의 크기에 따라 차이는 있지만 일반적인 교실에서 사용할 파워포인트 본문 글자 크기는 22~26 사이가 적당하다.
- 단순히 장식 목적으로 글씨체나 글씨 색깔을 화려하게 바꾸다 보면 가독성이 떨어져, 학생의 시각적 피로를 유발할 수 있다.
- 특히, 강조하고 싶은 부분의 글씨는 한글의 경우 밑줄보다는 글씨체를 굵게 하거나 크게 또는 강조색으로 표시하는 것이 효과적이다.
- 글자색은 배경색과 어울리게 고르되, 어두운 배경에는 밝은색을, 밝은 배경에는 어두운색을 고르는 것이 좋다. 너무 많은 가짓수의 글자색보다는 최소한의 색상을 사용하는 것이 깔끔하며, 보통 한 슬라이드 안에 세 가지 이하의 글자색을 사용하는 것이 적절하다. 자료를 흑백으로 인쇄했을 때 밝은 강조색은 오히려 흐리게 나타날 수 있으므로 주의한다.
- 슬라이드의 내용을 간결하게 표현하며, 모든 슬라이드는 1분 내에 읽을 수 있는 정도의 내용을 담는다.
- 많은 텍스트보다는 텍스트의 이해에 도움이 되는 이미지, 그래프, 차트 등을 적절히 사용하여 학생들의 이해를 돕는다.
- 음향 효과와 애니메이션 효과는 프레젠테이션의 목적에 맞게 사용하되, 매 슬라이드마다 이

러한 효과를 적용하면 학생들의 집중력을 떨어뜨리고 수업 분위기를 산만하게 할 수 있으므로 적정한 횟수로 사용하는 것이 좋다.

- 호환을 고려하여 가능하면 표준 글씨체를 사용한다. 특정 글씨체를 사용할 때는 파일을 저장할 때 '글꼴 포함 저장'이라는 옵션을 선택하면 된다.

비효율적인 자료의 예시

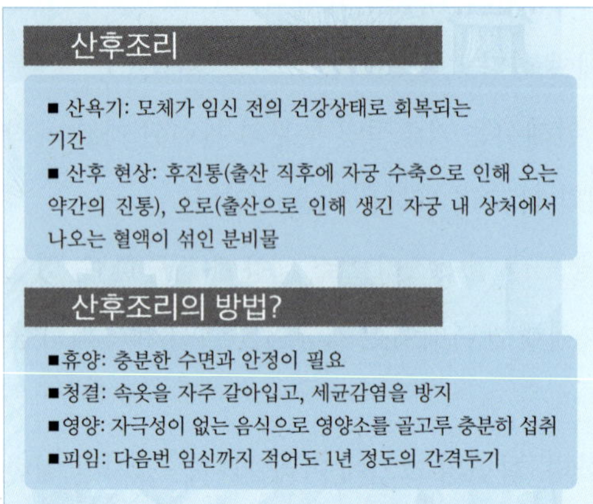

- 배경의 디자인이 복잡하여 본문 내용이 눈에 쉽게 들어오지 않음
- 텍스트 상자들이 정렬되지 않아서 지저분한 느낌을 줌
- 각 줄이 띄어쓰기 단위로 정렬되지 않아서 읽기 어렵고 전체적으로 무성의해 보임

효율적인 자료의 예시

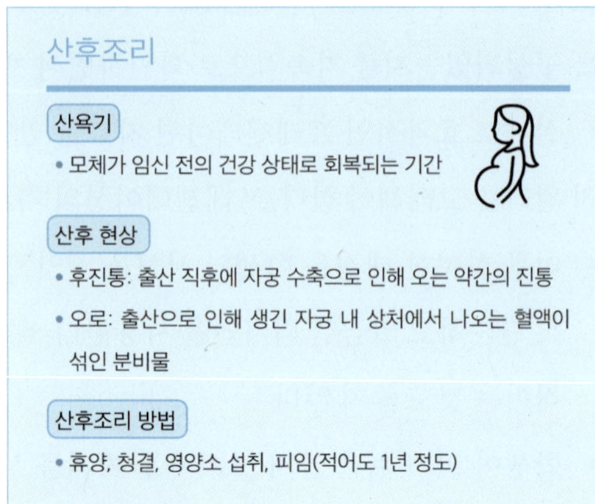

- 배경의 디자인 변경
- 불필요한 텍스트 상자 삭제
- 핵심 단어 강조
- 내용의 간결화
- 상징적 그림 자료 삽입

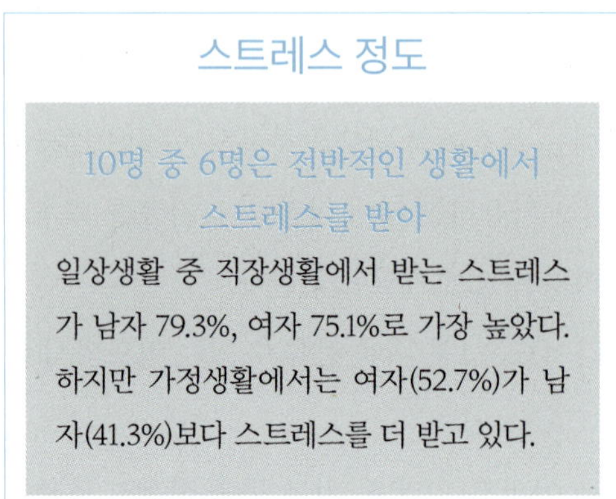

- 통계적 수치 자료를 텍스트로 제시하여 한눈에 알아보기 어려움

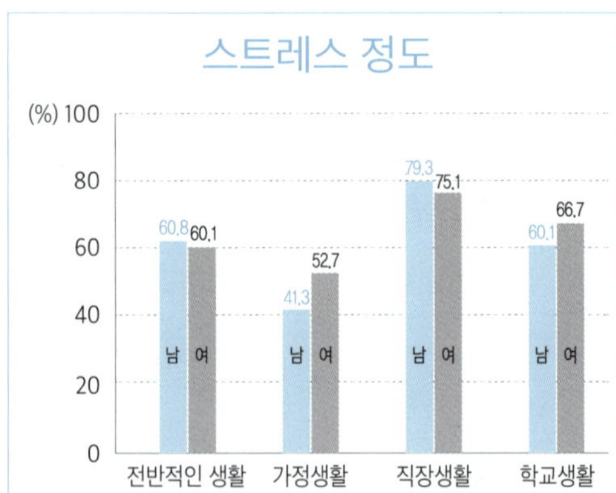

- 통계 자료를 차트로 제시하여 쉽게 알아볼 수 있음

그림 4-9 프레젠테이션 자료 제작의 예

(3) 동영상 자료

효과적인 동영상 자료는 학생들의 학습을 촉진하고, 수업의 질을 높일 수 있다. 특히, 뒤에 나올 플립드 러닝(flipped learning, 거꾸로 학습)에서는 학생들이 수업 전에 미리 학습할 수 있도록 동영상 자료를 제작하는 것이 핵심이다. 교사가 수업 콘텐츠로서 동영상 자료 제작 시 고려 사항은 다음과 같다.

- 목표와 내용의 명확성: 동영상을 제작하기 전에 학습 목표를 명확히 설정하고, 그에 따라 내용을 선정해야 한다. 동영상의 목적이 무엇인지, 학생들이 어떤 개념을 이해하고 어떤 기술을 배워야 하는지 명확히 한 후, 이를 효과적으로 전달할 수 있는 콘텐츠를 준비한다.
- 적절한 길이와 구조: 동영상 자료는 주의 집중에 효과적이지만 길이가 너무 길지 않아야 한다. 일반적으로 학생들의 집중력을 고려하여 하나의 동영상은 5~10분 내외로 유지하고 하나의 핵심 개념만을 설명하는 것이 효과적이다. 또한 구조는 논리적이고 일관되어야 한다.
- 시각적 요소의 활용: 프레젠테이션 자료와 마찬가지로, 동영상 자료에서도 시각적 요소는 매우 중요하다. 텍스트, 이미지, 그래프, 차트, 애니메이션 등을 적절히 활용하여 내용을 시각적으로 강화해야 한다. 글자 크기와 색상은 가독성을 고려하여 선택하고, 중요한 부분은 굵게 표시하거나 강조색을 사용해 시각적 주목도를 높인다. 슬라이드나 영상 화면의 배경은 단순하고 깔끔하게 유지하여 학생들의 집중을 방해하지 않도록 한다.
- 음성 내레이션과 음향 효과: 동영상 자료는 교사의 음성 내레이션이 중요한 역할을 한다. 내레이션은 명확하고 속도 조절이 잘되어 있어야 하며, 내용을 쉽게 따라갈 수 있도록 해야 한다. 배경 음악이나 음향 효과는 영상의 분위기를 살리고 집중력을 높일 수 있지만, 과도하게 사용하면 혼란을 줄 수 있으므로 적절한 수준으로 제한하는 것이 좋다.
- 상호 작용 요소의 추가: 플립드 러닝용 영상일 경우, 학생들이 동영상 시청에 적극적으로 참여할 수 있도록 상호 작용 요소를 추가하는 것이 좋다. 퀴즈, 질문, 과제 등을 동영상 중간에 배치하여 학습자가 내용을 확인하고 스스로 반응할 수 있도록 유도한다.
- 접근성과 호환성: 동영상 자료는 정확한 정보의 전달을 위해서 선명하게 제작되어야 하며, 다양한 기기에서 쉽게 접근할 수 있어야 한다. 화질이 좋을수록 파일의 용량이 커지기 때문에 파일을 관리하기 쉽고, 수업에서 잘 활용할 수 있도록 적절히 조절할 필요가 있다. 이를 위해 파일 포맷을 mp4와 같은 표준 형식으로 저장하고, 해상도와 파일 크기를 적절히 조절하여 학생들이 인터넷 환경에 상관없이 원활하게 시청할 수 있도록 해야 한다.

- 학생 피드백을 통한 개선: 동영상 자료가 실제 수업에서 효과적으로 사용되었는지 피드백을 수집하고, 이를 바탕으로 자료를 지속적으로 개선하는 것이 중요하다. 학생들의 이해도와 반응을 바탕으로 콘텐츠의 길이, 난이도, 전달 방식을 조절할 수 있다.

5. 디지털 기반 수업의 실행

에듀테크(EduTech)는 교육(education)과 기술(technology)을 결합한 개념으로, 정보통신기술(ICT), 인공지능(AI), 빅데이터 등 첨단 기술을 교육에 적용하여 학습 효과를 높이고, 교육의 접근성을 확대하는 것을 말한다. 최근 에듀테크의 발달은 전통적인 교실 수업의 모습을 크게 변화시켰다. 교실은 이제 단순한 물리적 공간을 넘어, 디지털 기술이 결합된 학습 환경으로 진화하고 있다. 예를 들어, 다양한 온라인 학습 플랫폼과 가상 교실을 통해 학생들은 시간과 장소의 제약 없이 언제 어디서나 학습할 수 있다. 교실에서는 블렌디드 러닝(blended learning), 플립드 러닝(flipped learning) 등 온라인 학습과 대면 수업을 결합하여 각 방법의 장점을 극대화하는 수업이 활발히 이루어지고 있다. 또한 가상현실(VR)과 증강현실(AR) 기술을 기반으로 하는 메타버스를 활용하여 학생들에게 몰입감 있는 학습 경험을 제공할 수도 있다.

이러한 변화들은 에듀테크가 단순한 도구가 아닌, 교육 패러다임의 변화를 이끄는 핵심 요소임을 보여준다. 학생들은 더 이상 교사로부터 일방적으로 지식을 전달받는 수동적인 학습자가 아니라, 에듀테크를 통해 학습 과정에 적극적으로 참여하고, 자신의 학습을 주도적으로 관리하는 능동적인 학습자로 변화하고 있다. 가정과교사 역시 에듀테크를 활용하여 수업을 더 풍부하게 만들고, 학생들의 참여와 성취를 극대화할 수 있는 새로운 방법들을 모색해야 한다. 이 절에서는 학습 테크놀로지를 활용한 학습 유형과 가정과수업에서 활용할 수 있는 다양한 에듀테크 도구에 대해 알아본다.

1) 디지털 기반 학습의 발달

(1) e-러닝

e-러닝(electronic learning)은 일반적으로 전자 매체(electronic media)를 사용하는 교수-학습 체제를 의미한다. 좁은 의미의 e-러닝은 기술적 관점에서 매체 활용에 초점을 두는 것으로, TV, 비디오, 인터넷 등 전자 매체를 활용하는 모든 학습 또는 컴퓨터 및 인터넷과 같은 통신망을 기반으로 하는 디지털 방송의 의사소통 및 교육 내용을 활용한 학습으로 정의된다.

반면, 넓은 의미의 e-러닝은 인터넷이나 인트라넷을 통한 교수-학습, 또는 훈련 서비스의 설계, 구축, 관리를 포함한다(이성흠 외, 2009). e-러닝은 주로 컴퓨터와 인터넷을 통해 온라인으로 진행되며, 시간과 장소에 구애받지 않고 학습할 수 있다. 강의 자료, 동영상 강의, 온라인 퀴즈 및 토론 포럼 등 다양한 형태가 가능하며, 대규모 학습자들에게 교육을 제공하는 데 효과적이다.

(2) m-러닝

m-러닝(mobile learning)은 e-러닝에 포함되는 하나의 학습 방법으로, 전자 매체 중 모바일 환경으로 구현되는 휴대폰이나 개인용 휴대 단말기 등과 같은 통신 매체로 이루어지는 학습 방법이다.

m-러닝은 e-러닝의 시공간을 초월한 교육에 이동 가능성(movability)을 추가하는 새로운 학습 형태이다. 따라서 언제 어디서든 원할 때 모바일 기기를 활용하여 다양한 콘텐츠에 접근할 수 있으며, 모바일 기기에 부착된 마이크로폰이나 카메라, 센서 등을 활용하여 정보를 손쉽게 수집할 수 있고, 자신의 학습 능력에 따라 학습 속도를 스스로 조절할 수 있다(이성흠 외, 2017).

(3) u-러닝

유비쿼터스(ubiquitous)라는 말은 라틴어로 "어디에나 존재한다"는 의미로, u-러닝(ubiquitous learning), 즉 유비쿼터스 러닝은 학습자가 언제 어디에서나 원하는 내용을 학습할 수 있는 학습 환경을 의미한다. 학습자는 휴대하고 있는 학습 단말기를 통해 각자 자신의 필요와 요구에 따라 다양한 공간에서 다양한 방식으로 학습하게 된다. 따라서 u-러닝은 교육 장소의 융통성, 맞춤형 교수-학습 방법, 현장성 높은 실시간 학습 등 m-러닝의 특성을 모두 포함하면서 학습과 일상생활이 통합되는 특징을 가진다.

표 4-13 e-러닝, m-러닝, u-러닝 비교

구분	e-러닝	m-러닝	u-러닝
학습 공간	• 안정된 물리적 공간에 위치한 가상 공간에서 학습	• 물리적 공간에서 이동하면서 가상 공간을 통해 학습	• 물리적 공간에 내재되어 있는 가상 공간을 의식하지 않으면서 일상적인 물리적 공간에서 하는 학습
학습 활동	• 온라인과 오프라인에서 이루어지는 학습 활동이 분리됨	• 온라인과 오프라인에서 이루어지는 학습 활동이 여전히 분리됨	• 물리적 공간과 학습 공간에 존재하는 사람 모두에게 센서, 칩, 라벨 등을 지능화·통신망화하며, 정보화 영역이 온라인, 오프라인으로 통합된 학습 활동
학습 발생 시점	• 접속하고 있을 때: 학습 공간과 일상생활이 분리됨	• 접속하고 있을 때: 학습 공간과 일상생활이 분리됨	• 생활하고 있을 때: 학습 공간과 일상생활이 통합됨
학습 매체	• PC 단말기 기반, PC의 통신망 기반	• PDA 모바일 전화기, 태블릿 PC, 물리적으로 이동하면서 사용 가능한 모바일 장비	• 입거나 들고 다니는 컴퓨터, 다양한 차세대 휴대 장비와 휴대 장비 통신망 기반
주요 기술	• 인터넷, 유선 통신망, 웹 기술 활용	• 무선 인터넷 활용	• 무선 인터넷, 웹 현실화(web presence) 기술 활용

출처: 이성흠 외(2017).

2) 블렌디드 러닝

블렌디드 러닝(blended learning)은 전통적인 대면 수업과 온라인 학습을 결합한 교육 방식으로, 각 방법의 장점을 조합하여 학습의 유연성과 효율성을 극대화하는 학습 모델이다. 온라인 교육은 교실 수업에 비해 상대적으로 공간적 · 시간적 제약이 적다는 장점이 있지만 수업 준비에 비용과 시간이 많이 들고, 학습자의 학습 몰입의 약화, 중도 탈락, 소통과 관리의 어려움 등의 문제점들이 있다.

이를 극복하기 위해 온라인 교육에 오프라인의 교육의 장점을 혼합한 블렌디드 러닝이 등장하게 되었다. 면대면 교육이 필요한 부분은 오프라인 교육에서 담당하고, 그 외의 부분은 온라인 교육이 담당하는 형태로 역할을 분산하여 운영하는 것이다. 오늘날의 블렌디드 러닝은 온라인과 오프라인의 단순한 통합을 넘어, 학습 효과성, 효율성, 매력성을 높이기 위해 두 환경의 장점을 활용하는 학습, 혹은 학습의 접근성, 편리성, 융통성 등을 높일 수 있는 학습자 중심의 학습을 의미하게 되었다.

블렌디드 러닝의 특징

- 다양한 학습 경로: 블렌디드 러닝은 학습자가 다양한 학습 경로를 통해 학습할 수 있게 한다. 예를 들어, 온라인 플랫폼에서 제공되는 강의 자료를 통해 기본 개념을 익힌 후 교실에서 이를 응용하고 심화하는 활동을 진행할 수 있다.
- 유연한 학습 시간: 온라인 학습 부분은 시간과 장소에 구애받지 않고 학습할 수 있는 유연성을 제공한다. 학습자는 자신의 학습 속도에 맞춰 공부할 수 있으며, 필요할 때 반복 학습이 가능하다.
- 대면 수업의 강화: 대면 수업에서는 주로 토론, 실습, 문제해결 활동이 이루어지며, 온라인 학습에서 습득한 지식을 실제 상황에 적용하고 확장할 수 있다. 이로 인해 학습의 깊이가 더해지고, 학생들 간의 상호 작용이 촉진된다.
- 개인 맞춤형 학습: 블렌디드 러닝은 학습자의 학습 스타일과 요구에 맞춰 개별화된 학습 경험을 제공할 수 있다. 온라인 학습은 개인의 필요에 따라 조정할 수 있고, 교사는 대면 수업에서 개별 학생의 이해도를 파악하고 추가적으로 지원할 수 있다.

3) 플립드 러닝

플립드 러닝(flipped learning)은 '거꾸로 교실', '거꾸로 학습' 등으로 불리며, 그 이름에서 알 수 있듯이 기존의 전통적인 교육 방식을 뒤집어 혁신적으로 변형한 수업 방식이다. 플립드 러닝은 2000년대 중반에 미국의 교사인 존 버그만(Jon Bergman)과 애런 샘스(Aaron Sams)가 고등학교에서 과학을 가르치는 과정에서 강의식 수업 중 학생들이 수업을 빠지거나 이해하지 못하는 문제를 해결하기 위해 수업 내용을 동영상으로 제작하여 학생들이 집에서 이를 시청할 수 있도록 한 것에서 시작되었다.

이들은 학생들이 집에서 비디오 강의를 통해 수업 내용을 미리 학습하고 교실에서는 이 내용을 바탕으로 한 문제 해결, 토론, 실험 등 심화 학습 활동을 진행하였다. 그 결과 교실 수업이 단순한 정보 전달에서 벗어나 학생들이 더 깊이 이해하고 실제적인 문제를 해결할 수 있는 의미 있는 활동으로 채워졌고, 교실 공간은 일방적으로 수업을 듣는 곳이 아니라, 창의적이고 협력적인 학습 공간이 되었다. 플립드 러닝의 다양한 장점이 국내에도 소개되면서 우리나라 교실에서도 활발히 실행되고 있다.

플립드 러닝의 가장 큰 장점은 학생들의 자기 주도적 학습을 촉진하는 것이다. 학생들은 각자의 속도에 맞춰 학습할 수 있으며, 수업 전에 충분히 이해하지 못한 부분이 있더라도 반복해서 학습할 수 있다. 이러한 사전 학습을 통해 학생들은 교실에서 보다 적극적으로 참여할 수 있으며, 교사는 수업 시간을 활용해 학생들이 깊이 있는 이해를 할 수 있도록 도울 수 있다. 또한, 플립드 러닝은 교사와 학생 간의 상호 작용을 강화한다. 전통적인 수업에서 교사는 대부분의 시간을 강의하는 데 할애하지만, 플립드 러닝에서는 학생들이 이미 학습한 내용을 바탕으로 질문을 하거나, 교사와 함께 문제를 해결하는 시간을 가지게 된다. 이로 인해 수업은 보다 학생 중심으로 이루어지며, 교사는 각 학생의 필요에 맞춘 개별 지도를 제공할 수 있다. 마지막으로 학습효과를 높일 수 있다. 학생들은 교실에서 학습한 내용을 즉시 응용함으로써 이를 더 잘 내면화할 수 있다. 또한, 협력학습을 통해 학생들은 서로의 생각을 공유하고, 다양한 시각에서 문제를 해결할 수 있게 된다.

'FLIP'이라는 용어는 거꾸로 교실의 핵심 요소를 설명하는 네 가지 요소로 구성된다. 첫째, 유연한 환경(Flexible environment)은 학생들이 자유롭고 변동 가능한 환경을 만들어 주는 것을 의미한다. 둘째, 배움의 문화(Learning culture)는 교실 수업이 교사의 가르침 중심에서 학생들의 배움 중심으로 전환되는 것을 강조한다. 셋째, 의도된 콘텐츠(Intentional contents)는 사전 수업 영상을 준비할 때 수업의 의도를 분명하게 설정하는 것을 의미한다. 마지막으로, 전문 교육자(Professional educator)는 교사가 항상 배우고, 어떻게 가르칠 것인지 고민하며, 전문성을 지속적으로 발전시켜야 함을 의미한다(정형권, 2023).

따라서 플립드 러닝을 실행할 때, 교사는 전통적인 강단에서 일방적으로 지식을 전달하는 역할을 넘어서, 학생들의 곁에서 함께 학습하는 동반자가 되어야 한다. 교사는 학생들과 동일한

플립드 러닝의 진행 방식

1. 교사는 수업 내용을 미리 10~15분 분량의 영상으로 제작한다. (45분 수업에서 꼭 설명해야 하는 내용을 간추려서 영상에 반영한다.)
2. 학생들은 수업 시작 전에 미리 영상을 보고 수업에 참여한다. (집에서 보고 올 수도 있고, 학교에서 쉬는 시간이나 점심시간을 활용하기도 한다.)
3. 수업은 참여식 수업으로 진행된다. 핵심 내용을 이미 파악한 상태에서 다양한 모둠활동으로 주어진 과제를 해결한다.
4. 평가 및 시험은 기존과 같은 방식으로 치른다.
5. 학생들은 시험을 준비할 때 선생님의 설명 영상을 다시 볼 수 있다.

출처: 정형권(2023).

표 4-14 중학생을 위한 가정과 거꾸로 문제 중심 학습(FPBL) 교수-학습 과정안 예시

<table>
<tr><td>성취 기준</td><td colspan="3">[9기가02-10] 가족의 건강과 환경을 고려한 식품 선택의 중요성을 이해하고, 식품을 안전하게 관리하고 보관하는 방법을 탐색하여 실생활에 활용한다.</td></tr>
<tr><td>수업 단원</td><td colspan="3">Ⅱ. 안전한 가정생활 2. 건강과 환경을 지키는 식품 선택과 보관</td></tr>
<tr><td>교육 목표</td><td colspan="3">식품 선택 및 보관과 같은 행동이 건강, 환경, 안전에 미치는 영향의 예측을 통하여 '건강과 환경을 지키는 식품 선택'과 '안전한 식품 관리 및 보관'의 중요성을 알고, 다양한 온라인 수업 도구를 활용하여 바람직한 식품 선택 및 보관 행동을 탐색하고 실생활에서 실천할 수 있는 능력을 기른다.</td></tr>
<tr><td>FPBL 문제</td><td colspan="3">[순간의 선택(feat. 나비 효과) 미션 공모전에 참가하라]
TV 예능 프로그램 먹방 특집 미션 공모전에 참가하게 되었다. 공모전 주제는 '건강하고 안전한 식품 행동 미션 개발'이며, ① '가족의 건강과 환경을 고려한 식품 선택 행동' 또는 ② '안전한 식품 관리와 보관 행동' 중 하나의 주제를 선택하여 멤버들이 수행할 미션을 만들어야 한다. '식품 선택', '식품 관리·보관' 행동이 '건강·환경·안전'에 미치는 영향(나비 효과)을 예측하고 바람직한 행동 미션을 개발해 보자.</td></tr>
<tr><td>학습 목표</td><td colspan="3">1. 가족의 건강과 환경을 고려하여 식품을 선택할 수 있다.
2. 식품을 안전하게 관리하고 보관하는 방법을 스스로 탐색하여 실생활에 적용할 수 있다.</td></tr>
<tr><td>1~2차시
[수업 주제]
수업 목표</td><td colspan="3">[식품 선택과 보관, 그것이 알고 싶다]
1. 식품 행동에 따라 건강, 환경, 안전에 미치는 영향(나비 효과)을 예측할 수 있다.
2. 건강, 환경, 안전을 고려한 식품 선택과 관리·보관 방법을 탐색할 수 있다.</td></tr>
<tr><td rowspan="3">FPBL
수업 과정에
따른 내용</td><td>디딤 학습</td><td>**1. 디딤 영상 시청으로 동기 유발**
• 코로나 이후 식생활 트렌드 변화: 식품 선택 행동에 따른 나비 효과 생각해 보기
• DISC 성격 유형 검사 안내
• 이질적 모둠 구성을 위한 사전검사 응시 후 결과 제출하기</td><td rowspan="2">1차시</td></tr>
<tr><td rowspan="2">교수-학습</td><td>**2. 도입**
• 수업 분위기·환경 조성: DISC 성격 유형 검사 결과를 반영하여 구성한 모둠 안내, 모둠별 착석 지도, 적극적 참여 의지 다지기
• FPBL 수업 안내 영상 시청: 수업 방식, 학습 진행 과정, 평가 안내
3. 문제 제시
• 영상 피드백: 디딤 영상을 통해 알게 된 것 파악 및 피드백(띵커벨 퀴즈)
• 문제 상황 인식: 포스터 및 영상 자료 활용
• 최종 과제물 양식, 평가 기준 인식 및 모둠별 주제 선택하기
4. 잠정적 해결 방안 찾기
• 문제해결을 위한 생각 기록: 브레인스토밍</td></tr>
<tr><td>**5. 문제해결을 위한 사실 찾기**
• 문제해결을 위한 지식과 정보 종합·정리: 토의(알고 있는 것-알아야 하는 것 구분하기, 알아내는 방법 찾기)
6. 추가 읽기 자료 제시
• 추가적 학습 자료(문제해결을 위한 관련 개념 및 사례) 제시하기
7. 학습 과제 정하기
• 문제해결을 위해 더 필요한 사항(알아야 하는 것, 알아내는 방법) 정하기
8. 실천 계획 수립
• 모둠 구성원의 역할 분담 및 문제해결을 위한 구체적 계획 수립하기</td><td>2차시</td></tr>
</table>

(계속)

<table>
<tr><td>3~4차시
[수업 주제]
수업 목표</td><td colspan="3">[잘 골라 먹기], [잘 두고 먹기]
1. 조사한 자료를 바탕으로 토론 활동을 통해 적절한 문제해결 방안을 찾을 수 있다.
2. 식품 행동에 따른 나비 효과를 고려한 바람직한 문제해결 방안을 선택할 수 있다.</td></tr>
<tr><td rowspan="3">FPBL 수업 과정에 따른 내용</td><td>디딤 학습</td><td>6. 디딤 읽기 자료 및 동영상 자료 제시
• 모둠에서 선택한 주제와 관련된 자료 탐색하기</td><td rowspan="2">3차시</td></tr>
<tr><td rowspan="2">교수-학습</td><td>9. 문제해결 단계
• 모둠원 각자 조사해 온 자료 공유하기
• 가족의 건강과 환경을 고려한 식품 선택 행동 또는 안전한 식품 관리와 보관 행동 개발하기
10. 문제 후속 단계
• 교사 피드백을 반영하여 문제해결 방안 수정·보완하기</td></tr>
<tr><td>11. 결과물(발표 자료) 제작
• 모둠의 문제해결 방안을 효과적으로 전달할 수 있는 템플릿 선정하기
• 선정된 템플릿을 활용하여 결과물(발표 자료) 제작하기
• 4차시 수업 종료 전, 제작 중인 발표 자료 및 모둠 활동지 제출하기</td><td>4차시</td></tr>
<tr><td>5~6차시
[수업 주제]
수업 목표</td><td colspan="3">[잘 써먹자 챌린지]
1. 최종 선정된 문제해결 방안의 결과물 제작 및 발표를 통해 건강, 환경, 안전을 고려한 식품 행동을 공유할 수 있다.
2. 문제해결 방안을 실생활에 적용할 수 있다.</td></tr>
<tr><td rowspan="3">FPBL 수업 과정에 따른 내용</td><td>디딤 학습</td><td>• 교사의 피드백 확인 후 수정 계획 수립하기</td><td rowspan="2">5차시</td></tr>
<tr><td rowspan="2">교수-학습</td><td>11. 최종 결과물 제작
• 피드백 내용을 반영하여 최종 결과물 제작 및 발표 연습하기
• 5차시 수업 종료 전, 최종 결과물, 모둠 활동지 제출하기</td></tr>
<tr><td>11. 최종 결과물 발표
• 결과물 발표 및 질의 응답하기
12. 문제 결론과 해결 이후
• 학습 내용 정리하기 및 자기평가, 동료평가 하기
13. 실행
• 문제해결 방안의 실생활 적용 계획 수립 및 실행 과제(수행평가) 수행하기</td><td>6차시</td></tr>
</table>

출처: 유지선·채정현(2021).

눈높이에서 그들의 학습 과정을 지원하며, 학생들이 스스로 탐구하고 지식을 발견할 수 있도록 이끄는 안내자의 역할을 맡아야 한다. 또한, 가정에서는 부모가 자식에게 일방적으로 지식을 전달하는 방식에서 벗어나, 서로 배우고 가르치는 동료 관계를 형성하여 함께 성장해 나가는 방향을 지향해야 한다(정형권, 2023).

표 4-14는 유지선과 채정현(2021)이 거꾸로 문제 중심 학습(FPBL)의 수업 과정 13단계에 따라 개발한 교수-학습 과정안 예시이다.

4) 가정과수업에서 활용할 수 있는 다양한 에듀테크 도구들

수업에서 활용할 수 있는 다양한 온라인 플랫폼들이 등장하고 있다. 이를 잘 활용하면 수업 목표에 적합한 다양한 수업 방식과 콘텐츠를 제공함으로써 학생들의 흥미와 동기를 촉진할 수 있고 학생들의 참여와 상호 작용을 높일 수 있다. 교사는 이러한 도구를 활용하여 수업을 효과적으로 계획하고 실행할 수 있으며, 학생들에게 효율적으로 피드백을 제공할 수 있기 때문에 개별화된 맞춤형 지도를 하는 데 도움을 받을 수 있다. 각 앱은 무료 버전과 유료 버전에서 제공하는 기능이 다르므로 사용 전 확인이 필요하다.

(1) 패들렛

패들렛(https://padlet.com)은 참여자가 가상 게시판에 자유롭게 다양한 형식의 콘텐츠를 업로드하고 공유할 수 있는 실시간 협업 플랫폼이다. '담벼락', '스트림', '그리드', '셸프' 등의 여러 유형의 게시판 형식을 제공하며, 텍스트나 이미지, 영상뿐만 아니라 유튜브 영상도 삽입할 수 있다. QR 코드, 이메일, 링크 등을 통해 쉽게 접속할 수 있으며, 로그인하지 않아도 게시글과 댓글을 작성할 수 있어 접근성이 높다는 점이 큰 장점이다. 또한 게시판의 내용을 손쉽게 공유하거나 복제할 수 있고 pdf 형식으로도 저장할 수 있다.

패들렛 QR 코드

패들렛에 수업에 필요한 자료를 업로드해 두면 학생들이 언제든 이를 손쉽게 활용할 수 있으며, 학생들의 수업 활동을 누적적으로 기록하여 학생 개인별 포트폴리오로도 활용할 수 있다. 또한 게시판의 복제가 간편하여 하나의 게시판을 생성하여 자료를 올린 후, 여러 학급용으로 복제해서 활용할 수도 있다.

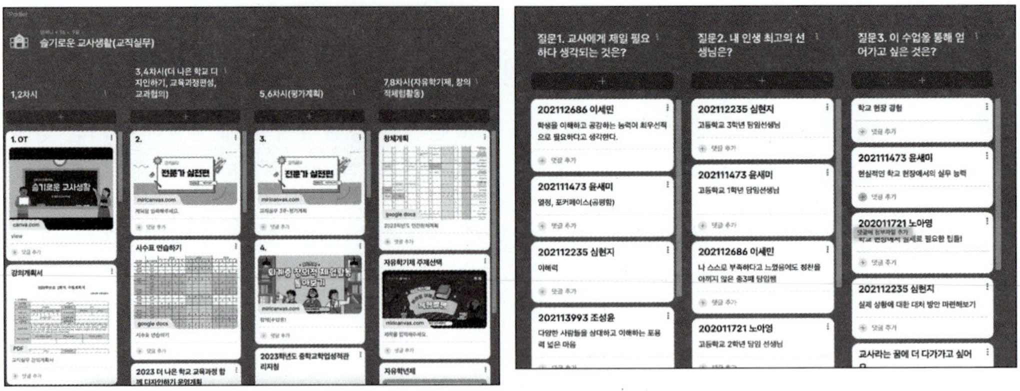

그림 4-10 가정교육과 교직 실무 과목 수업에 패들렛을 활용한 사례

자료 제공: 유영선 장학사님(강원특별자치도교육청).

그림 4-10은 가정교육과 학부 수업(교직 실무) 과목 수업에 패들렛을 활용한 사례이다. 교수는 매 주차마다 학생들에게 필요한 자료인 강의 계획서, 수업 전 과제, 과제물 제출 양식, 주차별로 배우는 관련 영상 및 기사 등을 미리 게시판에 업로드하여 학생들이 자유롭게 활용할 수 있도록 하였다. 수업 시간 중에는 모둠 활동 내용, 개인별 의견 등을 업로드하여 학생들끼리 수업 과정과 결과에 대해 상호 피드백할 수 있도록 하고 있다.

(2) 퀴즈앤

퀴즈앤(https://www.quizn.show)은 퀴즈쇼, 협업 보드, 인터랙티브 비디오를 실시간으로 공유할 수 있는 플랫폼이다. 퀴즈쇼는 OX, 단답, 초성, 선택형 등 다양한 형식의 퀴즈를 제공하며, 협업 보드에는 '방 탈출', '담벼락', '파일 첨부' 등의 기능이 있다. 또한, 인터랙티브 비디오 기능을 통해 영상 중간에 퀴즈를 추가할 수 있다.

퀴즈앤 QR 코드

학생들은 URL, QR 코드, 또는 PIN 번호를 통해 손쉽게 플랫폼에 접근할 수 있으며, 실시간 소통과 협력이 가능하다. 다양한 기능을 활용하여 용도에 맞게 적절하게 사용할 수 있으며, 홈페이지에 자세한 사용 방법이 안내되어 있어 쉽게 익힐 수 있다. 다만, 10명 이상이 사용할 경우 유료 버전을 이용해야 한다.

수업에서는 온라인과 오프라인 수업을 혼합하는 블렌디드 러닝이나 플립드 러닝을 진행할 때 유용하게 활용될 수 있다. 플립드 러닝에서는 인터랙티브 비디오를 통해 학생들이 영상을 단

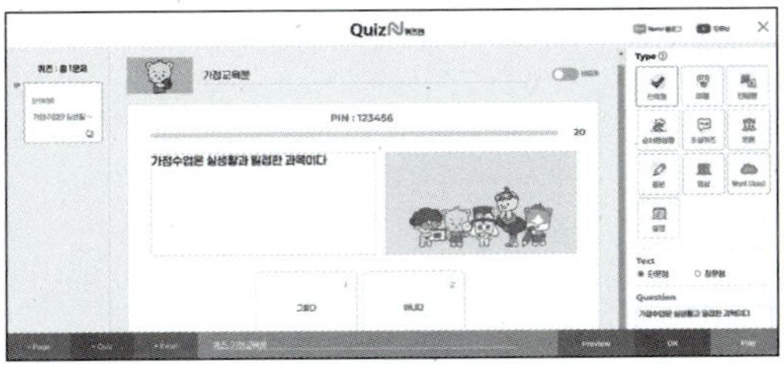

퀴즈앤 보드 편집 화면

퀴즈앤 퀴즈쇼 편집 화면

그림 4-11 퀴즈앤

순히 틀어 놓는 상황을 방지할 수 있으며, 퀴즈는 대면 수업과 온라인 수업 모두에서 각각의 상황에 맞춰 적절하게 사용할 수 있다.

(3) 띵커벨

띵커벨(https://www.tkbell.co.kr)은 퀴즈, 토의 · 토론, 보드, 워크시트, 게임 등 수업 시간에 활용할 수 있는 다양한 기능을 제공하는 수업 플랫폼이다. 주요 기능은 다음과 같다.

띵커벨 QR 코드

- 퀴즈: OX, 선택형, 단답형, 투표 형식 등
- 토의 · 토론: 찬성 · 반대, 신호등, 설명형 등
- 보드: 출석부, 타임라인, 롤링페이퍼, 만다라트 등
- 게임: 가로세로 단어 찾기, 카드 짝 맞추기 등
- 워크시트: 학습 활동지를 웹상에서 제작하고 배포 가능

학생들은 교사가 제공하는 방 번호와 자신이 정한 닉네임을 입력하여 쉽게 띵커벨에 참여할 수 있다. 워크시트 기능을 활용해서 학습지를 제작하면 출력, 저장, 수업 시간 활용 등 다양한 활동지 관리를 할 수 있어 유용하다. 이를 통해 활동지를 잃어버리거나 파손되는 문제를 방지할 수 있으며, 수업 시간에 활동지를 가져오지 못한 학생들로 인한 고민도 없앨 수 있다. 수업에서는 학생 참여를 유도하는 다양한 활동을 통해 학습 효과를 극대화할 수 있다. 시각적으로 결과를 제공해 주어 학생들과 함께 결과물을 보며 수업을 진행하기 용이하다. 또한, 활동 자료에 대한 기록 관리도 용이하다.

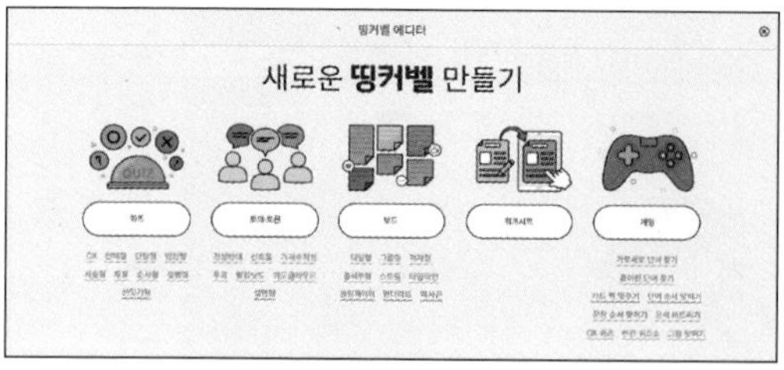

띵커벨 제작 화면

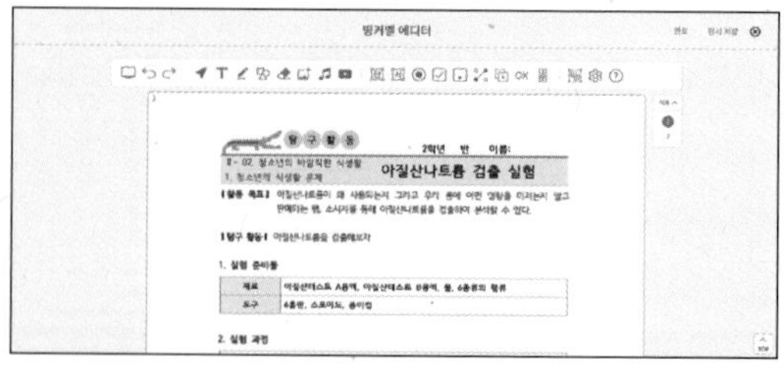

띵커벨 워크시트 편집 화면

그림 4-12 띵커벨

(4) 멘티미터

멘티미터 QR 코드

멘티미터(https://www.mentimeter.com)는 실시간 투표와 설문 조사를 진행할 수 있는 온라인 플랫폼이다. 학생들의 응답은 워드 클라우드, 막대그래프 등 다양한 형태로 시각화되어 나타나며, 질문이나 피드백을 받을 수 있는 기능도 제공한다. 사용자가 선택하는 모형에 따라 단답식, 주관식, 퀴즈 등으로 활용할 수 있는 점이 특징이다.

멘티미터는 학생들의 다양한 의견을 받아 시각화하여 교실 내에서 공유할 수 있다. 이를 통해 실시간으로 쌍방향 소통이 가능하며, 학생들에게 결과가 익명으로 제공되어 자신의 의견을 자유롭게 제시할 수 있는 환경을 조성한다. 이러한 점은 학생의 참여를 높이는 데 기여한다.

특정 주제에 대해 학생들이 자신의 의견을 제시하고 서로의 의견을 살펴보는 수업에 적합하게 활용할 수 있다. 예를 들어, '나는 어떤 상황에서 내 스스로가 자랑스럽나요?'와 같은 주관적인 질문에 대해 각자의 생각을 들어 보며 깊게 고민해 볼 수 있는 시간을 제공할 수 있다. 또한,

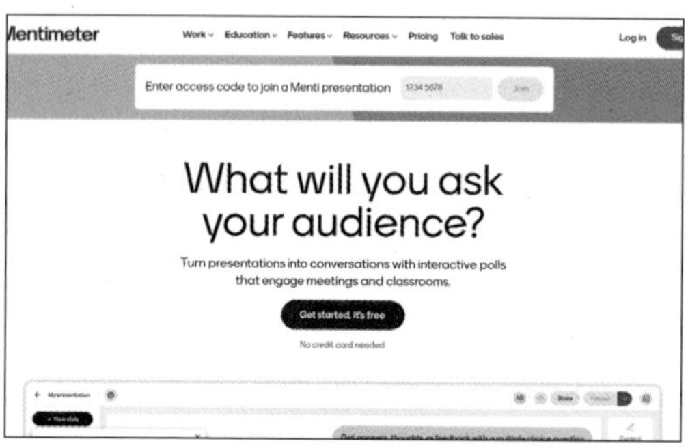

멘티미터 홈페이지

멘티미터 예시

그림 4-13 멘티미터

학생들의 의견을 수렴할 수 있어 수업 시간뿐만 아니라 학급 운영 시간에도 유용하게 사용할 수 있다.

(5) 퀴즐렛

퀴즐렛(https://quizlet.com)은 학습자들이 다양한 주제를 효과적으로 공부할 수 있도록 돕는 디지털 학습 도구로, 플래시 카드, 퀴즈, 게임 등의 학습 자료를 생성하고 활용할 수 있는 기능을 제공한다. 교사는 학생들이 학습해야 할 내용을 플래시 카드로 만들어서 수업 전후, 혹은 수업 중에 활용할 수 있다. 주로 단어 학습에 많이 사용되지만, 가정과수업에서는 중요한 개념을 복습해야 할 때 활용 가능하다. 다른 사용자들이 이미 만들어 놓은 플래시 카드를 복제해서 그대로 활용할 수도 있기 때문에 플래시 카드를 만들기 전에 관련 주제를 검색해서 손쉽게 수정하거나 사용할 수 있다. 최근에는 소그룹 게임 기능 등이 추가되어 교실 내에서 학생들이 흥미를 유지하면서 학습에 참여할 수 있다. 퀴즐렛의 주요 기능은 다음과 같다.

퀴즐렛 QR 코드

- 플래시 카드: 퀴즐렛의 기본 기능으로, 학습자는 텍스트, 이미지, 오디오 등을 사용해 플래시 카드를 만들 수 있다. 플래시 카드를 반복적으로 학습함으로써 개념을 암기하고 이해하는 데 도움을 준다.

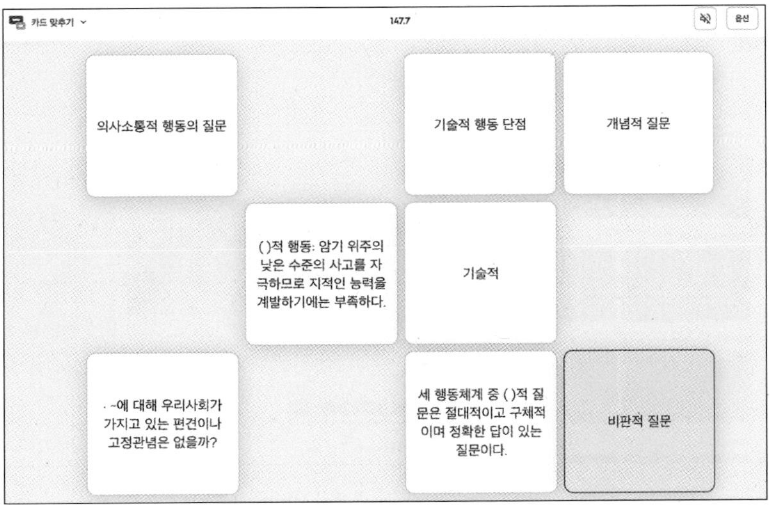

그림 4-14 퀴즐렛 학습하기(학생) 예시

- 학습모드: 학생들은 학습모드를 활용해 복습 혹은 테스트를 진행할 수 있고, 교사는 학습 진행 정도를 실시간으로 확인할 수 있다.
- Quizlet Live: 학생들이 팀을 이루어 협동학습을 할 수 있다. 교사는 이 기능을 통해 학급 전체를 여러 팀으로 나누고, 각 팀이 경쟁하면서 학습 목표를 달성할 수 있도록 할 수 있다.

(6) 미리캔버스

미리캔버스(https://www.miricanvas.com)는 PPT, 카드 뉴스, 동영상 등 수업에서 필요한 대부분의 자료를 디자인할 수 있는 플랫폼이다. 수업 자료나 학생들에게 안내할 자료를 만드는 데는 많은 시간과 노력이 소요되는데, 미리캔버스를 사용하면 이러한 부담을 크게 줄여 교사의 교사의 업무 부담을 줄일 수 있다. 다양한 기본 템플릿과 무료 영상 등을 제공하고 있기 때문에 원하는 디자인을 선택하고 이를 자유롭게 활용하며, 다른 요소를 추가하여 자신만의 디자인을 만들 수 있다. 또한, 미리캔버스 내에서 사용되는 그림, 사진, 영상, 글꼴 등은 모두 저작권 걱정 없이 사용할 수 있다는 점이 큰 장점이다. 최근에는 AI 기능과 이미지 편집 기능 등이 강화되어 다양한 활용 범위가 더 늘어났다. 미리캔버스는 교사뿐만 아니라 학생들이 발표 자료를 만들거나 포트폴리오를 작성할 때도 유용하게 활용할 수 있다.

미리캔버스 QR 코드

그림 4-15 미리캔버스 제작 화면(PC)

(7) X-mind

X-mind(https://www.xmindkorea.net)는 PC 및 모바일 기기로 쉽게 마인드맵을 작성할 수 있는 앱으로 다양한 템플릿과 디자인을 활용할 수 있다.

간단한 조작으로 마인드맵을 작성할 수 있으며, 여러 디자인과 색으로 자신만의 마인드맵을 만들 수 있다. 무료 버전으로도 많은 기능을 사용할 수 있다. 마인드맵 자료를 이미지나 pdf 등으로 변환하여 저장할 수 있어 학생 활동 자료를 보관하기도 용이하다. 교사는 마인드맵을 사용하여 내용을 구조화하여 제시할 수 있고, 학생도 배운 내용을 정리하거나 아이디어를 확장하기 위한 도구로 사용할 수 있다.

X-mind QR 코드

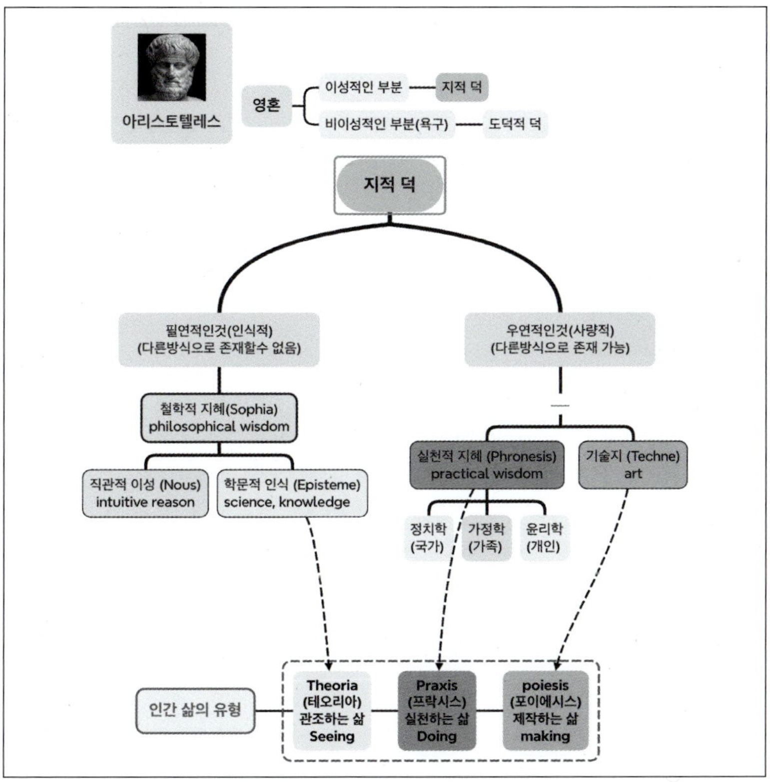

그림 4-16 X-mind로 제작한 가정과교육론 수업 자료

(8) Vrew

Vrew(https://vrew.imweb.me/home)는 영상 편집을 쉽게 할 수 있는 프로그램으로, 문서 편집을 하듯이 영상 편집이 가능하다. 편집할 영상을 업로드하면 AI가 영상에 포함된 음성을 텍스트로 변환하여 제공한다. 불필요한 텍스트를 편집하면 해당 부분의 영상이 함께 편집된다. 이렇게 영상 편집을 배우지 않은 사람도 누구나 쉽게 영상 편집을 할 수 있다는 점이 Vrew의 가장 큰 장점이다. Vrew는 유튜브에 사용 방법에 대한 상세한 설명을 제공하고 있어 학생들이 영상을 제작할 때에도 활용하기 좋다.

Vrew QR 코드

또한 pdf 자료를 영상으로 자동으로 만들어 주는 기능이 있어서 ppt로 제작한 수업 자료를 pdf로 변화하여 업로드하면 원하는 조건에 맞는 영상 강의로도 제작할 수 있다.

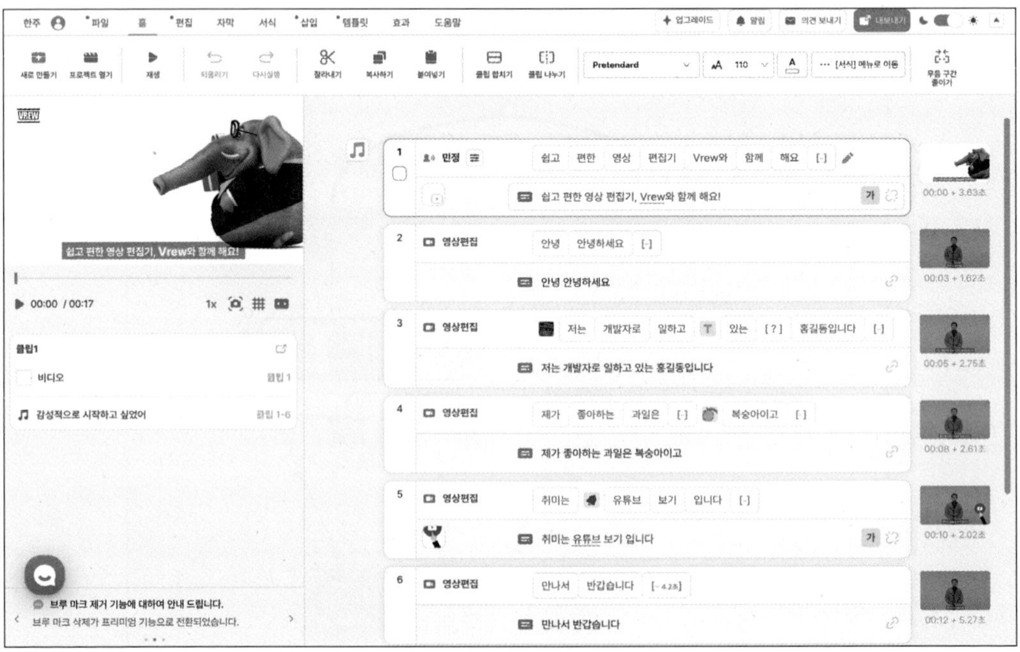

그림 4-17 Vrew 편집 화면(PC)

(9) 클로바노트

클로바노트(https://clovanote.naver.com)는 AI 음성 기술을 활용하여 기록하는 프로그램이다. 음성을 텍스트로 변환하여 제시해 주는 기능과 요약, 정리 등의 기능까지 갖추고 있다. 교사는 클로바노트를 활용하여 회의나 수업 내용을 기록할 수 있고, 이를 요약된 형태로 확인할 수 있기 때문에 자료 정리 시간을 아낄 수 있다. 휴대폰으로 손쉽게 녹음하고 파일을 관리할 수 있기 때문에 교사의 수업 성찰 일지를 작성할 때도 유용하다. 수업이 끝나고 느낀 점이나 수정해야 할 사항을 그때그때 음성으로 남겨서 자신의 수업을 개선하는 용도로 활용할 수 있다. 또한 학생들과의 면담 내용을 기록하여 학생의 발달 과정을 체계적으로 관리하고 추후 면담 시 참고 자료로 활용할 수 있다.

클로바노트 QR 코드

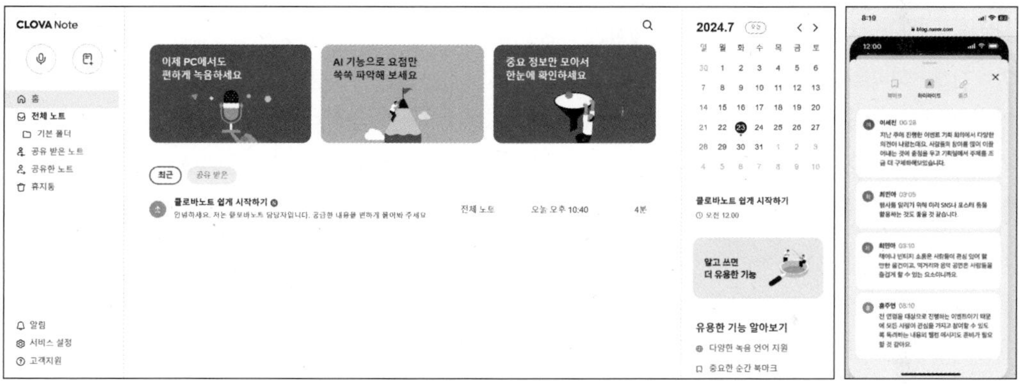

클로바노트 메인 페이지(PC)　　　클로바노트(휴대폰)

그림 4-18 클로바노트

단원 마무리

1. 수업 설계란 학습자의 특성, 수업 내용, 학습 환경 등 교수-학습에 영향을 미치는 다양한 요소들을 고려하여 수업 목표를 효과적으로 실현할 수 있도록 수업의 전 과정을 계획하는 활동이다. 수업 설계에 도움을 주는 수업 모형으로 ADDIE 모형, 딕과 캐리 모형, 켈러의 ARCS 동기 설계 모형이 있다. 각 모형은 수업 설계의 전 과정에 걸쳐, 각 단계별로 이루어져야 하는 구체적인 지침을 제공함으로써, 개발되는 수업 및 교육 프로그램이 효율성, 효과성, 매력성, 일관성 등을 유지할 수 있게 해준다.

2. 수업 설계의 첫 단계는 (교수) 분석에서 시작된다. 이 단계에서는 기대하는 상황과 현재 상황의 불일치의 원인을 파악하는 요구 분석, 학습자의 지적, 개인적·심리적 특성 등을 확인하는 학습자 분석, 학습이 이루어지는 인적 및 물리적 환경을 파악하는 학습 환경 분석, 학생들이 수행하게 될 내용의 성격과 위계 등을 결정하는 학습 과제 분석 등이 이루어진다.

3. 교수-학습 과정안은 학생이 학습 목표를 달성할 수 있도록 하는 교수-학습 과정의 세부 계획에 대한 구체적인 설계이며, 일반적으로 단원 지도 계획과 함께 이루어진다. 한 차시의 교수-학습 과정안은 일반적으로 도입→전개→정리로 구성되며, 학습 목표에 맞는 적절한 수업 내용, 학습 효과를 고려한 적절한 시간 배분, 논리적인 학습 과정의 전개, 능동적인 학생의 참여 유도, 융통성 있는 수업 운영 및 효과적인 교수-학습 자료의 활용 등의 내용이 계획되어야 한다. 백워드 설계는 단원 수준의 수업 계획에 유용하며 학교 현장에서 교사들이 직접 적용할 수 있도록 구체적인 단계와 템플릿을 제공하고 있다.

4. 수업 매체는 교수-학습에서 사용되는 다양한 교재 및 자료를 통칭하는 용어로, 목적은 의사소통과 학습을 촉진하는 것이다. 호반과 데일 등의 학자들은 전통적인 수업 매체를 사실성의 정도에 따라서 구체적인 것에서 추상적인 것으로 분류하였다. 최근에 사용되는 수업 매체들은 대부분 디지털 기술을 기반으로 하고 있으며, LMS, 화상 회의 도구, 디지털 콘텐츠, 실감형 미디어 등이 널리 활용되고 있다. 수업 매체를 설계하기 위한 대표적인 모형인 ASSURE 모형은 학습자 분석에서 시작하여 평가와 수정에 이르는 6단계를 제시하고 있으며, 이 단계를 잘 따를 경우 효과적인 수업을 보장한다는 의미를 내포한다.

5. 에듀테크(EduTech)는 교육과 기술을 결합한 개념으로, 정보통신기술(ICT), 인공지능(AI), 빅데이터 등 첨단 기술을 교육에 적용하여 학습 효과를 높이고, 교육의 접근성을 확대하는 것을 말한다. 이렇듯 디지털 기반의 학습 환경은 학생들을 자신의 학습을 주도적으로 관리하는 능동적인 학습자로 변화시키고 있으며, 초기의 e-러닝의 형태에서 점차 m-러닝, u-러닝의 형태로 확대되면서 학습이 일상생활 속으로 통합되고 있다.
온라인과 오프라인의 장점을 결합한 수업 형태로 블렌디드 러닝과, 블렌디드 러닝의 한 종류로 볼 수 있는 플립드 러닝이 있다. 이러한 수업 방식은 교실 수업이 강의식이 아닌, 학습자의 유의미한 상호 작용으로 이루어지는 데 도움을 준다. 이 외에 패들렛, 퀴즈앤 등 새롭게 등장하는 다양한 에듀테크 도구들을 가정과수업에 적절히 활용하여 학습자의 동기를 높이고 자기 주도적 학습을 도울 수 있다.

1. 다음은 가정과 학습 공동체에서 이루어진 대화이다. <작성 방법>에 따라 서술하시오. [4점] [2020]

> **즐겁게, 열정적으로 참여하는 가정과수업**
>
> 교 사 A: 저는 '저출산·고령 사회와 일·가정 양립' 단원 수업에서 학생들의 참여가 높은 가정 수업을 운영하고 싶어요. 선생님들의 좋은 수업 사례를 알려주시면 감사하겠습니다.
>
> 수석교사: 그럼, 켈러(J. Keller)의 동기 유발 전략을 사용한 사례를 나누어 보죠.
>
> 교 사 B: 저는 출산율 통계 자료 조사와 가족의 변화를 분석한 학생들에게 초콜릿을 주면서 어려운 보고서를 잘 작성했다고 칭찬했어요. 그리고 학생 활동지에 칭찬 도장을 찍어줬어요.
>
> 수석교사: B 선생님은 켈러의 동기 유발 전략 중에서 (㉠) 범주를 중심으로 사용하셨군요.
>
> 교 사 C: 저는 '저출산·고령 사회와 일·가정 양립' 단원에서 ㉡ <u>목적 지향성 전략을 활용</u>했습니다.
>
> 교 사 D: 저는 (㉢) 범주의 하위 전략을 집중적으로 이용했어요. ㉣ <u>'할머니와 로봇' 동영상을 보여준</u> 후에 '인공지능사회에서 가족의 모습은 어떠할까?'라는 질문으로 호기심을 자극하고 학습 활동에 변화를 줬더니 학생들이 탐구적인 자세로 집중하더라고요.
>
> 수석교사: 선생님들 모두 동기 유발 전략을 잘 활용하고 있으시네요. A 선생님도 앞의 사례를 참고하여 학생들이 적극적으로 참여하는 즐거운 수업하시길 바랍니다.

<작성 방법>

- ㉠, ㉢에 해당하는 동기 유발 전략(범주)의 명칭을 순서대로 쓰고, 그렇게 판단한 이유를 각각 1가지씩 쓸 것.
- 밑줄 친 ㉡의 이유를 수업 내용을 포함하여 1가지 쓸 것.
- 밑줄 친 ㉣의 이유를 브루너(J. Bruner)의 '지식의 표상(경험)의 양식'에 근거하여 1가지 쓸 것.

2. 다음 (가)는 가정과교사의 수업 구상 노트이고, (나)는 수업 실행 후 작성한 성찰일지이다. <작성 방법>에 따라 서술하시오. [4점] [2022]

(가)

▣ **수업 주제: 저출산·고령 사회**

[9기가03-06] 저출산·고령 사회가 개인 및 가정생활에 미치는 영향을 인식하고, 가족 친화 문화의 필요성을 인식한다.

1단계: 바람직한 목표 정하기
…(중략)…

2단계: 수용 가능한 증거 결정하기
- 목표: 가족 친화 문화를 만들기 위한 카드 뉴스를 제작하여 홍보한다. - 역할: 카드 뉴스 제작자·홍보자 - 수행: 저출산·고령 사회가 개인 및 가정생활에 미치는 영향을 분석하고, 가족 친화 문화를 만들기 위한 아이디어를 카드 뉴스로 제작해서 홍보해야 한다. … (중략) …

3단계: 학습 경험 계획하기

차시	교수-학습 경험	W	H	E_1	R	E_2	T	O
1	• 저출산·고령 사회의 의미 토의: 하부르타	✓	✓					
	• 저출산·고령 사회가 미치는 영향 파악: (㉠)			✓				
2	• '여성에게 출산 권하는 사회! 찬성 vs 반대': (㉡) 토의·토론			✓	✓			
3~5	• 가족 친화 문화 아이디어 창출: 브레인스토밍, PMI		✓	✓				
	• 개별 역할 분담을 통한 모둠별 카드 뉴스 제작 및 홍보			✓	✓		✓	
	• 모둠별 결과 발표, 동료평가 및 자기평가 실시					✓		✓

(계속)

(나)

저출산·고령 사회 수업에 (㉢) 수업 설계 방식을 적용해 보았다. ㉣ 전통적인 수업 설계 방식을 따랐을 때에 비해 수업과 평가를 좀 더 일관성 있게 계획할 수 있었다.

… (중략) …

1차시에는 학생들이 저출산·고령 사회가 개인 및 가정생활에 미치는 영향을 다양하게 탐색해 볼 수 있도록, 정사각형을 9칸으로 나눈 후 가장 가운데 칸에 핵심 아이디어를 적고 이를 중심으로 나머지 8개의 아이디어를 창안해 나가는 발산적 사고 기법인 (㉠)을/를 활용하였다.

2차시에는 '여성에게 출산 권하는 사회! 찬성 vs 반대'를 주제로 (㉡) 토의·토론 모형을 적용하였다. 이 모형은 특정 주제에 대해 의견이 대립되거나 다양한 견해가 있을 때 이를 대표하는 전문가들이 서로의 입장에서 토론하고 청중과 질의·응답하는 방식으로, 찬반 토론의 특징을 띤다.

저출산 극복을 위해 국가 및 사회에서 출산을 장려해야 한다는 찬성 측 대표 학생 3명과 출산은 개인 선택의 영역이라는 반대 측 대표 학생 3명이, 청중 학생들 앞에서 논제에 대한 입장을 발표하고 토론을 시작하였다. 대표 학생들의 토론이 끝난 후 청중 학생들이 양측 대표 학생들에게 궁금한 점을 질문하면서 함께 토론에 참여했다. 토론 마무리 단계에서는 찬성 측과 반대 측이 최종 의견을 발표하고 청중 학생들도 토론 활동지에 찬성과 반대 중 자신의 최종 입장과 그 이유를 서술하도록 지도하였다.

… (하략) …

<작성 방법>

- 괄호 안의 ㉠에 해당하는 용어를 쓸 것.
- 괄호 안의 ㉡에 해당하는 용어를 쓸 것.
- 괄호 안의 ㉢에 해당하는 용어를 쓰고, ㉢ 수업 설계 방식과 밑줄 친 ㉣의 단계를 비교하여 서술할 것.

3. 다음은 가정과교사가 가네(R. Gag né)의 9가지 교수 활동 순서에 따라 작성한 교수-학습 지도안이다. <작성 방법>에 따라 서술하시오. [4점] [2024]

<table>
<tr><th colspan="2">단원명</th><th>청소년의 건강한 식생활</th><th>차시</th><th>3/4</th></tr>
<tr><td colspan="2"></td><td colspan="3">• 청소년의 식생활 문제의 원인과 해결 방안을 탐색할 수 있다.
• 식생활 문제를 개선하여 건강한 식생활을 실천할 수 있다.</td></tr>
<tr><td colspan="2"></td><td colspan="3">교수-학습 활동</td></tr>
<tr><td rowspan="3">도입</td><td>주의 집중 유발</td><td colspan="3">• 청소년기의 식생활 문제를 다룬 뉴스 영상을 시청한 후 영상을 본 소감을 발표하도록 한다.</td></tr>
<tr><td>학습 목표 제시</td><td colspan="3">• ㉠ 식생활 문제의 원인과 해결 방안을 탐색하는 것이 청소년의 건강과 성장에 도움이 된다는 것을 설명하면서 학습 목표를 제시한다.</td></tr>
<tr><td>선수학습 재생</td><td colspan="3">• 지난 시간에 배운 영양소의 기능에 대한 내용을 확인한다.</td></tr>
<tr><td rowspan="4">전개</td><td>자극 자료 제시</td><td colspan="3">• 모둠별로 영양소를 선정하고 영양소와 관련된 식생활 문제가 담긴 사진 카드를 제시한다.</td></tr>
<tr><td>학습 지침 제공</td><td colspan="3">• 사진 카드에서 영양소의 과잉과 결핍에 따라 식생활 문제를 분류하고 문제의 원인을 분석하도록 한다.
• 건강과 성장을 위한 청소년기 식생활 문제의 해결 방안을 토의하도록 한다.</td></tr>
<tr><td>성취 행동 유도</td><td colspan="3">• 식생활 문제의 원인과 해결 방안에 대해 토의한 결과를 모둠활동지에 작성하고 발표하도록 한다.</td></tr>
<tr><td>(㉡)</td><td colspan="3">• 모둠별 발표 내용을 확인하여 문제점이 있는 경우 알려 주고 보충 설명한다.</td></tr>
<tr><td rowspan="2">정리</td><td>성취 행동 평가</td><td colspan="3">• 학습활동지에 학습 내용을 정리하고 형성평가를 풀어 보도록 한다.</td></tr>
<tr><td>파지 및 (㉢) 향상</td><td colspan="3">• 식생활 문제의 원인과 해결 방안을 다시 알려준다.
• 학습한 내용을 토대로 나와 모둠원의 영양 상태를 분석하고, 식생활 문제를 개선하여 실천하는 방안을 알아보도록 한다.</td></tr>
</table>

<작성 방법>

- 켈러(J. Keller)의 ARCS 동기 유발 전략 중에서 밑줄 친 ㉠에 해당하는 관련성 범주의 하위 전략을 쓸 것.
- 괄호 안의 ㉡에 해당하는 수업 단계를 쓸 것.
- 괄호 안의 ㉢에 해당하는 용어를 쓰고, 그 의미를 서술할 것.

CHAPTER 5

가정과교육에서의 평가

THEORY OF HOME ECONOMICS EDUCATION

1
교육평가의 이해

2
가정교과에서의 평가 유형

3
가정교과에서의 평가 문항 개발

가정과교육에서의 평가

- 1. 교육평가의 이해
  - 1) 교육평가의 개념
  - 2) 교육평가의 목적
  - 3) 교육평가 패러다임의 변화
    - (1) 평가에 대한 인식 전환
    - (2) 과정 중심 평가의 도입 배경
    - (3) 과정 중심 평가의 실천 원리
- 2. 가정교과에서의 평가 유형
  - 1) 평가 기준에 따른 유형
  - 2) 교육 진행 과정에 따른 유형
    - (1) 진단평가
    - (2) 형성평가
    - (3) 총괄평가
  - 3) 평가 내용에 따른 유형
    - (1) 인지적 영역의 학습평가
    - (2) 정의적 영역의 학습평가
    - (3) 운동 기능 영역의 학습평가
  - 4) 평가 주체에 따른 유형
  - 5) 배움과 성장을 촉진하는 도구로서의 수행평가
    - (1) 수행평가의 개념
    - (2) 수행평가의 특징
    - (3) 수행평가 도구
- 3. 가정교과에서의 평가 문항 개발
  - 1) 평가 문항의 개발 절차
  - 2) 수업 목표에 따른 문항 정보표 작성 및 도구 검증
    - (1) 수업 목표 진술하기
    - (2) 문항 정보표 작성하기
    - (3) 평가 도구 검증하기
  - 3) 선택형 평가 문항의 개발
    - (1) 선택형 문항 제작 및 편집 지침
    - (2) 선택형 문항 제작의 실제
    - (3) 선택형 평가 문항의 검토
    - (4) 선택형 평가 문항의 예
  - 4) 서·논술형 평가 문항의 개발
    - (1) 서·논술형 문항 제작 및 편집 지침
    - (2) 서·논술형 평가 문항의 검토
    - (3) 서·논술형 평가 문항의 채점
    - (4) 서·논술형 평가 문항의 예
  - 5) 과정 중심 평가 문항의 개발
    - (1) 수업과 평가의 연계
    - (2) 가정과 과정 중심 평가 운영 절차
    - (3) 가정과 과정 중심 평가를 위한 평가 계획 수립
    - (4) 가정과 과정 중심 평가를 위한 평가 도구 개발
    - (5) 가정과 과정 중심 평가에서 평가 결과의 활용

생각해 보기

01 동기 부여 이론 중 아담스의 공정성 이론에 기초하였을 때, 학생들이 교사와 수업 모두에 만족할 수 있도록 하려면 어떤 방식으로 평가가 이루어져야 할까?

02 교육의 지향점이 달라진 오늘날 전통적인 타일러식 평가 방법의 문제점은 무엇일까?

03 가정과교육의 목표에 비추어 보았을 때, 미래 지향적 가정교과에서의 평가는 어떤 방식으로 이루어져야 할까?

04 가정교과에서 이루어지는 정의적 영역의 학습평가에는 어떤 것이 있을까?

05 전통적 총괄평가의 대안적 평가 방법으로 수행평가가 활용되는 이유는 무엇일까?

06 기존 수행평가와 비교하여 과정 중심 수행평가를 계획할 때 가장 최우선으로 고려해야 할 요소는 무엇일까?

CHAPTER 5

가정과교육에서의 평가

교육평가는 학생들의 학습에 근거하여 이루어질 수 있으며, 교육 프로그램 혹은 교육과정 자체를 대상으로 할 수도 있다. 오늘날 세계 각국은 공교육 경쟁력 강화를 위해 학교교육 체제를 교육과정 중심으로 개선하고, 국가 수준에서의 교육과정 평가와 질 관리를 강조하고 있다. 교육의 질 관리는 학교 현장의 평가가 교육 목표-내용-방법이 일관성을 가질 수 있도록 지원하는 것에서 시작된다고 할 수 있다.

"존재의 질은 앎의 질보다 중요하다. 지식은 교육의 수단이지 그 목적이 될 수 없다. 따라서 교육에서 행해지는 평가는 한 학생이 무엇을 얼마만큼 알고 있는지보다 그 학생이 어떤 사람인지에 관심을 두어야 한다.(성태제, 2022)"는 말의 의미를 되새겨 볼 필요가 있다.

1. 교육평가의 이해

교육평가(educational evaluation)란 단어는 1930년부터 사용되었으며, 개념은 시대적 상황과 평가의 목적에 따라 변화해 왔다. 19세기 미국에서부터 체계적 · 과학적으로 정립되기 시작한 교육평가의 개념과 목적, 최근 교육평가 패러다임의 변화를 살펴보면 다음과 같다.

1) 교육평가의 개념

평가(evaluation)의 사전적 정의는 "사물 또는 그 속성에 대한 가치 판단"을 의미한다. 어떤 사물 또는 그 속성에 대한 가치 판단을 내리자면 반드시 판단의 표준(standard) 또는 준거(criteria)가 있어야 한다. 따라서 교육평가란 일정한 준거를 잣대로 하여 교육의 입력, 과정 및 성과에 대한 가치를 조사 · 판단하는 행위라고 할 수 있다(성태제, 2019).

즉, 평가는 표준 혹은 준거의 설정, 준거에 관한 증거 수집, 이 둘을 비교하는 판단을 포함하는 일종의 의사 결정 과정이다(그림 5-1).

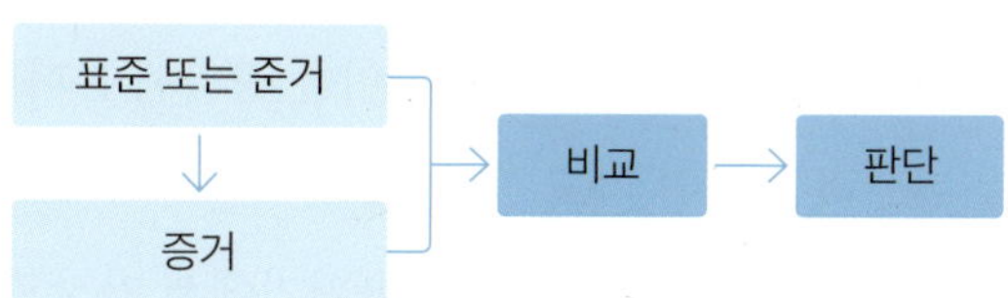

그림 5-1 평가의 개념

교육평가라는 용어는 1934년 미국의 교육학자인 타일러가 측정 이론의 미비점을 지적하면서부터 학술 용어로 일반화되기 시작한 개념이다. 타일러는 교육평가를 교육과정과 교수 프로그램에 비추어 교육 목표가 얼마만큼 달성되었는가를 판단하는 행위라 정의하였으며, 그 관계를 그림 5-2와 같이 표현하였다(성태제, 2019). 그리고 측정에서는 측정 행위 자체만을 강조한 나머지 교육 목표라는 가치 판단의 기준을 외면하게 되므로 교육평가를 "목적 달성을 지향하는 학습자의 진보 상태를 판단하는 절차"로 해야 한다고 강조하였다.

교육평가에 대한 타일러의 이러한 정의는 해방 이후 우리가 현재까지 사용하고 있는 교육평가에 대한 정의의 기본을 이루고 있다. 예컨대, 2009년에 편찬된 『교육학 용어사전』에 의하면,

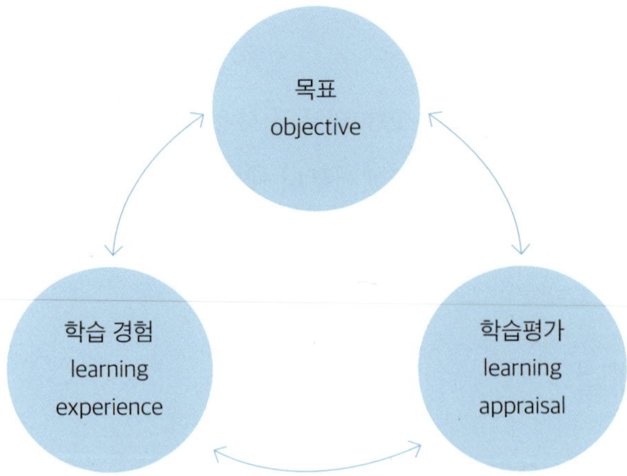

그림 5-2 타일러의 교육평가에 대한 정의

교육평가란 "교육 목적의 달성도에 관한 증거 및 교육 목적의 달성에 영향을 미치는 변인에 관한 증거를 수집하고, 그에 근거해 교육적 의사 결정을 내리는 과정"으로 정의된다. 이러한 협의의 의미 외에도 보다 포괄적인 의미로 해석하기도 하는데, 교육평가라는 용어는 '교육'이란 용어와 '평가'라는 용어로 합성되어 있다. 그러므로 교육평가는 이 두 용어가 합성된 개념이라고 생각해 볼 수 있다. 우선 '평가'라는 용어의 사전적 의미는 "어떤 대상의 가치나 질, 또는 값을 판단하는 행위"이다. 평가의 의미에 입각하여 교육평가의 의미를 정의해 본다면, 교육평가란 "교육 행위의 가치나 질, 또는 값을 판단하는 행위"라고 볼 수 있다.

이러한 '교육평가'에 대한 광의의 정의에 의하면 교육평가에서 가장 중요한 활동은 인간의 다양한 행위 중에서 어떠한 행위가 교육적 행위인지를 밝히고 구분해 내는 활동이다. 그리고 교육적 행위라고 구분해 낸 행위 중에서도 어떤 행위가 교육적 가치를 보다 높은 수준으로 구현하고 있는지를 판단해 내는 활동이다. 그러므로 이러한 정의에 입각하면 교육평가는 "누가, 언제, 얼마나, 어떻게 교육적 가치를 구현했으며, 하고 있느냐를 판단하는 행위"라고 말할 수 있다.

이러한 교육평가에 대한 학자들의 다양한 정의를 요약하면 표 5-1과 같다.

즉, 교육평가란 교육과 관련된 모든 것의 양, 정도, 질, 가치, 장점 등을 체계적으로 측정하여 판단하는 주관적 행위로서 교육 목적에 대한 가치를 판단하는 행위라고 할 수 있다(성태제, 2019).

표 5-1 학자에 따른 교육평가의 정의

학자	연도	정의
타일러(Tyler)	1942	교육 목표의 달성 여부를 판단하는 행위
크론바(Cronbach) 스터플빔(Stufflebeam)	1969 1971	의사 결정을 위한 정보를 제공하는 일
스터플빔(Stufflebeam)	1974	어떤 것의 가치, 질, 유의성, 양, 정도, 조건에 대한 판단 행위
구바(Guba) & 스테이크(Stake)	1967	판단과 설명을 조화시키는 작업
네보(Nevo)	1983	교육 대상에 대한 체계적 서술 혹은 교육 대상의 가치와 장점에 대해 판단하는 것
비비(Beeby)	1977	교육과정과 결과에 대한 기술(description)과 해석을 바탕으로 하여 전반적인 가치 판단을 내리는 것
크론바(Cronbach)	1963	평가의 목적은 새로운 교육과정을 검사하고 그에 근거하여 교육과정을 개선하는 것

평가를 위한 다양한 용어 정의

- 시험: 지필 고사에 초점을 둔다.
- 고사: 시험과 유사하며, 주로 월례 고사, 중간고사, 기말고사 등 총괄평가의 도구로 사용된다.
- 검사: 지능 검사, 적성 검사, 성격 검사 등 인간의 어떤 능력이나 특성을 객관적으로 측정하는 도구의 개념에 초점을 둔다.
- 측정: 평가를 위한 증거 수집의 활동으로, 객관성, 공정성, 정확성, 엄밀성이 강조되고 수집된 증거의 수량화에 초점을 둔다.

2) 교육평가의 목적

교육의 목적이 인간의 행동을 변화시키는 것이라면, 교육평가의 목적은 교육이 행동 변화를 가져왔느냐를 판단하는 행위라고 정의할 수 있다. 즉, 교육평가는 학습과 교육과정에 최대한 도움을 주어 학습을 극대화하려는 데 목적이 있다.

교육평가는 교육과 관련된 모든 것에 대한 의사 결정을 위하여 정보를 사용하거나 수집하는 과정을 동반해야 하고, 수집한 정보에 의하여 교육적 의사 결정을 하거나 이를 도와주는 기능을 한다. 교육평가의 목적을 구체화하면 교육과정의 평가, 학업 성취 수준의 총평, 교육과정 및 교육 자료나 교육 프로그램의 개선, 정책 구안이나 의사 결정을 위한 기초 제공, 학습을 극대화하기 등이 있다.

교육평가의 기능은 다양하지만 가장 중요한 기능으로는 교육의 진행 과정에 있는 교육과정, 프로그램, 교구 · 교재 등을 개선하고 발전시키는 기능을 들 수 있다. 그 외에 신입생 또는 신입 사원을 선발하는 기능이나 자격증을 부여하는 기능이 있다. 교육의 질을 통제하기 위하여 국가 단위나 지역 단위의 학업 성취도 시험을 실시하여 교육에 대한 책임 여부를 점검하는 책무성 평가 기능도 교육평가의 중요 기능이라 할 수 있다. 또한 평가 자체가 행위에 대한 동기를 부여하는 기능을 한다.

평가자는 어떠한 권한도 행사할 수 있지만, 평가 대상에게 윤리적인 피해를 주어서는 안 된다. 권한은 오로지 평가의 목적을 극대화하는 방향으로 행사되어야 한다. 특히, 교육과 관련된 평가이므로 교육평가는 윤리적이고 인간적으로 이루어져야 한다. 교육평가의 기능을 구체화하면 다음과 같다(성태제, 2019).

- 각 개별 학생의 학업 성취도를 평가한다.
- 각 개별 학습자 또는 학급 전체가 직면하고 있는 학습 곤란점을 진단한다.
- 교육과정, 교수-학습 과정, 수업 자료, 수업 절차, 학급 조직 등의 교육적 효과성을 평가한다.
- 교육의 여러 문제를 이해하고 건전한 교육정책 및 일반 정책을 수립하는 데 도움을 줄 수 있도록 전 학생 집단의 교육 진보도를 사정한다.
- 학습 전 성취 수준을 진단하고 학습 단원에 관련된 학생의 진보 상황 혹은 성취 정도를 피드백해 주며, 학생들의 단계별 성적을 판정하고 자격을 부여한다.
- 학부모, 상급 학교, 지역사회의 필요를 충족한다.

교육 정치

학생이 자기의 능력을 최대한으로 발휘할 수 있는 교육 상태에 학생을 배치하는 것(대학 입학, 진급, 집단 조직 등)

관점에 따른 평가의 구성 요소별 특징

구분	기술적 관점 (technology)	개인적 관련성 관점 (personal relevance)	비판과학적 관점 (critical science)
평가 목적	• 학습에 앞서 교사/교육과정에 의해 규정되는 결과 • 정보의 세분화된 부분들에 초점 • 문서로 학습	• 개인적 성장을 평가 • 개인의 성장을 도움	• 사회적 문제들을 해결할 수 있는 학생의 능력 평가 • 학습을 촉진 • 탐구와 문제 해결에 초점
평가 내용	• 교육과정과 교과 내용 • 학생의 성과물 • 하나의 의미를 갖는 보편적 지식	• 개인의 성장을 보이기 위한 과정과 교과 내용 • 학생에게 의미가 있는 지식	• 실제적 문제 또는 가상 문제 • 교육과정과 교과 내용 • 다중의 의미를 지닌 지식
학생 관계	• 학생들 간의 경쟁	• 개인적 • 학생 자신과의 경쟁 또는 개인의 성장을 시험함	• 협동적 • 학생들은 문제를 해결하기 위해서 함께 작업함
팀 활동	• 학생의 개별적 과정을 중시하므로 팀 활동은 평가 대상이 아님	• 학습은 개인적인 활동이므로 팀 활동은 고려되지 않음. 팀 활동이 개인 성장에 기여 시 고려함	• 팀 활동이 학습 과정에 관련된다면 평가 대상이 됨 • 팀은 이슈를 해결하기 위해 사용된 행동들과 과정들에 대해 성찰

출처: K. Olson, J. Bartruff, L. Mberengwa & J. Johnson(1999).

3) 교육평가 패러다임의 변화

급변하는 미래 사회에 필요한 인재상은 무엇일까? 지금과 같은 교육과평가 방식으로는 미래 사회에 필요한 인재를 양성하는 것은 어려울 것이다. 미래에 급증하는 비정형적 업무를 수행하기 위해서는 고차원적인 역량이 필요하다. 여기에는 비판적 사고력, 창의력, 문제해결력, 의사소통 능력, 다문화 감수성 등이 포함된다.

이러한 인재상에 부응하는 교육을 위해서는 교사의 역할과 교육 내용의 구성도 바뀌어야 한다. 지금까지는 지식과 기능을 가르치는 교사의 능력을 중요시했다면, 미래에는 가르치는 능력만큼이나 멘토 상담, 안내, 관리 업무를 담당할 수 있는 역할과 자질이 요구될 것이다. 학생들이 주어진 정답을 찾는 데서 성취감을 느끼는 교육에서 벗어나 문제를 발견하고 질문을 만들 수 있는 학생, 혼자 성취하는 기쁨이 아닌 남들과 함께 협력하며 해결하는 기쁨을 아는 학생을 육성하는 방향으로 교육 환경을 조성해 나가야 할 것이다.

이같이 교육 환경이 학생들의 바람직한 인간 형성에 기여하는 방향으로 나아가야 한다면, 교육평가도 학생들에게 긍정적이고 교육적인 영향을 줄 수 있도록 계획되고 실천되어야 한다. 수업 과정이 학생들의 학습을 돕는 과정인 것과 같이, 평가의 장면은 학생들이 학습의 열매를 잘 거둘 수 있도록 돕는 교육적 과정이어야 한다. 이러한 최근 교육 환경의 변화에 발맞추어 새로이 요구되고 있는 것이 과정 중심 평가(assessment)이다. 가정과교육에서 과정 중심 평가가 지향하는 몇 가지 방향(실천 원리 혹은 특성)을 살펴보면 다음과 같다.

(1) 평가에 대한 인식 전환

교육을 인간 행동의 바람직한 변화로 보던 시절에는 객관적이고 절대적이라 여겼던 지식을 학생에게 주입함으로써 행동의 바람직한 변화가 나타나기를 기대하였다. 따라서 평가는 3R's(Reading, Writing, Arithmetic) 및 학습의 결과로 습득한 지식이나 기능의 숙달 정도를 확인하는 용도로 사용되었다. 그러나 교육의 관점이 학생이 스스로 자신이 누구인지 발견하고 각자의 개성을 펼쳐 주는 것으로 변화함에 따라 평가의 목적 또한 달라졌다. 가르치고, 시험 보고, 도와주고, 활용한다는 결과 중심 평가(evaluation)에서 학생을 도와주고, 그 과정에서 학생이 누구인지를 이해하며, 이를 본인이나 학부모, 그 밖의 교육 관련자들에게 알려주어 미래 진로를 찾아가게 하는 평가, 즉 과정 중심 평가 방식으로의 인식 전환이 나타나기 시작한 것이다. 그림 5-3과 같이 이전에는 일정 기간의 교수-학습 과정을 마친 후 학습 목표의 달성 여부를 평가하는 '학습 결과에 대한 평가(assessment of learning)'로서의 기능이 강조되었다. 그러나 최근 들어 학생이 참여하는 교수-학습 과정 전반에 걸쳐 시의적절하게 평가를 활용하는 '학습을 위한 평가(assessment for learning)' 혹은 '학습으로서의 평가(assessment as learning)' 기능이 부각되는 방향으로 변하고 있다. 학습 과정에 대한 성찰 역시 이러한 평가에 해당한다(소영순, 2023).

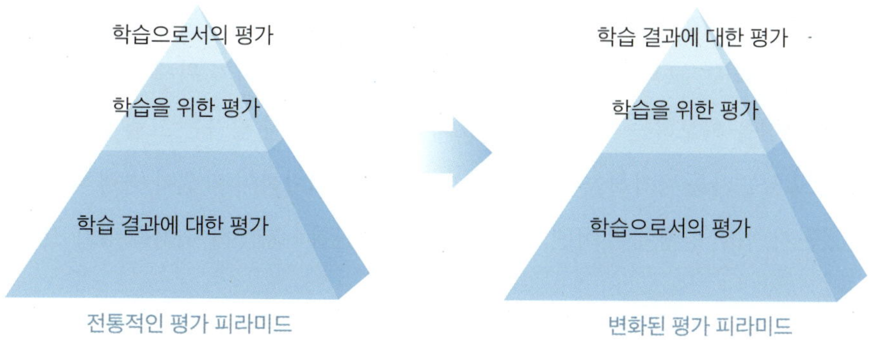

그림 5-3 평가 피라미드의 전환

출처: Earl(2003).

평가 피라미드의 유형별 특성

유형	학습 결과에 대한 평가 (assessment of learning)	학습을 위한 평가 (assessment for learning)	학습으로서의 평가 (assessment as learning)
평가의 특징	• 학기 말, 학년 말 총괄평가 • 학생 결과에 대한 의사 결정	• 교수-학습의 개선에 초점을 둔 형성평가의 기능 강조	• 학습과 평가가 통합된 형태 • 평가를 학습 과정의 하나로 인식
평가 방법 및 결과 활용	• 교사 평가 • 규준 참조 평가(다른 학생들과의 비교) • 준거 참조 평가(교육과정 기반의 학습 목표를 준거화) • 학생의 수행에 대한 정보 공유(학부모, 학교, 교사) • 교육과정 기준에 근거하여 학생의 수행 수준 판단 • 등급 부여 성적표 제공	• 교사 평가, 학생의 자기평가, 동료평가 • 준거 참조 평가 및 성장 참조 평가 활용 가능 • 학습 진도와 개선에 대한 교사의 성찰과 점검 • 형성평가를 토대로 수업 조절(교수 계획 및 교수 과정 수정)	• 학습자를 평가 주체로 활용(자기평가, 동료평가) • 능력 참조 평가 및 성장 참조 평가 활용 가능 • 궁극적으로 학생이 자신의 학습에 스스로 책임감을 느끼고, 학생 스스로의 진단과 성찰 활동 연계 • 학생의 성장 및 발전을 도울 수 있도록 교사와 학생이 함께 목표를 설정하고, 피드백과 학생의 자기평가, 동료평가, 성찰을 활용

(2) 과정 중심 평가의 도입 배경

교육과정에서 제시하는 교육 목표를 달성하고 교과 역량을 함양하기 위해 교육 내용, 교수-학습, 평가의 일관성을 확보하는 것이 더욱 중요해졌다. 과정 중심 평가는 그림 5-4와 같이 학생이 얼마나 알고 있는가를 평가하는 결과 중심적인 평가와 대비하여 학생이 수행 과정에서 어떤 활동을 하였는지, 협업 상황에서 어떤 역할을 하였는지 관찰 · 기록하여 이를 평가 결과로 도출하는 것이다.

교사는 과정 중심 평가를 위해 교육과정 성취 기준을 기반으로 교수-학습과 평가 계획을 세우고, 교수-학습 과정에서 자료를 다각도로 수집하여 적절한 피드백을 반드시 제공해야 한다.

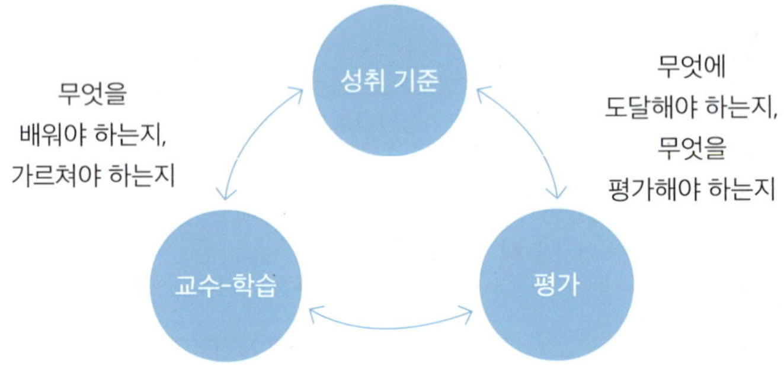

그림 5-4 교수-학습과 평가가 연계된 순환적 구조에서의 평가

출처: 교육부 · 한국교육과정평가원(2014).

(3) 과정 중심 평가의 실천 원리

과정 중심 평가의 최종 목표는 결과적으로 핵심 역량의 함양으로 귀결되어야 한다. 하지만 현장에서의 평가는 교과별로 실시하고, 개별 교사가 성취 기준을 기반으로 평가 기준을 수립하여 그에 적합한 평가 도구를 제작 · 사용하는 모습을 보이기 때문에 핵심 역량의 요소를 간과하기 쉽다. 왜냐하면, '학습 목표→단원 목표→학년군 성취 기준→교과 목표→교과 역량→핵심 역량'이라는 일련의 흐름 속에서 성취 기준 수준까지만을 고려한 평가 도구가 제작되어 사용되기 때문이다.

가정과교육에서의 평가 활동 역시 이러한 시대 흐름에 발맞추어 가정과의 교수-학습 전 과정을 통하여 달성하기를 기대하는 능력을 측정하는 데 초점을 맞추어야 한다. 가정과교육에서 지향할 가정과평가의 방향은 지식과 기능, 태도 영역에 관한 균형 있는 평가로, 단순하고 지엽적인 내용의 평가를 지양하고, 실천적 지식의 습득과 실천을 통해 새로운 지식을 창출하는 창의력 및 사고력의 평가를 위주로 해야 할 것이다.

가정과교육이 지향하는 목표는 실천적 지식의 습득과 창의적인 활용 능력 함양이므로, 가정과교육의 교수-학습 활동은 실생활과 연계된 학생들의 직접적인 활동을 통한 전개 과정을 중시한다. 또한 가치, 태도와 관련한 평가는 신뢰성 문제로 가정교과에서는 중요한 평가 영역임에도 불구하고 가정과교육평가에서 평가되지 않는 경우가 많았다. 그러나 현재의 가정과교육에서는 삶의 기술과 관련한 지식과 기능에 대한 평가는 물론이고, 태도나 가치와 관련한 평가를 균형 있게 해주기 위하여 다각도로 접근을 시도해야 한다(유태명, 2010). 이를 구현하기 위해 과정 중심 평가가 유용하게 활용될 것이다.

결과 중심 평가와 과정 중심 평가의 비교

구분	결과 중심 평가	과정 중심 평가
평가 체제	• 상대평가, 양적 평가	• 절대평가, 질적 평가
평가 목적	• 총괄적 평가 목적 • 선발, 분류, 배치	• 형성적 평가 목적 • 지도, 조언, 교수-학습 개선
평가 내용	• 내용 지식과 학습의 결과 중시	• 절차적 지식 및 과정 중시
평가 방법	• 선택형 위주의 지필평가 • 일회성 평가 • 객관성, 일관성, 공정성 강조	• 다양한 평가 방법(수행평가 확대) • 지속적·종합적 평가 • 타당성, 적합성, 전문성 강조
평가 시기	• 학습 활동(수업)이 종료되는 시점 • 학습 결과에 대한 평가 • 수업과 평가 활동 분리	• 학습 활동(수업)의 과정 중 • 학습을 위한, 학습으로서의 평가 • 수업과 평가 활동 연계
평가 주체	• 교사(교육자 중심)	• 교사, 학생(동료, 자기 자신)
피드백	• 점수 체제에 맞춘 일반적 피드백	• 즉각적·구체적·개별적 피드백

출처: 교육부·한국교육과정평가원(2017).

아이즈너의 교육적 감식(비평) 모형

1960년대에 미국은 스푸트니크 쇼크로 인하여 초·중등학교 교육과정 혁신과 학교 개혁에 막대한 연구비를 투입하였다. 그러면서 연구비가 과연 효과적으로 사용되었는지에 관하여 의문이 제기되었고, 이후 교육평가의 대상을 학생의 지적인 성취에서 교육 프로그램 전반으로 확대해야 했다. 따라서 프로그램 평가라는 새로운 분야가 대두되기 시작하였다. 아이즈너(E. Eisner, 1985)는 목표 달성 평가 모형에 대하여 몇 가지 점을 들어 비판적인 입장을 취하면서, 그에 대한 보완적 모델로 '교육적 감식(educational connoisseurship)' 및 '교육적 비평(education criticism)' 이론을 제안하였다.

아이즈너의 교육관에 따르면 교육 활동은 학생의 교육적 경험을 목적으로 하고, 현재 진행되는 과정 속에서의 교육적 경험을 중시한다. 아이즈너는 교육 활동을 평가할 때는 그 과정이 얼마나 교육적으로 진행되었는지가 중요한 평가 대상이자 평가 기준이 되어야 한다고 보았다. 목표 달성 모형은 학생의 교육 목표 달성을 평가하는 것이므로 기본적으로 미래 지향적 성취에 중점을 두며, 교육 목표에 도달 여부가 평가 기준이 된다. 이러한 관점에 따르면 현재 진행되는 과정의 중요성을 간과하게 된다.

아이즈너는 교실 내에서 일어나는 교육 현상의 풍부함과 복잡성은 측정되는 것 이상이기 때문에 시험으로 측정할 수 없는 인간 활동을 의미 없는 것으로 취급하는 기존의 평가 논의들에 대하여 반대한다. 또한 아이즈너는 교육 활동마다 특수한 경험이 중요하다고 보기 때문에 특정 상황의 고유성을 무시하고 질적 속성을 수량화·일반화·단순화하려는 경향을 지닌 교육의 과학화에 대해 부정적 입장을 취한다.

아이즈너(1979)는 교육평가의 가장 중요한 기능은 학생들의 교육적 삶의 질을 개선할 수 있도록 돕는 것이라고 말한다. 교육의 개선은 교사나 그 밖의 교육에 종사하는 사람들이 그들이 하는 것에 관하여 생각하고 보는 능력을 개선함으로써 이루어질 수 있다. 교육평가는 결국 교육을 개선하는 것을 목적으로 삼아야 하는 작업이다.

출처: 곽진숙(2000).

2. 가정교과에서의 평가 유형

1) 평가 기준에 따른 유형

평가를 어떤 기준을 가지고 실시하는가에 따라 상대평가와 절대평가로 구분할 수 있다. 상대평가는 규준 지향적 평가, 규준 참조 평가 등으로 불리며, 한 학생의 학업 성취도를 그가 속해 있는 집단의 결과에 비추어 상대적으로 나타내는 평가 방법을 말한다. 상대평가에서는 주어진 교육 목표 달성도와는 상관없이 다른 학생이 자신보다 시험 점수가 높은가, 낮은가에 따라서 자신의 수준이 결정된다. 예를 들면, 대학 입학 시험, 교사 임용 시험, 표준화 검사 등이 있다.

상대평가의 특징으로는 측정을 얼마나 오차 없이 정확하게 해냈는가라는 검사 도구의 신뢰도를 크게 강조한다. 다음으로 평가 결과는 좌우가 대립하며, 중앙이 높은 정상 분포 곡선이 될 것을 기대하는데, 부적 편포 곡선이 나타나는 것은 평가가 잘못된 것으로 판단한다. 또한, 교육을 통하여 달성하고자 하는 어떤 교육 목적이나 일정한 교육 수준에 도달할 수 있는 사람은 어떤 교육방법을 동원하든 다수 중의 일부나 소수에 지나지 않는다는 선발적 교육관을 배경으로 하고 있다.

절대평가란 절대 기준에 따라 이루어지는 평가 방식으로, 절대 기준 평가, 준거 지향 평가, 준거 참조 평가, 목표 지향 평가로도 불린다. 즉, 한 학생의 성적이 그가 속해 있는 집단의 검사 결과와는 상관없이 주어진 교수 목표를 어느 정도 달성하였는가 하는 교수 목표 달성도에 의해 그 학생의 성적을 표현하는 방식이다. 그 예로 운전 면허 시험, 각종 기사 시험, 워드 시험, 의사 면허 시험 등을 들 수 있다.

절대평가의 특징으로는 타당도를 강조하는데, 즉 원래 측정하려고 계획했던 수업 목표를 얼마나 충실하게 측정하고 있는지가 중요하다. 인간은 노력하기에 따라서 무한히 발전될 수 있으며, 학습자는 누구나 적절한 교수-학습의 기회를 제공받으면 주어진 학습 목표에 도달할 수 있다는 발달적 교육관을 배경으로 한다. 따라서 모든 학생이 설정된 교육 목표를 달성하기를 기대하기에, 자연히 검사 점수의 분포가 부적으로(오른쪽으로) 치우친 부적 분포 곡선이 된다. 또한 학습 개선의 방향과 전략을 결정할 수 있는 자료를 제공해 주며, 학습 강화를 가능하게 해주고, 학습 효과의 비교가 가능하다. 이를 정리하면 표 5-2와 같다.

상대평가의 장단점을 살펴보면, 먼저 장점으로는 개인의 상대적인 비교에 기초하므로 개인차

표 5-2 평가 기준에 따른 평가의 유형

구분	규준 지향 평가(상대평가)	목표 지향 평가(절대평가)
개념	학생이 무엇을 얼마만큼 알고 있느냐에 대한 관심보다는 개인의 성취 수준을 비교 집단의 규준에 비추어 상대적 서열을 판단하는 평가 형태	학습자 또는 개인이 정해진 준거 혹은 목표에 도달 여부를 판단하는 평가 형태
예	대학 입시 제도, 임용 고사	의사 고시, 약사 고시 등의 자격 고시
신념	정상 분포 가정	부적 편포 가정
인간관	인간은 생물학적 유기체이므로 개인이 지닌 선행 변수에 의해 성공 결정	인간에 대한 평가는 선택한 목표의 성취 수준 및 질에 의해 판단
주요 관심	상대적 우열 및 서열적 위치	설정된 목표와 학생의 수행 정도
개인차	개인차는 필수 불가결한 현상임	개인차를 없앨 수 있음

변별이 가능하다는 것이다. 또한, 검사의 제작 기술과 엄밀한 성적 표시 방법을 채택하고 있기 때문에 검사의 객관성이 어느 정도 보장되며, 교사의 편견이 배제될 수 있다. 그리고 학교에서 실시하는 모든 시험은 시험 결과를 통해 얻는 자료 수집에 목적이 있기도 하지만 학생 상호 간의 경쟁, 즉 외적 동기를 이용하며 더욱더 열심히 공부를 하게 하는 자극제가 되기도 한다. 그 외 상대적 서열만 결정하기 때문에 평가가 용이하며, 상대평가의 바람직한 분포는 정상 분포이므로 통계적 처리가 용이한 것 등을 들 수 있다.

반면에, 상대평가의 단점으로는 참된 학력의 평가는 불가능하며, 학생들 간의 경쟁의식을 지나치게 조장하여 열등의식과 패배감을 느끼게 할 염려가 있다는 것이다. 또한, 인간의 발달에 대한 신념이나 교육에 대한 신념을 흐리게 할 우려가 있으며, 현대 학습 이론은 외적인 동기가 아니라 내적인 동기 유발을 권장하고 있는데, 상대평가는 정신 건강을 해칠 우려가 있어 현대 학습 이론에 맞지 않다는 것이다. 그 외 상대평가는 학습 목표 달성의 실패 원인을 밝혀 내기 어렵기 때문에 교수-학습의 개선 기능을 약화할 우려가 있으며, 학습자에 대한 서열만 판단할 수 있기 때문에 학습자에 대한 직접적인 정보 획득이 어려운 단점을 지닌다.

절대평가의 장단점을 살펴보면, 먼저 장점으로는 한 학교, 교과목 또는 교사를 단위로 하여 평가의 결과를 누가하여 비교 · 검토함으로써 교육의 개선과 교육의 질적 향상을 도모하는 데 필요한 일련의 자료를 제공할 수 있다. 다음으로 학습자가 성취하고 있는 학습 부분과 실패하고 있는 학습 부분을 발견하기가 매우 쉬우며, 교수-학습에서 보통 또는 개선되어야 할 부분이 무엇인가를 알 수 있게 정보를 제공한다. 그리고 목표 지향적인 평가이므로 평가의 결과가 설정된 목표가 달성되었을 때 학습자에게 보다 많은 성취감 또는 성공감을 갖게 해주며, 학생들의 내적 동기 유발을 가능하게 한다. 또한, 다른 학생들 간의 협동적 학습을 통한 학업을 촉진할 수 있으며, 합리적으로 성취감과 성공감을 가져오므로 학생들의 긍정적인 자아 개념 형성에 도움을 준다. 그 외 학생들의 등급을 매기는 것이 주목적이 아니므로 지적 능력에 차이가 없어도 차이가 있는 것처럼 결과를 내는 불필요한 구분은 하지 않아도 된다. 따라서 절대평가는 학생들의 정신 건강에 적합한 평가라고 할 수 있다.

반면에, 절대평가의 단점으로는 개인 간의 성적 비교와 우열 판정에는 부적절하며, 내적 동기를 중요시하므로 경쟁을 통한 외적 동기는 어렵다는 것이다. 또한, 평가의 기준은 교수 목표인데, 이는 지역과 교사에 따라 다르므로 동일한 목표 달성도라 해도 같은 교과 또는 단원의 학습 목표 달성의 정도가 같다고 할 수 없으므로 타 집단과의 비교가 어렵다. 그리고 절대 기준을 설정하는 일이 매우 어려워 절대 기준을 달성하기 위한 각 교과의 학문 구조에 대한 분석과 학습 과제의 위계화 분석 작업에 많은 노력이 요구되며, 상대평가에 비하여 평가자(교사)의 편견이 개입될 가능성이 많다는 단점을 지닌다(김영천 외, 2021).

상대 비교 평가 제도 개선의 필요성과 방향

상대 비교 평가의 학문적 용어는 규준 참조 평가로, 규준에 비추어 상대적 서열 정보를 제공하는 평가를 말한다. 보다 쉽게 설명하면 원 점수에 해당하는 상대적 위치에 대한 정보를 제공하므로 상대 비교 평가라 한다. 따라서 비교의 대상은 다른 사람이 되므로, 해당 학생이 획득한 점수의 상대적 위치는 쉽게 알 수 있어도 무엇을 얼마만큼 알고 있는지에 대한 정보를 제공하지는 못한다. 그럼에도 불구하고 학부모나 교사, 심지어 상급 학교 입학 전형관도 학생의 서열이나 백분위 등에 대한 정보에 익숙하여 그 정보를 중시한다. 우리나라 학부형은 대부분 자녀들이 중간고사나 기말고사를 치르고 시험지를 받아왔을 때 점수가 몇 점인지를 확인하자마자 바로 나오는 질문이 '너 몇 등이니?' 아니면 '옆집의 누구보다 잘했니?'이다. 자녀가 해당 교과목에서 어떤 내용을 얼마만큼 알고 있는지를 확인하는 것보다 누구보다 더 잘했는지에 관심이 큰 것은 부모 세대나 현재 자녀 세대 모두가 상대 비교 평가에 젖어 있기 때문이다.

상대 비교 평가는 상호 우열에 대한 판단이 용이하고 경쟁을 통한 학습 동기를 유발할 수 있는 장점이 있으나, 무엇을 얼마만큼 아느냐에 대한 정보를 주지 못하기 때문에 무엇을 가르치고 배워야 하느냐에 대한 시사와 기준이 없다. 그러므로 교수-학습 이론에 부적합하며, 경쟁을 조장하므로 경쟁을 교육의 당연한 윤리로 받아들여 인성교육의 장애 요인이 되고 있다. 친구보다 1점이라도 더 얻기 위하여 지적 탐구보다는 암기 위주의 교육을 강화하여 이해력, 분석력, 창의력, 탐구 정신 등 고등 정신 함양을 저해할 수 있고, 서열주의식 사고가 팽배해서 검사 불안, 이기심 등 학생들의 정의적 행동 특성에 부정적 영향을 미친다.

절대평가는 준거 참조 평가로, 학생 개인들을 상호 비교하는 것이 아니라 학생이 이룬 성취 수준을 어떤 준거에 의하여 판단하는 평가이기 때문에 영역과 준거가 가장 중요한 요소가 된다. 예를 들어, 어떤 학생이 수학 시험을 치렀을 때 절대평가에 의하여 평가한다면 수학 중 미적분 영역에서 이루어야 할 목표인 준거 점수가 60점인데 70점으로 준거를 초과하였다는 형태의 평가이다. 일반적으로 절대평가는 어떤 자격을 부여하기 위하여 사용한 평가로 간호사나 의사 등의 자격 시험에 적용되었다. 이러한 준거는 미래의 행위를 성공적으로 수행할 수 있다고 판단하는 기준을 말한다.

절대평가는 학생들이 무엇을 얼마만큼 알고 있는지에 대한 정확한 정보를 제공하므로 교수-학습 이론에 적합하며, 이에 따라 교육과정 개선에 도움이 되고, 학습 효과를 증진한다. 또한 경쟁을 유도하지 않으므로 탐구 정신을 고양하고, 상호 협동 정신을 유도하여 학생들의 인성교육이나 정신 건강에도 바람직하다. 그러므로 선진국에서는 상대 비교 평가보다는 절대평가를 실시하고 있다.

사람은 모두 다르기 때문에 서로를 비교하거나 누구에게나 똑같은 준거를 적용하는 것보다, 학생의 능력에 맞추어, 성장 변화를 유도하기 위한 평가를 하는 성장 참조 평가가 최근 학생 평가의 추세이다.

출처: 성태제(2010).

2) 교육 진행 과정에 따른 유형

교수-학습은 대체로 수업 목표 제시 → 출발점 행동 진단(진단평가) → 수업(형성평가) → 평가(총괄평가)의 순으로 진행된다. 이때 수업의 각 단계에서 이루어지는 평가를 진단 · 형성 · 총괄평가로 구분하는데, 먼저 진단평가는 학생들의 능력과 특성을 사전에 파악하여 교육 목표 및 계획을 수립하는 데 참고하기 위한 행위를 말한다. 수업 중 이루어지는 형성평가는 수업이 진행되고 있는 유동적인 상태에서 교육의 행위가 계획한 대로 진행되고 있는지를 확인하는 행위를 말한다. 총괄평가는 교수-학습이 끝난 다음 교수 목표 달성, 성취 여부를 종합적으로 판정하는 평가 행위를 말한다.

각각의 평가 목적을 살펴보면 진단평가는 지식 배경, 적성과 흥미 수준 등을 파악하여 수업 목표 및 계획을 수립하기 위한, 즉 선행 학습의 진단과 처방에 있다. 형성평가는 교육의 과정을 개선하고 교재, 교구 등의 적절성을 수시로 확인하여 발전하고자 하는 교수-학습 과정의 개선에 있으며, 총괄평가는 자격증 부여의 결정, 점수 판정에 의한 당락 결정, 점수 판정에 의한 서열화, 그리고 집단 간 성적 판정을 통한 비교 등의 목적을 지닌다.

(1) 진단평가

진단평가(diagnostic evaluation)는 수업이 시작되기 전 단계에서 학생들의 학습 과제에 대한 기초 학력, 학습 흥미, 동기, 준비도 등을 진단하여 효율적인 학습지도 방안을 찾기 위한 평가이다. 이때 문항은 대부분 문항 난이도[1]가 65% 이상인 쉬운 문항을 선택하며, 다음과 같은 목적을 가지고 시행된다.

- 출발점 행동에 대한 선수 학습 요소 진단
- 학습 과제에 대한 성취 수준 진단
- 교수 전략을 마련하기 위한 진단

1 395쪽 '문항 난이도' 참고

진단평가의 예

학생들에게 '가족을 위한 한 끼 식사 준비하기' 수업을 하기 전에 이전 학년에서 배운 '식품 구성 자전거'의 구성과 그 원리를 알고 있는지를 확인하기 위한 질문을 하는 경우이다.

문제	식품 구성 자전거는 어떻게 구성되어 있나요? 바퀴의 각 영역에 해당하는 식품은 어떤 영양소를 주로 함유하고 있는지 답해 보세요.

(2) 형성평가

형성평가(formative evaluation)는 교수-학습 진행 도중 학생의 학습에 대한 이해 정도를 파악하기 위해 실시하는 평가이다. 교육 정치나 교육 성과를 파악하기 위한 것이 아니라, 교육 활동 도중에 궤도 수정이나 문제점을 극복해 나가기 위한 필요에서 행하는 평가(절대평가가 적합)이다. 평가 목적은 교사와 학생 간의 의사소통 여부, 수업 진행의 학습 목표 일치 여부를 확인 · 수정하는 것이다. 형성평가는 5분 테스트, 퀴즈, 쪽지 시험, 질문, 칭찬, 미소 등의 형태로 실시되며, 다음과 같은 기능을 한다.

- 자기 학습 진행 속도를 조절할 수 있다.
- 학습에 대한 자기 강화의 기능을 한다.
- 학습 곤란을 진단하고 교정할 수 있다.
- 교수-학습 방법을 개선할 수 있다.

형성평가의 예

중학생에게 '주거 환경과 안전' 단원 중 1차시 수업을 하고 학습 성취도를 확인하기 위해 다음과 같은 질문을 하는 경우이다.

문제 1　다음 중 공동생활 공간을 제시한 것으로 옳은 것은?
① 욕실, 침실　② 거실, 식사실　③ 부엌, 식사실
④ 서재, 응접실　⑤ 세탁실, 다용도실

문제 2　창과 문을 통해 자연적으로 바람이 통하게 하는 것을 (　가　)(이)라고 하고, 실내의 오염된 공기를 깨끗한 공기와 바꿔주는 것을 (　나　)(이)라고 한다.

(3) 총괄평가

총괄평가(summative evaluation)는 수업이 모두 진행된 후에 학습에 대한 성과를 알아보기 위한 평가로, 전체 교과목에 대한 모든 학생들의 학업 성취의 종합적인 진전도와 달성도를 총평하기 위한 것이다. 총괄평가에서는 절대평가와 상대평가를 혼합하는 것이 바람직하며, 학습지도의 장기적 질적 관리를 하는 데 도움을 준다. 총괄평가의 문항 난이도는 쉬운 문제와 어려운 문제를 같이 포함하는 것이 좋으며, 총괄평가는 다음과 같은 기능을 한다.

- 학업 성취를 총평하는 기능을 한다.
- 학생들의 장래 성적을 예측할 수 있다.
- 집단 간의 학습 효과를 비교해 볼 수 있다.
- 자격을 판정(입학 시험, 자격 시험 등)한다.

총괄평가의 예

중학생에게 '의복 관리와 재활용' 단원 수업을 4주 실시하고 본 단원의 학업 성취도를 알아보기 위해 학생들에게 실시하게 되는 경우이다.

문제 1 구입하고자 하는 옷의 품질 표시를 확인하니 아래와 같이 표시되어 있었다. 이 옷에 사용된 섬유를 나타내는 공인 기호는?

- 섬유 혼용률 -
모 100 %

① 
② 

③ 
④ 
⑤ 

문제 2 다음 설명에 해당하는 합성 섬유는?

- 강도가 크고 탄성이 좋다.
- 산, 알칼리, 햇빛에 강하다.
- 천연 섬유와 혼방하여 가장 널리 사용한다.

① 폴리아크릴 ② 폴리프로필렌 ③ 폴리우레탄
④ 아세테이트 ⑤ 폴리에스테르

3) 평가 내용에 따른 유형

교육을 통해 학습자에게 일어나는 변화는 인지적 행동 특성, 정의적 행동 특성, 심동적 행동 특성으로 나누어 생각해 볼 수 있다. 가정교과에서도 교수-학습 과정을 통해 어느 한 영역만이 아닌 세 영역 모두에 걸쳐 학습자에게 의미 있는 변화를 일으킬 수 있어야 한다. 세 영역의 구체적인 내용은 다음과 같다.

(1) 인지적 영역의 학습평가

인지적 영역의 평가는 학습자가 두뇌의 지적인 활동을 통해 얻게 되는 인지적 변화의 영역을 말한다. 인지적 영역을 세분화한 대표적인 학자는 블룸(Bloom, 1956)으로, 블룸의 교육목표분류학(taxonomy of educational objectives)은 절대적인 영역 구분은 아니지만 일반적으로 교육 현장에서 널리 사용되고 있다.

인지적 영역은 표 5-3과 같이 인간의 지적 능력에 관한 것으로, 지식, 이해, 적용, 분석, 종합, 평가의 하위 유목들로 나누어진다. '지식' 유목이 가장 단순하고, '평가' 유목이 가장 복잡하다고 볼 수 있다. 따라서 복잡한 유목의 목표를 달성하기 위해서는, 먼저 그것보다 단순한 유목의 목표를 달성해야 한다.

표 5-3 인지적 영역의 학습 목표

구분	내용
지식 (knowledge)	• 이미 배운 내용, 즉 사실, 개념, 원리, 방법, 유형, 구조 등에 대한 기억으로, 한 교과 영역 속에 담겨 있는 특징 요소의 상기나 재생 또는 재인을 의미한다. • 찾아내다, 명명하다, 정의하다, 열거하다, 연결하다, 선택하다, 기술하다 등 • 가정과학습 목표의 예: 가족의 기능을 정의해 보시오.
이해 (comprehension)	• 이미 배운 내용에 관한 의미를 파악하는 능력을 뜻하며, 단순히 자료를 기억하는 수준을 넘어 자료의 내용이 다소 치환되어도 그 의미를 파악하고 해석하며 또는 추론하는 능력을 말한다. • 분류하다. 설명하다, 전환하다, 예측하다, 구별하다 등 • 가정과학습 목표의 예: 효율적인 가정관리자의 특성을 예를 들어 설명해 보시오.
적용 (application)	• 이미 배운 내용, 즉 개념, 규칙, 원리, 기술, 방법 등을 구체적인 또는 새로운 장면에서 응용하는 능력을 말한다. • 변환하다, 계산하다, 풀다, 수정하다, 재배열하다, 조직하다, 관계짓다 등 • 가정과학습 목표의 예: 구매 의사 결정 과정의 단계를 컴퓨터 구매에 적용해 보시오.

(계속)

구분	내용
분석 (analysis)	• 조직, 구조 및 구성 요소의 상호 관계를 이해하기 위해 주어진 자료의 구성 및 내용을 분석하는 능력을 말한다. • 변별하다, 도식화하다, 추정하다, 구분하다, 세분하다 등 • 가정과학습 목표의 예: 아동의 사회성 발달 특징을 기술하기 위해서 사례를 분석해 보시오.
종합 (synthesis)	• 비교적 새롭고 독창적인 형태, 원리 관계 구조 등을 만들어 내기 위하여 주어진 자료의 내용 및 요소를 정리하고 조직하는 능력을 말한다. • 종합하다, 창안하다, 고안하다, 설계하다, 합성하다 등 • 가정과학습 목표의 예: 자신의 가족에 맞는 주택을 설계해 보시오.
평가 (evaluation)	• 어떤 특정한 목적과 의도를 근거로 하여 주어진 자료 또는 방법이 가지고 있는 가치를 판단하는 능력을 말한다. • 판단하다, 비판하다, 비교하다, 정당화하다, 결론짓다, 판별하다, 지지하다 등 • 가정과학습 목표의 예: 식단이 가족의 연령에 적합한지의 여부를 판단해 보시오.

출처: 김현희·박미정·채정현(2010).

블룸의 신교육목표분류학

학자들은 블룸이 교육목표분류학을 제시한 후 원래 분류 체계를 보완하고 명료화하며 개선하기 위해 지속적으로 노력해 왔다. 앤더슨과 크라스볼(Anderson & Krathwohl) 등이 개정 작업을 한 '신교육목표분류학(Bloom's revised taxonomy of educational objectives)'은 블룸의 6개 범주는 그대로 유지하고, 2개는 순서를 교차했으며, 지식은 동사 형태로 바꾸었다.

지식(knowledge)은 기억하다(remember)로, 이해(comprehension)는 이해하다(understand)로, 종합(synthesis)은 창안하다(create)로 새롭게 이름을 지었다. 또한 평가(evaluation)는 평가하다(evaluate)로 단계가 서로 바뀌었다.

블룸의 교육목표분류학과 신교육목표분류학의 관계를 비교하여 나타내면 다음과 같다.

블룸의 교육목표분류학과 신교육목표분류학의 위계 비교

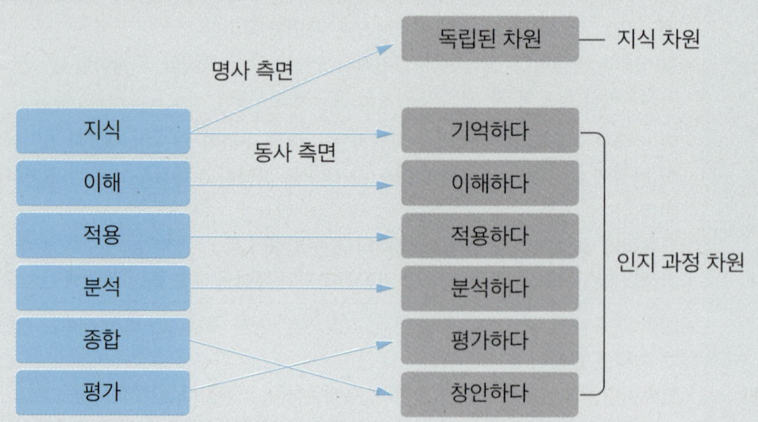

출처: 이민정·유태명(2010).

(계속)

블룸의 분류학은 일차원적이고 나선적인 구조인 반면, 개정된 신교육목표분류학은 다음 표와 같이 수업 목표가 명사로 이루어진 지식 차원과 동사로 이루어진 인지 과정 차원으로 구성된 이차원적 구조를 이룬다.

신교육목표분류학

지식 차원	인지 과정 차원					
	1. 기억하다	2. 이해하다	3. 적용하다	4. 분석하다	5. 평가하다	6. 창안하다
A 사실적 지식						
B 개념적 지식						
C 절차적 지식						
D 메타 인지 지식						

출처: 장연주(2008).

(2) 정의적 영역의 학습평가

정의적 영역의 평가란 인간의 마음과 관련된 영역으로 인성, 가치관, 도덕성, 적성, 태도, 흥미와 같은 정서적 측면을 의미하며(성태제, 2019), 주로 어떤 사상에 대한 주의, 흥미, 동기, 태도, 가치, 신념 등의 형성과 관계된다.

크라스볼, 블룸, 마시아(Karhwohl, Bloom & Masia, 1964)는 정의적 행동 특성을 개인이 내면화하는 정도에 따라 수용, 반응, 가치화, 조직화, 인격화의 5단계로 나누고 있다. 이들은 인지적 영역의 하위 유목처럼 위계적이며 높은 단계는 낮은 단계의 특성을 포함한다.

수용(receiving)은 어떤 자극이나 활동을 기꺼이 수용하고, 자발적으로 주의를 기울이게 되는 것과 같은 민감성을 의미한다. 반응(responding)은 어떤 자극 또는 활동에 적극적으로 참여하고, 자발적으로 반응하며, 그러한 참여와 반응에서 만족감을 얻게 되는 행동을 말한다. 가치화(valuing)는 특정한 대상, 활동 또는 행동에 대하여 의의와 가치를 직접 추구하고 행동으로 나타내는 정도를 가리킨다. 조직화(organization)는 일관성 있는 가치 체계를 내면화하는 전초 단계로서 서로 다른 수준의 가치를 비교하고 연관하여 통합하는 것을 뜻한다. 마지막으로 인격화(characterization)는 개인의 행동 및 생활의 기준이 되며, 가치관이 지속적이고, 일관성 있고, 또 그

표 5-4 정의적 영역의 학습 목표

구분	내용
수용 (receiving)	묻다, 가려잡다, 찾아내다, 이름 짓다, 선택하다, 대답하다, 사용하다 등
반응 (responding)	확인하다, 인사하다, 돕다, 실행하다, 제시하다, 암송하다, 보고하다, 선택하다, 말하다, 쓰다 등
가치화 (valuing)	완성하다, 기술하다, 구분하다, 초대하다, 참가하다, 입증하다, 제안하다, 논쟁하다, 항변하다 등
조직화 (organization)	주장하다, 정리하다, 결합하다, 비교하다, 완성하다, 변호하다, 일반화하다, 조직하다, 수정하다 등
인격화 (characterization)	활동하다, 변별하다, 경청하다, 실천하다, 제안하다. 봉사하다, 해결하다, 개정하다, 사용하다, 증명하다, 실행하다 등

출처: 류윤석(2019).

것이 그의 행동을 예측할 수 있을 정도로 확고하게 그의 인격의 일부로 내면화된 정도를 의미한다. 각 단계의 교육 목표를 나열하면 표 5-4와 같다.

정의적 영역의 학습을 평가하기 위한 방법에는 평정법, 일화 기록법, 자서전법, 태도 검사법, 문제 장면 테스트 등이 있다. 먼저 평정법을 살펴보면, 이는 주어진 특성의 정도나 수준을 변별하여 평가하는 방법으로, 숫자 평정척(가장 단순한 방법, 5점 척도), 도식 평정척(그림에 지점 표시, 프로파일을 그릴 수도 있음), 상대적 평정척(표본과 비교하여 평정치 부여) 등이 있다.

일화 기록법은 한 학생의 행동에 관한 사건을 관찰하고 기록하는 방법이다. 자서전법은 자기의 과거나 가족 관계 또는 부모 등에 대한 느낌을 자유롭게 문장으로 진술하게 하는 방법이다. 태도 검사법은 한 개인이 어떤 집단이나 행동, 또는 사회 기관이나 사회적 이념과 개념에 대해서 가지고 있는 호의성 정도를 평가하기 위한 질문 방법이다. 마지막으로 문제 장면 테스트법은 특정의 문제 장면(문제 사태)을 학생들에게 제시하여 사고나 문제해결 능력, 판단력, 독창력 등 평가, 가정과학습에 습득한 지식이나 이해력을 총괄적으로 평가하거나 태도 등을 평가할 때 유용하게 쓰이는 방법이다.

(3) 운동 기능 영역의 학습평가

운동 기능 영역의 평가는 심동적 영역이라고도 하는데, 이는 신체와 관련된 기능의 숙달과 발달에 관한 영역으로, 심프슨(Simpson, 1966)은 블룸의 목표 분류 체계에 입각하여 심동적 영역의 목표 분류를 반사적 운동, 초보적 기초 동작, 운동 지각 능력, 신체적 기능, 숙련된 운동 기능, 동작적 의사소통으로 분류하고 체계화하였다. 각 영역별 교육 목표를 나열하면 표 5-5와 같다.

운동 기능 영역의 학습을 평가하기 위한 방법에는 검목표 방법, 실기 실습 평가 방법, 일대일 비교법 등이 있다. 이를 구체적으로 살펴보면 먼저 검목표 방법(check list)은 주어진 행동이 관찰되었을 때 이를 표시할 수 있도록 일련의 성격 특성이나 활동을 열거한 표(검목표)를 이용하는 방법이다. 실기 실습 평가 방법은 계획의 합리성이 있었는가, 계획한 대로 착오 없이 진행되었는가, 작업 과정에서 취한 여러 가지 태도는 어떠하였는가, 작품의 기법, 창의성, 자기평가는 어떠했는가 등을 종합적으로 평가하게 하는 방법이다. 마지막으로 일대일 비교법은 학생들이 제작한 작품을 두 개씩 비교하여 서열을 매기는 평가 방법을 말한다.

표 5-5 심동적 영역의 학습 목표

구분	내용
반사적 운동	파악 및 무릎 반사와 같이 개인의 의지와 관계없이 나타나는 단순한 반사 운동이다.
초보적 기초 동작	잡기, 서기, 걷기와 같이 여러 가지 또는 몇 개의 반사적 운동이 함께 발달되고 통합됨으로써 이루어지는 동작이다.
운동 지각 능력	감각 기관을 통하여 자극을 지각하고 해석하며, 그것을 토대로 환경에 대처하고 적응하는 기능이다.
신체적 기능	숙달된 운동 기능의 발달에 반드시 필요한 부분이며, 민첩하고도 유연하게 일련의 숙달된 운동을 연속해 가는 데 필요한 기초 능력이다.
숙련된 운동 기능	타자 및 기계 체조와 같이 비교적 복잡하고 숙련된 운동을 할 때 동작의 능률성, 숙달도, 통합성을 요구하는 운동 기능이다.
동작적 의사소통	간단한 얼굴 표정을 비롯해서 무용과 같이 신체적 운동 및 동작을 통해 감정, 흥미, 의사 욕구 등을 표현하고 그 표현 자체를 창작하는 운동 기능이다.

출처: 류윤석 외(2016).

4) 평가 주체에 따른 유형

교육 공급자나 교육 수요자 모두 평가의 주체가 될 수 있다. 교육평가를 학생, 교사, 학습 환경의 측면에서 구분해 보면, 학생의 측면에서는 학생을 이해하는 활동 등에 중점을 두고 학생의 특성과 능력, 학생의 대인관계 등이 평가 대상이 된다. 교사의 측면에서는 교육 프로그램의 적절성과 효율성을 파악하기 위해 교사의 자질 및 역량, 교사의 교육 활동과 교육 프로그램을 평가 대상으로 하고 있다. 학습 환경 측면에서는 교육 환경 조성에 대한 정보를 제공하는 것을 목적으로 하며, 가정의 학습 환경과 학교 및 학급의 학습 환경, 사회의 학습 환경을 평가 대상으로 한다.

구체적인 평가 내용으로는 먼저 학생 측면에서는 신체적 특성, 체력, 지능, 성격, 행동 특성, 흥미, 태도 등과 함께 학력, 학습 태도, 학습 의욕, 학습 적응성, 사회성, 도덕성, 자주성, 급우와의 관계, 교사와의 관계, 가족 구성원과의 관계 등이다. 교사의 측면에서는 교수 · 교직 능력, 교육관, 적성, 개인적 특성, 자기 교육력, 교육 활동 능력과 교수 활동, 평가 활동, 교사 집단의 협력체제, 학습 · 학교 경영 교육 목적 및 목표, 교육 내용, 교수-학습 지도(교과지도)및 생활지도, 교육평가 전반에 관한 것이다. 학습 환경의 측면에서는 학생의 가정 실태 및 환경, 학교와의 의사소통, 학교 · 학습의 물리적 환경, 학교 · 학급의 심리적 환경, 행정부의 교육 관리, 교육행정의 정책, 사회적 · 정치적 · 경제적 상황 등을 들 수 있다.

또한 평가 주체가 갖추어야 할 자세로는 평가 내용에 대한 충분한 숙지가 되어 있어야 하고, 측정과 평가 방법의 기술적인(technical) 능력 또한 중요하다. 사회 상황과 평가 대상의 본질에 대한 이해와 함께 인간관계를 원만하게 이끌어 가는 능력과 성실성, 탈권위성, 객관성 등이 요구된다.

메타 평가

메타 평가란 평가 자체에 대한 평가를 의미하며, 평가에 대한 판단 기준은 다음과 같다.

- 실현성(feasibility): 평가가 실현 가능했는지 여부
- 실용성(utility): 평가가 실제적으로 필요했는지 여부
- 적합성(propriety): 평가가 도덕적으로 적합하게 실시되었는지 여부
- 정확성(accuracy): 정확한 정보를 전달했는지 여부

평정 오차의 종류

- 후광 효과(halo effect): 피평정자에 대한 일반적 인상이 현재 평정하고자 하는 특성의 평정에 영향을 주는 것(용모 단정하고 공부 잘하는 학생을 성실하다고 평정)
- 이월 효과(carry over effect): 앞의 처치나 실험 조건이 뒤에 따라오는 것에 영향을 주는 것
- 관용의 오차(generosity error): 평정자의 반응 경향의 하나로 일반적으로 좋은 점수를 주는 경향이 있는 것(평정에 자신이 없을 때 그런 경향이 강함)↔인색의 오차
- 집중 경향의 오차(central tendency error): 평정자가 극단의 평정치를 가능한 한 피하고 중간 점수를 줌으로써 모든 피평정자를 '보통'이라고 평정하는 것
- 논리적 오차(logical error): 후광 효과와 유사하나, 후광 효과는 무의식적인 개개인의 편견에 의한 결과인 반면, 논리적 오차는 평정자가 두 특성 간에 어떤 관계가 있다고 생각하는 데서 오는 평정의 오차(예: 명랑하면 사교적일 것이다)
- 대비의 오차(contrast error): 피평정자의 특성에 대해 평정자가 자신의 기준이나 가치로 과대평가 또는 과소평가하는 것
- 근접의 오차(approximate error): 시공간적으로 인접한 특성들에 대한 평정 결과 간에 높은 상관관계를 보이는 경향이 있는 것

5) 배움과 성장을 촉진하는 도구로서의 수행평가

교육평가에서는 학업 성취의 결과를 평가하는 것도, 그리고 학업 성취의 과정을 평가하는 것도 똑같이 중요하다. 어느 하나가 다른 것보다 더 중요한 것이라고 말할 수 없다. 단지 과정에 대한 평가를 특히 중시하는 것은 그 동안 평가가 너무 결과에만 치우쳐 왔고, 과정에 대한 평가를 소홀해 왔기 때문이다. 그리고 엄밀한 의미에서 '결과 평가'란 존재하지 않는 것이다. 하나의 일정한 시간 단위 안에서 이루어진 종결(결과)이라는 것은 그보다 긴 시간의 관점에서 본다면 하나의 긴 과정의 특정 부분에 불과한 것이기 때문이다(조한무 외, 2021).

이에 최근에는 교육과정의 성취 기준에 기반한 평가 계획에 따라 교수-학습 과정에서 학생의 변화와 성장에 대한 자료를 다각도로 수집하여 적절한 피드백을 제공하는 일련의 과정에 기반한 수행평가가 강조되고 있다(교육부 · 한국교육과정평가원, 2017).

(1) 수행평가의 개념

수행평가(遂行評價, performance assessment)의 도입은 기존 평가 방법에 대한 반성적 맥락에서 이루어졌다. 수행평가란 "학생 스스로가 자신의 지식이나 기능을 나타낼 수 있도록 답을 작성, 발표, 산출물로 혹은 행동으로 나타내도록 요구하는 평가 방식"으로 정의할 수 있다. 대안적 평가, 직접 평가, 참평가, 실기 중심 평가, 포트폴리오 평가라고도 한다(황정규 외, 2022).

수행평가의 다양한 유형과 본질의 구현 정도를 나타내면 표 5-6과 같다.

표 5-6 수행평가의 유형과 본질 구현 정도

수행평가 본질의 구현 정도	평가 방법	비고
매우 높음 ↑	실제 상황에서의 평가	널리 사용되고 있는 수행평가 방법들
	실기 시험, 실험·실습법, 관찰법	
	면접법, 구두시험, 토론법	
	자기평가 및 동료평가 보고서법	
	포트폴리오	
	연구 보고서	
	논술형	
	서술형	일반적으로 수행평가 방법에 포함하지 않음
	단답형	
	완성형(괄호형)	
	선다형	
	연결형(줄긋기형)	
↓ 매우 낮음	진위형(O×형)	

(2) 수행평가의 특징

- 자기 스스로 정답을 작성하거나 행동으로 나타내도록 하는 평가 방식으로, 인지적 구조, 문제해결 과정을 파악할 수 있다.
- 교육 목표의 달성 여부를 실제 상황하에서 파악할 수 있다.
- 교수-학습과 평가의 통합을 추구하여 결과뿐만 아니라 학습 과정도 중시한다.
- 학생 개개인의 변화와 발달 과정을 종합적으로 평가하는 일회적 평가가 아닌 전체적 · 지속적 평가이다.

- 학생 상호 간에 지나친 경쟁 유도가 아닌 협력을 유도하는 집단 평가를 활용한 방식이다.
- 인지적 영역, 정의적 영역, 운동 기능 영역에 대한 종합적 · 전인적인 능력을 평가하는 데 용이하다.

표 5-7은 기존의 선택형 시험과 수행평가를 비교해 놓은 것이다.

표 5-7 선택형 시험과 수행평가 비교

구분	선택형 시험	수행평가
진리관	• 절대주의적 진리관	• 상대주의적 진리관
철학적 근거	• 합리론, 경험론	• 구성주의, 현상학, 해석학, 인류학
시대적 상황	• 산업화 시대, 소품종 대량 생산	• 정보화 시대, 다품종 소량 생산
학습관	• 직선적·위계적·연속적 과정 • 추상적·객관적 상황 중시 • 학습자의 기억·재생산 중시	• 인지 구조의 계속적 변화 • 구체적·주관적 상황 중시 • 학습자의 이해·성장 중시
평가 체제	• 상대평가, 양적 평가, 선발형 평가	• 절대평가, 질적 평가, 충고형 평가
평가 목적	• 선발·분류·배치, 한 줄 세우기	• 지도·조언·개선, 여러 줄 세우기
평가 내용	• 선언적 지식(내용적 지식) • 학습의 결과 중시 • 학문적 지능의 구성 요소	• 절차적 지식(방법적 지식) • 학습의 결과 및 과정도 중시 • 실천적 지능의 구성 요소
평가 방법	• 선택형 평가 위주, 표준화 검사 중시 • 대규모 평가 중시, 일회적·부분적 평가 • 객관성·일관성·공정성 강조	• 수행평가 위주, 개별 교사의 평가 중시 • 소규모 평가 중시, 지속적·종합적 평가 • 전문성·타당도·적합성 강조
평가 시기	• 학습 활동 종료 시점 • 교수-학습과 평가 활동 분리	• 학습 활동의 모든 과정 • 교수-학습과 평가 활동 통합
교사 역할	• 지식의 전달자	• 학습의 안내자·촉진자
학생 역할	• 수동적 학습자, 지식의 재생산자	• 능동적 학습자, 지식의 창조자
교과서 역할	• 교수-학습·평가의 핵심 내용	• 교수-학습·평가의 보조 자료
교수-학습 활동	• 교사 중심, 인지적 영역 중심 • 암기 위주, 기본 학습 능력 강조	• 학생 중심, 지·정·체 모두 강조 • 탐구 위주, 고등 사고 능력 강조

출처: 허경철(2002).

(3) 수행평가 도구

① 루브릭

라틴어로 붉은색을 의미하는 루브릭(rubrics)은 '중요하다'는 의미로 사용되며, 종교 예비 행사의 지침이나 법원의 결정 내용 중 중요한 것을 강조하기 위해 붉은색을 사용한 것에서 유래하였다(Wiggins, 1998). 현재 수행평가에서 학생의 수행 결과를 평가하기 위한 서술식 채점 척도라는 뜻으로 통용되고 있다(김영천, 2000). 전통적인 평가에서 학생의 결과가 수량화될 수 있는 점수로 변환되었다면 수행평가에서는 수량화되기 힘든 학생의 지적 능력과 학습 성취 결과를 루브릭을 사용하여 기록한다. 따라서 루브릭에 대한 연구는 수행평가 연구와 실행을 위해서 중요한 작업이라고 할 수 있다(김영천, 2007).

■ 루브릭의 특징

루브릭은 전통적인 평가에서 사용하는 점수(score) 또는 등급(grade)에 상응하는 개념으로, 학습자의 수행 과제 결과물(작품, 글쓰기, 문제 해결, 만들기, 토론)이 어느 수준에 있는가를 규명하고 판단하기 위하여 사용되는 수행평가에서 개발된 채점 방법이면서 결과 표현 방법인 평가 도구이다.

루브릭은 다음과 같이 전통적인 평가 방법과 구별되는 차이점이 있다.

- 평가 영역이 세부적으로 제시된다. 이를 전문적으로 크라이테리어(criteria)라고 하는데, 이는 평가할 내용이다.
- 학생의 학습 결과는 점수가 아니라 단계로 표현된다.
- 각 단계에는 학생들의 수행이 갖는 질적인 특징을 서술적으로 설명해 놓은 진술문이 제시된다.

■ 루브릭의 역할

- 루브릭은 평가의 내용이 상세화되어 있다.
- 루브릭은 학생의 수행이 갖고 있는 특징과 문제점, 그리고 수준이 어떠한가를 정확하게 진단하는 역할을 한다.
- 루브릭은 학생에게 자기 조절 학습 태도를 길러 준다.
- 루브릭의 개발은 교사의 수업 연구를 촉진한다.

- 학부모와 학생 간의 협동적인 학습에 안내자 역할을 한다.
- 루브릭은 학교 내에서 교사들 간의 공동 연구를 촉진한다.

■ 루브릭의 종류

- 종합적 루브릭(generic rubric): 수행의 결과를 개발된 몇 개의 단계에 근거하여 판단하는 방법으로서, 학생의 수행 결과가 수준의 개념에 비추어 점수화된다.
- 분석적 루브릭(analysis rubric): 학생의 수행이 갖추어야 하는 성취 준거에 따라 학생의 수행 결과를 수준별로 평가하는 방법이다. 따라서 몇 개의 평가 영역이 항목으로 제시되고 항목에서 학생의 수행 수준이 결정된다.
- 발달적 루브릭(developmental rubric): 학생의 수행 수준을 발달적인 관점에서 평가한다. 피아제(Piaget)의 인지 발달 이론처럼 학생의 수행이 어떻게 발달적으로 변화하고 발전하는지를 질적으로 규명하여 학생의 수행이 그 단계 중에서 어느 단계에 해당하는지를 평가한다.
- 주제 루브릭(task rubric): 현재 우리나라의 학교에서 많이 사용하고 있는 것으로, 교과의 단원이나 교과 내용에 기초하여 루브릭을 만드는 방법이다. 특정한 어느 교과 내용이나 주제에 대하여 학생이 어떻게 이해하였는지를 평가하기 위하여 만들어지는 루브릭으로, 앞에서 설명한 루브릭에 비하여 가장 구체적인 루브릭이라고 할 수 있다.

② 포트폴리오

포트폴리오(portfolio)는 '운반하다(carry)'를 뜻하는 'port'와 '종이(paper)'를 뜻하는 'folio'에서 파생된 것으로, 폴더나 보관함에 들어 있는 서류 또는 수집한 작품을 의미하거나 타인의 눈에 비친 특정인의 모습이라는 개념으로 활용되었다. 교육 분야에서 포트폴리오는 하나 이상의 분야에서 학습자의 관심, 능력, 진도, 성취, 노력, 성장 등의 증거를 보여 주는 학생들의 작품(결과물)을 의도적으로 모아 놓은 작품집인데, 교사에게 평가받기 위해 학생들이 제출하는 자료가 서류철이나 서류 가방의 형태를 취하기 때문에 붙은 이름이다.

과정 중심 평가는 점수를 주는 데 관심을 두기보다는 수업에서 학생의 어려움을 도와주고 이해하고 알려주는 데 더 관심을 둔다. 수업을 도와주려면 도와줄 도구가 필요하므로 교실 대부분이 단순 평가지에 의존하였다. 그러나 이렇게 만들어진 평가지는 교사가 감당해야 할 또 하나의 걱정거리로 책상에 쌓일 뿐 학생 개개인을 파악하는 데 도움을 주지 못했다.

학생이 포트폴리오를 관리하고, 교사가 체계화된 포트폴리오 자료를 보면, 학생을 보다 확실하게 이해할 수 있게 된다. 포트폴리오에 반드시 포함되어야 할 요소는 전문가의 의견, 학생의 반성 그리고 반성을 토대로 한 학생의 의지가 포함된 목표나 각오, 다짐, 실천 계획 등이다.

이러한 요소를 통해 학생이 무엇을 배웠는지, 무엇을 이해하고 숙달했는지, 생각과 각오 등이 어떻게 변화했는지 등을 파악할 수 있고, 이로써 학생을 총체적으로 이해할 수 있게 된다. 나아가 교육 관련자가 포트폴리오를 보면 학생의 역량을 쉽게 찾아낼 수 있다는 장점이 있다. 포트폴리오 제작물은 역량 중심 교육과정에서 요구하는 핵심 역량의 함양과 일맥상통한다. 역량은 직접적으로 측정될 수 있는 것이 아니라 다양한 과제를 수행한 증거물로부터 추론될 수 있는 것이며, 일회적인 자료로 판단하기 어렵다. 따라서 교사가 전문성을 발휘하여 역량의 도달 여부를 판단하는 기준을 갖춘 자료가 필요하다. 포트폴리오 증거 자료 중에서 교수와 평가를 함께하는 도구인 포트폴리오 제작물은 교육과정-수업-평가의 일체화와 수행평가의 특징, 과정 중심 평가의 실천 원리를 모두 담을 수 있는 그릇이라 할 수 있다.

따라서 과정형 수행평가 방식 중 포트폴리오 평가는 학생의 지식, 기능, 태도의 성장을 관찰하고 기록하기 위해서 사용하며, 학생의 여러 수행 과정과 결과물을 사진, 비디오, 체크리스트, 일화 기록, 관찰 기록, 면담 기록 등으로 수집하는 종합적인 평가 방법이다. 또 단편적인 영역에 대해 일회적으로 평가하지 않고 학생 개개인의 변화와 발달 과정을 종합적으로 평가하기 위해 전체적이고도 지속적으로 평가하는 것을 강조하는 수행평가의 대표적인 방법이라고 할 수 있다.

3. 가정교과에서의 평가 문항 개발

평가 문항의 종류는 답을 하는 양식이나 방법에 따라 다양하게 분류된다. 크게 대상자의 인지적 영역 학습을 확인하기 위한 평가로 학생이 어떻게 반응하는가, 즉 학생이 제한된 답지에서 선택하여 표기하는가 아니면 답을 구성하여 작성하는가에 따라 표 5-8과 같이 선택형 문항과 서답형 문항으로 구분한다.

선택형 문항에는 진위형, 배합형, 선다형, 배열형 등이 있다. 먼저 진위형(정오형, true-false) 문항을 살펴보면, 문항에 대해 ○나 ×로 답하는 단순 진위형과 수정 진위형, 군집 진위형 등이 있다. 배합형(조합형, matching type)은 왼쪽과 오른쪽을 연결하도록 문항을 구성하는 것인데, 단

표 5-8 평가 문항의 유형

응답 유형	평가 문항 유형		
선택형	진위형	단순 진위형, 수정 진위형, 군집 진위형	
	배합형	• 단순 배합형, 복합 배합형, 분류 배합형 • 관계 분석형, 관계 분류형, 공변 관계형	
	선다형	최선답형, 정답형, 다답형, 합답형	
서답형	완성형	불완전 문장형, 불완전 도표형, 제한 완성형	
	단답형	단구적 단답형, 서술적 단답형	
	논문형 (서술형, 논술형)	응답 제한형	분량 제한형, 내용 범위 제한형, 서술 양식 제한형
		응답 자유형	일반 쓰기 능력형, 교과 관련 능력형

순 배합형, 복합 배합형, 분류 배합형, 관계 배합형, 관계 분류형 등으로 나뉜다. 선다형(multiple choice)은 학교 현장에서 가장 보편적으로 사용하는 문항으로, 질문에 맞는 것을 선택하여 기입하게 하는 방법이다. 마지막 배열형(서열형, rearrangement method)은 일정한 기준에 따라 배열할 수 있는 여러 사항을 질서 없이 늘어놓고 일정한 순서로 배열하게 하는 방법이다.

서답형 문항은 학생들의 단편적인 지식 암기를 지양하고 창의성, 문제해결력 등 고등 정신 능력을 함양하는 데 목적이 있다. 이에는 단답형 또는 단순 재생형(simple recall test) 문항이 있고, 문항 중에 괄호를 넣어 문장을 완성하는 완성형, 피험자의 반응(생각이나 의견)을 자유롭게 문장으로 표현하게 하는 논술형(essay type test) 등이 있다(박도순, 2008).

선택형 문항의 장점은 채점의 객관성과 신뢰성이 높으며, 학습 내용과 영역을 포괄적으로 다룰 수 있고, 채점 및 통계적 분석이 쉽다는 것이다. 반면, 단점은 단순한 기억력 측정에 빠질 위험이 있으며, 추측 요인이 작용할 수 있고, 표현과 창의의 기회가 제약되며, 또한 문항 제작에 많은 시간과 노력이 소모된다는 점 등이다.

서답형 문항은 오늘날 중등학교 현장에서도 널리 권장되고 있는 문항 유형으로, 적용하는 데 몇 가지 장단점을 가지고 있다. 먼저, 장점으로는 반응의 자유가 보장되며, 고등 정신 능력을 측정하는 데 유용하다. 또한 학습자의 학습 방향을 제시해 줄 수 있으며, 학습자의 전체적인 능력 측정이 가능하다. 마지막으로 문항 제작이 용이하다는 점을 들 수 있다. 반면, 단점은 채점을 하는 데 신뢰도와 객관도가 부족하며, 문항 표집이 제한되어 있어 수험자의 능력을 골고루 측정하기 곤란하다. 그 외 문항 제작에 비해 채점을 하는 데 시간과 노력이 많이 든다는 점을 들 수 있다.

1) 평가 문항의 개발 절차

교육평가는 평가 목적 설정에서부터 평가 결과의 해석 및 활용에 이르기까지 일련의 과정을 거쳐 이루어지게 된다. 각 단계별 수행 과제를 나열하면 다음과 같다.

평가 목적 설정 → 평가 목표 설정 및 분석 → 평가 장면 선정 → 평가 도구 제작·선정 → 평가 실시 및 결과 정리 → 평가 결과 해석 및 활용

그림 5-5 평가 문항 개발 과정

① 평가 목적 설정

평가의 첫 단계로, 평가 목적이 무엇인지 먼저 선정해야 한다. 즉, 학습 준비도 파악이 목적이면 진단평가를 준비하고, 교수-학습 전개 과정에서의 조치를 할 것이 목적이면 형성평가를 실시하고, 학업 성취도 파악이 목적이면 총괄평가를 실시하게 된다.

② 평가 목표 설정 및 분석

내용과 행동의 이원적인 요소가 명시되도록 설정하고 구체적인 용어로 진술하는 단계를 말한다.

③ 평가 장면 선정

학생들의 특정한 학습의 결과가 구체적으로 표시되고 행동의 증거로 나타날 수 있는 여러 가지 조건이나 기회가 주어지도록 하는 단계이다. 평가의 관점을 어디에 두느냐에 따라 평가 장면이 달라지게 되는데, 그 예를 제시하면 표 5-9와 같다.

표 5-9 평가 관점에 따른 평가 장면

평가의 관점	평가 장면의 예
지식·이해	필답시험, 구두시험, 학습 기록, 발표 상황
관심·의욕·태도	의식 조사, 실천 기록, 감상문, 일기, 관찰, 면접
기능	작품, 관찰, 실기 테스트, 자기평가·상호평가, 평정, 체크리스트
창작	관찰, 작품, 테스트

④ 평가 도구 제작·선정

평가 도구가 제 역할을 다하기 위해서는 타당도, 신뢰도, 객관도, 실용도 및 문항 난이도 등이 평가 목적에 부합될 수 있도록 고려한 평가 문항 제작이 이루어져야 한다.

⑤ 평가 실시 및 결과 정리

평가 실시 후 평가 보고서는 일반적으로 평가 일시, 평가자, 평가 대상, 평가 목적, 평가 내용, 평가 절차, 평가 결과, 평가 결과 해석, 결론 및 논의의 순으로 정리한다.

⑥ 평가 결과 해석 및 활용

평가의 결과는 책무성, 교육과정이나 프로그램의 개선 등에 활용될 수 있다.

평가 방법에 따른 특성

평가 방법	정의	특징 및 방법
서술	• 비교적 짧은 길이(한 단락 이하의 문장 형태)로 답을 작성하는 방식	• '단순한 사실의 나열 및 설명'을 포함하는 것이므로 답안을 작성하는 데 조직력이나 표현력이 크게 요구되지 않고, 채점할 때 어느 정도 객관적인 정답(모범 답안)이 존재하는 문항임
논술	• 한 편의 완성된 글로 답을 작성하는 방법 • 자신의 생각이나 주장을 논리적으로 작성해야 하므로 학생이 제시한 아이디어뿐만 아니라 조직이나 표현의 적절성 등을 함께 평가함	• 학생이 답을 선택하는 것이 아니라 학생의 생각이나 의견을 직접 기술하기 때문에, 창의성, 문제해결력, 비판력, 통합력, 정보 수집 및 분석력 등의 고등 사고 능력을 평가하기에 적합함
구술	• 특정 내용이나 주제에 대해 자신의 의견이나 생각을 발표하도록 하여, 학생의 준비도, 이해력, 표현력, 판단력, 의사소통 능력 등을 직접 평가하기 위해 활용하는 방법	• 특정 주제에 대해 학생들에게 발표 준비를 하도록 한 후 발표에 대하여 평가함 • 또는 평가 범위만 미리 제시하고 구술 평가를 시행할 때 교사가 관련된 주제나 질문을 제시하고 학생이 답변하게 하여 평가함
토론·토의	• 특정 주제에 대해 학생들이 서로 토의하고 토론하는 것을 관찰하여 평가하는 방법	• 서로 다른 의견을 제시할 수 있는 주제에 대해 개인별 혹은 소집단별로 토의·토론을 하도록 한 다음, 학생들이 사전에 준비한 자료의 다양성이나 적절성, 내용의 논리성, 상대방의 의견을 존중하는 태도, 진행 방법 등을 종합적으로 평가하는 방법

(계속)

평가 방법	정의	특징 및 방법
프로젝트	• 특정한 연구 과제나 산출물 개발 과제 등을 수행하도록 한 다음, 프로젝트의 전 과정과 결과물(연구 보고서나 산출물)을 종합적으로 평가하는 방법	• 결과물과 함께 계획서 작성 단계에서부터 결과물 완성 단계에 이르는 전 과정도 함께 중시하여 평가함
실험·실습	• 학생들이 직접 실험·실습을 하고 그에 대한 보고서와 함께 교사가 관찰한 실험·실습 과정을 종합적으로 평가하는 방법	• 실험·실습을 위한 기자재의 조작 능력이나 태도, 지식을 적용하는 능력, 협력적 문제해결 능력 등을 포괄적이면서도 종합적으로 평가함
포트폴리오	• 학생이 산출한 작품을 체계적으로 누적하여 수집한 작품집 혹은 서류철을 이용한 평가 방법	• 학생의 강점이나 약점, 성실성, 잠재 가능성 등을 종합적으로 파악할 수 있고, 학생의 성장 과정을 한눈에 볼 수 있어 유용한 피드백 제공 가능 • 일회적인 평가가 아니라, 학생 개개인의 변화와 발전 과정을 종합적으로 평가하기 위해 전체적이면서도 지속적으로 평가하는 것을 강조함
자기평가· 동료평가	• 수행 과정이나 학습 과정에 대해 학생이 스스로 평가하거나, 동료 학생들이 상대방을 서로 평가하는 방법	• 학생들이 자신의 학습 준비도, 학습 동기, 성실성, 만족도, 다른 학습자들과의 관계, 성취 수준 등에 대해 스스로 생각하고 반성할 수 있는 기회 제공 • 교사가 학생을 관찰하고 기록한 내용과 수시로 시행한 평가의 타당성을 비교·분석 가능 • 학생 수가 많아서 담당 교사 혼자의 힘으로 모든 학생들을 제대로 평가하기 어렵다고 판단될 때, 동료평가 결과와 합하여 학생의 최종 성적으로 사용한다면 성적처리 방식에 대한 공정성도 높일 수 있음
관찰법	• 관찰을 통해 일련의 정보를 수집하는 측정 방법	• 어느 특정한 장면이나 상황에서 발생하는 행동 체계를 가능한 한 상세하고 정밀하게 탐구하기 위해 모든 신체적 기능과 측정 도구를 이용할 필요가 있음(일화 기록법, 체크리스트, 평정 척도, 비디오 녹화 후 분석 등)

출처: 교육부(2022).

2) 수업 목표에 따른 문항 정보표 작성 및 도구 검증

(1) 수업 목표 진술하기

가정과수업에서 수업 목표는 기본적으로 지식, 이해, 적용 또는 지식, 기능, 태도 등으로 나누어서 제시한다. 수업 목표는 교사의 행동이 아닌 학생의 행동으로 진술하며 수업 시간이나 학습 단원이 끝났을 때 나타날 수 있는 학생의 변화된 행동과 관련지어 진술한다. 또한 학습 내용과 기대되는 학생의 행동 수준을 함께 진술해야 하며, 학생의 외현적 행동을 관찰하고 측정할 수 있도록 암시적 동사보다는 명시적인 행위 동사로 진술한다.

- 암시적 동사: 안다, 이해한다, 적용한다, 감상한다, 평가한다, 인식한다 등
- 명시적 동사: 쓴다, 찾아낸다, 구별한다, 푼다, 지적한다, 열거한다, 비교한다 등

표 5-10은 지식, 이해, 적용의 가정과수업 목표의 예를 나열한 것이다.

표 5-10 수업 목표 작성을 위한 지식, 이해, 적용 목표

구분	가정과수업 목표
지식	• 식품 자전거의 구성을 나열할 수 있다. • 디자인 요소를 나열할 수 있다. • 비타민의 종류를 나열할 수 있다. • 청소년 소비자의 역할에 대해 설명할 수 있다.
이해	• 일상생활 속의 식품을 식품 자전거와 연결지어 설명할 수 있다. • 상황에 맞는 의복의 예를 나열할 수 있다. • 체형에 따른 올바른 옷차림을 예를 들어 설명할 수 있다. • 소비자 정보를 활용하는 방법을 예를 들어 설명할 수 있다.
적용	• 합리적인 구매 의사 결정 과정을 의복 구매에 적용할 수 있다. • 의복 재료의 성능에 따라 옷을 효율적으로 관리할 수 있다. • 식품 자전거의 원리를 식단 작성에 활용할 수 있다. • 디자인의 원리를 적용하여 자신의 체형에 맞는 의복을 선택할 수 있다.

(2) 문항 정보표 작성하기

총괄평가를 위한 문항 작성을 위해 학습 목표에 따른 문항 정보표를 작성해야 한다. 문항 출제를 위한 문항 정보표 작성은 '나이스 시스템'에서 이루어지며, 문항 정보표는 크게 내용 영역, 성취 기준, 난이도, 배점, 정답, 복수 정답 여부 등의 항목으로 구성되어 있다.

먼저, 내용 영역은 각 단원별 학습 내용을 분류하여 문항별 핵심 개념을 중심으로 서술하면 된다. 성취 기준은 학생들이 교과를 통해 배워야 할 내용과 이를 통해 수업 후 할 수 있거나 할 수 있기를 기대하는 능력을 결합하여 나타낸 수업 활동의 기준(교육부, 2015)으로, 교육부에서 제시한 문서를 참고하여 각 문항별로 해당 내용을 제시할 수 있다. 난이도는 상 · 중 · 하로 나누어 입력하는데, 대개 전체 문항 중 각각의 비율을 30 · 40 · 30퍼센트(%)로 할 것을 권장한다. 배점 역시 총점 100점에 맞추어 2점, 3점, 4점 등으로 배정을 하는데, 이때 난이도를 고려하여 어려운 문항이 낮은 배점으로 입력되거나 쉬운 문항이 높은 배점으로 입력되지 않도록 유의해야 한다.

그림 5-6은 중등학교에서 문항 출제를 위해 사용하고 있는 '나이스 시스템' 내의 가정과 문항 정보표 작성을 위한 화면이다.

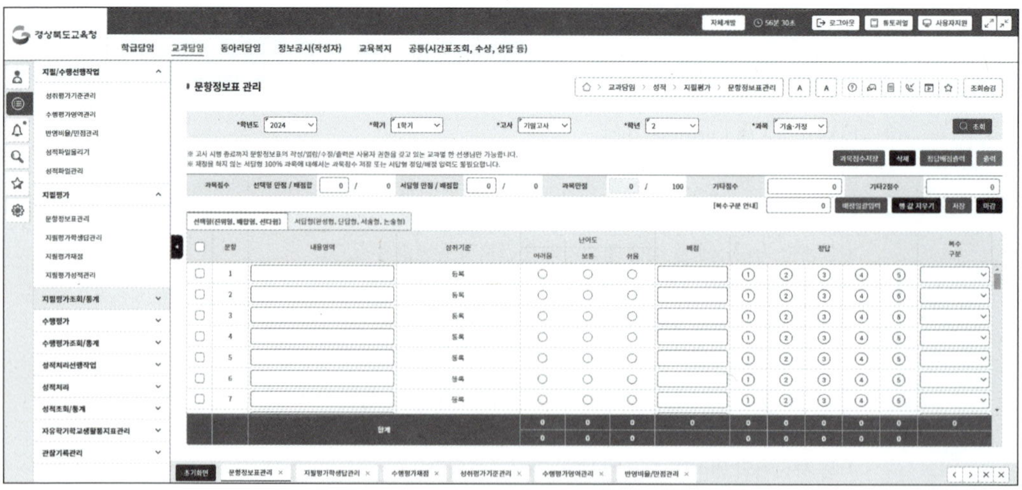

그림 5-6 나이스 시스템 문항 정보표

(3) 평가 도구 검증하기

평가 도구가 타당하고 신뢰성 있게 제작되었는지 확인하기 위해 각종 검증 도구가 사용된다. 각 검증 도구의 의미와 산출 방법은 다음과 같다.

① 타당도

타당도(validity)는 검사 혹은 평가 도구가 측정하려고 의도한 것을 어느 정도로 충실하게 제대로 측정하고 있는지 나타내며, 검사의 진실성 혹은 정직성이라고도 한다. 예를 들면, 수학 과목에서 두 자릿수의 곱셈 문제를 풀 수 있는 능력을 측정하려고 하는데, 시험 문제가 세 자릿수의 곱셈 문제가 아니라 두 자릿수의 곱셈 문제로 제시된다면 그 검사는 타당도가 높은 것이다. 타당도를 높이기 위해서는 내용-행동의 이원 분류표를 작성하고, 이에 따라 평가 문항을 만든다. 또한 채점 기준을 개발한 후 그 기준에 따라 점수를 부여한다.

타당도의 종류

1. 내용 타당도(content validity): 안면 타당도, 교과 타당도

- 문항 표집의 적절성, 교육 목표의 적절성
- 평가 도구의 내용 자체를 타당성의 기준으로 보는 타당도(측정하려는 학습 결과와 교과 내용 확인, 교육 목적 이원 분류표에 의거한 검사 문항 제작)

2. 준거 타당도(criterion related validity): 예언 타당도+공인 타당도

- 타당도를 확인하려고 하는 평가 도구의 점수와 또 다른 평가 도구(준거)의 점수와의 관계를 타당성의 기준으로 보는 타당도
- 예언 타당도: 평가 도구가 목표로 하는 준거를 얼마나 정확하게 예측하는지를 의미함. 이때의 준거는 미래의 행동 특성을 말함. 즉, 검사의 점수가 미래의 행동을 얼마나 잘 예측하느냐에 대한 문제
- 공인 타당도: 타당도를 확인하려는 검사와 또 다른 검사를 동시에 실시하여 두 점수 간에 공통 부분(상관)이 얼마나 있는지를 타당성의 기준으로 보는 타당도

3. 구인 타당도(construct validity)

- 인간의 인지적·심리적 특성과 같은 조작적으로 정의되지 않은 구인을 조작적으로 정의하고, 그 구인을 측정할 수 있는 문항들을 제작한 후, 검사가 구인을 제대로 측정하고 있는지에 대하여 검사 점수 자체 또는 다른 점수와의 상관을 타당성의 기준으로 보는 타당도

② 신뢰도

신뢰도(reliability)는 검사 도구가 오차 없이 얼마나 일관되게 측정할 수 있는지를 나타내는 개념이다. 이는 같은 대상을 두 번 측정했을 때 얻은 두 개의 측정치 간의 일관성으로 해석되기도 한다. 높은 신뢰도는 타당도의 필요조건이 된다. 즉, 신뢰도가 높으면 타당도도 높아지게 되고, 신뢰도가 낮으면 타당도도 낮아지게 된다. 신뢰도에 영향을 주는 요인으로는 검사의 길이(多), 검사 점수의 폭(大), 검사의 난이도(中), 검사의 객관도(高), 검사의 동질성(同) 등이 있다.

1. 신뢰도의 종류

- 재검사법(test-retest method): 같은 검사를 두 번 해서 검사 득점의 상관관계(안정성 계수)를 계산하여 일치도를 보는 것
- 동형검사법(alternate or parallel forms method): 내용, 난이도, 항목의 형태 등이 같은 두 개 이상의 측정 도구로 검사를 해서 그 결과의 상관 계수(동형성 계수)를 계산하여 신뢰도를 결정함
- 반분법(split-halves method): 검사 실시 후 검사를 두 개의 부분으로 나누어 채점. 전후 반분법, 기우 반분법(홀짝을 따로 채점하여 상관관계 계산)이 있음
- 내적 합치도(inter-item consistency): 피험자가 각 문항에 어느 정도 항상성이 있는가, 즉 각 문항 간의 상관도를 말함

2. 신뢰도의 증진 조건

- 문항의 포괄성: 문항이 포괄성을 지니려면 문항을 전체 분야에 걸쳐서 골고루 표집하고, 문항 수가 너무 적으면 신뢰도가 낮아지므로 될수록 문항을 많이 표집하는 것이 좋음
- 검사 분위기: 학생들이 정직하게 검사에 임할 수 있는 분위기를 형성해야 함
- 문항의 동질성: 이질적인 문항이 많으면 신뢰도가 낮아짐

③ 객관도

객관도(objectivity)는 신뢰도의 일종으로, 여러 검사자 간의 합치도를 말한다. 예를 들어, 여러 사람이 같은 답안을 채점한 결과 또는 같은 사람이 여러 번 채점을 한 결과의 점수 차이가 크면 객관도가 떨어지는 것으로 해석할 수 있다.

객관도의 증진 조건

- 평가 도구 객관화(객관식 문항 구성, 서술형인 경우 제한형)
- 여러 사람(3명이 적절)이 공동 평가하여 그 결과를 평균, 또는 종합
- 명확한 평가 기준 설정(구체적이고 실제적인 증거 수집)

④ 실용도

실용도(usability)는 평가 도구가 경비, 시간, 노력을 적게 들이면서도 소기의 목적을 달성할 수 있는 정도를 말한다. 즉, 실시나 채점하기가 얼마나 용이한가, 해석과 활용성은 어떠한가, 마지막으로 비용, 시간, 노력을 얼마나 절약할 수 있는가 등을 알아보는 것이다.

⑤ 문항 난이도

문항 난이도(또는 문항 곤란도)는 한 문항의 어려운 정도를 나타내는 통계적 수치로, 각 문항의 정답률을 토대로 산출한다. 예를 들어 A 문항에서 40%가 정답을 맞히고, B 문항에서 60%가 맞혔다면 A 문항이 더 어려운 것이 된다.

문항 난이도 산출 공식

$$P = \frac{R}{N} \times 100$$

P: 문항 난이도 지수　R: 정답자 수　N: 총 사례 수, 즉 전체 학생 수

⑥ 문항 변별도

문항 변별도는 한 문항이 학생들의 능력을 어느 정도 변별하고 있는가를 말한다. 검사 점수를 성적순으로 배열하고 상위 집단과 하위 집단으로 구분하여 집단 간의 정답률 차이를 밝혀낸 것이다. 변별도 지수는 + 부호이면서 그 값이 .3 ~.7 정도 나오는 것이 바람직하다.

문항 변별도 산출 공식

$$DI = \frac{R_U - R_L}{f}$$

R_U: 상위 집단의 정답자 수　R_L: 하위 집단의 정답자 수　f: 각 집단의 학생 수

3) 선택형 평가 문항의 개발

선택형 문항을 학교 현장에 적용하여 실시하고자 할 때는 중요한 제작 및 편집 지침이 있으므로 이를 잘 준수해야 본래의 평가 목적에 부합하는 문항 제작이 가능하게 될 것이다. 이를 항목별로 나열하면 다음과 같다(성태제, 2024).

(1) 선택형 문항 제작 및 편집 지침

- 문항의 소재 선택은 해당 과목별 교육과정의 범위와 그 수준에 근거하되, 교과서 내용에 치중하지 않고 가능한 한 전공 실무나 실생활 등과 밀접한 관련이 있는 다양한 내용을 포함하도록 한다.
- 해당 과목의 교과서에 있는 문장을 그대로 사용하여 출제하지 않으며, 문장 안에 나오는 인용된 문장은 큰따옴표(" ")로 표기하고, 인용된 어구는 작은따옴표(' ')로 표기한다.
- 해당 과목의 교과서에 있는 표, 그림, 그래프, 사진 등은 보편적으로 널리 통용되고, 저작권 침해의 논란이 없으면 그대로 사용하거나 보완하여 사용할 수 있다. 자료의 출처를 밝히고자 할 때는 자료의 우측 하단에 표기한다.
- 정설로 인정되지 않은 용어, 개념, 원리, 이론 등을 이용하여 문항을 제작하지 않는다.
- 하나의 질문에는 하나의 내용만을 포함하도록 하며, 문항의 물음 부문(문두)은 불완전 의문문으로 서술한다(예: ~것은?).
- 부정문일 때는 부정하는 부분에 반드시 밑줄을 그어 명확히 한다.
- 외래어와 외국어는 한글 표기를 원칙으로 하되 필요한 경우 괄호 안에 원어 또는 약어를 제시한다. 단, 단위(예: kg, cm, kL 등), 일상적으로 통용되는 약어(예: OECD, IMF 등), 용어(예: DOS, Windows 등) 등은 그대로 사용할 수 있다.
- 단편적인 지식을 측정하는 평가 문항 제작을 지양하고, 단원의 내용을 통합적으로 이해하고 이를 문제 상황에 적용할 수 있는 평가 문항을 제작한다.
- 질문이나 답지에 지나친 전문적 요소를 포함하는 특수성을 피한다.

(2) 선택형 문항 제작의 실제

- 문항은 중요한 학습 내용을 포함해야 한다.
- 문항마다 질문의 내용이 하나의 사실을 묻도록 단순 명쾌하게 구조화되어야 한다.
- 문항이나 답지는 간단하고 명확한 단어로 서술해야 한다(불필요한 문구, 그림 등의 검토).
- 문항의 질문 형태는 가능하면 긍정문이어야 한다.
- 용어의 정의나 개념을 묻는 질문에서는 용어를 질문하고, 답지에서는 용어의 정의나 개념을 나열한다.
- 문항의 질문 내용 속에 답을 암시하는 내용이 포함되어 있지 않아야 한다.
- 답지 중 정답은 분명하고 정확하게, 오답은 매력 있게 제작한다.
- 답지 중 견해에 따라서 정답이 두 개 이상이 될 경우에는 최선의 답을 선택하도록 환기해 주어야 한다.

최선답형

여러 개의 답지 중에서 '가장 알맞은 답'을 찾는 형태의 문항으로, 다른 답지도 답이 될 수 있지만 정답의 정도가 가장 큰 것을 선택하도록 하는 문형이다.

- 피험자에게 옳은 답지를 선택하거나 틀린 답지를 제거할 수 있는 단서를 제공하지 말아야 한다.
  - 답지 중 어느 한 가지만 길고, 구체적으로 기술하지 않도록 한다.
  - 특이하고 생소한 형태로 서술하지 않도록 한다.
  - 교재에 있는 문장을 그대로 서술하지 않도록 한다.
- 가능하면 답지를 짧게 하는 것이 바람직하다.
- 각 답지에 반복되는 어구는 질문에 포함하여 표현하도록 한다.
- 답지에 숫자, 연대, 양 같은 것을 다룰 때는 답지 사이의 중첩을 피하도록 한다.
- 답지에 어떤 논리적 순서가 있으면 그에 따라 배열한다.
- 문두와 답지는 문법적으로 일치해야 한다.

  "…한 이유는?"이라는 물음에 "…하기 위하여"라고 답한 오류

  "…의 목적은?"이라는 물음에 "…이기 때문에"라고 답한 오류 등

- 답의 단서가 되는 부사어를 사용하지 않는다.

> - 절대, 항상, 모두, 전혀, 오직, 반드시 등은 틀린 답의 단서가 될 수 있다.
> - 흔히, 간혹, 대체로, ~하는 경향이 있다. ~일 것이다 등은 정답의 단서가 될 수 있다.

- 정답의 번호가 일정 형태를 유지하지 않도록 무작위 순서로 배치한다.
- 정답의 번호가 일정 번호에 치우치는 것을 삼가야 한다.
- 되도록 대학수학능력시험 유형으로 출제하되, 영역별로 새로운 문항 유형, 창의적인 문항을 다수 포함하도록 한다.

(3) 선택형 평가 문항의 검토

문항 검토에는 논리적 검토와 경험적 검토가 있다. 논리적 검토는 문항과 검사의 구성이 측정하고자 하는 목표와 논리적으로 충실하게 연관되어 있는지, 문항 및 검사 제작 원리에 충실하게 작성되었는지 등을 전문가의 입장에서 검토하는 작업을 말한다. 이때 내용 비중의 적절성 및 문항 간 내용의 독립성, 검사의 난이도 및 소요 시간의 적정성, 편집 및 인쇄의 충실성, 기타 문항 배점의 합, 정답의 위치 등을 살펴본다.

경험적 검토는 검사 실시 후 학생들의 반응 자료를 근거로, 문항의 난이도, 변별도, 답지 매력도(답지 중 오답지가 매력적인지 정도) 등을 검토하는 작업을 말한다.

문항을 검토할 때 취해야 할 자세로는 수험생 입장에서 검토를 하고, 자신이 제작한 문항이라 생각하고 면밀히 검토하며, 조금이라도 이상하면 이의를 제기하여 확인한다. 마지막으로 출제자는 제기된 문제점에 대하여 방어적 태도를 지양하고 긍정적으로 수용하는 자세를 견지해야 한다. 선택형 문항을 제작한 후 검토를 위한 지침을 각 영역별로 나열하면 표 5-11과 같다.

표 5-11 선택형 문항 검토를 위한 지침

영역	검토 내용
출제 전반	• 교육과정의 정상적 운영을 기할 수 있게 출제되었는가? • 출제 계획서에 부합되게 출제되었는가? • 교육과정의 범위를 벗어난 문항은 없는가? • 시중 참고서나 모의고사, 학원 교재, 신문 게재 문제 등에 그대로 나와 있는 문항은 없는가? • 지나치게 어렵거나 쉬운 문항은 없는가? • 출제 원칙에 맞게 출제되었는가? • 난이도와 변별도는 적절한가?
문두	• 정답 시비가 야기되지 않도록 필요한 조건이 모두 포함되어 있는가? • 참고서의 지문을 그대로 옮겨 놓지 않았는가? • 정답에 대한 단서가 제시되어 있지 않는가? • 부정문으로 표현된 문항의 경우 긍정문으로 바꾸어 묻는 것이 바람직하지 않는가?
답지	• 답지의 길이가 너무 다른 것은 없는가? • 문두나 답지의 문장 표현이 불필요하게 장황한 것은 없는가? • 답지끼리 중첩되는 것은 없는가? • 두 개 이상의 답지에 공통적으로 포함되는 요소로 인하여 정답의 단서가 되는 것은 없는가? • 답지는 논리적 순서에 따라 배열되어 있는가? • 정답의 위치가 특정한 답지에 편중되어 있지는 않는가? • 배점에 비하여 응답 소요 시간이 너무 긴 문항은 없는가?
정답지	• 관점에 따라서는 오답이 될 가능성은 없는가? • 묻는 내용이 잘 모르는 학생들도 금방 정답을 찾을 수 있는 너무 뻔한 답지는 아닌가? • 정답 시비의 소지가 있지는 않는가?
오답	• 정답지에 비해 너무 생소한 오답지는 없는가? (오답지라는 단서 제공) • 관점에 따라서는 정답이 될 가능성이 없는가? • 오답지는 모두 문제의 내용과 직접적으로 관련이 있는 것들인가?

(4) 선택형 평가 문항의 예

예시 문항 1

【문항】

우리 몸의 영양소 구성을 나타낸 표이다. A 부분의 영양소로 가장 알맞은 것은?

[체내의 영양소 구성]

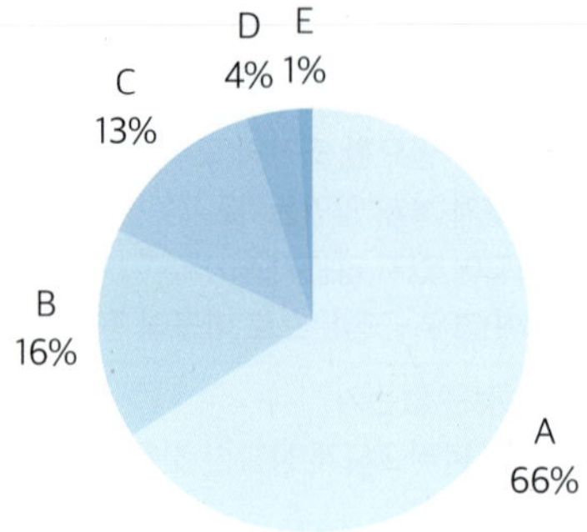

① 물 ② 지방 ③ 무기질
④ 단백질 ⑤ 탄수화물

【정답】

①

【해설】

주로 체조직을 구성하는 영양소는 단백질, 무기질, 지방, 물이다. 특히, 물은 인체의 약 2/3를 차지하는 영양소이다. B는 단백질, C는 지방, D는 무기질, E는 인체에 미량 존재하는 탄수화물이다.

예시 문항 2

【문항】

다음과 같은 기능을 갖는 의복으로 가장 적절한 것은?

[보기]

- 신분이나 직업을 나타낸다.
- 단체의 특성을 나타낼 수 있게 한다.
- 신분에 어긋나는 행동을 억제하게 한다.
- 입은 사람들에게 소속감과 일체감을 느끼게 한다.

① 군복 ② 잠옷 ③ 앞치마
④ 등산복 ⑤ 파운데이션

【정답】

①

【해설】

교복, 군복과 같이 소속이 같은 사람들이 입는 옷을 '제복'이라고 한다. 제복은 신분이나 직업 등 단체의 특성을 나타내어 입은 사람들에게 소속감과 일체감을 느끼게 하며, 신분에 어긋나는 행동을 억제하게 하는 기능이 있다.

4) 서·논술형 평가 문항의 개발

서답형 문항은 선택형 문항과는 제작이나 편집, 채점 기준을 달리하므로 학교 현장에 적용하여 실시하고자 할 때에는 몇 가지 유의점을 준수해야 한다. 제작, 편집, 문항 검토의 지침을 나열하면 다음과 같다.

(1) 서·논술형 문항 제작 및 편집 지침

① 단답형 평가 문항 제작 시 유의점

- 질문은 명료하게, 답은 가능한 한 간단한 형태의 응답이 되도록 한다.
- 정답의 수는 될 수 있는 대로 한 개 혹은 몇 개가 되도록 한정한다.
- 정답이 여러 가지로 표현될 수 있는 경우, 채점하기 전에 정답이 될 수 있는 답들을 준비하고

모두 정답으로 간주해야 한다.

- 계산 문제는 정답이 되기 위하여 계산의 정확성 정도나 계산 절차의 수준을 명시해야 한다.
- 정답의 수로 표기될 때, 단위를 표기해야 한다.
- 교과서에 있는 구 · 절의 형태와 같은 문장으로 질문하지 않는다.

② 서·논술형 평가 문항 제작 시 유의점

- 평가하려는 표적 집단(학생 집단)의 성질을 고려해야 한다.
  - 문항 내용이나 지시문 등의 어휘 수준이 학생의 수준에 적합해야 한다.
  - 문항 수를 학생의 능력에 맞게 적절히 조절하고, 각 문항에 충실히 답할 수 있도록 적절한 응답 시간을 배려해야 한다.
- 단순 암기 위주의 지식보다는 고등 정신 능력을 측정하도록 한다.
  - 다른 문항 형식으로는 측정하기 어려운 사고력, 추리력, 종합력, 비판력, 분석력, 응용력, 표현력, 창의력과 같은 정신 기능을 측정하는 문항을 제작한다.
- 구체적인 학습 결과를 측정할 수 있도록 질문을 구조화하고 제한성을 갖도록 한다.
- 여러 문항 중에서 선택해서 쓰도록 하지 않는다.
  - 각기 다른 문항을 선택해서 답을 했을 경우 그에 대한 채점 점수는 학생들의 서로 다른 능력을 재고 있기 때문에 점수를 상호 비교할 수 없게 된다.
  - 채점의 노력과 시간이 배가 된다.
  - 옵션 문항에 익숙해진 학생들은 넓은 교과 내용 중 본인이 원하는 내용만을 공부하는 부분 학습 습관과 요행심을 키우게 될 가능성이 높아진다.
- 응답 요소의 종류를 나열하도록 할 때 가짓수를 한정해야 한다.
  - '○가지(만) 제시하시오'라고 한정하고, 채점 과정에서는 지시한 ○가지까지만 채점하고 뒤에 나열되는 요소에 대해서는 채점을 하지 않는 것을 원칙으로 한다.
- 가능하면 채점 기준 및 문항의 점수 항목을 미리 제시한다.
- 채점 기준은 포괄성(망라성)과 배타성의 원칙을 준수해야 한다.
  - 포괄성(망라성): 채점 기준을 설정했을 때 학생들이 제시한 답안상의 반응을 모두 포함할 수 있어야 한다.
  - 배타성: 채점 기준의 범주 혹은 수준 구분이 서로 겹쳐서는 안 된다.

- 평가 문항 간에 점수 비중의 차이가 지나치게 크지 않아야 한다.
  - 특정 내용이 지나치게 전체 점수에 영향을 주지 않도록 한다.
- 문항을 배열할 때 쉬운 문항에서 어려운 문항으로 배열한다.
  - 쉬운 문항부터 어려운 문항의 순서로 배열해 주는 것이 동기 유발에 효과적이다.
- 논쟁을 다루는 문항은 어느 한편의 견해를 지지하는 입장에서만 논술하라고 지시하지 말고 학생 자신의 견해를 밝히고 그의 견해를 논리적으로 전개할 수 있도록 유도해야 한다.

(2) 서·논술형 평가 문항의 검토

서 · 논술형 문항 출제 후 검토를 하기 위한 지침을 정리하면 표 5-12와 같다.

표 5-12 서·논술형 평가 문항의 검토

구분	검토 항목
개별 문항의 전체 측면	1. 출제 의도에의 부합성 • 측정하고자 하는 능력을 평가하는가? • 문항이 묻고자 하는 요점이나 지시문이 명료한가? - 답을 작성하는 데 필요한 조건이 모두 포함되어 있는가? - 여러 개의 다양한 답이 나올 수 있는 문항은 아닌가? • 출제 범위를 벗어난 것은 아닌가? • 학생들의 발달 및 능력 수준에 부합하는가? • 난이도와 소요 시간이 의도한 바에 부합하는가? • 출제에 인용한 교과서나 참고 도서에 모범 답안의 근거가 분명히 제시되어 있는가? 2. 문항의 교육적 기능 및 공정성 • 문항의 내용이 지나치게 특수하거나 세부적이지 않는가? • 문항의 내용이 너무 지엽적이고 단편적인 지식을 측정하고 있지는 않는가? • 문항(특히, 지문)의 내용이 비교육적이거나 반사회적이지는 않는가? • 지나치게 어렵거나 쉬운 문항은 없는가? • 지역이나 성별, 취미, 기호 등에 따라 특별히 유리하거나 불리한 내용은 없는가? 3. 기타 • 정답에 대한 단서가 본 문항 또는 타 문항에 나와 있지 않는가? • 기출문제, 시중 참고서나 문제지 혹은 학원 교재 등에 그대로 나와 있는 문항은 없는가?
채점 기준과 모범 답안	• 채점 기준과 모범 답안에 오류가 없는가? • 채점 기준과 모범 답안은 명료하고 이해하기 쉬운가? • 채점 기준은 실제 채점 과정에서 활용하기 쉬운가? • 문제지에 있는 문항 번호, 내용, 배점과 동일한가?

(3) 서·논술형 평가 문항의 채점

① 채점 기준을 사전에 명료히 해야 한다.

- 채점 기준 제시 방식

  채점자 간의 오류와 채점자 내의 오류(비일관성의 오류)를 최소화해야 한다. 이를 위해 먼저 채점 기준을 사전에 명확하게 제시해야 하는데, 채점 기준 제시 방식에는 사례 나열 방식, 감점 조건 제시 방식, 요소별 배점 방식 등이 있다.

  - 사례 나열 방식: 부분 점수를 받을 수 있는 모든 답안 예를 구체적으로 제시하고, 각각에 대한 득점을 명시하는 형태이다.
  - 감점 조건 제시 방식: 감점을 하고자 하는 답안상의 미비점을 구체적으로 제시하고, 그에 대한 감점치를 명시하는 형태이다.
  - 요소별 배점 방식: 정답 혹은 모범 답안을 구성하고 있는 평가 요소 개개에 대해 배점을 명시하는 형태이다.

- 채점 방법

  채점 방법에는 분석적 채점 방법(analytical scoring method)과 총체적 채점 방법(holistic scoring method)이 있다. 분석적 채점은 응답 내용을 세부 요소로 구분하여 점수를 부여하는 방법이다. 총체적 채점은 응답 내용을 전반적으로 읽은 후 전체적인 느낌과 판단에 의하여 점수를 부여하는 방법이다.

② 학생(답안지) 단위가 아닌 문항 단위로 채점이 이루어져야 한다.

학생(답안지) 단위로 채점을 하게 되면, 어떤 문항의 점수가 앞뒤 문항의 응답 내용에 의해 영향을 받게 되는 경우가 많이 생긴다.

③ 답안지를 일차적으로 한 번 읽고 난 뒤 구체적으로 채점한다.

④ 출제자가 채점에 참여하고, 여러 사람에 의해 채점이 이루어져야 한다.

⑤ 채점은 충분한 휴식을 취해 가며 맑은 기분으로 차분하게 진행한다.

피로와 싫증이 누적되면 뒷부분에 있는 학생이 득을 보게 된다. 채점자가 자신의 채점 결과에 대하여 자신을 갖지 못하게 되므로 자연히 점수를 후하게 주는 경향을 막기 위함이다.

⑥ 답안지에 있는 학생의 성명과 번호를 가리고 채점해야 한다.

(4) 서·논술형 평가 문항의 예

예시 문항 1

학년	8학년	대단원	의복의 마련과 관리
중단원	옷의 손질과 보관	교과 역량	생활 자립
성취 기준	섬유와 옷감의 특성을 고려하여 의복을 바르게 손질하고 보관할 수 있다.		
내용 요소	혼방 섬유의 특성		
평가 유형	단답형	난이도	하

【문항】

섬유 혼용률이 다음과 같이 표시된 상의를 구입하려고 한다. 다음 대화에서 ( ) 안에 들어가기에 가장 적합한 용어는?

[보기]

<섬유의 혼용률>

겉감	폴리에스테르	65%
	면	35%
안감	폴리에스테르	100%

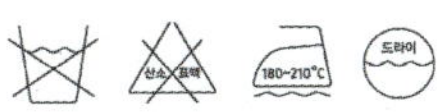

소비자: 이 옷감은 어때요?

판매원: 면 100%는 흡수성은 좋지만 잘 구겨져요. 폴리에스테르는 흡수성이 좋지 않은 대신 잘 구겨지지 않고 질기죠. 이 옷감은 면과 폴리에스테르를 섞어서 흡수성도 비교적 좋고, 구김이 적으며 강도가 크게 만든 실용적인 ( ) 섬유/직물이에요.

【정답】

혼방

【해설】

혼방 섬유(직물)는 성질이 다른 섬유를 적절하게 섞어 각각의 좋은 점을 살리고, 부족한 점을 보완하여 만든 것이다. 대체적으로 천연 섬유와 합성 섬유의 혼방을 많이 한다.

예시 문항 2

학년	7학년	대단원	청소년의 발달과 이해
중단원	청소년기 발달의 특징	교과 역량	관계 형성
성취 기준	자아 존중감을 향상시키고 긍정적인 자아 정체감을 형성하기 위하여 청소년기의 발달 특징과 자신의 발달 특징을 연결 지어 이해한다.		
내용 요소	청소년기 지적 발달의 특징		
평가 유형	서술형	난이도	중

【문항】

다음 자료를 읽고 물음에 답하시오.

[자료]

청소년기에는 뇌의 기능이 급격히 발달하여 지적 능력이 크게 향상된다. 지적 발달을 통해 청소년은 현재의 문제를 다양한 가능성을 생각하여 합리적으로 해결할 수 있고, 미래와 이상에 대해 흥미를 갖고 체계적으로 계획할 수 있다.

(가)

문제해결을 위해 여러 가지 가설을 세우고 단계적으로 생각하여 정답을 찾을 수 있다.

(나)

눈에 보이지 않는 평화, 행복, 우정, 사랑 등의 개념을 알고, '내 마음은 호수' 등의 은유적 표현을 이해한다.

(다)

사회, 정치, 종교, 철학 등 전 영역에 걸쳐 '왜 이 세상에는 가난과 폭력이 존재할까?', '세상 사람들이 모두가 행복할 수는 없을까?' 등의 생각을 시작한다.

위 [자료]의 (가)~(다)에 나타난 청소년기의 지적 발달 특징을 쓰고, 지적 발달은 개인의 노력과 경험에 따라 달라질 수 있으므로 청소년기 지적 능력 향상을 위한 방법을 두 가지 서술하시오. [2점]

【채점 기준】

평가 요소	수준/배점	기대 수행
청소년기 지적 발달 특징 구분하여 설명하기	2	[자료]의 (가)~(다)에 나타난 청소년기의 지적 발달 특징을 모두 쓰고, 청소년기 지적 능력 향상을 위한 방법을 타당하게 모두 서술한 경우
	1	[자료]의 (가)~(다)에 나타난 청소년기의 지적 발달 특징을 모두 작성하였으나 청소년기 지적 능력 향상을 위한 방법을 타당하게 서술하지 못한 경우. 혹은 그와 반대인 경우
	0	한 가지도 바르게 서술하지 못하거나 미작성한 경우

【예시 답안】

(가)는 가설적 사고, (나)는 추상적 사고, (다)는 이상주의적 사고이다. 청소년기 지적 능력 발달을 위해 꾸준한 학습, 폭넓은 독서를 통해 지적 자극을 준다. (여행, 자원봉사, 예술 감상 등 다양하고 풍부한 경험, 다양한 체험 활동과 탐구 활동에 대해 작성한 경우도 모두 정답으로 인정)

【채점 시 유의점】

이 문항은 학생이 개념을 정확히 이해하고 있는지를 측정하는 문항으로 청소년기 지적 능력 향상을 위한 방법의 제시가 타당한 경우 정답으로 인정할 수 있다.

예시 문항 3

학년	10학년	대단원	자원 관리와 자립
중단원	지속 가능한 소비생활의 실천	교과 역량	실천적 문제해결 능력
성취 기준	개인과 가족의 소비가 사회 및 환경에 미치는 영향을 분석하여 지속 가능한 소비생활을 실천한다.		
내용 요소	지속 가능한 소비생활의 중요성과 실천		
평가 유형	논술형	난이도	상

【문항】

다음 자료를 읽고 물음에 답하시오.

[자료]

(가) 엡손의 '2022 기후 현실 바로미터(Climate Reality Barometer)' 조사 결과(세계 28개국 2만 6,205명 대상)

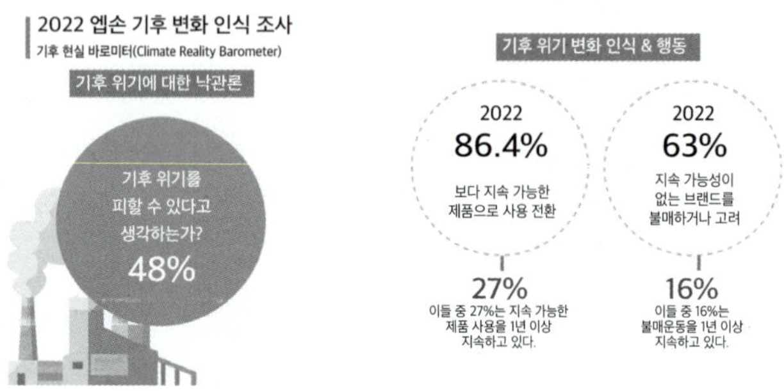

(나) 2021 한국의 지속 가능한 소비생활 지표 산출 연구

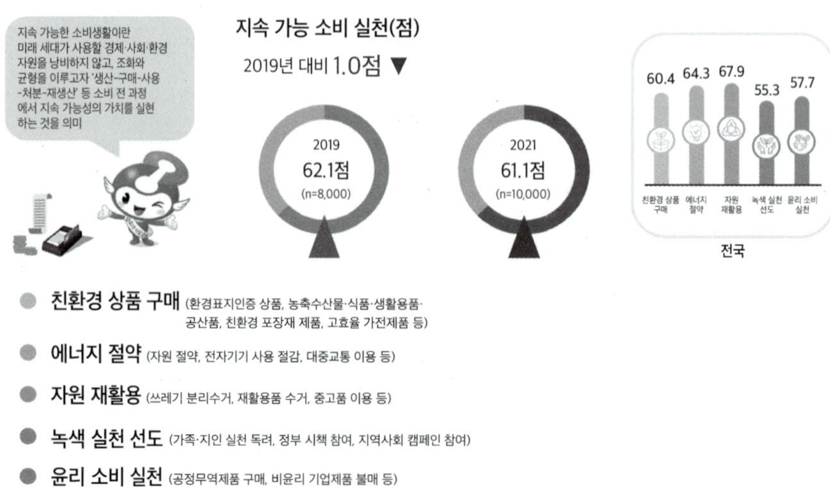

(계속)

(다) ESG 포커스 소비자 문화 변화 9대 영역

위 [자료]에 근거하여 다음 [조건]을 충족하는 지속 가능한 소비생활의 중요성과 실천을 위한 방안을 자신의 견해를 들어 논술하시오(단, 600자 이내). [8점]

[조건]

- [자료]의 (가)를 토대로, 지속 가능한 소비생활이 왜 중요한지 기후 위기 측면에서 논거를 1개 이상 들어 구체적으로 서술하시오.
- [자료]의 (나)의 그래프를 분석하여 2019년과 2021년의 지속 가능 소비생활 실천 점수가 어떻게 변했는지 서술하고, 지속 가능 소비 분야(친환경 상품 구매, 에너지 절약, 자원 재활용, 녹색 실천 선도, 윤리 소비 실천)에서 낮은 실천을 보인 지표 두 가지를 찾아 지속 가능한 소비생활 수준을 높일 수 있는 실천 방안을 (다)를 참고하여 개인, 사회, 국가 측면에서 각각 한 가지씩 제시하시오.
- 서론-본론-결론의 형식을 지켜 서술하고, [자료]의 지속 가능한 소비생활의 중요성-지속 가능한 소비생활 분석-지속 가능한 소비생활 수준을 높이는 실천 방안의 내용이 서로 연결되도록 작성하시오.

【채점 기준】

분석적 채점 기준

<table>
<tr><th colspan="2">평가 요소</th><th>척도/배점</th><th>기대 수행</th></tr>
<tr><td rowspan="8">문항 조건</td><td rowspan="3">지속 가능한 소비생활의 중요성</td><td>2</td><td>지속 가능한 소비생활의 중요성을 기후 위기 측면에서 정확한 논거를 들어 서술한 경우</td></tr>
<tr><td>1</td><td>지속 가능한 소비생활의 중요성을 서술하였으나 논거가 제시되지 않은 경우 또는 타당하지 않고 미흡하게 서술된 경우</td></tr>
<tr><td>0</td><td>지속 가능한 소비생활의 중요성이 바르게 서술되지 못하거나 미작성한 경우</td></tr>
<tr><td rowspan="5">지속 가능한 소비생활 실천 방법 서술하기</td><td>4</td><td>지속 가능한 소비생활 실천 점수, 지속 가능 소비 분야에서 낮은 실천을 보인 지표 두 가지(녹색 실천 선도, 윤리 소비 실천)를 모두 바르게 분석하여 실천 방법을 개인, 사회, 국가 측면에서 모두 올바르게 서술한 경우</td></tr>
<tr><td>3</td><td>지속 가능한 소비생활 실천 점수, 지속 가능 소비 분야에서 낮은 실천을 보인 지표 두 가지(녹색 실천 선도, 윤리 소비 실천) 중 하나만을 바르게 분석하고 실천 방법을 개인, 사회, 국가 측면에서 모두 올바르게 서술한 경우</td></tr>
<tr><td>2</td><td>지속 가능한 소비생활 실천 점수, 지속 가능 소비 분야에서 낮은 실천을 보인 지표 두 가지(녹색 실천 선도, 윤리 소비 실천)를 바르게 분석하지 못하였거나 또는 실천 방법을 개인, 사회, 국가 측면에서 모두 미흡하게 서술한 경우</td></tr>
<tr><td>1</td><td>지속 가능한 소비생활 실천 점수, 지속 가능 소비 분야에서 낮은 실천을 보인 지표 두 가지(녹색 실천 선도, 윤리 소비 실천)를 바르게 분석하지 못하고 실천 방법을 개인, 사회, 국가 측면에서 모두 미흡하게 서술한 경우</td></tr>
<tr><td>0</td><td>지속 가능한 소비생활 실천 점수, 지속 가능한 소비 분야를 바르게 서술하지 못하였거나 미작성한 경우</td></tr>
<tr><td rowspan="3">글의 완결성</td><td rowspan="3">글의 완성도, 내용의 연결성</td><td>2</td><td>서론-본론-결론의 형식을 지키고 지속 가능한 소비생활의 중요성, 지속 가능한 소비생활 분석, 지속 가능한 소비생활 수준을 높이는 실천 방안의 내용이 일관성 있는 흐름을 갖는 경우</td></tr>
<tr><td>1</td><td>서론-본론-결론의 형식이 제대로 갖춰지지 않았거나 지속 가능한 소비생활의 중요성, 지속 가능한 소비생활 분석, 지속 가능한 소비생활 수준을 높이는 실천 방안의 내용이 일관성이 부족한 경우</td></tr>
<tr><td>0</td><td>서론-본론-결론의 형식이 제대로 갖춰져 있지 않고, 지속 가능한 소비생활의 중요성, 지속 가능한 소비생활 분석, 지속 가능한 소비생활 수준을 높이는 실천 방안의 내용이 일관성이 부족한 경우</td></tr>
</table>

총체적 채점 기준

성취 수준	기대 수행
A	지속 가능한 소비생활의 중요성을 기후 위기 측면에서 정확한 논거를 들어 서술하였으며, 지속 가능 소비 실천 점수와 지속 가능 소비 분야에서 낮은 실천을 보인 지표(녹색 실천 선도, 윤리 소비 실천)를 바르게 분석하여 실천 방법을 개인, 사회, 국가 측면에서 모두 구체적으로 제시하였다. 지속 가능한 소비생활의 중요성, 지속 가능한 소비생활 분석, 지속 가능한 소비생활 수준을 높이는 실천 방안의 내용이 일관성 있는 흐름으로 구체적으로 작성되었다.
B	지속 가능한 소비생활의 중요성을 기후 위기 측면에서 서술하였으며, 지속 가능 소비 실천 점수와 지속 가능 소비 분야에서 낮은 실천을 보인 지표(녹색 실천 선도, 윤리 소비 실천)를 분석하여 실천 방법을 개인, 사회, 국가 측면에서 두 가지만 제시하였다. 지속 가능한 소비생활의 중요성, 지속 가능한 소비생활 분석, 지속 가능한 소비생활 수준을 높이는 실천 방안의 내용이 작성되었다.
C	지속 가능한 소비생활의 중요성에 대한 서술이 미흡하고, 지속 가능 소비 실천 점수와 지속 가능 소비 분야에서 낮은 실천을 보인 지표(녹색 실천 선도, 윤리 소비 실천)에 대한 분석이 올바르지 않거나 지속 가능한 소비에 대한 이해가 낮아 실천 방법을 개인, 사회, 국가 측면에서 모두 제시되지 못하였다. 지속 가능한 소비생활의 중요성, 지속 가능한 소비생활 분석, 지속 가능한 소비생활 수준을 높이는 실천 방안의 내용이 일관성이 부족하여 지속 가능한 소비 행동에 대한 안내를 다시 할 필요가 있다.

【예시 답안】

요즘 환경에 대한 관심이 많아지고, 환경을 보호하고 지키기 위한 일환으로 '지속 가능한 발전'을 위해 개인, 기업, 국가가 모두 함께 노력해야 하는 중요성이 강조되고 있다.

지구 온난화, 자원 고갈, 기후 변화의 영향으로 각종 전염병 및 재난, 자연재해, 물 부족, 빈곤 등이 발생하고 있고, 앞으로 기후 속도 변화와 그 피해는 가속화되어 기후 변화를 막기 위한 우리의 노력이 필요하다. 지속 가능한 발전을 위해 우리는 실생활에서 하나씩 지속 가능한 소비생활을 실천해 나가야만 한다.

(나)를 참고하였을 때, 2019년에 비해 2021년에 지속 가능한 소비 실천 점수가 낮아지는 모습을 보이고 있다. '2021 한국의 지속 가능한 소비생활 지표 산출 연구' 다섯 가지 중 녹색 실천 선도와 윤리 소비 실천 지표가 유독 낮게 나타난다. 이 두 가지를 높이기 위해 첫째, 개인은 '용기 내 프로젝트'와 같이 일회용품 대신 다회 용기를 사용하는 캠페인 등에 적극 참여해야 한다. 동물 복지 인증 마크가 있는 달걀을 구매한다. 둘째, 사회에서는 분리 배출에 대한 캠페인을 실시한다. 윤리적 소비를 위한 교육을 다양한 기관에서 실시한다. 셋째, 국가는 녹색 실천을 선도하는 기업에 혜택을 제공한다. 비윤리를 실천하는 기업을 제재하고 처벌 규정을 강화한다.

올바르게 생산·사용·폐기하는 합리적 소비에 더 많은 관심을 가지고 실천하도록 힘써야 한다. 전 국민적인 노력이 함께 이루어지고, 기업도 더 많은 사회에 선한 영향력을 끼치기 위해 끊임없이 노력한다면 지속 가능한 사회, 지속 가능한 국가로 거듭날 것이다.

【채점 시 유의점】

논술형 문항은 지속 가능한 소비의 중요성을 깨닫고, 이를 바탕으로 지속 가능한 소비 실천 방안을 작성하는 활동이다. 따라서 제시된 자료와 관련된 지식이 사전에 충분히 이해되었는지, 실천 방안을 실생활에서 활용할 수 있는지 살펴보고 이에 대한 피드백을 제공하도록 한다.

출처: 교육부(2022).

5) 과정 중심 평가 문항의 개발

교육의 평가에서는 학업 성취의 결과를 평가하는 것만큼이나 학업 성취의 과정을 평가하는 것도 중요하다. 어느 하나가 다른 것보다 더 중요한 것이라고 말할 수 없다. 단지 과정에 대한 평가를 특히 중시하는 것은 그동안 평가가 너무 결과에만 치우쳐 왔고, 과정에 대한 평가를 소홀해 왔기 때문이다. 그리고 엄밀한 의미에서 '결과 평가'란 존재하지 않는다. 하나의 일정한 시간 단위 안에서 이루어진 종결(결과)이라는 것은 그보다 긴 시간의 관점에서 본다면 하나의 긴 과정의 특정 부분에 불과한 것이기 때문이다(조한무 외, 2021).

이에, 최근에는 교육과정의 성취 기준에 기반한 평가 계획에 따라 교수-학습 과정에서 학생의 변화와 성장에 대한 자료를 다각도로 수집하여 적절한 피드백을 제공하는 일련의 과정 중심 평가가 강조되고 있다(교육부 · 한국교육과정평가원, 2017).

2015년 개정 교육과정 이후 학습의 과정을 중시하는 평가가 강화됨에 따라 가정과평가에서도 학생이 자신의 학습을 성찰하도록 하고, 평가 결과를 활용하여 교수-학습의 질을 개선하는 데 주안점을 두고 있다.

과정 중심 평가란 성취 기준에 기반한 평가 계획에 따라 교수-학습 과정에서 학생의 변화와 성장에 대한 자료를 다각도로 수집하여 적절한 피드백을 제공하는 평가로, 평가의 각 단계마다 교육과정, 교수-학습과 평가를 연계하여 실시하며, 학습 결과뿐만 아니라 학습 과정도 중시하고 있다.

(1) 수업과 평가의 연계

가정과 과정 중심 평가를 위한 첫 단계로 수업과 평가의 연계를 위해 수업 전과 수업 중, 그리고 수업 후에 수집해야 할 정보를 정리하면 표 5-13과 같다.

표 5-13 과정 중심 평가를 위한 정보 수집

구분	수집해야 할 정보
수업 전	• 학생들이 학습 주제와 관련하여 얼마나 알고 있는가? • 학생들이 배울 준비는 되어 있는가? • 교사가 특별히 신경을 써야 할 학생이 있는가? • 계획한 교수-학습 방법이 학생들에게 적합한 것이라고 할 수 있는가? • 어떤 학습 과제를 어떻게 부여해야 하는가?
수업 중	• 학습 활동과 관련해서 학생에게 어떤 피드백을 주어야 하는가? • 학생의 학습을 돕기 위해 어떤 발문을 해야 하는가? • 발문에 대한 학생 답변에 어떠한 반응을 보여야 하는가? • 교사의 특별한 주의와 지도를 필요로 하는 학생은 없는가? • 학생들이 수업에 집중하지 않는 경우 어떻게 대응해야 하는가?
수업 후	• 학생들이 수업 내용을 얼마나 잘 학습하였는가? • 수업 중에 배운 내용이 적절하게 평가에 반영되었는가? • 학생들에게 어떤 평가 결과를 제공할 것인가? • 학부모에게는 어떤 피드백을 제공해야 하는가?

단위 학교에서의 과정 중심 평가 운영 절차

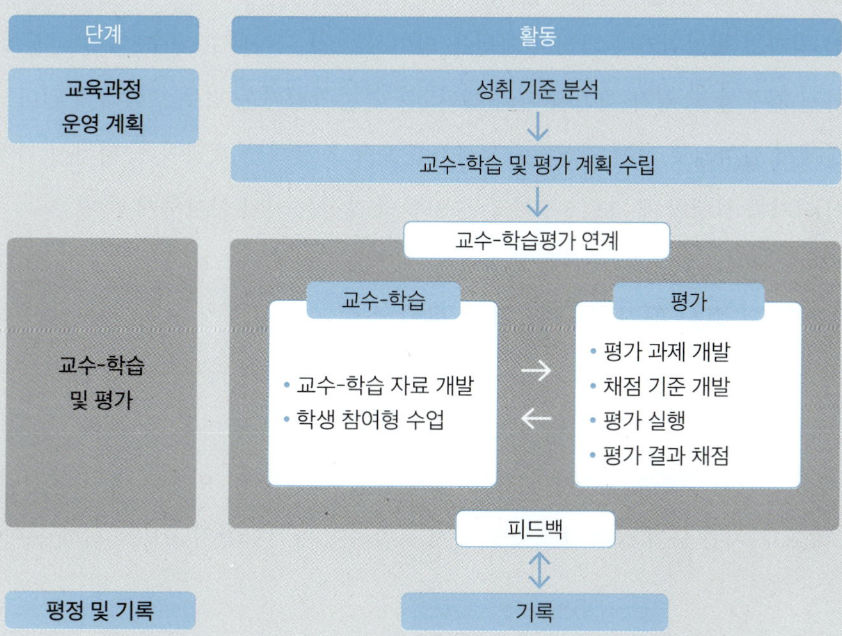

출처: 교육부·한국교육과정평가원(2017) 재구성.

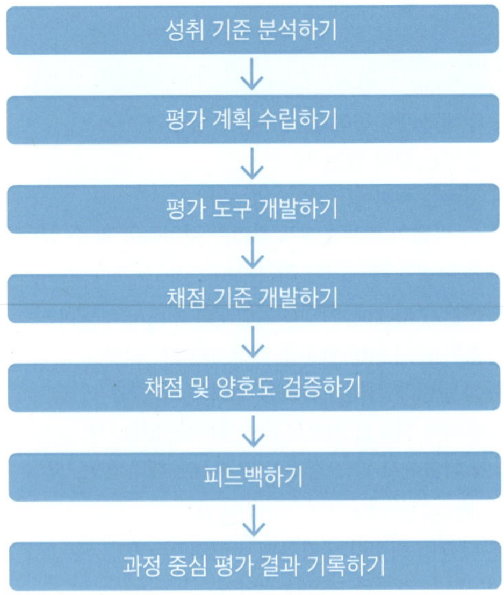

그림 5-7 과정 중심 평가 과정

출처: 교육부·한국교육과정평가원(2022) 재구성.

(2) 가정과 과정 중심 평가 운영 절차

과정 중심 평가는 형성평가나 과정 평가만을 의미하는 것은 아니고 교수-학습 과정에서 교사의 교육과정 재구성 및 평가 계획에 따라 진단, 형성, 총괄평가를 모두 포함하게 된다. 즉, 현행 학교 현장에서 실시되고 있는 지필 · 수행평가를 모두 포괄하는 개념이다. 따라서 가정과에서 과정 중심 평가를 시행할 때 그림 5-7과 같은 일련의 과정을 거쳐 실시하게 된다.

(3) 가정과 과정 중심 평가를 위한 평가 계획 수립

평가 계획 수립 시 가장 중요한 것은 먼저 성취 기준을 분석하여 학생들이 가정교과를 통해 배워야 할 내용과 수업 후 할 수 있거나 할 수 있기를 기대하는 능력을 파악하는 것이다. 특히, 2022년 개정 교육과정에서 강조하고 있는 인지적 영역의 지식 · 이해뿐 아니라 정의적 영역의 기능, 태도, 가치관 등의 성취 정도를 어떻게 포함하여 평가할지의 고민도 함께 해야 할 단계이다.

과정 중심 평가 계획 수립 시 고려 사항은 다음과 같다.

- 과정 중심 평가 계획은 성취 기준 분석 결과를 기반으로 학기 초에 교수-학습 계획과 함께 수립
- 교과(학년) 협의회를 통해 평가의 타당성을 검증할 수 있음

- 교사별로 수립한 평가 계획은 교과 협의회를 통하여 수정 · 보완하는 것이 평가의 타당성 확보를 위하여 바람직함
- 학기 단위 평가 계획은 국가 수준 교육과정 및 시 · 도 단위 교육과정 편성 · 운영 지침, 해당 시 · 도의 학업 성적 관리 시행 지침, 학교 단위의 학업 성적 관리 규정 등을 반영하여 학교 상황이나 학생 특성에 적합하게 수립
- 성취 기준에 따른 평가 계획 수립 시 관련 교과 역량을 총체적으로 고려할 필요가 있음
- 평가 계획은 학기 초에 공시하고, 학생 및 학부모에게 학교 홈페이지, 가정 통신문, SNS 등을 활용하여 적극적으로 안내
- 과정 중심 평가 계획 시 평가 목적과 방향, 평가 영역, 평가 유형 및 방법, 평가 시기 및 횟수, 반영 비율, 배점, 채점 기준, 평가 유의 사항, 결시자 및 학적 변동자 처리 기준 등을 포함

이러한 점을 고려하여 가정교과에서 수립한 학기 단위의 평가 계획서[2]는 표 5-14와 같다.

2 기술 · 가정 평가 계획서는 <부록> 참고

표 5-14 가정과 과정 중심 평가 학기 단위 계획 수립 예시

학기	1	대상 학급	1-7	담당 교사	○○○

월/주	영역(단원)	성취 기준	평가 내용	평가 방법
3	인간발달과 가족	[9기가01-01] 자아 존중감을 향상시키고 긍정적인 자아 정체감을 형성하기 위하여 청소년기의 발달 특징과 자신의 발달 특징을 연결 지어 이해한다.	• 동화 『나무는 참 좋다』를 읽고, 자신을 표현하는 나무, 다른 사람들이 보는 나와 비슷한 나무, 자신이 되고 싶은 나무 등을 찾고 그 이유에 대해 모둠 토론하기 • 모둠 토론 내용 발표하기 • 자신의 발달 특징을 마인드맵으로 그리기 • 모둠원들과 자신이 경험한 정서적·심리적 변화를 브레인스토밍하고 유목화하기	• 구술·발표 • 토의·토론
4	인간발달과 가족	[9기가01-02] 청소년기 또래 문화의 특징을 이해하고, 친구 관계에서 발생하는 문제를 분석하여 건강한 친구 관계를 유지하기 위한 방안을 제안하다.	• 또래 문화 관련 동영상을 보고, 특징 찾기 • 친구 관계에서 발생하는 문제 상황의 사례를 적고, 모둠원들과 발생 원인과 해결 방안 토의하기 • 토의 결과 정리하여 발표하기	• 서술·발표 • 토의·토론
		[9기가01-03] 청소년의 성적 발달 특징을 이해하고, 자신과 타인의 성을 소중히 여기는 건강한 성 가치관을 형성한다.	• 성적 발달의 남녀 차이 조사하기 • 건강한 성 가치관과 관련한 읽기 자료를 읽고, 질문 목록 만들기 • 질문 목록을 모둠원들과 함께 검토하여 토의 주제를 정하고 토의하기 • 건강한 성 가치관을 갖기 위한 슬로건 만들기	• 프로젝트 • 토의·토론
5	인간발달과 가족	[9기가01-04] 사회 변화에 따른 가족의 구조와 기능의 변화를 이해하고, 건강 가정을 위한 가족 구성원의 역할을 탐색하여 실천한다.	• 읽기 자료를 읽고, 사회 변화가 가족 변화에 미치는 영향 논술하기 • 건강한 가족을 위한 가족의 노력 사례 찾기 • 자신의 실천 노력 의지 나누기	• 논술 • 토의·토론
6-7	인간발달과 가족	[9기가01-05] 다양한 가족 관계의 유형과 특징을 파악하고, 양성 평등하고 세대 간의 민주적인 가족 관계를 형성하는 방안을 탐색하여 실천한다.	• 가족 유형 관련 통계 자료 분석하기 • 자신의 양성 평등 지수 알아보기 • 세대 간 민주적인 가족 관계 형성을 위한 모범 사례 발표하기	• 토의·토론 • 구술·발표
	인간발달과 가족	[9기가01-06] 가족 관계에서 발생하는 갈등의 원인과 배경을 분석하고, 효과적인 의사소통을 통해 가족 간의 갈등 해결 방안을 탐색하여 실천한다.	• 가족 관계에서 발생하는 갈등의 원인과 배경 분석하기 • 효과적인 의사소통 방법 적용하여 역할극 하기 • 가족 간 갈등 해결 방안을 탐색하여 UCC 제작하기	• 서술·논술 • 통의·토론 • 구술·발표
고려 사항	• 평가 계획에 제시된 평가 내용은 정의적 평가 등 관찰 평가를 포함하고 있음 • 모둠 활동은 모둠원 간, 모둠 간 동료평가를 적용할 수 있음			

출처: 교육부·한국교육과정평가원(2022) 재구성.

(4) 가정과 과정 중심 평가를 위한 평가 도구 개발

가정과에서 실시하는 과정 중심 평가를 위한 평가 도구 개발 사례를 평가 정보표 작성부터 교수-학습 활동 및 평가 연계 운영 과정안 구성, 평가 과제 사례 및 예시 답안, 채점 기준까지 차례대로 제시하면 표 5-15~19와 같다.

표 5-15 평가 정보표

<table>
<tr><th>학교급</th><td>중학교</td><th>학년</th><td colspan="2">1학년</td></tr>
<tr><th>교과(과목)</th><td>기술·가정</td><th>교육과정
내용 영역</th><td colspan="2">인간발달과 가족</td></tr>
<tr><th>단원/과제명</th><td colspan="4">II. 가족의 이해
1. 가족 간의 의사소통
가족 간의 갈등 해결의 방법과 중요성</td></tr>
<tr><th rowspan="3">성취 기준
(평가 준거
성취 기준)
및
평가 기준</th><td rowspan="3">[9기가01-06] 가족 관계에서 발생하는 갈등의 원인과 배경을 분석하고, 효과적인 의사소통을 통해 가족 간의 갈등 해결 방안을 탐색하여 실천한다.</td><th>상</th><td colspan="2">가족 관계에서 발생하는 갈등의 원인과 배경을 분석하여 효과적인 의사소통이 되도록 역할극을 구성하여 시연하고, 효과적으로 갈등을 해결하는 방법을 UCC로 제작하여 실천 방안을 설득력 있게 제시할 수 있다.</td></tr>
<tr><th>중</th><td colspan="2">가족 관계에서 발생하는 갈등의 원인을 분석하여 의사소통 역할극으로 시연하고 이를 UCC로 제작할 수 있다.</td></tr>
<tr><th>하</th><td colspan="2">가족 관계에서 발생하는 갈등 사례를 역할극으로 시연할 수 있다.</td></tr>
<tr><th>교과 역량</th><td colspan="2">☑ 실천적 문제해결 능력
☑ 생활 자립 능력
☑ 관계 형성 능력</td><td colspan="2">□ 기술적 문제해결 능력
□ 기술 시스템 설계 능력
□ 기술 활용 능력</td></tr>
<tr><th>평가 방법</th><td colspan="4">☑ 서술·논술 ☑ 구술·발표 ☑ 토의·토론 □ 프로젝트
□ 실험·실습 □ 포트폴리오 □ 기타
☑ 자기평가 ☑ 동료평가 ☑ 관찰 평가</td></tr>
<tr><th>과정 중심
평가의
방향(의도)</th><td colspan="4">가족 관계에서 발생하는 갈등의 근본적인 원인을 다양한 사례를 통해 파악하고, 효과적으로 의사소통하는 방법을 학습한 후 이를 직접 역할극을 통해 시연해 봄으로써 가족 구성원들의 입장이 되어 공감할 수 있도록 한다.
공감과 입장에 대한 이해는 갈등 해결의 열쇠가 되므로 실제 갈등을 해결하는 과정을 갈등 해결 단계에 따라 적용한 사례를 연습해 보고, 자신과 모둠원이 경험과 스토리를 토대로 시나리오로 만들어 유튜브에 업로드한다. 평가의 목적은 이를 통해 쉽게 망각할 수 있는 자신의 갈등 해결에 대한 의지와 필요성을 언제든 다시 동영상을 통해 되돌아볼 수 있도록 하여 지속적인 실천이 되도록 돕는 데 있다.</td></tr>
</table>

표 5-16 교수-학습 활동 및 평가 연계 운영 과정안

<table>
<tr><th>단계</th><th>교수-학습 활동</th><th>평가 계획</th></tr>
<tr><td>1차시</td><td>• 가족 간 갈등의 원인 찾기
- '사랑하지만 미친 너와 대화하기' 동영상을 보고 갈등의 원인에 대해 토의한다.
- '관계를 해치는 4가지 지름길'을 설명한다.
- 관계를 해치는 의사소통 사례를 살펴보고, 최근 가족과의 의사소통을 시나리오로 작성해 본다.
- 시나리오를 토대로 긍정적 표현과 부정적 표현을 찾아보고, 모둠원들과 이야기한다.
- 관계의 해독제를 적용하여 대화문을 만들어 본다.</td><td>• 형성평가
('관계의 해독제' 대화문 만들기)
↓
피드백</td></tr>
<tr><td>2~3차시</td><td>• 효과적인 의사소통 방법 연습하기
- '나 전달법' 방법 익히기
- '나 전달법'을 이용해 대화 표현을 수정해 보기
• '반영적 경청' 방법 연습하기
- '경청'의 중요성 설명하기
- 효과적인 '경청'의 사례 동영상을 보고 느낀 점 나누기
- 자신의 고민을 스토리로 만들고 짝에게 이야기하기
- 짝의 이야기를 듣고 '반영적 경청' 해주기
• 제시된 사례를 '나 전달법'과 '반영적 경청'을 적용하여 대화를 바꿔본 후 역할극으로 시연해 보기
• 느낀 점을 적고 발표하기</td><td>평가 과제 1
• '나 전달법' 역할극 대본 작성하기
(서술·논술, 토의·토론, 구술·발표)
↓
피드백</td></tr>
<tr><td>4차시</td><td>• 갈등에 관한 나의 생각 알아보기
- 갈등 T/F 질문지로 갈등에 대한 인식 체크하기
- 질문 중 2개를 골라 이유를 설명하고 모둠원과 나누기
• 갈등 해결의 단계와 유형 알기
- 갈등 해결의 6단계를 사례를 통해 이해하기
- 갈등 해결의 유형 검사를 통해 자신의 갈등 해결 유형 파악하기</td><td>-</td></tr>
<tr><td>5차시</td><td>• 자신이 경험한 갈등 사례를 연대로 표현하기(개인)
• 갈등 사례를 구체적인 스토리로 만들기(개인)
- 갈등 상황, 당시 나의 감정, 해결 방법, 결과 등
• 갈등 해결 과정 UCC 제작을 위한 시놉시스 만들기
- 모둠별로 갈등 사례로 토의하여 모둠의 대표 사례 선정하기
- 모둠원들끼리 선정한 갈등 사례로 UCC를 만들기 위한 시놉시스 구성하기</td><td>평가 과제 2
• 시놉시스 구성하기
(서술·논술, 토의·토론)
↓
피드백</td></tr>
<tr><td>6~8차시</td><td>• 시놉시스 전시회
- 시놉시스를 모둠별로 돌아가면서 읽고, 포스트잇에 의견을 적어 붙이기
• 상호 평가 및 교사 피드백을 토대로 최종 시놉시스 완성하기
• 시놉시스를 토대로 UCC 제작하기
• UCC 발표하기</td><td>평가 과제 3
• UCC 제작하기
(동료평가, 자기평가, 관찰 평가)
↓
피드백</td></tr>
</table>

표 5-17 평가 과제

과제명	'나 전달법'과 '반영적 경청' 역할극 대본 작성하기

과제별 평가 정보표

학년/학기	1학년/1학기	단원/차시	가족 간의 갈등 해결/가족 간의 갈등 해결 방법과 중요성을 알리고 UCC 만들기
성취 기준 (평가 준거 성취 기준)	[9기가01-06] 가족 관계에서 발생하는 갈등의 원인과 배경을 분석하고, 효과적인 의사소통을 통해 가족 간의 갈등 해결 방안을 탐색하여 실천한다.		
교과 역량	☑ 실천적 문제해결 능력 ☐ 생활 자립 능력 ☑ 관계 형성 능력	☐ 기술적 문제해결 능력 ☐ 기술 시스템 설계 능력 ☐ 기술 활용 능력	
평가 방법	☑ 서술·논술 ☑ 구술·발표 ☑ 토의·토론 ☐ 프로젝트 ☐ 실험·실습 ☐ 포트폴리오 ☐ 기타 ☐ 자기평가 ☐ 동료평가 ☑ 관찰 평가		
출제 의도	동영상을 통해 가족 관계에서 발행하는 갈등의 원인과 배경을 분석한 후, 자신이 경험한 갈등을 떠올리며 바람직한 의사소통의 방법 중 '나 전달법'과 '반영적 경청'으로 역할극으로 표현해 봄으로써 자신이 관찰자가 되어 객관적으로 갈등 상황을 바라볼 수 있다. 또한, 다른 친구들의 경험을 공유하면서 공감의 중요성을 알고, 해결 방법을 위해 자신 스스로도 답을 찾아갈 수 있도록 하였다. 이 과제를 수행하면서 실천적 문제해결 능력과 관계 형성 능력을 함양할 수 있다.		
과제 내용 및 평가 계획	주어진 사례를 보고, '나 전달법'과 '반영적 경청'을 적용하여 수정한 후 역할극으로 시연한다.		
평가 시 유의점	학생들이 평소 가족과의 갈등이 의사소통에서 비롯된다는 것을 알 수 있도록 자신의 의사소통 방식을 되돌아볼 수 있게 한다. 자신의 실제 경험이 없다면 있을 법한 스토리를 만들어 볼 수 있도록 한다. 대화문을 만들고 역할극을 시연할 때는 짝과 함께해 보도록 한다. 평가 척도의 단계는 상, 중, 하 외에 관찰 결과를 활용할 수 있다.		

(과제 내용 및 평가 계획)

평가(채점) 영역	평가 요소	평가 척도
나 전달법/반영적 경청 적용하기	나 전달법을 주어진 요소에 맞게 적용하기	3단계(상, 중, 하)
	반영적 경청을 적용하여 대화문 만들기	3단계(상, 중, 하)

표 5-18 과제 및 예시 답안

1. 다음 상황을 보고, 나 전달법을 적용하여 대화문을 만들어 보자.

가족의 행동	나에게 미치는 구체적인 영향	행동과 영향에 대한 나의 감정	대화문
1. 공부하고 있는데, 동생이 내 방에 들어와서 침대에서 뛰고 있다.	공부하는 데 집중이 안 된다.	짜증이 나서 소리 지르고 싶다.	내가 공부하고 있는데 네가 침대에서 뛰면 정신이 산만해지고 집중이 안 되니까 짜증이 나.
2. 다음 주가 시험인데 아이돌 팬미팅에 가겠다고 하니 어머니가 화가 나서 제정신이냐고 소리를 지르고 계신다.	팬미팅에 갈 수 없다.	불안해서 공부도 안 되고 울고 싶다.	다녀오면 공부를 열심히 할 수 있을 것 같은데 엄마가 화를 내시니 불안하고 울고 싶어요.
3. 용돈을 모아 새 옷을 샀는데 언니가 몰래 입고 나갔다.	새 옷을 입고 친구를 만나러 가려고 했는데 입던 옷을 또 입어야 한다.	화가 나고 옷이 더러워질까 봐 걱정된다.	힘들게 아끼고 절약해서 산 옷인데, 친구를 만나러 갈 때 입지도 못하고 언니가 먼저 입고 나가서 더러워질까 봐 걱정되고 너무 화가 나.

2. 가족의 말을 듣고, 폐쇄적 반응과 반영적 경청으로 대화문을 작성해 보자.

가족의 말	폐쇄적 반응	반영적 경청
동생: 다시는 그 애랑 놀지 않을 거야.	잊어버려, 그 애는 그런 뜻이 아니었을 거야.	그 애랑 다시는 놀고 싶지 않구나.
누나: 이제부터 집에 안 들어올 거야.	들어오지 말든가!	집에 들어오고 싶지 않구나. 무슨 이유가 있어?
어머니: 아휴, 내 팔자야. 내가 왜 결혼을 해가지고….	또 그 이야기, 지겨우니 그만 좀 하세요.	엄마가 너무 힘드셔서 결혼한 게 후회되시는군요.
아버지: 시끄러워서 TV를 볼 수가 없네. 집구석이 조용한 날이 없어.	TV를 안 보면 되잖아요.	조용히 TV를 보고 싶은데 집이 너무 시끄러워서 안 들리는군요.
나: 롱패딩 사 주세요. 다른 아이들은 3~4개씩 있단 말이에요.	누가 3~4개씩 있어. 말도 안 돼.	친구들이 다 롱패딩을 입으니 너도 입고 싶구나.

표 5-19 채점 기준

평가(채점) 영역	평가 요소	평가 척도	채점 기준
나 전달법/ 반영적 경청 적용하기	나 전달법을 주어진 요소에 맞게 적용하기	상	가족의 행동을 주어진 요소에 따라 구분하였고, 맥락에 맞게 대화문을 작성하였다.
		중	가족의 행동을 주어진 요소에 따라 구분하였으나 맥락에 맞게 작성하는 데 어려움이 있다.
		하	가족의 행동을 주어진 요소에 따라 구분하는 데 어려움이 있으며 맥락에 맞지 않는 대화문을 작성하였다.
	반영적 경청을 적용하여 대화문 만들기	상	폐쇄적 반응과 반영적 경청의 의미를 분명히 알고 잘 구분하여 대화문을 작성하였다.
		중	폐쇄적 반응과 반영적 경청 중 한 가지만 의미를 이해하고 대화문을 작성하였다.
		하	폐쇄적 반응과 반영적 경청에 대한 이해가 부족하여 대화문을 작성하는 데 어려움이 있다.

과정 중심 평가를 위한 채점 기준 점검 사항

- 채점 기준이 성취 기준에서 요구하는 도달 목표에 맞게 제시되었는가?
- 채점 기준이 학생의 인지적·정의적 성장과 발달 과정을 파악할 수 있도록 제시되었는가?
- 채점 기준은 학생의 결과 산출 혹은 응답 수준을 변별할 수 있도록 작성되었는가?
- 채점 기준에는 평가 과제 유형에 적절한 평가 요소, 척도, 세부 내용 등이 제시되었는가?
- 채점 기준을 미리 학생 및 학부모에게 안내하였는가?

과정 중심 평가와 수행평가

수업 장면에서 과정 중심 평가의 방향성을 담을 수 있는 대표적인 평가 방법이 '수행평가'라 할 수 있다. 수행평가는 학생이 직접 만든 산출물이나 학생의 수행 과정을 평가하는 것이므로 교수-학습의 결과뿐 아니라 교수-학습의 과정을 중시하는 평가이다. 따라서 수행평가를 원래 의도대로 시행하면 그것으로도 충분히 과정 중심 평가의 방향성을 담을 수 있다.

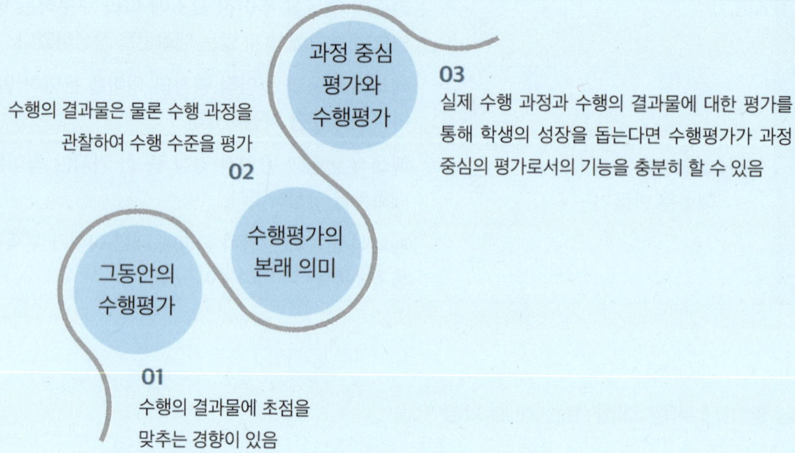

(5) 가정과 과정 중심 평가에서 평가 결과의 활용

과정 중심 평가에서 평가 결과는 학생의 학습과 성장을 지원하기 위한 피드백에 활용되는데, 피드백은 과정 중심 평가를 통해서 드러난 학생의 현재 수준과 학생이 도달해야 할 수행 수준 간의 차이를 자세하게 알려 주는 전체적인 과정이다.

가정과교사는 평가 결과를 보고 피드백을 해주는 과정을 통해 학생이 잘하거나 부족한 부분을 설명하고, 부족한 부분을 보완하기 위해 수행해야 할 점이 무엇인지 안내해 주어야 한다.

과정 중심 평가에서 효과적인 피드백 방법

- 학생들이 학업적 성장을 이루어 가는지 알 수 있는 학습의 증거에 초점
- 학생 수행에 관한 진술
- 피드백 핵심 오류나 오개념에 대해 구체적이며 기술적이어야 함
- 도전적이지만 도달 가능한 목표 사용
- 동기를 저해하지 않는 선에서 피드백 제공
- 저성취 학습자에게는 자기 참조 피드백 제공

가정과평가 결과의 해석 및 활용

- 원점수: 검사에서 얻는 점수
  - 기준점이 없다.
  - 여러 교과에서 나오는 점수를 비교할 수 없다.
  - 두 집단 간의 교육적 성취도를 비교할 수 없다.
- 백점 만점 점수: 성적 표시 중 가장 많이 사용하는 것으로, 100점에 기준을 두고 채점하는 점수
  - 기준점이 없다.
  - 등간 척도이며, 객관성과 일관성이 없다.
- 등위 점수(석차 점수): 분모에 총 인원수를 분자에 등위 표시하는 것으로, 서열이나 순위를 위한 점수
  - 학생들의 상대적 위치를 표시해 주나, 상대적인 능력은 표시하지 못한다.
- 백분위 점수: 집단의 요소치를 크기 순으로 배열하고 이들을 100등분하여 얻는 점수
  - 전체 사례에 대한 백분율로서, 한 점수가 분포상에서 서열로 따져 몇 퍼센트(%)에 위치하고 있는가를 나타낸다.
  - 서열 척도, 집단 내에서 차지하는 상대적 위치를 알려준다.
  - 다른 집단이나 다른 백분위 점수와 상호 비교가 가능하다.
- 표준 점수: 각 개인의 득점과 그 분포의 대표치(평균치)와의 편차를 얻어 그 분포의 변산도를 표시해 주는 표준 편차로 나눈 점수
  - 표준 점수(standard score)는 비율 척도에 해당되는 가장 유용한 척도로 절대 영점(0)과 동간성이 있어 비교할 수 있는 척도이다.
  - 상대평가에서 사용되며 분포상에서 상대적 위치를 손쉽게 파악할 수 있는 점수이다.

※ 표준 점수의 종류

- Z점수: 이론상 평균은 0점, 표준 편차는 1점이 되도록 만든 표준 점수
- T점수: 평균은 50점, 표준 편차는 10점이 되도록 만든 표준 점수
- H점수: 평균은 50점, 표준 편차는 14점이 되도록 만든 척도

단원 마무리

1. 교육평가란 교육과 관련된 모든 것의 양, 정도, 질, 가치, 장점 등을 체계적으로 측정하여 판단하는 행위로, 시험, 측정, 고사, 검사 등으로도 불린다. 최근 교육 환경의 변화에 발맞추어 학생의 성장과 발달에 도움을 주는 평가 방식으로 전환을 모색하게 되면서 '학습을 위한 평가', '학습 과정으로서의 평가'를 강조하는 과정 중심 평가가 강조되고 있다.

2. 가정교과에서 활용되는 평가 유형에는 평가 기준에 따라 상대평가(규준 지향 평가)와 절대평가(목표 지향 평가)가 있고, 교육 진행 과정에 따라 진단평가(수업 시작 전)·형성평가(교수-학습 진행 도중)·총괄평가(수업 진행 후)가 있다. 또한 평가 내용에 따라 인지적 영역(인간의 지적 능력에 관한 것)의 평가와 정의적 영역(인간의 마음과 관련된 것)·운동 기능적 영역(신체와 관련된 기능의 숙달과 발달에 관련한 것)의 평가로 구분한다.

3. 수행평가는 학생들의 지식, 기술, 혹은 기능의 수준이나 정도를 알아보기 위해 실제 상황이나 인위적 평가 상황에서 학생들에게 과제를 수행하게 하여 학생들의 과제 수행 과정이나 학생들이 직접 만들어 낸 산출물 혹은 두 가지 모두를 정해진 준거에 따라 관찰과 판단을 통해 평가하는 것을 말한다.

4. 평가 문항을 개발한 뒤 그 평가 문항을 검증하는 대표적인 도구로는 평가 문항이 측정하고자 하는 바를 어느 정도 제대로 측정하고 있느냐를 가늠하는 타당도와 검사 문항이 오차 없이 얼마나 정확하게 측정하고 있는가를 나타내는 신뢰도가 있다. 신뢰도의 일종인 객관도는 검사자 간의 합치도를 말하고, 실용도는 경비, 시간, 노력을 적게 들이면서도 목적을 달성할 수 있는 정도를 말한다. 난이도는 문항의 정답률 비율을 의미하므로 그 수치가 높을수록 쉬운 문항을 의미하며, 문항 변별도는 한 문항이 학생들의 능력을 어느 정도 변별하고 있는가를 말한다.

5. 과정 중심 평가는 2015년 개정 교육과정 이후 학습의 과정을 중시하는 평가가 강화됨에 따라 대두된 것으로 성취 기준에 기반한 평가 계획에 따라 교수-학습 과정에서 학생의 변화와 성장에 대한 자료를 다각도로 수집하여 적절한 피드백을 제공하는 평가를 말한다. 가정과평가에서도 학생이 자신의 학습을 성찰하도록 하고 평가 결과를 활용하여 교수-학습의 질을 개선하는 데 주안점을 두고 있으며, 평가의 각 단계마다 교육과정, 교수-학습과 평가를 연계하여 실시하고 있다.

1. 다음 (가)는 가정과 신규 교사가 2009 개정 실과(기술·가정) 교육과정의 '부모됨과 자녀 돌봄' 내용에 대해 작성한 수업 계획의 일부이고, (나)는 (가)에 대한 신규 교사와 수석 교사의 수업 컨설팅 내용이다. 신규 교사가 계획하고 실시한 직소(Jigsaw) 협동학습과 프로젝트 수업에 대해 <작성 방법>에 따라 논술하시오. [10점] [2018]

(가)

<table>
<tr><td colspan="2">ㅇ 단원명: 부모됨과 자녀 돌봄</td></tr>
<tr><td>ㅇ 대상: 고등학교 1학년 3반 24명</td><td>ㅇ 차시: 총 10차시</td></tr>
</table>

- 단원 학습 목표: 아동 발달 단계별 특징을 이해하고 아동 돌보기에 대한 자료를 제작할 수 있다.
- 수업 진행 과정

1~2차시	→	3~4차시	→	5차시	→	6~9차시	→	10차시
직소 협동학습	→	㉠	→	프로젝트 계획하기	→	프로젝트 실행하기	→	프로젝트 평가하기

<table>
<tr><th>차시</th><th>수업 활동</th></tr>
<tr><td>1~2 차시</td><td>● 학습 목표: ㉡ <u>신생아기, 영아기, 유아기, 아동기의 발달 특징을 설명할 수 있다.</u>
● 직소 협동학습 활동 단계 및 내용
모집단 구성
모집단을 구성한 후 전체 학습 과제를 구성원 수에 따라 나누고 구성원에게 각각의 과제를 부여한다.
↓
(㉢)
(㉣)
↓
모집단 재소집 및 평가
… (생략) …
교사는 모집단 구성원이 학습한 전체 내용에 대해 개별 평가를 실시하고 개별 점수를 부여한다.</td></tr>
<tr><td>3~4 차시</td><td>● 학습 목표 :</td></tr>
<tr><td colspan="2">…(하략)…</td></tr>
</table>

(계속)

(나)

신규 교사 : 선생님. 저는 2009 개정 교육과정 실과(기술·가정)의 '교수-학습 전략'을 참고하여 총 10차시의 수업을 실시했어요. 1~2차시는 학생들이 아동의 발달 단계별 특징에 대해 서로 배울 수 있도록 직소 협동학습으로 구성했고, 3차시 이후에는 프로젝트 수업 단계에 따라 개별 프로젝트를 진행했습니다.

수석 교사 : 네. 선생님이 이 수업에서 의도하신 대로 교수-학습 방법을 잘 적용하셨네요. 수업 활동은 어떻게 이루어졌는지 궁금해요.

신규 교사 : 학생들은 다양한 정보를 찾아 자료로 정리하고 매 시간마다 수행 일지를 작성했어요. 저는 프로젝트 진행 과정을 지속적으로 확인하면서 문제 해결 과정에서 도움이 필요한 학생들에게 지도와 조언을 해주었죠. 학생들은 프로젝트의 결과물로 UCC, 교내 신문, 미니 북(mini book) 등의 다양한 자료를 만들었어요.

수석 교사 : 스스로 계획하고 실천했다는 점에서 학생들의 자발성과 창의성을 이끌어낼 수 있는 좋은 수업이었겠네요.

신규 교사 : 네. 하지만 직소 협동학습 과정에서 일부 학생들이 학습에 소홀하거나, 자신이 학습한 내용을 모집단 구성원들에게 성실하게 가르쳐 주지 않는 모습을 보였어요.

수석 교사 : 그렇다면 다음에 직소 협동학습을 계획하실 때는 ⓜ 협동학습에서 학생들이 자신이 맡은 과제에 대해 책임감을 가질 수 있도록 마지막 단계의 평가 부분을 수정하면 도움이 될 거예요. 프로젝트 수업에서 수행평가를 하신 걸로 알고 있는데요. 어떤 방법을 사용하셨나요?

신규 교사 : 저는 포트폴리오 평가 방법을 적용했습니다. 왜냐하면 포트폴리오 평가는 (ⓑ).

…(하략)…

<작성 방법>

- ㉠의 단계를 쓰고, 이 단계에서 이루어져야 할 활동을 서술할 것.
- 괄호 안의 ㉢을 쓰고, ㉡을 토대로 활동 단계 ㉣에서 이루어져야 할 활동 내용을 서술할 것.
- ㉤을 고려하여 직소 협동학습의 마지막 단계에서 산출해야 하는 점수와 이를 산출하는 방법을 직소(Jigsaw) II 협동학습 모형에 근거하여 서술할 것.
- ㉥에 들어갈 포트폴리오 평가의 특징 2가지를 서술할 것.
- 답안은 논리적 일관성을 갖추어 명료하게 표현할 것.

2. 다음은 교수-학습평가에 대한 수석 교사와 교사들의 대화 내용이다. <작성 방법>에 따라 서술하시오. [4점]

[2021]

교 사 A : 선생님, 저는 올해 고등학교에 신규 임용되었습니다. ㉠ 기술·가정, 가정과학, 인간발달, 패션 디자인의 기초, 식품 과학 등 가정 관련 교과목들은 3단계 또는 5단계의 성취도 산출 유형에 따라 학생을 평가하는 걸로 알고 있습니다.

수석 교사 : 맞습니다. 선생님이 말씀하신 교과목들은 3단계 또는 5단계로 평가합니다.

교 사 B : 평가의 첫 단계는 성취 기준 분석 및 평가 도구를 개발하는 것인데 어떻게 해야 하나요?

수석 교사 : 먼저 교육과정 성취 기준을 분석하고, 그 기준에 도달하기 위한 과정에서 필요한 능력을 구체화해야 합니다. 이때 단위 학교의 수업 및 평가 상황을 모두 고려할 수 없기 때문에 교육과정 성취 기준뿐만 아니라 평가 준거 성취 기준, 평가 기준 및 (㉡)을/를 제시하여 학생들의 삶과 보다 밀접한 교수-학습과 평가가 이루어지도록 하고 있습니다.

교 사 C : 학생들의 인지적인 측면뿐만 아니라 태도, 학습 동기, 적성 등의 정의적 측면의 평가는 어떻게 하는 것이 좋을까요?

수석 교사 : 정의적 영역을 평가할 때 이를 측정하는 방법에는 관찰법, (㉢), 체크리스트법, 의미분석법 및 투사법 등이 있습니다. 그중 (㉢)은/는 측정하고자 하는 항목에 연속적 개념을 적용하여 측정하는 방법입니다. 질문에 대해 소극적 반응에서 적극적 반응으로, 또는 부정적 반응에서 긍정적 반응까지 연속적으로 구분된 선택지에 응답하는 척도를 사용합니다.

<작성 방법>

- 밑줄 친 ㉠의 교과목들을 3단계 또는 5단계의 성취도 산출 유형에 따라 분류하여 쓸 것.
- 괄호 안의 ㉡에 해당하는 용어를 쓰고, 그 정의를 서술할 것.
- 괄호 안의 ㉢에 해당하는 용어를 쓸 것.

3. 다음은 가정과교사가 작성한 과정 중심 평가 계획서이다. <작성 방법>에 따라 서술하시오. [4점] [2022]

가정과 과정 중심 평가 계획서

1. (㉠)을/를 분석한다.

[9기가03-08] 생애 설계의 중요성을 이해하고 생애 주기별 발달 과업을 중심으로 자신의 생애를 설계하고 평가한다.

⬇

교과 역량	▶	배워야 할 내용	+	기대 수행 능력
• 생활 자립 능력 • 실천적 문제 • 해결 능력		• 생애 주기별 • 발달 과업 • 생애 설계		• 생애 주기별 발달 과업 분석하기 • 관련 정보를 수집하고 탐색하기 • 생애 설계 발표하기

2. 평가 계획을 수립한다.

평가 내용		생애 주기별 발달 과업, 생애 설계
평가 방법		(㉡), 포트폴리오, 구술·발표, 자기평가, 동료평가
평가 영역	인지적 영역	생애 주기별 발달 과업에 대한 이해를 바탕으로 개인 생애 설계를 위한 가치관 설정의 중요성을 인식한다.
	정의적 영역	가치 있는 삶의 중요성을 깨닫고 가치 피라미드 작성을 통해 자신의 생애를 종합적으로 설계하는 태도를 갖는다.
	운동기능적 영역	작성한 생애 설계 포트폴리오를 토대로 자신의 삶에 적용할 수 있는 구체적인 실천 방안을 발표한다.

…(중략)…

(계속)

3. 평가 도구를 개발하고 실행한다.

- 채점 항목을 구분하지 않고 종합적으로 제시하였던 평가 도구의 초안을, 학습자의 수행 결과를 구체적으로 평가하기 위해 다음의 (㉢)(으)로 수정하여 실행하고자 한다.

평가 방법	채점 항목	구분	채점 기준
포트폴리오	생애 주기별 발달 과업	상	모둠 활동을 통해 생애 주기별 발달 과업의 특징을 조사하고, 주위 인물 중 1명의 해당 생애 주기별 발달 과업에 대한 정보를 수집하여 생애 주기별로 수행해야 할 역할과 행동의 차이점을 포트폴리오로 충실히 작성함.
		중	모둠 활동을 통해 생애 주기별 발달 과업의 특징을 조사하고, 주위 인물 중 1명의 생애 주기별 발달 과업에 대한 정보를 수집하여 포트폴리오를 작성함.
		하	모둠 활동을 통해 생애 주기별 발달 과업의 특징을 조사하였으나, 발달 과업에 대한 정보 수집이 부족하여 포트폴리오 작성이 미흡함.
	생애 설계	상	자신의 가치관에 기초하여 개인 생활 주기 단계를 모두 포함한 가치 피라미드를 작성하고, 이를 토대로 삶에 적용할 수 있는 구체적인 실천 방안을 발표함.

…(중략)…

4. 피드백을 제공한다.

- 학생의 수행 과정에 대한 정의적 영역을 평가하기 위해 (㉡)을/를 하면서 그 과정을 일화기록법과 점검표에 의해 기록하고자 한다.
- 학생들이 작성한 포트폴리오를 기반으로 피드백을 제공하고자 한다.

…(하략)…

<작성 방법>

- 괄호 안의 ㉠에 해당하는 용어를 쓸 것.
- 괄호 안의 ㉡에 해당하는 평가 방법을 쓰고, 그 장점을 1가지 서술할 것.
- 괄호 안의 ㉢에 해당하는 루브릭의 종류를 쓸 것.

4. 다음은 수업 설계 멘토링 과정에서 수석 교사와 교사 A가 나눈 대화이다. <작성 방법>에 따라 서술하시오. [4점] [2023]

교　사 A : 작년에는 '한복과 창의적인 의생활' 단원에서 '한복을 활용해 창의적인 생활용품 만들기'를 수행평가로 진행했어요. 그러나 학생의 다양한 결과물을 구체적이고 세부적인 기준에 따라 평가했더니 어려움이 많았어요. 올해는 수행 결과물의 완성도를 강조해서 전체적으로 평가하고 싶어요. 어떤 평가 방법이 있을까요?

수석 교사 : 루브릭의 한 종류인 (㉠)을/를 활용하여 평가할 수 있어요. 먼저 성취 기준을 기반으로 평가 요소를 선정한 후, 전체를 아우른 하나의 기준을 세웁니다. 이 기준을 수행 수준에 따라 여러 개의 등급이나 점수로 나누어 채점을 하면 됩니다.

교　사 A : 그렇군요. 그리고 저는 2학기 평가 계획에 지필평가와 수행평가를 계획했어요. 지필평가는 학기 말에 1회 실시하고, 수행평가는 학기 중에 하도록 설계하였습니다.

수석 교사 : 잘하셨습니다. 더불어 '한복의 우수성', '다른 나라의 의생활 문화'에 대해서도 학생들의 성취정도를 평가해야겠지요. (㉡)은/는 학기의 교육과정이 끝난 후 학습에 대한 성과를 알아 보기 위한 것입니다. 이 평가는 학생들의 미래 성적을 예측하는 데 도움이 되기도 하고, 학생들에 대한 학습 성과의 학년별 변화를 파악하여 학생에 대한 질적 관리를 가능하게 하는 정보를 제공해 주기도 합니다.

<작성 방법>

- 괄호 안의 ㉠에 해당하는 용어를 쓰고, ㉠의 장점을 2가지 서술할 것.
- 괄호 안의 ㉡에 해당하는 용어를 쓸 것.

5. (가)는 가정과 신규 교사가 학기 초에 작성한 평가 계획서 중 일부이고, (나)는 신규 교사와 수석 교사 간의 대화이다. <작성 방법>에 따라 서술하시오. [4점] [2024]

(가)

1. 평가 계획

평가 영역	지필평가		수행평가		
	기말고사		영양 간식 레시피	의복 코디북 만들기	…
평가 방법	선택형	서답형	실습	실습	…
반영 비율	30%	10%	20%	20%	…
성취 기준	9기가01-01~07		9기가01-03	9기가01-04	…
평가 시기	7월 1주		4월 2주	5월 1주	…

(나)

신규 교사 : 평가 계획서를 처음 작성해 보았는데, 내용을 검토해 주시고 조언을 부탁드립니다.

수석 교사 : (가)의 지필평가에서 선택형과 서답형을 계획하였는데, 서답형에는 서술형과 (㉠)이/가 있어요. 특히, (㉠)은/는 지필평가로 실시하기에는 시험 시간이 부족해서 수행평가로 실시하기도 해요.

신규 교사 : 그렇다면, 수행평가 영역으로 수정해 보겠습니다.

수석 교사 : (가)의 수행평가에서 실습평가는 명료한 채점 기준과 채점 과정이 중요해요. 예를 들어, 수행 과정에서 ㉡ 'Z영양 간식 레시피' 수행평가 점수가 높으면 '의복 코디북 만들기' 수행평가 점수를 높게 평정하는 오류나 ㉢ 집중 경향의 오류를 제거하기 위해 점수 부여 기준을 명료화하고 채점 과정을 체계화해야 해요.

신규 교사 : 채점의 신뢰도를 높이기 위한 채점 기준을 마련해 보겠습니다. 그리고 수행평가 채점 과정에서 학습자가 평가 주체가 되도록 자기평가와 동료평가를 추가해 보겠습니다.

수석 교사 : 평가 계획을 잘 수정해서 학기 말까지 교육과정→교수-학습→평가→(㉣)의 모든 과정에서 정합성을 이루도록 실천해 보세요.

<작성 방법>

- 괄호 안의 ㉠에 해당하는 평가 방법의 의미를 서술할 것.
- 밑줄 친 ㉡에 해당하는 평정 오류의 유형을 쓰고, 밑줄 친 ㉢의 의미를 서술할 것.
- 괄호 안의 ㉣에 해당하는 용어를 쓸 것.

CHAPTER 6

가정과교사의 전문성

THEORY OF HOME ECONOMICS EDUCATION

가정과교사의 전문성

- 1. 가정과교사의 자격
  - 1) 가정과교사의 전문성 개념
  - 2) 가정과교사의 자격 기준
  - 3) 예비 가정과교사의 교육 실습
- 2. 가정과교사의 역할과 자질
  - 1) 가정과교사의 역할
  - 2) 가정과교사의 자질
- 3. 가정과교사의 장학
  - 1) 장학의 개념
  - 2) 가정과교사의 역할을 위한 연수
  - 3) 장학의 유형
    - (1) 임상 장학
    - (2) 동료 장학
    - (3) 자기 장학
    - (4) 약식 장학
- 4. 가정과교사의 현장 연구
  - 1) 현장 연구의 개념 및 유형
    - (1) 현장 연구의 개념
    - (2) 현장 연구의 유형
  - 2) 현장 연구의 설계
    - (1) 실험 설계
    - (2) 유사 실험 설계
  - 3) 현장 연구의 윤리와 자료 수집
    - (1) 연구 윤리와 교육 연구의 윤리
    - (2) 자료 수집 방법
  - 4) 현장 연구의 통계 분석법
    - (1) 신뢰도 분석
    - (2) 빈도와 백분율
    - (3) 집중 경향치와 변산도
    - (4) 교차 분석
    - (5) t 검증
    - (6) 분산 분석
    - (7) 상관관계 분석

생각해 보기

01 교사가 되어 현장에 나갔을 때 자신의 발전을 위해 적용해 보고 싶은 장학 유형은 어떤 것인가, 그리고 그 이유는 무엇인가?

02 미래 지향적 가정과교육의 방향을 스스로 설계해 본다면 어떤 것인가?

03 가정과교사가 갖추어야 할 핵심 역량에는 어떤 것이 있을까?

04 일·가정 양립을 위한 모둠별 토의·토론 수업 후 자녀 양육 및 가사 분담에 대한 남녀 학생의 태도 변화를 알아보고자 할 때 연구 설계는 어떻게 해야 할까?

CHAPTER 6

가정과교사의 전문성

최근 세계 여러 나라들이 국가 발전의 차원에서 경쟁적으로 교육 개혁을 추진하고 있으며, 교육 개혁의 중요한 대상으로 교사의 질적 수준을 제고하려는 움직임이 활발하게 일어나고 있다. 이는 우수한 자질을 가진 교사의 양성과 계속적인 교사들의 재교육이 교육 개혁의 성패를 좌우하는 핵심 문제로 인식되고 있고, 교육의 질을 높이는 데는 교사의 질이 중요하다는 공감대가 형성되었기 때문이다. 교육의 수준은 교사의 질에 따라 결정되는 것이므로 교사의 역할은 매우 중요하며 절대적인 것이다. 일본 교육학자인 사토 마나부(佐藤学)는 배움 공동체로 학교교육을 개혁해야 한다고 주장하였다. 그는 진정으로 공교육에서 배움의 즐거움을 찾게 하고, 민주적인 교육 실천을 이루어 내고 싶다면 교사의 전문성 확보가 가장 시급한 과제라고 주장하였다.

한편, 미래 사회의 변화를 주도할 역량을 가진 가정과교사의 상을 'future proofed teacher'로 제시하고 있는데, 이는 "탐구자로서의 교사, 임파워먼트를 길러 가는 교사, 실천적 지혜를 길러 가는 교사, 행동 주체-변혁의 주체자로서의 교사"라는 뜻을 내포하고 있다(양지선, 2008).

교사 전문성이란 교사 자질과 상통하는 매우 포괄적인 개념으로, 단순히 교과 전문성만을 의미하는 것이 아니라, 교과에 대한 지식, 교과를 잘 가르칠 수 있는 능력, 학생 상담 및 지도 능력,

학급 관리 능력, 교육적 안목 · 가치관 · 태도, 평생 학습자로서의 자기 개발 능력 등을 종합적으로 포함하고 있다(서경혜, 2016).

1. 가정과교사의 자격

1) 가정과교사의 전문성 개념

교사의 수업 전문성은 기술과 이해라는 두 가지 상이한 관점에서 고찰될 수 있다. 수업을 목적 달성의 수단으로 볼 때, 수업의 전문성이란 목적을 효과적으로 달성하는 데 필요한 전문 지식과 기술을 의미한다. 하지만 이는 교사를 외부 전문가에 의해 개발된 목적을 달성하기만 하면 되는

가정과교사의 임파워먼트

임파워먼트(empowerment)는 1980년대 후반부터 선진국에서 새로 등장한 개념으로, 조직에서 일을 잘 처리할 수 있도록 능력과 의욕을 높여주기 위한 것으로, '개인의 역량 강화', '권한 부여', '기 살리기' 등으로 해석되고 있다.

박미정(2006)은 가정과교육의 임파워먼트를 가정과교사 개인 수준에서 의미, 수업 운영 능력, 자율성, 영향력, 전문성, 윤리성의 6개 구성 개념으로 파악하였다.

임파워먼트 개념을 교육에 적용한 선행 연구(김민환, 2002)에서는 교사들의 임파워먼트 구성 요소를 의사 결정, 전문성 신장, 지위, 자기 효능감, 자율성, 영향력으로 고찰하고 있다. 이 구성 요소들의 의미를 정리하면 다음과 같다.

- 첫째, 의사 결정은 교사들의 주요 활동이다. 교사들은 의사 결정의 모든 영역에서 전문적 판단을 하는 데 방해를 받지 않아야 하며 의사 결정의 핵심에 있어야 한다.
- 둘째, 전문성 신장이란 교사들이 계속적으로 교육적 성장과 발전할 기회를 제공받을 수 있다고 인식하는 정도를 말한다. 대부분의 교사들은 전문가로 인식될 때 자신의 일에 관하여 권위의식을 갖는다.
- 셋째, 지위는 교사들의 지식과 전문기술에 대한 동료의 지지나 칭찬, 존경 등을 의미한다.
- 넷째, 자기 효능감은 자신이 스스로 유능한 것으로 인식하는 것을 의미한다. 교사가 학생들의 학업 성취도를 높이거나 학교 행정에 참여함으로써 학교를 개선하는 과정 등에서 능력 있는 존재로 인식하는 것을 의미한다.
- 다섯째, 자율성은 교사들이 자신의 활동을 통제할 파워를 가진 것을 의미한다. 예컨대, 교사 자율성이란 교과과정의 구성이나 학교 행사 계획의 수립과 실천, 교과지도 등에서 발휘하는 자유 의식을 의미한다.
- 여섯째, 영향력이란 교사들이 파워를 소유하고 학생들을 위하여 교육 환경을 개선하는 능력을 말하는데, 임파워된 교사들은 높은 도덕적 규범과 자존심을 갖춤으로써 보다 많은 영향력을 행사하게 된다.

사람으로 전락시킬 위험이 있다. 교직이 어떤 직업인가를 보여주고자 할 때 수업 전문성뿐만 아니라 윤리성을 고려한다고 해도, 교사가 주어진 목적을 달성하기 위해 전문 지식과 기술을 소비하는 것에 불과하다는 것에는 변함이 없다.

또한 최근 급변하는 사회 흐름에 따라 새로운 교사 역량을 개발해야 하는데, 그중 하나로 대두되는 것이 혁신적 전문성이다. 혁신적 전문성은 새로운 역량을 개발할 수 있는 능력, 기존의 신념과 관점을 비판하고 재구성하는 데서 생기는 모호함과 불안감을 견딜 수 있는 능력, 새로운 것을 배울 수 있는 능력을 포함한다(강현석 · 이지은 · 정수경, 2016).

수업은 결코 목적 달성을 위한 수단이 아니며, 따라서 수업 전문성은 '전문성'이 아닌 '수업'에 초점을 맞추어 재규정할 필요가 있다. 이때 수업 전문성은 수업에 이미 반영되어 있는 가치와 의미를 분석해 낼 수 있는 교사의 이론적 이해로 규정될 수 있다(이홍우 외, 2003).

2) 가정과교사의 자격 기준

자격이란 어떤 직무를 수행하는 데 필요한 자질을 행정적으로 인정한 것을 말한다. 우리나라에서 가정과교사 자격을 취득하기 위해서는 다음과 같은 일정 과정을 이수해야 하며, 과정별 취득할 수 있는 자격 기준은 다르다(「초 · 중등 교육법」 교사 자격 기준, 2019. 12. 3. 개정).

1. 중등학교 가정과교사 1급 정교사

- 중등학교 가정과 2급 정교사 자격증을 소지하고 교육대학원 또는 대학원 가정교육과에서 석사 학위를 받은 자로서 1년 이상의 교육 경력이 있는 자
- 정교사 자격증을 가지지 않고 교육대학원 또는 대학원 가정교육과에서 석사 학위를 받은 자로 3년 이상의 교육 경력이 있는 자
- 중등 2급 가정과 정교사 자격증 소지자로 3년 이상 교육 경력과 소정의 재교육을 받은 자
- 교육대학, 전문대학의 교수·부교수로서 3년 이상의 교육 경력이 있는 자

2. 중등학교 가정과교사 2급 정교사

- 사범대학 가정교육과 졸업자
- 교육대학원 또는 대학원 가정교육과에서 석사 학위를 받은 자
- 대학 가정학 관련 학과에서 재학 중 교직 과정 이수자
- 중등학교 가정과 관련 준교사 자격증 소지자로서 2년 이상 교육 경력과 소정의 재교육을 받은 자
- 교육대학, 전문대학 조교수, 전임 강사로서 2년 이상 교육 경력이 있는 자

(계속)

3. 중등학교 준교사

- 교육부장관이 지정하는 대학(전문대학 제외) 중 공업, 수산, 해양 및 농공계 학과를 졸업한 자
- 중등학교 준교사 자격 검정에 합격한 자
- 중등학교 실기 교사로서 5년 이상의 교육 경력을 가지고 가정과 관련 학과를 졸업한 자 또는 대학원에서 관련 학위를 취득한 자(가정과 준교사)

※ 전직: 종별과 자격을 달리하는 직렬 변동 임명을 말한다. 예를 들어, 교원이 장학사(관), 연구사(관), 기타 행정직으로 이동하거나 반대로 행정직과 장학 연구직이 교원으로 되는 경우, 그리고 장학직 및 연구직 간의 이동을 말한다.
전보: 동일 직위 내에서의 수평적 이동을 말한다.

과거 교육인적자원부가 교사 양성 체제를 개편하면서 교원 선발 제도의 획기적 개선 정책을 확정 · 발표하고,「교육공무원 임용후보자 선정경쟁시험규칙」의 일부를 개정 및 고시하였다(교육인적자원부령 제941호, 2007. 10. 1. 개정). 이에 따라 한국교육과정평가원과 한국가정과교육학회에서 2009년 개발하고, 2025년 수정 · 보완한 가정과교사의 세부 자격 기준은 표 6-1과 같다.

표 6-1 가정과교사의 세부 자격 기준

영역(대범주)	표시과목별 자격 기준	세부자격 기준
교직 의식	1. 가정과 교사는 건전한 인성과 교직 사명감 및 윤리의식을 갖는다.	1.1 가정과 교사는 건전한 인성을 갖는다. 1.2 가정과 교사는 교직과 가정과 교육에 대한 사명감을 갖는다. 1.3 가정과 교사는 교직에 필요한 윤리의식과 사회적 책임의식을 갖는다.
학생 사회화 지원	2. 가정과 교사는 학생과 친밀한 관계를 유지하며, 개별 특성과 요구에 맞는 진로지도를 제공한다.	2.1 가정과 교사는 학생과 신뢰를 바탕으로 친밀한 관계를 형성한다. 2.2 가정과 교사는 학생의 잠재력을 발휘할 수 있도록 기대감을 제시하고 지원한다. 2.3 가정과 교사는 학생의 개별 특성과 요구를 반영한 진로지도와 상담을 제공한다.
학습자 이해	3. 가정과 교사는 학생의 발달과 환경을 이해하고 이를 바탕으로 전인적 성장을 지원한다.	3.1. 가정과 교사는 학생의 선행 학습, 학습 방식, 학습 동기 및 요구, 학습 수준을 이해한다. 3.2. 가정과 교사는 학생의 인지 사회성 정서 신체 발달 특성을 이해한다. 3.3. 가정과 교사는 학생의 개인적 특성과 가정 사회 경제 문화적 환경을 이해한다.
교과 지식	4. 가정과 교사는 가정교과에 대한 전문적인 지식을 갖는다.	4.1. 가정과 교사는 가정교과 내용 영역에 대해 통합적으로 이해한다. 4.2. 가정과 교사는 가정교과의 기반이 되는 학문의 핵심 개념과 원리, 개념들의 관계, 탐구 방식을 이해한다. 4.3. 가정과 교사는 가정교과와 기반 학문의 최신 동향을 알고 최신 지식을 지속적으로 탐구한다.
교육과정 개발·운영	5. 가정과 교사는 가정교과, 학생, 교육 특성에 적절한 교육과정을 개발 운영한다.	5.1. 가정과 교사는 국가 수준 교육과정을 학생과 교육환경에 적합하게 재구성한다. 5.2. 가정과 교사는 국가 수준 교육과정에서 명시한 가정교과 성격에 부합할 수 있는 교육을 실행할 수 있도록 학교교육과정을 편성한다. 5.3. 가정과 교사는 학교 및 교사 교육과정 연구 및 자료를 개발하여 운영한다.
수업 계획·운영	6. 가정과 교사는 수업을 효과적으로 계획하고 운영한다.	6.1. 가정과 교사는 교육목표와 학생 수준에 적합한 수업을 계획한다. 6.2. 가정과 교사는 창의력, 비판적 사고, 문제해결력을 촉진하는 다양한 수업 방법과 자료를 활용한다. 6.3. 가정과 교사는 실험·실습 수업을 체계적으로 계획하고 운영한다.

(계속)

영역(대범주)	표시과목별 자격 기준	세부자격 기준
학습자원 관리	7. 가정과 교사는 가정교과와 관련한 학습 자원을 효과적으로 관리한다.	7.1. 가정과 교사는 가정교과 실험 실습실(가정실)을 수업을 위해 확보하고 안전하게 관리한다. 7.2. 가정과 교사는 학습 자원을 효과적으로 관리하고 운영한다. 7.3. 가정과 교사는 가정교과와 관련한 예산 편성 및 확보에 적극 참여한다.
학생 및 수업 평가	8. 가정과 교사는 학생들의 학습을 적절하게 평가하고 학습지원과 수업개선에 반영한다.	8.1. 가정과 교사는 평가 목적에 적합한 방법으로 학생의 학습 성과를 평가한다. 8.2. 가정과 교사는 평가 결과를 학습 지원과 수업 개선에 반영한다. 8.3. 가정과 교사는 평가 과정과 결과를 반성하고 개선한다.
학습 환경 조성	9. 가정과 교사는 학습을 지원하는 환경과 문화를 조성한다.	9.1. 가정과 교사는 학생의 자율적 문제해결과 의사 결정을 지원한다. 9.2. 가정과 교사는 서로 존중하고 신뢰하는 학교 문화를 조성한다. 9.3. 가정과 교사는 학습 환경의 시설과 자원을 지속적으로 개선한다.
지역사회와의 연계	10. 가정과 교사는 지역사회와의 연계 협력관계를 구축한다.	10.1. 가정과 교사는 지역사회의 자원과 교육 목표를 연계하여 활용한다. 10.2. 가정과 교사는 학부모와 지역사회 인사의 참여와 협력을 유도한다. 10.3. 가정과 교사는 지역사회와의 상호작용을 통해 교육 및 문화 활동을 지원한다.
전문성 개발	11. 가정과 교사는 평생학습자로서 교사의 전문성 개발을 위해 지속적으로 노력한다.	11.1. 가정과 교사는 교내외 연수 프로그램과 연구 활동에 적극 참여한다. 11.2. 가정과 교사는 학회 및 교과연구회에 참여하여 전문성을 발전시킨다. 11.3. 가정과 교사는 동료 교원의 역량 강화를 위한 재교육 활동에 기여한다.

출처: 한국가정과교육학회·한국교육과정평가원(2008).

3) 예비 가정과교사의 교육 실습

교육 실습은 실습 전, 실습 중, 실습 후의 단계로 이루어지며 다음의 내용을 알고 준비해야 한다. 교실 친화적 교사는 교육 현장에서 필요로 하는 교사의 상을 대표하는 개념으로서, 교실로 대변되는 학교교육의 기본적 장에서 바람직한 교육 활동을 수행할 수 있는 전문적 능력을 지니고 이를 실행하는 교사라고 정의할 수 있다(최돈형, 2009). 이 정의에 따르면, 교실 친화적 교사는 학교교육의 현장에서 교육 본연의 가치와 원리에 부합하는 교육 활동을 효과적으로 수행할 수 있는 교사이다. 이러한 교사에게는 바른 교육관과 교직 태도가 요청되고, 교과 수업, 생활지도, 학습

표 6-2 가정과교사 양성을 위한 교육 실습의 단계에 따른 내용

단계	내용	
실습 전	실습 전 교육 (오리엔테이션)	• 가정과교육 실습의 목적과 의의 • 가정과교육 실습생으로서의 자세 • 교육 실습 기간 중의 내용과 방법, 전반적 유의 사항
	준비 사항	• 교육 실습 학교 선택 • 실습 전 교육의 숙지 • 가정과교사로서의 사명 확인 • 교육 실습 기간 중의 목표를 세우고 해야 할 일 계획 • 교수-학습 지도안 작성과 수업 실기 연습 • 실습 준비물 챙기기: 실내화, 개인 컵, 옷, 필기구 등 • 지도 교사와 통화 인사 • 학과 교수들과 인사
실습 기간	• 학급 운영: 조회, 종례 준비 운영 및 학생들과 상담, 청소 감독, 각종 행사 참가 • 참관 실습: 수업 직접 관찰하기, 일지 기록 • 수업 실습: 지속적 수업 준비, 교수-학습 지도안 작성 후 결재, 협의록 및 회의록 작성 • 실무 실습: 실무 정의하고 실무 능력 배우기 • 교육 실습 관련 제반 서류 준비 제출, 실습 일지 작성 • 학생과 지도 교사와 상호 작용을 활발하게 하기 • 학교 교장, 교감, 지도 교사, 학생들에게 인사 잘하기 • 교생들을 위한 장소 청결 유지: 실습 기간 동안 스스로를 위한 성찰 일기 작성	
실습 후	• 교육 실습 일지 정리 및 제출 • 실습 평가회 참여 - 참여 발표 - 다른 학교의 경험 공유 및 논의 • 실습에 대한 평가 후에 실습에 필요한 부분에 대해 지도 교수나 학교에 요청 • 교육 실습 전반에 대한 자기 반성과 이후 교실 친화적 가정과교사로 전문성을 갖추기 위한 행동 계획 수립	

경영, 현장 연구, 특활지도, 자기 개발 등에 필요한 전문적 지식과 기술이 요구된다. 이러한 지식과 기술이 교육의 장면에서 유효하게 작동할 수 있는 능력을 구비하고 확신감을 가지고 실천할 수 있는 교사가 교실 친화적 교사라 할 수 있다(최돈형 외, 2010). 표 6-2는 교실 친화적 가정과교사 양성을 위한 교육 실습의 단계를 제시하고 있다.

교실 친화적 가정과교사

교실 친화적 교사는 학교 안팎의 교육의 장에서 교육에 대한 가치와 원리에 맞는 수업을 효과적으로 수행할 뿐 아니라 생활지도, 학급 경영, 현장 연구 등 자기 개발을 하며, 성숙한 교직 품성을 지니고 전문적으로 실천하는 교사라고 말할 수 있다.

교실 친화적 교사는 수업을 할 때 학생의 요구를 파악하고, 구성주의적인 수업 방식에 입각하여 지식을 가르치지만, 지식이 가지고 있는 의미와 그 지식을 습득하는 방법을 알 수 있게 하며, 학생들이 지식을 이해할 뿐 아니라 실천하게 한다. 이를 위해서 수업은 교사 중심에서 과감히 벗어나 학생 중심으로 해야 하며, 이러한 점을 생각할 때 교실 친화적 교사는 지식의 전달자가 아니라 학습의 안내자 역할을 해야 한다. 이돈희(2002)도 교직 전문성을 갖춘 교사는 수업을 행할 때 학습자가 이해할 수 있게 수업의 내용을 재구성하여 학습자가 새로운 세계를 보고, 삶의 의미를 재해석하고 실천할 수 있게 해야 한다고 언급하였다.

최돈형(2008)은 교실 친화적 교사의 능력을 교실 활동 능력, 자기 개발 능력, 그리고 교직 품성의 세 범주로 나누어서 각 범주에 따른 주요 능력 요소를 상세하게 제시하였다(아래 표 참조). 여기서 교실 활동 능력은 수업 능력과 생활지도 및 학급 경영 능력을 포함한다. 교실 친화적 교사는 교실 활동 능력 외에 인간을 사랑하고 학습자를 위해서 자신을 헌신하겠다는 교직 품성을 지니고, 지속적으로 자기 개발을 하여 교육 현장에서 전문적으로 학습자를 위해서 헌신하는 삶을 실천하는 교사라고 말할 수 있다.

교실 친화적 교사의 능력 요소

범주	주요 능력 요소		
교실 활동 능력	수업 능력	• 교과 내용 지식 • 교수-학습 이론 • 교수학적 내용 지식(PCK)* • 교육과정 이해 능력 • 교육과정 개발 능력 • 교과서 분석 및 재구성 능력 • 수업 활동 설계 능력	• 수업 활동 전개 능력 • 수업 활동 평가 능력 • 학습자 이해 능력 • 언어적 표현 능력 • 교수-학습 자료 제작 및 활용 능력 • 매체 활동 능력
	생활지도 및 학급 경영 능력	• 학급 관리 실무 능력 • 의사소통 능력 • 학생 요구 분석 능력 • 상황 이해 및 대처 능력	• 의사 결정 능력 • 대외 협력 능력 • 학생 특성 이해 능력 • 학생 관리 능력

(계속)

범주	주요 능력 요소	
자기 개발 능력	• 자기 주도적 학습 능력 • 반성적 성찰 능력	• 실행 연구 능력 • 정보 관리 능력
교직 품성	• 인간애 • 교육 공동체 의식 • 학습자 정신	• 교직에 대한 헌신 • 학생 인권 의식 • 교육적 감수성

* 교수학적 내용 지식(PCK, Pedagogical Content Knowledge): 교사가 지식을 변환하여 학습자가 이해하기 쉽고 교과를 통해서 세계를 보고 삶의 의미를 가질 수 있게 하는 데 요구되는 모든 지식을 의미한다(유난숙, 2009).

출처: 강현석·이자현(2006).

2. 가정과교사의 역할과 자질

교육은 인간생활에서 가장 중요한 활동 중의 하나이다. 인간은 요람에서 무덤까지 서로 가르치고 스스로 배우면서 성장한다. 사회는 교육을 통하여 통합을 이루고 발전한다. 이런 막중한 역사적 사명을 지니고 있는 교육에서 무엇보다도 가장 핵심적인 역할을 담당하는 것은 교사이다. 교원의 자질과 능력은 교육의 질과 성패에 영향을 미치는 가장 중요한 요소이다.

우수한 교사란 무엇인가에 대한 의견은 다양하며, 과거에 비해 교사들이 담당해야 하는 영역이 많이 확장되면서, 사회는 교사에게 슈퍼맨이 되기를 강요하고 있다. 그러나 아무리 변해도 "교사는 교단에서 승부한다" 또는 "수업 활동은 교원의 생명이다"라는 말처럼 변하지 않는 사실은 교사는 '가르치는 사람'이라는 것이다. 아직도 유능한 교사는 수업을 잘하는 교사로 통한다. 따라서 자신이 맡은 교과에 대해 올바른 가치관을 확립하고 전문적인 지식과 교육 방법을 터득하는 것은 교사에게는 기본적이며 필수적인 자질이다. "교사는 수업으로 승부한다"는 말은 평범한 듯하지만 이보다 더 교사의 본질을 적절히 표현하는 말은 없을 것이다(신영철, 2003).

1) 가정과교사의 역할

역할이란 사회의 어떤 지위에 있는 사람에게 사회 구성원으로부터 공통적으로 기대하는 행동의 유형을 말한다. 역할의 세 요소에는 ① 신분적 지위, ② 지위에 관련된 행동 유형, ③ 기대되는 직업적 활동이 있다.

가정과교사의 역할은 학습지도자의 역할, 상담자와 생활지도자의 역할, 학교에 근무하는 직업인의 역할, 전문적 수행자의 역할로 구분된다. 가정교과의 발전 및 학생들에게 흥미와 관심 있는 학습을 시키기 위해서 연수나 강습에 참가해 새로운 지식과 기술을 습득하도록 노력하여 자질을 향상시켜야 한다. 특히, 학회나 연구 단체 등에서 실시하는 학술적 모임에 관심을 갖고 참여하는 것이 필요하다. 가정과교사는 뚜렷한 교직관 · 교육관을 가져야 하며, 교육을 실천에 옮기려는 의지를 갖는 것 또한 중요하다. 변화하는 시대에 대처해서 교육할 수 있는 능력을 갖추어야 하며, 생활이나 환경에서 생기는 문제를 능동적으로 해결할 수 있는 방법을 창의적으로 지도할 수 있는 능력과, 인간과 가정의 중요성을 몸소 실천하는 생활을 해야 한다(이연숙, 2010).

또한, 가정과교사는 가정과교육의 최근 동향을 새로이 접하는 것도 매우 중요하다. 그러나 맹목적으로 새것을 찾는 태도는 위험하며, 스스로 새것을 비판적으로 받아들일 수 있는 능력을 개발하는 것이 더욱 중요하다. 특히, 가정과교사가 평생 연수를 받을 수 있는 여건이 아니므로 그 당시 무엇이 새로운 동향인지에 대해 스스로 정보를 찾고 스스로 새로운 지도 방법의 현장 연구를 지속적으로 해 나가야 한다. 이와 관련하여 가정과교사의 역할과 자질에 대한 연구를 살펴보면, 가정과교사에게는 가정교과에 대한 폭넓은 지식, 가정교과에 대한 교수 능력, 가정교과 관련 교재 개발 능력, 실험 · 실습실 준비 및 관리 능력, 실생활과 관련된 실기지도 능력, 학습과 수업에 대한 평가 능력, 학생의 생활지도 능력, 학급 관리와 운영 능력, 가정교과에 대한 애정, 자기 개발을 위한 계속적인 노력과 연구의 자세 등이 요구된다(김성교, 2007).

김유정(2005)은 일련의 선행 연구를 종합하여 가정과교사에게는 가정과교육에 대한 확실한 신념과 철학, 가정과교과에 대한 충분한 이해와 능력, 가정과교수방법 및 평가에 대한 이해와 기술, 통찰력, 창의력, 자신감 등의 자질이 요구된다고 요약하였다. 박미정(2006)은 '가정과교육의 미래 발전 전략 탐색'에서 가정과교사의 임파워먼트에 대한 요구가 가장 큰 것은 영향력 영역[1]이고, 두 번째로 높은 영역은 수업 운영 능력이라고 밝혔다. 가정과교사들은 학생들의 흥미를 유발할 수 있도록 가정과 수업을 구성하고, 가정과 수업에 필요한 전문적인 지식과 교수 능

1 박미정(2006)은 영향력 요인을 다양한 지역사회 활동에 참여하여 가정과교육의 긍정적 이미지를 강화하는 것, 가정과교육의 정치적 역량을 키우는 일에 참여하는 것, 가정학 각 분야의 내용을 가정과교육으로 통합하기 위해 노력하는 것으로 보았다.

력을 갖추어 학생들의 가정과교육에 대한 인식을 긍정적으로 변화시키는 것을 요구하고 있는데, 이는 학생 앞에서 전문가로서 당당하고 싶은 가정과교사의 욕구가 표현된 것으로 해석하고 있다.

또한, 가정과교사의 역할 수행 실태 연구를 종합해 보면, 가정과교사는 학교에서 수행하는 여러 역할 중 가정교과 교수-학습지도에 많은 시간과 노력을 투자하는 것으로 나타났다. 이를 통해 교수-학습지도 능력에 대한 중요도는 높게 인식하고 있으나, 가정과수업 개선을 위한 노력과 전문성 향상을 위한 노력 정도는 그리 높지 않음을 알 수 있다(장명희, 2001).

이상의 연구를 종합하면, 교과와 관련하여 가정과교사에게 필요한 역할과 자질은 가정과교육에 대한 신념과 철학, 가정과 수업의 운영 능력이라고 요약할 수 있다.

2) 가정과교사의 자질

교사의 자질은 "교사에게 요구되는 교육 수준, 경험 수준, 신체적 · 사회적 · 정신적 특성 등"을 말한다. 여기에는 교사의 직무 수행에 필요한 담당 교과에 대한 지식, 교육방법에 관한 지식, 그리고 교사로서의 모범된 인성 등이 포함된다. 교사의 자질과 밀접하게 관련된 용어로 교사 효율성, 교수 행위 등을 들 수 있다. 교사 효율성(teacher effectiveness)은 교사가 이루는 결과, 즉 학생이 어떤 특정한 교육 목표를 향해 전진한 정도를 말한다. 이 정의에서 말하는 교사의 성공적인 교육 목표 도달 능력은 바로 학교교육에서 요구되는 교사의 자질이라고 볼 수 있다. 교수 행위(teacher performance)는 교사가 학생을 가르칠 때의 교사 행동을 말한다. 교사 효율성은 교사가 맡은 학생의 행동에 의해서 정의되는 반면, 교사의 교수 행위는 교사의 행동에 의해서 정의된다. 교사의 교수 행위는 교사의 자질과 교수 상황의 상호 작용 결과라는 점에서 교사 자질과 관련된다. 교사의 자질은 교사가 어떤 상황에서 다른 상황으로 옮길 때에도 비교적 변하지 않는 안정된 특성이라는 점에서 교사 효율성이나 교수 행위와 다르나, 교사 효율성이 측정되는 근거로 이용되어 왔다는 점에서 교사의 교수 행위와 비슷하다(박선기, 2010).

가정과교사에게 요구되는 자질을 살펴본 연구에서, 김유정(2005)은 가정과교사에게 요구되는 자질을 교육 및 가정학 철학에 기초하여 일관성 있는 전문가로서의 신념을 형성할 수 있는 사람, 이러한 신념을 교육 현장에 연결하는 자질, 윤리적이고 전문인으로서의 행동을 하는 자질, 개인과 가족의 복지에 영향을 미치는 사회적 행동을 평가하는 자질, 지속적으로 개인과 전문인으로서의 성장을 위한 책임을 갖게 되는 자질, 가정학 분야에서 전문가로서 활동할 수 있는 자질, 가정학 교육의 전문가의 모든 역할을 충족시킬 수 있는 능력을 보이는 자질로 구분하였다. 또한 아이오와주립대학교의 가정교육과에서는 가정과교사에게 요구되는 자질로 가정과교육의 철학 정립, 가정과교육에서의 전문가 역할 인식 및 수행, 가정과교육을 위한 프로그램 계획, 가정과교육에서의 교육과정 수행, 가정과교육에 대한 연구 결과 적용 등을 제시하고 있다(이연숙, 2006). 이같이 교사의 일반적인 자질을 제외한 가정과교사에게 요구되는 자질은 가정과교육에 대한 확실한 신념과 철학의 소유, 가정과 교과에 대한 충분한 이해와 능력, 가정과교수방법 및 평가에 대한 이해와 기술 등과 통찰력, 창의력, 자신감 등으로 요약된다.

또 다른 연구에서 가정과교사는 ① 가정 및 사회생활에 대한 통찰력 ② 창조성 ③ 자신감 ④ 가정교과 내용의 폭넓은 이해와 지도 ⑤ 자질 향상을 위한 노력 ⑥ 수업 내용을 일상생활에 살리도록 노력 ⑦ 생활에 관심을 가지고 실천하는 능력 ⑧ 생활을 과학화하는 마음 '왜' ⑨ 풍부한 마음과 실천력을 가질 것을 주장하였다(성화경, 1997).

또한 교사의 효과적인 수업 행동 연구(류재수, 2007)를 바탕으로, 좋은 가정과교사의 자질에 대해 다음과 같이 주장하고 있다. 첫째, 도덕적 · 사회적으로 책임 있는 교육을 감당할 수 있도록 사명감이 투철해야 하며, 학습자를 존중하고 돌보며, 사람의 고통에 민감하고 열정적이며 이타적인 마음을 가져야 한다. 둘째, 가정을 정의로운 사회를 이루기 위한 사회 변화의 주체 집단으로 만들기 위해 민주시민교육을 할 수 있어야 하며, 사회 전반의 문제를 파악 및 통찰하며, 이를 교육을 통해 해결할 방안을 모색할 수 있어야 한다. 셋째, 기술적 · 의사소통적 · 해방적 인식과 행동 체계를 강화하기 위한 자기 개발 노력을 지속적으로 해야 하며, 이론과 실천을 연결하는 지식을 갖추고 있어야 한다. 또한, 교육과정이나 교과서, 수업 내용을 재구성할 수 있는 능력 또한 필요한 자질이다. 마지막으로, 학생들이 경험하는 세상 그 이상의 세계를 볼 수 있는 안목과 통찰력을 가져야 할 것을 강조하고 있다(김성교 · 왕석순, 2011).

유태명 외(2019)는 가정과교육의 미래 비전과 사명을 제시하면서 이를 성취하기 위해서는 개인과 가족의 근본적 요구를 이해하고 실천적 관심사에 주목할 것을 제시하고 있다. 또한 다양한 학문적 지식과 기능을 통합하여 다학문적 접근 방식을 통해 문제를 해결하는 능력을 기르는 것이 필요한데, 가정학 리터러시를 함양하는 것은 이러한 목표를 달성하기 위한 중요한 요소라고 제언하고 있다.

이 같은 연구에서와 같이 다른 모든 여건이 아무리 잘 갖추어지더라도 교사의 자질이 부족하면 교육의 질적 향상은 기대하기 어렵다. 그만큼 교사의 자질이 학생들의 인지적 · 정의적 · 신체적 성장에 직접적인 영향을 미치기 때문이다. 전문직으로서 교직을 수행하는 교사는 그 역할 수행에 필요한 기본 자질을 갖추어야 하며, 따라서 교사 양성 기관에서는 유능하고 자질 있는 교사 양성을 위해서 이를 위한 체계적이고 효율적인 양성 교육이 이루어져야 한다.

가정과 초임 교사가 안정적으로 교직에 적응하고 성공적으로 자신의 직무를 수행하는 데 필요한 역량을 알아본 결과는 표 6-3과 같다. '가정과 초임 교사 역량 모델'은 총 4개의 역량군과 22개의 역량 및 역량 정의로 구성되어 있다(감경원 · 박미정, 2020a).

표 6-3 가정과 초임 교사 역량 모델

역량군	역량	정의
교수·평가 역량군	수업 설계 역량*	학생의 수준과 요구, 수업 목표에 적절한 교수-학습 방법과 평가 계획을 고려하여 자신만의 수업을 창의적으로 설계하는 역량
	수업 실행 역량*	학생 및 학급, 교육 환경에 적절한 교수 전략을 활용하고, 학생과의 상호작용을 통해 수업 목표를 효과적으로 달성하는 역량
	자료 개발 및 활용 역량*	다양하고 새로운 교육 매체의 활용 기능을 습득하고, 교과 내용과 학생의 수준, 학습 환경에 적합한 자료를 개발하여 활용하는 역량
	교육과정 운영 역량*	교육과정 문해력과 교과 내용 지식을 바탕으로 가정교과와 학생, 교육 환경의 특성에 적합하게 교육과정을 재구성하여 운영하는 역량
	학습 지원 역량*	가정교과에 대한 학습자의 요구나 흥미를 파악하여 학습 동기를 유발하고, 맞춤형 수업과 평가 결과를 활용한 피드백 제공을 통해 학생들의 학습을 지원하는 역량
	학생 평가 역량*	다양한 평가 방법 및 평가 도구에 대한 이해를 바탕으로 평가의 목적과 내용에 적합한 평가 계획을 수립하고, 학습 과정과 결과를 공정하게 평가할 수 있는 역량
	실험·실습 운영 역량	수업의 목표와 학생의 수준, 요구, 안전을 고려하여 실험·실습을 계획하고, 가정교과의 실험·실습 관련 시설 및 예산을 효율적으로 운영하는 역량

(계속)

역량군	역량	정의
학생 지도 역량군	학생 이해 역량	학생의 발달 단계별 특성과 학생을 둘러싸고 있는 환경 및 문화를 이해하여 학생의 행동이나 감정에 공감할 수 있는 역량
	학급 운영 역량	학급에 대한 책임감과 합리적인 기준을 가지고 지속적이고 공정한 자세로 학생들을 대하며, 민주적인 학급 분위기와 공동체 문화를 조성하는 역량
	생활지도 역량	모범적이고 실천적인 행동을 바탕으로 학생의 안전한 학교생활과 건강한 성장 발달 및 교우 관계를 효과적으로 지도하는 역량
	상담 역량	학생에 대한 이해와 공감을 바탕으로 상담에 관한 전문적인 지식과 기술을 활용하여 학생 개개인의 특성과 요구에 맞게 상담하는 역량
	진로지도 역량	학생의 소질 및 적성, 장래 희망과 미래 사회의 직업 변화를 파악하여 적절한 정보 제공을 통해 학생들의 진로 설계를 효과적으로 지원하는 역량
교육 공동체 참여 역량군	의사소통 역량	상대방의 의사를 존중하고 경청하며, 자신의 의견을 상대방에게 정확하게 전달함으로써 학생, 학부모, 동료 교원과 원활하게 소통하는 역량
	협업 역량	동료 교원에게 적절한 방법으로 도움을 요청할 수 있고, 개방적이고 협력적인 자세로 주어진 일을 함께 해결하는 역량
	학습 공동체 역량	교내외 학습 공동체에 지속적·적극적으로 참여하여 다양한 경험과 자료를 나누고, 서로에 대한 공감과 지지를 바탕으로 학습 공동체의 발전을 위해 노력하는 역량
	교직 실무 역량	학교 조직 및 행정 체계를 이해하여 자신이 담당한 업무를 정확하고 효율적으로 처리하는 역량
교직 생애 관리 역량군	자기 개발 역량	가정과교사로서의 전문성 개발을 위해 열정을 가지고 끊임없이 성찰하고 도전하여 자신을 성장시켜 나가는 역량
	관계 형성 역량	학생, 동료 교원, 학부모와 긍정적인 관계를 형성하여 다양한 관계 속에서 원만하게 상호 작용할 수 있는 역량
	교직 인성 역량	교원이 지녀야 할 기본 품성과 교육에 대한 바람직한 가치관 및 가정과교육에 대한 사명감을 가지고 이를 실천하는 역량
	자기 관리 역량*	스트레스를 효과적으로 관리하고 신체적·정신적 건강을 유지하며, 교직생활에 대한 자신감과 효능감을 가지고 생활하는 역량
	문제해결 역량	수업, 생활지도, 학급 운영 등 다양한 상황에서 마주하게 되는 문제 상황들을 회피하거나 두려워하지 않고 적극적으로 해결하는 역량
	변화 대응 역량	교육 환경 및 정책의 변화 방향을 신속하게 파악하고, 아이디어나 대안을 모색하여 새로운 상황에 유연하게 대응하는 역량

* 최우선 역량

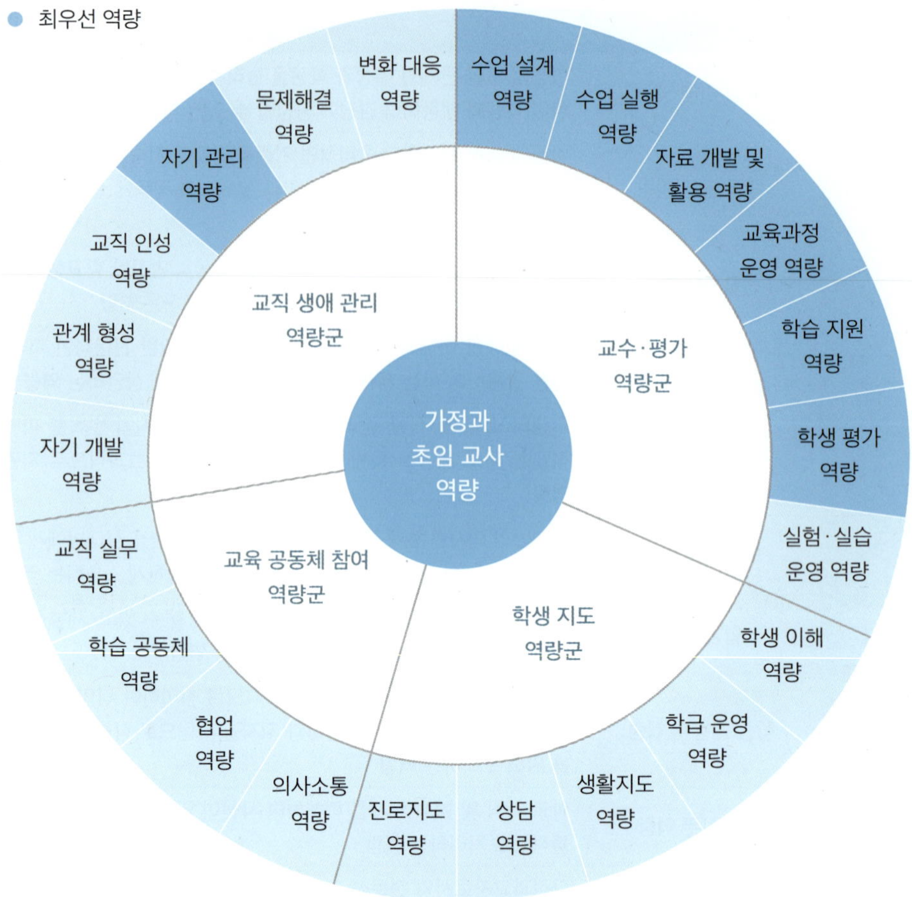

그림 6-1 가정과 초임 교사 역량

앞의 역량 모델을 한눈에 확인할 수 있도록 도식화하면 그림 6-1과 같다. 이들 여러 역량들 가운데 최우선 역량으로 꼽히는 것이 자기 관리, 수업 설계, 수업 실행, 자료 개발 및 활용, 교육과정 운영, 학습 지원, 학생 평가 역량인 것으로 나타났다.

3. 가정과교사의 장학

최근 장학이라는 용어 대신 수업 컨설팅(consulting)이라는 용어가 많이 사용되고 있다. 장학이 주로 손윗사람(교장, 교감, 장학사, 부장교사 등)이 손아랫사람을 지도하는 일로 인식되고 있다면, 컨설팅은 명칭 그대로 지도보다는 상담을 해주는 것으로, 전문 상담자와 교사가 더 평등하면서 상호 작용적인 관계를 맺는 것을 전제로 할 때 쓰인다. 즉, 위에서 지시하고 명령하던 장학과 달리, 수업 컨설팅은 수업에 대한 문제 해결이나 도움을 필요로 하는 교사가 자발적으로 의뢰인이 되어 동등한 위치에 있는(수업 전문성이 있는) 다른 교사에게 도움을 요청하여 서로 수업에 대한 문제 해결을 할 수 있는 자발적이고 자율적인 과정이라 할 수 있다.

컨설팅의 개념은 2009년부터 학교, 교사, 학생이 당면한 교육 문제를 체계적으로 해결할 수 있도록 여러 교육 전문가들이 도와준다는 목적으로 본격적으로 도입되었다. 오늘날 학교 현장에서는 교사의 수업 전문성을 향상시키는 데 주력하고 있으므로 교수-학습 능력 향상을 목적으로 하는 수업 컨설팅의 중요성이 더욱 강조될 것으로 전망된다(소연희, 2020). 이 절에서는 전통적인 장학의 개념과 유형에 대해 살펴보고자 한다.

1) 장학의 개념

교육의 질 향상을 위해 노력하면서 장학에 대한 관심이 집중되었지만 아직도 장학의 개념은 명확히 형성되지 못하였다. 장학의 개념은 장학에 대한 접근 방식 및 강조점의 차이 등으로 인하여 다양한 의견이 제시되고 있으며, 학자들은 우리의 실정에 맞는 장학의 개념 정립을 위해 노력해 오고 있다.

장학(奬學)이란 글자 그대로의 의미를 살펴보면 "공부나 학문을 장려한다"는 뜻이다. 영어로는 'supervision'이며 'super'와 'vision'의 합성어로, "우수한 사람이 위에서 감시한다"는 뜻이다. 이는 학생들의 학습을 돕기 위해 수업 과정에 직접적으로 영향을 주는 방식으로 학교를 경영해 나가거나 변혁을 가져올 수 있도록 인적 · 물적 요소를 다루는 일로 정의될 수 있다. 따라서 장학의 목적은 교육의 통제보다는 조성과 지원을 통해 교수-학습의 성과를 극대화하는 데 있다.

김정한(2003)은 장학을 한 가지로 정의 내리기를 유보하고 대신 법규적 · 기능적 · 이념적 측면에서 다원적으로 접근하고 있다. 먼저 법규적 측면에서 장학은 현행 교육부 직제에 의해 교육 활동의 제반 영역에 걸쳐 계선 조직의 장학 활동에 대한 전문적 · 기술적 조언을 통한 참모 활동으로 정의된다. 기능적 측면에서의 장학은 교사의 전문적 성장, 교육 운영의 합리화 및 학생의 학습 환경 개선을 위한 전문적 · 기술적 보조 활동으로 정의된다. 이러한 성격의 장학은 행정 중심의 장학과 달리 교육 측면에 활동이 집중되나, 그 활동의 범위는 교사의 수업 개선에 한정하지 않고 학교교육 활동 전반에 이른다. 이념적 측면에서 장학은 교수의 개선을 위하여 제공되는 지도와 조언 활동으로 정의된다. 결국 교육에서 가장 근본적인 '가르치고 배우는' 작용을 중심으로 볼 때 이념적 접근이 가장 밀접하고 가까우며, 다음이 기능적 접근, 법규적 접근의 순서인 것을 알 수 있다.

표 6-4 장학의 다양한 관점에 따른 개념

구분	장학의 주 개념	저자(연도)
행정	• 장학을 교육 행정의 일부 또는 행정의 연장선으로 정의 • 최근에는 장학과 행정을 구분하려는 경향이 뚜렷하고 행정보다도 장학을 더 강조	• Burton & Brueckner(1955) • Harris & Bessent(1969) • Eye, Netzer & Krey(1971) • 김종철(법규적 접근, 1982) • 강영삼(1994)
경영	• 1970년대 미국에서 학교를 하나의 생산 체제로 보고 장학을 경영적 측면으로 정의	• Alfonso, Firth & Neville(1981)
인간관계	• 장학에서 민주 장학과 협동 장학을 중요하게 여겨 인간관계를 강조하며, 장학 담당자의 교육 환경에 있는 모든 사람과 함께 일하는 역할 중시	• Wiles(1967) • Wiles & Lovell(1975) • Sergiobanni & Starratt(1979) • Blumberg(1980) • ASCD(1982) • 김종철(기능적 접근, 1982)
교육과정	• 장학이 교육과정과 수업에 밀착되어 나타났으며 장학을 교육과정 개발로 보는 입장으로, 1960년대 강하게 나타남	• Curtin(1964) • Cogan(1973) • 김종철(기능적 접근, 1982)
수업	• 장학의 핵심 또는 본질에 가장 가까운 정의로 수업을 향상시키는 것을 장학으로 정의 • 수업을 향상시키지 못하는 장학은 무의미	• 백현기(1964) • ASCD(1965) • Marks, Stoops & King Stoops(1978) • 김종철(이념적 접근, 1982)
지도성	• 장학을 독특한 지도성의 역할로 정의	• Mosher & Purple(1972) • Wiles & Bondi(1980) • Dull(1981) • Greenfield(1987)

출처: 주삼환 외(2015).

국내외 여러 학자들의 장학에 대한 개념 정의를 고찰해 볼 때, 장학은 행정, 경영, 인간관계, 교육과정, 수업, 지도성의 여섯 가지 측면에서 정의되고 있다. 이에 대한 내용을 살펴보면 표 6-4와 같다(주삼환 외, 2015).

강영삼(2007)은 장학의 의미가 교육 조직 내지는 교육 행정 조직 내의 장학 담당자들의 업무를 어떤 입장에서 어떻게 지각하느냐에 따라 다르게 개념화될 수 있음을 지적하며, 장학을 참모 활동 중심의 장학(문교 장학), 계선 활동 중심의 장학(학무 장학), 학교 수업 활동 중심의 장학(수업 장학), 학급 수업 활동 중심의 장학(임상 장학)으로 나누었다.

주삼환(2003)에 의하면 알폰소, 퍼스와 네빌(Alfonso, Firth & Neville, 1981)은 "장학 담당자에게는 일의 과정을 지시하고 안내하는 책임이 있다. 결과적으로 기술적 생산 체제가 되었든 인간봉사 체제가 되었든 조직 내 일의 체제는 장학 담당자의 역할을 결정하는 가장 의미 있는 결정인자이다."라고 하여 장학을 조직 경영의 측면에서 다루고 학교를 하나의 생산 체제로 보고 있다. 1982년 미국 장학 및 교육과정개발학회(ASCD)도 "장학 담당자는 다른 직원의 직무 수행을 개선하도록 도와주는 모든 사람을 일컫는다."고 하여 장학을 넓은 의미의 인간관계로 정의하고 있다. 세르지오바니와 스타렛(Sergiovanni & Starratt, 2008)은 인간 자원론의 관점에서 '인간 자원장학(human resource supervision)'이라는 용어를 만들어 냈는데, 이는 교사가 가지고 있는 능력을 최대한 발휘하게 하여, 즉 교사의 자아실현을 도와주어 행복하게 해주자는 철학에 장학의 바탕을 두고 있다.

장학이 무엇인지에 대해 학자들마다 접근법과 강조점이 다를 뿐, 수업을 향상시키고 개선해야 한다는 데는 이견이 없는 것 같다. 장학의 개념은 다양하지만 장학의 궁극적 목적은 수업 개선이며, 수업의 주요소인 '교사', '교육과정', '학습 환경'에 변화를 주어 궁극적으로 '학습'을 변화(개선)시켜 학생의 학습 행위에 변화를 일으키는 것이라고 할 수 있다.

장학의 개념에 대한 여러 가지 의견을 종합하면, 장학은 주로 교원을 대상으로 하여 교육 활동의 개선을 위하여 이루어지는 제반 지도 · 조언 활동을 의미한다고 볼 수 있다(이윤식, 2019).

장학과 관련된 다양한 용어 정리

- 멘토링(mentoring): 멘토링은 동료 장학의 한 형태이다. 멘토는 대부분의 경우 신임이거나 새로 전입된 또 다른 교사를 개인지도, 교육 또는 안내하도록 위탁한 사람(대부분의 경우, 또 다른 교사)이다. 멘토링의 목적은 신임 교사가 자신의 역할을 성공적으로 배우고, 교사로서의 자신의 이미지를 확립하고, 학교와 그 문화를 이해하고, 실제 교실에서 교육하는 법을 이해하며, 자신에게 중요한 목표를 달성하도록 돕는 것이다.
- 피어 코칭(peer coaching): 피어 코칭은 멘토링과 유사한 개념으로, 교실 및 학교 내 장학을 묘사하기 위해 사용된 용어이다. 동료 교사에 의한 실질적 지원이 거의 매일 제공되기에 매우 중요하며, 오늘날 교사는 가르치는 것과 자신의 교수를 향상시키는 것 사이의 구분이 사라져야 한다는 신념에 기초하고 있다.
- 수업 컨설팅: 수업 교사가 문제를 의뢰하면, 수업 전문성 기준과 수업 관찰이나 면담, 자료 등을 바탕으로 문제점을 확인하고, 수집된 객관적 자료를 분석하여 문제와 관련한 교사의 수행 기준을 진단한 후, 진단 결과에 대해 적절한 조언과 처방을 제공하는 일련의 문제해결 지원 과정을 말한다.

출처: 곽영순 외(2007).

2) 가정과교사의 역할을 위한 연수

교사를 대상으로 한 현직교육은 교직의 전문성 신장을 목적으로 교직에 관한 지식과 기술을 습득하게 하기 위해 현장의 교원들에게 실시되는 일련의 계속 교육을 말한다. 현직교육이 필요한 이유는 첫째, 사회가 변화하고 그 변화에 대처하기 위한 새로운 지식과 기술 개발의 필요성을 들 수 있다. 둘째, 전문직의 특성 중 계속적인 자기 성장을 이루기 위한 목적도 있다. 셋째, 교육과정의 개편이나 교육 내용의 수정 및 보완 사항을 보급하기 위해서도 필요하다. 마지막으로 교육의 상황 변화에 따라 교사의 특성도 변화되어야 하는 가변적인 속성이 있으므로 현직교육이 필요하다고 본다(정일환, 2008).

현직교육의 방법으로는 현직에 있는 교사가 재교육을 받는 방식에 학교 외형 연수(교원 연수 전담 기관에서의 연수, 교육대학원 포함)와 학교 내형 연수(교사 회의, 워크숍, 내부 강의 등), 그리고 자기 연수(독서, 교육 연구의 수행, 상급 학교에의 진학, 전문 학회의 가입 등)의 형태가 있다. 또한 중등학교 가정과교사를 위한 연수의 종류에는 자격 연수와 직무 연수가 있다. 대개 자격 연수는 신규 발령을 받은 2급 정교사가 3년 근무를 하고 나면 받을 수 있는 연수로, 연수를 받고 나면 1급 정교사 자격을 취득하게 된다.

직무 연수는 가정과교사가 현재 수행하고 있는 수업이나 평가, 학생 지도, 행정 업무 등의 직무를 효과적으로 수행할 수 있도록 전문성을 향상시키기 위해 실시하는 계획적이고 체계적인 연수 활동이다. 직무 연수는 개인적인 측면에서는 가정과교사의 교과 전문성과 교수 · 학습 역량을 지속적으로 향상시켜 직무 효능감과 직업 만족도를 높이고 직무에 대한 소진을 감소시켜 줄 수 있다. 국가적 측면에서는 국가 교육정책과 교육과정 개정 사항을 학교 현장에 안정적으로 안착시켜 공교육의 질과 국가 교육경쟁력을 강화할 수 있으며, 학생의 측면에서는 가정과 수업과 평가의 질을 향상시켜 학생의 학습 경험을 풍부하게 하고 삶의 질 향상에 기여할 수 있다. 가정과교사의 직무 연수 사례로는 2015 및 2022 개정 교육과정의 교육감 승인(고시외) 과목인 『식품안전과 건강』 지도교사 직무연수 등이 있다.

가정과교육과 관련된 연수가 발전하기 위해서는 수요자 중심의 다양한 연수 기회가 제공되고, 지역별 가정교과연구회와 단체 간의 통합 연수 체제가 마련되어야 하며, 창의적이고 다양한 교수-학습 사례를 발표하고 토론할 수 있는 연수 기회가 제공되어야 한다. 또한, 교과 내용별로 실제 수업에 적용할 수 있는 연수가 이루어져야 하며, 가정과교사들의 적극적인 연수 참여 의식이 필요하다(양지선, 2008).

교사의 성장은 연수를 받아 이루어지기보다는 교사 자신의 노력에 달려 있으므로, 교사는 교사로서의 자질을 스스로 배우고 발전해 나가야 한다. 교사는 일반적으로 교원 양성 교육을 마치고 임용된 후 대학원에 진학하는 것 외에 집중적인 교육을 받는 경우가 거의 없다. 물론, 자격 갱신을 위한 1급 정교사 자격 연수, 교감 자격 연수, 교장 자격 연수가 있지만, 연수 기간이 짧고, 연수 내용이 중복되는 경우가 많아 큰 효과를 기대하기는 어렵다. 교사로 임용되기 이전의 직전 교육만으로는 전문 교육과정이 다 끝났다고 볼 수 없으므로 계속적인 연구와 자기 발전의 노력이 필수적으로 이루어져야 하며, 이는 곧 자기 장학과 연결된다(남윤진, 2007).

다양한 선행 연구 결과와 「교육공무원법」[2]에서 볼 때 가정과 수업에서 교사 역할의 중요성에 대해 공감하고 있으며, 가정과 수업 개선을 위해 더 전문적인 노력이 지속적으로 이루어져야 함을 알 수 있다.

---

2 「교육공무원법」 제38조 제1항에 따르면 '교육공무원은 그 직책을 수행하기 위하여 끊임없이 연구와 수양에 힘써야 한다'라고 강제 규정으로 명문화해 두고 있다.

3) 장학의 유형

장학의 개념처럼 장학의 유형도 학자에 따라 다양하게 분류되는데 장학의 유형은 학교 운영의 일환으로서 교수-학습 과정을 유지 · 개선하기 위한 수업 장학, 교사의 수업 행동을 개선하여 학생의 학습을 향상시키려는 계획, 절차 및 전략으로서의 임상 장학, 둘 이상의 교사가 서로 수업을 관찰하고 상호 조언하고 토의함으로써 자신들의 전문적 성장을 위해 함께 연구하는 공식화된 과정으로서의 동료 장학, 장학 담당자의 지도 없이 자신의 전문성과 성장을 위하여 연구하는 과정으로서의 자기 장학, 장학 담당자가 비공식적으로 학교를 방문하여 학습을 순시하거나 수업을 관찰하여 교사들에게 지도 조언을 제공하는 확인 장학 등으로 구분할 수 있다(조병효, 2005).

그 외 글래트혼(Glatthorn, 1984)과 세르지오바니(Sergiovanni, 1988)의 견해를 종합해 보면, 교내 자율 장학의 기본 형태를 그림 6-2와 같이 수업 장학, 동료 장학, 자기 장학, 약식 장학, 자체 장학 등 모두 다섯 가지로 구분할 수 있다(변영계, 2008).

자율은 의무나 간섭, 지시, 통제에서 벗어나 자기가 결정하고 규제하고 통제해 나가는 것을

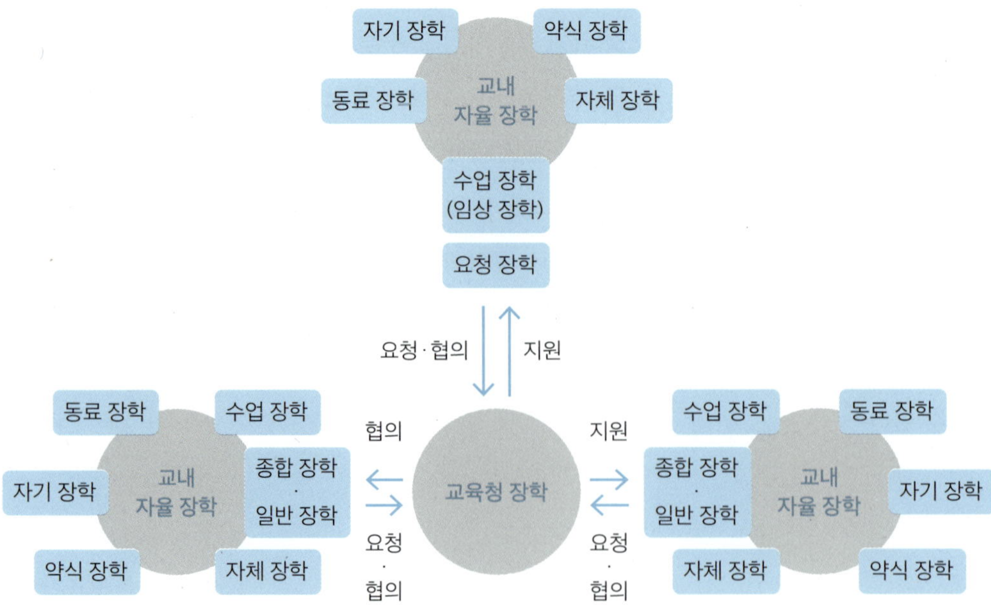

그림 6-2 자율 장학의 모형

출처: 이윤식(2019).

의미한다. 그러나 자율이란 용어 속에는 자기 마음대로 행동하는 것이 아니라 자기 스스로가 세운 규범에 따라서 자기 행동을 스스로 규제하고 자기 선택에 대한 응분의 책임도 스스로 진다는 뜻이 내포되어 있다.

'자율 장학'은 자율의 개념에 기초하여 볼 때 '원칙적으로 교육 행정 기관의 지시 없이 단위 학교에서 또는 인접한 학교들 간, 교원들 간에 교육 활동의 개선을 위하여 자율적으로 수행하는 장학 활동'으로, 학교를 중심으로 장학이 이루어져야 한다는 의미에서 수업 장학 혹은 교내 장학이라고도 한다. 교내 자율 장학은 '단위 학교에서 교육 활동의 개선을 위하여 자율적으로 교장과 교감을 중심으로 하여 전체 교직원들이 상호 이해하고 협력하며 서로 지도하고 조언하는 활동'이라고 볼 수 있다(이윤식, 2019).

장학의 본질에서 수업과 교육과정이 강조되면서 수업이 이루어지고 있는 교내, 교실 현장에서의 장학이 중시되고 있다. 이에 따라 상부 기관의 장학보다 교내 장학이 더 중요하다는 것을 느끼게 되었으며 또 분권과 참여, 자율의 물결과 함께 교내에서의 자율 장학이 더 중요하고 효과적이라는 것을 깨닫게 되었다(주삼환, 2003).

(1) 임상 장학

임상 장학(clinical supervision)은 전통적인 지시적 · 권위적인 장학에 반발하여 등장한 것으로, 상호 작용적이며, 민주적이고 교사 중심적인 장학을 말한다. 임상 장학은 교사들의 수업 개선에 초점을 두고 교사와의 직접적 상호 관계를 통하여 교수 기술과 전문성을 신장시켜 나가는 활동이다. 임상이란 말은 원래 '병리'라는 말을 함축하고 있으나, 장학에서는 교사와 장학자의 대면성과 교실에서 이루어지고 있는 교사의 실제 수업에 초점을 두고 있다는 뜻에서 임상이란 말을 사용한다. 그래서 처치적이거나 교정적이라는 뜻보다는 건전한 교사들의 발전적인 성장을 돕는다는 차원에서 사용된다.

임상 장학의 목적은 교사들의 내면적 능력을 신뢰하고 그들의 능력을 개발하여 교수 기술을 향상시키고, 전문적 성장을 유도하여 교사의 수업을 개선하려는 데 있다. 임상 장학은 절차가 복잡하고 시간과 노력의 투입이 많아서 장학자나 교사 모두에게 부담을 줄 수 있다. 또한 모든 교사가 그들의 교수에 대한 지도를 꼭 받아야 하는 것은 아니며, 임상적인 방법을 사용해야 효과를 거둘 수 있는 것도 아니다.

임상 장학의 과정을 5단계로 제시하면 다음과 같다.

1단계는 관찰 전 협의 과정, 2단계는 교실 관찰, 3단계는 분석과 전략의 탐색, 4단계는 장학 협의회, 그리고 마지막 5단계는 협의 후 분석 과정이다.

(2) 동료 장학

동료 장학은 수업 개선을 위하여 교사들이 서로 협동하는 장학의 형태를 말하며, 교사가 전문적 동료로 평등하게 서로 돕는다는 비평가적 전략을 의미한다. 수업자와 관찰자 사이에서 위계 관계를 떠나 상호 존중과 지지, 그리고 이해를 바탕으로 상호 도움을 주고받는 관계를 전제로 한다. 교사의 성장과 관련된 성공적인 장학 특성을 살펴보면, 교사들은 교사 동료와 협동적으로 연수나 장학 활동을 계획하는 것을 선호하고 동료 관찰과 동료 간의 피드백을 통해서 더욱 격려를 받고 강화된다.

세르지오바니(Sergiovanni, 1988)에 의하면, 동료 장학은 둘 이상의 교사가 서로 수업을 관찰하고, 관찰한 내용에 대해 서로가 피드백을 제공하며, 서로의 전문적 관심사에 대해서 토의함으로써 자신들의 전문적 성장을 함께 추구하는 비교적 공식화된 과정이다.

동료 장학을 위한 방법으로는 비공식적 관찰 · 협의, 초점 관찰-자료 제공, 소규모 현직 연수 위원회, 팀 티칭, 임상 장학에 의한 동료 장학, 동료 코치, 동료 연수회 등이 있다. 동료 장학을 원활하게 진행하기 위한 지침을 제시하면 다음과 같다.

첫째, 교사가 자기와 함께 일하고 싶은 동료를 선택하도록 한다. 둘째, 교장은 교사들을 팀으로 구성하는 데 최종 책임을 진다. 셋째, 동료 장학의 구조는 공식성을 띠어야 하며, 팀은 동료 장학 활동을 언제, 무엇을, 어떻게 했는지를 사실에 바탕하여 비평가적으로 기록해 둔다. 넷째, 교장은 이 팀이 학교의 정규 시간 동안에 활동할 수 있도록 필요한 자원과 행정적 지원을 해준다. 예를 들어, 교장이 필요시 자원하여 학급을 맡아 주고, 팀이 일을 같이 할 수 있도록 시간을 조정해 주며 일을 대신해 준다. 다섯째, 교수와 학습에 대한 정보를 모으기 위한 평가는 팀에서 다루어져야 하며, 교장이 평가에 개입하면 안 된다. 여섯 째, 어떤 경우에도 교장이 팀의 교사에게서 평가 정보를 찾아내려고 하면 안 된다. 일곱 째, 교사는 동료 장학 활동의 결과로 이루어진 전문성 성장에 대한 기록을 남겨 두어야 한다. 마지막으로, 교장은 동료 장학 과정에 대한 정보와 느낌을 교환하고 일반적인 흐름을 파악하기 위하여 적어도 1년에 한 번 이상은 동료 장학 팀과 만나야 한다(조덕주 외, 2007).

(3) 자기 장학

자기 장학(self-assessment supervision)은 개인이 자신의 전문적 성장에 관심을 갖고 일정한 목표를 세워 놓고 그 목표를 향해서 혼자서 독립적으로 노력하는 장학이다. 자기 장학에 대하여 주삼환(2003)은 교사 혼자서 일정한 목표를 세워 놓고 그 목표를 향해 혼자 독립적으로 노력하는 것이라 하였다. 이윤식(2019)은 교사 개인이 자신의 전문적 발달을 위하여 스스로 체계적 계획을 세우고 이를 실천하는 과정이라 하였으며, 교사는 전문직 종사자로서 자기 발전과 자기 성장을 위하여 끊임없이 노력해야 한다고 하였다. 자기 장학은 외부의 통제나 지도에 의하지 않고 교사 스스로가 자기의 전문적 성장을 위하여 계획을 세우고, 실천하며, 그 결과에 대하여 반성적 평가를 하는 과정을 말한다.

자기 장학이 일반 자기 연수나 자기 발전 노력과 구별되는 점은 교사 자신이 전문성 신장을 위한 구체적 프로그램을 세우고 이를 독립적으로 실천해 나간다는 점이다. 자기 장학에서는 교사에게는 개별화 욕구가 있고, 성인은 자기 지향적이 되고 싶은 욕구가 있으며, 교수(teaching)는 점점 전문화되고 있다는 점을 강조한다. 자기 장학은 다음의 특성을 가진 전문적 성장 과정이다(곽영우, 2003).

- 교사 개인이 전문적 성장의 프로그램에 따라 독립적으로 시행한다.
- 개인 교사는 목표 지향적인 전문성 개발 프로그램을 개발하고 추구한다.
- 교사 개인은 이러한 목표를 달성하기 위하여 다양한 자원을 활용한다.
- 자기 장학 프로그램의 결과를 교사의 직무평가에 사용하지 않는다.

자기 장학은 다른 사람에게 크게 의존하지 않으므로 혼자 일하기를 원하는 경력 교사에게 적합하고 시간과 경비의 효율성을 높이는 데 용이하다. 이 접근은 자기 발전 지향적이고, 반성적 사고에 익숙한 교사들에게 효과적이다. 자기 장학을 7단계로 제시하면 다음과 같다.

첫 번째 단계는 교사가 자신의 교수에 대하여 분석하고 성찰하는 단계이다. 두 번째 단계는 자기평가의 단계, 세 번째 단계는 교사가 타인으로부터 피드백을 받아 자기를 평가해 보는 단계이다. 네 번째 단계는 타인으로부터 받은 정보의 정확성을 결정하는 단계이고, 다섯 번째 단계는 개선을 위한 전략을 수립하는 단계이다. 여섯 번째 단계는 자신이 결정한 수업 행위의 변화를 실행에 옮기는 단계, 마지막 일곱 번째 단계는 교사가 변화의 효과성에 대하여 재평가하고 추가적인 변화가 필요한지를 결정하는 단계이다.

(4) 약식 장학

약식 장학은 단위 학교의 교장이나 교감이 간헐적으로 짧은 시간 동안에 학급 순시나 수업 참관을 통하여 교사들의 수업 및 학급 경영 활동을 관찰하고, 이에 대해 교사들에게 지도 및 조언을 제공하는 과정을 의미한다. 약식 장학은 단위 학교에서 교장, 교감이 일상적으로 빈번하게 수행하기 때문에 '일상 장학'이라고 부르기도 한다. 교장, 교감의 계획과 주도하에 전개되는 비공식적인 성격이 강한 활동으로, 다른 형태의 공식적인 장학에 대해 보완적이고 대안적인 성격을 갖는다.

약식 장학을 통하여 교장이나 교감은 교사들이 미리 준비한 전시적 성격의 수업 활동이나 학급 경영 활동이 아닌, 평상시의 자연스러운 수업 활동이나 학급 경영 활동을 관찰할 수 있으며, 이에 대하여 의미 있는 지도, 조언을 제공할 수 있다(이용숙, 2006).

수업 장학과 수업 컨설팅의 비교

수업 장학은 직위가 높은 사람(교장, 교감, 장학사 등)이 교사의 교수-학습 활동 능력을 향상시키기 위해 지도하고 조언하는 활동으로 정의한다면, 수업 컨설팅은 교수자 자신, 동료 교사, 외부의 수업 컨설팅 전문가 등이 협력하여 지속해서 수업에 대해 진단, 처방, 실행을 통해 실질적인 개선을 이루어 가는 자기 주도적인 전문성 신장의 과정으로 정의할 수 있다.
손윗사람의 지도의 개념인 '장학'과 비교하면 수업 컨설팅은 수업 능력이 이미 검증된 교사들이 동료 교사들의 수업을 개선하도록 도와주는 것이며, '지도'가 아닌 컨설턴트와 교수자와의 수평적인 관계에서 상호 작용성을 기반으로 하는 상담에 초점을 두고 있다.
또한 수업 장학의 목적이 교수자의 교수 행위를 위주로 평가하는 데 있다면, 수업 컨설팅은 의뢰자의 요청에 따라 수업에서 문제해결을 통해 수업을 개선하는 데 있다.

출처: 조원익·홍성연(2017).

4. 가정과교사의 현장 연구

1) 현장 연구의 개념 및 유형

(1) 현장 연구의 개념

교육 현장의 주역인 교사들이 자신들이 근무하는 학교의 교육적 문제를 연구의 문제로 설정하고, 이 연구를 수행하는 것을 '현장 교육 연구'라 부른다. 교육 연구의 목적이 다양한 교육 현상에 대해 기술하고, 설명하고, 예측하고, 통제하기 위한 것이라고 할 때, 교육은 끊임없이 새롭고 효율적인 것을 추구하는 활동이다. 따라서 교육 자체가 바로 현장의 교육 연구라 할 수 있다.

현장 교육 연구는 최근 들어 그 중요성이 더욱 크게 인식되고 또 격려되고 있다. 행동주의 심리학의 패러다임이 교육에 지대한 영향을 미쳤던 20세기 초반에는 교육 현장이 너무 복잡하고 변인 통제가 어려웠다. 그 때문에 교수나 학습에 대한 연구가 그것이 일어나고 있는 교육 현장이 아닌 엄격한 실험 통제가 가능했던 실험실에서 이루어지기도 하였다. 그러나 이런 통제된 환경에서의 교수-학습 연구 결과가 실제 교육 현상을 설명 · 예언해 주지 못한다는 지적이 있었다. 또한 교육 그 자체가 피할 수 없는 매우 복잡한 현상이라는 점에 대한 실제적 인식의 결과, 이제 교육 연구는 교육이 일어나고 있는 현장에서 해야 한다는 새로운 자각이 일어나고 있다(김정환, 2008). 이러한 시대적 흐름의 결과로, 최근에는 교사가 연구 실행의 주체가 되는 교육 연구가 그 어느 때보다 중요하게 인식되고 있다. 이러한 추세의 변화에는 현장 교사들의 연구 능력 향상이 큰 역할을 하고 있다.

(2) 현장 연구의 유형

교육 연구의 유형을 연구 방법이나 절차의 특성에 따라 크게 양적 연구(量的研究, quantitative research)와 질적 연구(質的研究, qualitative research)로 구분할 수 있다.

양적 연구는 교육 현상을 포함한 자연 현상이나 사회 현상을 객관적으로 설명할 수 있다는 절대주의적인 진리관에 근거하여, 일반적인 법칙이나 원리를 찾아내기 위해 수량화된 자료를 수집하는 과정에서 측정의 정확성과 반복 가능성을 중시하는 연구라고 할 수 있다(백순근, 2004).

반면에 질적 연구는 교육 현상을 포함한 자연 현상이나 사회 현상을 객관적으로 설명할 수 없다는 상대주의적인 진리관에 근거하여 주어진 상황과 맥락 속에서 특정 사건이나 현상을 해석하고 이해하기 위해 연구자의 전문적인 판단을 중시하는 연구라고 할 수 있다.

양적 연구의 예로는 실험 연구나 유사 실험 연구를 들 수 있으며, 질적 연구의 예로는 참여 관찰법 등 민속학적 연구 방법론(ethnomethodology, 혹은 문화인류학적 연구 방법론, 문화 기술적 연구 방법론)을 활용한 현장 연구(field research)나 역사 연구 등을 들 수 있다(서근원, 2008).

사실 양적 연구와 질적 연구의 차이는 단순한 기법상의 차이보다는 현상을 바라보는 관점의 차이라고 할 수 있다. 양적 연구와 질적 연구에서 근거하고 있는 철학적인 입장의 차이를 포함한 두 연구의 일반적인 특징은 표 6-5와 같다.

표 6-5 양적 연구와 질적 연구의 일반적인 특징

영역		양적 연구	질적 연구
철학적 입장	존재론	• 객관적 실재의 존재 인정(실재론, realism) • 진리의 절대성(절대주의)	• 실재란 사회적으로 구성된 것(유명론, nominalism) • 진리의 상대성(상대주의)
	인식론	• 실증주의적 방법 • 객관적 지식 중시 • 분석적·기계론적 사고	• 반실증주의적 방법 • 주관적 지식 중시 • 통합적·유기체적 사고
	방법론	• 현상과 거리 유지: 가치 중립 • 인과 관계, 규칙성 중시 • 기술, 예측, 통제	• 현상과 상호 작용: 가치 개입 • 현상들 간의 상호 관련성 중시 • 해석, 이해, 의미 규명
연구 목적		• 일반적인 원리나 법칙 발견	• 특정 현상에 대한 이해
연구 대상		• 주로 집단 • 무선 표집이나 확률 표집 중시	• 주로 혼자 혹은 함께 행동하는 개인들 • 전문적인 판단에 의거한 선택
연구 방법		• 실험, 유사 실험, 설문 조사 등 • 객관성과 일관성 중시 • 측정의 수량화 중시: 다양한 연구 도구나 기구를 사용	• 참여 관찰, 심층 면담, 문헌 분석 등 • 연구자의 전문적인 판단 중시 • 전문성을 지닌 연구자가 가장 중요한 연구 도구가 됨
자료 분석		• 양적 자료(동간 및 비율 변인) 분석 • 기술 통계 기법이나 추리 통계 기법을 활용	• 질적 자료(명명 및 서열 변인) 분석 • 통계적인 기법을 활용하지 않거나 혹은 기술 통계 기법을 활용
결과 활용		• 인과 관계, 상관관계 파악 • 결과의 일반화에 관심	• 특정 현상에 대한 이해 • 해석이나 의미의 차이를 이해

출처: S. Stainback & W. Stainback(1998).

2) 현장 연구의 설계

연구 설계는 연구 문제에 대한 해결안의 증거를 수집하기 위하여 사용되는 탐색의 계획과 체계화를 말한다. 연구 설계는 실험 설계, 비실험 설계(기술 연구, 상관관계 설계, 조사 연구 설계 등), 사후 설계, 질적 연구 설계(문화인종학적 연구, 분석 설계) 등으로 나누어진다.

교육 현장에서 실험 연구는 교육 실천에 대한 논쟁을 해결하는 최선의 방편으로, 교육 개선의 타당성을 증명하는 유일한 방법이라고 할 수 있다(김정환, 2008).

(1) 실험 설계

실험 설계에는 동질 집단 사후 검사 설계, 동질 집단 사전 사후 검사 설계, 솔로몬 4집단 설계의

표 6-6 실험 설계의 특징

종류	특징
동질 집단 사후 검사 설계	• 이질 집단 사후 검사 설계와 비슷하나, 실험 집단과 통제 집단 간의 동질화를 위해 무선 표집 • 사전 검사를 시행할 수 없을 경우에 많이 활용하는 실험 설계 R X O_1 R O_2
동질 집단 사전 사후 검사 설계	• 실험 연구에서 가장 많이 쓰이는 우수한 설계로, 이질 집단 사전 사후 검사 설계와 비슷하나, 실험 집단과 통제 집단 간의 동질화를 위해 무선 표집 • 통제 집단을 설정 $O_1 = O_3$, $O_2 > O_1$, $O_2 > O_4$가 나타날 것을 기대 • 역사는 두 집단에 똑같이 작용하고 있으며, 성숙이나 검사 도구의 사용도 똑같이 나타남을 가정 R O_1 X O_2 R O_3 O_4 O: 관찰, 측정치 R: 무선 표본, 무선 배정 X: 실험 처치, 독립 변인
솔로몬 4집단 설계	• 1949년 솔로몬(S. L. Solomon)이 발표하였고, 일반적으로 실험 설계 중에서 가장 좋은 것으로 간주 • 동일 집단 사후 검사 설계와 동일 집단 사전 사후 검사 설계를 통합한 것으로, 실험 집단이 2개, 통제 집단이 2개 R O_1 X O_2 R O_3 O_4 R X O_5 R O_6 기본 가정: $O_1 = O_3$, $O_4 = O_6$, $O_2 = O_5$, $O_2 > O_1$, $O_2 > O_4$, $O_2 > O_6$, $O_5 > O_1$, $O_5 > O_4$, $O_5 > O_6$

세 가지 유형이 있다. 각 설계의 특징은 표 6-6과 같다.

일반적인 연구 절차는 다음 순서를 따른다.

첫째, 피험자를 무선 표본하여 실험 집단과 통제 집단으로 무선 배정한다.

둘째, 실험 집단(O_1)과 통제 집단(O_2)에 각각 동일한 사전 검사를 실시한다.

셋째, 모든 조건을 동질화하되, 실험 집단에는 처치를 하고 통제 집단에는 처치를 하지 않는다.

넷째, 실험을 끝낸 후 실험 집단과 통제 집단에 동일한 사후 검사를 실시한다.

다섯째, 적합한 통계 방법을 사용하여 두 집단을 비교 · 분석하고 실험 효과를 평가한다.

(2) 유사 실험 설계

실험 설계와 유사하다는 점에서 유사 실험 설계로 불린다. 타당도 확보를 위해서는 실험 설계로 진행해야 하지만, 현장 연구에서는 사실상 이 같은 처치가 쉽지 않으므로 대개 유사 실험 설계로 연구가 진행된다. 유사 실험 설계 방법에 따라 단일 집단 사후 검사 설계, 단일 집단 사전 사후 검사 설계, 이질 집단 사후 검사 설계, 이질 집단 사전 사후 검사 설계, 단일 집단 시간 계열 설계, 이질 집단 시간 계열 설계 등으로 나뉘며, 각 설계의 특징은 표 6-7과 같다.

표 6-7 유사 실험 설계의 특징

종류	특징
단일 집단 사후 검사 설계	• 어떤 실험 처치를 한 개의 집단에 실시하고(×), 사후 검사를 실시(○) • 실험 처치 결과의 비교 근거가 없기 때문에 가장 빈약 • 피험자의 사전 상황을 관찰하지 않을 뿐 아니라 타 집단과 비교하지도 않음 • 실험 처치 후의 피험자의 행동이 타 집단에 비해 다르다는 것이 우연히 관찰되면 그것은 실험 처치의 결과라고 추리 X O

(계속)

종류	특징
단일 집단 사전 사후 검사 설계	• 연구 이전의 사전 검사(O_1)→실험 처치(×)→사후 검사(O_2) • 교육 연구 중 실행 연구(action research)에서 많이 사용 • 연구의 내적 타당도를 저해하는 요인 중에서 역사, 성숙 및 검사의 경험이 작용 • 연구 전후의 차이가 실험 처치 때문인지, 또는 그간에 어떤 사건의 영향을 받은 것인지, 유기체의 성장 발달로 인한 것인지, 혹은 사전 검사의 영향이 사후 검사에 미쳤기 때문인지 알 수 없음 O_1 X O_2
이질 집단 사후 검사 설계	• 한 집단에게 실험 처치를 하고 다른 집단과 비교하는 방법 • 비교 집단 간에 동질화 작업, 즉 무선 표집이 이루어지지 않음→이질 집단 비교 • O_1과 O_2의 차이가 실험 처치 때문인지 또는 집단의 질이 처음부터 달랐기 때문에 나타난 차이인지를 가려낼 수 없음 X O_1 　 O_2
이질 집단 사전 사후 검사 설계	• 실험 집단과 통제 집단을 두어, 사전 검사 및 사후 검사를 실시 • 비교 집단 간에 동질화 작업, 즉 무선 표집이 이루어지지 않음→이질 집단 비교 • 교육 연구에서 가장 많이 사용되는 유형임. 이질 집단 사후 검사 설계와는 달리 통계적 분석을 통해 실험 처치의 효과 확인 가능 예: 공변량 분석(analysis of covariance)을 하여 교정 평균치를 산출하고, 그 평균의 차이 검증을 하면, 이질 집단이어도 실험 처치의 효과를 알 수 있음 O_1 X O_2 O_3 　 O_4
딘일 집단 시간 계열 설계	• 어떤 집단이나 개인을 실험 처치 이전에 주기적으로 측정하고, 실험 처치를 한 후에도 주기적으로 그 변화를 측정하는 설계 • 커링거(Kerlinger, 1986)는 이를 종단점 시간 설계(a longitudinal time design)라고 함. 긴 기간 동안 피험자의 발달과 학습에 관련되는 역사와 성숙이 가장 문제 O_1 O_2 O_3 O_4 X O_5 O_6 O_7 O_8
이질 집단 시간 계열 설계	• 집단이나 개인을 실험 처치 전후에 걸쳐 주기적으로 관찰하되, 통제 집단을 둠 • 실험 처치의 효과는 실험 집단의 실험 전과 후의 비교 및 실험 집단과 통제 집단의 차이에서 구할 수 있음 • 이질 집단 사전 사후 검사 설계와 단일 집단 시간 계열 설계를 통합한 좋은 유사 실험 설계 O_1 O_2 O_3 O_4 X O_5 O_6 O_7 O_8 O_9 O_{10} O_{11} O_{12} O_{13} O_{14} O_{15} O_{16}

3) 현장 연구의 윤리와 자료 수집

(1) 연구 윤리와 교육 연구의 윤리

교육 연구의 윤리는 교육 분야에 대한 연구 활동에서 따라야 할 행동 규칙을 말한다. 그렇다면 교육 분야 연구 활동이란 구체적으로 무엇을 의미하는가? 이에 대하여 다양한 관점에서 논의할 수 있으나, 크게 말하면 인간을 대상으로 한 연구 활동과 연구 결과를 발표하는 활동을 중심으로 설명할 수 있다.

교육 분야 연구 활동은 주로 인간의 심리와 행동에 관한 연구가 이루어지며, 문헌 고찰을 통한 이론적 탐구도 있겠지만, 인간을 대상으로 직접 인터뷰나 실험 등을 통하여 어떤 가설을 검증하거나 새로운 사실을 밝혀 낸다. 그러므로 교육 연구의 윤리에서 주요하게 고려해야 할 것은 인간을 대상으로 한 연구에서 무엇을 어떻게 해야 문제가 없는가이다. 교육 연구의 윤리에서 중요하게 고려해야 할 또 다른 하나는 교육 연구의 과정에서 무엇을 어떻게 지켜야 하는가이다. 특히, 여기서는 정직하고 책임감 있는 연구 수행과 이에 대해 올바르게 발표하는 것이 요청되는데, 올바른 학술적 글쓰기가 이와 관련된다.

① 연구 윤리의 개념

연구 윤리란 연구자가 연구를 수행하면서 지켜야 할 원칙이나 행동 양식을 말한다. 즉, 연구 윤리는 연구자가 정직하고 정확하며, 성실한 태도로 바람직하고 책임 있는 연구(RCR, Responsible Conduct of Research)를 수행하기 위해 지켜야 할 윤리적 원칙 또는 행동 양식이라고 말할 수 있다.

연구자가 지켜야 할 규범은 크게 사회 윤리 규범과 내부 윤리 규범으로 구분할 수 있다. 전자가 사회적 기준에 따라 법률 등의 형태로 연구의 주제와 대상을 규제하는 것(예: 생명 윤리 및 안전에 관한 법률 등)이라면, 후자는 연구 공동체 내부의 필요성 또는 사회적 요구에 따라 자체적으로 규정한 윤리 기준으로, 여기서의 핵심은 정직함과 책임성이라고 할 수 있다.

연구는 학문 분야, 추구하는 목적, 혹은 방법에 따라 그 범주가 다양하기 때문에 연구 윤리는 모든 학문 분야에 적용된다고 할 수 있다. 특히, 교육 연구의 윤리는 바로 교육 분야의 연구 수행 전 과정에서 지켜야 할 윤리를 의미한다.

또한 연구 윤리는 바람직한 연구를 수행하기 위해 연구자가 절차적 투명성과 내용적 정직성을 확보하는 것을 의미한다. 즉, 연구 수행 및 결과 도출 시 FFP[날조(Fabrication), 변주

(Falsification), 표절(Plagiarism)] 등 의도적인 연구 부정 행위(research misconducts)로부터 벗어나는 것으로 연구자로서 충실성(research integrity)을 확보하는 것이라고 할 수 있다. 연구자로서의 충실성이란 연구 윤리의 높은 기준을 유지하는 데 초점을 둔 용어로, 바람직한 연구 실행이 어떤 것인지를 잘 보여 준다. 여기서 말하는 충실성은 내용의 정직성(honesty)과 연구 수행 과정에서의 세심함과 정확성이 필요함을 의미하는 완전함(whole) 혹은 온전함(intact) 등의 의미를 담고 있다.

그러나 여기서 개념을 오해하면 안 된다. 연구자의 충실성은 연구 윤리의 문제이지만 연구 윤리가 곧 연구자의 충실성만을 의미하는 것이 아니기 때문이다. 연구 윤리는 연구자의 충실성은 물론, 연구실 문화의 민주성, 연구자의 사회적 책임, 특정 연구 대상이나 연구 방법에서의 윤리성 등을 포함하는 포괄적인 개념이라고 할 수 있다.

② 연구 윤리의 원칙

연구를 수행하는 데 최선의 방법은 없으며, 모든 과학적 탐구에 적용되는 보편적인 방법도 없다. 책임 있는 연구 행위로 인정되는 관행들은 학문별 혹은 실험실별로 다를 수 있고, 실제로도 차이점이 있다. 그러나 책임 있는 연구 수행을 위해 연구자들이 지켜야 할 가치들은 분명히 존재한다. 먼저 레스닉(D. B. Resnik)은 과학 윤리의 원칙으로서 다음과 같이 열두 가지를 제시하고 있는데(표 6-8), 이는 연구 윤리의 원칙을 정립하는 데 유용하게 활용될 것이다.

표 6-8 레스닉의 과학 윤리 원칙

연구 윤리 원칙	내용
정직성 (honesty)	데이터나 연구 결과를 조작, 위조, 또는 왜곡하지 말아야 한다
조심성 (carefulness)	연구의 오류를 피해야 한다. 특히, 결과 부분의 제시에 더욱 주의해야 한다.
개방성 (openness)	데이터, 결과, 방법, 아이디어, 기법, 도구 등을 공유해야 한다.
자유 (freedom)	어떤 문제나 가설에 대한 연구든 자유롭게 수행해야 한다.
공로 (credit)	공로는 마땅히 그것을 받아야 할 사람에게 주어져야 한다.
교육 (education)	예비 과학자들을 교육시키고, 그들이 더 나은 과학을 수행할 방법을 확실히 배우도록 도와야 한다. 나아가 대중에게까지 교육할 의무를 지닌다.

(계속)

연구 윤리 원칙	내용
사회적 책임 (social responsibility)	사회에 피해를 주지 말고, 사회적 이익을 창출하도록 노력해야 한다.
합법성 (legality)	연구 과정에서 자신의 작업에 적용되는 법을 준수할 의무가 있다.
기회 (opportunity)	어떤 과학자라도 과학적 자원을 사용하거나 과학적 직업에서 승진할 기회가 부당하게 거부되어서는 안 된다.
상호 존중 (mutual respect)	동료들을 존중해야 한다.
효율성 (efficiency)	논문 작성 시, 연구를 일부러 여러 편으로 나누어 출간하거나, 동일한 결과를 단지 미세한 수정을 통해 여러 편의 다른 논문에 이용해서는 안 된다.
실험 대상에 대한 존중 (respect for subjects)	인간을 실험 대상으로 사용할 때 인권 또는 존엄성을 침해해서는 안 된다. 이는 실험에 동물을 사용할 때도 조심스럽게 적절한 존중을 가지고 임해야 한다는 것을 의미한다.

(2) 자료 수집 방법

교육 연구에서 자료를 수집하는 방법에는 여러 가지 유형이 있으나, 가장 흔히 사용하는 몇 가지 방법들을 소개하면 다음과 같다.

① 문헌 분석법

연구의 세부 사항들을 계획하기 이전에, 연구자들은 그들이 관심을 가지고 연구하려고 하는 주제에 관한 연구 문헌을 찾기 위하여 문헌 분석을 한다. 연구와 관계된 문헌을 찾아서 읽고 요약하는 것을 '문헌 분석'이라고 한다. 문헌 분석은 연구 문제에 관심이 있는 다른 사람들의 생각을 연구자가 일람하는 데 도움을 줄 뿐만 아니라, 그 연구 질문에 대한 다른 사람들의 연구 결과가 무엇이었는지 알도록 해 준다. 자세한 문헌 분석은 사실상 석사나 박사 과정의 학생들이 논문을 쓸 때 필수적으로 요구되는 연구 절차이다.

올바른 문헌 분석 방법은, ① 가능한 한 연구 주제(혹은 제목)를 먼저 설정하고, ② 같은 학교나 학과 등 자신의 주변에 관련 있는 논문이 있는지를 확인한 후, ③ 가장 관련이 깊은 논문 하나를 정독하고, ④ 그 논문 뒤에 제시되어 있는 '참고 문헌' 부분을 활용하여 폭넓게 다양한 자료들을 수집하고 분석하는 것이 좋다.

② 설문지법

설문지(questionnaire, 혹은 질문지)는 조사 연구에서 자료 수집 방법으로 가장 빈번하게 사용되며, 어떤 문제나 사물에 관한 필요한 사항을 알아보기 위하여 만든 일련의 문항들을 체계적으로 조직하여 작성한 글을 말한다.

설문(혹은 질문)은 간단명료해야 하며, 문항은 필요한 범위 내에서 최소로 한다. 또한, 응답자를 난처하게 만들거나 감정을 상하게 하는 질문은 피하고, 일차적으로 작성한 설문지를 가지고 예비 실시의 과정을 거쳐 응답자가 어느 정도 협력해 줄 것인지를 사전에 면밀하게 검토해야 한다. 자료를 처리할 때는 자료 분석 기준의 확정을 위하여 사전 자료 처리를 해 볼 필요가 있으며, 모든 질문 내용에 대하여 자료를 처리할 것인지와 지시대로 응답하지 않았거나 무응답이 있는 경우 이것을 어떻게 처리할 것인지를 생각해야 한다.

설문지는 응답 형식에 따라 구조적 설문지(structured questionnaire)와 비구조적 설문지(unstructured questionnaire)로 분류한다. 구조적 설문지는 미리 반응이 나올 만한 여러 개의 선택지를 제시하고, 그중에서 선택하거나 서열을 매기도록 하는 것이고, 비구조적 설문지는 응답자가 주어진 질문에 대하여 비교적 자유롭게 반응할 수 있도록 만든 문항을 말한다. 어떤 형식의 설문지를 사용할 것인가는 질문 내용의 성격, 응답자 수준, 반응에 대한 구조화 정도 등을 고려하여 결정해야 한다. 설문지의 종류에는 자유 반응형, 선택형, 체크리스트형, 순위형, 평정 척도형, 분류형 등이 있다.

③ 면접법

면접법은 언어적 상호 작용을 기초로 하여 피면접자로부터 연구 목적에 부합되는 여러 정보를 수집하는 방법을 말한다. 면접법은 절차에 따라 구조화된 면접, 비구조화된 면접, 반구조화된 면접으로 나눌 수 있다.

구조화된 면접은 사전에 치밀한 계획을 세워 면접을 진행하는 것으로 ,면접자에게 융통성을 주지 않고 계획에 따라 면접을 진행하는 것을 말한다. 비구조화된 면접은 면접 계획은 세우되, 목적만 명백히 하고 방법은 면접자에게 일임하는 것으로, 필요한 정보를 알아내기 위한 질문의 구성이나 순서, 방법 같은 것이 면접자에게 있으므로 융통성 있는 면접이 가능하다. 반구조화된 면접은 사전에 면접에 관한 치밀한 계획을 세우되, 면접 장면에서 면접자가 융통성 있게 진행하는 면접을 말한다. 즉, 계획 면에서는 구조화된 면접이나, 수행 면에서는 구조화되지 않은 면접을 말한다.

면접법은 면접 기술이 뛰어나면, 설문지법에서는 수집할 수 없는 심도 깊은 자료를 수집할 수 있고, 문장 해득력이 없는 사람에게서도 자료 수집이 가능하다. 또한 응답자를 확인할 수 있고, 반응의 진실성 여부를 알 수 있어서 융통성이 있으며, 주목적 이외의 부차적인 자료를 수집할 수 있는 장점이 있다. 반면, 면접에는 고도의 기술이 필요하여, 면접 기술이 미숙하면 편견이나 그릇된 판단이 작용하기 쉽다. 또한, 시간과 경비가 많이 들고, 익명이 불가능하며, 표준적인 절차가 결핍되기 쉬운 단점이 있다.

④ 관찰법

관찰의 방법은 과학적 연구에서 가장 오랜 역사를 가진 방법이며, 연구의 기본 수단이다. 관찰을 통하여 필요한 정보를 수집하려면 타당하고, 신뢰 있고, 객관적인 관찰이 이루어져야 한다. 관찰법은 분류하는 기준에 따라 여러 가지로 구분할 수 있는데, 관찰 상황의 통제 여부에 따라 자연적 관찰과 통제적 관찰로, 관찰자와 피관찰자 간의 참여 여부에 따라 참여 관찰, 준참여 관찰 및 비참여 관찰로 구분한다.

자연적 관찰은 관찰 상황을 조작하거나 인위적으로 어떤 특별한 자극을 주는 일 없이, 자연 상태에서 있는 그대로 관찰하는 방법이다. 이 방법은 관찰하는 데 높은 기술을 요구하므로 관찰자의 훈련이 문제가 되고, 피관찰자에게 자연스럽게 접근하기 어려우며 신뢰도가 낮아질 수 있는 문제점이 있다.

통제적 관찰은 관찰 대상, 시간, 장면, 행동 등을 인위적으로 꾸미고 이런 조건에서 행동을 관찰하는 방법이다. 이 방법에는 장면이나 조건을 인위적으로 조작하고 독립 변인을 투입하여 나타나는 종속 변인을 관찰하는 실험적 관찰법(experimental observation), 장면만을 통제하여 관찰하고자 하는 행동이 자주 나타나는 장면을 선택하고 그 장면에서의 행동을 관찰하는 현장 선택법(situational sampling technique), 관찰 시간을 통제하는 시간 표집법(time sampling technique) 등이 있다.

참여 관찰은 관찰자가 피관찰자와 같이 생활하면서 행동을 관찰하는 것으로, 최상의 관찰은 피관찰자가 의식하지 못한 상태에서 관찰해야 하지만, 이것이 불가능한 경우에는 관찰자임을 알리고 피관찰자와 같이 생활한다. 준참여 관찰은 관찰자가 피관찰자 생활의 일부에만 참여하여 관찰하는 방법으로, 피관찰자가 관찰자를 받아들이고 또한 피관찰자의 일상 행동이 관찰자로 인하여 달라지지 않는 것이 전제가 되기 때문에 대상 및 내용이 한정되는 경향이 있다. 비참여 관찰에서는 관찰자가 피관찰자 밖에 있으며 피관찰자가 관찰자를 알고 있어도 무방하다. 이는 관찰을 조직적 · 계획적으로 할 수 있고, 결과 처리도 표준화할 수 있다는 장점이 있는 반면에 심층적인 관찰을 할 수 없고 관찰이 피상적으로 될 우려가 있다.

4) 현장 연구의 통계 분석법

자료를 분석하는 방법에는 양적 분석과 질적 분석이 있다. 두 가지 분석 방법 중에 어느 한 방법으로 분석할 수도 있고, 두 방법을 모두 동원하여 분석하는 것도 가능하다. 자료를 제대로 분석하기 위해서는 양적으로 분석한 결과를 질적인 측면에서 더 심층적으로 분석하는 보충 작업이 필요하다.

통계적인 방법을 자료 처리에 활용하는 것은 자료의 특징을 일목요연하게 파악하여 사회나 자연 현상에 존재하는 사실을 보다 객관적으로 설명할 수 있다는 점에서 중요하다. 통계는 많은 양의 정보를 간단한 숫자나 진술로 압축하기 때문에 시간을 절약해 주며, 자료를 정확하고 유의한 방법으로 해석하고 기술하도록 도와준다. 연구자들은 통계 방법을 사용하여 자신이 관찰한 내용이나 자료를 기술하고 체계적으로 분석한다. 또한 평가자들은 자신의 주관적 판단에 따른 이론적인 주장을 개진하기보다는 통계 처리한 결과에서 얻은 구체적이고 경험적인 증거를 제시함으로써 자신의 논리를 보다 설득력 있게 주장할 수 있다. 따라서 통계 방법은 자료를 해석하고 조직하여 과학적 연구를 수행하도록 도와줄 뿐만 아니라 평가 결과를 객관적으로 보고하여 합리적인 의사 결정을 하도록 도와준다.

각 통계치별 적용 예와 해석 방법을 정리하면 다음과 같다.

(1) 신뢰도 분석

신뢰도는 크론바흐(cronbach) α계수를 이용하여 내적 일관성을 검증하는 방식을 쓴다. 예를 들어, 의복 관련 교과의 흥미도를 알아보기 위한 질문 문항(10문항)의 신뢰도 조사를 위해 크론바흐(cronbach) α계수를 측정한 결과 α값이 .85 이상 나왔다면 이는 적합한 설문이라 해석할 수 있다. 또한 10개의 변수 가운데 한 문항을 제거했을 때 특별히 높아지는 변수가 없으므로 10문항 모두 적합하다고 할 수 있다.

연구 논문은 일반적으로 신뢰도 계수(cronbach α계수)가 .65 이상일 때 적합하다고 할 수 있다.

(2) 빈도와 백분율

표 6-9는 두발 자유화에 대한 성별 반응을 조사한 것으로 백분율로 제시되어 있다. 이 경우 남녀 간 두발 자유화에 대한 의견에 차이가 있는지를 검증하기 위해 이용한다.

표 6-9 두발 자율화에 대한 성별 반응

성별	찬성 N(%)	반대 N(%)	모르겠다 N(%)
남(N=150)	114(76.0)	26(17.3)	10(6.67)
여(N=150)	123(82.0)	22(14.7)	5(3.33)
전체(N=300)	237(79.0)	48(16.0)	15(5.00)

표 6-9의 결과를 예로 들면, 두발 자유화에 대하여 찬성하는 남학생은 114명으로, 이는 빈도에 해당한다. 비율은 각 카테고리의 빈도를 총빈도로 나누어 구하며, 백분율은 비율에 100을 곱하여 구하므로, 두발 자유화에 대하여 남학생은 76%, 여학생은 82%가 찬성을 하는 것으로 해석할 수 있다.

(3) 집중 경향치와 변산도

집중치란 자료의 특징을 대표할 수 있는 것을 하나의 수치로 나타낸 것, 즉 자료가 집중되어 있는 위치 또는 중심이 되는 위치를 하나의 수치로 나타낸 것이다. 대개 최빈값, 중앙값, 산술 평균 등으로 나타내고 있다.

분산이란 각 관찰값이 평균으로부터 떨어진 거리를 제곱한 것을 평균한 값이며, 표준 편차는 분산을 제곱근한 값이다. 분산과 표준 편차는 평균으로부터 많이 떨어진 값, 즉 극한값에 비중을 많이 줌으로써 분산 형태를 보다 민감하게 나타낸다고 할 수 있다. 예를 들어, 고등학교 교사

표 6-10 설립별 교사 연령, 학급 수, 학급당 학생 수 현황

설립별	통계치	교사 연령	학급 수	학급당 학생 수
사립(N=200)	평균(M)	47.70	28.20	25.80
	표준 편차(SD)	8.50	6.50	3.20
공립(N=200)	평균(M)	42.90	21.65	23.50
	표준 편차(SD)	10.50	8.20	5.50
전체(N=400)	평균(M)	45.80	25.93	24.10
	표준 편차(SD)	9.80	7.80	4.80

의 연령, 학급 수, 그리고 학급당 학생 수의 현황을 조사한 결과를 바탕으로 해석을 하면 표 6-10과 같다. 표를 살펴보면, 전체 교사의 평균 연령은 45.80세이고, 표준 편차는 9.80세이며, 학급 수의 평균은 25.93이고, 표준 편차는 7.80이다. 그리고 학급당 학생 수의 평균은 24.10명이고, 표준 편차는 4.80이다.

(4) 교차 분석

교차 분석(crosstab)은 명목 척도를 가진 변수끼리의 관계를 측정할 때 이용하는 것이다. 즉, 한 변수가 어떤 속성을 가지고 있는 것이 다른 변수가 특정 범주에 속하는 데에 어느 정도 영향을 미치고 있는가를 의미한다.

예를 들면, 남녀 성별(1, 2)에 따라 간식 만들기를 배우고 싶어 하는지(0, 1) 여부의 차이를 알아보고자 할 때 교차 분석의 χ^2 검정을 이용하여 분석할 수 있다.

교차 분석 결과가 표 6-11과 같다면, 이는 P < .05보다 크기 때문에 유의한 차이가 없는 것으로 설명되어 성별이 간식 만들기를 배우고 싶어 하는 것에는 영향을 미치지 않는다고 해석할 수 있다.

표 6-11 성별에 따른 간식 만들기 실습 희망 여부

변인	성별		χ^2	p-value
	남(100) N(%)	여(100) N(%)		
희망함	73(73)	68(68)	2.25	.134
희망하지 않음	27(27)	32(32)		

(5) t 검증

t 검증(t-test)은 두 집단 간의 평균(연속 변수)을 비교할 때 이용하는 통계 분석 방법이다. 예를 들면, 성별(독립변수)에 따라 "소품 만들기에 흥미가 있다"라는 변수 평균에 차이가 있는지를 알아보고자 한다면 t 검증을 이용할 수 있다.

분석 결과 표 6-12와 같이 여학생 흥미도(M=3.27), 남학생 흥미도(M=3.02), t값이 1.51이고, 유의 수준(p < .01)을 나타냈다면, 이는 남녀 성별에 따라 소품 만들기에 흥미를 가지는 정도에 유의한 차이를 나타내는 것이다. 구체적으로 여학생 쪽이 남학생 쪽보다 소품 만들기에 많은 흥미를 가지고 있다고 해석할 수 있다.

표 6-12 성별에 따른 소품 만들기에 대한 흥미도 N=200

변인	성별	
	남 M(SD)	여 M(SD)
소품 제작에 대한 흥미도	3.02(.48)	3.27(.55)
	t = 1.51**	

** p<.01

(6) 분산 분석

분산 분석(ANOVA)은 세 집단 이상의 평균 비교에 이용되는 통계 분석 방법이다. 예를 들어, 학업 성적(상 · 중 · 하)에 따라 "자신의 옷을 스스로 세탁한다"는 변수의 평균에 유의한 차이가 있는지를 알아보고자 할 때 이용할 수 있다. 추후 검증은 Ducan으로 통계 처리한다.

분석 결과가 표 6-13과 같이 상집단(M=3.01), 중집단(M=3.12), 하집단(M=3.12)으로 나타나고, 이들 평균값 차의 통계적 유의도를 검정하기 위하여 F-검정을 실시한 결과 1.43으로 나왔는데, 유의한 수준이 아니었다. 즉, 이는 자신의 옷은 자신이 직접 세탁하는 정도는 성적에 따라 유의한 차이를 보이지 않는다고 해석할 수 있다.

표 6-13 학업 성적에 따른 세탁물 처리 자립도 N=300

변인	학업 성적		
	상 M(SD)	중 M(SD)	하 M(SD)
자신의 옷을 스스로 세탁한다	3.01(.59)	3.12(.55)	3.12(.58)
	F = 1.43		

(7) 상관관계 분석

상관관계 분석(correlations)은 두 변수 간의 관계를 알아보는 분석 방법으로, 교차 분석과 다르게 두 연속 변수 사이에 사용된다. 예를 들어, "내 옷은 내가 직접 구입한다"라는 변수와 "자신의 옷차림에 만족한다"라는 두 연속 변수 사이의 관계를 알아보고자 할 때 상관관계 분석을 이용할 수 있다.

분석 결과 상관 계수(R)=.633**으로 P＜.01의 유의 수준을 나타냈다면, 이는 상관관계 해석을 할 수 있다는 뜻으로, "옷을 직접 구입한다"라는 변수와 "자신의 옷차림에 만족한다"라는 변수 간에 상관관계가 있다고 해석할 수 있다.

즉, 자신의 옷차림에 만족하는 정도가 클수록 옷을 직접 구입할 확률이 높다. 혹은 옷을 직접 구입할 확률이 높을수록 자신의 옷차림에 만족하는 정도가 높다고 할 수 있다.

표 6-14 직접 옷 구입에 따른 옷차림 만족도

변인	옷차림 만족도
직접 옷 구매 여부	R = .633**

** $p<.01$

<상관관계 해석 기준>

$0.8 \le r$일 때, 강한 상관이 있다.

$0.6 \le r < 0.8$일 때, 상관이 있다.

$0.4 \le r < 0.6$일 때, 약한 상관이 있다.

단원 마무리

1. 교육의 질을 담보하기 위해 가장 중요한 것이 교사의 전문성인데, 교사가 갖추어야 할 전문적 자질로 탐구자, 임파워먼트를 길러가는 교사, 실천적 지혜를 길러가는 교사, 행동 주체-변혁의 주체자, 혁신적 전문성을 들고 있다. 최근 더욱 강조되는 혁신적 전문성은 새로운 역량을 개발할 수 있는 능력, 기존의 신념과 관점을 비판하고 재구성하는 데서 생기는 모호함과 불안감을 견딜 수 있는 능력, 새로운 것을 배울 수 있는 능력을 포함한다.

2. 가정과교사의 자격 기준은 교육 경력과 관련 학위 등에 따라 중등학교 준교사, 2급 정교사, 1급 정교사로 구분한다.

3. 가정과교육의 미래 비전과 사명을 수행하기 위해 가정과교사는 개인과 가족의 근본적 요구와 실천적 관심, 지식과 기능의 다학문적 통합, 모든 사람의 안녕을 위한 변혁적 행동의 차원에서 가정학 리터러시를 함양해야 한다.

4. 장학(supervision)은 공부나 학문을 장려한다는 것으로, "우수한 사람이 위에서 감시한다"는 뜻이다. 목적은 교육의 통제보다는 조성과 지원을 통해 교수-학습의 성과를 극대화하는 데 있다. 일반적으로 장학은 절차나 방법에 따라 임상 장학, 동료 장학, 자기 장학, 약식 장학으로 나눈다.

5. 수업 컨설팅은 교수자 자신, 동료 교사, 외부의 수업 컨설팅 전문가 등이 협력하여 지속적으로 수업에 대해 진단, 처방, 실행을 통해 실질적인 개선을 이루어 가는 자기 주도적인 전문성 신장의 과정으로 정의할 수 있다. 수업 컨설팅의 최종 목적은 교사들이 좋은 수업을 할 수 있도록 돕는 데 있다.

6. 현장 연구를 위한 자료 수집 방법에는 문헌 분석법, 설문지법, 면접법, 관찰법 등이 있다. 또한 수집한 자료를 해석하기 위한 통계 분석법에는 신뢰도 분석, 빈도와 백분율, 집중 경향치와 변산도, 교차 분석(crosstab), t 검증(t-test), 분산 분석(ANOVA), 상관관계 분석(correlations) 등이 있다.

1. 가정과교사인 최 교사가 실시한 자기장학에 대한 내용으로 옳지 <u>않은</u> 것은? [4점] [2012]

① '생명의 소중함'에 대한 자신의 수업을 녹화한 후 이를 보면서 분석·반성하였다.
② 가정교과의 교수-학습방법에 대한 전문성을 높이기 위해 대학원에 진학하였다.
③ '올바른 의사소통' 수업을 실시하기 전에 의사소통 능력 향상 프로그램 직무 연수를 받았다.
④ '배우자 선택' 수업 후 수업 내용과 방법에 대한 학생의 평가를 받아 다음 수업에 반영하였다.
⑤ '쿠션 만들기' 수업을 개선하기 위해 가정교과협의회에서 쿠션의 제작 순서와 실습 방법을 협의하였다.

2. 다음 교단 일기 (가), (나)는 가정과교사의 전문성을 향상시키기 위한 서로 다른 장학 유형의 사례이다. (가)에 나타난 장학 유형을 쓰고, (나)와 구별되는 (가)의 장점을 1가지만 쓰시오. [2점] [2014]

(가)

○○월 ○○일 3개월 전 나는 '청소년의 이성교제'에 대한 토론 수업에서 학생들이 다른 친구들의 의견을 잘 듣지 않아 어려움을 겪었다. 점심시간에 우연히 2학년 가정을 담당하고 있는 박 선생님과 이야기를 나누다가 토론 수업에 대한 조언을 구했다. 박 선생님께서는 흔쾌히 학교에서 매주 한 번씩 내 수업 계획을 검토하고 실제 수업을 관찰한 후, 피드백을 해 주시겠다고 하셨다. 3개월이 지난 지금 나는 박 선생님의 도움으로 토론 수업에 훨씬 더 자신감을 가지게 되었다.

(나)

○○월 ○○일 오늘 학기 초의 가정과교사 수업 공개 계획에 따라 '저출산·고령화 사회'에 대한 나의 공개 수업이 있었다. 교육지원청 장학사를 비롯하여 우리 학교와 인근 학교의 가정과교사들이 수업을 참관하러 오셨다. 수업을 잘해 보고 싶은 마음에 학생들과 본시 수업에 대한 리허설도 했다. 그런데 수업 참관 후, 협의회에서 장학사는 오늘 수업에서 학생들이 다소 경직되어 있었다고 평가했다.

3. 다음은 박 교사가 작성한 교단 일기와 현장 연구 계획서의 일부이다. (가)에 나타난 장학의 종류를 쓰고, (나)의 [문항 1]에서 사용된 측정 도구의 명칭을 쓰시오. [2점] [2016]

(가)

교단 일기

나의 수업을 점검하려고 '주거와 거주환경' 단원 수업을 동영상으로 촬영하였다. 동영상을 분석해 보니, 학생들의 학습 동기를 이끌어 내지 못하는 것을 발견하였다. 이 문제를 해결하기 위해 전문 서적과 논문을 통해 동기 유발에 관한 심층적인 연구를 하였다. 그런 과정에서 동기 유발 전략을 적용한 현장 연구 계획서를 작성하게 되었다.

(나)

현장 연구 계획서

○ 연구 주제: 동기 유발 전략을 적용한 '주거와 거주환경' 수업의 효과 검증
○ 연구 목적: 동기 유발 전략을 적용한 '주거와 거주환경' 수업을 통한 학생의 학습 동기 향상
○ 연구 방법: 설문지법
○ 측정 도구: '학습 동기'를 측정할 수 있는 문항

※ 다음을 읽고 해당하는 번호에 ∨표를 하시오.

1. 전혀 그렇지 않다	2. 그렇지 않다	3. 보통이다
4. 대체로 그렇다	5. 매우 그렇다	

문항					
[문항 1] '주거와 거주환경' 단원에 대한 흥미가 생겼다.	1	2	3	4	5
[문항 2] ⋮					

…(하략)…

APPENDIX

부록

THEORY OF HOME ECONOMICS EDUCATION

가정과교수-학습·평가 계획서 예시

【교육부 표준 서식】

2024학년도 1학기 기술·가정과교수-학습·평가 계획서 [3학년]

Ⅰ 교수-학습·평가 방법

시기	시수/누계	단원명 (평가 영역)	성취 기준	평가 요소	수업·평가 방법 수업·평가 연계의 주안점
3월 1~2주	4/4	I. 가족의 이해 01. 변화하는 가족과 건강 가정 (※성교육: 사랑의 실천, 결혼과 가족 관계)	[9기가01-04] 사회 변화에 따른 가족의 구조와 기능의 변화를 이해하고, 건강 가정을 위한 가족 구성원의 역할을 탐색하여 실천한다.	• 가족 구조의 변화, 가족 구성원의 역할을 토대로 사랑의 가치와 유형의 의미 설명하기 • 건강 가족의 의미를 추론하고 다양한 가족 관계의 유형과 특징을 탐색하기	[강의식 수업, 모둠 수업, 그와 연계한 평가] • (강의식 수업) 가족의 의미, 기능, 사랑의 가치와 유형 및 건강가정의 요소에 대해 설명하기 • (모둠 수업) 모둠별로 다양한 가족 형태에 대한 오해와 진실을 주제로 토의 토론 • (모둠 수업) 가족 가치관 관련 주제로 육색사고모 토의 후 모둠별 건강 가족을 위한 가족 지침 제작 - (동료평가와 교사 평가) 모둠 내 발표 후 동료 간 피드백, 교사는 학생들의 의사소통 과정을 면밀히 관찰하여 기록 - (포트폴리오) 학생들이 학습지를 작성하는 과정에 대해 관찰하고 평가
3월 3주~4월 1주	6/10	I. 가족의 이해 02. 가족 관계와 갈등 관리 (※성교육: 성적 의사 결정과 의사소통)	[9기가01-05] 다양한 가족 관계의 유형과 특징을 파악하고, 양성평등하고 세대 간의 민주적인 가족 관계를 형성하는 방안을 탐색하여 실천한다. [9기가01-06] 가족 관계에서 발생하는 갈등의 원인과 배경을 분석하고, 효과적인 의사소통을 통해 가족 간의 갈등 해결 방안을 탐색하여 실천한다.	• 가족 관계의 유형을 이해하고 양성평등한 가족 관계를 위한 방안 제시하기 • 가족 관계에서 갈등해결을 할 수 있는 효과적인 의사소통 방법 실천하기	[전체 토의 수업, 개별 활동, 그와 연계한 평가] • (전체 토의 수업) 형제자매 관계를 서로 이해하기 위해 첫째, 둘째, 막내, 외동 모둠을 형성하여 토의 후 전체 학급 토의 • (개별 활동) 나 전달법과 적극적 경청 방법을 빈칸 채우기 활동을 통해 이해하기 • (역할극 활동하기) 가족 관계 갈등 해결을 위한 역할극 시나리오 작성 후 역할극 하기 - (동료평가와 자기평가) 토의 과정에서 참여도를 바탕으로 객관적으로 평가 - (교사 관찰 평가) 가족 관계 갈등 문제 해결을 위한 시나리오를 작성하고 역할에 맞게 설명을 포함한 시연 내용을 위주로 평가
… (중략) …					

III 평가 세부 계획

1. 평가의 목적, 방향

기술·가정과에서는 가정생활에 대한 지식, 능력, 가치 판단력을 함양하여 실천적 문제해결을 통해 자립적인 삶을 영위하고, 기술에 대한 실천적 학습 경험을 통해 기술적 지식, 기능, 태도를 함양하여 기술적 능력을 높여, 현재와 미래의 행복하고 건강한 가정생활과 창조적인 기술의 세계를 주도적으로 영위할 수 있도록 한다.

2. 평가의 방침과 유의사항

가. 평가는 지필평가와 수행평가 영역으로 나누어 각각 100점 만점으로 실시하며, 학기 말 성적 산출 시 정해진 비율로 합산한다.

나. 지필평가 및 수행평가에서 학생이 배운 학교 교육과정의 범위와 수준을 벗어난 내용을 출제하여 평가하지 않도록 한다.

다. 평가의 구체적인 내용(시기, 방법, 기준 등)에 대해 충분히 안내하고, 채점 결과는 빠른 시일 내에 공개하여 공정하고 투명한 평가가 이루어지도록 한다.

라. 평가 문항에 기본 점수를 부여하지 않으며 작성하지 않은 문항은 0점 처리한다.

마. 지필평가 문항은 서·논술형 문항을 포함하여 출제하며, 서·논술형 문항 배점은 학기 말 총 배점의 30% 이상 반영한다.

바. 수행평가는 성취 기준에 기반하여 교과 수업 중에 실시하는 것을 원칙으로 하며, 결과물은 과목 교사가 개별적으로 보관하고 폐기 기한에 맞춰 폐기한다.

사. 특수교육 대상 학생의 수행평가는 학생의 능력 및 장애 특성에 맞게 평가 항목과 배점을 조정하여 실시한다. 특수교육 대상 학생의 장애가 심하여 수행평가 영역에의 응시가 불가한 경우 학업성적관리규정에 따라 인정점을 부여한다.

아. 이 계획에 명시되지 않은 내용에 대해서는 본교 학업성적관리규정에 따른다.

3. 평가 영역 및 반영 비율

<table>
<tr><th>평가 유형</th><th colspan="2">지필평가</th><th colspan="4">수행평가</th><th>합계</th></tr>
<tr><td>반영 비율</td><td colspan="2">30%</td><td colspan="4">70%</td><td>100%</td></tr>
<tr><td rowspan="2">평가 요소
(방법)</td><td colspan="2">2회 고사</td><td rowspan="2">우리 가족의
더불어 살아가는
주생활 문화
만들기
(프로젝트)</td><td rowspan="2">저출산·고령 사
회 분석하기
(논술형)</td><td rowspan="2">생활 속 필요한
애플리케이션
제안하기
(서·논술형)</td><td rowspan="2">포트폴리오</td><td rowspan="3">-</td></tr>
<tr><td>선택형</td><td>서·
논술형</td></tr>
<tr><td>영역 만점
(반영 비율)</td><td>80점
(24%)</td><td>20점
(6%)</td><td>100
(20%)</td><td>100
(15%)</td><td>100
(15%)</td><td>100점
(20%)</td></tr>
</table>

(계속)

평가 유형	지필평가		수행평가				합계
서·논술형 평가 반영 비율	-	6%	5%	15%	15%	-	41%
교육과정 성취 기준	[9기가01-04]~ [9기가01-06] [9기가02-06] [9기가02-07] [9기가02-12] [9기가03-06]		[9기가02-05] [9기가02-06] [9기가03-08]	[9기가03-06] [9기가03-07]	[9기가05-04] [9기가05-05]	[9기가01-04]~ [9기가01-06] [9기가02-05]~ [9기가02-07]	
동점자 처리 기준 순위	1		2	4	5	3	

4. 기준 성취율과 성취도

가. 지필평가의 성취도는 성취율에 따라 변동 분할 점수를 부여한다.

나. 수행평가의 성취도는 성취율에 따라 고정 분할 점수를 부여한다.

성취도	A	B	C	D	E
분할 점수	90점 이상	80점 이상~ 90점 미만	70점 이상~ 80점 미만	60점 이상~ 70점 미만	60점 미만

5. 수행평가 세부 기준

가. 우리 가족의 더불어 살아가는 주생활 문화 프로젝트(20점)

수행 과제	우리 가족의 가족생활 주기에 맞는 이웃 및 자연과 더불어 살아가는 주생활 문화를 형성할 수 있는 방안을 제시하기	
교육과정 성취 기준	[9기가02-05] [9기가02-06] [9기가03-08]	
평가 기준	상	우리 가족의 가족생활 주기를 분석하고 더불어 살아가는 주생활 문화 형성 방안을 이웃과 자연으로 구분하여 제시하는 글을 논리적으로 작성할 수 있다.
	중	우리 가족의 가족생활 주기를 분석하고 더불어 살아가는 주생활 문화 형성을 위한 방안을 이웃과 자연으로 구분하여 제시하는 글을 작성할 수 있다.
	하	우리 가족의 가족생활 주기를 분석하고 이웃 및 자연과 함께 더불어 살아가는 주생활 문화 형성 방안을 글로 작성할 수 있다.
평가 방법	☑ 서술·논술 □ 구술·발표 □ 토의·토론 □ 프로젝트 □ 실험·실습 □ 포트폴리오 □ 기타	
	☑ 교사 관찰 및 기록 ☑ 자기평가 □ 동료평가	

(계속)

평가 요소	수행 수준(채점 기준)	배점
가족생활 주기 분석하기	가족생활 주기를 탐색하여 자신의 가족생활 주기를 파악하고 그 특징을 정확하게 분석하여 제시하였다.	30
	가족생활 주기를 탐색하여 자신의 가족생활 주기를 파악하고 그 특징을 분석하여 제시하였다.	25
	가족생활 주기를 탐색하여 자신의 가족생활 주기를 파악하고 그 특징을 분석하여 제시하였으나 내용이 미흡하였다.	15
	가족생활 주기를 탐색하여 자신의 가족생활 주기를 파악하고 그 특징을 분석하여 적절하게 제시하지 못하였다.	10
더불어 살아가는 주생활 문화 형성하기	뉴스 자료, 논문 등 객관적 근거를 통해 자료를 수집하고 자료를 통해 이웃 및 자연과 더불어 살아가는 주생활 문화 형성을 위한 실현 가능한 방안을 논리적으로 제시하였다.	40
	뉴스 자료, 논문 등 객관적 근거를 통해 자료를 수집하고 자료를 통해 이웃 및 자연과 더불어 살아가는 주생활 문화 형성을 위한 방안을 논리적으로 제시하였다.	30
	뉴스 자료, 논문 등 객관적 근거를 통한 자료 수집이 미흡하였으나 이웃 및 자연과 더불어 살아가는 주생활 문화 형성을 위한 방안을 제시하였다.	15
	뉴스 자료, 논문 등 객관적 근거를 통해 자료를 수집하지 못하였고 이웃 및 자연과 더불어 살아가는 주생활 문화 형성을 위한 방안을 적절하게 제시하지 못하였다.	5
우리 가족 주생활 문화 보고서 작성하고 발표하기	우리 가족 주생활 문화 보고서의 어휘 선택이 매우 적절하고, 문장과 문장이 긴밀하게 연결되어 있다. 어문 규정을 잘 지켰으며 발표 내용을 잘 숙지하고 청중이 이해하기 쉽도록 적절한 예시를 활용하여 논리적으로 발표하였다.	30
	우리 가족 주생활 문화 보고서의 어휘 선택이 적절한 편이고, 문장 사이의 연결이 긴밀한 편이며 발표 내용을 숙지하고 청중이 이해하기 쉽도록 발표하였다.	25
	우리 가족 주생활 문화 보고서의 어휘 선택이 보통이었으며 문장 사이의 연결이 다소 어색하였고 발표 내용을 청중에서 전달하는 데 다소 미흡하였다.	15
	우리 가족 주생활 문화 보고서의 어휘 선택이 어색하고, 문장 사이의 연결이 매끄럽지 못하였고 발표 내용의 전달력이 미흡하였다.	10

나. 저출산·고령 사회 분석하기(15점)

<table>
<tr><th>수행 과제</th><td colspan="3">저출산·고령 사회 현상이 개인 및 가정생활에 미치는 영향을 개인, 지자체, 국가적 관점에서 분석하고 이를 가족 친화 문화의 필요성과 관련하여 논리적으로 작성하기</td></tr>
<tr><th>교육과정 성취 기준</th><td colspan="3">[9기가03-06] [9기가03-07]</td></tr>
<tr><th rowspan="3">평가 기준</th><td>상</td><td colspan="2">저출산·고령 사회가 개인 및 가정생활에 미치는 영향을 분석하여 가족 친화 문화의 필요성과 확산 방안을 제안할 수 있다.</td></tr>
<tr><td>중</td><td colspan="2">저출산·고령 사회가 개인 및 가정생활에 미치는 영향을 분석하여 가족 친화 문화의 필요성을 제안할 수 있다.</td></tr>
<tr><td>하</td><td colspan="2">저출산·고령 사회가 개인 및 가정생활에 미치는 영향과 가족 친화 문화의 필요성을 제안할 수 있다.</td></tr>
<tr><th rowspan="2">평가 방법</th><td colspan="3">☑ 서술·논술 □ 구술·발표 □ 토의·토론 □ 프로젝트 □ 실험·실습 □ 포트폴리오 □ 기타</td></tr>
<tr><td colspan="3">☑ 교사 관찰 및 기록 ☑ 자기평가 □ 동료평가</td></tr>
<tr><th colspan="2">평가 요소</th><th>수행 수준(채점 기준)</th><th>배점</th></tr>
<tr><th colspan="2" rowspan="4">저출산·고령 사회 영향 분석하기</th><td>뉴스 자료, 논문 등 객관적 근거를 통해 자료를 수집 및 분석하고 저출산·고령 사회가 개인 및 가정생활에 미치는 영향을 개인, 지자체, 국가적 관점으로 분류하여 3가지 이상 논리적으로 제시하였다.</td><td>50</td></tr>
<tr><td>뉴스 자료, 논문 등 객관적 근거를 통해 자료를 수집 및 분석하고 저출산·고령 사회가 개인 및 가정생활에 미치는 영향을 개인, 지자체, 국가적 관점으로 분류하여 2가지 이상 논리적으로 제시하였다.</td><td>40</td></tr>
<tr><td>뉴스 자료, 논문 등 객관적 근거를 통한 자료 수집 및 분석이 미흡하였으나 저출산·고령 사회가 개인 및 가정생활에 미치는 영향을 제시하였다.</td><td>25</td></tr>
<tr><td>뉴스 자료, 논문 등 객관적 근거를 통한 자료 수집 및 분석이 미흡하였고 저출산·고령 사회가 개인 및 가정생활에 미치는 영향을 명확하게 제시하지 못하였다.</td><td>15</td></tr>
<tr><th colspan="2" rowspan="4">가족 친화 문화의 필요성 및 확산 방안 제안하기</th><td>저출산·고령 사회와 관련하여 가족 친화 문화의 필요성과 실현 가능한 확산 방안을 3가지 이상 제시하였다.</td><td>50</td></tr>
<tr><td>저출산·고령 사회와 관련하여 가족 친화 문화의 필요성과 실현 가능한 확산 방안을 2가지 이상 제시하였다.</td><td>40</td></tr>
<tr><td>저출산·고령 사회와 관련하여 가족 친화 문화의 필요성과 확산 방안을 1가지 이상 제시하였다.</td><td>25</td></tr>
<tr><td>저출산·고령 사회와 관련하여 가족 친화 문화의 필요성과 확산 방안을 제시하지 못하였다.</td><td>15</td></tr>
</table>

다. 생활 속 필요한 애플리케이션 제안하기(15점)

수행 과제	정보 통신 매체의 활용 방안을 탐색하고 생활 속 필요한 애플리케이션을 구상하고 설계하기	
교육과정 성취 기준	[9기가05-04] [9기가05-05]	
평가 기준	상	정보 통신 매체의 활용 방안을 정확하게 탐색하여 생활 속 필요한 애플리케이션의 필요성과 기능을 구체적으로 구상하고 설계할 수 있다.
	중	정보 통신 매체의 활용 방안을 탐색하고 생활 속 필요한 애플리케이션의 필요성과 기능을 구상하고 설계할 수 있다.
	하	정보 통신 매체의 활용 방안을 탐색하고 생활 속 필요한 애플리케이션을 설계할 수 있다.
평가 방법	☑ 서술·논술 □ 구술·발표 □ 토의·토론 □ 프로젝트 □ 실험·실습 ☑ 포트폴리오 □ 기타	
	☑ 교사 관찰 및 기록 ☑ 자기평가 □ 동료평가	

평가 요소	수행 수준(채점 기준)	배점
정보 통신 매체의 활용 방안 탐색하기	정보 통신 매체의 활용 사례를 3가지 이상 분석하고 정보 통신 매체의 잘못된 활용 예시와 해결책을 적절하게 제시하였다.	50
	정보 통신 매체의 활용 사례를 2가지 이상 분석하고 정보 통신 매체의 잘못된 활용 예시와 해결책을 적절하게 제시하였다.	30
	정보 통신 매체의 활용 사례 분석이 미흡하였으나 정보 통신 매체의 잘못된 활용 예시와 해결책을 제시하였다.	15
애플리케이션 구상 및 설계하기	생활 속 불편함을 해결하거나 더욱 편리하게 해줄 애플리케이션의 용도와 필요성을 3가지 이상 근거를 들어 설명하고 애플리케이션의 주 화면, 실행 시 화면, 기능으로 구분하여 구체적으로 제시하였다.	50
	생활 속 불편함을 해결하거나 더욱 편리하게 해줄 애플리케이션의 용도와 필요성을 2가지 이상 근거를 들어 설명하고 애플리케이션의 주 화면, 실행 시 화면, 기능으로 구분하여 구체적으로 제시하였다.	40
	생활 속 불편함을 해결하거나 더욱 편리하게 해줄 애플리케이션의 용도와 필요성을 설명하고 애플리케이션의 주 화면, 실행 시 화면, 기능으로 구분하여 제시하였다.	25
	생활 속 불편함을 해결하거나 더욱 편리하게 해줄 애플리케이션의 용도와 필요성의 설명이 미흡하고 애플리케이션의 주 화면, 실행 시 화면, 기능으로 구분하여 제시하지 못하였다.	10

라. 포트폴리오(20점)

<table>
<tr><td>수행 과제</td><td colspan="3">사회 변화에 다른 가족의 변화와 가족 관계에서 발생할 수 있는 문제점과 해결 방안을 정확하게 서술하고 가족생활에 적합한 주거 공간 구성을 활용할 수 있는 방안을 구체적으로 제시함</td></tr>
<tr><td>교육과정 성취 기준</td><td colspan="3">[9기가01-04] [09기가01-05] [9기가01-06] [9기가02-05] [9기가02-06] [9기가02-07]</td></tr>
<tr><td rowspan="3">평가 기준</td><td>상</td><td colspan="2">사회 변화에 따른 가족 변화를 정확하게 서술하고, 가족생활에 적합한 주거 공간 구성 방안을 구체적으로 제시할 수 있다.</td></tr>
<tr><td>중</td><td colspan="2">사회 변화에 따른 가족 변화를 정확하게 서술하고, 가족생활에 적합한 주거 공간 구성 방안을 제시할 수 있다.</td></tr>
<tr><td>하</td><td colspan="2">사회 변화에 따른 가족 변화를 서술하고, 가족생활에 적합한 주거 공간 구성 방안을 제시할 수 있다.</td></tr>
<tr><td rowspan="2">평가 방법</td><td colspan="3">☐ 서술·논술 ☐ 구술·발표 ☐ 토의·토론 ☐ 프로젝트 ☐ 실험·실습 ☑ 포트폴리오 ☐ 기타</td></tr>
<tr><td colspan="3">☑ 교사 관찰 및 기록 ☑ 자기평가 ☐ 동료평가</td></tr>
<tr><td colspan="2">평가 요소</td><td>수행 수준(채점 기준)</td><td>배점</td></tr>
<tr><td colspan="2" rowspan="4">사회 변화에 따른 가족 변화 파악하기</td><td>사회 변화에 따른 가족 변화를 가족 구조, 기능, 인식으로 구분하여 분석하고 다양한 가족 관계에서 발생할 수 있는 문제점과 해결 방안을 3가지 이상 정확하게 제시하였다.</td><td>50</td></tr>
<tr><td>사회 변화에 따른 가족 변화를 가족 구조, 기능, 인식으로 구분하여 분석하고 다양한 가족 관계에서 발생할 수 있는 문제점과 해결 방안을 2가지 이상 제시하였다.</td><td>40</td></tr>
<tr><td>사회 변화에 따른 가족 변화를 가족 구조, 기능, 인식으로 구분하여 분석한 내용이 미흡하나 다양한 가족 관계에서 발생할 수 있는 문제점과 해결 방안을 1가지 이상 제시하였다.</td><td>25</td></tr>
<tr><td>사회 변화에 따른 가족 변화를 가족 구조, 기능, 인식으로 구분하여 분석한 내용이 미흡하고 다양한 가족 관계에서 발생할 수 있는 문제점과 해결 방안을 제시하지 못하였다.</td><td>15</td></tr>
<tr><td colspan="2" rowspan="3">가족생활에 적합한 주거 공간 구성하기</td><td>효율적인 주거 공간 구성 방안을 탐색하여 가족생활에 적합한 주거 공간 구성 활용 방안을 논리적 근거를 들어 제시하였다.</td><td>50</td></tr>
<tr><td>효율적인 주거 공간 구성 방안 탐색 내용이 미흡하나 가족생활에 적합한 주거 공간 구성 활용 방안을 제시하였다.</td><td>35</td></tr>
<tr><td>효율적인 주거 공간 구성 방안 탐색 내용이 미흡하고 가족생활에 적합한 주거 공간 구성 활용 방안을 제시하지 못하였다.</td><td>15</td></tr>
</table>

6. 결시자와 학적변동자 처리 기준

가. 수행평가 결시자는 추가 응시의 기회를 부여하고, 다시 할 수 없을 때는 본교 학업성적관리규정에 의거하여 처리한다.

나. 학적변동자는 그 전 학교의 수행평가 성적 중 과목명과 평가 영역, 반영 비율이 같은 것이 있을 경우 전입 전 성적을 인정한다. 그 전 학교의 수행평가에 같은 항목이 없을 경우 해당 항목에 대해 별도로 수행평가를 실시한다. 수행평가를 실시할 수 없는 경우, 교과(학년)협의회를 거쳐 학업성적관리위원회의 심의를 통해 방법을 결정한다.

7. 특수교육대상자 성적 처리 기준

가. 지필평가는 특수교육 대상 학생과 일반 학생들을 동일하게 평가하여 성적을 산출함을 원칙으로 한다.

나. 수행평가는 특수교육 대상 학생이 장애로 인하여 특정 교과(목)나 특정 영역의 평가가 불가할 경우 교과(학년)협의회에서 인정점 부여 기준을 설정하고, 일반 학생과 형평성, 공정성이 유지되도록 한다.

8. 성적처리 방법 및 평가 결과의 활용

가. 학생의 성취 수준 및 역량의 개인차를 고려하여 평가 결과를 해석하고 활용한다.

나. 평가 결과는 교수-학습 방법이나 평가 방법, 평가 도구를 개선하기 위한 자료로 활용한다.

다. 평가 결과를 누적하여 학생의 성장과 발달을 파악하거나 학생에게 피드백할 수 있는 근거로 활용한다.

【교육부 표준 서식】

2024학년도 2학기 기술·가정과교수-학습·평가 계획서 [3학년]

Ⅰ 교수-학습·평가 방법

시기	시수/누계	단원명(평가 영역)	성취 기준	평가 요소	수업·평가 방법 수업·평가 연계의 주안점
8월 2~4주	6/6	Ⅱ. 가족의 생활과 안전 01. 가족의 건강하고 안전한 식생활	[9기가02-02] 영양 섭취 기준과 식사 구성안을 고려하여 균형 잡힌 식사를 계획하고, 가족의 요구를 분석하여 식사를 선택한 후 평가한다.	• 영양 섭취 기준, 식사 구성안, 균형 잡힌 식사, 가족의 요구 분석하기	[모둠 수업, 개별 활동, 그와 연계한 평가] • (모둠 수업) 한국인 영양소 섭취 기준에 대해 전문가 토의 후 전체 토의 • 식사 구성안 자전거 내 식품 예시 탐색하기 • 모둠 구성원의 요구에 맞는 식사 계획하기 • (개별 활동) 자신에게 적합한 1인 1회 분량, 권장 섭취 횟수 찾아보기 - (교사평가) 모둠 활동과 탐색 과정을 면밀히 관찰하여 평가 - (수행평가) 권장 섭취 횟수를 고려하여 균형 잡힌 하루 식사 계획표를 작성하는 과정과 결과를 면밀히 관찰하여 평가
9월 1~2주	4/10	Ⅱ. 가족의 생활과 안전 01. 가족의 건강하고 안전한 식생활	[9기가02-11] 가족 구성원의 요구, 영양적 균형을 고려한 한 끼 식사를 계획하고, 위생과 안전을 고려하여 조리한 후 평가한다.	• 식사 계획 방법과 위생과 안전을 고려한 조리 방법 탐색하기	[모둠 수업, 개별 활동, 그와 연계한 평가] • (모둠 수업) 모둠 내 역할을 맡아 가족 구성원의 요구에 맞는 식사 선택의 필요성 이해하기 • (개별 활동) 지난 주말 우리 가족의 하루 식사를 식사 평가표로 평가해 보고 개선점 찾기 - (포트폴리오 평가) 가족의 요구를 고려한 식사 선택의 중요성과 우리 가족의 식사를 평가하는 과정을 면밀히 관찰하여 평가
… (중략) …					

Ⅲ 평가 세부 계획

1. 평가의 목적, 방향

기술·가정과에서는 가정생활에 대한 지식, 능력, 가치 판단력을 함양하여 실천적 문제 해결을 통해 자립적인 삶을 영위하고, 기술에 대한 실천적 학습 경험을 통해 기술적 지식, 기능, 태도를 함양하여 기술적 능력을 높여, 현재와 미래의 행복하고 건강한 가정생활과 창조적인 기술의 세계를 주도적으로 영위할 수 있도록 한다.

2. 평가의 방침과 유의사항

가. 평가는 지필평가와 수행평가 영역으로 나누어 각각 100점 만점으로 실시하며, 학기 말 성적 산출 시 정해진 비율로 합산한다.

나. 지필평가 및 수행평가에서 학생이 배운 학교 교육과정의 범위와 수준을 벗어난 내용을 출제하여 평가하지 않도록 한다.

다. 평가의 구체적인 내용(시기, 방법, 기준 등)에 대해 충분히 안내하고, 채점 결과는 빠른 시일 내에 공개하여 공정하고 투명한 평가가 이루어지도록 한다.

라. 평가 문항에 기본 점수를 부여하지 않으며 작성하지 않은 문항은 0점 처리한다.

마. 지필평가 문항은 서·논술형 문항을 포함하여 출제하며, 서·논술형 문항 배점은 학기 말 총 배점의 30% 이상 반영한다.

바. 수행평가는 성취 기준에 기반하여 교과 수업 중에 실시하는 것을 원칙으로 하며, 결과물은 과목 교사가 개별적으로 보관하고 폐기 기한에 맞춰 폐기한다.

사. 특수교육 대상 학생의 수행평가는 학생의 능력 및 장애 특성에 맞게 평가 항목과 배점을 조정하여 실시한다. 특수교육 대상 학생의 장애가 심하여 수행평가 영역에의 응시가 불가한 경우 학업성적관리규정에 따라 인정점을 부여한다.

아. 이 계획에 명시되지 않은 내용에 대해서는 본교 학업성적관리규정에 따른다.

3. 평가 영역 및 반영 비율

<table>
<tr><th>평가 유형</th><th colspan="2">지필 평가</th><th colspan="3">수행평가</th><th>합계</th></tr>
<tr><td>반영 비율</td><td colspan="2">40%</td><td colspan="3">60%</td><td>100%</td></tr>
<tr><td rowspan="2">평가 요소
(방법)</td><td colspan="2">2회 고사</td><td rowspan="2">권장 식사 계획표
작성하기
(프로젝트)</td><td rowspan="2">생명 기술의
윤리 글쓰기
(논술형)</td><td rowspan="2">나의 실천 계획 작성
(포트폴리오)</td><td rowspan="3">-</td></tr>
<tr><td>선택형</td><td>서·
논술형</td></tr>
<tr><td>영역 만점
(반영 비율)</td><td>80점
(32%)</td><td>20점
(8%)</td><td>100
(30%)</td><td>100
(15%)</td><td>100점
(15%)</td></tr>
<tr><td>서·논술형
평가
반영 비율</td><td>-</td><td>8%</td><td>10%</td><td>15%</td><td>-</td><td>33%</td></tr>
</table>

(계속)

평가 유형	지필 평가	수행평가			합계
평가 시기	12월	8월	12월	11월	
교육과정 성취 기준	[9기가02-02] [9기가02-08]~ [9기가02-11] [9기가03-08] [9기가03-09]	[9기가02-02]	[9기가04-08] [9기가04-09]	[9기가02-02] [9기가02-08]~ [9기가02-11] [9기가03-08] [9기가03-09]	
동점자 처리 기준 순위	1	2	3	4	

4. 기준 성취율과 성취도

가. 지필평가의 성취도는 성취율에 따라 변동 분할 점수를 부여한다.

나. 수행평가의 성취도는 성취율에 따라 고정 분할 점수를 부여한다.

성취도	A	B	C	D	E
분할 점수	90점 이상	80점 이상~ 90점 미만	70점 이상~ 80점 미만	60점 이상~ 70점 미만	60점 미만

5. 수행평가 세부 기준

가. 권장 식사 계획표 작성하기

수행 과제	한국인 권장 섭취 기준, 식사 구성안, 1일 권장 섭취 횟수를 고려하여 자신의 균형 잡힌 하루 식사 계획하기	
교육과정 성취 기준	[9기가02-02]	
평가 기준	상	한국인 권장 섭취 기준, 식사 구성안, 1일 권장 섭취 횟수를 모두 고려하여 자신의 균형 잡힌 하루 식사를 계획하여 식단을 작성할 수 있다.
	중	한국인 권장 섭취 기준, 식사 구성안, 1일 권장 섭취 횟수 등을 고려하여 자신의 균형 잡힌 하루 식사를 계획하여 식단을 작성할 수 있다.
	하	한국인 권장 섭취 기준, 식사 구성안, 1일 권장 섭취 횟수 중 일부를 고려하여 자신의 하루 식사를 계획할 수 있다.
평가 방법	☐ 서술·논술 ☐ 구술·발표 ☐ 토의·토론 ☑ 프로젝트 ☐ 실험·실습 ☑ 포트폴리오 ☐ 기타	
	☑ 교사 관찰 및 기록 ☐ 자기평가 ☐ 동료평가	

(계속)

평가 요소	수행 수준(채점 기준)	배점
영양 요구량 분석하기	에너지 필요량 산출 공식을 적용하여 자신에게 필요한 에너지 필요 추정량을 정확히 산출하였으며, 한국인 권장 섭취 기준을 활용하여 주요 영양소별 권장 섭취량을 정확하게 분석하였다. (주요 영양소는 수업에서 배운 10가지를 기준으로 함)	40
	에너지 필요량 산출 공식을 적용하여 자신에게 필요한 에너지 필요 추정량을 산출할 수 있으며, 한국인 권장 섭취 기준을 활용하여 주요 영양소별 권장 섭취량 중 2/3 이상을 분석하였다.	30
	에너지 필요량 산출 공식을 적용하여 자신에게 필요한 에너지 필요 추정량을 산출하지 못하였거나 주요 영양소별 권장 섭취량 분석의 일부 내용의 수정 및 보완이 필요하다.	20
	자신에게 필요한 에너지 필요 추정량을 정확히 계산하지 못하였거나, 주요 영양소별 권장 섭취량 분석이 미흡하다.	10
식사 식품군별 섭취 횟수 배분하기	권장 식사 패턴(A형)을 활용하여 식품군별 섭취 횟수를 하루 세끼 식사와 간식에 균형 있게 배분하였다.	20
	권장 식사 패턴(A형)을 활용하여 식품군별 섭취 횟수를 하루 세끼 식사와 간식에 배분하였으나, 보완이 필요하다.	10
균형 잡힌 식사 구성안 계획하기	식사 구성안은 하루 세끼와 간식으로 구성되며, 여섯 가지 식품군이 골고루 포함되어 있고, 같은 식품군 내에서도 다양한 식재료와 조리법을 선택하여 전체적으로 균형 잡힌 식사를 계획하였다.	40
	식사 구성안은 하루 세끼와 간식으로 구성되며, 여섯 가지 식품군이 대체로 포함되어 있고, 비교적 다양한 식재료와 조리법을 선택하여 식사를 계획하였다.	30
	식사 구성안 중 일부가 누락되어 있거나, 여섯 가지 식품군 중 일부 식품군에 편중되어 있다. 또한 재료 및 조리법이 중복되어 있어, 수정 보완이 필요하다.	20
	식사 구성안 중 일부가 누락되어 있고 여섯 가지 식품군이 골고루 포함되지 않았으며, 재료 및 조리법이 반복되어, 균형 잡힌 식사 구성안으로 보기에 미흡하다.	10

나. 생명 기술의 윤리 글쓰기

<table>
<tr><td>수행 과제</td><td colspan="3">생명 기술이 개인과 사회에 미치는 영향을 탐색하여 생명 기술의 윤리적 문제에 대해 비판적 사고 과정을 통해 자신의 생각을 글로 작성할 수 있다.</td></tr>
<tr><td>교육과정 성취 기준</td><td colspan="3">[9기가04-02] [9기가04-03]</td></tr>
<tr><td rowspan="3">평가 기준</td><td>상</td><td colspan="2">생명 기술이 개인과 사회에 미치는 영향을 분석하여 그 대책을 탐색하고 생명 기술의 윤리적 문제에 대해 자신의 생각을 근거를 들어 구체적으로 제시할 수 있다.</td></tr>
<tr><td>중</td><td colspan="2">생명 기술이 개인과 사회에 미치는 영향을 분석하여 그 대책을 탐색하고 생명 기술의 윤리적 문제에 대해 자신의 생각을 제시할 수 있다.</td></tr>
<tr><td>하</td><td colspan="2">생명 기술이 개인과 사회에 미치는 영향을 분석하고 생명 기술의 윤리적 문제에 대한 글을 작성할 수 있다.</td></tr>
<tr><td rowspan="2">평가 방법</td><td colspan="3">☑ 서술·논술 □ 구술·발표 □ 토의·토론 □ 프로젝트 □ 실험·실습 □ 포트폴리오 □ 기타</td></tr>
<tr><td colspan="3">☑ 교사 관찰 및 기록 □ 자기평가 □ 동료평가</td></tr>
<tr><td colspan="2">평가 요소</td><td>수행 수준(채점 기준)</td><td>배점</td></tr>
<tr><td colspan="2" rowspan="4">생명 기술의 영향 분석하기</td><td>생명 기술이 개인과 사회에 미치는 긍정적 영향과 부정적 영향에 대해서 각각 3가지 이상 구체적인 사례와 함께 제시하였다.</td><td>40</td></tr>
<tr><td>생명 기술이 개인과 사회에 미치는 긍정적 영향과 부정적 영향에 대해서 각각 2가지 이상 구체적인 사례와 함께 제시하였다.</td><td>30</td></tr>
<tr><td>생명 기술이 개인과 사회에 미치는 긍정적 영향과 부정적 영향에 대해서 제시하였다.</td><td>20</td></tr>
<tr><td>생명 기술이 개인과 사회에 미치는 영향에 대해서 상식적인 수준에서 제시하였다.</td><td>10</td></tr>
<tr><td colspan="2" rowspan="2">사례 분석하기</td><td>주어진 사례의 주제를 명확하게 파악하고 두 가지 주장에 대한 각각의 의견을 분석하였다.</td><td>20</td></tr>
<tr><td>주어진 사례의 주제를 명확하게 파악하지 못하고, 두 가지 주장에 대한 분석이 미흡하였다.</td><td>10</td></tr>
<tr><td colspan="2" rowspan="4">생명 기술의 윤리적 활용에 대한 글쓰기</td><td>관련 서적, 뉴스 자료, 논문 등 객관적 근거를 통해 자료를 수집하였으며, 올바른 어휘와 문법을 활용하여 자신의 주장과 근거가 포함된 구체적인 글을 작성하였다.</td><td>40</td></tr>
<tr><td>관련 서적, 뉴스 자료, 논문 등 객관적 근거를 통해 자료를 수집하였으며, 자신의 주장과 근거가 포함된 구체적인 글을 작성하였다.</td><td>30</td></tr>
<tr><td>객관적 근거를 통해 자료를 수집하지 않았거나 작성된 글에 근거가 부족하지만, 자신의 생각과 주장을 밝히는 글을 작성하였다.</td><td>20</td></tr>
<tr><td>작성된 글에 근거가 부족하거나, 자신의 생각을 명료하게 드러내지 못했다.</td><td>10</td></tr>
</table>

다. 나의 실천 계획 작성(포트폴리오)

<table>
<tr><td>수행 과제</td><td colspan="2">안전하고 건강한 식생활, 성폭력 및 가정 폭력 예방, 생애 설계 계획 과정에서 자신이 실생활에서 실천할 수 있는 방법을 탐색하고 제시하기</td></tr>
<tr><td>교육과정 성취 기준</td><td colspan="2">[9기가02-02] [9기가02-08]~[9기가02-11] [9기가03-08] [9기가03-09]</td></tr>
<tr><td rowspan="3">평가 기준</td><td>상</td><td>안전하고 건강한 식생활, 성폭력과 가정 폭력 예방, 생애 설계 계획 과정에서 모두 자신이 직접 실천할 수 있는 방안들을 구체적으로 제시함</td></tr>
<tr><td>중</td><td>안전하고 건강한 식생활, 성폭력과 가정 폭력 예방, 생애 설계 계획 과정에서 자신이 직접 실천할 수 있는 방안들을 제시함</td></tr>
<tr><td>하</td><td>안전하고 건강한 식생활, 성폭력과 가정 폭력 예방, 생애 설계 계획 과정에서 실천 방안을 제시함</td></tr>
<tr><td rowspan="2">평가 방법</td><td colspan="2">☐ 서술·논술 ☐ 구술·발표 ☐ 토의·토론 ☐ 프로젝트 ☐ 실험·실습 ☑ 포트폴리오 ☐ 기타</td></tr>
<tr><td colspan="2">☑ 교사 관찰 및 기록 ☐ 자기평가 ☐ 동료평가</td></tr>
</table>

<table>
<tr><th>평가 요소</th><th>수행 수준(채점 기준)</th><th>배점</th></tr>
<tr><td rowspan="5">안전하고 건강한 식생활</td><td>안전하고 건강한 식생활을 실천할 수 있는 방법들을 탐색하고 자신이 실생활에서 실천할 수 있는 방법을 구체적으로 제시하였다.</td><td>30</td></tr>
<tr><td>안전하고 건강한 식생활을 실천할 수 있는 방법들을 탐색하고 자신이 실생활에서 실천할 수 있는 방법을 제시하였다.</td><td>25</td></tr>
<tr><td>안전하고 건강한 식생활을 실천할 수 있는 방법들을 탐색하고 실생활에서의 실천 방법을 제시하였다.</td><td>20</td></tr>
<tr><td>안전하고 건강한 식생활을 실천할 수 있는 방법들을 탐색하였으나 실생활에서의 실천 방법 제시가 미흡하였다.</td><td>15</td></tr>
<tr><td>안전하고 건강한 식생활을 실천할 수 있는 방법들을 탐색하지 못하였고 실생활에서의 실천 방법 제시가 미흡하였다.</td><td>5</td></tr>
<tr><td rowspan="7">성폭력 및 가정 폭력 예방</td><td>성폭력 및 가정 폭력의 원인과 영향을 탐색하여 성폭력과 가정 폭력 예방을 위한 현실적이고 구체적인 방안을 제시하였다.</td><td>40</td></tr>
<tr><td>성폭력 및 가정 폭력의 원인과 영향을 탐색하여 성폭력 또는 가정 폭력 예방을 위한 현실적이고 구체적인 방안을 제시하였다.</td><td>35</td></tr>
<tr><td>성폭력 및 가정 폭력의 원인과 영향을 탐색하여 성폭력과 가정 폭력 예방을 위한 방안을 제시하였다.</td><td>30</td></tr>
<tr><td>성폭력 및 가정 폭력의 원인과 영향을 탐색하여 성폭력 또는 가정 폭력 예방을 위한 방안을 제시하였다.</td><td>25</td></tr>
<tr><td>성폭력 및 가정 폭력의 원인과 영향 탐색이 미흡하였으나 성폭력과 가정 폭력 예방을 위한 방안을 제시하였다.</td><td>15</td></tr>
<tr><td>성폭력 및 가정 폭력의 원인과 영향을 탐색하였으나 성폭력과 가정 폭력 예방을 위한 방안을 제시하지 못하였다.</td><td>10</td></tr>
<tr><td>성폭력 및 가정 폭력의 원인과 영향 탐색이 미흡하고 성폭력과 가정 폭력 예방을 위한 방안을 제시하지 못하였다.</td><td>5</td></tr>
</table>

(계속)

평가 요소	수행 수준(채점 기준)	배점
생애 설계와 진로 탐색	자신의 가치관과 생애 주기별 발달 과업을 중심으로 생애를 설계하고 건전한 직업 가치관을 바탕으로 자신의 진로를 탐색하여 앞으로 실천 사항을 구체적으로 제시하였다.	30
	자신의 가치관과 생애 주기별 발달 과업을 중심으로 생애를 설계하고 건전한 직업 가치관을 바탕으로 자신의 진로를 탐색하여 앞으로 실천 사항을 제시하였다.	25
	자신의 생애를 설계하고 건전한 직업 가치관을 바탕으로 자신의 진로를 탐색하여 앞으로 실천 사항을 제시하였다.	20
	자신의 가치관과 생애 주기별 발달 과업을 중심으로 생애를 설계하고 자신의 진로를 탐색하여 앞으로 실천 사항을 제시하였다.	15
	자신의 생애를 설계하고 진로를 탐색하여 앞으로 실천 사항을 제시하였다.	5

6. 결시자와 학적변동자 처리 기준

가. 수행평가 결시자는 추가 응시의 기회를 부여하고, 다시 할 수 없을 때는 본교 학업성적관리규정에 의거하여 처리한다.

나. 학적변동자는 그 전 학교의 수행평가 성적 중 과목명과 평가 영역, 반영 비율이 같은 것이 있을 경우 전입 전 성적을 인정한다. 그 전 학교의 수행평가에 같은 항목이 없을 경우 해당 항목에 대해 별도로 수행평가를 실시한다. 수행평가를 실시할 수 없는 경우, 교과(학년)협의회를 거쳐 학업성적관리위원회의 심의를 통해 방법을 결정한다.

7. 특수교육대상자 성적 처리 기준

가. 지필평가는 특수교육 대상 학생과 일반 학생들을 동일하게 평가하여 성적을 산출함을 원칙으로 한다.

나. 수행평가는 특수교육 대상 학생이 장애로 인하여 특정 교과(목)나 특정 영역의 평가가 불가할 경우 교과(학년)협의회에서 인정점 부여 기준을 설정하고, 일반 학생과 형평성, 공정성이 유지되도록 한다.

8. 성적처리 방법 및 평가 결과의 활용

가. 학생의 성취 수준 및 역량의 개인차를 고려하여 평가 결과를 해석하고 활용한다.

나. 평가 결과는 교수·학습 방법이나 평가 방법, 평가 도구를 개선하기 위한 자료로 활용한다.

다. 평가 결과를 누적하여 학생의 성장과 발달을 파악하거나 학생에게 피드백할 수 있는 근거로 활용한다.

참고문헌

국내 문헌

감경원·박미정(2020a) 가정과 초임교사 역량모델 개발. 한국가정과교육학회지, 32(40), 125-148.

감경원·박미정(2020b). 언어 네트워크 분석에 기반 한 가정과교육 연구 동향 분석: 2000-2019년 KCI 등재지를 중심으로. 한국가정과교육학회지, 32(3), 179-197.

강수택(2000). 일상생활세계와 성인학습: 성인학습 생활화의 사회조건. 한국성인교육학회, 3(1), 2-33.

강영삼(2007). 새로운 교직과정을 위한 교육학개론. 교육과학사.

강이철(2023). 교육방법 및 공학의 이론과 적용. 학지사.

강현석·이자현(2006). 내러티브를 통한 교육과정 개발자로서의 교사전문성의 재개념화. 교육과정, 24(1), 153-180.

강현석·이지연(2019). 이해 중심 교육과정을 위한 백워드 설계의 이론과 실천 교실혁명. 학지사.

강현석·이지은·정수경(2016). 백워드 설계와 수업 전문성. 학지사.

경기도교육청. 장학자료 제2007-10호. 중학교 서술형·논술형 평가 길라잡이.

경기도교육청. 장학자료 제2007-11호. 고등학교 서술형·논술형 평가 길라잡이.

고은미·김성숙·김형선·김연정·채정현(2023). 실과(기술·가정) 교과 '가족' 영역 메타버스 ZEP 플랫폼 기반 교수·학습 과정안 개발. HER(Human Ecology Research), 61(4), 543-563.

고재윤·김은정(2020). 가정실습실 공간 구축과 활용을 통한진로 연계형 고등학교 선택 과목 운영 사례 연구. 한국가정과교육학회지, 32(4), 53-65.

고재희(2008). 통합적 접근의 교육방법 및 교육공학. 교육과학사.

곽병선(1987). 교과에 대한 설명적 모형의 탐색. 한국교육, 14(2), 159-176.

곽영순·강호선·남경식·백종민·방소윤(2007). 수업 컨설팅 바로 하기. 원미사.

곽영우(2003). 교육경제학. 한국교육행정학회.

곽진숙(2000). 아이스너의 교육평가론. 교육원리연구, 5(1), 153-194.

교육공무원 임용후보자 선정경쟁시험규칙(교육부령 제296호, 2023. 2. 6., 일부개정).

교육과학기술부(2008). 2007 중학교 총론 해설서. http://ncic.kice.re.kr

교육과학기술부(2011a). 실과(기술·가정) 교육과정. 교육과학기술부 고시 제2011-361호 [별책 10].

교육과학기술부(2011b). 초·중등학교 교육과정 총론. 교육과학기술부 고시 제2011-361호 [별책 1].

교육도서출판사(2013). 기초기술 1.

교육도서출판사(2014). 기초기술 2.

교육부(2015a). 2015 개정 교육과정 총론 해설(중학교/고등학교).

교육부(2015b). 실과(기술·가정)/정보과 교육과정. 교육부 고시 제2015-74호 [별책 10].

교육부(2015c). 초·중등학교 교육과정 총론. 교육부 고시 제2015-74호 [별책 1].

교육부(2022). 중학교 교육과정. 교육부 고시 제2022-33호 [별책 3].

교육부(2022a). 2022 개정 교육과정 총론 해설(중학교/고등학교).

교육부(2022b). 실과(기술·가정)/정보과 교육과정. 교육부 고시 제2022-33호 [별책 10].

교육부(2022c). 초·중등학교 교육과정 총론. 교육부 고시 제2022-33호 [별책 1].

교육부(2023). AI 디지털 교과서 추진방안(안). 교육부 보도자료.

교육부·한국교육과정평가원(2017). 과정을 중시하는 수행평가 어떻게 할까요?, 연구자료 ORM 2017-19-2.

국립통일교육원(2023). 2023 북한 이해. 국립통일교육원.

권기영·이기영·이수희(2011). 가정과 교사들이 지각한 교육과정 관점과 가정과 교사들의 수업 문화. 한국가정과교육학회지, 23(4). 125-141.

권낙원·민용성·최미정(2008). 학교 교육과정 개발론. 학지사.

김경미(1993). 우리나라 가정학 본질 규명에 관련된 근본 개념들에 관한 분석적 연구. 이화여자대학교 교육대학원 석사학위청구논문.

김경미(2014). 대학생의 물질주의와 주관적 안녕감 및 대학생활 만족도의 관계에서 삶의 의미의 매개효과. 한국청소년학회: 청소년학연구, 21(10), 295-314.

김경배·김재건·이홍숙(2005). 교과교육론. 학지사.

김경애(1997). 제7차 교육과정의 방향 모색. 한국가정과교육학회지 학술대회 발표 자료집, 5-14.

김광현(2018). 좋은 수업을 위한 교육방법 및 교육공학. 어가.

김미량·허희옥·김민경·이옥화·조미헌(2008). 정보교육을 위한 교재의 이해와 활용. 교육과학사.

김민수·노희정(2020). 4차 산업혁명 시대 인간소외와 기술권력에 대한 윤리학적 고찰. 윤리연구, 1(131), 81-125. DOI: 10.15801/je.1.131.202012.91.

김민환(2002). 교사의 임파워먼트 결정 요인 및 특성과 학교 특성의 조절효과에 관한 연구. 한국교육(KEDI). 한국교육개발원.

김보경(2024). 교육방법 및 교육공학(2판). 학지사.

김선욱(2016). 인간의 조건과 행복-아렌트와 하버마스를 통한 행복의 구조 이해. 철학논집, 44, 39-67.

김성교(2007). 사범대 가정교육과 교사교육의 TQM 구성요소 평가. 한국교원대학교 박사학위청구논문.

김성교·왕석순(2011). 감사성향 함양을 위한 중학교 가정과 인성교육 교수·학습 과정안 개발 및 수업 적용의 효과 분석. 한국가정과교육학회.

김성숙·채정현(2007). 중등교사 신규임용 후보자 선정 경쟁시험 가정과교과교육학 출제 문항 분석. 한국가정과교육학회지, 19(3), 149-168.

김성완(2021). 창의적 문제해결을 위한 디자인씽킹. 동문사.

김수천(1989). 교육과정과 교과. 교육과학사.

김승호(1996). 스콜라주의 교육목적론. 서울대학교 대학원 박사학위청구논문.

김승희·채정현(2023). 대전환시대 가정과교육에서의 '사랑의 기술' 함양 방안. 대한가정학회 제76차 추계학술대회 자료집, 235-248.

김연우(2016). 한국적 물질주의의 심리적 기제: 마키아벨리즘, 통제성, 자존감, 불안을 중심으로. 호서대학교 대학원 박사학위청구논문.

김영채(2007). 창의력의 이론과 개발. 교육과학사.

김영천(2000). 새로운 수행평가 모델의 탐색: 방법, 디자인, 그리고 딜레마. 한국초등교육학회 종합학술대회 자료집. 한국교육과정평가원.

김영천(2007). 현장교사를 위한 교육평가. 문음사.

김영천·정정훈(2021). 사회과학을 위한 질적연구 핸드북. 아카데미프레스.

김요한(2016). 행복과학과 행복철학. 철학논집, 85(3), 81-99.

김유정(2005). 중등학교 가정과교사의 교사 효능감 유형과 관련변인. 중앙대학교 박사학위청구논문.

김윤정(2002). 제7차 기술·가정과교육과정 분석. 이화여자대학교 교육대학원 석사학위청구논문.

김재춘·박소영·김재현·변효종·최손환(2005). 교실수업 개선을 위한 교수·학습 활동의 이론과 실제. 교육과학사.

김정한(2003). 장학론. 학지사.

김정환(2008). 교육연구 및 통계방법. 원미사.

김종건(1997). 자유교육연구. 협신사.

김종건(2003). '교육'의 준거와 교과의 교육목적. 교육과정연구, 21(4), 25-50.

김진영·김연순·오선아·이성주·이순덕·진화봉(2023). 교육방법 및 교육공학. 북앤정.

김항아(1994). 우리나라 가정학의 당면 문제점과 그 역사적·철학적 배경요인에 관한 연구. 이화여자대학교 교육대학원 석사학위청구논문.

김현희·박미정·채정현(2010). 중학교 「기술·가정」 교과서의 가정영역에 나타난 Bloom의 인지적 영역 질문 분석. 한국가정과교육학회지, 22(1), 1-19.

남미자·김경미·김지원·김영미·박은주·박진아·이혜정(2021). 학습자 주도성, 미래교육의 거대한 착각. 학이시습.

남유진(2007). 중학교 가정과교사의 교과관련 자기장학에 대한 인식과 수행실태. 한국교원대학교 석사학위청구논문.

대구미래교육연구원(2023). 중등 논·구술형 평가 수업 설계 길라잡이. 대구미래교육연구원.

대한가정학회(1997). 대한가정학회 50년사. 대한가정학회.

류재수(2007). 교사의 효과적인 수업행동 구성 요인에 관한 연구. 원광대학교 박사학위청구논문.

류지헌·김민정·임태형(2023). 수업역량 강화를 위한 교육방법 및 교육공학. 학지사.

모수미(1984). 미래가정의 생활문화. Human Ecology Research, 24(4), 211-216.

문경숙·고인룡(2022). 중학교교육과정에 따른 특별실 위상 변화를 반영한 '기술·가정실' 학교 저층부 배치 유연화 기초 연구. 대한건축학회 학술발표대회 논문집.

문수재·유영주·이은영·윤정숙·문숙재(1996). 가정학의 새로운 접근: 인간생활을 중심으로. 수학사.

박도순(2008). 교육평가. 교육과학사.

박명주·유태명(2001). 중학교 가정과 교사와 기술과 교사의 사회 인구학적 변인에 따른 교육과정 관점에 관한 연구. HER(Human Ecology Research), 39(11), 161-174.

박미정(2006). 가정과교육의 미래 발전 전략 탐색: 정체성과 임파워먼트 및 비전을 중심으로. 한국교원대학교 대학원 박사학위청구논문.

박미정·채정현·한주(2024). 대한가정학회지 연구 동향 및 공저자 네트워크 분석: 2010~2022년 게재 논문을 중심으로. 대한가정학회지, 62(1), 15-32.

박선기(2010). 학부모가 바라는 교사상에 대한 유형 연구. 진주교육대학교 석사학위청구논문.

박숙희·염명숙(2007). 교수·학습과 교육공학. 학지사.

박아청(1998). 아이덴티티 論. 교육과학사.

박아청(2003). 정체감 연구의 전망과 과제. 학지사.

박영목(2003). 교과교육학의 학문적 발전 방향과 과제. 교육연구논총, 20, 25-40.

박인기(2006). 교과교육학의 학문 위상과 현 단계 도전 과업. 교과교육학연구, 10(1), 261-280.

박인철(2019). 후설의 생활세계 교육론-신체성, 감정이입, 자유 개념에 대한 현상학적 고찰을 중심으로- 철학, 141, 115-143.

박혜란(1996). 생활문화와 삶의 질. 이화여자대학교 한국여성연구원 제4차 통일문제학술세미나 자료집, 81-112.

배장오(2005). 교과교육론. 서현사.

백영균·한승록·박주성·김정겸·최명숙·변호승·박정환·강신천·윤성철(2019). 스마트 시대의 교육방법 및 교육공학(4판). 학지사.

변영계(2006). 교수·학습 이론의 이해. 학지사.

변영계(2008). 수업장학과 수업분석. 학지사.

변영계·김영환·손미(2009). 교육방법 및 교육공학. 학지사.

변영계·이상수(2006). 수업설계. 학지사.

서경혜(2016). 교사학습공동체의 집단전문성 개발 사례연구, 한국연구재단(NRF) 연구결과보고서.

서근원(2008). 질적 연구 수행의 의미. 교육학연구, 46(3), 133-161.

서울대학교 가정대학 1종도서 연구개발위원회(1990). 중학교 가정교사용 지도서. 국정교과서주식회사.

성태제(2010). 현대교육평가. 학지사.

성태제(2022). 교육평가의 기초. 학지사.

성태제(2024), 현대교육평가(제5판). 학지사.

성화경(1997). 가정과 교사 교육과 연수. 1997년 하계학술대회 자료집, 39-46.

소연희(2020). 중등예비교사가 지각한 교사핵심 역량이 학습컨설팅 역량에 영향을 미치는가?, 교사교육연구, 59(4), 527-540.

소영순(2023). 한국 고등학교 영어 수행평가와 서·논술형 평가 실태 및 개선 방안 연구. English Language Assessment, Vol. 18(2), December 28/2, 115.

소효정·이재영·이정민·임규연·정재삼(2023). 미래사회를 위한 교육의 방법과 테크놀로지(2판). 교육과학사.

손봉호(1986). 오늘을 위한 철학. 지학사.

손은주·추성경·임희수(2015). 교육방법 및 교육공학. 교육과학사.

송도선(2021). 존 듀이의 경험 중심 교육 사상. 학지사.

송미선(2013). 수업실습의 메타교육적 가능성 탐색. 교육원리연구, 18/1, 23-44.

송은경(1990). 고등학교 가정과교육과정 내용의 요구 분석. 이화여자대학교 교육대학원 석사학위청구논문.

송혜경(2023). 교사의 물질주의 가치관과 교사의 학생에 대한 편견의 관계: 교사 헌신을 매개 변인으로. 한국교원대학교 석사학위청구논문.

신영철(2003). 중등학교 체육교사의 교과관 분석. 서울대학교 석사학위청구논문.

신용철(2009). 문화, 철학으로 읽다. 북코리아.

양경윤·DR하브루타교육연구회·김선임·이근영·이미선·김진호·신소미·강지나·조아람·김현주(2017). 하부르타 질문 수업. 경향비피.

양지선(2008). 가정과 예비교사의 전문자질 교육요구와 교육적 준비에 대한 연구. 경상대학교 교육대학원 석사학위청구논문.

양지선(2019). 핀란드 가정과교육과정의 역량 기반 교육과정 사례 연구. 한국가정과교육학회지, 31(4), 19-39.

오인경·최정임(2005). 교육 프로그램 개발 방법론. 학지사.

옥양련·박금식(2001). 오늘의 사회문제. 유풍출판사.

왕석순(2003) 교과로서의 가정과교육의 목표 규명을 위한 문헌고찰 연구. 한국가정과교육학회지, 한국가정과교육학회지, 15(2), 79-99.

원신애(1996). Gadamer의 해석학적 이해와 실천 개념의 교육적 의미. 숙명여자대학교 총학생회 원우론총, 14, 194-211.

유난숙(2009). 가정교과교육학 지식(H-PCK)에 관한 가정과교사의 반성적 성찰. 한국교원대학교 대학원 박사학위청구논문.

유난숙(2020). 호주 빅토리아주 가정과교육과정에 대한 사례연구. 한국가정과교육학회지, 32(2), 19-42.

유송옥 외(1989). 고등학교 가정교사용 지도서. 교학사.

유승우·임형택·권충훈·이성주·이순덕·전희정(2017). 교육방법 및 교육공학. 양서원.

유영주·강완숙(1996). 가정학의 반성적 고찰: 새로운 패러다임의 구축을 위한 시론 1. HER(Human Ecology Research), 34(3), 1-8.

유지선·채정현(2021). 중학생을 위한 가정과 거꾸로 문제중심학습(FPBL) 교육안 개발과 평가 식품 선택과 보관 단원을 중심으로. 한국가정과교육학회지, 33(4), 65-84.

유지혜·설경옥(2018). 한국판 물질주의척도의 타당화 연구. 한국심리학회지: 문화 및 사회문제, 24(3), 385-410.

유태명(1992). 교육과정의 국제적 비교-가정과 교육방향의 재조명을 위한 가정학 철학 정립의 중대성-. 한국가정과교육학회 학술대회 자료집, 43-50.

유태명(2001). 가정과교육목표 및 교육내용 설정의 기초. 한국교육과정평가원. 지식기반사회에서 실과·기술·가정과의 교육목표와 교육내용, 어떻게 설정할 것인가? 연구자료 ORM. 2001-12, 155-190.

유태명(2003). 가정과교육과정 구성을 위한 가정과의 성격, 내용구조, 가정과교육을 통하여 갖추어야 할 소양에 대한 기초연구(Ⅰ): 델파이 조사연구. 대한가정학회지, 41(10), 149-171.

유태명·양지선·주수언·유난숙(2019). 한국가정과교육학회 30년 역사의 성과와 가정과교육의 미래 비전과 사명. 한국가정과교육학회지, 31(4), 163-192.

유태명·이수희(2010). 실천적 문제 중심 가정과 수업-이론과 실제. 북코리아.

유태명·장혜경·유지연·김주연·김항아·김효순(2004). 생각을 넓히는 실천적 가정과 수업 I. 신광출판사.

윤관식(2024). 수업 설계. 양서원.

윤서석(1981). 한국 가정학의 역사. Human Ecology Research, 19(4), 101-104.

윤서석·신상옥(1990). 춘계학술세미나: 현대사회와 가정학 - 가정학의 사회적 기여: 가정학 연구방향의 정립과 교육내용 개발. 생활과학논집, 4(0), 119-127.

윤지현(2015). 2015 가정과 교육과정의 핵심 개념인 '가정생활문화'에 대한 고찰. 한국가정과교육학회 추계학술대회 자료집, 73-91.

이귀윤(1996). 교육과정 연구. 교육과학사.

이기열(1987). 가정학의 전문성과 영역. 대한가정학회지, 25(4), 155-160.

이돈희(2002). 교육개혁은 가능한가? - 한국교육의 진단 및 교육개혁의 구상-. 교육 이론과 실천(경남대학교 교육문제 연구소), 12(1), 79-89.

이돈희·곽병선·박도순(1998). 교육이 변해야 미래가 보인다. 현대문학.

이돈희·황정규·윤희원·조영달·권오량·우정호(1994). 교과교육학 탐구. 교육과학사.

이미영·박미정·채정현(2010). 중학교 1학년 가정교과서 활동과제의 비판적 사고 수준 분석. 한국가정과교육학회지, 22(3). 19-36.

이민정·유태명(2010). 2007년 개정 교육과정에 기초한 7학년 교과서에 반영된 실천적 추론 과정의 분석. 한국가정과교육학회지, 22(4), 109-138.

이상우(2022). 협동학습으로 토의 토론 수업 완전 정복. 피앤씨미디어.

이성흠·이준(2009). 교육방법 및 교육공학. 교육과학사.

이성흠·이준·구양미·이경순(2017). 교육방법 및 교육공학. 교육과학사.

이연숙(2010). 가정과교육의 이론과 실제. 신광출판사.

이용숙(2006). 수업 컨설팅의 방향. 한국교육과정평가원 연구자료집, 1-27.

이윤식(2007). 학교 경영과 자율장학. 교육과학사.

이윤식(2019). 교원능력개발을 위한 자율 장학론. 학지사.

이인희(1987). 가정과 교수법. 수학사.

이인희·이옥임(1983). 가정과 교수법. 수학사.

이지연(2008). 예비교사를 위한 실제적 교육방법 및 교육공학. 서현사.

이진주, 박현지, 이주영, 박민지. (2023). MS 유형에 따른 교수자 지원기능 비교·분석. 한국디지털콘텐츠학회 논문지, 24(2), 399-410.

이진희·채정현(2008). Blended Learning(BL) 전략을 활용한 실천적 문제 중심 가정과 교수·학습과정안 개발. 한국가정과교육학회지, 20(4), 19-42.

이춘식·최유현·유태명(2001). 실과(기술가정) 교육목표 및 내용체계 연구(Ⅰ). 한국교육과정평가원연구보고 RRC-

2001-2.
이충진(2020). 행복 철학. 이학사.
이학주(1987). 실천의 의미와 교육. 인천교육대학교 논문집, 21(1), 343-365.
이혁규(2013). 수업. 교육공동체 벗.
이홍우(2004). 지식의 구조와 교과. 교육과학사.
이홍우·유한구·장성모(2003). 교육과정이론. 교육과학사.
장명욱(1981). 가정학원론. 교문사.
장명희(2001). 중등학교 가정과교사의 교수 능력에 대한 인식. 한국교원대학교 박사학위청구논문.
장연주(2008). 초등사회과 수업목표분석 - Bloom의 신교육 목표분류학에 근거하여. 한국교원대학교 석사학위청구논문.
정덕희(1993). 구한말 개화기부터 8·15 광복까지의 가정과교육의 변천에 관한 연구. 한양대학교 대학원 박사학위청구논문.
정문성(2022). 토의 토론 수업 방법 99. 교육과학사.
정범모(1974). 교육과 교육학. 배영사.
정범모(1997). 인간의 자아실현. 나남.
정일환(2008). 교육의 이해, 동문사.
정제영·조현명·황재운·문명현·김인재(2023). 챗GPT 교육혁명: chatGPT를 활용한 하이터치 하이테크 미래교육. 포르체.
정진일(2022). 철학개론. 박영사.
정태범(1985). 교육과정개발. 한국교원대학교 교육과정연구위원회 교육유관기관보고서.
정형권(2023). 거꾸로 교실 거꾸로 공부. 성안당.
조규락·김선연(2006). 교육방법 및 교육공학 -교육공학의 3차원적 이해-. 학지사.
조덕주·곽덕주·이지현·장경윤·진석언·최은식·최의창·홍진곤 공역(2007). 반성적 교사교육 - 실제와 이론. 학지사.
조민아(2013). 大韓帝國期 '家政學'의 受容과 家庭敎育의 變化. 역사교육, 128, 225-257, 10.18622/kher.2013.12.128.225
조벽(2020). 조벽 교수의 명강의 노하우 & 노와이. 해냄.
조병효(2005). 현대 장학론: 이론과 실제. 교육과학사.
조수경·채정현(2007). 타 교과와의 중복성 분석에 기초한 중학교 가정교과의 선행조직자로서의 개념도 개발-'자원의 관리와 환경' 영역을 중심으로. 한국가정과교육학회지, 19(2), 131-152.
조연순(1997) 전문성 제고를 위한 교원양성 교육과정 개선방안 연구. 이대사대교육과학연구소 보고서.
조용진(2000). 가정교과의 자유교육적 성격. 중앙대학교 대학원 박사학위청구논문.
조원익·홍성연(2017). 중등교사의 수업컨설팅 인식 분석. 교육컨설팅연구, 5(1), 1-21.
조재순·전미경·이윤정(2009). 한국가정과교육학회 20년 활동의 성과와 과제. 한국가정과교육학회지, 21(3), 177-193.

조한무·장준걸·변지윤·이상문·임병호·전지원(2021). 수업을 돕는 과정 중심 평가: 중학교 기술·가정. 지식플랫폼.

주삼환(2003). 교육의 질 향상을 위한 장학의 이론과 기법. 학지사.

차지혜·박미정(2023). 백워드 디자인에 기반한 고등학교 가정교과 금융소비자교육 프로그램 개발. HER(Human Ecology Research), 61(3), 297-318.

채정현(1996). 가정과교육과정 모형에 대한 선호도. 한국가정과교육학회지, 8(1), 33-49.

채정현(1999). 실천적 추론 가정과 수업과 다른 요인이 한국 여고생들의 의사결정 능력에 미치는 영향, 대한가정학회지, 37(3), 43-61.

채정현(2009). 실천적 문제 중심 가정과교육과정의 고찰. 중등가정과 수업전문성 향상 과정 직무연수. 광주광역시교육연수원.

채정현·유태명·박미정(2007). 실천적 추론 가정과수업이 중학생의 가정교과 인식에 미치는 효과. 한국가정과교육학회지, 19(1), 65-79.

채정현·이수희·유태명(2010). 가정교육학의 사회적 기여와 미래 방향. 한국가정과교육학회지, 22(4), 1-16.

초·중등교육법(법률 제19740호, 2023. 10. 24., 일부개정).

최돈형(2009). 교실친화적 교사 양성 연구 Ⅰ: 교실친화적 교사 양성 기본체제의 설계. 한국교육과정평가원 연구보고서 RRI 2009-1-1.

최돈형·권동택·김경철·김성혜 외(2010). 교실친화적 교사 양성 과정과 교사 임용시험 체제의 연계성 강화 방안 연구. 연구보고 RRI 2010 -1. 한국교원대학교- 한국교육과정평가원 협동연구과제.

최선경 외 대구 체인지메이커프로젝트 수업연구회(2018). 체인지메이커교육. 테크빌교육.

최이순(1979). 대학교육에 있어서의 가정학의 위치. HER(Human Ecology Research), 17(4), 131-136.

한국교육과정평가원(2010). 창의성 신장을 위한 교수·학습 방안 연구. 연구보고 RRI 2010-2.

한국교육과정평가원(2024). 핀란드교육 정책 동향. 2024-1.

한국교육과정평가원(2025). 표시과목별 중등교사 자격 기준과 평가 영역 및 평가 내용 요소-가정, 보건, 세라믹, 영양.

한국교육과정평가원·한국가정과교육학회(2008). 2009학년도 개편 중등교사 임용후보자선정 경재시험 표시과목 「가정」의 교사 자격 기준 개발과 평가 영역 상세화 및 수업 능력 평가 연구. 연구보고 CRE 2008-6-32.

한숙경(2003). 교내 자율장학 운영에 대한 중등교사의 인식. 이화여자대학교 교육대학원 석사학위청구논문.

한주·박미정(2023). 남북한 실과(가정) 교육과정 및 교과서 비교 분석: 만 11세 교육과정을 중심으로. 실과교육연구, 29(2), 1-36.

허경철(2002). 학교 교육과정 평가의 철학: 무엇을 어떻게 할 것인가?. 교육과정연구, 20(2), 1-26.

허숙(1995). 교육과정의 재개념화를 위한 이론적 탐색-실존적 접근과 구조적 접근-. 교육학연구, 33(5), 217-242.

홍경화(2014). 한국인의 물질주의 성향이 행복에 미치는 영향: 만성적 행복수준과 순간 경험되는 행복감. 서울대학교대학원 석사학위청구논문.

홍기원·김연우(2015). 물질주의에 관련된 심리적 변인의 실험적 탐색. 로고스 경영연구, 13(1), 1-18.

홍성혜(2007). 게오르그 짐멜(Georg Simmel)의 근대 '문화의 비극'에 대한 연구 - 근대의 화폐와 대도시를 중심으로. 서강대학교 대학원 석사학위청구논문.

홍정민(2021). 에듀테크의 미래. 책밥.

홍종관(2012). 긍정심리학에서 본 행복론. 행복한 부자연구, 1(1). 51-70.

황정규·서민원·최종근·김민성·양명희·김재철·강태훈·이대식·김준엽·신종호·김동일(2022). 교육평가의 이해. 학지사.

Keller, J. M·송상호(2000). 매력적인 수업설계: 주의집중, 관련성, 자신감, 그리고 만족감. 교육과학사.

국외 문헌

AAFCS(2000). What is FCS?. http://www.aafcs.org

Apple, M. W.(1978). Ideology, reproduction, and educational reform. Comparative Educational Review. October.

Ausubel, D. P.(1968). Educational Psychology: A Cognitive View. Holt, Rinehart & Winston.

Baldwin, E. E.(1989). A critique of home economics curriculum in secondary school. In Alternative Modes of inquiry in Home economics Research. Wisconsin: American Home Economics Association.

Baldwin, E. E.(1991). The home economics movement: A new integrative paradigm Journal of Home Economics, 83(4), 42-49.

Baldwin, E. E.(1999). FCS curriculum: What ought to be? In Johnson, J. & Fedje, C. G. Family and consumer sciences curriculum toward a critical science approach(pp. 32-44). Education and Technology Division. American Association of Family and Consumer Science.

Beauchamp, J. A.(1975). Curriculum theory. Illinois: The Kage Press.

Belk, R. W.(1985). Materialism: Trait aspects of living in the material world. Journal of Consumer Research, 12(3), 265-280.

Bloom, B. S.(Ed.).(1956). Taxonomy of educational objectives: Cognitive domain. NY: Longma.

Bobbitt, N.(1986). Summary: Approaches to curriculum development. Journal of vocational home economics education, 4(2), 155-161.

Bobbitt. N.(1989). Conceptualizing curriculum in home economics. In Home economics concepts: A base for curriculum development. Alexandria, VA: American Home Economics Association.

Bray, M. & Thomas, R. M.(1995). Levels of comparison in educational studies: Different insights from different literatures and the value of multilevel analyses. Harvard Educational Review, 65(3), 472-490.

Brown, M. M. & Paolucci, B.(1979). Home economics: A definition. Washington D. C.: American Home Economics Association.

Brown, M. M.(1978). A conceptual scheme and decision rules for selection and organization of home economics curriculum contents. Wisconsin Department of Public Instruction.

Brown, M. M.(1980) What is home economics education?. Minneapolis, MN: University of Minnesota.

Brown, M. M.(1986). Home economics: A practical or technical science? in Laster, J. F. & Dohner, R. E(Eds.). Vocational Home Economics Curriculum: State of the field(39-55). Illinois: Bennett & McKnight.

Bruner, J. S.(1960). The process of education. MA: Harvard University press.

Bruner, J. S.(1966). Towards a theory of instruction. Cambridge. MA: Harvard University Press.

Coomer, D., Hittman, L. & Fedje, C.(1997). Questioning: A teaching strategy and every life strategy. In J. Laster & Thomas(Eds.). Family and Consumer Science Teacher Education: Yearbook 17. Thinking for ethical action in families and communities. Peoria, IL: Glencoe/McGraw-Hill.

Crisp. R. Aristotle.(2008). Nicomachean Ethics. 조대웅 편역(2000). 니코마스 윤리학. 돋을새김.

Dale, E.(1969). Audiovisual methods in teaching(3rd ed.). New York: The Dryden Press; Holt, Rinehart and Winston.

Dewey, J.(1906). Democracy and education. NY: Macmillan.

Dick, W., Carey, L. & Carey, J. O.(2009). The Systematic Design of Instruction(7th ed.). Pearson Education, Inc, publishing as Merill. 김동식·강명희·설양환 공역(2009). 체제적 교수 설계. 아카데미프레스.

Driscoll, M. P.(2000). Psychology of learning for instruction(2nd ed.). Boston, MA: Allyn & Bacon.

Fedie, C. G.(1998). Helping leaners develop their practical reasoning capacities. In Thomas, R. & Laster, J. Inquiry into thinking. Education and Technology Division, American Association of Family and Consumer Sciences.

Freire, P.(1970). Pedagogy of the Oppressed. New York: Seabury Press.

Gagné, R. M.(1985). The conditions of learning(4th ed.). New York: Holt, rinehart & Winston.

Gronlund, N. E.(1995). How to write and use instructional objectives(5th ed.). New York: Prentice Hall.

Hall, G. E. & Loucks, S.(1978). Teacher concerns as a basis for facilitating and personalizing development. Teahcher college record, 80(1), 36-53.

Hall, G. E., Wallace, R. D. & Dossett. W. A.(1973). A developmental Conceptualization of the adoption process within educational institutions. Austin, TX: Research and development center for teacher education, The University fo Texas.

Hirst, P. H.(1974). Knowledge and the curriculum. London: Routledge & Kegan Paul.

Hoban, C. F., Jr. & Zisman, S. B.(1937). Visualizing the curriculum. New York: The Cordon Company.

Hultgren, F.(1986). Value reasoning design: The Pennsylvania State University curriculum project. In J. Laster & R. Dohner(Eds.). Vocational home economics curriculum: State of the field. Home Economics Teacher Education Yearbook 6, 289-300.

Hyman, R. T.(1974). Ways of teaching. Phiadelphia: Lippincott Company.

Isaksen, S. G., & Treffinger, D. J.(1985). Creative problem solving: The basic course. Buffalo, NY: Bearly Limited.

Johnson, D. W. & Johnson, R. T.(1987). Learning Together and Alone: Cooperative and Individualistic Learning. Prentice-Hall, Inc.

Johnson, D. W. & Johnson, R. T.(1994). Professional development in cooperative learning: Short-term popularity vs. long-term effectiveness. Cooperative Learning, 14(2), 52-54.

Joyce, B., Weil, M. & Calhoun, E.(2004). Models of teaching(7th ed.). 박인우·강영하·임병노·최명숙·이상수·최정임·조규락 공역(2005). 교수모형(7판). 아카데미프레스.

Kagan, S.(1994). Cooperative Learning. San Juan Capistrano, CA: Kagan Cooperative Learning.

Kasser, T. & Kanner, A. D.(2004). Psychology and consumer culture: The struggle for a good life in a materialistic world. Washington, DC: American Psychological Association.

Kilpatrick, W. H.(1918). The Project Method: The Use of the Purposeful Act in the Education Process. Teachers College Record, 19, 319-335.

Kister, J. Laurenson, S. & Boggs, H.(1995). Family Relation Resource Guide. Ohio Department of Education.

Knor, A. J. & Manning, D. E.(1997). Reasoning and acting on practical problems of home and family. In J. F. Laster & R. G. Thomas(Eds.). Thinking for ethical action in families and communities(pp. 147-161).

Krathwohl, D. R., Bloom, B. S. & Masia, B. B.(1964). Taxonomy of educational objectives, Handbook 2, Affective Domain, NY: Makay.

Kuhn, S. T.(1962). The Structure of Scientific Revolution. 김명자·홍성욱 공역(2013). 과학혁명의 구조. 까치글방.

Laster, J. F.(1982). A Practical Action Teaching Model. Journal of Home Economics, 74(3), 41-44.

Laster, J. F.(2002). Family and Consumer Science Education. http://www.encyclopedia.com/doc/1G2-3403200234.html

Mager, R.(1997). Making Instruction Work: A Step-by-Step Guide to Designing and Developing Instruction That Works. Atlanta, GA: The Center for Effective Performance.

Marcuse, H.(1964). One-dimensional man: studies in the ideology of advanced industrial society. 박병진 역(2009). 일차원적 인간(제2판): 선진산업사회의 이데올로기 연구. 한마음사.

Meyer, H.(2004). Was ist juter Unterricht?. 손승남·정창호 공역(2011). 좋은 수업이란 무엇인가?. 삼우반.

Montgomery, B.(1999). Family and consumer sciences curriculum: Toward a critical science approach. Family & Consumer Sciences Teacher Education Yearbook 19, American Association of Family & Consumer Sciences, 80-90.

NASAFCS(1998). National Standards for Family and Consumer Sciences Education.

NASAFCS(2008). National Standards for Family and Consumer Sciences. 2nd Edition.

Newby, T. J., Stepich, D. A., Lehman, J. D. & Russell, J. D.(2000). Instructional Technology for Teaching and Learning(second ed., 10-13). Prentice. Hall Co.

Nicholls, A. & Nicholls, A. H.(1978). Developing a curriculum: A practical Guide(2nd Eds.). London: George Allen & Uniwin.

OECD(2019). OECD Future of education and skills 2030 conceptual learning framework: A series of concept notes. Paris: OECD.

Ohio Department of Education(1994). Enrollment of Work and Family Life. Columbus, OH.

Olson, K., Bartruff, J., Mberengwa, L. & Johnson, J.(1999). Assessment: Using a critical science approach. In J. Johnson and C. Fedje(Eds.). Family and Consumer Sciences Curriculum: Toward a critical science approach-Yearbook 19(pp. 208-225). Peoria, IL: McGraw-Hill, Glencoe.

Oregon Department of Education(1996). Family and consumer studies curriculum for Oregon middle schools.

Osborn, A. F.(1953). Applied imagination: Principles and procedures of creative problem-solving. New York,

NY: Scribner.

Parnes, S. J.(1967). Creative behavior guidebook. New York, NY: Scribner.

Peters, R. S.(1966). Ethics and education. London: George Allen & Unwin ltd.

Pike, B(1989). Creative Training techniques handbook. 김경섭·유제필 공역(2004). 밥파이크의 창의적 교수법. 김영사.

Pinar, W.(1975). Currere: Toward reconceptualization. W. Pinar(ed.). Curriculum theorizing: The reconceptualists(396-414). Berkeley. CA: McCutchan.

Print, M.(1993). Curriculum development and design(2nd Eds.). NSW: Allen & Uniwin.

Reynolds, A.(1992). What is competent beginning teaching? Review of Educational Research, 62, 1-35.

Richins, M. L. & Dawson, S.(1992). A consumer values orientation for materialism and its measurement: Scale development and validation. Journal of Consumer Research, 19(3), 303-316.

Robert J., M, David L. & Tony F.(2011). Effective Supervision: Supporting the Art and Science of Teaching. 주삼환·황인수 공역(2015). 수업장학: 수업예술과 수업과학을 위한 지원. 학지사.

Schubert, W. H.(1986). Curriculum: Perspective, paradigm and possibility. New York: Macmillan.

Simpson, G. G.(1966). The Biological Nature of Man. Science.

Smaldino, S. E., Russell, J. D., Heinich, R. & Molenda, M.(2005). Instructional technology and media for learning(8th ed.). 설양환·권혁일·박인우·손미·송상호·이미자·최욱·홍기칠 공역(2005). 교육공학과 교수매체. 아카데미프레스.

Southers, C. & Baldwin, E.(1996). Balancing work, family, community life. Curriculum Guidelines for Oregon Public Schools.

Stainback, S. & Stainback, W.(1998). Understading & Conducting Qualitative Research. Vrg: The Council for Exceptional Children.

Stake, R. E.(1973). The countenance of educational evaluation. In Worthen, B. R. & Sanders, J. R(Eds.). Educational evaluation: Theory and practice(pp. 106-124). Ohio: Charles A.Jones Publishing Company.

Stufflebeam, D. L.(1973). Decision-management strategies, In Worthen, B. R. & Sanders, J. R(Eds.). Educational evaluation: Theory and practice(pp. 128-149). Ohio: Charles A.Jones Publishing Company.

Taba, H.(1962). Curriculum development: Theory and practice. NY: Harcourt Brace and World.

The Finnish National Board of Education(2004). National core curriculum for basic education, 302.

The Swedish National Agency for Education(2022). Primary school curriculum, preschool class and after-school care 2022.

Thomas J. Sergiovanni, Robert J. Starratt, Vincent Cho(2013). Supervision: A redefinitino. 이윤식·한유경·김병찬·정제영·박상완·김화영 공역(2018). 장학론. 아카데미프레스.

Thomas, R. G.(1986). Alternative Views of Home Economics: Implications for K-12 Home Economics Curriculum. Journal of Vocational Education, 4(2), 162-188.

Tyler, R. W.(1983). A rational for program evaluation. In Madaus, G. F., Scriven, M.S. & Stufflebeam, D. L(Eds.). Evaluation Models(pp. 67-78). Boston: Kluwer-Jijhoff.

Tyler, R. W.(1949). Basic Principles of Curriculum and Instruction. Chicago: University of Chicago Press.

Walker, D. F.(1971). A naturalistic Model for curriculum development. School Review, 80(1), 51-65.

Weade. R.(1984). The relationship between Jungian psychological type and curriculum design preferences, Unpublished Doctoral Dissertation. The Ohio State University.

Wiggins, G.(1998). Educative Assessment. San Fraincisco: Jossey-Bass.

宮川滿, 官下美智子(1981). 家政學原論. 東京: 家庭教育社.

原田一(1985). 家政學入門. 東京: 家庭教育社.

文部科學省(2008). **学習指導要領**. http://www.mext.go.jp

인터넷 사이트

경향신문(2021. 11. 22). '무엇이 삶을 의미있게 하는가'... 한국 유일하게 '물질적 풍요' 1위 꼽아. https://www.khan.co.kr/world/world-general/article/202111220600031

이인규(2023. 10. 9). 스웨덴 초중등학교 교육과정 총론. 중앙교육신문. http://jungangedu.co.kr/View.aspx?No=2967673

한국민족문화대백과사전 https://encykorea.aks.ac.kr

KICE 학생평가지원포털 https://www.moe.go.kr

LEAD FCS https://www.leadfcsed.org

OECD https://www.oecd.org

SEDL Archive https://sedl.org/cbam

찾아보기

ㄷ

ㄹ

ㅁ

ㅂ

ㅅ

ㅇ

ㅈ

ㅊ

ㅋ

ㅌ

ㅍ

ㅎ

기타